一九七一年
台灣保釣大遊行

（四一五、六一七美日大使館前抗議）

六一七保釣大遊行，由台大保釣會帶領千
名台大學生前往美日大使館示威遊行。

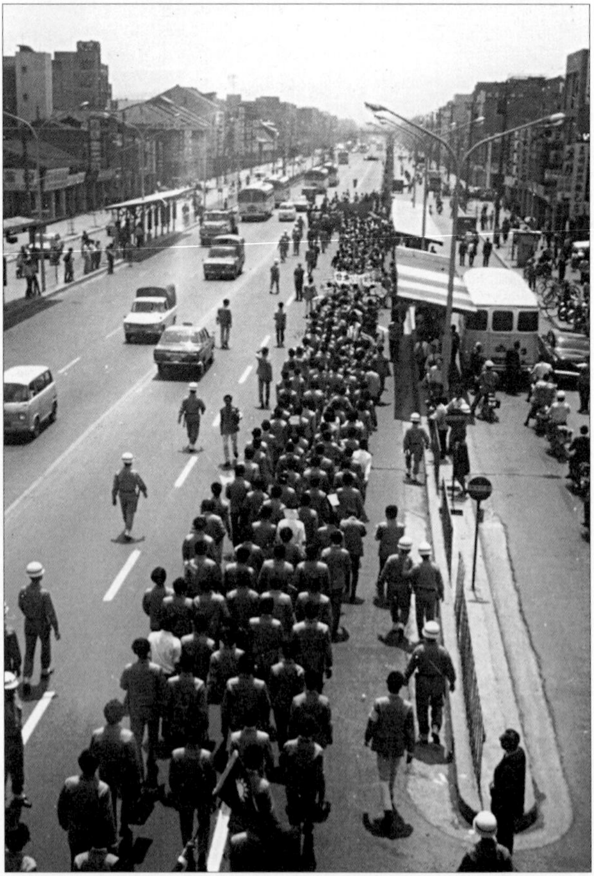

上：四一五保釣大遊行，台大學生蓄勢待發。

下：四一五保釣大遊行，近千名台大師大政大學生前往美國大使館抗議。

上：台大保釣會在校園裡張貼海報號召學生六一七當天著校服、帶學生證一起上街行動。

下：六一七上午，台大學生第一次跨出校門準備遊行示威。

六一七，台大學生在美國大使館前搖旗吶喊，抗議美日聯手侵奪我釣魚台列嶼。

上：六一七，台大學生在美國大使館前抗議並宣讀抗議文。

下：六一七，台大學生在日本大使館前抗議並宣讀抗議文。

六一七，台大校園的宣傳海報。

六一七，師大示威學生聯署簽名。

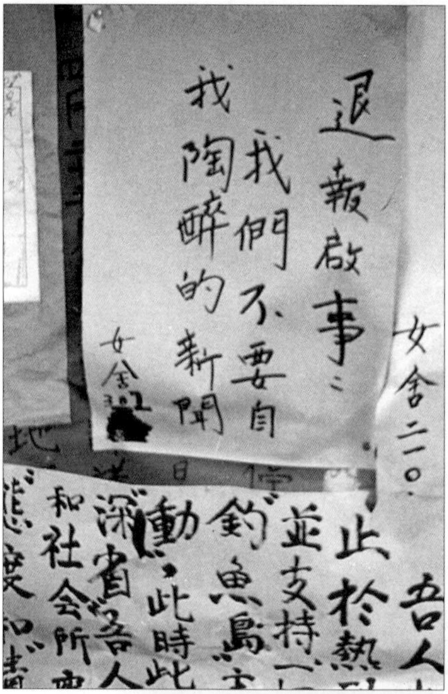

上：六一七，師大女生宿舍張貼退報啓示。
下：六一七，師大校園的宣傳海報。

春雷之後

保釣運動三十五周年文獻選輯

何炳棣敬題

〈第三卷〉

人間出版社

春雷之後

保釣運動三十五週年文獻選輯

覺醒・決裂・認同・回歸

(1972~1978)

釣統運文獻編輯委員會

二〇〇六年七月

釣統運文獻編輯委員會

共同主編：龔忠武〔本輯《春雷之後》（一九七二～七八）常務〕
陳映真〔上輯《春雷聲聲》（一九七一～七二）常務〕
王曉波〔續輯《春雷回響》（一九七八～）常務〕

執行編委：葉先揚

編　　委：吳國禎、林盛中、關文亮、周本初

編委簡介

龔忠武：安徽滁縣人。台灣大學歷史系學士，台大歷史研究所碩士，哈佛大學歷史博士。

周本初：江西永新縣人。台灣東海大學化學系學士，美國奧克拉荷馬大學電機博士，美國休士頓大學超導中心教授（退休），中國吉林大學電子工程學院客座教授。

林盛中：台灣台北縣人。台灣大學地質系學士，美國布朗大學地質博士，中國地質科學院礦產資源研究所研究員。

吳國禎：台灣台北市人。台灣清華大學化學系學士，美國奧克拉荷馬大學化學博士，北京清華大學物理系教授。

關文亮：廣東開平縣人。美國加州大學柏克萊分校政治系學士，美國哥倫比亞大學政治系研究，前《美洲華僑日報》總編輯，現任紐約星島日報》總編輯。

葉先揚：河南固始縣人。台灣成功大學土木系學士，美國布朗大學碩士，美國南加州大學博士，美國加州州大長堤分校機械系教授。

陳映真：台灣台北縣人。淡江文理學院外文系學士，中國社科院高級榮譽研究員，中國人民大學客座教授，北京魯迅博物館榮譽研究員。

敬將本書獻給已經辭世的戰友

保釣戰友

許泰和　陳恒次　蔡詩東　王　浩

章蘇民　林碧碧　鮑永平　陳挹芳

廖秋忠　張曉春　孟儀正　任之恭

王國祥　胡家繙　李福祥　袁葆生

際毓祥　梅子強　馮國祥　唐文標

藍志臣　馬大侃　蘇慶黎　李哲夫

郭松棻　程君復　劉進慶　許金珠（蘇清楚）

反獨促統同志

胡秋原　梁肅戎　雷渝齊　李惠英

一套完整眞實的釣統運記錄

謝定裕

自一九七〇年釣魚台運動開始，迄今已三十五年。釣魚台群島是東海中的一群小島，地圖上都很難找到。一向屬於中國的台灣，二次大戰後，卻一直由駐在琉球的美軍所管治。這時，美國要歸還琉球給日本了，他們準備把釣魚台群島也一併交給日本，於是就爆發了釣魚台運動。

運動的高潮發生在一九七一年的上半年。這一年的四月十日，在華盛頓有二千五百人參加的大遊行，是美國華人破天荒的壯舉。五月二十三日，《紐約時報》的星期日版刊出了一封公開信的全頁廣告，是致尼克松總統及國會議員的，希望他們尊重中國對釣魚台群島的主權。在這封公開信上簽名的有六百多位華裔教授與專業人士，以及二千多名留學生。

在短短幾個月時間內，要聯絡發動如此之多的群眾，在計算機聯網發達的今日，也許不是太困難的事，但在當時卻並非易事。這全靠一年前發起的《科學月刊》的連絡網及他們定期的通報，使得各地的留學生很快地得到信息，而且串連起來。

成千上萬的同胞參加過保衛釣魚台的活動，但釣魚台運動的主力是學生及教育界人士。在美國是留學生，在台灣及香港則是大學生。一如八十多年前的五四運動，愛國是他們的中心意識，許多參與者也認爲他們在繼承五四的傳統。

釣魚台運動的原始目的是爲了保衛屬於中國台灣省的釣魚台群島，無論大陸或台灣都應支持；甚至於台獨份子，也應該支持，因爲如果台灣會獨立，釣魚台會是台灣的一部份。可是更迫切的政治因素使得積極參加者只有理想主義者的學生，台獨份子根本不參加，國民黨則來疏導。當時只有中共是支持的，但那時中美關係尚未解凍。

在運動發展的過程中，大家開始深刻地體會到，在國家分裂的環境中進行愛國運動是多麼困難，自然而然地釣魚台運動就衍生了統一運動。

釣魚台運動對留學生而言，主要是一自覺運動。大多數留學生本來除埋頭於功課外，就是看武俠小說、玩股票、打麻將等。釣魚台運動衝擊了這些留學生，使他們睜開眼睛，看看世界，看看中國，看看周圍的人們。再反省一下，自己應該做些什麼。不少人因此耽誤了學業，甚至於犧牲了學位。更多的人的專業發展受到了影響。也有一些人就放棄在國外發展的機會，回國服務。

就政治發展而言，釣魚台運動對台灣的影響就大得多，它幫助推進了民主運動，激起了大學生的民族主義情緒和關懷社會大眾的心懷，並誘發了具有劃時代意義的鄉土文學辯論。另外，許多釣魚台運動初期的參與者，當年雖幫助國民黨做疏導的工作，現在時移世易，卻成爲統一運動的主力。

在運動發展的過程中，自然不免有異化的現象。有一些人在懊悔當年的參與，有一些人覺得被人欺騙及玩弄，因此不願再提舊事。可是大多數人卻珍惜這段可貴的經歷。

這套文獻集是上本文獻集《春雷聲聲》的繼續，選擇性地收集了一九七二年至一九七八年六、七年間具有代表性的文件、文章、報導及事後的憶述。兩者最大的不同是，本輯的時間跨度較上輯長得多，內容也較上輯豐富得多。但有一點是共同的，就是不論粗糙或深入，雜亂或尖銳，激昂慷慨或心平氣和，它們是一套至今有關海外愛國運動比較完整的真實的歷史記錄。對於參與者，這是珍貴的紀念；後來者當可從這套文獻集了解當年的一些年輕人曾經想過什麼，說過什麼，做過什麼。

最後，本書在校對上花了不少工夫。但爲保存史料原貌，原文在眾多釣運刊物上的錯別字和不十分通順、又沒有修訂依據之處，仍然保持原貌。

前言二

突破兩岸分斷的構造，開創統一的新時代

陳映真

（一）冷戰與內戰造成兩岸分斷的構造

二戰結束前夕，以美蘇兩極為中心的世界冷戰態勢逐漸形成。及至到了一九五〇年韓戰爆發，把世界東西冷戰推向最高峰。與韓戰爆發的同時，美國以軍事力量介入台灣海峽，中國在外力干涉下，兩岸分裂對峙，同族而相仇，形成國際冷戰與國共內戰互相疊合的構造，深遠地影響了兩岸人民的命運。

在台灣，冷戰和內戰意識形態無限上綱，極端化的反共仇共意識和宣傳統治一切思維。台灣是「自由中國」，而大陸則是「匪區」、「共產中國」；台灣是「安和樂利」之土，大陸則「赤地千里、哀鴻遍野」。台灣是反共、民主、自由世界之一員……大陸是「蘇俄赤色帝國主義集團」的一員……而對於兩岸分裂對峙的展望，一方面是「漢賊誓不兩立」，宣稱台灣在政治和主權上的「唯一正統」，一方面誓言以武裝「反攻大陸」、打敗「共匪」而完成「中華民國之統一」。

一九五〇年後，這種冷戰加內戰的意識形態，是絕對性霸權表述和霸權意識形態，攖之者必遭獨裁政治的強壓而破身亡家。其結果是兩岸分斷構造之固定化和長期化，以及祖國統一論、統一方針論只允許國府的「勝共統一論」、「反攻大陸統一論」一家獨佔，不許有分號！

（二）一九七〇年的釣運舉起了第一面祖國統一論的旗幟

但一九七〇年保衛釣魚台運動的一聲春雷，首先打破了這冷戰思維的霸權性。在冷戰年代，台灣的中國想像是「自由中國」、是「中華民國的正統」。有少數自由主義派雖然不滿蔣介石的獨裁與「不民主」，但基本上是反共、反大陸、親美的改良主義。台灣曾在一九四六—一九四九年間呼應大陸同一時期的「和平建國」、「民主改革」、「反對內戰」的民主運動，到一九五〇至一九五三年全島性白色恐怖時，台灣這一波民主運動在一九四九年的「四六事件」及其後展開的「肅諜」行動的大逮捕、大屠殺中，徹底被鎮壓。於是光復後這第一波民主統一建國運動，被冷戰歷史所湮滅。

一九七〇年的保釣運動不久發生左右分裂。其中的左翼，在一九七一—一九七二年間，突顯了在祖國分裂的當下，台北和北京對保衛釣魚島的方針完全不同：台北宣稱以美日反共同盟爲重，視保釣運動爲「敵人」的「統戰伎倆」，在北美橫加鎮壓；北京以釣魚島爲中國神聖領土，誓死保衛。於是保釣左派首次提出了海外中國人「認同」北京的中國或「台北」的中國的課題，是爲「認同運動」，即全面再思冷戰歷史下的中國想像的劃時代的運動。

「認同運動」很快在同一時期向祖國統一運動飛躍，於是進入了保釣運動和統一運動並舉的新階段。一九七一年八月布朗大學的美東討論會和九月安娜堡的國是大會，正式宣告「中華人民共和國政府爲代表中國的唯一合法政府」。這是一九五〇年在新帝國主義干涉下中國民族分裂對峙以來，第一個由海外愛國主義運動正式提克服民族分裂構造，並呼喚民族的團結的先聲。一直到今天，民族統一的言論與行動不曾中斷，至最近的二〇〇五年三月《反分裂國家法》的通過，我們的民族統一運動又進入新的階段。但歷史不會忘記，海外的統一運動是釣運，早在一九七一年開始提出的。

民族統一運動的提出，自然涉及民族統一的具體方略，一九七三年，釣運中以《橋刊》和《野草》爲喉舌的中間派提出了並得到左翼支持的國共第三次和談的呼籲，要求國共雙方主要以和平談判的方式，尋求祖國統一的方策。前文說過，國民黨在宣傳上只講「勝共統一」，只講「消滅共匪統一」，把國共兩次和談的歷史徹底妖魔化，渲染成中共以和談搞「統戰」和「欺騙」，把國民黨在大陸內戰失敗的責任，全推給了中共的「和談」宣傳。國共再和談之說，成了戒嚴體制下台灣的大忌。

然而，事隔三十年，海峽兩岸的對峙成爲全球矚目的戰爭危險區。大陸基本上在堅決反對台獨基礎上，表示儘一切力量促成兩岸和平談判，在「兩岸均屬一中」原則上完成祖國的完全統一。這項政策，相應於中國綜合國力之日升，得到世界多數國家的支持。

（三）對「台獨」運動和理論的批判

講民族統一，倡國共第三次和談，當然就反對當時以北美洲爲中心的所謂「台獨」運動，這是理有必至的。保釣運動中一開始就觸及反「獨」，從文獻上看，一九七〇、一九七一—一九七五都有研究和反對「台獨」的評論、理論文章。和統一運動合起來看，以今日的語言說，釣運從一開始就抓住了「反獨促統」的大義，這是至今都有重要歷史和現實意義的思潮。一九七一年到七五年的「反獨促統」論主要以比較「自由」的北美爲討論的場域。到了一九七六年，台灣遭逢一九五〇年以來最大的外交危機：一九七二年，被逐出聯合國的台灣，面對一波又一波國際外交上許多國家與台斷交，改與北京建交的風波；尼克森、季辛吉先則秘密，繼則公開訪華，島內人心惶惶不安。在此背景下，台灣長老教會在戒嚴體制下發表《人權宣言》，力言台灣應進行民主化改革，並建立台灣爲一個「新而獨立的國家」，向美國訴求不要讓台灣被「國際政治」出賣，並保護推動《人權宣言》的相關牧師不受國府鎮壓。美國國務院公然以信函保證保護「台獨」牧師。

一九七八年，台灣《夏潮》雜誌披露長老教會的《人權宣言》事件，同時由陳映真、王曉波寫文章批評長老教會充當分裂主義急先鋒。長老教會與島內台獨勢力相結合的問題，至今更爲明顯。一九七八年的論爭場域主要在台灣，美國釣運也寫了不少文章支援。今天的長老教會，已成島內「深綠」、「急獨」的宗教勢力，問題和矛盾依然存在。一九七八年島內外批判長老教會「台獨」的鬥爭，至今仍有先驅性的意義。

（四）重新見證和認識中國革命和新中國的運動

台灣長老教會的「人權」論，不及於主張統一和左派人士的「人權」。對於一九七四年的台大哲學系肅清事件、一九六八年的陳玉璽被台日特務聯合綁架回台受審的監禁事件、一九七六年陳明忠被捕拷問判刑事件、一九八〇年留美學生葉島蕾被拘捕事件等，台灣長老教會的「人權」不聞不問，但卻受到北美釣運左派的聲援，從而掀起反對美蔣校園特務對釣運人士的監視、偵查的運動（一九七五—一九七六）。

海峽的民族對峙和極端化的片面反共宣傳，在釣運中崩潰。親訪親歷新中國，究明中國革命的真相，重新認識新中國，在一九七四年至七七年蔚然成風。旅美著名的科學家、學者、詩人、作家如楊振寧、何炳棣、王浩、吳健雄、袁家騮、謝定裕、葉嘉瑩、於梨華等，以及釣運的學者、學生幹將紛紛回國參訪闊別多年的祖國。回美後將耳聞目睹巡迴放映幻燈、做報告發表感想，把被冷戰宣傳妖魔化的祖國形象顛倒過來。

當然，也有個別觀察敏銳的人，在回國參訪中，察覺了中國革命走過彎路，隱藏著不幸的革命的暗部。他們的觀察不受容於當時滿腔火紅的革命派，也是容易理解的。文革結束後，中共中央基本上承認了走過的彎路，存在的暗部，但在釣運內部卻一直沒有作過客觀、科學、公正、健康的總結，而釣運風潮則基本上隨文革的終結而雲淡風清……

（五）釣運的文藝運動

在殖民地、半殖民地的反帝、反封建、反殖民的民主民族運動中，總是伴隨著思想、文化和文學的啓蒙運動。反帝國主義的五四運動綻開了中國新文學運動；一九二〇年代中期後台灣「非武裝抗日運動」，萌芽和發展了台灣新文學運動。但出人意料的是爲期不長的釣運中，竟也孕生了新的文藝運動（一九七三—一九七七）。

重新認識新中國運動，除表現爲回國探訪—採訪—報告（報導）的形式，還有一個重要形式：（一）搜閱祖國三〇年代左翼文學作品；（二）閱讀並自導、自排、自演三〇年代的進步話劇，如曹禺的《日出》和《雷雨》；（三）新編新劇，或改編當代島內文學作品演出，以及（四）搜集一九四九年以來新中國的紀錄片和劇情片，在北美釣運團體間巡迴放映觀賞。《東方紅》、《創業》、《中國農村水電站》、《紅旗渠》、《毛澤東》、《周恩來》等等影視作品激起釣運嚮慕新中國的熱情。據資料，新創作劇有《胸懷祖國，放眼世界》、《桂蓉媳婦》、《洪流》、《阿慶嫂》、《我愛夏日長》等；小說改編有《將軍族》。看得出釣運的文藝創作潛力之活潑。可惜在異鄉他國，運動不久退潮，釣運文藝的成果不免飄零了。

但是在釣運中，重讀台灣戰後文學而發爲評論時，發表在一九七四年香港釣運刊物《抖擻》上的羅隆邁（現經《抖擻》創辦人證實爲最近故世的小說家也是釣運的健將郭松棻）的〈談談台灣文學〉，直接影響了一九七七年當時尚未轉向於「台獨」的王拓所寫的鄉土文學論戰文章〈是「現實主義」文學，不是「鄉土文學」〉。

王拓在下列幾個論點上直接一字不易地抄用羅隆邁的文字：

——五〇年代後台灣美援經濟使新興商人登上舞台。而昔日軍裝的日本軍閥如今易裝為平民商人，手提〇〇七公事包，進入台灣，進行經濟侵略，台灣乃淪為美日經濟殖民地，以廉價勞動獲致經濟成長。

——台灣社會經濟的新殖民地化，造成思想文化的全面西化，學舌「個人對集體、民主對專制」的二元對立論，盲目模仿西方，割斷反帝民族主義。

——批評台灣流行的艾略特、卡夫卡、奧登、卡繆、海明威這些「現代」派，實則他們無非是西方資本主義高度發展時期吟唱西方文化之輓歌的絕望的歌人。

——但在台灣新文學隊伍中，仍然有堅守他們生長的泥土及賴以生活之鄉土，在作品中反映了社會與生活，並以之為背景，襯托近代中國民族的坎坷……

除了以上直接抄引的部份，其他引用原意而改寫的也不少。但因時代背景特殊，雖王文沒有標明出處，今人也不便以爲「剽竊」，因爲註明引用香港左刊文字，在當時只有自找麻煩。而王拓引用以爲對付壓迫鄉土文學的武器，是可以理解的。

釣運中評論台灣當代文學，評論「鄉土文學」的文章不少，但直接地易裝上場，直接成爲王拓的「殖民經濟」論、現代主義批判論、現實主義文學論，參與了鄉土文學論爭者，只有羅隆邁的文章可以證明釣運對鄉土文學論爭的直接影響。

本書第三章所收關於台灣鄉土文學的討論文章比較多，時間跨度也長，但畢竟篇幅所限，難於做有序、有綱目的編輯，不過鑒於當前台灣文學的統獨鬥爭激烈，甚至有日本支獨學者介入，該章所收文章，仍有重要參照價值。

（六）保衛西南沙運動和悼念巨人的殞落

對於在台灣的關心釣運人士，一九七四年在北美展開的「保衛西、南沙」運動是最不熟悉的部份。一九七四年，西貢政府和馬尼拉政府，對於中國固有領土南沙群島和西沙群島提出了「主權」要求。中國以史籍所載和外交軍事交涉對應，在北美釣運界掀起了「保衛西、南沙」運動。和釣運一樣，在北美各地之愛國留學生也搞有關西南沙歷史、地理和資源的調研和報告會，並且發乎宣言，繼之以遊行示威。

今天看來，我國東南海域富含石油資源的島嶼，隨著中國經濟的發展，需油孔急，東南海島嶼礁棚之爭日烈。日本近年來對釣魚島的「主權」要求更形強烈，就是明證。中國改變政策，不以武力占有資源，而以「擱置爭議、共同開發」的方針對應，在西、南沙問題上取得了和平與進展。但對於日本再軍事武裝化的狼子野心，中國在堅定保衛自己的主權基礎上，不放棄可能的對話，「軟硬兼施」。最近突然取消吳儀副總理與小泉的會晤，表現了硬的一手和決心。

保衛釣魚島，反對美日強權把釣魚島拿來私相授受，保衛中國對釣魚島的神聖主權——這當然是民族主義的發露。

然而，在冷戰思維下，美國是主子，日本是台灣「反共的盟友」。釣運的針對面美日帝國主義卻在台灣成了不准反對，不准批判的敵人。於是在一九七二年至七三年，台灣有「民族主義爭論」。主要論者有陳鼓應、王曉波和洪三雄，站在中華民族主義的一邊發言。今日回眸，除了國民黨的監視，中國民族主義論還要應對來自「自由派」的質問：民族主義偏狹論，民族主義即義和團主義，偏執而落後；民族主義是共產黨煽動青年的工具，講民族主義容易爲共黨所用。於是王曉波不能不從孫中山的國共第一次合作期的民族主義論中借取政治上「安全」的理論資源。有人出來爲「義和團」的歷史辯誣；有人從自由主義立場提出「自由民族主義論」。被西方「自由主義」荼毒已久的台灣知識界——有時包括「左」派知識份子，皆至今嘲笑民族主義，誇言階級主義和「國際主義」，一九七二年台灣釣運提出來的民族主義論，至今猶待深入論證，而有現實意義。

釣運的左翼，打破了自一九五〇年至一九七〇年間禁錮了整整一代知識份子對於中國革命、對於新中國、對於中國人民前仆後繼取得勝利的新民主主義運動的認識之枷鎖，奮力衝破了冷戰與內戰意識形態的桎梏，自我清除了美國和國民政府的教育宣傳中的中國與中國革命的想像，從斯諾和史沫特萊著作，建國後的紀錄影片、戲曲電影，更從三〇年代左翼文學和四〇年代的革命抗日文學去重新探索與認識新生的中國。而這樣的過程，就必然地和人民中國革命史無數的傳奇相會；而其中最不能不遇見的，是毛澤東和周恩來的傳奇；前者的高瞻遠矚、過人的膽識和魄力，一心一意以人民的解放爲終極顧念；後者之忠誠敬謹，爲人民、爲革命鞠躬盡瘁，都使得釣運一代由衷的愛戴和敬仰。一九七六年，文革接近了尾聲，不料在這一年周恩來、毛澤東相繼辭世。美國釣運界在震悼之餘，全面發動和展開追思、悼念的儀式，發表哀思追慕的文章。著名華人科學家、文人、教授、釣運團體和海外華人社團紛紛發表悼唁文章。這在國民黨尚在施加反共法西斯統治，在海外國民黨和美國情治特務虎視下，是一個歷史性突破，不能以一般對政治名流的悼唁視之。

（七）結論

不同於前一本的《春雷聲聲》之側重釣運的編年史爲軸心，本書《春雷之後》則以釣運重要文獻，總體地呈現了一九七二年到一九七八年間海外（包括台灣和香港）進步派釣運群體，特別是其中的左翼的思想、政治和文化運動，在民族分裂和冷戰—內戰交疊構造下，表現爲突破凍土，萌發思想意識形態新芽的重要意義，是海外戰後思想運動史上一頁史詩般的突出篇章。

保釣思潮，有破舊立新的一面，也有向上承接中國三、四〇年代激進思潮的一面。而由於很多問題—例如民族統一問題久懸不決，也就有尖銳及時的現實意義。

一九一九年五四運動提出「反帝、反封建」，提出「內除國賊，外抗強權」。釣運也提出反對美日帝國主義撥弄我釣魚島主權問題。時至今日，美日軍事結盟遏制中國，日本狂妄插手釣魚島主權，修改歷史教科書，參拜靖國神社等，都是當年釣運鬥爭留下的問題的惡化，突出了當年反日保釣的先驅精神。

釣運提出了「民族主義」問題。今日自由派知識份子仍然跟著外國人鄙視和誣蔑民族主義爲「偏狹」、爲「保守」、爲「反階級主義與國際主義」，卻對日本在靖國神社、教科書、和美國侵略伊拉克問題上保持沉默。所以，當年釣運提出的民族主義問題毫不過時，今天必須更堅定地爲反帝民族主義而鬥爭。

釣運在內部分裂的祖國前呼喚「認同」與「統一」，與一九四六—一九四九年間全中國「反內戰」、「和平建國」的民主和平統一運動相承接。今天，在「反分裂國家法」的法律下，時代要求在一中原則下，保持與反獨促統、和平統一的歷史方向相一致。釣運當年向「認同」、「統運」飛躍，富有鮮明現實意義。

一九七七到七八年，台灣鄉土文學論戰，引起釣運左派的關懷。鄉土文學論戰的一部分理論思想資源，受到釣運影響已如前述。鄉土文學論的現實主義、民眾文學說、民族文學——反文學西化說，既是中國三〇、四〇年代進步文學的遺緒，也是這遺緒在七〇年代台灣的回聲。今天，包括大陸研究台灣文學的圈子中，不大關懷台灣文學論述中激烈的統獨對立鬥爭，不注意一些日本右派支獨學者在台獨文論中煽風點火，要火線上的人講溫良恭儉讓，要和「國際」學者保持友好關係……真叫人哭笑不得！

釣運論壇中有幾篇文章談到七〇年代台灣資本主義經濟性質，除了羅隆邁（郭松棻）簡單說到美日「新殖民主義經濟」對台灣的統治外，其他有關七〇年代台灣經濟（生產方式）論的文章基本上比較弱。事實上，直到今天，台灣經濟史除了劉進慶、涂照彥、陳玉璽在六〇年代的業績外，很少從歷史唯物主義、政治經濟學的角度，給予台灣經濟論以科學的答案。問題提出來了，是釣運遺留的課題，有待今後俊才加以發展。

一九七四年到八〇年代持續不斷的保衛西南沙鬥爭，在今日中國全面和整體地快速崛起的形勢下，亟需油源和大量其他原材料之時，釣運所高舉的「保沙」旗幟有極其突出的現實意義。中國不以對外軍事擴張保衛工業化所需原料，則「擱置主權，共同開發」是非常明智的政策，深受越南和菲律賓的歡迎，只有日本悍然與我頂牛。在保衛我國東南沿海陸棚資源問題上，保釣、保沙都有先鋒性的意義。

但也必須指出，一九七〇——一九七八年的釣運，在世界冷戰和國共對峙造成分裂的祖國這樣的條件下，有它宿命的極限性。在北美爲主的這個「借來的土地」、「借來的空間」進行中華民族的思想文化啓蒙運動，先天就帶有不可克服的弱質。它在台灣開花爲以《夏潮》爲中心的進步思想文化運動，但在八〇年代的「台獨」狂潮中被「邊緣化」。北美的釣運雖然有若干個人仍然一本初衷，繼續堅持，但作爲運動的釣運已經成為昨日黃花。

但我深知這套書——加上上輯的《春雷聲聲》——的出版，不在為了對過去的悼念，而在為未死、將生的一代人留下比較清晰的腳蹤，以便為未來的跋涉者知道有先驅的餘音舊蹤，知道有未竟的思想和實踐的課題，等候雪融土破後另一次行軍的號角。

本書繁重的資料蒐集和編輯工作，主要落在龔忠武、葉先揚、周本初等同志們的肩膀上。沒有他們艱苦的勞動，這本書的成形是不可能的。特筆在此誌謝。

二〇〇五年七月

序言

編印釣統運文獻的甘苦

釣統運文獻編輯委員會

（一）迫切性和必要性

二十五週年、三十週年，轉眼間今年已經是釣運的第三十五個年頭了。真是年華似水，歲月催人！

想當年，年華正茂，意氣風發，呼風喚雨，摧毀舊世界，創造新天地。而今的老保釣都已進入黃昏歲月，皚皚白髮，垂垂老矣。老年人都有兩個通病，一個是強烈的時不我與的迫切感，因爲畢竟已經快走到人生盡頭了，甚至不少的老保釣已經走完了人生的旅途。君不見，最近釣統運又倒下了三員大將，一個是統運的健將李哲夫，一個是釣統運初期的健將郭松棻，一個是釣統運長期以來普受尊敬的傑出推手程君復。

時亟矣！大化流行，歲月催人走！接著李哲夫、郭松棻、程君復的，下一個倒在漫漫的釣統運長征途中的老兵，會是誰呢？那麼，我們是否應該趕快將這些已經走了的、或遲早也將要走的釣統運老兵的愛國事跡，用回憶錄、追思緬懷、口述歷史等方式留存下來、傳諸後世呢？

另一個通病就是喜歡往後看，看那曾經走過的坎坷道路，看那風雨飄搖的日子，看那崢嶸的歲月。我們老保釣最喜歡看的，當然是那段崢嶸歲月了。我們的軀體雖然日趨衰老，但是一顆赤誠的愛國之心不減當年，勝似當年，仍然像青春時代一樣，熾熱地燃燒著，耀眼地閃動著。所以，鑒於時不我與的迫切性，爲了發揮老年人的餘熱殘光，我們乃自一九九五年起，開始著手收存、整理、編印有關我們一生中那段最輝煌、最感到自豪、最值得珍惜的愛國事跡的文獻史料。終於，我們在二〇〇一年出版了《春雷聲聲》，現在我們又出版了三卷本《春雷之後》。

我們之所以編印這套文獻集，當然不單單只是為了發揮餘熱餘光，我們還有更深一層的考慮。誠如我們在《春雷聲聲》的序言中所說的，我們要通過這套文獻集，把我們「豐富的鬥爭經驗，高尚的反帝精神，崇高的民族統一目標，寶貴的人生智慧」傳承下去。這是我們的初衷，也是我們歷久而彌新的心志衷懷。

我們的這種心志衷懷，是同近現代中國無數的仁人志士的心志衷懷，是一脈相通的。對中國人來說，二〇〇五年是一個風雲際會的一年，除了是釣運三十五週年之外，更重要的還是可恥的《馬關條約》一一〇週年，不朽的長征七十週年，偉大的抗戰勝利六十週年，光榮的台灣光復六十週年。這幾個民族紀念日貫穿著一條紅線，就是近現代中國的仁人志士代代相傳的崇高的反帝愛國主義精神的薪火。我們保釣的一代，在那個特定的時空條件下，幸逢其會，接下了這神聖的薪火。我們有責任在我們的有生之年，把它再傳遞給下一個世代龍的傳人。

宏觀地來看，蓋自上個世紀以來至今，海外一共發生過三次大規模的愛國運動；第一次是一九一二年的辛亥革命，海外華僑出錢出力，熱心支持孫中山推翻封建王朝、建立民國的革命事業，因此贏得了「華僑是革命之母」的美譽。第二次是抗日戰爭，海外華僑同樣以無比的熱情，慷慨解囊，積極支持反對日本軍國主義、救亡圖存的民族聖戰。第三次就是自上個世紀的七〇年代起至今還在繼續進行的波瀾壯闊的釣統運。這是海外華人譜寫的又一首雄偉壯麗的愛國史篇。

但同前兩次相較，這次的愛國運動不但規模上涵蓋全球，而且具有更深刻、更深遠的歷史意義；因為除了維護釣魚台的神聖領土主權之外，還反對台獨，進而統一中國，振興中華，從而起了廣泛團結全球華人的偉大作用。而且，方興未艾的這次愛國運動，適值中國正在走出亞洲，走向世界，正在和平崛起成爲世界強國之際，這股波瀾壯闊的愛國力量自今以往，勢將對凝聚全球華人、振興中華，都將起著不容忽視的促進作用。從長遠的海外愛國華人歷史而言，現在的釣統運只是個序幕，只是開了個頭而已，今後長期全球華人振興中華的愛國運動才是主戲、正戲。

此外，從地緣上看，散居五大洲的海外華人社會同祖國大陸的關係，似乎是邊陲與中心的關係；但如果從人類文明互動的關係上來看，則數千萬華人特別是定居在仍然具有強大生命力的歐美文明的華人，將對古老的中華文明同人類其他各大文明之間的對話、交流，起著取長補短、吐故納新、引進輸出的橋樑促媒作用。而海外的愛國運動則是其主要推動力量。如果看不到這幅壯麗的遠景，我們就是患了嚴重的意識形態的色盲症和深度的歷史近視症。其嚴重的後果是不言而喻的。人無遠慮，必有近憂，此之謂也。

於此可見，釣統運歷史文獻史料的收集、保存、整理、編印工作，不但時間上有其刻不容緩的迫切性，更有其政治上的必要性，如果我們將海外愛國運動視爲中國近現代愛國運動的一個不可分割的整體的一部分的話。

有鑒於此，編委會義不容辭地繼《春雷聲聲》之後，再次負起了編印《春雷之後》的歷史責任。我們感到非常榮幸地有這個機會再次挑起了這副沉重的擔子；這項歷史任務雖然是無比甘美的，但其經驗卻是極其苦澀的。

（二）人財資料三缺

首先碰到的是一大堆亟待解決的、非常具體的難題；同編印上輯《春雷聲聲》的情況一樣，事情固然應該要做而且要盡快做好，但是真正著手進行的時候，卻找人沒有人，要錢沒有錢。因爲在釣統運進入低潮的八、九〇年代，沒有人願意再做這種吃力不討好的傻事了。所以，只好被迫自籌經費。幸好執行編委葉先揚自願承擔籌措經費的重任，再次懇請洛杉磯大中華高等教育基金會贊助，並蒙慷慨解囊，解決了棘手的經費問題，方使本輯的編印工作得以順利進行。我們編委會要在此向梁電敏、葉先揚和該基金會特別表示誠摯的謝意。

至於編輯班子，我們汲取了上輯的經驗，爲了更好地承擔本輯的編印工作，我們正式成立了由八人組成的釣統運文獻編輯委員會，而不是像上輯一樣，臨時靠關係「拉公差」，拼湊成軍。這八名編委基本上是在上輯編委的基礎上加以調整，按合理的地域分配原則組成的：即台灣（陳映真、王曉波）、大陸（吳國禎、林盛中）各二人，香港一人（關文亮），美國三人（龔忠武、葉先揚、周本初）。這些編委都是這些地區具有代表性的老保釣，於徵得同意後在自願基礎上參加編委班子。很榮幸能夠請到台灣的釣統運健將陳映真、王曉波兩位參加編務工作，實際上他們早在一九九三年來美作巡迴演講時就首先倡議編印釣統運文獻史料集了。常務主編也是自願性質的，如上輯的陳映真（雖無常務之名，卻有常務之實，本輯特予追認）和本輯的龔忠武，都是這樣產生的。每個編委都有其繁忙的本職工作，不可能專職全時從事文獻集的編印工作。幸好擔任本輯常務主編的龔忠武，已經退休，可以自由支配的時間較多而且也有彈性，所以請他負責本輯沉重的日常編務工作。執行編委葉先揚也是自願的，協助常務主編處理編務並同各地編委和外界聯絡。

縱然解決了人財兩個大問題，如果沒有文獻資料，也是巧婦難爲無米之炊，無從著手。幸好周本初、謝定裕、龔忠武三人保存了相當數量的釣統運資料。我們主要在他們提供的資料的基礎上，再利用哈佛燕京圖書館所藏的大量報刊，加以補充，就這樣解決了我們不可或缺的資料問題。此外，爲了盡可能地充實豐富文獻集，我們曾經於二〇〇一年十一月分別在《世界日報》和《僑報》刊登整版廣告，籲請老保釣提供手頭上有關釣統運的資料或撰寫回憶錄，並爲此目的還特別在郵局設了專用郵箱。但頗爲令人失望的是，竟然沒有收到隻字片言。我們爲此深感困惑不解，難道每個老保釣的釣統運資料都丟失了，或者他們當年的健筆現在都上銹了，筆桿子都重若千斤，寫不動了？這真是一個求人的苦澀經驗！

（三）編輯方針和選稿標準

接下來是編輯的方針和選稿的標準或尺度的問題，這是攸關文獻集的內容和質量的核心問題。本輯選稿同上輯一樣，凡符合下列方針和原則的文章，優先選用：

第一是，地域上以台灣和美國爲主，其他地區如香港、日本、歐洲，在本輯所涉期間，相對而言較少有意義的活動。其次是，發揚愛國主義傳統和精神，但特別重視在台灣受保釣運動催生的一些有關活動，例如民族主義辯論和鄉土文學論戰。第三是，既要有鮮明的現實意義，有助於促進祖國的統一大業，也要忠於客觀的歷史，以便對我們的後人交代。文獻集畢竟有別於純政治性的統戰宣傳品，所以不能以人廢言，應以其行爲和言論在當時產生的客觀影響爲取捨標準，將歷史回歸歷史。第四是，既要考慮到權威性，也要考慮到群眾性；不僅收錄知名專家學者的愛國言論，更要收錄一般大學生和研究生的愛國言論，主要視其能否反映釣統運的精神和時代的主旋律而定。

當然，由於本輯和上輯相距十年左右，同時由於本輯內容較上輯遠爲豐富多樣，所以本輯的編輯方針和原則也應與時俱進。具體而言，就是應當體現當前兩岸民族大和解的政治大氣候；雖然我們編委會是站在支持中國社會主義的左翼立場，但應當兼容並蓄當時民族自由派的愛國活動和意見。但是，不論在任何情況下，我們絕不能與時俱進到包容分裂國土的台獨言論，因爲這是同我們釣統運的基本精神背道而馳的。其次是，要有選擇性地處理釣統運中的一些運動或活動，如當時海外也曾跟風搞過批林批孔、儒法鬥爭等活動，但由於既不是當時的主流，不久就隨風消散，更由於過左或不合時宜，自應割愛。

（四）內容大要

本輯的時間跨度，從一九七二年五月至一九七八年底，也即從美國將釣魚台列嶼的行政管轄權正式交給日本起至中日簽訂和約，將中日釣魚台爭端掛起來留待後人處理止，跨度一共七、八年，較上輯長了三倍之多。其間的主要釣統運活動及其相關活動的史料都是本輯收錄的對象。

首先應當指出的是，我們很榮幸地取得謝定裕和陳映真的同意，爲本輯撰寫前言。謝的前言提綱挈領，明確界定了我們這套《春雷》文獻集的性質是釣統運的歷史記錄，而且是「至今有關海外愛國運動比較完整真實的歷史記錄」。事實的確如此，因爲環顧目前台港海外所有已經出版的有關釣統運的書籍，都各有所偏和側重，不像我們這套文獻集幾乎總括了美台兩地釣統運所有的重要活動。陳的前言，則將釣統運宏觀地放在「國際冷戰與國共內戰互相疊合的構造」中作深刻的歷史剖析和考察，突出了本輯的精神、主題，並扼要地介紹了各章節的主要內容。此外，他還敏銳地指出了本輯「總體地呈現了一九七二到一九七八年間海外進步派釣運群體的思想、政治和文化運動。」這的確是本輯的一個主要特點。所以，如果讀者想要了解本輯的主旨大要，但又沒有時間通讀這數百萬字的文獻集的話，仔細讀讀這兩篇前言就夠了。

其次是，本輯補錄了應該收錄在上輯中的一些史料，特別是當事人的第一手史料。既然是文獻史料集，當然就應該重視第一手的原始史料。謝定裕關於美東討論會的日記和孫正中關於周總理同美日華僑的談話記錄，因爲都是未曾發表過的當事人的第一手史料，都很有史料價值，理應珍惜保存，收錄書中。

需要強調的是，這段期間運動的主要特徵，不是像上輯一樣強調行動性的示威遊行，而是將重點放在文化思想和文藝活動方面；也就是說，本期的思想性重於釣運初期的運動性。近代中國歷史的發展有個不變的通則，就是先有政治運動，然後引發思想文化運動，思想文化運動再催生政治運動，如環相扣。最彰明卓著的例子就是一八九八年的百日維新運動，先有甲午之敗的國恥，繼有列強的瓜分，從而引發百日變政；再就是一九一九年的五四運動，先有日本的二十一條件，繼有巴黎和會的山東問題，以致觸發五四的新文化思想運動。這次的釣統運也不例外，完全遵循這個通則發展演變；先有保衛釣魚台列島主權的政治運動，而後始有思想和文化運動。

具體地說，這次釣統運引發的思想文化運動，譜寫了又一頁偉大的海外愛國史篇，其中經歷了「覺醒、決裂、認同、回歸」的四個階段或四部曲。覺醒就是從醉生夢死、政治冷感症中醒悟過來；決裂就是同個人的昨日決裂，同台灣的國府決裂，同冷戰時代反共反華的思維決裂，同歐美中心的價值觀和歷史觀決裂。這是破壞、揚棄舊的世界，接下來理應是建設新的世界，對當時釣統運的世代而言，就是覺醒、反思、學習，最後是認同、回歸祖國；不僅是思想上認同、回歸祖國的歷史、文化，還在身體上認同、回歸生根，參加祖國的現代化建設和促進祖國的統一。本輯所收的文獻史料主要就是體現這四部曲的心路歷程。

可以想像，這段歷程經歷了內心的痛苦掙扎和激烈的鬥爭，但是也充滿無限生機活力和希望，帶來了新生。至於當時在美留學生的自我學習、改造，現在看來相當膚淺，相當初級，甚至其文藝活動，充其量也只是繼承五四和三、四〇年代的文學愛國主義傳統，沒有多大的創意，不值得作爲本書的重點；然而島內當時興起的新文化、新思潮，特別是被海外保釣運動誘發的鄉土文學論戰，卻是另一番景象；就現在看來，不但具有創意，還具有鮮明的現實意義和深遠的歷史意義。所以，本輯作了重中之重的重點處理，並且還特別選了一些香港和海外有關這方面的論述。由於陳映真的前言中已經對這部分的內容作了權威性的介紹和論述，故此從略。

考慮到當前兩岸正在方興未艾的民族大和解的趨勢，本輯特別增列國共談判一節，因爲理論上，和平統一無法避免談判。而當時以《橋刊》和《野草》爲代表的民族自由派，希望在國共兩黨之間的和解方面起一種橋樑作用，倡導國共兩黨談判。現在看來，他們爲目前兩岸的政治大和解開了個很好的頭。

至於一些有爭議的人物的言論，是否應當選入，我們的標準和原則是：應當客觀地忠於歷史事實，還其原來面目，不能因人而廢言。例如直接涉及台大哲學系案件的馮滬祥，以及極力反對鄉土文學的余光中，當時由於或各事其主，或忠於自己的專業和理想，都是逆歷史潮流而動，是個保守落伍人物。爲了尊重歷史事實，理應還其原來面目。縱然他們兩人，目前在兩岸和解和反獨促統方面起著正面作用，有一定的進步性，但那是後話，後人自會給他們在這段時期的言行，給予公正的評價。

基於同一原因，對於美國學者林培瑞（Perry Link），在他當時所述的關於中國乒乓球隊訪美的印象中，說了一些正面的話。例如他說：「我個人堅決反對越戰。中國隊員的這種嶄新作風，使我想到美國賴在越南不走，骨子裡的原因，就是想要用飛機大炮強迫越南人民接受美國式的民主自由，這完全是老牌帝國主義的作風，是很不正當的方法。」你看他那時說得多好啊！但是，十多年後他卻在六四期間協助方勵之夫婦進入美國駐華使館，完全站在民運一邊，走向了歷史的反面。但本輯鑒於該文頗具史料價值，還是讓歷史回歸歷史，乃收錄輯中。

第四章所處理的保沙運動，當時只是保釣運動中的一個插曲，一個支流。但隨著目前中國日益崛起成為東亞和世界大國甚至強國，中國對海疆主權、南海資源和南海航線的安全日益重視，致使中國南海和西南沙的戰略地位，日趨重要。所以釣統運期間所進行的保沙運動，現在看來，是具有深遠的戰略和歷史意義的。例如，我們的惡鄰日本，其當時的《日本經濟新聞》日報對西沙戰役評論說：「中國海軍是傳統地進行防禦的軍隊，但是，從西沙群島的衝突來看，中國的態度是，誰要侵犯本國領海，就要對它採取堅決的行動。」這樣的分析和觀察，深獲我（中國之）心，在今天仍然有效。

至於南海的戰略重要性，甚至當時有些學生刊物就已經深刻地認識到這點了，例如筆名黃參的一個學生，在〈火速起來保衛南沙〉一文中頗為憂心地指出：「就事論事，今日保沙要比當年保釣來得更迫切，原因是：……釣魚台事件充其量也只不過是中日之事，不像南沙有著發展為中國與超級大國之爭的危險。所以，我們必須趁著這還是地區性的衝突的時候，早些解決這事，否則將來發展為中國與超級大國之爭，則禍及全世界矣，後果更不堪設想了！」三十多年前，就有這樣的遠見，而且只是個年輕的學生，實在難能可貴。所以本輯特專闢一章，對保沙運動作了重點處理。

關於開闢比較有爭議的專章第五章，重點地收錄了一九七六年毛周追悼會的有關文獻史料，主要有兩點考慮：一個是，這兩個追悼會在紐約完全是由保釣人士主辦的，是我們當時感到自豪的主要愛國活動之一，所以絕對不能略而不問。第二、雖然目前毛周的影響力，隨著中國進入改革開放的時代，而有「此一時也，彼一時也」之感，但他們在中國歷史上甚至在人類歷史上都具有永恆崇高的地位。這是歷史，是不會隨著時間而改變的歷史，絕不容抹煞。現在讓我們列舉毛周逝世時，一些一向以反共、反華、反毛出名的美國、英國和法國的主要媒體對毛的蓋棺定論（對周的歷史評價，較少爭議，姑且從略）作為有力的印證：

美國《紐約時報》：毛澤東在歷史上的位置是確定的，當書寫我們時代的英雄史冊時，他將是這個激烈、革命世紀裡的最卓越的人物之一；假如中國的聲音今天在世界會議上獲得人們尊敬地傾聽，那主要是毛在一九四九年解放中國大陸後所完成的改造的成果。

美國《華盛頓郵報》：他以最有力的形式，結合了當代兩種基本的力量，共產主義和民族主義，而在中國培育他們，鞭策他們；他不僅改變了他的國家，而且最後教導了人類，其數量遠遠超過歷史上任何其他政治領袖所教導過的人民。

英國路透社：毛澤東是把中國改變，把世界震撼的偉大共產主義革命的鼓動者……在這一進程中，「沉睡巨人」的中國連古老的根源也被搖醒，發展為一個以艱苦路線組織起來的強大國家，現代世界第一次聽到她的聲音。

法國法新社：在他的領導下，中國正如他所篤力要求的那樣，「站起來了」，中國不再是飢餓、洪水、疾病、天災四種幽靈苦苦糾纏的「東亞病夫」了。

像這樣一位甚至讓他思想上的頑敵都不得不實事求是地肯定他的偉大歷史業績的中國偉人，當他逝世時，我們有幸生長在毛周時代並有幸舉辦他們的追悼會，豈能略而不論？否則，我們不但於心難安，還將因為我們囿於一時的官方意識形態或派系私見所形成的歷史短視，而受到千百年後後人的嚴厲責難。

同樣重要的是，毛周逝世激發舉世的哀悼、贊頌和敬仰，這對受了被國民黨長期惡魔化的「毛匪、周匪」教育的我們台灣保釣世代，簡直就是思想上的大地震，從而對海外留學生的覺醒、決裂、認同、回歸的心路歷程，起了不容低估的誘發和鞭策作用。關於這種思想上的革命性變化，《春雷聲聲》的序言中是這樣描述的：

「毛在當時世界獨領風騷，尤其是當毛和尼克松總統會晤後，毛更是紅遍天下。所以，毛同時滿足了釣統運左翼朋友所追求的中國富強和先進社會的兩個理想。國運至此，夫復何求？所以毛成為他們心目中的英雄和偶像。……於是從毛那裡，他們享受到從未享受過的作為一個中國人的尊嚴和自豪感，但從蔣介石那裡，他們卻感受到作為一個中國人的羞辱感和無力感。兩者形成多麼強烈的對比！」

所以，爲了紀念心目中的英雄和偶像的逝世，當時我們老保釣才會在紐約甘冒白色恐怖的危險，在「國民黨和美國情治特務的虎視下」（見陳映真前言），舉辦了莊嚴隆重的歷史性毛周追悼會。這是海外愛國華人的一個「歷史性的突破」（見陳映真前言），因此，我們豈能不把這珍貴一頁的光輝歷史事跡，原原本本地保存下來，作爲我們最好的歷史見證，永載史冊，傳諸後世？

最後一章的第六章，以一九七八年《中日和約》的締結作爲結束，因爲大體上從這一年起釣運正式進入低潮。這一章的第二節中選登了左、中、右三派立場和觀點的文章，以體現當前民族大和解的潮流。這一節是開放的，凡是回憶文章，只要是對事不對人，只要是言之有物，基本上都是來者不拒，在截稿前，盡量收入。不過，需要說明的是，由於登報呼籲和口頭邀請老保釣撰寫簡短精悍的回憶錄後，應者寥寥，所以我們除了自責自己缺乏一呼百應的號召力之外，只好退而求其次，盡量收集在雜誌報章上刊登的老保釣所寫的有關釣統運期間活動的回憶性文章；或者是當老保釣辭世時別人對他們的追思緬懷的文章，例如追思蘇慶黎、郭松棻、程君復等的文章皆屬此類。本輯所收這類的文稿，實質上也可算是對他們事跡的部分的真實記錄，雖然不是出自他們的手筆，雖然難免有「一鱗半爪、吉光片羽」之嫌，不夠全面。

五、對讀者和老保釣建議的回應

對於我們編印的文獻集的批判和建議主要來自三個來源，一個是二〇〇三年十一月四日利用接待吳國禎和林盛中途經紐約之便，在紐約皇后區東興樓中餐館所舉行一次約有十多名老保釣參加的座談會。第二個來源是北京台灣同學會每年一次的年會，特別是今年在西藏舉行的一次年會。第三個來源是個別的熱心老保釣。從這三個來源，我們都收到了非常具有建設性的意見，對我們編好本輯有很大的幫助。

《春雷》上下輯實際上是一個整體，一個整套的文獻集，雖然出版時間有先後之分。所以對於這些批評和建議，我們在下輯中都酌情予以採納。其中最重要的一個建議和批評，就是上輯中全是枯燥的文字，沒有一張照片。有鑒於此，本輯中特別增闢了照片部分。本輯所收的一百多張照片，內容的一個主要部分是關於一九七一年四月十日華盛頓的歷史性大遊行和同年九月二十日布朗大學的美東討論會。這部分的數十張照片，是由台灣基隆海洋大學的陳贊煌教授提供的。但是由於是從無聲影片轉製成光碟，加上已經三十多年了，所以影像不很清晰，但畢竟生動地記錄了我們崢嶸歲月的詩樣的往事，所以還是十分珍貴的。特別是，當在照片上發現一些熟悉的年輕面孔時，就禁不住發出「那不是……」的驚呼，而感到一種意外的驚喜！

另一個主要部分是鄧玉琳個人珍藏多年的照片，內容包括中國乒乓球訪美、楊振寧和保釣第四團的回國觀感、美國留學生界的文藝演出和校園內所辦的認識中國的活動等。另外一些零星的照片，例如紐約一九七六年的毛澤東追悼會的照片是由《僑報》總編輯鄭依德提供的（非常遺憾的是，沒有周恩來追悼會的照片）；台灣保釣運動的照片是由王曉波約請鄭鴻生製成的光碟轉製而成的；全美華人協會活動的照片是由何炳棣教授提供的。這些照片，雖然爲數不多，而且效果又不很理想，但爲下輯增色不少。這是我們要向這些照片的提供者特別致謝的。

其中何教授，以耄耋之年，還豪情不減當年，熱心支持我們的事業；除了提供珍貴的照片之外，還親自爲本輯封面和封面的內頁題字。並且慨允我們摘錄其力作《讀史閱世六十年》一書中關於他參與釣運、回國探訪以及和楊振寧等人組織全美華人協會等愛國活動的一段回憶文字。這種前輩學人促進愛國事業、獎掖後進的長者風範，實在令人敬佩！我們內心對此的感受是無比的甜美！與此成爲強烈對比的是，老保釣們對我們提供照片的呼籲和請求，置之不理。我們內心對此的感受自是無比的苦澀！

不過，儘管如此，上述這些爲數有限的照片，畢竟聊勝於無，而且它們又把我們帶回到那個激情浪漫的青春年代。這時，就是再多的苦澀，也將消失在甘美的金色回憶之中了。

另外，有些讀者們建議應該盡量註明文章的來源和作者的真實姓名。這是很好的建議，在本輯中我們已經盡量滿足讀者的要求，這也是我們編者的本分職責。但是要指出的，保釣期間，在濃厚的白色恐怖氣氛下，學生刊物上的筆名千奇百怪，根本無從查起。本輯中少數文章所使用的古怪筆名可以爲證。也有些筆名，我們猜想是某人所用，但當向其查證時，他們自己甚至都記不清幾十年前的即興大作了；甚至有的文章，明知是某人所寫，但由於此一時也，彼一時也，現在卻不認帳了。還有，就是筆名雷同的現象，如漁父之類，實在難以查證。我們也只好順其自然，以原來的面貌刊登。所以，在本輯中，如果我們確證筆名是某人所用，均在旁邊以括號注明真實姓名，例如丁一是謝定裕，許南村是陳映真，高原是周本初，簡達和羅隆邁是郭松棻，柳迎是林盛中，中一是葉先揚，萬頃波和穀若虛是龔忠武等，我們均如實註明真實姓名。

最後要指出的是，在編輯本輯時，承蒙謝定裕對章節的安排和蘇紀蘭對章節的標題，都提出了非常有建設性的意見，我們都酌情採納，從而使本輯更趨完善。他們就是上文所說的第三個來源，個別的熱心老保釣。我們特此向他們表示謝意。

總之，我們抱著一種認真負責的態度，盡量糾正上輯的失誤並盡力編好本輯。現在經過一年多的努力，本輯終於問世了，我們感到無限的安慰和滿足，縱然有再多的苦澀和挫折，我們認爲也是值得的，因爲我們終於品嘗到所結碩果的甘美滋味了。

〈第一卷〉

前言一　一套完整真實的釣統運記錄／謝定裕　1

前言二　突破兩岸分斷的構造，開創統一的新時代／陳映真　4

序　言　編印釣統運文獻的甘苦／釣統運文獻編輯委員會　15

▼

第一章　春雷之後——從釣運走向統運

一、五年來留美中國學生運動的回顧／姚立民　三

二、第一次釣運的回顧／李子堅　一七

三、追憶台港留美學生的激情歲月／王正方　三六

第一節　釣運初期史實增補（一九七一——一九七二）

一、美東討論會前後／謝定裕　四九

二、美國參議院外交委員會舉行釣魚台問題聽證會　六三
1. 美參議院決為釣魚台舉行聽證會／芝大《釣魚台快訊》　六三
2. 楊振寧等在美國參議院外交委員會為釣魚台問題作證　六四
【附錄】(1)美國夏威夷州華裔參議員鄺友良先生在參議院發言記錄／鄺友良　六八
(2)盛宣懷後裔徐逸女士的法律顧問致徐女士函／Robert Morris　七〇
三、由日本海圖證明釣魚台是中國領土——並論釣魚台列嶼之日本命名／盛承楠　七一
四、先爭琉球，再談釣魚台／陸寶千　七七

第二節　進入釣統運並舉的新階段

一、保釣運動的性質／簡達　八四
二、釣運帶我們來到這裡，歷史引導我們向前／《東風》雜誌發刊詞　九三
三、我們為什麼要發起中國統一運動／柏克萊、洛杉磯保釣分會　九六
四、發動中國統一運動草案／柏克萊、洛杉磯保釣分會　九九

第三節　周恩來總理談對台政策

目錄

一、周總理接見美日華僑國慶參觀團之談話摘要／孫正中 記錄　一〇一
二、周恩來總理會見台籍人士側記／蔡刊　一一三
三、記周恩來關於台灣問題的談話／余雨　一一九
四、周恩來總理與台灣保釣領袖深宵密談／王正方　一二六
第四節　國共談判倡議
一、國共談判是時候了／王章華、嚴昭、陳立家等　一三三
二、敬答台北政府——國共和談，正是時候／《野草》、《橋刊》聯合社論　一三九
三、勝利的微笑，失敗的驕傲——國共和談運動形成的評介／沙沙　一四二
四、再接再厲，促進和談／錢大慕　一四九
五、傅作義將軍呼籲和平　一五二
六、北京加強對台灣的和談呼籲　一五四
七、國共和談之癥結及中華聯邦之獻議／毛立心　一五七
八、和平統一中國芻議／陸夏豪　一六一

第五節　統獨爭論

一、「台獨」——馴狗師和狗的故事／包錯石　一六四
二、唯獨論毒藥／草地人　一七三
三、對「台灣獨立基於民族自決原則」的概念之批判／林盛中　一八〇
四、對台灣獨立運動的幾點小意見／紐約釣運學習小組　一八五
五、評台灣獨立論／劉世民　一八八
六、上帝主張分裂中國嗎？／王曉波　二〇〇
七、旅美台灣長老教會與「台獨」／張紹達　二〇九
八、從威廉波特球場惡鬥看台灣獨立運動／光雄　二一五

第六節　台灣社會之批判——經濟起飛的代價

一、關於台灣經濟根本問題的探討／林義雄　二二一
二、兩個經歷，兩個世界／阿水　二三八
三、從實例看外資在台灣的絕招／客仔　二四四

【附錄】日人在台成功之秘訣／江蘇民 二六〇
四、台灣的色情觀光事業／趙迅如 二六二

第七節　白色恐怖

【美國】
一、國民黨特務在美國的活動／台灣問題研究會 二七〇
二、反迫害、反暴力、反欺騙／大風社 二八七
三、愛國有罪／國事簡訊社 二八九
【紐約】
一、紐約保衛中國領土釣魚台行動委員會聲明／紐約保衛釣魚台行動委員會 二九一
二、徐守騰的一封信／徐守騰 二九二
三、誰在搞「紐約保釣造反總部」——國民黨的假雞毛令箭／《群報》 二九三
四、釣運是「共匪」陰謀造成的嗎？／聞道 二九六
五、「匪對釣運陰謀真相大白」／文山 二九八

【附錄】1.共匪「釣運」陰謀敗露——知識份子及早警覺／《中央日報》社論　三〇一
2.匪對「釣運」陰謀真相大白／《中央日報》記者 魏瀚　三〇三

【洛杉磯】

一、洛城暴行記／洛杉磯釣魚台行動委員會　三一〇
二、反拳毆、反棒打、反迫害／洛杉磯釣魚台行動委員會　三一二
三、洛城反暴力示威簡記／洛杉磯釣魚台行動委員會　三一四

【艾荷華】

移民局調查在艾城／艾荷華大學中國統一促進會　三一九

【夏威夷】

一、陳玉璽事件——良心的囚人／覺蹊　三二一
二、抗議聲明／陳玉璽　三二四
【附錄】台灣警備總司令部軍事檢察官起訴書　三二六

【台灣】

目錄

一、烈士們，我們向你致敬／《東風》雜誌編輯部 三二八
二、台灣島內的學生運動近況／小留學生 三三一
三、台灣知識份子又一次遭受迫害／尚自由 三三五
【附錄】台北逮捕大學教授及學生／《紐約時報》 三三八
四、台大哲學系事件 三四一
1. 台大哲學系事件／洪三雄 三四一
2. 談談「台大哲學系變了顏色」／張文 三五三
3. 台大哲學系風波／勞力 三五九
4. 台大哲學系變了顏色／紀五 三六五
五、政治犯事件 三六九
1. 營救台灣政治犯的運動／波濤 三六九
2. 反對台灣的秘密處決／反對台灣秘密處決政治犯委員會 三七二
3. 淒慘的無言的嘴——遙念陳映真／談梅 三七六
4. 留學生黃妮娜返台被捕／一群關心台灣的留學生 三七九
5. 聞陳明忠等被判刑有感／曹少青 三八三

6.葉島蕾案 三八六
(1)葉島蕾案評析／鍾兆揚 三八六
【附錄】a.台灣留學生之中可能有特務／Marc Perrusquia 三九九
b.葉島蕾是「統一」陰謀下的犧牲品／唐經瀾 四〇一
(2)與陳挹芳的電話訪談／鍾兆揚 四〇四
(3)懷念葉島蕾／董慶圓 四〇七
7.評台灣六青年「匪諜」案／楊華 四一三
六、台灣《人間世》被扣風波／傅壘 四一七

第二章 東風開始盛吹

第一節 中國外交的春天 四二三
一、東風吹進了聯合國 四二三
1.中國代表權聯大已決議／洛杉磯中國同學會聯合會 四二三

目錄

2.聯大中國代表權之決議／洛杉磯中國同學會聯合會 四二四
3.世界的新紀元——祝賀中國恢復聯合國的合法席位和權利／龔忠武 四二六
【附錄】中國向世界發出時代的強音／龔忠武
——紀念中國恢復聯合國合法席位二十五週年 四三一
4.中國恢復聯合國席位短評二則 四三四
(1)中國人民的勝利 四三四
(2)認清歷史潮流 四三四
5.從中國看世界／林達光 四三六
6.從聯合國恢復中國席位說起 四四一
二、東風迎來了大洋彼岸的貴賓尼克松總統 四四五
1.在歡迎美國總統尼克松的盛大國宴上 四四五
(1)周恩來總理致祝酒詞 四四五
(2)尼克松總統致祝酒詞 四四六
2.《中美聯合公報》全文 四四八
3.從《中美聯合公報》談起／《紐約釣魚台月刊》社論 四五二

4.《中美聯合公報》的意義／伊大國是研究社 四五五
5.各國輿論評《中美聯合公報》／《七十年代》編輯部 四五七
6.《中美聯合公報》發表後的亞洲／梅之 四六四
7.寫在尼克松訪華之後／KU 四七五
8.尼克松訪華後，在美華人該做什麼／《佛羅里達通訊》編輯部 四八〇
9.由《中美聯合公報》看台籍留學生能做什麼／林愛台 四八二
三、東風向美國人民送來了小白球 四八七
1.中國乒乓球隊訪美作巡迴友誼表演賽／《時代報》 四八七
——轉達中國人民對美國人民的友好問候
2.漫談乒乓會友／鄂公 四九〇
3.觀乒球記／KU 四九三
4.回憶同中國球員相處的日子／龔忠武 訪譯 四九六
——訪美方翻譯員林培瑞（Perry Link）
四、東風迎來了一衣帶水鄰邦的貴賓田中角榮首相 五一二
1.在歡迎田中首相的盛大國宴上 五一二
(1)周恩來總理的祝酒詞 五一二

(2)田中首相的祝酒詞　五一四
2.《中日聯合聲明》　五一六
3.《中日聯合聲明》的時代意義／紐約釣魚台學習小組　五一九
4.漫談中日復交／葉德　五二四
5.中日復交面面觀／姚立民　五三四
6.論中共與日本之建交／康夫　五三八
第二節　東風吹醒了龍的子孫
一、何去何從　五四二
1.談留學生的覺醒／鐵血　五四二
2.兩種留學生——聞一多與胡適／姜怡　五四七
3.一樣貨色，兩種包裝——論留學生中的極左與極右／游遠　五五四
4.我們的出路何在？　五五八
(1)《佛羅里達通訊》發刊詞／《佛羅里達通訊》編輯部　五五八
(2)《柏克萊快訊》發刊詞／《柏克萊快訊》編輯部　五五九

(3)《台灣雜誌》發刊詞／《台灣雜誌》編輯部　五六〇
5.台灣知識份子何去何從／章尚港　五六二
6.保釣運動對台大人的意義與影響／瞿宛文　五七四
7.洪流中的一點浪花／羅廷然　五七八
8.談《盤古》的方向及香港知識份子認同中國的道路／羅卡　五八三
9.我能做什麼？——給一位在美國的朋友／甘為　五八六

二、對中國歷史的反思　五九一
1.從歷史的尺度看新中國的特色與成就／何柄棣　五九一
2.略論美蘇兩國學者對中國近代史解釋的基本分歧／龔忠武　六二〇
3.試論西方中國史學家對中國近現代史的幾個錯誤假定／龔忠武　六三二
4.哈佛的激情歲月——釣運與我，我與釣運（一九七一—一九七五）／龔忠武　六四二

第三節　思鄉情切，認識祖國——談回國觀感

一、「中國熱」掀起以來的感想／李怡　六六一
——一九七三年十月在香港專上學聯主辦的「中國周」研討會上的講話

二、中國之行的幾點觀感／王浩　六七二
三、楊振寧教授與日本大學教授中村誠太郎關於訪問中國印象的談話／楊振寧　七〇四
四、離別三十七年後回到中國／吳健雄、袁家騮　七一〇
五、談中國的藝術創作及其他／趙無極（梁田 譯）　七一八
六、祖國之旅／丁一（謝定裕）　七二三
七、葉嘉瑩、於梨華、孫至銳暢談訪問中國觀感／龔忠武 記錄　七五二
【附錄】祖國行長歌／葉嘉瑩　七八七
八、與毛主席在中南海重逢敘舊／李振翩、湯漢志　七九二
九、在中國旅行的觀感／吳瑾琛　七九六
十、我怎樣走認識中國的路／芽青　八〇五

第四節　蓬勃的文藝影劇運動

創造海外華人的新文藝／谷若虛（龔忠武）　八一〇
一、電影　八一四

全美各校園或華人社區放映之電影目錄 八一四

二、歌舞戲劇 八一五

1. 海外劇運的萌芽／姚立民 八一五

【附錄】全美各校園或華人社區演出之話劇和歌舞劇目錄 八二二

2. 《日出》在波士頓成功演出／《群報》 八二三

3. 評新編話劇《黎明之前》／劉文愷 八二四

4. 觀《雷雨》雜感／菊孫 八二七

5. 《雷雨》觀後／蕊 八三一

6. 前度《洪流》今又來／姚立民 八三四

7. 評話劇《慶團圓》演出 八三六

(1)介紹話劇《慶團圓》／李萱 八三六

(2)我看《慶團圓》的感想／華女 八三八

(3)海峽兩岸一家人——《慶團圓》觀後記／殷勤 八三九

(4)話劇《慶團圓》的現實意義／龔忠武 八四一

(5)在紐約看《慶團圓》有感／程步奎（鄭培凱） 八四六

八五四 【附錄】a.台北橋頭亂糟糟，兩岸連接慶團圓／《美洲華僑日報》
——記「二·二八」紀念大會精彩演出
八五六 b.一次值得讚揚的「二·二八」紀念會／萬頃波（龔忠武）
八五九 8.桂蓉媳婦／齊文
八六一 9.舞台文藝創作演出經驗談／麥愛國
八六五 【附錄】(1)胸懷祖國，放眼世界／威斯康辛大學中國同學會 集體創作
八八一 (2)《海峽兩岸是一家》歌舞劇

〈第二卷〉

▼ 第三章 台灣湧現的新文化、新思潮——回歸民族、鄉土、民眾

第一節 一石激起千層浪——學生運動是洪水猛獸嗎？

八八九 一、國民黨圍剿「開放學生運動」——〈一個小市民的心聲〉的統戰及其迴響／洪三雄

【附錄】從《小市民》到《沙鷗》——「處變」聲中台北的兩種意識形態/韋名 九一九
二、請聽「百分之二」的心聲——《大學雜誌》讀者來函 九二六
三、信任與尊重我們的年輕人/楊國樞 九三八
——與友人談〈一個小市民的心聲〉之一 九三八
——與友人談〈一個小市民的心聲〉之二 九五〇
四、學生的權利與義務/李少儀、陳景安 九六〇
五、徹底鏟除麻痺人心的「小市民思想」/高準 九七三
六、「安分守己」的話——評〈一個小市民的心聲〉/何烈 九七八
七、我看〈一個小市民的心聲〉/孫震 九八四
八、神秘小市民的阿芙蓉思想/葉洪生 九八七
九、留學生與小市民——論國民黨的價值觀與道德觀/柳文聲 九八九
十、小市民乎?傳聲筒乎?/立民 九九六
十一、自〈一個小市民的心聲〉說起/裴培 一〇〇〇

第二節 民族主義何罪?

一、台大民族主義座談會與民族主義論戰／洪三雄　一〇〇三
二、台灣知識青年辯論民族主義／白利安　一〇一二
三、愛國才能反共／王曉波　一〇三一
四、民族主義的根源及其他／北劍　一〇三五
五、中國的良心在哪裡？——一個文化民族主義者的控訴／北劍　一〇三九
六、民族主義的黃昏？——民族主義的湧現，有其客觀環境的需要／傑　一〇四五
七、義和團思想？——兼論貧血的台大人／武憶秋　一〇四九
八、談自由民族主義／星光　一〇五三
第三節　台灣文壇藝壇誰家天下？
一、通論　一〇五五
1.向內戰．冷戰的意識形態挑戰／陳映真　一〇五五
——七〇年代文學論爭在台灣文藝思潮史上的劃時代意義
2.談談台灣的文學／羅隆邁（郭松棻）　一〇九二
3.回顧之前，再思之後——對鄉土文學論戰研究的斷想／申正浩　一一〇五

目錄

4.台灣「鄉土文學」論戰的前前後後／時雨　一一二四
5.想像鄉土・想像族群——日據時代台灣鄉土觀念問題／施淑　一一三四
6.七〇年代時代精神再確認的課題／曾健民　一一四七
7.文學，休走！／趙知悌　一一六三
8.由蛻變的角度去看台灣鄉土文學的興起——顧國府效法王導之從吳俗／夏宗漢　一一七二

二、鄉土文學論戰　一一九一

1.台灣鄉土文學／杜朝陽　一一九一
2.台灣的「鄉土文學論戰」／殷成實　一二〇〇
3.鄉土文學中的「鄉土」／呂正惠　一二〇八
4.也談鄉土文學事件／方禾民　一二一四
5.台灣鄉土文學專刊／台灣文學研究社編輯部　一二二九
6.是「現實主義」文學，不是鄉土文學——有關「鄉土文學」的史的分析／王拓　一二三四
7.陳映真的文學思想片斷　一二五一
(1)陳映真的文學思想及政治觀／韋名　一二五一
(2)建立民族文學的風格／陳映真　一二六九

【附錄】一年來的文學／陳映真　一二七六
(3)現代主義的再開發／陳映真　一二七九
8.打破文學中立的神話／王津平　一二八五
9.從民族的苦難談起——為鄉土文學辯白／李利國　一二九五
第四節　爲誰創作？余光中、彭歌、瓊瑤、陳之藩的四個典型
一、文學家該為誰而寫作？／勞為民　一三〇〇
二、寫實文學中新起的「道德力量」——序《望君早歸》／蔣勳　一三〇五
三、個人主義文藝的考察——站在什麼立場說什麼話兼評王文興的《家變》／尉天驄　一三一四
四、唐文標事件／顏元叔　一三二〇
五、中國的兒女要回到中國的懷抱！／曉盼　一三二四
六、余光中　一三三一
1.詩人何罪？／余光中　一三三一
2.狼來了／余光中　一三三五
3.評台北有關「鄉土文學」之爭／徐復觀　一三三八

4.文學為人生服務／尉天驄　一三四〇
5.我看〈狼來了〉／牧童　一三四二
6.余光中到底說了些什麼／李佩玲　一三四四
7.評余光中詩作的觀念與藝術——三評余光中的詩／陳鼓應　一三四八
8.充滿矛盾的「詩人」余光中／姚立民　一三八〇
9.扯下余光中的愛國面紗／徐克（徐文光）　一三九六
七、彭歌　一四〇六
1.不談人性．何來文學／彭歌　一四〇六
2.擁抱健康的大地——讀彭歌先生：〈不談人性．何來文學〉的感想／王拓　一四二二
3.從急先鋒彭歌談起／王輝　一四三四
八、注意！「瓊瑤公害」——兼以「瓊瑤問題」答覆王文興教授／曾心儀　一四三九
九、陳之藩的自棄及其亡國意識／石敏輝　一四四四
第五節　是誰病了？是社會還是作家？
一、陳映真的〈將軍族〉／李黎　一四五八

二、殯儀館的化粧師——論白先勇的小說／李黎　一四六二
三、為鄉土文學把脈／尹雪曼　一四六八
四、王文興教授的經濟觀和文化觀／《夏潮》編輯部 記錄　一四七三
五、是法西斯化，不是西化／李慶榮　一四八八
六、象牙塔裡的良心／蘇格拉高　一四九五
七、〈一些憂慮〉（摘錄）／王紘久　一五〇〇
八、晦澀的不是文字，而是思想／唐文標　一五〇三
第六節　何去何從——挑戰與機遇
一、中國文學往何處去？——中西文藝思潮座談會／明鳳英 記錄　一五〇五
二、夏潮讀者談文學問題／《夏潮》訪問 記錄　一五二一
三、鄉土文學事件總評／抄評公　一五三四
四、文學到底該走什麼路？／袁宏昇　一五四四
五、談鄉土文學．探未來道路／江春男　一五五〇

六、期待一種文學／顏元叔　一五五二
七、中國現代文化造型的方向／孫慶餘　一五五六
八、〈起來，接受更大的挑戰〉（摘錄）／蔣勳　一五七〇
九、中國人立場之回歸——為尉天驄先生《鄉土文學討論集》而作／胡秋原　一五七二
十、「施威」乎？「整肅」乎？／胡菊人　一五七五
十一、本土之前的鄉土——談一種思想的可能性的中挫／林載爵　一五七七
十二、艱難的路，咱們一路走來／人間編輯部 記錄　一五九二
十三、一時代思想的倒退與反動／石家駒（陳映真）
——從王拓〈鄉土文學論戰與台灣本土化運動〉的批判展開　一六一六
【附錄】尉天驄編《鄉土文學討論集》所收論文發表時間表　一六四一

〈第三卷〉

第四章　西南沙衝突與保沙運動

目錄

第一節　南海風雲緊急

一、西南沙事件概述／《群報》編輯部　一六四九
二、西南沙事件背景的探索／韋名　一六五四
三、南沙群島事件的前前後後／郭生　一六六八
四、菲越覬覦下的西南沙群島——西南沙群島隱伏的危機／漁父　一六七七
【附錄】外人侵我南海諸島史實／底特律國是研討會　一六九〇
五、西南沙群島上空的國際風暴與尋油熱／狄縱橫　一六九四
六、南沙群島的地理、資源和戰略重要性／狄縱橫　一七一三
【附錄】1.美日爭相勘探我國沿海地區／《群報》　一七三二
2.富饒的西沙群島／《七十年代》編輯部　一七三三
七、南沙群島必須回到祖國懷抱／狄縱橫　一七三六

第二節　西南沙群島是我們的！

一、南中國海諸島嶼的主權問題／鄧嗣禹　一七四七
二、從歷史載籍及輿圖看南海諸島的主權歸屬問題／葉漢明　吳瑞卿　一七六三
三、我國與南沙群島的實質關聯／狄縱橫　一七八四
【附錄】1.收復南沙群島親歷記／何炳材　一七九二
2.見證永興艦駛進西沙群島／韓敏學　一七九七
3.中國代表促停止測量南沙／《群報》　一七九九
四、我國海疆和國際法／張顯鍾　一八〇〇
五、從國際法看西沙與南沙爭端　一八〇二
六、從國際公法看領土之得失／守華　一八〇六
七、西沙文物──西沙群島文物調查摘要／漁夫　一八一一

第三節　人若犯我，我必犯人──西沙點燃戰火

一、西沙之戰／茗子　一八一五
二、北京官方聲明　一八四二

【附錄】1.西南沙大事記／麥城威斯康辛保沙委員會資料小組　一八四六
2.西南沙群島大事記／《橋刊》編輯部　一八五〇
三、詩歌　一八五八
1.西沙之戰／張永枚　一八五八
2.保衛南沙　一八九七
3.南沙歷來本吾土／吳明　一八九九
第四節　中外評論
一、我們對南海諸島事件應有的認識和立場／許良雄　一九〇一
二、從南沙事件說起／沈君山　一九〇五
三、遙望南疆／楊子　一九〇八
四、我國應正視南海危機／鄧兌人　一九一〇
五、南沙事件的時事演變／南鯊　一九一二
六、從南沙事件說起／李得勝　一九一四

七、西貢為什麼挑起戰爭？ 一九一七

八、揭開西貢政權侵南沙之謎 一九一八

九、日本輿論評西沙之戰／《美洲華僑日報》 一九二一

第五節　起來，保衛西南沙！

一、這樣的政府 一九二三

1. 國民黨政權與南沙／懷敏 一九二三

2. 一幕陰險的惡計／旭陽 一九二七

3. 關於南沙的幾個漏網消息／李志康 一九二九

二、掀起了保沙運動 一九三三

1. 國民政府應立刻行動！／何石鳴 一九三三

2. 行動起來！保衛南沙！／麥城威斯康辛保沙委員會 一九三四

3. 火速起來保衛南沙！／黃參 一九三八

4. 蚍蜉撼大樹，談何容易！／喬華 一九四一

5.「西南沙臨時行動委員會」好！／喬華 一九四二

第六節　美國各地的保沙運動

【紐約】
一、記紐約「南海諸島主權問題報告會」／樂群　一九四四
【附錄】南海諸島之主權／程陶（《石溪通訊》編輯部 整理）　一九四九
二、「南海諸島主權問題報告會」前後／魏兆歆　一九五三
三、南海諸島主權問題報告討論會／炎華　一九五六
四、堅決保衛南海諸島！——紐約保衛釣魚台行動委員會聲明　一九五八
【洛杉磯】
告同胞書／《西沙南沙衝突專輯》　一九六〇
【中西部】
一、美國中西部各校的保衛西南沙運動／《中西部保衛南沙委員會特刊》　一九六二
二、美國中西部的保衛西南沙運動／一讀者　一九六四

一九六六
一九六九
一九六九
一九七一
一九七四
一九七四
一九七六
一九七七
一九七八
一九八二
一九八五
一九九四
一九九四
一九九八

三、中西部保衛南沙運動經過／《中西部保衛南沙委員會特刊》

四、中西部示威大遊行

*1.*遊行經過／中西部保衛南沙委員會

*2.*遊行手冊／中西部保衛南沙委員會

*3.*誓詞、宣言／中西部保衛南沙委員會

(1)遊行誓詞

(2)捍衛中國南沙群島宣言

(3)致國民政府公開信

(4)在國民政府領事大廈門前之演講詞

(5)各地來電

(6)會見歐陽領事記錄

(7)遊行示威雜感

a.示威前後側記／小蝴蝶

b.安娜堡同學參加保沙示威雜感

第七節　保沙運動存在的問題與希望
一、保沙運動中的白色恐怖／陳建瑞　二〇〇一
二、印大保沙運動的障礙／谷谷　二〇〇九
三、天亮之前／馮漢樞　二〇一八
四、一個香港中國學生看保沙運動／松花江　二〇二一
五、從香港到芝加哥／葉思業　二〇二四

▼第五章　悼念周恩來總理和毛澤東主席
章上　高山仰止：悼念周恩來總理
第一節　別了，一代偉人！
一、美東各界追悼周恩來總理大會／《美洲華僑日報》　二〇三一
二、美東區周恩來追悼大會／《橋刊》　二〇三四

三、人類歷史上的一位巨人／楊振寧　二〇三七
四、周總理光輝的革命事跡／林達光　二〇四〇
五、韓丁致悼詞／《美洲華僑日報》　二〇四七
六、杜波依斯夫人致悼詞／杜波依斯夫人　二〇四九
七、憶述周總理對台灣同胞的關懷／黃于燕　二〇五一
【附錄】1.美東地區周恩來總理追悼會致北京周恩來總理治喪委員會唁電　二〇五三
2.美國台灣同胞致中國國務院唁電　二〇五四

第二節　我們的好總理

一、華埠僑胞痛失總理／《美洲華僑日報》　二〇五六
二、華僑社會同感悲痛／《美洲華僑日報》　二〇五八
三、學者、名流、僑領感言／王浩・於梨華・孫至銳・梅子強　二〇六一
四、憶周恩來總理——黃維幸、方君璧、譚若思在波士頓周恩來總理紀念會上的講話　二〇六二
1.周恩來總理談台灣問題／黃維幸　二〇六二

2.對周恩來總理會見的追憶／方君璧　二〇六六
3.憶一位世界上最偉大的政治家／譚若思　二〇六八
五、追悼周總理　學習周總理／李振翩　二〇七三
六、從周恩來的一生所想到的／余從哲　二〇七六
七、遙念周總理／李惠英　二〇八七
八、敬悼周恩來先生／朱養民　二〇九〇
九、敬悼周恩來先生／姚立民　二〇九六
十、深切悼念周恩來總理的逝世／陳恒次　二一〇〇
十一、悼念周總理／林綠　二一〇二
十二、悼念周總理二三事／范光煥　二一〇三
十三、敬悼周恩來／吳言　二一〇五

第三節　詩詞輓聯

一、詩詞　二一〇八
1.卜算子／毛澤東　二一〇八

2. 憶秦娥／毛澤東　二一〇九
3. 哭總理／朱德　二一〇九
4. 悼念周恩來總理／葉劍英　二一一一
5. 敬輓周總理／郭沫若　二一一三
6. 哀悼周總理／劉大傑　二一一三
7. 沁園春／梁秩風　二一一五
8. 屹立在歷史的峰巔——悼念周恩來總理／洪荒　二一一五
9. 永遠年輕的老人／舒巷城　二一二三
10. 無題／吳明　二一二六
11. 悼念偉大的革命戰士／華欣　二一二八
12. 巨星殞落／適民　二一三〇
二、輓聯／葉嘉瑩、袁曉園、葉南、姚立民、趙龍　二一三三
第四節　舉世同悲
一、國際組織　二一三五
1. 聯合國秘書長瓦爾德海姆　二一三五

2.聯合國安全理事會主席薩利姆　二一三六
3.歐洲共同市場主席奧托利　二一三七
二、第一和第二世界政要　二一三八
1.美國：尼克松、基辛格　二一三八
2.英國：英共中央委員會主席伯奇　二一三九
3.法國：法共中央委員會書記　二一四〇
4.德國：德共中央政治局常委會　二一四〇
5.澳洲　二一四一
6.日本　二一四二
三、美國和日本的輿論界　二一四四
1.美國　二一四四
2.日本　二一四七
日本對周恩來總理的哀悼／明滔　二一四七
四、各國知名人士、學者、專家　二一五一
1.知名人士談周恩來／《七十年代》編輯部　二一五一

2.前法國駐華大使心目中的周總理 二六一
3.悔不聽周恩來之言／安德森、惠敦 二六二
4.我對周總理的懷念／韓倞 二六五
五、第三世界永遠的朋友 二七〇
【附錄】一位巨人——西哈努克論周恩來／西哈努克 二七〇

下章 海樣深邃：悼念毛澤東主席

第一節 別了，一代偉人

一、美東華僑各界、國際人士悼念毛澤東主席／《美洲華僑日報》 二七八
二、無限悲痛 無限崇敬——記美東各界人士追悼毛主席的感受／《美洲華僑日報》 二八二
三、人類歷史上的一位巨人／楊振寧 二八四
四、美中人民友誼的方向／蘇珊．沃倫 二八八
五、毛澤東思想永留人間／陳金堅 二九〇

目錄

六、繼承毛主席的遺志統一中國／潘家牛　二一九二
七、旅美愛國台灣省同胞唁電／在美愛國台灣同胞　二一九五

第二節　我們的好主席

一、華僑中國代表團內沉痛哀悼／《美洲華僑日報》　二一九七
二、華埠和各界華人、華僑沉痛悼念毛主席／《美洲華僑日報》　二二〇二
【附錄】1.九月二十日的晚上／方人遹　二二〇六
2.我們的感受／俞映 等　二二〇九
三、名人、專家、學者悼念毛主席　二二一三
1.李振翩先生話當年／《美洲華僑日報》　二二一三
2.毛主席一生，深、大、遠／繆雲台　二二一四
3.遠大的眼光，剛毅的魄力／林家翹　二二一五
4.向前邁進／任之恭　二二一六
5.導師的範式／丁一（謝定裕）　二二一六
6.哀悼偉大的導師／朱養民　二二一八

7.把帝國主義掃出中華大地──深切悼念一代偉人毛澤東／中一（葉先揚） 二二一九
8.世界偉人／趙鍾蓀 二二二四
四、詩詞輓聯 二二二六
1.輓詩二首／趙樸初 二二二六
2.輓聯／葉嘉瑩 二二二七
3.為歷史哭／志誠 二二二七
4.悼念偉大的革命詩人毛澤東／秦松 二二二九
5.人民英雄／麥鼓風 二二三二
6.記籌備追悼會／遊子 二二三五

第三節　國際組織悼念毛主席

一、聯合國 二二三九
1.秘書長瓦爾德海姆 二二三九
2.安全理事會主席基希亞和全體成員國 二二四〇
二、海法全體會議 二二四五

三、非殖民化委員會／主席薩利姆　二三五四
第四節　舉世同悲
一、舉世哀悼毛主席逝世／《文匯報》　二三五六
二、五洲悲悼、四海含哀／《台聲》編輯部　二三五八
三、國際外交官員和各國人民在紐約中國代表團表達哀思／《美洲華僑日報》　二三六二
四、第一和第三世界的政要、名流、媒體的哀思和緬懷　二三六五
【美國】　二三六五
政要名流　二三六五
1. 前總統尼克松、總統福特和國務卿基辛格／美東各界聯合籌備會　二三六五
2. 毛主席高瞻遠矚／謝偉思　二三六七
3. 痛悼毛主席逝世／韓丁　二三七〇
媒體　二三七二
1. 《紐約時報》　二三七二
2. 《華盛頓郵報》　二三七三

3.《波士頓環球報》 二二七三
4.美國各大電視台 二二七四
【歐洲】
1.英國 二二七五
政要 二二七五
(1)卡拉漢首相 二二七五
(2)不停頓的革命家／英國前首相希斯 二二七五
媒體 二二七八
路透社 二二七八
2.法國 二二七八
政要 二二七八
媒體和民衆 二二七九
(1)法新社 二二七九
(2)《世界報》 二二八〇

(3)巴黎市民集會遊行追悼毛澤東主席　二三八〇
3.西德　二三八一
政要　二三八一
媒體　二三八一
西德德新社　二三八一
4.瑞士　二三八二
毛澤東思想豐富了全人類／《美洲華僑日報》歐洲通訊員　卞新岩　二三八二
——韓素音在瑞京追悼會上致悼詞
5.希臘　二三八九
【澳大利亞】
1.馬爾科姆·弗雷澤總理和前總理惠特拉姆　二三九〇
2.工黨副領袖托馬士·尤倫在國會上的唁辭　二三九〇
【日本】
三木武夫首相和大藏相大平正芳　二三九二

五、第三世界國家元首、政府首腦 一二九四
亞洲 一二九四
歐洲 一二九九
中東 一三〇〇
非洲 一三〇一
拉丁美洲 一三〇五
六、馬列政黨 一三〇六

▼ 第六章 釣統運走向低潮

第一節 釣魚台風雲再起

一、釣魚台風雲／何名 一三一三
二、釣魚台的怒吼／楊帆 一三一六
【附錄】中國漁船在釣魚台海域捕魚是偶發事件 一三二一

三、釣魚台事件的台前幕後／齊辛　二三二三
四、釣魚台，新風雲／《新土》資料室　二三三五
五、釣魚台事件在留美華人中的反應／張華　二三三九
六、釣魚台事件——北京東京條約的序幕／Daniel Tretiak（直君 譯）　二三四三
【附錄】1.日本政黨製造新釣魚台事件／《美洲華僑日報》　二三五八
2.日本右派對釣魚台的帝國主義言論／許智 譯　二三六〇
第二節　人各有志——激情之後
一、保釣英雄今何在？——評張系國小說《昨日之怒》／趙迅如　二三六四
二、誰來評說保釣運動／裴施麗　二三七七
三、從另一角度看《昨日之怒》／梁煥霞　二三八三
四、你的「保釣」，我們的「保釣」——七〇年代的運動，八〇年代的辯論／水秉和　二三八六
五、海外華人的保釣夢——激情燃燒的歲月／《南方周末》　二三九一
六、有生應感國恩宏／江才健　二四〇二

七、新中國的號召／何炳棣　二四一四
八、《民主台灣》雜誌紀念保釣十五周年專訪／《民主台灣》編輯部　二四一七
1. 昨日、今日與明日　二四一七
2. 陳光宇　二四一九
3. 張才　二四二三
九、保釣人士聚首話當年／王渝　整理　二四三四
十、人生自是有情痴——我們所認識的程君復教授／方方、紅艷　二四五七
十一、青春無悔話保釣——釣運二十五年紀念座談會／台灣史研究會　二四六四
十二、世上無難事，只要肯登攀——保釣和統運的現實意義／葉先揚　二四七六
十三、陳映真愛國愛鄉的坎坷道路　二四八六
1. 陳映真訪談／張文中　二四八六
2. 我在台灣所體驗的文革／陳映真　二四九〇
3. 神話與真相——試析劉大任的「心態」／李黎　二四九五
十四、陳鼓應的境遇／李子堅　二五〇〇
十五、保釣健將王曉波的回顧與反省　二五〇八

目錄

1.七〇年代自我思想的回顧與反省／王曉波　二五〇八
2.在那追隨胡秋原先生的日子裡／王曉波　二五一六
3.台大保釣運動的總教官——敬悼張德溥將軍／王曉波　二五二六
十六、回歸　二五三五
1.關於回歸的雜思／丁一（謝定裕）　二五三五
2.從釣運到回歸／加拿大阿爾貝達大學釣魚台國是研究會　二五三八
3.台灣—美國—大陸——在北京訪問歸國服務的倪一偉武進夫婦／李黎　二五四〇
第三節　壯志未酬空遺恨！
一、哲人其萎——我見王浩教授的最後一面／龔忠武　二五五二
二、懷念永平／丁一（謝定裕）　二五五七
三、悼念陳挹芳／馬大侃　二五六〇
四、蘇姐，我們思念您！　二五六三
1.蘇慶黎在黑暗中的選擇／鍾秀梅　二五六三
2.蘇慶黎的一九七六年／郭紀舟　二五六八

3.蘇慶黎與《夏潮》／何靜茹 二五七〇
4.蘇姐，好走——悼念台灣人民的女兒蘇慶黎女士／紀欣 二五七一
5.難忘《夏潮》編輯台前的日子——悼念蘇姐／福蜀濤 二五七四
五、悼念郭松棻 二五七七
1.悼念作家郭松棻之逝／《世界日報》 二五七七
2.悼念我的老同學郭松棻／李歐梵 二五七八
3.郭松棻雜憶／邱立本 二五八〇
六、海內外悼念緬懷程君復 二五八一
1.美國費城僑界程君復教授追悼大會悼詞／龔忠武主稿・蔡文珠審定・龔忠武宣讀 二五八一
【附錄】(1)碧水青山埋赤子，豪情遺願寄海峽／《中華周報》 二五八四
(2)悼念費城僑界名人程君復教授／《多維時報》 二五八六
2.悼君復吾兄／董慶圓 二五八九
3.國失英才，我失良友——深切悼念君復兄／龔忠武 二五九八
4.熱血忠心鞠躬盡瘁——程君復／方焰 二六〇一
5.又為促統哭健將——敬悼程君復教授／宗鷹 二六〇五

6.程君復教授的為人——在追悼會上的追思／謝業 二六〇九
7.追念程君復兄／林盛中 二六一一
8.悼念一位反獨促統英雄——程君復教授／覃永昭 二六一二

七、悼念劉進慶

1.我的抵抗與學問／劉進慶（曾健民 譯） 二六一五
2.哀悼劉進慶教授／陳映真 二六三四
3.弔 劉進慶學長、同志／林啓洋 二六三七

編後記／釣統運文獻編輯委員會 二六四一

【第四章】

西南沙衝突與保沙運動

第一節　南海風雲緊急

一、西南沙事件概述

《群報》編輯部

事件經過

一九七四年一月十五日以來，南越西貢當局悍然出動海空軍入侵我國西沙群島中的永樂群島，出動軍艦撞壞我國漁船，派遣武裝部隊強占甘泉島和金銀島。到一月十九日又向琛航島發動武裝進攻，派遣軍艦和飛機向該島進行攻擊和轟炸，打死打傷我國漁民和民兵多人。西貢軍艦還向正在執行巡邏任務的我國艦艇首先開砲轟擊。我國艦艇部隊和漁民、民兵在「人不犯我，我不犯人；人若犯我，我必犯人」的原則下進行了英勇的自衛還擊。在二十分鐘內，蕩平入侵的西貢部隊，光榮地保衛了祖國的領土西沙群島。

這件事件之後，馬上引起了各方熱烈的反應。中國政府在事件發生之前，於一月十一日曾發表聲明，重申「南沙群島正如西沙群島、東沙群島、中沙群島一樣，歷來就是中國的領土」。一月二十日再度發表聲明：「中國是一個社會主義國家。我們從來不去侵占別人的領土，也決不容許別人侵占我國的領土。爲了維護我國領土的完整和主權，中國政府和中國人民有權採取一切必要的自衛行動。」但是西貢當局在不明意圖的指示下，又於二月一日以來遣送侵略軍登陸南沙群島的一些島嶼。儘管台灣的蔣政權派有五百名軍隊駐在南沙群島的太平島上，但是他們對於入侵的西貢部隊卻未下令抵抗，致使西貢侵略軍安然占據我國領土。另據二月六日《紐約時報》報導菲律賓政府也宣布他們占據了南沙群島中的五個島嶼。我國政府於二月四日再度重申：「南海諸島都是中國領土的一部分，中華人民共和國對這些島嶼及其附近海域具有無可爭辯的主權」。

目前，西沙、南沙群島的事件正方興未艾。西貢當局於二月十四日還公然叫囂不惜與中國、台北的蔣政權、菲律賓一戰，以「收復」其「合法主權」，並宣稱目前已「控制」南沙群島中的六個島嶼，並「占據」了其中三島。在此同時，一月三十日日本和南朝鮮當局片面訂立所謂「協定」，在東海劃定了大面積的大陸架計劃，「共同開發」。中國政府也於二月四日發表聲明說「這是侵犯中國主權的行為，中國政府決不能同意」，並稱「東海大陸架應由中國和有關國家協商確定如何劃分。」

我們認為這些事件的發生，並不是偶發的。背後自有帝國主義者侵略中國的意圖在內。

各界的反應

自從今年一月十五日的西沙群島事件以來，世界各國對此問題均極注意，在海外的中國人之間也引起了極大的關心。首先美國國務院聲明，將不對此事採取任何「干涉」的態度。但是新華社一月二十九日電中卻指出了在一月十九日、二十日的自衛戰中，我國軍隊除俘虜了入侵的西貢軍隊四十八名外，還俘虜了一名美國人。據美國國務院透露，這名美國人只是一名「平民觀察員」而已。但是，在一月十九日、二十日的自衛戰之前，早在一月十一日我國政府即已鄭重聲明對南海諸島的主權，而該美國「平民」仍隨西貢侵略軍登陸中國琛航島。其使命實令人高深莫測，不由得令人對美國態度的老實性產生懷疑。

另據一月底《華盛頓郵報》的莫斯科電訊報導，蘇聯對於南越謀奪中國領土西沙群島，竟然採取支持南越的立場。最近一期的《時代週刊》，竟指控中國是沙文主義。但是蘇聯當局顯然忘記一九六七年莫斯科部長會議上所使用的俄國《世界地圖集》是清清楚楚的把西沙與南沙群島劃入中國的版圖的。這一件事除了赤裸裸的把蘇修想稱霸世界、侵略中國的野心暴露外，還能代表什麼呢？

但是世界上站在正義立場的國家與人士到底是站在多數這邊。南斯拉夫《政治報》一月二十二日發表評論說西沙群島「歸屬中國政府這一問題迄今從未成為問題」。澳洲總理惠特拉姆一月三十日亦說明：「中國在很久以前已享有這些島嶼的主權」，駁斥了中國政府侵占西沙群島的說法。印尼外長馬利克在二月四日也證實印度尼西亞的官方觀點說：「西沙群島屬於中國人民」。

美國人民中，對中國在南海諸島的主權也持贊成態度不乏其人。《前衛週刊》在二月二十日發表一篇文章指出中國對南海諸島的主權。它說出，一九六三年的《大英世界地圖》，一九六五年的Rand McNally Commercial Atlas，一九六八年的Hammond Advanced Reference Atlas，一九七一年的Hammond Medallionw World Atlas等均把西沙劃入中國範圍。Columbia Lippincott Gagetteer of the World（一九六一），World Mark Encyclopedia of Nations（一九七一）也均把西沙、南沙列入中國管轄。

曼谷《泰京報》在最近發表了〈西貢政權侵南沙之謎〉說：「在侵犯中國領土這一點上，莫斯科與西貢是一丘之貉」，「不論西沙群島或釣魚台列島同樣為中國的領土」。泰文《亞洲評論》雜誌也發表一篇特稿指出「早在漢代，中國已派出官員到南海諸島實行管理」。「美國資本家與蘇聯也各自謀求取得這些油礦的勘探和採掘壟斷權，才費盡心機製造對此諸島的主權事件，利用南越與菲律賓為馬前卒」。

華僑界裡頭，泰國曼谷中文報《中華日報》二月四日，以〈中國領土不容侵犯〉爲題稱：「若台灣政府與南越聯合對付中共，則國府（指蔣幫）將難以再獲得海外華僑給予任何更進一步的支持。」美國紐約各界華僑報紙也堅決表示了中國對西沙、南沙的主權。

但是華僑界裡頭也有少數敗類存在。一月二十一日在紐約《星島日報》上一篇與國民黨政府有關革新保台人士所寫的〈西沙群島主權紛爭〉一文中，胡說什中國政府爲了油源，才與西貢當局爭奪西沙群島，中國政府不該「動用了超過數量之武力」對付南越小國，中國政府在「西沙主權未搞清楚之前，即用武力占領」，無異於「帝國主義」。

至於東海大陸架劃分問題，朝鮮民主主義人民共和國外交部發言人最近發表聲明指出，南朝鮮當局和日本政府在一月三十日簽訂的所謂《共同開發大陸架的協定》是一個罪惡文件，它完全損害朝鮮的主權和權益。因而對這項協定完全予以否認。

西貢當局及帝國主義者的陰謀

南越阮文紹當局，此次在內憂頻仍之下，公然侵略我國領土，其野心根據各方猜測不外下列數項：

1.由於南越西貢當局目前經濟惡化，通貨膨脹，民不聊生，加上今年其「總統」大選在即，阮文紹爲求獲得可連任第三任「總統」，因而使出這種轉嫁手法，以轉移人民注意力。

2.由於東南亞各國與中國關係日漸好轉，且有建交可能，以致東南亞局勢對阮文紹傀儡政權越來越不利。爲了擺脫其「外交困境」，因而使出其拙劣招術，圖謀製造「中國是侵略者」的假相，以阻止東南亞各國與中國的友好來往。

但是以南越傀儡之能力，竟然出兵侵略，幕後自然非有帝國主義者撐腰，不足以行事。各方觀測有下列可能：

1.在今天西方世界的石油危機中，資本主義國家如熱鍋上的螞蟻，焦頭爛額地在找油源。而西沙、南沙附近有豐富的石油蘊藏。

2.中美兩國人民之間逐漸增強的友誼和台灣國民黨地位的逐漸動搖，使一些反動集團感到驚慌，一方面要試探中國政府保衛領土的能力和決心，一方面也想製造機會加以破壞。此外中越人民之間同志加兄弟的友誼，也是反動集團所眼紅的。

3.隨著蘇伊士運河的即將重開，蘇修、美帝爭霸印度洋的野心已經昭然若揭。美國已決定在印度洋中央的迪戈加西亞這個小珊瑚島上擴充其海軍設備。蘇修也爲派戰艦到印度洋更容易的事實而喜形於色。目前在印度洋活動的蘇艦爲二十至三十艘。但是據美國海軍專家的估計，在蘇伊士運河重開後，將是八十艘了。美蘇爭霸印度洋的事實，已不容置辯。在這種形勢下，自不能對這兩霸對南海諸島的野心掉以輕心。南海諸島之海域，隔麻六甲海峽與印度洋相鄰，正是「包圍」中國之絕佳戰略地位，且爲蘇修艦隊自印度洋進入太平洋的必經之地，無怪乎蘇修在西沙事件後，馬上要支持南越傀儡當局了。

（《群報》，一九七四年二月十八日）

二、西南沙事件背景的探索

韋名

最近三個多月以來，西貢當局先後入侵中國的西沙群島和南沙群島，菲律賓當局也佔了南沙群島的幾個島嶼。西方在報導西沙和南沙事件時，都說石油是中國、菲律賓和南越西貢爭奪西南沙的原因。不論利益的大小，中國對於領土是絕不放棄的，也絕不侵占外國的領土。中國在處理中印和中蘇邊境糾紛上都堅持了這個原則。可是，石油是西貢和菲律賓入侵南沙的主要原因嗎？美、蘇和其他西方國家在西南沙事件所扮演的是什麼角色？

西方石油公司在東南亞的活動

石油的探測和開採在東南亞已有一百多年的歷史。一八七一年，皇家荷蘭蜆殼集團（Royal Dutch）在當時爲荷蘭殖民地的印尼鑽下了第一口油井。其後，長期控制了印尼的石油生產和銷售。美資石油勢力於一九一二年進入印尼，繼而進入緬甸。在第二次世界大戰以前，東南亞的石油產量在世界上無足輕重。美資石油勢力在該區的活動主要是出售石油製成品。太平洋戰爭爆發前夕，印尼各大島上相繼發現了石油，這大大提高了列強對印尼以至整個東南亞的興趣。用油全靠輸入的日本以「大東亞共榮圈」爲藉口，對東亞和東南亞發動了侵略戰爭。在第二次世界大戰期間成爲原料輸入國、但在輸入原料上受到歐洲殖民勢力排斥的美國藉著支持印尼民族獨立運動的右翼，在印尼獨立後，取代了荷蘭對於印尼石油的壟斷地位。在大量美資的刺激下，在大戰中遭遇到嚴重破壞的印尼石油生產迅速恢復，產量於一九五七年達到戰前的兩倍，繼於一九六五年增至戰前的三倍。

面對外資石油公司對印尼主權日增的威脅，印尼總統蘇加諾於一九六五年七月將國家的石油產品銷售權收歸國有。對於外資石油公司，此舉不但是財產上的損失，和可能導致其他國家採取類似的行動。更重要的是，在一九六〇年代初期，海上探測和開採石油的技術獲得巨大的進展。整個大陸棚架均在技術範圍以內，地球上可以開發的區域頓時倍增。一九四九年，世界上只有一個海面活動鑽井機，而且只可以在二十英尺以內的岸邊應用。及至一九六八年，鑽井機的數目已經增至二百個，最新型的可以在一千英尺以內的海域應用。此外，電子計算機技術的飛躍進展，使到測量所得的數據可以迅速和有效地分析。東南亞海面鑽井的歷史始於第二次世界大戰後，蜆殼（Shell，英、荷合資）首先將其在沙勞越、汶萊和沙巴的陸上的租借地伸延到附近的海域。據石油界人士透露，美國和其他國家最遲在一九六〇年代初期已經知道東南亞的石油潛能。

蘇加諾實施石油銷售國有化後兩個多月，印尼發生政變，右翼軍人奪得政權。隨後，美國的政治與經濟勢力湧入印尼。印尼將大量領土和附近的海域租借與外資石油公司。及至一九七〇年，印尼附近的海域已經租借殆盡。其中一些租借範圍遠離印尼本土數百英里。這些外資公司保證在一九七〇年代投資約四億美元，以探測及開採所租得的海域。印尼在一九七〇年約日產八十五萬桶石油，約合世界產量的百分之一點八一，居於世界第十一位；比起首數名的美國、蘇聯、委內瑞拉和沙烏地阿拉伯相去甚遠。據一項預測，印尼將在一九七〇年代初期日產二百萬桶（一九七二年的日產是一百零二萬桶），約佔全世界產量的百分之五，繼於一九八〇年成爲世界上最主要的產油國之一。但照目前的情形看來，這似乎是過度樂觀的預測。

印尼的石油產量在目前雖然遠超過東南亞其他國家，但是，據初步的海面探測的結果，整個東南亞的大陸棚架均可能藏有石油。因此，隨著海面探測和開採技術的發展，東南亞的海域大有可能取代印尼石油產量的地位。一九七〇年初，美國大通曼哈頓（Chase Manhattan）銀行董事長大衛·洛克菲勒在一個亞洲金融論壇上預測，石油公司在以後的十二年內將會在亞洲和西太平洋投資三百五十億美元。一位大石油公司的高級人員指出，石油公司花了八十億美元和三十年的時間開發美國路易士安那州的海域，該海域若與東南亞比，就像一張貼在大象背上的郵票一般。

汶萊目前是東南亞的第二產油國。在一九六九年約日產十二萬五千桶。在目前可說是亞洲最大的海上油區。沙勞越在一九六九年的海上產量爲三十六萬五千桶，陸上產量爲二十九萬二千桶。沙巴也產油，但產量不詳。因過去與英國的關係，三地的石油至今爲英、荷合資的蜆殼公司所控制。目前，三地以北的海域是探測和開採最活躍的地區。除了蜆殼公司以外，美資的埃克索（Esso）、克拉克（Clark）、亞圭盾（Aquitaine）和日資的帝石（Teiseki）也在沙勞越附近的海域進行探測。此外，一九七一年一月，馬來西亞把馬來半島以東的海域租給美資的埃克索和寇納科——吉蒂（Conoco-Getty），繼將麻六甲海峽中位於馬來西亞的部分租給美資的東南亞海灣公司（Southeast Asia Gulf Co.）、莫比爾（Mobil）和亞莫科（Amoco）。泰國已將泰國灣的大部分海域租給美資的海灣、田納科（Tenneco）、莫比爾、聯合（Union）、寇納科和英資的英國石油（BP），並於一九七〇年九月通過了在利維公司（註）的協助下所擬定就的石油法案。泰國與石油有關的另一項計畫是克拉（KRA）運河或克拉油管計畫。如果建成，不單只縮短了中東往日本的運油路程。更重要的是，在石油上給日本更大的伸縮性。目前該計畫在多方面遭遇到困難。該計畫的推動人是一位泰國商人，他也不預期在有生之年看見運河通航。新加坡在目前不出產石油，卻因位居油輪必經的麻六甲海峽的東端，和有利外資的政治和技術條件，成爲東南亞的煉油中心。

西貢急於出租海域

現在，我們較爲詳細地介紹，本文的主要探討對象：南越和菲律賓。

英、荷合資的蜆殼公司於一九一一年進入越南。其後，在越南的外資石油公司只是經營石油的輸入、提煉和經銷。南越至今不產石油。一九六〇年代初期，海面探測和開採技術獲得巨大的進展。一九六六年五月二十七日至六月二日，美國、日本、西德、英國、法國、澳大利亞六個工業發達國家聯同亞洲的南韓、台灣、泰國、印尼、南越（西貢）、馬來西亞、新西蘭、柬埔寨八個國家和地區組成「合作共同在亞洲海域勘探礦物資源委員會」（簡稱CCOP），隸屬於聯合國的「亞洲及遠東經濟理事會」（簡稱ECAFE）。CCOP成立後，在英國的技術協助下，在南越附近的海域進行了多項測量。英國和西貢當局於一九六八年底共同在南越西南的土珠島（Panjang）附近的測量，被CCOP稱爲「十分成功」。「鑑於私人組織對（亞洲）石油潛能的巨大興趣」，CCOP對探測的先後次序作了如下的建議：依次是「越南共和國」（西貢）的第一、第二和第三區，麻六甲海峽和菲律賓的第十一區，並建議柬埔寨加入海南的探測。一九六九年六月和七月間，十家美資石油公司以一百萬美元委任馬特斯坦工程公司（Manderstan Engineering Co.）對南越海域進行了「氣槍」（Airgun）測量。一九七〇年中，有關方面再對湄公河口外的昆侖（Con Son）島的東北和西南海域進行了地震測量。據西貢官員稱，該次測量顯示該區可能儲有石油。

一九七〇年九月，新澤西標準石油（Standard Oil of New Jersey）屬下的埃克索在馬來亞半島和南越之間的海域鑽得石油的傳聞，提高了石油企業對南越附近海域的期望。西貢當局有見及此，當外界還在南越海域進行測量時，即已著力地吸引外資石油公司的投資。一九七〇年十二月一日，阮文紹簽訂了利維公司「協助」擬定的《探測和開採石油以及有關稅項、租借費用和貨幣兌換等連帶條件的第〇一一／七〇號法案》，該項法案包括對石油的探測、開採、提煉和銷售。爲了吸引外資石油公司的投資，並向租借者作出以下幾項保證：「設備、財產和開採石油的權利不會被國有化」；「所生產的原油、天然氣和有關礦物的出口不受限制，產品免徵出口稅」；「外國公司有權每年將盈利匯回本國」。西貢駐美「大使」館出版的《越南公告》（Vietnam Bulletin）在報導法案通過的消息時，並說石油法案簽訂的當天下午，阮文紹接見了來訪的美國駐印度大使基丁和陪同基丁前往的美國駐西貢大使邦克。在表面上看來，這項消息與石油法案並沒有關係。西貢當局此舉相信是在暗示，石油法案的通過與美國有密切的關係。可是，以後的二年半內，事情毫無進展。西貢當局被迫於一九七三年五月公開要求二十九家外資石油公司競投所列出的三十個海上區域，全部面積約爲九萬六千五百平方英里。在被邀者中，美資公司佔絕大多數。其餘的爲日、英、荷和法資的公司。全世界最大的埃克森（Exxon）、海灣、德士古（Texaco）、加州標準石油公司（Standard Oil of California）、皇家荷蘭蜆殼集團、莫比爾等石油公司均在被邀之列。但是在所劃出的三十區之中，只有十八區獲得競投。如以租出的區域的數目比之開投的數目，西貢當局數年來欲藉此發財的努力，可說是只成功了四分之一。西貢當局已表示餘下的區域和十個新的區域，將於今年內再度開投。

外資石油公司對於租借南越海域的躊躇，主要是出於政治原因。西貢政權在政治上極不穩定。南越如組成聯合政府，外資公司與西貢政權所簽訂的合同即告失效，美國政府屬下的「海外私人投資公司」（Overseas Private Investment Corp）一直拒絕對在印支半島的美資作出保證，在若干程度上反映了美國政府對印支局勢的看法。此外，西貢當局所列出開投的海域中約有半數在泰、菲、馬和印尼所主張的領海內。更有不少外資公司對西貢當局列出的條件仍不滿意。當然，南越也有吸引外資石油公司的地方，西貢當局的石油和投資法案對外資公司提供了厚利的條件和差不多完全的保障。對於日本而言，除了東海以外，南越在地理上離日本最近，而且沿途航線幾乎全無障礙。東南亞海域所藏石油的含硫量可能極低，有利於爲污染問題所困擾的美、日和西歐各國。西貢當局爲了減輕外資石油公司對於其政權的穩定性的顧慮，宣佈海域租用者無需在南越境內設立基地。換言之，西貢局勢無論多麼危急，只要阮政權存在一天，外資石油公司就可以在附近國家設立基地，繼續開發南越附近海域。

很明顯的，雖然東南亞國家都在出租附近海域，西貢當局卻比其他國家要急得多了。甚至但求盡快租出，而不擇手段。爲什麼？答案很簡單，西貢當局強烈感到對於它的生存的一項最佳保證就是世界上有力的石油公司在南越的大量投資。南越的經濟向以農業爲主，但是在長期戰爭的破壞下，農業生產大受打擊，短期內無法恢復，工業則無法獲得發展。加以大量美軍長駐南越所造成的畸形經濟刺激，農村人口大量流入西貢，以致銷售量激增。要做到對外宣稱的「停戰十年內的自立」，只有盼望奇蹟出現。照西貢看來，這奇蹟就是「石油」。石油是天然資源，出租海域更是無本生意。外資公司找到石油，西貢就可以立刻發財。要是找不到，起碼也可以撈一筆租借費，以濟燃眉之急。對於這點，西貢對外也直認不諱。按照這種哲學，所擁有的海域的面積自然是越大越好。面積越大，可租之區越大，可收之租費越多。更重要的是，面積越大，找到石油的機會也就越大。換言之，發石油財的機會也就越大。筆者以爲這很可能是西貢在最近對西、南沙採取一連串軍事行動的主要原因。在過去二十多年內，西貢曾經多次聲稱對西南沙擁有「主權」，也曾出兵西沙襲擊中國漁民，但是，採取大規模和志在長期侵占南沙的軍事行動卻還是第一次。

菲律賓的石油企業

菲律賓在第二次世界大戰後，開始在國內尋找油源。直至目前爲止，菲律賓還沒有石油出產。菲律賓在東南亞有著特殊的歷史背景，菲律賓於一五七一年淪爲西班牙殖民地，繼於一八九八年成爲美國的保護國。一九〇九年，被迫與美國簽訂一項自由貿易協定，豁免美菲雙邊貿易的關稅。一九四六年七月四日，菲律賓獲得獨立（按：七月四日亦爲美國獨立日）。但是，獨立前的兩個月，菲律賓再度被迫與美國簽訂《貝爾貿易法案》（Bell Trade Act），以維持美菲在菲獨立後的雙邊自由貿易關係。一九五五年，雙方簽訂《羅勒爾——蘭萊協定》（Laurel-Langley Agreement），取代了《貝爾法案》。《羅勒爾——蘭萊協定》除了包括《貝爾法案》的要點外，並強迫菲律賓開放國內的天然資源與美國的企業。在這種不平等的條約下，菲律賓的美資的書面價值在一九五三年是一億九千萬美元，至一九七〇年已激增至七億美元。據估計，其實際價值在一九七二年約爲二十億至三十億美元之間，其中約有四億美元直接受《羅勒爾——蘭萊協定》的保證。菲律賓最大的壟斷性企業多數爲美資所擁有。在能源方面，菲律賓所需的能源中約有百分之九十經由美資公司輸入。在一九六九年，菲律賓最大的十家美資公司中，石油公司佔了六家。至一九七三年底爲此，除了費爾石油公司（Fil Oil）以外，菲律賓所有的石油公司均屬美資所有。

一九七三年的油荒時期中，美資石油公司大幅度提高石油製成品的價格，引起菲律賓全國人民的強烈反對。爲了減輕美國的控制，以及解決長期的石油問題，菲政府先於一九七三年收購了費爾石油公司煉油公司的大部分股份（按：費爾石油公司的第二大股東是美資的海灣），繼於十一月成立了「菲律賓國家石油公司」，以求自力開發和進口石油。可是，在另一方面，如東南亞其他的國家一樣，爲了吸引外資石油公司的資金，菲政府修改了石油法案。目前在菲律賓及其鄰近海域進行探測的外資石油公司有以謝夫朗（Chevron）和德士古爲首的財團、菲利浦和蘇比里雅（Superior，以上美資），安迪夫（Endeavour，澳）皇家荷蘭蜆殼集團、哈斯基（Husky，加），整個菲律賓島均爲測量對象，其中以巴拉旺（Palawan）島以南，近日鑽得石油的沙巴海域的附近最受重視。爲了直接從外國輸入石油，在對外關係上，菲律賓政府加強與阿拉伯國家的關係，支持了聯合國大會的第二四二號決議案，要求以色列撤出所佔的阿拉伯領土。據聞，與中國和蘇聯也將於不久建交。

在與「共產」國家的關係之中，菲、中關係在實質上最爲密切。菲、中貿易額佔了菲律賓和「共產」國家貿易總額的百分之九十六。一九七三年六月和十一月，雙方互派了貿易代表團，簽訂了貿易合同。中國以五萬公噸食米售與菲律賓以應後者因水災導致的米荒，該批食米已於同年秋季運抵菲律賓。此外，中國向菲律賓提供載運菲輸往中國的貨物的貨輪，運費遠比國際航運壟斷勢力所索者爲低。

中國又表示願意出售原油給菲律賓和協助菲律賓發展石油出口工業。目前，菲、中建交的最大障礙是菲律賓與台灣的關係。

在內政上，菲政府從一九七二年九月開始實施軍事管制。在經濟上，菲政府卻似乎做得很成功。去年九月，外幣的儲備達到六億七千萬美元，而且還在增加中。去年的頭三個月，通貨膨脹率爲百分之零點五。可是，這些並不一定表示菲佔南沙的幾個島嶼並非基於經濟（石油）利益。

安全問題與石油問題

菲律賓在最近對台北和西貢所發出的有關南沙群島的外交照會中，聲稱因第二次世界大戰期間，日本曾利用南沙群島作爲侵菲基地，「菲律賓有權認爲穩定該地區以自保的必要」。菲律賓所提出的這個「國家安全」的理由，以近年來的發展來看，是缺乏立論的根據的。在《羅勒爾——蘭萊協定》將於今年七月三日期滿之際，據傳菲律賓已從美國獲得二千三百三十萬美元的軍援。美國駐菲大使沙力文最近明確表示，美軍將留駐亞洲。他又表示，美國歡迎菲律賓與「共產」國家改進關係。在另一方面，中菲關係的迅速改善對於和緩東南亞地區的緊張局勢起著正面的作用，完全符合中美在一九七二年二月二十八日所發表的聯合公報的精神。菲律賓與東歐國家建交也至少在表面上增加了菲律賓的安全，唯一可能直接威脅菲律賓的只是目前正極力在印度洋擴張的蘇聯。菲律賓在過去二年來一直在謀求與蘇聯改善關係，然而，照目前雙方的貿易數字和外交關係看來，菲蘇關係在過去二年內並沒有重大進展。急於把勢力伸入東南亞的蘇聯在最近加緊了對菲律賓的拉攏，先後派出貿易和文化代表團到菲律賓進行訪問，其中在一九七三年九月間派出的代表團的成員包括有石油專家。據傳雙方建交在即，但鑑於蘇聯近年來在國外所進行的滲透和顛覆的活動，菲律賓對蘇聯似乎懷有相當的戒心。蘇聯勢力伸入東南亞相信是美軍留駐亞洲的原因，在最近接受《美國新聞與世界報導》訪問時，美國太平洋軍部總司令蓋勒（Noel Gaylor）將軍多次強調這個看法。綜合以上各點，即使以菲政府目前的立場來說，菲律賓的安全已經獲得相當的保障，中國不會也不能對菲律賓的安全造成威脅。

在對於南沙主權的地理、歷史和國際法的論點上，菲律賓的論點是脆弱的。菲律賓似乎也了解這點。這從其對外以「國家安全」爲理由和菲對於南沙的行動可以看出。上面已經說過，「國家安全」的論點既沒有根據，作爲政治冒險則似乎不太值得。那麼，促使菲律賓在南沙行動的主因呢？照筆者看來，有兩個可能性。一個還是石油利益，另一個是替某一個欲奪取南沙的大國出頭。爲什麼是石油呢？如果爲了石油，又爲何不佔取整個南沙，而只佔巴拉旺島附近的幾個島嶼呢？上面已經說過，巴拉旺群島南端附近的海域是菲律賓預期石油藏量最高的地區之一。巴拉旺島西鄰的島嶼附近的地層構造大致上應與巴拉旺島南端相同，故應該同屬預期最高的地區。再西一些卻屬於深海的危險地帶。而且，菲律賓也沒有足夠實力獨佔南沙。因此，只佔巴拉旺群島以西，但在深海區以東的島群是在勢力範圍以內，而主要利益已包括在內。至於第二個可能性，筆者當然沒有具體的證據，但卻可以根據一項間接的資料，作出一個初步的揣測。

一份值得注意的資料

這份資料就是美國內政部屬下的「美國（政府）地名局」（United States Board On Geographic Names）所出版的《南越：官方標準地名辭典》（South Vietnam: Official Standard Names Gazetteer）。美國內政部是專門管理天然資源的，「美國（政府）地名局」雖然隸屬內政部，但其組織成員卻幾乎包括所有政府部門的代表，例如國務院、國防部、中央情報局和海陸空三軍。這本南越地名辭典只不過是該局所出版世界各地區地名辭典中的一本而已。在每一本地名辭典的封面都有極小的字註明「國界描繪不一定有權威性」（Boundary Representation Is Not Necessarily Authoritative）。據筆者所知，這本南越地名辭典於一九六一年初版，一九七一年再版。值得注意的是：南中國海的地名被分開收集在該南越地名辭典內。更奇怪的是在於該地名辭典的一九六一年版與一九七一年版在處理南中國海部分時的極其顯著的差異，以下是差異的要點：

一、一九六一年版的該書名爲《南越和南中國海》。一九七一年版的書名已簡化爲「南越」。然而兩者均包括南中國海的地名。

二、一九六一年版未附有地圖，一九七一年版附有名爲「南越」但卻包括南中國海的地圖一幅。圖中的「南中國海」在北面、東面和南面都列有界線，以表明菲律賓和沙巴的海域，但卻沒有在南越海岸繪有同樣的界線。給人的印象是南中國海域屬於南越。

三、一九六一年版的該書的南中國海部分包括四百個地名。一九七一年版的該書所包括的南中國海的範圍比一九六一年大爲增加，東沙群島（按：西方稱爲Pratas）也包括在內。所包括的地名增至五百個。

該書的一九七一年版在前言中，對「南越」和地名包括在書內的「南中國海」分別下了定義。特譯出原文如下：

「南越是越南共和國在約為北緯十七度的『分界線』的部分。地名包括在本地名辭典的南中國海區域是北緯五度和二十一度之間，分別在菲律賓的疆界以西和沙巴的疆界以北，以及西限於海南島和越南和東經一百零五度的部分。這地區包括帕拉塞爾群島（按：即西沙群島）、帕拉他斯島（按：即東沙群島）、危險海域（按：這是南沙群島的其中一部分）和眾多其他的島嶼、暗礁和砂洲。」

這前言說明了，書內的「南中國海」不屬於菲律賓和沙巴，卻沒有清楚指明該區所屬的國家。但也沒有表示美國對外的官方立場：該區域主權未定。但就整體而言，該書給人的印象顯然是：書內的南中國海應屬南越。該書的編者是否不知道中國對於南沙的立場呢？絕對不是的。他們清楚得很，南海諸島的中文英譯名字都已包括在內了。舉個例子：

Nansha: See Itu Aba Island...... ISL（按：島的簡稱）10°23'N 114°21'E913. 6（按：書內給以南中國海的代字）

該書初版的一九六一年是目前美國官方所承認的介入越戰之年。由此，筆者所作出揣測是：美國利用越戰期間，在南中國海進行了大量的探測。探測的結果使美國認爲該區歸屬南越對美國最爲有利。

接著的問題是，該區對於美國或者其他國家有些什麼利益？一個可能性當然是石油。但是，這絕對不是唯一的原因，甚而不一定是主要的原因。南中國海大部分海域的水深都在數千英尺以下，有相當一部分是屬於危險地帶，在可見的將來，這裡並不是海面探採技術所能到達的地方。各島嶼的附近雖然有水深在一千英尺以內的海域，但大部分島嶼均面積狹小，而且本身缺乏資源，難以作爲大規模的探採基地。當然，這些技術困難是早晚可以克服的。不過在可預見的將來，南中國海卻似乎不見得有大利（石油）可圖。那末，還有什麼利益呢？筆者以爲是戰略上的重要性。而且認爲戰略上的重要性在短期甚而中期內，比石油的利益還要大。

南中國海在戰略上的重要性其實與石油有著密切的關係，該區是來往中東與日本之間的油輪必經的區域。雖然，南中國海東西寬約六百英里。平常時期，任何一國佔有南沙群島，油輪也可通行無阻。但是，萬一發生戰事，該區就是便於戰略封鎖的海域。除非日本在中東以外尋找到龐大的油源，否則，封鎖南中國海也就是等於封鎖日本。就在沒有戰爭的時期，南海諸島因位居中、菲、越、馬、印尼的中間，也可以作爲艦隊補給的中途站。更重要的是，蘇聯正在世界各地擴張軍事勢力，其艦隊遍佈全世界；美國是世界上的老霸主。目前，印度洋是美、蘇海上勢力的爭鬥已經表面化的地區。可是，蘇聯勢力最近已經在積極滲入東南亞。美蘇在東南亞的爭奪相信很快就會表面化。在東南亞，麻六甲海峽當然是戰略要地。目前，麻六甲海峽也是爭奪的焦點。馬來西亞和印尼爲了保護領海主權的完整，正在與主要的海上勢力的美、蘇、日、英等鬥爭。可是，深水的南中國海則是艦隊通行無阻的海域。重要的是，蘇聯目前正設法將其遍佈全世界的艦隊連成一線。如果不能夠佔領南中國海，蘇聯的印度洋艦隊和太平洋艦隊就難以呼應。因此，在東南亞的爭奪戰中，麻六甲海峽是第一線，而南海是第二線。由此看來，美國欲奪得南沙是不難理解的。

結束語

總的說來，西貢和菲律賓的佔取南沙，主要動機都在於該區可能藏有的石油的利益。但是，西貢所作的是生存的賭博，而菲律賓只在謀求一些利益。美國政府很可能較希望西貢奪得南沙，目的在於阻遏蘇聯海上勢力滲入東南亞和控制該區的油源。西方和日本石油公司的期望與美國政府相仿，但是在政治上有較大的伸縮性。南沙只要不歸回中國，就對他們有利。

最後，僅引倫敦大學教授考爾特維爾的〈在東南亞的石油與帝國主義〉一文的提綱作結：「一般對於南越是否藏有大量石油的爭辯是無關痛癢的。富有國家的需要是如此的緊急和迫切，以致尋找生命必須的化學燃料中，沒有一塊石頭可以不被翻過。因此，假如可以為『自由世界』留下（挽救）某一個區域，就不能自動放棄它。」

註釋：

註：利維曾為「歐洲合作機構」（European Cooperation Administration）屬下的石油部的第一任首腦。目前在紐約開設利維公司（Walter J. Levy, Inc.）分店遍佈全世界，顧客包括埃克索、加州德士古（Caltex）和蜆殼等全世界規模最大的石油公司。該公司受世界銀行（World Bank）的委託，在一九六一年作出一份研究報告，名為《發展中國家尋找油源：稀有資源問題及其對於國營和私營企業的含意》（The Search for Oil in Developing Countries: A Problem of Scarce Resources And Its Implicalications for State and Private Emterprise）。該報告的結論是，發展中國家應該將尋找和開

發石油的工作交與外國石油公司。該報告經過世界銀行的傳播，發生相當大的影響。聯合國其後對於發展中國家有關開發石油的建議多基於利維報告。

本文參考資料包括：《太平洋帝國主義筆記》（Pacific Imperialism Notebook）、西貢駐美大使館所出版的《越南公告》（Vietnam Bulletin）、《遠東經濟評論》（Far East Economic Review）、《太平洋研究與世界帝國電訊》（Pacific Research and World Empire Telegram）、《了解中國報》（Understanding China）、《美國新聞與世界報導》（U. S. News and World Report）、《石油與天然氣學報》（Oil and Gas Journal）等。

（《七十年代》，一九七四年六月）

三、南沙群島事件的前前後後

郭生

西貢南越阮文紹的艦隊及空軍，一月中旬突然入侵中國領土的西沙群島。被擊退後，二月一日至三日，西貢軍艦轉向中國領土的南沙群島進犯。

在南沙的國民黨軍與西貢軍

南沙群島在三十多年以前的中日戰爭中，一度曾被日本海軍占領，作爲潛艇的基地。一九四五年，中國抗戰宣告勝利，島上的日軍投降退出。一九四六年十二月，由當時中國的國民黨軍隊開入，接受了這一片群島。一九四九年，國民黨從中國大陸撤往台灣後，南沙群島仍由台北國民黨軍隊繼續駐紮，迄今爲止，那裡的國民黨軍隊人數約爲四百至六百。

這一次，二月一日至三日，西貢軍艦載運的軍隊，侵入南沙群島，首先是在南子礁登陸。外電說西貢軍的登陸部隊最初大約只有一百五十人。登陸的幾個島嶼，其中一個，距離國民黨軍隊所駐的太平島，僅爲一公里。在海面上，國民黨不僅沒有出動自己的海軍艦艇，去阻擋西貢軍的登陸，在群島上，國民黨軍也不曾發出一槍一砲，藉以表示對侵入的西貢軍的抵抗。

到筆者寫此文時爲止，據美聯社三月十一日西貢電透露，西貢軍已侵入了南沙群島中的十一個島嶼，他們登陸後就盤踞不撤。

台北當局爲應付公眾普遍的憤怒情緒，迄今只作了口頭與文字的一些聲明與抗議，口氣越來越軟弱，措詞越來越含糊。台北《中央日報》二月八日的社論說：台北與西貢，「同為反共國家，利害一體」，該報「呼籲」「雙方應經由外交途徑妥善處理」。人們可以看出：對於侵入南沙群島的西貢軍，台北毫無予以驅逐的決心。

《中央日報》的這篇社論，居然還要求公眾「信任」台北「政府」「明智的決策」，支持台北「政府」「因應的行動」。這就透露台北對於外患，不僅抱者「不抵抗」的老「法寶」，而且正在開始給南沙的國民黨駐軍安排後事。

西貢方面看穿國民黨軍隊不會抵抗

從外電與西貢報紙的消息看來，阮文紹向中國領土西沙、南沙兩座群島發動軍事突襲，原因並不簡單：原因之一是企圖隱定它的搖搖欲倒的政府，企圖以「收回領土主權」為口號，發動對外戰爭，轉移南越人民的視線，沖淡南越人民對他的厭恨。台北《中國時報》二月八日登載的〈西貢通訊〉就指出南越公眾對阮文紹的不滿，而阮文紹則是要把南越公眾的注意力，「轉移到對外戰爭的焦點去」。

原因之二是阮文紹為了急於要在國會通過「修憲案」。《中國時報》的〈西貢通訊〉說，一月十九日，「恰巧，西沙群島衝突的槍砲聲響起來了」，「修憲案在砲聲中通過了」。阮文紹「修憲是有計畫的做作」，按照西貢現行的憲法，他的任期明年屆滿，不能再延長，但修憲之後，如果他明年當選，就有可能再連任十年的「總統」。

第三個原因是由於西貢政權以及某些外國，垂涎於西沙、南沙群島的地下石油資源，西沙南沙事件發生後，蘇聯有關這一事件的反華言論，也鼓勵了西貢政府繼續胡作非為。

狂悖的阮文紹，沒有料到，他的海軍艦隊在西沙群島中的三個島嶼「順利登陸」後，卻在一月二十日的二十分鐘內，暴露它們的無能無用，落得可笑可恥的結局。爲了維持他在西貢的「地位」，挽回他在「自由世界」中的價值，就把艦隊開到南沙。

不肯爲保衛疆土而流血的國民黨在南沙的軍隊，眼睜睜的看著西貢軍在一個又一個的島嶼上登陸。

西貢內部有人反對侵奪南沙

據台北《中國時報》引述，西貢越文報紙的消息說，阮文紹的軍隊在西沙遭受慘敗後，召集了一連串的軍事會議，一面叫囔要「再占西沙」，一面決定「開兵前往南沙群島」。

從目前的新聞發展看來，阮文紹說要「再占西沙」云云，是給自己遮醜；「開兵前往南沙」，則已成爲事實。而且這種侵略南沙的活動可能會繼續擴大。

二月二十五日的台北《中國時報》，〈西貢通訊〉繼續載稱，侵入南沙的西貢軍，已先後在七個島嶼登陸。在南沙的西貢軍艦隊，總共已有艦艇十一艘。西貢的一批廣播電台、電視台、官方報紙的記者，已搭乘軍艦前往南沙；傳說阮文紹也準備前往南沙群島，主持「旗台」的奠基儀式；傳說西貢的這些記者要拍攝一些照片與電視，以便在西貢及其控制區，替阮文紹進行宣傳。

阮文紹是看穿了駐在南沙的台北國民黨軍不敢阻擋西貢軍登陸，才把西貢政府的艦隊開到南沙去的。

《中國時報》的〈西貢通訊〉中說，在西貢的反阮文紹派的報紙，認爲此時此際「不應掀起南沙的爭執」，「如有必要，也應先取得西貢政府全民的支持才可進行」；但西貢當局仍叫囔對南沙群島的「主權」「期在必得，不願讓步」。

台北當局爲了上述的問題，曾有照會給西貢。據西貢電台廣播說，阮文紹政權答覆了台北：西沙、南沙群島都是西貢政府領土的一部分，西貢的「主權」「立場不變」。

台北《中國時報》的通訊中還承認，在此三年多以前，南沙群島中的三個島嶼已被菲律賓侵占。通訊中接著就提到，阮文紹的外交部長王文化宣稱，西貢要求在西沙群島的中共軍隊「迅速撤退」，但沒有要求在南沙的台北國民黨的軍隊以及菲律賓的軍隊立刻離開，而是希望西貢、台北、馬尼拉三方面「用談判方式和平解決」。

把台北的口氣與西貢的口氣互相對照，就使人懷疑：台北當局是不是想要經由「外交途徑」斷送中國領土的南沙群島；西貢當局是不是想要經由「談判方式」奪取中國領土的南沙群島。

阮系人物企圖在西貢威脅華僑

〈西貢通訊〉中說，西貢當局正在繼續調派艦艇前往南沙群島，「加強遊弋活動」，與此同時，正在製造緊張氣氛打擊反阮輿論。西貢市議會的阮系議員，還在籌組「爭取西沙南沙群島主權委員會」。西貢當局並且準備出動阮軍的「殘廢軍人」，要在西貢等地舉行示威遊行，恐嚇並打擊包括華僑在內的南越各界公眾，製造血案。

關於西沙南沙的地下石油資源問題，據西貢一家越文報紙最近引述美國駐西貢大使館官員的談話，他說「群島」的主權爭執；石油是主要因素，因爲據一九六七年聯合國主持下的東南亞大陸棚探測團的報告，南中國海底的大陸棚，蘊藏著二十一萬立方公里的油層，油量豐富，相當於中東各國。

由於國民黨當局「數十年來如一日」執行著恐外、懼外的政策，抗日戰爭結束、日本投降後，駐守在南沙群島國民黨軍十分怕事。南沙的地下資源，引起了各國覬覦。

聯合國一個組織曾在南沙進行勘測

距今四年前，當時的台北國民黨，還是聯合國的成員。據一九七〇年三月一日及三月三日的台北《中國時報》的消息說：「亞洲及遠東地區」的一些國家，打算「合作勘測南中國海——絕大部分是南沙群島的水域」；當時，菲律賓航海學校校長克洛馬，在馬尼拉海外新聞俱樂部，也向記者們宣稱，菲律賓對於所謂「自由地」（按即南沙群島的一部分）具有「所有權和主權」。

該報說，所謂「亞洲及遠東地區」的國家，「合作勘測」中國南沙群島水域，是由當時的聯合國亞洲經濟委員會」與「美國海軍研究所」的測量船主持進行的。當時，聯合國「亞洲經濟委員會」是由美國把持，拉著若干國家來進行勘測的。

消息透露，一九六四年、一九六七年、一九七〇年，這一個勘測組織，先後在馬尼拉、堪培拉等地，總共已舉行製圖會議三次。後來還在東京舉行了通訊小組會議，參加者包括美、日、台北、西貢、菲律賓、澳洲。

這就可以看出，距今幾年以前，那時的美國等等，對南沙群島及其地下資源，都已發生興趣，有人企圖染指，而台北當局則派員隨侍左右，任人登堂入室，調查中國的地上地下財富。

蘇聯的言論助長阮文紹的氣燄

蘇聯的反華言論、挑撥行為、以及對於太平洋，尤其是對西太平洋、對中國南海的種種活動，也時時助長西貢當局對西沙南沙的野心。距今兩年前，一九七二年五月，在越南作戰的美國海空軍，佈雷、封鎖、濫炸越南民主共和國的主要港口——海防。據當時的外電透露，蘇聯原定駛往海防的貨船，就躲入西沙群島附近的海面。當時，它們除了怕美軍的水雷與炸彈，另外還有什麼企圖與陰謀，已大可懷疑。

這次西沙事件發生後，蘇聯莫斯科電台一月三十一日的廣播，就詆譭中國，並說西沙群島的衝突事件，在世界引起很大的反應，特別是「中國鄰近國家」對此次事件的發生，已引起相當的「不安與警戒」。蘇聯這一廣播的用意，在於妄圖否定西沙群島是中國的領土；而是說衝突是中國引起的，中國不應該抵抗西貢軍的進犯，是由於中國「好戰」，威脅了鄰國的寧靜與安全。

路透社的莫斯科二月二十一日電說：「今天蘇聯暗示，蘇聯不承認中國對南中國海西沙及南沙群島所申稱的主權。」「克里姆林宮……已站在西貢的一邊。」蘇聯「二十一日一篇……文章竟把中國的主權要求說成是『政治挑釁』。塔斯社……發表了蘇聯《新時代》週刊一篇文章的摘要，題目是〈北京在南海煽風點火〉」。

但是，西沙南沙群島是中國的領土，古今中外有不可勝計的歷史地理文獻可作鐵證。關於西沙群島，即使是蘇聯政府測繪總局制訂的、一九六七年在莫斯科出版的世界地圖，也明明白白標明西沙群島是中國領土的一部分，但是，二月二十一日出版的蘇聯《新時代》週刊，卻認爲中國「奪取西沙（帕拉塞爾）群島，再次畢露了」中國「外交政策的大國沙文主義的性質」。

距今二十六年前出版的西沙南沙地圖

南沙群島從來是中國的領土，絕不是從一九四九年新中國成立國後才開始。中國對日抗戰之前及抗戰時期，南沙群島雖曾被法國、日本一度侵占，但抗日戰爭結束，日軍投降後不久，一九四六年十二月，南沙群島的全部島嶼，即由當時的中國政府，全部接收，重歸中國。僅以一九四八年六月上海「中國史地圖表編纂社」出版，金擎宇繪製的《中國分省新地圖》及《南海群島的詳圖》，即已清楚說明，日本投降後，中國的南海群島（包括西沙群島、南沙群島在內），均已經由中國收復。中國解放以後出版的地圖，關於西沙群島、南沙群島的情況，繪製更爲清楚明確。

從最近各方的電訊以及台北報紙的消息看來，西沙群島中，至少有三個島嶼被菲律賓侵占，並且至少有十一個島嶼被西貢軍占據。

一九四六年起即已駐在南沙群島上的國民黨軍隊，他們分駐於太平島、南威島、南鑰島、中業島、南子礁、北子礁（合稱「雙子礁」）、安波沙洲……，這些島嶼上的國民黨軍隊最近已退到只有一個島——太平島的上面。台北《中央日報》二月八日的社論，就已含含糊糊的承認此事。該報二月二十五日的一篇長文中，也只說，台北國民黨在「太平島上派有軍隊駐守」，而沒有提及在南沙群島還有軍隊駐在其他島嶼。菲律賓已占的島嶼是什麼名稱？西貢阮軍登陸的島嶼是什麼名稱？國民黨軍隊「放棄」或退出的島嶼是什麼名稱？台灣報紙都不敢承認，也不曾透露。

台北當局的言論及姿態

西貢軍在南沙登陸的前後，台北官方態度的軟弱，比四十三年前日軍攻占瀋陽時尤有過之。據二月二日的西貢美聯社電：西貢一家半官方報紙登載：「南越政府人士證實，西貢當局與台北使館官員事先（即在阮軍登陸之前）已協定，在西貢軍隊登陸南沙一些島嶼時，兩國盟友不會鬧出事件，（因爲）雙方都反對中共。」阮文紹的《民族報》，引述可靠人士說：「西貢、台北、非律賓，將盡一切努力來避免武裝衝突。」

在阮軍登陸南沙群島之後，台北報紙顯然都已奉命緘默，或藏頭露尾，或輕描淡寫，「避免刺激」台灣的軍民。二月八日《中央日報》的社論說：（台北）「政府對此事件始終表現高度理智而自制的態度，應為越方所了解；我們相信以阮文紹總統及其堅決反共政府的目光與胸懷，必能洞明利害而知所取捨」；另一家官方報紙《新生報》，同一天的社論也說，台北與西貢「關係敦睦，友誼素篤，」「不幸為……群島主權問題發生爭執，實為至可遺憾之事」。《台灣日報》二月十三日的社論，也說台北、西貢是「反共友邦」，「利害一致」，台北與菲律賓政府也是「和好無間」，不應「自相紛爭」。總之，這些言論都是爲了沖淡南沙群島被阮軍侵占的嚴重性，爲了向台灣軍民替侵略者進行催眠術，爲了宣傳台北對於外患實行「不抵抗」的有理。

南沙群島上，自從一九四六年以來，決不是只太平島才駐有國民黨的軍隊。雖然，關於南沙群島，尤其是群島中的國民黨軍隊，台灣的報紙雜誌以前絕少登載新聞與照片。

有關南沙群島的十九幅圖片

但台北半官方的「華岡圖版公司」發行的《美哉中華》圖畫月刊（創辦人是張其昀），一九七〇年十月號的一期，卻登載著十九幅的照片，都是南沙群島與駐紮在島上的國民黨軍隊的情況。照片中有太平島、中業島、南威島、南鑰島、南子礁、北子礁、安波沙洲……的攝影。各島有中文島名碑石，有房屋海堤、道路……的照相。圖片說明上寫著：在南沙群島中，「太平島是其主島，有漁船，有碑塔，有用鋼筋水泥建造的二層樓房」，太平島的「氣象台，每日四次測報著該地區的高空氣象資料」，南沙的「其他礁島，脈絡相通，或有象徵領土主權的碑石，或有漁民隨到隨用的水井。南子礁上還有指導航路的雷達反射鐵塔」。

圖片說明是台北當時的「內政部地政司幫辦」張維一撰寫的，最後說：南沙群島的「危險地帶，未經勘測，航行困難」，因此，「聯合國製圖會議決定進行勘測，最近曾集會日本東京。」……「這一勘測，（對於）我們的領土主權，絕不能有所影響，……不過，這不能徒託空言，而必須要以……實際行動來支持。」

蔣經國最近關於南沙群島的談話

從台北的消息看來，國民黨一面默認阮軍侵占南沙群島南子礁等島嶼的既成事宜，一面正在乞求阮文紹給台北留情，留臉面，不要再把事情擴大。但是，如果阮軍繼續在南沙登陸，台北怎麼辦呢？台北三月五日各報登載了蔣經國對美國《時代雜誌》駐香港辦事處主任羅萬的答覆。蔣經國說：「目前，南沙群島之重要島嶼有我國部隊長年駐守，我們決心全力防衛……。我必須指出，凡有我中華民國武裝部隊駐防之地，國軍守土有責，不容置疑。」他的話，豈非等於說，不是「重要島嶼」而無「部隊長年駐守」者，就可以容忍阮軍登陸侵占；不是「武裝部隊駐防之地」，就可以容許西貢軍登陸侵占。

（《七十年代》，一九七四年四月）

四、菲越覬覦下的西南沙群島

——西南沙群島隱伏的危機

漁父

（一）探險家與伯爵

一九五六年五月二十一日，一個名叫托馬斯·克洛馬（Thomas Cloma）的菲律賓人，宣佈他在巴拉望島西邊的南中國海上航行探險時，意外地「發現」了一大片無人居住的島嶼、珊瑚礁、沙洲。這傢伙過去當過新聞記者，當時是菲律賓海洋學院航海學校校長，他不但大事宣傳，聲稱那七萬平方英哩的地方是他的，而且還替五十三個島嶼、珊瑚礁起了新名字。他希望菲律賓政府會正式支持他的所有權要求。（註一）除了給這些島嶼起名字之外，他的「新發現」還有一個總名稱，叫做「自由之地的自由領土」（Free Territory of Freedomland）。他還爲這個「自由領土」設計了一面「國旗」，這面國旗是藍底，中間一塊紅框框，紅框框裡面畫著一隻飛翔姿態的白鳥（註二）。

一九七四年八月，法國警察抓到一個騙子，他號稱是「自由之地侯國」的伯爵（Grand Duke of the Principality of Freedomland），名字叫做Othmardi Schmieder Rocca Forozata，這一來把大家都弄糊塗了，不知道他的「侯國」和菲律賓「探險家」克洛馬先生的「自由之地」是不是同一個地方。據說他的「自由之地」，方圓也有兩千英哩，他也製了一面「國旗」，底色是藍白相間，中間有一個金冠，金冠上面也飛著一隻鳥，一隻信天翁鳥（Albatross）（註三）。

菲律賓「探險家」和法國「伯爵」所發現的「自由之地」就是中國的南沙群島。早在十三世紀，中國的歷史書《諸蕃記》，在描寫海南島的章節中，就已經有了關於南海諸島的記載。這本書的作者趙汝括是南宋（一二二七—一二七九）福建的外貿部專員。元朝的時候（一二八〇—一三六八）朝廷曾派探險部隊去爪哇，航海記錄上說，船經過「七洲洋」和「萬里石塘」，「七洲洋」就是現在的西沙東面的七個小島，而「萬里石塘」顯然就是現在的南沙群島。到了明朝，大名鼎鼎的鄭和下西洋，船隊不但經過南沙群島好多次，而且還在一些島上登陸，後來明朝出版的海洋志很清楚的描寫了這兩個群島的地理位置。（註四）清朝的《海國聞見錄》和《海國圖志》等書，也都有詳細的繪圖記載。

一九五六年菲律賓探險家的「發現」，居然還引起不小的騷動。當時菲律賓副總統卡洛斯·加西亞Carlos Garcia起先還表示克洛馬先生的私人探險並沒有獲得菲律賓外交部的批准，不過他又補上一句：「這些島嶼由於占據和地理位置的接近，最後應該變成菲律賓領土。」此語一出，台灣駐菲律賓大使館立刻提出抗議。同年五月三十日，北京政府也發表聲明，強調南沙群島是中國領土。據說，周恩來總理談到這件事時說：「既然菲律賓的地理位置這麼接近中國的南沙群島，將來是不是應該變成中國領土？」

北京政府發表聲明之後兩天，南越政府竟也發表聲明，聲稱擁有南沙群島主權。同年八月二十八日，南越派了一小隊人乘船登陸南沙的一個島（南威島）上去插了一枝國旗，台灣當局立刻就此事向南越提出抗議，北京政府也立刻向南越發出警告說，南越的行動已構成對亞洲和平的嚴重威脅。

這是第二次世界大戰後，南沙群島爭端的第一回合。

（二）西沙海戰與西、南沙群島的法律地位

談到南沙，不能不提到西沙。實際上，越南在南中國海打的如意算盤，當然不限於南沙群島，早在一

九五七年，南越吳廷琰政府就曾派兵占領西沙的甘泉、珊瑚等島，後來又無視於北京政府提出的嚴重警告，一再派遣海軍到西沙，騷擾中國漁民的作業。

西沙與南沙是互相關聯的，西沙海戰的導火線不在西沙，在南沙。一九七三年九月，南越阮文紹政府爲了要占有南沙群島邊緣一帶的大陸礁層，其內政部宣布將南沙群島的南威、太平等十多個島嶼劃入其版圖。北京政府於一九七四年一月十一日對此事正式提出嚴重抗議，次日南越當局外交部發言人發表了駁斥聲明，稱中國對西沙與南沙擁有主權的說法「毫無根據」。接著，中國派出一支擁有十一艘噸位不同的船隻的海軍特遣部隊到西沙群島附近執行巡邏任務，而南越當局從一月十五日開始，發動一連串的攻擊行動。先是出動海軍入侵西沙群島中的永樂群島，繼而出動軍艦撞壞中國漁船，派遣武裝部隊登陸占領甘泉島和金銀島，派遣軍艦飛機砲擊和轟炸琛航島，打死打傷了許多中國漁民和民兵，南越軍艦還向在海上巡邏的中國艦艇首先開砲襲擊。中國民兵和艦艇部隊不得不進行自衛還擊，驅逐了南越的武裝部隊和軍艦。

在西沙海戰發生的同時，南越當局還惡人先告狀，聲稱西沙和南沙群島是越南共和國的領土，不但「有著地理上和歷史上的理由」，而且還有「國際法爲根據」。一九七四年一月十六日，南越外交部長在給聯合國安全理事會主席的普通照會中說：

「從地理的觀點來說，帕拉塞耳斯（西沙）群島和斯普拉特利（南沙）群島距離越南共和國中部海岸的確要比距離中國海南島海岸近得多。」

「從歷史的觀點來說？越南是發現並發展帕拉塞耳斯群島的第一個國家。根據名為《大南一統誌》的歷史記錄，嘉隆皇帝於一八〇二年成立了黃沙公司來控制並開發這群島嶼。一八三四年，在明孟皇帝統治下，黃沙群島第一次載入順化朝廷出版的地圖，這些地圖編列在叫作《皇越地圖》的地理專集中。」

「在法國殖民時期，印度支那總督於一九三二年六月十五日以第一五六／SC號命令，將黃沙群島建立為承天省的一個行政單位。這件事最後於一九三八年三月三十日經保大皇帝以第十號法令加以確認。」

「一九三九年五月五日，印度支那總督再度將黃沙群島的行政界限劃入叫作（新月形島嶼和屬島行政代表團）的單位，並將長沙群島的行政界限劃入叫作（海的女神和附屬島嶼行政代表團）的單位。」

「在越南第一共和當政時期，共和國的總統於一九六一年七月十三日發布了第一七四／NK號命令，將黃沙群島由承天省的一部分改劃為廣南省的一部分，並建立了定海村，作為和旺縣的一部分。」

越南第二共和當政時期，其總理於一九六九年十月二十一日以第七〇九／BNG／HC號命令將定海村與同屬和旺縣（廣南省）的還龍村合併。

「所有對這些島嶼主張並行使越南主權的行為並沒有引起任何國家的異議，包括中共在內。」

「從國際法的觀點來說，出席一九五一年九月七日召開的一九五一年舊金山和平會議的越南代表團團長曾宣布，越南已於日本交還第二次大戰期間以武力占領的領土以後恢復它對這些群島的主權，參加那次會議的五十一個國家中沒有一個國家曾對越南的重申主權表示反對。」

「從現實的觀點來說，越南當局一貫地在這些群島上派駐軍隊並行使行政控制權，越南的海軍定期巡邏並監督這個地區的航海安全。」（聯合國安全理事會第S／一一一九九號文件）

越南所說的黃沙與長沙，指的就是西沙與南沙。

中國外交部於一月二十四日發表聲明，駁斥了南越當局「混淆視聽」的謊言。聲明指出：

眾所周知，西沙群島和南沙、中沙群島、東沙群島歷來就是中國的領土，這是無可置辯的事實，這是所有中國人都承認的。儘管在第二次世界大戰前，西沙群島中的某些島嶼曾一度被法國侵占過，其後又被日本所占據。但是第二次世界大戰結束後，西沙群島同其他南海諸島一樣，已爲當時的中國政府正式接收，而且早在一九五一年八月十五日，中華人民共和國外交部長周恩來在「關於美英對日和約草案及舊金山會議的聲明」中，就曾嚴正指出：「西沙群島和南威島正如整個南沙群島及中沙群島、東沙群島一樣，向為中國領土。」此後，中國政府曾多次重申這一立場。西貢當局任何企圖侵占中國領土的藉口，都是根本站不住腳的。（聯合國安全理事會第S／一一二〇一號文件）

西沙一役，引起了國際上對於西沙和南沙群島法律地位的關注。針對這個問題，一時議論紛紛，與中國爭領土的越南和菲律賓都是第二次世界大戰後由殖民地而獨立的新國家，在法律上它們企圖以地理位置的觀念來挑戰中國的歷史疆界。在菲、越尚未建國之時，中國已屹立千年，越南還勉強打算從殖民時期殖民主（法國）的記載中去找尋一些歷史線索，菲律賓則只能在地理位置上提出要求，連歷史線索都無從建立，因爲它究竟是遲至一九五六年才「發現」了南沙群島，而即使在地理位置上也很牽強，因爲菲島南端的巴拉望島以西，離岸不遠，即是深陷的墜層，和南沙群島之間並無海底大陸礁層的延伸。

關於西沙和南沙群島法律地位的討論，值得重視的是西沙海戰之後不久，兩位年青的國際法學者哈佛大學法學院研究員丘宏達和朴中和（南朝鮮人）所寫的一份報告：「帕拉塞爾斯（西沙）和斯普拉特利（南沙）群島的法律地位」。前一陣中美建交的醞釀時期，丘君曾有台灣當局聯俄之議，引起頗多責難，然而我們不必以人廢言，亦無須以彼非此，丘君與朴君合寫的這份報告（以下簡稱丘文），從國際法觀點論述西沙南沙的法律地位，是頗有價值的分析。

丘文指出，從國際法觀點分析一個領土爭執問題時，不應該讓地理的事實掩蓋住歷史和法律的依據。（註五）由於西沙與南沙群島的爭執基本上是一個領土問題，則應以國際法來評判各方提出的權利要求。

然而由此產生的基本問題是：有關領土取得的現代國際法是否適用於這些東亞國家在進入國際社會之前所發生的爭執？更具體地說，在歐洲發展的國際法是否適用於亞洲情況？

其次，在不同的時期，每一方都以爲，對方或他方並未對那塊土地提出權利要求，而且，每一方提出的有關發現，使用與權利的事實，都有若干差異。因此，在評判各方提出的權利要求時，必須考慮到這些因素。（註六）

丘文所述越南（西貢）當局的立場，和前面所錄越南共和國外交部長的照會，內容大致雷同。

至於中國的立場，除了前面提到的從十三世紀南宋時代的《諸蕃記》，一直到清朝的《海國聞見錄》、《四海總圖》所刊載的歷史文獻，可證明廣東海南島的中國漁民自古以來就一直繼續使用西沙南沙群島之外，西方權威性資料對此也有記載。譬如一九二三年英國官方出版物《The China Sea Pilot》（《中國海航行指南》第三卷，〔《中國海西邊，新加坡海峽至香港》，就有如下記載：

「大多數這些島嶼上，都可以見到海南島的漁民，以撈海參和烏龜殼為生；他們有些人經年累月地留在礁嶼上，每年有舢板從海南島駛往這些島嶼，載著米糧和其他必須品，漁人則用海參和其他東西交換……。」（註七）

丘文指出，在一九三〇年代以前，中國對於西沙和南沙的所有權，得到一些國際和國內法案的認可。早在一八八三年，德國政府想要調查南沙群島，經中國抗議而作罷。中國政府發言人一再指出，一八八四年越南（安南）成爲法國的保護國之後，根據一八八七年六月二十六日中法簽訂的關於中國和東京（越南）邊界劃分的條約第三條規定，一〇五度四三分經度分界線以東的島嶼都屬於中國，西沙和南沙都在這個範圍內。

丘文從一九四八年上海商務出版鄭資約編的《南海諸島地理誌略》一書中引用了大量的史料，來證實二十世紀初期，中國政府對西沙和南沙的所有權（諸如一九〇九年中國派遣海軍到西沙立碑等），根據沈鵬飛所編《調查西沙群島報告書》的記載，一九二八年，廣東省政府還派遣海軍軍艦載運由省政府和中山大學組成的調查隊去調查這些島嶼。（註八）

法國於一九三一年十二月四日突然代表其保護國越南，根據一八三四年明孟皇帝在西沙建塔的史料，向中國提出對西沙群島的權利要求，中國外交部引據中法條約予以駁斥，並指出當時（一八三四）越南尚是中國的藩屬，不可能據有其宗主國的土地。又經一次照會往返後，法國就不再堅持。然而與此同時，法國並提出對南沙群島的權利要求；但即使法國引據一九三三年七月二十五日官方公報，證明它曾占領過南中國海的九個島，公報也承認在占領時，這些島嶼上住的都是中國人。（註九）

一九三九年三月三十日，第二次世界大戰前夕，日本宣布將西沙、南沙劃歸其管轄之下，直到一九四五年八月大戰結束之前，這些島嶼一直都受日本控制。戰後中國政府內政部將西沙、南沙暫由海軍管轄，並將這些島嶼重新命名，列入中國版圖之內。當時，越南或世界任何一個國家對此都未提出異議。可是一九五一年九月七日，在舊金山舉行的五十一國簽署對日和約會議上，越南代表卻提出對西沙南沙的主權。

前面引述的越南（西貢）當局一九七四年一月的照會，在這一點上，振振有詞的說：「參加那次會議的五十一個國家中，沒有一個國家曾對越南的重申主權表示反對。」但問題是，當時大陸的中華人民共和國政府和台灣的中華民國政府都沒有被邀參加這次會議，而中國外交部長周恩來在會議舉行之前就已發表聲明（一九五一年八月十五日），嚴正指出，不論舊金山和約如何規定，「西沙群島和南威島正如整個南沙群島及中沙群島一樣，向為中國領土。」一九五二年四月二十八日台灣當局與日本簽訂的《中日和約》

第二條，依照《舊金山和約》第二條的規定，日本放棄台灣、澎湖及南沙和西沙的所有權，台灣當局外交部解釋說，在雙邊條約的形式下，一方承認放棄所有權，即是另一方當然取得所有權。然而由於這兩個條約的規定並不明確，後來國際上有關「澎湖地位未定論」或「西南沙地位未定論」的說法，由此產生。但丘文支持台灣外交部的解釋，並不承認這是台灣在外在壓力下妥協的一個漏洞。

戰後五〇年代的發展，已如本文第一段所述。從五〇年代初期，北京政府向美國當局發出了數以百計的侵犯西沙領空的「警告」。（註十）在此期間，台灣當局也一再就西沙與南沙群島的所有權問題，向菲律賓和越南（西貢）提出抗議或駁斥聲明。台灣當局自一九四九年以來即占據東沙群島，並派志願部隊進駐南沙群島的太平島，北京政府和台灣方面從未就此事互相指控。這是因爲雙方都了解，彼此的爭執是內部爭執。

丘文的結論說，在國際法中，必須澄清領土所有權的兩個一般性特徵：

一、國際法中的所有權相對於國內法的所有權而言，前者是一個相對的概念，後者是絕對的。因此，在評判國際法中的領土爭執時，往往不能說一方完全符合國際法中有關取得領土的必要條件。換句話說，在國際法上，如果沒有別人提出異議，則即使以一個象徵性的行動，也可以取得領土的所有權資格。但在國內法中就不是如此，在國內法中，不論有沒有別人提出異議，都必須符合法律規定的條件，否則就無法取得所有權。由於國際法中缺乏明確的法律規定，因此我們的判斷，也只能是合理地就所有權爭執，作一個相對的判斷，也就是說，看看那一方的權利要求比較有道理。

二、許多國際法條約都詳細說明取得領土的方式，即占領、長期使用、割讓、兼併和增加，但在實際上，一國用來建立領土所有權的論據是建立在多重基礎上，因此通常很難將一國提出的權利要求，完全歸於五種方式中的一種。以占領和長期使用來說，特別是如此。

丘文分析越南的立場，發覺越南對西沙和南沙提出的權利要求必須基於占領或長期使用，或二者。但根據國際法，只有不屬於任何國家的土地才能成爲占領的對象，而毫無疑問，中國在越南最初（一八〇二年）提出權利要求的幾百年前，就已發現並使用了西沙和南沙。根據國際法，中國當時至少有所謂「Inchoate Title」（最初的所有權），有權完成其所有權資格，雖然任何其他國家也同樣有權採取更具決定性的主權行動來挫折中國。但越南及其殖民主——法國並沒有採取這類行動，而在越南或法國於十九世紀初開始對西沙、南沙提出權利要求之後，中國採取了一系列的行動來鞏固它的所有權，一直到一九三〇年代，越南和法國都沒有採取任何步驟來向中國的行動挑戰。雖然法國在一九三〇年代代表越南提出了權利要求，但立刻被中國駁回之後，法國顯然就沒有再繼續下去。

日本投降後，中國軍隊一度曾接管越南北部，一九四六年三月移交給法國時，法國並未要求西沙和南沙的所有權。中國於一九四六年接收西南沙，重新命名，編入版圖時，法國與越南亦未抗議。越南雖在舊金山和約會議上提出西、南沙的權利要求，但並未採取足夠的行動來證明其要求，因此越南當局提出的證據甚至談不上接近「繼續不受阻擾地對一個領土行使主權」的要求。越南和法國也都無法對中國方面所舉中法條約的規定提出考慮。（註十一）

丘文雖是針對越南（西貢）與中國的爭執，但丘文的分析也適用於菲律賓，而菲律資在尋找歷史根據方面當然遠不及越南。但值得我們注意的是，菲律賓在造成國際法上的「占領」和「長期使用」這方面所動的腦筋，所下的工夫，絕不比越南遜色。

一九七四年一月西沙海戰時，菲律賓實際上已不動聲色地占領了南沙群島中的五個島嶼。根據一九七五年一月二十四日《紐約時報》的報導，菲律賓在這些島上共有守軍兩連人，並且已經在其中一個命名爲帕加沙（Pagasa）的島上建造了飛行跑道。一九七八年三月十六日，《紐約時報》報導說，三月初菲律賓海軍又占領了一個珊瑚島，使菲律賓控制下的島嶼增加到七個。北京政府雖然立刻重申警告，指出菲律賓的行動侵犯了中國的領土主權，但菲律賓置之不理，並且還擴建兩年前修築的飛行跑道。這條跑道當時供T-28型螺旋槳戰鬥機和C-47型運輸機使用，爲島嶼上的一千名海軍運輸補給品。同日的報導並說，菲律賓政府已向美國買了二十三架F-8型海軍戰鬥機，當地的菲律賓指揮官說，他要在新的跑道上建造彈射器和減速裝置，以供噴射機升降。F-8型戰鬥機是一種在航空母艦上使用的長程噴射攔截機。此外，菲律賓空軍還調派了一些最新型的F-5自由鬥士機到巴拉望島的普林塞薩港。根據這項報導，菲律賓政府還有計畫在它占領的南沙島嶼上建築港口、冷凍庫，並開展本土巴拉望島和帕加沙島之間的民航；一家美國公司的附屬公司：菲律賓——一城市服務公司（Philippines--Cities Service INC.）已在巴拉望島外海找到了油源，今年（一九七九年）開始採油。一家由美國的Amoco、瑞典的Salen石油公司和菲律賓合作組成的公司已在巴拉望島西北二百哩的礁嶼區域，也就是南沙群島內，找到了油源和瓦斯氣。菲律賓海軍隨鑽油船出航。

南越西貢政權垮台之前，北越由於和中國的友好關係，對於西南沙問題，一直避而不提。西貢政府垮台前夕，北越突然派遣海軍接管了南沙群島六個島嶼，越南統一後，仍繼續維持對這些島嶼的控制。自從向蘇聯靠攏後，態度也越來越強硬，後來甚至在國際上指控中國侵占了它的黃（西）沙群島和長（南）沙群島。越南在這些南沙島嶼上，目前大約有守軍三、四百人，配有大砲和高射砲。

（三）中越之戰與南沙危機

今（一九七九）年三月初出版的《時代周刊》和《新聞周刊》，都是以中越之戰作爲封面標題。當時的情況是戰局不明、國際緊張。蘇聯太平洋艦隊派遣航空母艦開往南中國海，美國第七艦戰緊緊跟隨監視，一時頗有劍拔弩張之勢。《新聞周刊》曾在一篇分析報導中，談到蘇聯可能作的幾個選擇，其中一個可能，就是占領西沙或南沙群島。當時的推測是，蘇聯若這樣做，不僅直接威脅中國南側，而且也威脅到美國在西太平洋的勢力以及東盟諸國和日本（中東的石油，經麻六甲海峽、南中國海，運抵日本，是日本工業的一條生命線）。

中越之戰如今已暫時告一段落。現在，越南若進一步向蘇聯賣身投靠，則很可能出借金蘭灣給蘇聯作爲海軍基地。一旦成爲事實，整個南太平洋局勢，都會發生變化。眼前的問題是，蘇聯如果進犯南沙，則由於補給線太長，不易長久維持，但如有金蘭灣作爲補給站，情況就大不相同。何況現在越南事實上已占領南威島等六個島嶼。按目前情勢的發展，將來若發生衝突，蘇聯必爲其後盾。

另一方面，菲律賓目前也占領了七個南沙島嶼。中國對於南沙群島的領土主權，一直都發表強硬聲明，但也許是鞭長莫及，並沒有實際的占據行動，倒是台灣當局自從第二次世界大戰結束以來一直派兵據守著南沙最大的島嶼——太平島。

菲律賓有美國撐腰，越南有蘇聯撐腰，加上最近印支半島局勢的變化以及國際油價的不斷上漲，南沙群島蘊藏豐富的海底石油，自然受到各方覬覦，因而也就蘊含著潛在的危機。西方石油公司在談到這個地帶的石油時，都稱之爲「Oil under the troubled water」。

按照目前的情勢發展下去，鑽油活動有增無已，發生衝突的可能性當然越來越大。中國政府除了不斷發表抗議聲明或提出警告之外，還應採取什麼行動呢？

一、從一九六二年的中印之戰，一九六九年的珍寶島之戰，到今年的中越之戰，可以看出北京政府對於國家領土是寸土不讓，毫不苟且的。現在也不必因為結盟形勢的改變，而對菲律賓在南沙群島的非法活動，鬆懈注意力。在密切注意越南活動的同時，也應洞識菲律賓欲造成「占領」與「長期使用」的既成事實的陰謀。除了被動地發表抗議聲明之外，中國應積極收集菲、越在南沙活動的圖片資料，主動向國際組織提出控訴，運用國際壓力，以收遏阻之效。對於非法鑽油活動，除向當事國提出抗議外，也應分別警告參與技術合作的石油公司所屬母國。

二、領土的保衛，最後還是取決於實力。從南海島到南沙群島，距離六〇〇哩短程戰鬥機無法抵達，只有 TU–16 或 IL–28 型轟炸機可以飛到。目前中國海軍船隻的總噸位雖然可觀，但較缺乏長程巡洋艦。西沙之戰，佔了地理位置之利，可就近發揮威力，擊退來犯的敵艦，而無後援補給之慮。南沙則不同，必須靠長程巡洋艦才能發揮嚇阻作用，所以今後應朝這個方向發展，補其不足。

三、目前台灣據守南沙的太平島，約有三連兵力，由老弱殘兵組成的志願軍和蛙人，共有六百人，環島佈置四十厘米口徑的大砲，半年派軍艦補給船從高雄運來米糧及日用品，北京方面並無取而代之的必要。然而，西沙之戰，台灣當局竟以當時的南越政權為「友邦」，中越之戰，又責北京「窮兵黷武」，實在有失國家民族立場。今後南沙局勢的發展，會使台灣當局更加無能為力，因此實須改變最近的作風。在本土上猶可謂制度之爭，在離島上，所爭的只有國家民族的全體利益。

註釋：

註一：參看一九五六年五月二十三日《紐約時報》。

註二：《時代周刊》通訊員大衛・艾克曼David Aikman一九七四年二月十六日通訊。

註三：參看Georges Pasch在〔Vexillologia IV:1〕，第二十四頁發表的文章。以上關於旗子的兩則掌故，都是引自威特尼・史密斯Whitney Smith博士寫的「Flags of the South China Sea」（《南中國海的旗子》）這篇文章。

註四：參看丘宏達和朴中和著「Legal Status of the Paracel and the Spratly Islands」（《西沙與南沙群島的法律地位》）第十六—十七頁。

註五：同前註，第五頁。

註六：同前註，第九—十頁。

註七：同前註，第十八頁，丘文關於這一段的記載是引自一九五六年《人民中國》第十三期，第二十七頁。

註八：同前註，第一九、二十頁。

註九：同前註，第二十一頁。

註十：同前註，第二十六頁。

註十一：同前註，第二十八—三十三頁。

（《新土》，一九七九年四月）

【附錄】

外人侵我南海諸島史實

底特律國是研討會

自清朝中葉以後，國勢式微，殖民主義的勢力侵入亞洲，開始蠶食清朝這個老大帝國。位於航海要道上的南海諸島首當其衝，一直被帝國主義垂涎、染指，以至於侵占。在這一系列衝突中（見附表），清廷雖弱，但帝國主義對中國擁有南海諸島主權這一事實卻不得不屈服。

早在一八八三年德國為了打通航道，曾試圖在南沙群島測量，後經清廷抗議方才作罷。一八九五年中日甲午戰爭，中國戰敗，次年台灣落入日本手中，於是日本開始以台灣為基地進窺南海諸島。一九〇七年（光緒三十三年）日本商人西澤吉次糾合百餘人登上東沙島，升日本旗，將島改名為西澤島，在島上開採鳥糞，經營海產。當時兩廣總督張人駿，廣搜證據向日本領事瀨川交涉，由於中國所提的人證、物證齊備，日本領事無言可辯，不得不承認東沙群島為中國領土。（詳見鄭資約《南海諸島地理誌略》及李長傅《地理雜誌》，一三，一九二二）

由於東沙群島事件提高清廷對西、南沙群島的警惕心。一九〇七年派員到南沙重新測量、立碑。一九〇九年更派吳敬榮率領一百七十餘人，以水師提督李準為總指揮，分乘伏波、琛航及廣金三艦前往西沙勘查，在十五個島上鳴砲、升旗。現西沙群島中有許多島是由這些人名、艦名命名的。

一九二一年日人勾結粵商何瑞年等出面向廣東當局請准設立西沙群島實業有限公司，並遣日艦「南興丸」前往西沙開採鳥糞，後為粵人知悉，群情大嘩，廣東實業廳乃於一九二七年撤銷何氏的承辦權，並派

「海瑞」艦，前往清理，日人離去（詳見《調查西沙群島報告書》）。雖然如此，該日本公司以武力爲後盾，去而復歸，其經營的南興實業公司到一九三七年仍未停止，以致於日人在一九三三年法佔九島時（其中六個在南沙、三個在西沙），亦提出主權的要求。日本自認對永興島等西沙群島有先占權。但日本當初勾結粵商何瑞年，以何氏名義向廣東省請求開發權，足證日人承認中國對西沙之主權。日本的立場自然也站不住腳了！

法國占領安南以後，以安南爲基地向南海諸島擴張，於是有一九三三年法占九島事件。中國提出抗議並提出：一、李準升旗、立碑。二、一九三一年香港遠東氣象會議中，中法代表均要求中國在西沙群島設氣象台，來證明中國對西沙群島的主權，並提出法國自己承認所占南沙群島上有中國人居住爲理由，證明該島素爲中國的領土。

一九三九年，日本大舉南侵，霸占了整個南海諸島，並將南沙改爲新南群島與西沙、東沙一併列入台灣管轄的範圍，大肆經營。

一九四五年抗戰勝利，南海諸島列爲中國接收區。次年，國民政府將這些島嶼劃入廣東省管轄，暫交海軍管理，同時公布南海諸島的地圖，並正式核定各島嶼的新舊名稱。

一九五〇年，國民政府撤退到台灣，南海諸島的駐軍也一併撤離。這時菲律賓報紙要求菲政府及美國進佔西沙、南沙。菲政府並未採取行動。

一九五三年北京派調查團到西沙的永興島，經營燐礦，並建立了氣象台。除了漁業外，還從事農業生產。

一九五六年三月，菲航海學校校長克洛瑪以私人名義組織「探險隊」登陸南威、西月等島，竟稱這些是他「發現」的所謂「自由邦」。一九五六年五月底，台北當局就此事發表嚴重聲明，北京當局也發表聲明宣稱西沙、南沙為中國不可分割的領土。六月，台北派海軍艦艇二艘重新在南沙的太平、南威、西月三島登陸、升旗、立碑後返台。六月底，菲人取下國旗，克洛瑪說旗是從旗桿上飄下來的。由於這事件，台北乃於一九五六年七月派軍長期駐守在太平島上迄今。

一九五九年，南越授權一個新加坡公司到西沙群島開採燐礦，與中國發生衝突。二月，南越海軍侵入琛航島，撕毀中國國旗，並劫走漁民八十二人、漁船五艘，北京提出嚴重抗議，西貢釋放漁民，但拒絕賠償。三月二十六日，西貢砲艇又向琛航島漁民搶劫，並揚言要向島上開砲，四月五日，北京再度抗議，西貢才終止行動。這是南越首次進犯西沙。

越戰期間（甚至以前），美國屢屢侵犯西沙群島的永興島領空，北京在一九六〇年稱對此事件所提嚴重抗議不下於十九次之多。

隨著聯合國在一九六九年宣佈南中國海的大陸架上蘊藏著大量石油，菲及南越相繼提出對南沙群島主權的要求，北京於七月十六日強烈警告菲及西貢政權。菲律賓雖曾退出太平、南威，但仍盤據在其他小島上。一九七一年的釣魚台事件發生時，菲方宣稱占了五個島，並駐有軍隊，理由是這五個島不屬於南沙群島。

外國侵我南海諸島史略表

年代	地點	入侵國家	簡略經過	結果
1883（光緒九年）	南沙	德國	德派人測量南沙群島，清政府抗議。	德人撤走
1907（光緒三十三年）	東沙	日本人西澤吉次	趕走中國漁民，開採鳥糞，經營海產。	中國補償日人十三萬元，日人撤走。
1921～1927（民國10年～16年）	西沙	日本	日人勾結粵商何瑞年，於永興島設公司，開採鳥糞。	粵人告發其事。廣東實業廳註銷何氏開發權，派艦清理，日人離去。
1933～1939（民國22年～28年）	西沙三島南沙六島	法國	法占南海九島，並列入安南版圖。	中國提出抗議，惟拖而不決。
1939～1945（民國28年～34年）	東沙、中沙、西沙、南沙	日本	第二次世界大戰，為日所占。日人劃歸台灣總督管轄。	日本投降，國民政府接收各島，並劃歸廣東省管理。
1956	南沙	菲律賓	菲人克洛瑪聲稱發現自由地。菲進占數島。	台北派軍駐守太平島。但菲人仍占數島。
1959	西沙	南越	西貢海軍侵入西沙，抓走中國漁民八十二人。	北京強烈抗議，西貢釋放漁民。
1974.1	西沙	南越	西貢將西沙、南沙一部份劃入版圖，並派兵入侵西沙。	中國迎戰，逐出西貢軍俘四十九名（內有美國人一名）。
1974.2	南沙	南越	西貢侵入南沙，占七個島。	？

（《密歇根月報》，一九七四年二月）

五、西南沙群島上空的國際風暴與尋油熱

狄縱横

西沙自衛戰後的南沙群島

一九七四年對我國南疆而言，是變化最多的一個時期。該年年初，南越海軍即調派軍隊與艦艇增防西沙群島內的西貢守軍，美國亦暗中鼓動越南人在西沙問題上擺出強硬姿態，看看中共到底會做出何種程度的反應。一月十一日，中共發表聲明，強烈譴責南越軍隊侵犯我西沙、南沙諸島主權，緊接著，越、中雙方於一月十五、十七、十八日短兵相接，衝突頻起，一月十九日決定性的一役中共全勝，收復了淪陷達十八年之久的珊瑚、甘泉、金銀及琛航諸島，迫使南越軍隊完全退出西沙群島。這就是轟動全球、激勵海內外中國人心的「西沙自衛戰」。

一月三十日，南越派出一支遠征艦隊，包括兩艘護航驅逐艦及一艘登陸艦，裝載兩百名海軍突擊隊員及足量糧彈，自福綏省發航，圖以進佔南沙群島。由於南沙遠離祖國大陸且中共軍力有限，故未派出機艦攔截，國府海軍則派出四艘驅逐艦南下，在太平島附近巡弋；菲律賓亦派出偵察機多架，跟蹤南越艦隊並隨時將軍情轉報駐守南沙的菲軍。二月一日，南越艦隊乘夜暗的掩護突然在南子島登陸，兩浬外北子島的菲軍並未開火阻撓，任由南越突擊隊一個加強排順利占領。二月二日，南越艦隊繞過了中業島及太平島在國府驅逐艦的監視下進入鄭和群礁瀉湖錨泊，對鴻庥島上的南越守軍增援運補；在兩千碼外遙遙監視的國府海軍，亦任由南越順利施行兩棲作業。二月二日夜，南越艦隊開抵景宏島外，突擊隊一個排搶灘登陸後，發現原居島上的克羅瑪及其徒眾已聞風逃返菲國。二月三日，南越進佔安波沙洲，二月四日，南越艦隊抵

南威島，將糧彈運補島上西貢守軍。二月五日，南越艦隊以凱旋的姿態返回西貢，並對外宣佈占領並鞏固南沙五島嶼。

菲律賓眼見南越有備而來，一下子搞掉了五座島嶼，唯恐其捲土重來將其他荒島通通吃掉，乃匆匆自馬尼拉編組兩棲船團，於二月十日啓碇航向南沙。二月十一日，菲國陸戰隊在國府驅逐艦隊的尾隨下，登陸占領了南鑰島及西月島。

南越在「大小通吃」的原則下，於二月中旬又派出遠征艦隊一支前往南沙，看到凡有露出海面的陸地，一概登陸占領，其中多爲尹慶群礁內的沙洲與礁石。由於生存條件困苦，南越於占領兩三天後始知難而退，自其中沒有淡水或在高潮時半沒海中的沙洲礁石撤出。截至三月初，南越實際上僅控制了南沙群島當中六座島嶼沙洲：南子島、鴻庥島、景宏島、南威島、安波沙洲及西礁內一無名沙洲。三月九日，南越派出第三支遠征軍，攜帶五百噸建材及裝備赴南沙各島以供越軍構工建築防禦陣地，派遣蛙人隨行展開爆破作業以利各島越軍疏濬航道，更在偏遠的安波沙洲開始構築直升機降落場以利空中運補。到了四月初，南沙軍情總算塵埃落定，鼎足三分的局勢業已形成，其中南越占領了露出海面的南沙陸地百分之二十二，菲國占領了百分之五十二，而國府僅固守住百分之二十五——太平島。

儘管國共雙方對於越、菲入侵南沙群島紛紛提出多次抗議，然南沙海域並不僅只十餘座彈丸小島被奪占那麼單純，派軍收復奪回主權那麼簡易；南沙問題既牽涉到菲、越的切身利益，更與泰、印、星、馬諸東南亞國家息息相關，就連美、蘇、日等超霸亦靜觀局勢的演變隨時插手，替自身利益著想。這也是國共雙方爲了「敦睦邦交，篤善友鄰，爭取盟誼，利害一致」而在南沙問題上表現出「高度自制的態度」的主要原因。

一九七四年八月，包租南越海域第六區Shell Pecten/Cities Service公司在萬安灘上鑽得油氣，每天可出原油二二三〇桶；隔年二月間，承租第四區的 Shell 公司亦於南沙海面鑽得油氣，每天出油二五〇〇桶。這令人興奮的結果，卻被越南日益惡化的內戰情勢所沖淡。美國展望未來，若南越不保，豈非白白在南沙協助西貢儘做些無謂的經營?在爾後半年間，眼見南越風雨飄搖，美國遂打出菲律賓牌，轉而拉攏菲國，好在南沙繼續謀取利益。另一方面，蘇聯看出北越吞併中南半島乃遲早之事，故在南沙問題上故意冷淡菲律賓轉而積極示好北越，替其撐腰到底。連日本經濟超霸在經過一九七四年全球性能源危機的打擊後，亦動起南沙的腦筋來。既然國共雙方連露出水面的島嶼都保不住，日本就判斷我國絕不會照顧淹在海面下的暗沙；準此，日本遂大膽地向馬來亞建議在沙勞越投資設廠，利用沙內的南康暗沙油氣，準備煉製總量達三百億美元的液態石油氣供日本所需。馬來亞見國共雙方對偏遠的南沙態度軟弱，遂應允日本開始籌備這筆無本淨賺的大生意。從此，一場國際石油賽會開始在南沙海域熱烈展開。

一九七五年四月南越淪亡，侵占南沙群島的西貢軍隊遂向北越靠攏，換旗不換人。在這改朝換代、兵荒馬亂的當兒，筆者認爲這應是收復越南侵占南沙六島的絕佳機會。然而值此緊要關頭，國府駐軍卻就地固守按兵不動，中共亦僅光叫不做，徒裝聲勢！美蘇等超霸對國共直接間接的箝制，可能是南沙處於動盪時期仍能保持平衡的唯一解釋。

北越統一全越後，即將「帝國主義」油商一併趕出南海。在三十年長期內戰的破壞下，越南的農業生產大受打擊，工業發展停頓，饑民游民甚眾，百廢待舉，若要想建國，照越南人看來，只有望天盼奇蹟出現。就現實言，越南所寄望的奇蹟，就是南海油源。一九七六年三月，越南找了些歐洲石油企業重新承租西貢政府遺下的海域，其中義大利財團Agip公司要了第六區，繼續原先的Shell Pecten/Cities Service所未完成的開發工作，法國的Elf/Aquitaine公司則包租下第五區。而已行出油的第四區，則劃爲自留地，由越南國營的Petro Viet Nam公司鑽挖。四、五、六區的界限一如西貢政權遺下所劃，仍然包括南沙群島的西南角。

再看菲律賓和馬來亞，亦正積極盜掘我國南沙寶藏。一九七五年，馬來亞透過沙勞越的民間團體，呼籲南中國海應更名爲ASEAN海；明的理由是南中國海在地理上爲「東南亞國協（ASEAN）的五個會員國——菲、馬、印、星、泰所環繞，暗的陰謀卻是一方面聯合各會員國齊向南海資源插手，一方面企圖替正在我國南康暗沙上積極探鑽的Shell公司找個合理籍口。按照日本與馬來亞的合約，自一九八三年起馬國須自我國南康暗沙海底抽取大量油氣（抽取率爲每日八億五千萬立方呎），每年煉製六百萬噸液化石油氣銷往日本。一九七六年，馬國即積極地在南康暗沙從事鑽井，僅一九七八年當中，馬國即在該地鑽下十五口海上油井，圖以爭取時效，依時行銷日本。

一九七六年一月，菲律賓開始在南沙海域禨樂灘上進行探鑽，無庸置疑，背後自有美國撐腰。六月中旬，菲律賓宣佈在禨樂灘上鑽得油氣！歷經數次噴流試驗後，菲國確定該井雖有油氣，但無開採價值，遂於八月間封井。一九七七年六月，菲國於磯樂灘上再鑽一井，歷經艱辛，於一年後鑽得油氣，然其命運與第一口井相若，經試驗後證明無開採價值，遂於一九七七年初宣告封井。四月初，美資Amoco Interational公司放棄了在禨樂灘六年的經營，宣告退出在南沙海域探鑽；此舉象徵著美國對日益緊張的南海情勢感到躊躇，不像以往堅定表態。同時，瑞典Salen Matchpetroswede企業繼續以技術提供菲國在禨樂灘上鑽下第三口井；九月，他們在該地又鑽得油氣。

菲律賓對南沙的野心並不僅止於石油，他們亦圖兼併南沙海域的漁源。自一九七一年菲國陸續占領南沙五島後，即在該區附近積極從事漁撈開發。他們以中業島為遠洋漁業基地，在島上設立了一系列的相關設施如漁船碼頭、船塢、製冰廠、罐頭廠及漁業氣象通訊站；靠泊的漁船，經常保持在十艘以上。此外，菲軍亦在中業島及馬歡島上鋪設跑道以利飛機起降，以輔海上運輸之不足。

為了鞏固危險地帶內的防務，菲軍於一九七七年底派兵登陸占領了費信島，以作為馬歡島的外圍前哨。一九七八年三月初，菲軍又搶佔了楊信沙洲。

一九七八年六月，菲律賓民營的菲島空運公司（Philippines Aerotransport Inc.）開始了他們在中業島與菲律賓本土間每週兩班次的航運。六月十一日，菲總統明令結束「自由群島」的軍事統治；十二月七日，菲國將「自由群島」升格為自治區，接受菲國保護。一九七九年二月十九日，菲國政府公報更將「自由群島」列入其版圖，並公開宣佈「菲美共同防禦條約」適用於該地區，美軍能合法地依據防禦條約出兵駐留保護「自由群島」。對此，美國並未公開表示認可，亦未表態反對。

眼見美國在南沙問題上翻雲覆雨動作頻頻，蘇聯也不干落後，遂於一九七九年一月公開宣佈南沙群島不屬中國，而是越南的領土，並謂任何在越南「長沙群島」惹事生非的大國——即中共與美國，都是在東南亞搞擴張主義。二月中旬，中共對越發動自衛反擊戰時，美、蘇艦隊先後駛抵南中國海，也排除了中共用兵收復南沙的可能性。四月中旬，越南海軍基地金蘭灣（東南距南沙群島的逍遙暗沙兩百浬）正式開始供蘇聯海軍太平洋艦隊靠泊使用，使得越南在南沙問題上獲得強而有力的支持。五月以後，中越雙方為邊界問題展開連串談判，南沙歸屬，自在談判範圍之內。然越南有了蘇聯當做靠山，對南沙問題始終不予讓步，反而變本加厲地增派軍隊鞏固南沙六島防務。向越南承租南沙水域進行探鑽的歐洲大企業，也就在越、蘇聯手插向南海之際，宣佈將在一九八一年以前，於該區域內至少鑽下十五口探勘井，期望能開採已證實的海底油藏。

一九七九年八月五日，七十一名越籍華人所搭乘的一艘木船經五晝夜的航行，從越南頭頓逃抵鄭和群礁觸礁沉沒，幸爲駐守南沙太平島的國府海軍陸戰隊發現施救而慶得生還。自南越淪亡以來四年間，多少不堪暴政奴役的越籍華人僱船出走，航向茫茫未知凶吉的南海。上述的七十一名老弱婦孺，是千千萬萬逃難人潮中最幸運的一群，其他逃抵南沙海域者，或遭風浪吞噬，或觸礁無援坐斃，或遭海盜劫殺，或遭菲、越軍隊格斃，死於非命者相信在萬人以上。在台灣人人必讀的〈南海血書〉結局，難民紛紛暴斃於南沙群島的新月礁上。如果南沙群島確由我國實質掌握，海空軍作經常性的巡弋，相信絕大多數的越籍華人不致枉死在自己祖國的領海內。〈南海血書〉亦無庸人人必讀。

二次大戰前的南沙群島

南沙群島遭受外力的干擾，始自十九世紀初期。百多年來，南沙海域國際紛爭叢生，尤以近十年間越演越盛。此期間所牽扯到的國家，近有日本、越南、馬來亞、印尼、菲律賓，遠有蘇聯、美國、英國、法國和德國。

清朝末年，帝國主義及殖民主義囂張，東亞各地無不遭強橫併奪，沿海及內地因資源富足，先後均爲之瓜分割讓，及至割無可割，列強乃將矛頭指向南沙群島，紛紛相爭此彈丸之地。抗日勝利之後民族運動抬頭，南海周延各國爭先獨立，對南沙群島亦圖染指；加以南沙戰略地位重要，超霸強權亦均投入爭奪，這是當前南沙複雜現勢的背景。

一八三四年，當時中國的藩屬安南王國，突然莫名其妙地將大清帝國所轄之南沙群島併入其版圖，並在《大南詳圖》內細列西沙、南沙諸島礁灘洲沙凡一百三十座。清朝官吏昏庸無能，對此「忤逆犯上」之舉不聞不問，幸好安南僅是紙上操兵，未有實際行動，也就不了了之。

十九世紀中期以後，列強蠶食中國，致使南中國海不再是中國的內海，任由列強軍商船旅恣意航泊於南沙海域上。其時，整個南沙群島被列強所環伺；它的北鄰是日本（占台灣），東邊是美國（占菲島），東南有荷蘭（占婆羅洲）、南邊是英國（占馬來亞），西鄰是法國（占中南半島）。這是南沙群島充滿國際性色彩的開端。

一八六二年，爲了維護海上通商的「安全」，英國皇家海軍以搜索驅逐「中國海盜」爲名，暗地開始在南沙海域實施探測。隨後，英國正式公佈了南沙群島內島礁灘沙的命名，如南沙群島──Spratly Archipelago、危險地帶──Dangerous Ground，均由此次探勘而得名。南沙諸島的英文命名，充分反映出當時海權盛極一時英國的影響力，如南沙群島當中最大的一個環礁灘──南薇灘，英人即將之命名爲Rifleman Bank，以茲紀念當時參與探勘的測量艦「火槍兵」號（H. M. S. Rifleman），而南威島的英文命名 Spratly Island，則爲紀念當時英艦「火槍兵」號艦長Spratly氏而得。歷經英國多次的探測，到了二十世紀，南沙各重要島、礁、灘、洲、沙的英文命名大致完備。

一八八三年，德國亦垂涎南沙群島，擬派海軍以測量爲名進駐南沙海域，自然引致英國不快，英國乃挾清朝官吏同向德國提出照會，抗議德國乖張之舉。至此，英國終掌握南沙海域，確保其香港──新加坡航線之安全。

一九一七年，正當第一次世界大戰方酣之際，日本乘歐美列強專注於歐戰場時突伸魔爪於南沙群島。日本海軍將南沙太平島、中業島、西月島和北子島上的我國漁民悉數趕走後，籌組民間公司在各島採集燐礦，運返日本製取肥料。日本人自台灣琉球運來大批工人，在太平島上建碼頭棧埠，修鐵路倉庫，大事開採鳥糞層。日人巧取盜掘了十餘年，當時的國民政府隻字不提，任由其縱橫馳騁各島，恣意侵奪我國南海資源。

一九二七年，法國謀奪南沙群島以進一步擴張其中南半島殖民主義的陰謀逐漸表面化。該年，法國海軍派遣測量艦「蘭妮珊」號（De Lanessan）遠赴南沙海域以探測爲名，實則窺察日本人盜掘燐礦的程度，該艦的測量報告乃「及早占領仍大有可爲」。一九三〇年四月，法國海軍自越南派出砲艦「瑪麗休茲」號（La Milicieuse）航至南威島（當時尙無日人盤據）登陸勘測並升旗立碑以誌。等法國軍艦開走之後，我國英勇的海南漁民即涉水登岸將法旗扯下扔掉，升起中華民國國旗以維主權！

在南沙群島盜掘燐礦的日本人，因一九二六年廣東「沙基慘案」後懼我國漁民報復，且申請日軍派艦保護其「財產利益」未准，頓起恐慌，作賊心虛，乃有趁早遠離險地之計。一九三〇年南威島中法爭旗之事，更意味著日本人在南沙將面臨兩面擠挾，同受中法所排斥；因此，日本人紛紛開溜，搭輪逃離南沙，日人一走，我國漁民即重返家園。

一九三三年，法國編組艦隊遠征南沙，其中包括測量艦「蘭妮珊」號，巡邏艦「亞烈達」號（Alerte）及「亞斯特拉」號（Astrolabe），和海軍水兵隊百餘人——

四月三日，法軍重返南威島登陸換旗，並逮捕島上三名海南漁民；

四月七日，法軍航至安波沙洲登陸占領，其地無人居住；

四月十日，法軍抵鄭和群礁占領太平島與鴻麻島，其上有海南漁民以樹葉搭建之房舍及奉祀神像，又有日本人遺下之大批採掘燐礦設施；

四月十一日，法軍登陸占領南鑰島，其上有海南漁民居住；
四月十二日，法軍進駐中業島與渚碧礁，島上華人甚眾；
四月十三日，法軍進佔北子島與南子島。

一九三三年七月二十一日，法國終於宣佈其已占領南沙群島並將之併入越南版圖。我國政府知之後即向法國提出最嚴重之抗議，此即轟動一時的法國占「南海九小島事件」。法國乘我國當時內憂頻頻無暇外顧之際，乃於南沙群島上繼日本人之後大事盜掘燐礦，更在太平島上修建燈塔、氣象台及通信站。一九三八年太平島氣象台正式啓用，開始提供法國駐東南亞海空軍在南中國海活動的必要飛航情報。

自一九三九年起，南中國海的國際情勢開始起了激劇的變化。首先，占領南沙的法國與歐洲情勢日緊而無暇東顧；其次，英、美、荷等環伺南海的列強勢力亦因「重歐輕亞」政策的影響，致使他們在南海的勢力逐漸削弱；再則，我國正陷入艱苦抗戰的泥淖內，更無力照顧偏遠的南疆。這些因素，無形中鼓勵並加速日本「南進」的決心。

一九三九年二月，日軍進占我海南島，替太平洋戰爭按下伏筆；三月三十日，日軍乘虛登陸奪取南威島，兵不刃血驅走法人，並同時宣佈南沙更名「新南群島」（Shinnan Gunto），隸台灣高雄州所管轄。法人驚恐之餘，紛紛自其他各島逃返越南。一九四〇年五月三十一日，日軍登陸太平島。除了加速將南沙群島剩餘的鳥糞層盜掘一空外，日本進占南沙群島的目的在於將之轉化成軍事前哨。例如：

南威島爲日本海軍在南中國海的潛艇基地，島上設有碼頭、倉庫及修械庫，並有砲兵陣地、氣象通信站；太平島爲日本在南中國海的主要情報中心，島上有設備周全的氣象站，通信台與防禦陣地，島外瀉湖開拓爲水上飛機泊地，以利遠程偵航。

一九四一年太平洋戰爭爆發，南沙群島在日軍南進時扮演了極爲重要的角色。在日軍船團集結暹羅灣準備登陸馬來半島的前夕，由南威島發航的日潛艦部隊即擔任船團的開路先鋒；而駐留鄭和群礁的日軍航機，則替入侵菲律賓日本船團提供必要的遠程偵察、搜索與氣象情報。然而，一如太平洋上其他的珊瑚島，南沙群島在二次大戰期間亦難逃戰火的洗劫。

南洋各地資源富足，石油、橡膠、糧食等均需裝船經由南中國海運返日本，故太平洋戰爭開啓後，英國海軍潛艇即不時溜入南沙海域偷襲日軍過往船艦。總計三年多大戰期間，美軍潛艦僅在南沙海域就擊沉了日艦三十三艘計十六萬噸（隨船沒頂者，相信有不少係自台灣徵往南洋的民伕），三艘美軍潛艇亦於血戰中在南沙海面沉沒。

一九四四年底，美軍在太平洋所展開的跳島攻勢業已逼近菲律賓。爲了爭奪菲島外的制海、制空權，美日兩國海軍遂在南中國海內展開了一場近三週的追逐戰，南沙群島也就在此軍情緊急之中成了戰場的焦點。爲了偵測日本以「大和」號主力艦爲首的聯合艦隊行蹤，美軍於十二月中旬即分頭派出潛艇遠赴南沙群島的鄭和群礁、永署礁及南威島外長駐，以報告日軍的動態。十二月三十一日，美軍潛艇發現日軍在太平島上活動頻繁，乃浮起以艇上五吋砲轟擊之。隔年一月十二日，美國海軍航空母艦特遣部隊逼近南沙群島；拂曉天明後，六十餘架轟炸機自美軍航空母艦上升空，向南威、太平兩島進發。半小時內，美機輪番炸射這兩個戰略小島，擲彈五百餘枚，所有地面設施如陣地、碉堡、房舍建築等均在飽和轟炸下悉遭摧毀！隨後數天，美軍潛艇與偵察機在南沙群島外偵照，證明確無日軍活動後始揚長而去。日本人在南沙六年多的悉心經營整建，遂在美軍一陣突襲之下全毀。

一九四五年八月日本無條件投降，結束了第二次世界大戰；駐守南沙的殘餘日軍除切腹自殺者外，餘皆於八月二十六日搭乘日輪離境，致使南沙群島頓形真空。

國際糾紛「克羅瑪」事件

日軍戰敗出走南沙後，英國太平洋艦隊司令福來塞（Sir Bruce Fraser）曾率其旗艦駐泊南威島，以接受星馬日軍之投降。英軍雖然僅使用南威島數日即去，然其事前既未照會我國，事後亦不致謝忱，十足表現出英人之優越感與藐視中國的惡劣態度。

大戰結束不到一年，菲律賓外交部於一九四六年七月突聲明南沙群島應併入菲國國防範圍以內。菲人所持理由之一爲日軍曾利用南沙群島作爲侵菲的前哨基地，故菲國務取南沙以固國防；理由之二則指南沙群島距菲最近，自應納入菲國版圖。我國對菲律賓這些似是而非的解釋置之不理，於該年十二月派艦接收並留駐南沙群島，菲國眼見事實既成，再爭也無用，遂不再提南沙歸屬問題。

一九四七年初，法軍捲土東來以鞏固其在中南半島的殖民利益，二月法兵搶佔了西沙群島內的珊瑚島，圖以恢復戰前獨霸南海的局面；我國有鑑於邊務日緊，乃將南沙群島劃爲要塞地區，並增派艦艇及陸戰隊遠赴南沙保疆。法人見我守軍意態堅決，遂知難而退撤回艦隊，一場國際爭端就在戰爭邊緣上消解。

一九五〇年五月，南沙群島的國府守軍隨同海南島上潰兵撤回台灣，導致南沙又成真空。當時，菲律賓又重彈老調，揚言南沙群島應屬菲國，好在菲國內亂方興無暇外侵，光說不做也。法國當時亦深深陷入殖民戰爭與越盟糾纏不清，自顧不暇也就無力侵奪南沙。雖然國府撤盡邊防駐軍，南沙群島也就在此特殊的國際情勢中平安無事。

一九五一年舊金山舉行的對日和約會議上，南沙群島又成爲熱門的話題。在九月八日簽定的和約第二章F款內，日本聲明「放棄戰前南沙群島主權」，意即從此無權再插足南沙群島；然而，條款內卻未對南沙群島主權歸屬作明確的交代，中華民國的接收探勘及駐守等事實，亦未被提及。簽約的同時，法國以安南宗主國的地位要求日本歸還南沙主權，這項提議沒有遭受與會五十一個國家（包括菲律賓）的異議，也就成爲爾後越南索求南沙群島的法理依據。幸而當時法國在中南半島爲越盟搞得疲於奔命，也就無力派軍入侵南沙。

由於國共雙方均未被邀參加舊金山對日和約會談，所以對法國的詐言亦未能提出及時有效的抗議。中共則早於會議舉行前的八月十五日，由外交部長周恩來提出「關於美、英對日和約草案及舊金山會議聲明」，言明「南威島向為中國神聖領土，不受任何國際條約所影響」；國府則於和約簽字後，列舉探勘接收事實，重申南沙主權已由日還我。一九五二年四月，日本與國府單獨媾和，其條約第二款言明：「日本同時放棄台灣、澎湖、西沙、南沙主權」；國府也就據條約引申爲日本同意將南沙群島與台灣同時放棄並交還中國。

一九五五年，南沙群島再度成爲國際頭條新聞，這一次，卻不是喧嚷吵鬧的主權爭奪舌戰，而是一場洋老千行騙鬧劇。這一年，歐美突然盛傳著一個「南海世外桃源」的流言，這個在地圖上找不到的香格里拉，人口三千，中國人、日本人、馬來人、美國人都有，而且住在那兒已有很多年代。二次大戰後當地人宣告獨立並成立所謂「人道王國」（Kingdom of Humanity），由「麥克阿瑟公司」的兩名美國人組閣當政；該國有自己的行政組織，在其開國紀念郵票畫有一層原子蕈狀雲，下有夫妻攜子女坐在象上。剎時，這個傳言中的南海神秘島國的紀念郵票，在歐美國家間像熱門股票傾售般地被人以高價搶購一空。

郵票賣光後，經紀人就匿跡他遁，「人道王國」也就在耳語中逐漸消失。究其島國位置，人們始赫然發現竟在南沙群島內！原來，兩個美國退伍水兵窮極無聊，靠著他們在大戰期間巡弋南沙海域的一點經驗，異想天開繪聲繪影地胡編亂湊，憑空捏造出一段故事並加渲染，利用人性好奇的弱點印發郵票變賣圖利。不過，南沙群島被這兩個無賴漢一鬧，倒也一時成爲家喻戶曉的地方了。

一波未平，一波又起。「人道王國」的騙劇剛結束不到半年，南沙群島又被人嚷著要獨立，這就是轟動一時的「克羅瑪」事件。

克羅瑪（Tomas Cloma），一九〇五年生於菲律賓武運省，他是馬尼拉一間擁有一萬八千學生的航海學校校長，曾經當過律師、記者、包商，也是一個航海家、冒險家和投機者，算是菲律賓的傳奇人物。一九四六年菲律賓首次宣佈欲侵占南沙後，克氏即率其徒眾揚帆駛向南沙海域。逐島逐礁探勘，並對漁源作深入的調查。經過十年斷斷續續的勘測，除了偏遠角落外，克氏徒眾幾乎航遍了整個南沙海域。一九五六年三月，克氏在菲國政府的暗中支使下，以菲國國民身份公開舉行南沙遠航典禮，親率六十名探險隊員前往南沙「設碑立界」。

一九五六年五月十五日，克氏返航菲國，在馬尼拉向全球公開宣告成立「自由邦」（Free Territory of Freedomland），疆域包含南沙群島以內島、礁、洲、沙凡三十三座，涵蓋海域面積達二十二萬三千一百平方公里，首府設於「麥克阿瑟」島（McArthur Island，即太平島）。克氏當然成爲「自由邦」的首任君主，依「法」向菲律賓申願，請求接受菲國政府的保護，奉菲律賓爲宗主國。爲了符合立國的三基要件——土地、人民及政府，克氏即先期在馬尼拉招募六百游民，擬赴無人居住的南沙群島殖民。爲了維持這匹人馬的生計，克氏更計畫在各重要島嶼上開設製冰廠及罐頭廠以擴大漁業，還要採購機器圖掘南沙群島內剩餘無多的燐礦。另一方面爲了「保土衛國」，克氏還成立了一支私人武力，包括八艘武裝遠洋漁船，五架水上飛機及一千兩百名武裝官兵（全係克氏航海學校學生）；至此，克氏在菲律賓名聲如日中天，爲人尊稱爲「海軍上將」。

克氏的胡作非爲與菲律賓政府的縱容鼓動，使得國共雙方均爲之震怒不已！五月二十二日，國府正式照會菲駐華大使嚴重抗議菲國侵犯我主權，五月二十九日，中共亦向菲律賓提出強烈譴責；六月一日，南越又趁火打劫，聲言依據舊金山對日和約，南沙群島確屬越南，旋遭國府書面抗議。六月七日，法國也插上一腳，謂戰前法國曾占領南沙，現應依然屬法云云。正當各國吵鬧不休，僵持不下時，國府海軍即兩度派遣龐大的兩棲船團及成千的陸戰隊員自台灣急航南下保疆，驅走克氏徒眾並派兵留駐太平島。

國府連串快速的軍事行動，確保了南沙主權，也同時鞏固了太平、南威、西月及雙子礁等戰略要點，的確博得海內外中國人的喝采。菲律賓原先計畫出兵保護其藩屬「自由邦」，然眼見形勢如此，也就虎頭蛇尾地悄然取消。克氏徒眾雖然在南沙替菲律賓惹了不少麻煩，但菲國見其還有利用價值，遂縱容克氏徒眾事後於馬尼拉成立「自由邦流亡政府」，讓克氏繼續做他的昏君夢，整個「克羅馬」事件到此算是暫告一段落。

南沙群島安靜了不到兩個月，已告獨立的南越政權亦圖染指南沙。八月二十二日，南越海軍派艦一艘溜入南威島，拿掉島上國府留下之國碑、國旗，換上越南旗並重立碑界。八月三十日，中共首先發難，抗議南越侵占南沙、西沙（南越亦先後占領了西沙群島內的珊瑚、甘泉、金銀及琛航島）。九月四日，國府亦向南越提出抗議，同時則派艦隊遠赴南威島巡弋，把國旗、國碑又換回來。南越自覺實力不足，乃紙上操兵，於十月二十二日硬將南沙群島劃歸福綏省管轄，並將之更名爲「長沙群島」（Truong Sa Islands），國共雙方見其未有實際行動隨之配合，也就不予置理。由於國府已在南疆成立「南沙守備區」負捍衛國土之責，且定期派出艦隊巡航廣大南沙水域，故茫茫南海自此復歸沉靜。

南中國海國際尋油熱

一九六八年起，南沙群島又開始醞釀新的國際風暴。一方面，國府爲了節約兵力不再巡弋廣闊南疆海域，僅定期運補太平島駐軍，以致造成整個南沙海域除鄭和群礁外的防禦真空，引起了外力的窺伺；再方面，國際油荒日趨嚴重，南沙群島周邊鄰國又渴望能源自主，以擺脫外力控制，於是一陣國際尋油熱開始橫掃南中國海，鄰近的越、印、菲亦積極參加南沙海域探鑽；三方面，南沙群島戰略地位重要，由於尋油爭端多角化，導致頻頻使用南中國海的美、日、蘇等超霸對之日益關切，且直接間接地參與南沙紛爭以謀取最大利益；最後，國共雙方在六〇年代缺乏實力作後盾的低姿態外交政策，加以上述各方面因素推波助瀾，使得南沙群島上的國際糾紛在近十多年間起了根本的變化。

早在一九六七年聯合國醞釀探勘南中國海的同時，馬來西亞在英國的鼓動下乃先發制人，不聲不響地將沙撈越外海一大片水域租借給英荷集團的Shell公司實施海域探鑽。馬來西亞所出租的海域，明顯地與我國南沙海域重疊，侵犯了南沙群島內南群礁沙的一部，面積達七萬三千平方公里。一九六八年，Shell公司在我國的南康暗沙附近（即距岸九十哩的婆羅洲大陸礁層上）鑽得大量油氣，也證明了南沙群島的南緣正如婆羅洲岸外已行開採的大油田般地藏有巨量原油。由於該處國際疆界的糾紛頻頻，馬國爲了息事寧人，遂忍痛暫告封井撤退。

眼見馬來西亞在南中國海忙著探鑽，印尼亦不干後人，乃於一九六八年將南海納土納群島以北的海面出租，其中義大利財團Agip公司與其他企業合租的海域，也侵犯了我國南沙群島領域的西南界，重疊面積達兩萬公里。在印尼海軍的鼎力保證下，這些公司遂大膽籌劃，準備在承租水域內大行探鑽。一九七〇年底，印尼在我國領海內鑽下第一口探測井。與此同時，印尼海軍則在我國海域恣意濫捕台灣漁民，理由是他們侵犯了印尼兩百哩經濟漁區。我國的漁民在我國領海內居然遭鄰國海軍追捕，是可忍孰不可忍？然國共雙方對南海漁撈糾紛一概不聞不問，任由印尼亂搞，遂間接地鼓勵了越、菲等國侵入南沙。

一九七〇年初，菲律賓的克羅瑪氏又蠢蠢欲動，死灰復燃。他在馬尼拉公開招待各國記者，揚言菲國將出兵保護所謂「自由邦」屬地，以利菲、美兩國合資探鑽南沙抽源。隔年初，克氏即率眾溜返南沙群島，將臨時首都設於中業島，結束了為期十六年的「流亡政府」，繼續接受菲國政府軍的保護。克氏隨後又放出風聲，謂「自由邦」已與美國某大公司談判合作探鑽南沙海域油源，並邀請美軍在該區域內廣設軍事基地以控制南中國海。菲國政府眼見「自由邦」日益坐大，竟圖挾外力以自重，終於在一九七一年七月十日宣佈取消「自由邦」的藩屬地位，將其轄地縮減並更名為「自由群島」，行政上算是軍事管理。

過了不久，一名菲國國會議員駕機在南沙群島上空「巡視」時，於太平島外險遭國府防空砲火擊落；此事件在菲政府有意的鼓勵下遂釀成軒然大波，替菲國「師出有名」找到藉口。一九七一年七月中旬，菲國海軍陸戰隊在克氏的指引下登陸占領了中業、北子及馬歡島，戰術上受「菲西司令部」（Philippines Western Command）節制，圖以鞏固其新得南沙領地之防務。

在菲軍強占南沙各島的同時，一批原先定居該處的台灣漁民曾據理力爭抗議菲軍的入侵，然野蠻的菲兵竟將漁民代表一一殺害，餘皆被迫即刻離境，所有個人財產、漁獲及重要航儀設備均遭菲兵洗劫。對菲律賓的殺人掠奪及霸占領土等惡劣行徑，國共雙方除了提出抗議外，並未採取實際而積極的政策與行動來保土衛民，令人痛心至極！

一九七二年九月，菲總統突宣告全國進入戒嚴時期，克氏原有的民防團員亦被繳械。克氏眼見在菲國混不出個名堂，只好率其親信離開中業島，遠避至危險地帶內偏遠的景宏島隱居，並將之更名爲「解放島」（Liberty Island）圖以東山再起。

菲國自動裁減原「自由邦」領地的舉措實有其「削足適履」不得已的苦衷。原來菲律賓自知理虧，無論就發現、經營或管轄言，南沙群島都沒有菲律賓的份；於是菲人異想天開，硬將包括南威島的南沙群島南部與菲軍奪佔的北部劃開，北部（即原「自由邦」之一部）更名爲自由群島，並謂該地非南沙群島——Spratly Island，因爲南威島——Spratly Island並不在該地云云。此種歪理以一字之差騙騙洋人可以，但拿來與中國人講理則貽笑大方也。另一方面，菲律賓將吞併的南沙群島各島嶼菲語化，既可提高他們國家民族意識，又可混淆外界視聽，使人不知菲國究竟在南沙搞些什麼。筆者透過友人協助，輾轉自菲國防部海岸測量局得知各個經改名換姓後的島嶼名稱：

自由群島（Kalayaan Island）：即北緯九度以北的南沙群島，涵蓋海域十四萬平方公里，其內包括十大島嶼：

燈塔島（Parola Island），即北子島；
鳥巢島（Pugad Island），即南子島；
天然島（Likas Island），即西月島；
希望島（Pagasa Island），即中業島；
平坦島（Patag Island），即費信島；
廣袤島（Lawak Island），即馬歡島；

涵洞島（Kota Island），即南鑰島；
迷失島（Ligaw Island），即太平島；
幻影島（Binago Island），即鴻庥島；
針尖島（Burok Island），即景宏島。

爾後若有南沙事件自菲律賓發出報導，讀者即自行根據上列之島名對照而知悉何時何事發生在何處。

繼菲律賓之後，當時的南越政府亦趁火打劫，入侵南沙。在美國政府的暗中支使下，南越於一九七三年五月突然宣佈在越南外的南中國海當中劃出四十海上區域，涵蓋範圍廣達二十五萬平方公里，還公開邀請二十九家外資石油企業競投承租其中三十個區域以探鑽海底抽；其第四、五、六區竟在南沙海域之內！南越的劃地出租，不但將西衛灘、萬安灘等面積達三萬二千平方公里的南沙海域併歸其所有，甚至連印尼年前劃撥Agip公司探鑽的海域一萬九千公里也吃掉。照南越看來「出租海域探鑽石油的無本生意，面積越大，收租越多，找到石油發財「救亡圖存」的機會也越大；準此，貪婪的越南人遂擴大區域，不僅將南沙的西群礁灘併歸占爲己有，更將印尼的海域咬掉一塊。在商言商，外資公司眼見南越內戰每下愈況，西貢政權搖搖欲墜，很懷疑南越能爲外商確保南海探鑽安全，因而僅有遠離問題海域的八個區域獲得承租。

問題海域乏人問津，現成的租金撈不到，南越石油部遂向西貢政權建議要對南沙問題強硬表態，獲取外商的信心而承租之。一九七三年九月六日，南越內政部宣佈長沙群島（即南沙群島）向屬越南領土，並將其中十一座島嶼指名列出（即北子、南子、西月、馬歡、中業、南鑰、太平、鴻庥、景宏、南威及安波沙洲）。西貢的此次聲明除了指名島嶼外，與一九五六年十月，一九五八年三月及一九五九年一月的聲明並無不同；然而，爲了顯示強硬姿態，此次聲明的同時，南越則派遣海軍突擊隊登陸占領無人居住的南威島——也是距離問題海域最近的南沙島嶼。南越這種蠻幹的強硬作風，遂替四個月後的中越西沙自衛戰埋下導火線。

在美國的鼎力支持下，西貢政府於侵占南威島後乃將剩餘的海域區及保留區全面開放以吸引外商承租，有了美國撐腰，與我國重疊的區域也在七三年底前全部租出。其中第四區（含南沙外國領海）爲Mobil公司標得，第五區（含南沙西衛灘）由Esso公司標得，第六區（含南沙萬安灘）爲Shell Pecten/Cities Service標得，各公司隨後即積極在南中國海籌備探鑽事宜，於一九七四年五月正式開工。

菲律賓在南越首度宣佈出租海域後，亦緊跟著積極從事「自由群島」海域的探測籌備工作。許多外商均被菲國邀請研商海域探鑽的細節，就連蘇俄亦受邀前往參與研討，以抗衡美國在南沙問題上支持南越。一九七三年十一月，在菲律賓石油企業國有化的同時，菲政府修改了石油法案以利外資油商協助技術落後的菲國廣闢油源。美資企業Amoco International公司不顧美國政府的公開警告，和瑞典Salen Match Petroswede企業合股共同租下「自由群島」內六千平方公里的海域，開始籌組探鑽事宜。

對南越言，菲律賓在「自由群島」內的計畫與佈置，無形中也侵犯其「長沙群島」的主權與利益。一九七三年十二月，南越海軍突擊隊一個兩棲偵察組二十人溜過菲國守軍與國府陸戰隊的警戒，悄然登上無人居住的鴻麻島並占領之。至此，南沙群島因越、菲、印、馬的介入及美、蘇強權的間接干預，快發展到要爆炸的程度了。

（《中報》，一九八〇年四月、十一月、十二月）

六、南沙群島的地理、資源和戰略重要性

狄縱橫

（一）南沙群島的地理分佈

寬廣壯麗的南沙群島，散佈在南中國海的南半部；它的東側為菲律賓巴拉望島，東南面向婆羅洲，西南為印尼納土納島群，正西方，則與中南半島遙遙相對。遭鄰國環伺的南沙，僅在北方隔著深藍的南海與祖國相望。可以這麼說，南沙群島像一支伸長的鐵拳由中國大陸遠遠地插入東南亞的心臟。南沙，就成為中國南方海防的最前哨，拱衛南疆的尖兵。

南沙群島轄有成千上萬數不清的島、礁、灘、洲、沙，這片廣袤南疆分佈的範圍，西自東經一〇九度二十七分起，東迄一一七度五十八分；南起北緯三度五十七分，北達十一度五十四分。由國境線所圍成的南沙海域，廣達六十萬平方公里以上，論其面積，約有十七個台灣或海南島那麼大。

南沙群島的島、礁、灘、洲、沙分佈狀況，與它的海底結構有著密切的關聯。南沙的東側，隔著一條寬三十浬、長三百浬的巴拉望海溝與菲屬巴拉望島和馬來亞沙巴遙遙相望，海溝的平均深度在兩千五百公尺左右，最深處可達三千三百公尺。南沙的北與西北兩方向，則面臨著南中國海的深淵，水深在三四千公尺間，最深處四千八百七十公尺。南沙的西南方較淺，但其海底平台距海面亦有一千多公尺；只有南沙群島的極南端，係座落於水深不到兩百公尺的婆羅洲大陸礁層上。因此，除了正南方，整個南沙群島算是躺在一整塊平均深度三千公尺的海底大盆地上，四周盡為墨黑的大海所包圍。

假設將南沙海域的海水抽盡，充斥在此區域內的將是數以百計的海底死火山，這些陡峭聳峻的火山，其火山口大都距海平面不遠；南沙所屬的島、礁、灘、洲、沙，即座落在上述的死火山口上。根據它們在

水中分佈的垂直位置，南沙群島內的島、礁、灘、洲、沙可被定義為：

暗灘——這是指海面下的死火山口，距海面十至兩百公尺間，不構成船艦航行的威脅。依據火山口的特異構造，暗灘的中央較邊緣為深；距海面八十公尺以內之暗灘，已有珊瑚滋生於其上，暗灘的面積，小自數百平方公尺，大至千餘平方公里。南沙群島內的暗灘，較為重要者大小計八處。

暗沙——這是指海面下的死火山口，距海面不到十公尺，對船艦航行構成妨礙。暗沙通常由珊瑚礁組成，且群組聚集，隨著時日的增進，珊瑚礁群不但作橫向的併接，更不斷地往上增長，平均每百年增高一公尺；暗沙多呈平台狀，上覆著五顏六色的碎珊瑚，南沙群島內的暗沙，較為重要者大小計二十八處。

表一：南沙群島內已命名之島礁灘洲沙統計

地理區域	危險地帶	西群礁灘	南群礁沙	北群島礁	小計
暗灘	三	四	一	○	八
暗沙	十二	八	八	○	二八
暗礁	七	○	四	○	一一
礁石	九	○	四	四	一七
沙洲	一	○	○	二	三
島嶼	三	二	○	六	十一
環礁	八	六	○	九	二三

表二：南沙群島——危險地帶內之重要島礁灘洲沙

地　名	英文名稱	中心位置經緯度	地理特性
鎮南灘	Marie Louise Bank	11°56' N/116°53' E	暗灘
禮樂灘	Reed Bank	11°27' N/116°54' E	暗灘
忠孝灘	Templer Bank	11°09' N/117°14' E	暗灘
西月島	West York Island	11°06' N/115°01' E	島嶼
神仙暗沙	Sandy Shoal	11°03' N/117°38' E	暗沙
安塘島	Amy Douglas Bank	10°50' N/116°15' E	礁石與暗礁群
費信島	Flat Island	10°50' N/115°50' E	沙洲
陽明礁	Pennsylvania N. Reef	10°48' N/116°51' E	礁石與暗礁群
海馬灘	Seahorse Shoal	10°48' N/117°48' E	暗沙
馬歡島	Nanshan Island	10°45' N/115°49' E	島嶼
棕　灘	Brown Reef	10°39' N/117°27' E	暗沙
和平暗沙	Jackson Atoll	10°30' N/115°45' E	珊瑚環礁費信、馬歡二島
仙后灘	Southern Reefs	10°25' N/116°32' E	暗礁群
莪蘭暗沙	Lord Aukland Shoal	10°20' N/117°17' E	暗沙
恒　礁	Hopp Reef	10°15' N/115°23' E	暗礁群
孔明礁	Hardy Reef	10°08' N/116°08' E	暗礁群
紅石暗沙	Carnatis Shoal	10°06' N/117°21' E	暗沙
美濟礁	Mischief Reef	9°51' N/115°32' E	暗礁群
聯合暗沙	Union Atoll	9°49' N/114°25' E	珊瑚環礁，含景宏島
仙賓暗沙	Sabina Shoats	9°45' N/116°29' E	暗沙
仁愛暗沙	2nd Thomas Shoal	9°44' N/115°50' E	暗沙
汎愛暗沙	Fancy Wreck Shoal	9°44' N/114°41' E	暗沙
景宏島	Sin Cowe Island	9°42' N/114°22' E	島嶼
東坡礁	Boxall Reef	9°36' N/116°11' E	礁石群
仙娥礁	Alicia Annie Reef	9°26' N/115°28' E	暗礁群，含一新生沙洲
蓬勃暗沙	Bombay Shoal	9°26' N/116°55' E	珊瑚環礁，無出海口
伏波礁	Ganges Reef	9°23' N/114°12' E	暗礁群
信義暗沙	1st Thomas Shoal	9°20' N/115°56' E	暗沙
海口暗沙	N.E. Investigator Shoal	9°10' N/116°27' E	暗沙
艦長暗沙	Royal Captain Shoal	9°01' N/116°40' E	珊瑚環礁，無出海口
畢生島	Pearson Reef	8°58' N/113°40' E	大礁石
半月暗沙	Half Moon Shoal	8°51' N/116°16' E	珊瑚環礁
校尉暗沙	Alison Reef	8°49' N/114°06' E	暗沙
南華礁	Cornwallis S. Reef	8°45' N/114°14' E	礁石群
玉諾島	Cay Marino	8°31' N/114°22' E	大礁石
司令礁	Commodore Reef	8°23' N/115°14' E	礁石，海拔9公尺
南樂暗沙	Glasgow Shoal	8°20' N/116°05' E	珊瑚環礁，含指向礁
指向礁	Director Reef	8°18' N/116°01' E	暗礁群
金吾暗沙	Barque Canada Reef	8°12' N/113°49' E	珊瑚環礁，含畢生島
息波礁	Erical Reef	8°06' N/114°09' E	珊瑚環礁，無出海口
立威島	Lizzie Webber Reef	8°04' N/113°10' E	大礁石
南海礁	Mariveles Reef	7°59' N/113°50' E	礁石群
都護暗沙	N. Vipor Shoal	7°40' N/115°10' E	暗沙

礁——這是指海底死火山口上的突出岩石，上覆有距海平面不遠的新生珊瑚礁，對航海者構成嚴重的阻礙。低潮時尚淹沒在海面下者，被稱爲暗礁；露出水面者，則稱礁石。南沙群島內的暗礁與礁石，數目以千萬計，其中較爲突出且被定名者，計二十八座。

沙洲——這是指暗沙或暗礁上的新生珊瑚礁，經過千萬年的增殖與潮汐往復沖刷後，終於露出水面，形成一片白色平坦的沙洲。沙洲外的珊瑚礁盤平淺，距海面通常不到一公尺；沙洲上植物稀少且面積狹小，遇到惡劣海象時，往往遭巨浪狂潮所掩蓋。南沙群島的沙洲至少有十個，較爲重要且定名者僅有三個。

島嶼——露出海面的沙洲與礁石，由於珊瑚礁長年的增殖，再加上潮汐的往復沖刷，使得碎珊瑚久積在上而擴大成珊瑚島嶼。這些島嶼周緣的白色珊瑚沙灘，由於季節性雨量分佈懸殊，故其沙灘亦隨雨季的沖刷而作季節性的移動，甚者每年冬夏季變換近百公尺遠，這是南中國海熱帶珊瑚島的特有景觀；還有，珊瑚島的面積不大、海拔也不高。南沙的十一個島嶼，低潮線所圍成露出海面的總面積，還不到兩平方公里，海拔最高點，還不到十公尺。

環礁——附著於海底死火山口稜線上的珊瑚礁盤，經過不斷的增長終於接近海面而圍成珊瑚環礁。依原有火山口的形狀，環礁多呈圓形或橢圓，環礁以外瀕臨深海，水深一落千丈；環礁其上遍佈暗礁與礁石，間或有露出海面之島嶼沙洲；環礁以內稱爲「瀉湖」，由於環礁緣將瀉湖與洶湧大海隔開，故湖上浪平如鏡。瀉湖內水淺，乃集島礁灘洲沙之大成。南沙群島內的環礁數以百計，其中命名者有二十三處。

一九四七年十二月，中華民國內政部首次將南沙群島的島、礁、灘、洲、沙的名稱公諸於世，爾後二十多年間探勘而陸續公佈者，累積達一零一處，然其中部分島、礁、灘、洲、沙的定義很不嚴謹。有的島嶼，實際上只是塊礁石；有的暗沙，卻是複雜繁多的環礁；有的暗灘，事實上是對航行有威脅的暗沙。這些誤失，究其原因不外有三：一是沿用千百年來漁民的俗稱，千百年前的地理名詞，當然不會有明確的定義；二是未經細究西人所胡亂定義之名字而將錯就錯直譯之；三爲自行探勘時匆忙而過，以偏概全。筆者搜集最近十年來的探勘結果，與近百年來的舊資料分析對比，謹將南沙群島內一百零一座島、礁、灘、洲、沙，按照其地理定義歸納列入表一。

爲了便於區域劃分起見，筆者試將南沙群島歸劃爲四個簡明的地理區域，依其涵蓋海域面積的大小順序爲：一、危險地帶，二、西群礁灘，三、南群礁沙，四、北群島礁。

危險地帶

在南中國海東南隅，約略沿著一千五百公尺水深線所圍繞成的一片遼闊海域，自有航海圖以來就被稱作「危險地帶」，是全世界除南北極冰洋外被人探勘最少的海域。構成危險地帶內「危險」性的，是爲其特異的海底結構；在這片海域廣達十五萬平方公里的危險地帶內，散佈著無以計數的海底死火山，被這些死火山群擠挾成的海底深壑與峽谷，大小數目過百，谷峰谷底的相對落差，平均都在千公尺以上，甚者超過四千公尺；峽谷的坡度，自十五度到三十度不等，幾近九十度的垂直滑落，亦屬常見。由於該處海底深墜，故海水盡成墨黑色，然咫尺之外由於海底陡升陡降，致使海流湍急混亂，甚至亂流衝擊，無風三尺巨浪！再加上無端自起的大漩渦，在危險地帶內摸索前進實在是航海家的噩夢。由於危險地帶內大部地區海底結構怪異，故一般航旅均視之爲畏途，也因而很少爲人所探勘。

危險地帶之北，相對而言較爲安全，也是群灘聚集之處。最北的鎮南灘，係南沙群島的北界，最東的海馬灘則爲東界；位於群灘中央者，則是涵蓋範圍最廣的禮樂灘。危險地帶之東沿著巴拉望海溝邊緣，南北縱列著一系列的珊瑚大環礁，連綿近三百浬，其中的「艦長暗沙」東距菲律賓僅四十六浬。危險地帶之內，暗礁與礁石成千上萬地散落於其間。危險地帶西北載有三島一洲，其中費信島（實爲一新生沙洲）與馬歡島自成一群，與西月島遙相對望，進入危險地帶的唯一航道即經其間。景宏島則座落於危險地帶西緣，與上述各島互成倚角，戰略地位極爲重要。表二列有此區域內之重要島、礁、灘、洲、沙。

西群礁灘

自危險地帶的西緣轉向西南方延伸出去的島、礁、灘、洲、沙，以斜三角狀散佈於一片廣達八萬平方公里的海域上。位於此三角頂點上的，是爲萬安灘，也是南沙群島的西界；距最近的越南島嶼，約有一百五十浬。萬安灘是南沙群島中的一個典型暗灘。萬安灘的東邊，即三角形的中央，是爲南薇灘——實際上它是由金盾暗沙、奧南暗沙和蓬勃堡礁所併而成，其所在處珊瑚礁盤所連接成的海底平台，南北長三十浬，東西最寬處達十三浬，面積近千平方公里，也是南沙群島內最大的海底珊瑚平台。座落於斜三角區北頂端者，東西並列著華陽礁、東礁、中礁與西礁四大珊瑚環礁，連延三十八浬，統稱尹慶群礁，這些環礁上載有兩座無名沙洲和多塊礁石。

西群礁灘內僅有兩座島嶼——南威島和安波沙洲，也是北緯九度以南茫茫汪洋當中唯一露出水面並有淡水之地。表三列有此區域內重要之島、礁、灘、洲、沙。

南群礁沙

在危險地帶的南方，一系列的暗礁和暗沙，整齊劃一地排列在一條南北縱走、長達兩百浬的弧線上。弧線的中央是北康暗沙，是由十二個大小不等的暗沙群所組合成，是一個典型的暗沙群。北康暗沙（含）以北的礁沙，位於水深兩千餘公尺的海底平台上，而其南方的礁沙，則座落於水深兩百公尺以內的婆羅洲大陸礁層上。最南的曾母暗沙，是南沙群島的南界，也是中國南疆的極限，距馬來西亞的沙勞越還不到四十浬。曾母暗沙距中國的榆林港約有一千浬，距台灣的高雄港，更遠在一千五百浬以上。表四列有此區域內重要之島、礁、灘、洲、沙。

由於南群礁沙大部份淹沒於海面下，露出海面的礁石面積窄小且無淡水，故僅就軍事價值言，它是南沙區域地理中最不重要的一部份；然論及政治與經濟意義，南群礁沙地近產油豐富的婆羅洲大陸礁層，故其位置仍然無比重要，絕不可以任加忽視。

北群島礁

在危險地帶的西方，南北縱列著四個大環礁，自北向南依次為雙子礁、中業群礁、道明群礁和鄭和群礁。南沙群島露出海面的重要島嶼沙洲總數才不過十四，北群島礁即佔去其中之八；若再加上數十浬外的景宏島、西月島、費信島和馬歡島，使得該區域佔盡南沙群島的精華，也使之成為南沙群島中戰略之地位最突出的一塊區域。表五列有此區域內重要之島、礁、灘、洲、沙。

雙子礁：由東北而西南，長八浬半，最寬四浬，內圍潟湖平均深度三十七公尺。此環礁東北端與西南端甚淺，海水沖擊甚猛，有極大之碎浪可資辨別；環礁西北側載有兩島（因得雙子礁之名），東北爲北子島，西南爲南子島。兩島間所挾之水道深九公尺，可經此入潟湖泊錨。由南海北赴之商輪即在雙子礁外分道，往中、韓、香港者繼續北行，往日、台、菲者則折向東駛。

中業群礁：包括兩塊殘破的環礁，爲一狹長深邃的火山溝所隔開。東面環礁長四浬半，寬兩浬，其中滿佈礁石與暗礁，乏善可陳。西面環礁長七浬，最寬處三浬餘；環礁緣上載有中業島及一無名之新生沙洲。兩片殘破環礁間的水道，長約一萬三千碼，寬約一千四百碼，其內海流急湍。

道明群礁：爲東北——西南向斜列之開口環礁，連延達二十一浬長，中央寬達七浬，兩端較尖，環礁內多暗沙，最淺處僅離海面七公尺。環礁緣上載有一島一洲，即南鑰島與楊信沙洲；此外，礁緣上尚有一處無名新生沙洲及三座礁石，低潮時均乾露出海面。

鄭和群礁：是南沙群島內最大最重要之珊瑚環礁。群礁東西長達三十浬，平均寬八浬，潟湖面積廣達八百餘平方公里。潟湖內深度自五公尺至八十公尺不等，集暗沙與暗灘之大成；潟湖外部臨南海深淵，海底地形陡然滑落，海水墨黑。環礁緣東側載有舶蘭礁與安達礁，前者長約一浬，後者超過半浬，其上極險，乃集暗礁群而成。環礁緣東北載有敦謙沙洲，地當進入潟湖之航道上；環礁緣西南載有南薰礁，內含兩塊獨立礁石，即東南礁與西北礁，兩礁相距兩浬半，各廣一浬。鄭和群礁上的兩座島嶼——太平島與鴻庥島，則分別座落於環礁緣的北端與南端上，相距十二浬。

表三：南沙群島——西群礁灘內之重要島礁灘洲沙

地　名	英文名稱	中心位置經緯度	地理特性
永暑礁	Fiery Cross Reefs	9°38' N/112°57' E	珊瑚環礁，礁緣多礁石
逍遙暗沙	Dhaull Shoal	9°32' N/112°24' E	暗沙
中　礁	Center Reef	8°55' N/112°21' E	珊瑚環礁，含一無名沙洲，高潮時沒海
西　礁	West Reef	8°51' N/112°12' E	珊瑚環礁，含一無名沙洲，海拔半公尺
尹慶群礁	London Reefs	8°51' N/112°32' E	西礁、中礁、東礁、華陽礁之總稱
華陽礁	Cuarteron Reef	8°50' N/112°47' E	珊瑚環礁，無出海口
東　礁	East Reef	8°49' N/112°33' E	珊瑚環礁，無出海口
日積礁	Ladd Reef	8°40' N/111°40' E	珊瑚環礁，礁緣出海面
南威島	Spratly Island	8°38' N/111°55' E	島嶼
隱遁暗沙	Stay Shoal	8°24' N/112°57' E	暗沙
奧援暗沙	Owen Shoal	8°09' N/111°58' E	暗沙
廣雅灘	Prince of Wales Bank	8°07' N/110°32' E	暗沙
人駿灘	Alexandra Bank	8°02' N/110°37' E	暗沙
蓬勃堡礁	Bombay Castle	7°56' N/111°12' E	暗沙
西衛灘	Prince Consort Bank	7°53' N/110°00' E	暗灘
安波沙洲	Amboyna Cay	7°52' N/112°55' E	島嶼
李準灘	Grainger Bank	7°47' N/110°28' E	暗灘
南薇灘	Rifleman Bank	7°45' N/111°38' E	暗沙
奧南暗沙	Orleana Shoal	7°42' N/111°45' E	暗沙
金盾暗沙	Kingston Shoal	7°33' N/111°35' E	暗灘
萬安灘	Vanguard Bank	7°28' N/109°37' E	暗灘

表四：南沙群島——南群礁沙內之重要島礁灘洲沙

地　名	英文名稱	中心位置經緯度	地理特性
保衛暗沙	Dallas Reef	7°38' N/113°53' E	暗礁群
破浪礁	Gloucester Breakers	7°35' N/114°10' E	暗礁群
安渡灘	Ardasier Reefs	7°36' N/114°17' E	暗礁群
彈丸礁	Swallow Reef	7°22' N/113°49' E	礁石群，海拔 3 公尺
皇路礁	Royal Charlotte Reef	7°00' N/113°35' E	礁石群，海拔 1.2 公尺
盟誼暗沙	Friendship Shoal	5°58' N/112°31' E	暗沙
南通礁	Louisa Reef	5°58' N/113°16' E	礁石群，海拔 1.8 公尺
八仙暗沙	Hardie Reef	5°55' N/112°32' E	暗沙
北康暗沙	N. Luconia Shoals	5°40' N/112°35' E	暗沙群
立地暗沙	Moody Reef	5°37' N/112°22' E	暗沙
南安礁	Sea Horse Breakers	5°31' N/112°36' E	暗沙
南屏礁	Hayes Reef	5°29' N/112°30' E	暗礁群
海安礁	Stigant Reef	5°02' N/112°29' E	暗礁群
南康暗沙	S. Luconia' Shoals	5°00' N/112°42' E	暗沙群
海寧礁	Herald Reef	4°58' N/112°36' E	暗沙
澄平礁	Sierra Blanca Reef	4°50' N/112°28' E	礁石群，高潮時沒入海
曾母暗沙	James Shoal	3°58' N/112°15' E	暗灘

表五：南沙群島——北群島礁內之重要島礁灘洲沙

地　名	英文名稱	中心位置經緯度	地理特性
永登暗沙	Trident Shoal	11°31' N/114°38' E	珊瑚環礁，北緣出海面
北子島	Northeast Cay	11°28' N/114°21' E	島嶼
南子島	Southwest Cay	11°26' N/114°20' E	島嶼
雙子礁	N. Danger Reef	11°25' N/114°20' E	珊瑚環礁，含北子、南子島
樂斯暗沙	Lys Shoal	11°19' N/114°35' E	珊瑚環礁
中業島	Thitu Island	11°03' N/114°13' E	島嶼
中業群礁	Thitu Reefs	11°02' N/114°16' E	珊瑚環礁，含中業島
渚碧礁	Subi Reef	10°55' N/114°10' E	珊瑚環礁，無出海口
道明群礁	Loaita Bank	10°46' N/114°27' E	珊瑚環礁，含南鑰島及楊信沙洲
楊信沙洲	Lankiam Cay	10°43' N/114°31' E	沙洲
南鑰島	Loaita Island	10°41' N/114°25' E	島嶼
舶蘭礁	Petley Reef	10°24' N/114°34' E	礁石
太平島	Itu Aba Island	10°23' N/114°21' E	島嶼
敦謙沙洲	Sand Cay	10°23' N/114°28' E	沙洲
鄭和群礁	Tizard Bank	10°18' N/114°25' E	珊瑚環礁，為南沙第一大環礁
安達礁	Eldad Reef	10°18' N/114°38' E	礁石群
福祿寺礁	Western Reef	10°15' N/114°37' E	珊瑚環礁，無出海口
南薰礁	Gaven Reefs	10°12' N/114°14' E	珊瑚環礁，高潮時沒入海
鴻庥島	Namyit Island	10°11' N/114°22' E	島嶼
大現礁	Discovery Great Reef	10°04' N/113°52' E	珊瑚環礁，無出海口
小現礁	Discovery Small Reef	10°02' N/114°02' E	礁石群

南沙海域內的戰略島嶼和沙洲

南沙群島內的島嶼沙洲，分佈在危險地帶內者，計費信、馬歡、西月、景宏諸島；位於西群礁灘者，有南威島和安波沙洲；而北群島礁內則有北子、南子、中業、南鑰、太平、鴻麻諸島，外加楊信、敦謙兩沙洲。這十四個戰略島洲的地理形勢，依次略述如下：

費信島：該島位於和平暗沙所在之大環礁緣東北側，面積都還不到三千平方公尺，島上草木不生，實係一新生之白色沙洲，海拔約一公尺。該島北方外一浬處有一面積相當之無名沙洲，僅於低潮時半露出水面。

馬歡島：該島在費信南方五浬，同屬一環礁緣，面積近零點三平方公里，是南沙內第三大島。該島南緣外亦載有一無名沙洲，低潮時露出海面。

西月島：由賀信、馬歡島西行，越過一片寬約四十浬的海溝後即達該島，面積有〇・〇八平方公里。島上有淡水井數座，是進入危險地帶內漁獵的重要整補地，千百年來爲我漁民慣稱爲紅草峙島。

景宏島：該島位於聯合暗沙的南緣，面積僅六千平方公尺，係由沙洲演變成之珊瑚小島。吃水淺的小型船艦可由該島直向西航而脫離危險地帶。

安波沙洲：該島位於危險地帶南界外之一珊瑚礁盤西南極端。島長一百八十公尺，面積〇・〇一六平方公里，海拔最高兩公尺四。島東爲光禿的珊瑚碎石和白色沙灘，島西爲鳥糞所覆。其中長有樹叢與椰林。島外有珊瑚礁盤圍繞，寬約三百公尺，東北方甚而延伸達兩千公尺，浪湧遇之必碎，登岸較爲困難。

南威島：該島位於一暗灘之西緣，島長四百六十公尺，寬兩百八十公尺，略作矩形，面積〇・一四八平方方公里，是南沙群島內的第四大島。島面平坦，海拔最高兩公尺六；該島所在之暗灘，長兩千四百公民，寬一千兩百公尺，除少數暗礁群外，餘皆爲水深十公尺以上之良好泊地。暗灘灘緣深峭且有無數礁石散落其上，故不宜貿然越灘航行，然灘北卻有一水深六公尺半的水道，誠爲一良好之出海口。該島是南海氣候惡劣時巨輪漁舟唯一的避風泊地，故長期以來亦爲我漁民慣稱爲暴風雨島。

北子島：該島係南沙群島內最北之一島，位於雙子礁內，面積〇．一三三平方公里，是南沙群島內第五大島。島面滿覆樹叢，海拔最高三公尺，島外被半涸之珊瑚礁盤所圍，寬度自兩百公尺到一千兩百公尺不等。

南子島：該島東北距北子島僅兩浬，面積有〇．一二五平方公里，海拔最高五公尺。島上滿覆鳥糞，矮樹叢生，島中央有淡水井，島外亦遭乾涸之珊瑚礁盤圍困，平均寬度六百公尺，僅東南側延伸較短，可由此順利登岸。北子、南子島間的水道，在低潮時因乾涸礁盤的延伸，航道僅有兩百碼寬，也是進入雙子礁瀉湖的唯一水道。

中業島：該島位於一殘破環礁緣東側，島形似三角，面積〇．三二六平方公里，是南沙群島內的第二大島。島勢低平且具沙性，島外東西側均爲乾涸之珊瑚礁盤，順勢往外延伸達八百公尺；島的南北兩端水深六公尺餘，爲良好之泊地。

南鑰島：該島係道明群礁內之唯一島嶼，島略作圓形，直徑三百公尺，面積〇．〇六三平方公里。島上滿覆灌木，海拔最高僅一公尺六，爲一沙性島嶼。島外被寬約八百公尺的半涸珊瑚礁盤所環繞，登岸困難。

楊信沙洲：距南鑰島東北東六．七五浬，係一新生沙洲，較足球場還要小，沙洲上草木不生，盡爲躍目白沙。其所依附之珊瑚礁盤狀似正圓，半徑七百公尺。

平島：南沙群島中地位最重要、面積最大者，即爲太平島。該島位於鄭和群礁之西北緣，島形如梭，呈東北——西南走向，島長一三五〇公尺，寬三五〇公尺，海岸線長二八二一公尺，面積〇．四三二平方公里。島沿爲白色沙灘縈繞，寬度爲三公尺半，爲高低潮往復之界限。島內地勢平坦如台地，平均海拔三．八公尺，島東較高，海拔最高四公尺一八。該島地表土壤粗鬆且爲鳥糞覆蓋，滿佈矮樹叢，棕櫚林散落四處，島外爲圓形珊瑚礁盤所圍，東端延伸四五〇公尺，西端六五〇公尺；南北兩側礁盤較窄，然北端礁盤外面臨深淵，稜線峻峭，碎浪排天，南端礁盤在低潮時仍沒入海面約兩呎，其上礁石嶙峋，如刀如劍。太平島西南頂端處礁盤較爲短促，係唯一供舟船搶灘之處。

敦謙沙洲：在太平島正東六浬處，沙洲呈圓形，中央處滋長矮樹叢。沙洲外有半個之珊瑚礁盤，往外延伸約六百公尺。沙洲以西，不但爲鄭和群礁瀉湖對外通航的水道，亦爲瀉湖內最佳之泊地。

鴻庥島：該島雄據鄭和群礁西南緣上，島長五五〇公尺，面積〇．〇七六平方公里。島上沙丘四伏，海拔最高六公尺一，是南沙群島內標高最高之島嶼。島外珊瑚礁盤向西延伸兩千公尺，向東六百公尺。南端咫尺之外即臨南海深淵，僅北端礁盤短窄，適宜船艦搶灘登陸。

以上所述各島嶼沙洲除偏遠之南威島和安波沙洲外，皆聚集在一片方圓一萬五千平方公里的海域內相互排列成一個「﹇」字形。橫向排列者，均散落於北緯十度四十八分線上下：南鑰島——東行七浬↓楊信沙洲——東行三十六浬↓西月島——東行四十八浬↓費信島——南行五浬↓馬歡島。縱向排列的島嶼，則分列於東經一一四度二十分線左右：北子島——南行二浬↓南子島——南行二十三浬↓中業島——南行二十四浬↓南鑰島——南行十八浬↓敦謙沙洲及太平島——南行十二浬↓鴻麻島——南行三十浬↓景宏島。南沙群島國際紛爭的焦點，就是在這「冂」字形的四周海域上。

南沙群島的氣象氣候

南沙群島雖然分佈在北緯四度至十二度間，南北縱深達九百公里，然其位置近赤道又在熱帶海洋當中，且距東亞大陸至少四百公里，因此南沙群島具有熱帶海洋氣候的特徵，也是我國特有的一個氣候區域。該地區氣象條件的主要支配者，乃爲兩種季候風——夏季的西南信風和冬季的東北信風。

冬季控制東亞氣候之活動中心爲位於北緯四十度附近之蒙古穩定高壓帶。氣流則就此高壓中心作順時鐘方向往外旋轉，而以外方傾角吹送；在我國北方形成西北風，至華東沿海即成北風，到了南沙群島，就變成了東北信風。東北信風期，在北緯十度起於十月初，在北緯五度則晚自十一月底發生。信風期開始之初，往往要刮上十天左右的疾勁冷風；十二月及一月當中，信風以最大風力定吹，海面恒遭風襲而捲起陣陣浪花，是爲最盛時期。二月以後風勢減弱，到了三月風力衰微，並轉爲東風。四月之後，南沙群島即掙脫東北信風期而進入短暫的靜風期。

夏季位於南半球的穩定高壓帶依同樣原理挾著西南信風吹向南沙群島；由於氣壓差別較冬季爲小，故無論就風力、風向穩定性及風速言，西南信風均較東北信風爲弱，例如西南信風風速在南沙海域極少超過四級（即每小時十三至十八哩）。北緯五度以南，西南信風期始自四月底，北緯十度以北，則始自五月底。六、七、八月份是西南信風的穩定季節，到了九月，南沙群島即脫離西南信風期而進入靜風期，準備再度迎接東北信風，如此週而復始。

南沙群島的氣溫、濕度、雨量、雲量、海流、潮差，或多或少都受了上述信風期的交替而作規則性的變化：

氣溫——南沙最冷的月份，是東北信風最強勁的一月；最熱則為西南信風高潮的七月。儘管一月最冷，然其平均溫度（太平島）卻也有攝氏二十六度六；七月最熱，平均溫度亦不過二十七度八。晝夜溫差的差異也小，平均只有二度二。南沙群島高低溫差的極限紀錄分別為攝氏三十五度和二十二度，可以算是全國溫差變化最小的氣候區域。

濕度——濕度和雨量息息相關，南沙海域的年平均相對濕度在百分之八十至百分之八十五間；越往東或往南，即往婆羅洲接近，相對濕度越大。十月至一月間，相對濕度較其他月份低。

雨量——南沙的年雨量約有兩千五百公釐，每年的雨天平均約有一百九十天。隨著西南季風期來臨，南沙開始進入雨季；東北季風期則算是乾季，然而雨季與乾季的劃分並不很嚴謹。南沙的雨水多半隨著熱帶雷雨而來，熱帶雷雨多在下午或傍晚形成，初則烏雲蔽天，繼則大雨傾盆，來得快去得也快。南沙每年約有近百次雷雨。

雲量——雲量自然和雨量有關聯，南沙群島的雲量年平均值為十分之五；每年的十月和十一月是晴天，十二月到隔年三月的雲量在十分之二與十分之三間，四月以後進入雨季雲量就有十分之八了。按照常規，南沙群島遠離大陸海岸百哩以上，故海面甚少起霧。

海流——南海的海流，大都順風向而變化，東北信風期海流多半朝南或朝西，西南信風期則倒轉過來，朝北或朝東。在危險地帶外所測得的海流，東北信風期間每小時〇·七浬，西南信風期間每小時〇．三浬，兩種海流流速皆以南沙北部爲緩，南沙南部較速。靠近淺海地區，海流則受海底起伏地形的影響，故南沙各島礁、灘、洲、沙（尤其是危險地帶內）外的海流，並不能一概而論。

潮差——南海的潮水漲落，係根據月亮的傾斜度而變化。觀測到的高低潮差，在南威島是一公尺六，在太平島是一公尺五。值得注意的是，島嶼沙洲礁石外的珊瑚礁盤，低潮時露出海面都不足一公尺，高潮時分自然遭潮水淹蓋。

除了受季風的影響，南沙的氣候亦受熱帶暴風雨的肆虐，間或受到颱風的侵襲：

颱風——與台灣、呂宋及我國東南沿海相較，入侵南沙群島的颱風可謂少之又少，平均起來每年僅有一兩次。在南沙群島內醞釀形成的颱風僅在每年的十月及十一月發生在危險地帶北部，隨後則逐漸增強增快向西北西方向行進而遠離南沙。發生在菲律賓海的颱風，也只有在每年的九月至次年三月間西行闖入南沙，由於她們經過菲律賓群島的層層阻礙，進入南沙之後威力已大減。

暴風雨—當弧形滾狀的拱雲自水平線竄升起時，漁民即知道狂風巨浪挾著傾盆暴雨即將來到；弧形狀拱雲抵達天頂後，暴風雨驟然降臨，剎時海天混沌，濁浪排空，狀極險惡！南沙群島在每年的四、五及九、十月靜風期中，空氣上下對流旺盛，就特別容易發生暴風雨。

一般說來，南沙群島氣溫高、濕度大、溫差小、雨量充沛、冬暖夏涼且不酷熱，加上颱風甚少發生，遂使之成爲我國氣候最優良的地區之一。

南沙群島的自然資源

南沙群島的自然資源，可概分爲海上、海中與海底三個層面。在海面上爲有待開發的墾植業與礦業，在海中則爲無盡藏的水產業，在海底，即爲國際紛爭最烈的石油。

墾植——熱帶地區高溫多雨，島嶼上鳥糞四佈，土壤肥沃，故南沙群島各島嶼沙洲上樹木滋長繁殖極速。屬灌木類者有羊齒科、禾木科及馬齒莧科等矮樹叢；它們四處橫生，除沙灘及礁盤外，凡露出海面之陸地無不遭其覆蓋。屬喬木類者，則有瘋瘋桐樹，樹高幹粗，爲遠望低平珊瑚島嶼的主要標記。經濟效益較高且值得推廣的植物，首推熱帶果樹，其中又以椰樹、木瓜、香蕉、羊角蕉及菠羅蜜較易種植。然墾植業缺點甚多：南沙群島陸地總計不及四百英畝，且星散四佈難以整理推廣，此其一；各種果樹纖維組織粗鬆，質極脆弱，一遇風暴即行倒毀，此其二；鳥糞層過厚，土質過肥，大量種植不易維護，此其三。然若加以刻意經營，至少應可在果類產品上自給自足。國府自台灣本島將土壤運至太平島填平種樹，即爲一良好實例。

礦業——飛翔南海之上的鰹鳥，千萬成群，白天在海面捕食魚蝦，夜晚即飛返島礁棲息，並遺其鳥糞於陸地上。鳥糞經千百年來的堆積並受雨水之分解而與珊瑚礁之碳酸石灰起化學反應，遂形成燐礦。這些鳥糞含有很高的鈣質與全燐酸，是製取人造肥料的珍貴原料。此外，燐礦內提鍊出來的咖啡因還可以製取止痛藥與強心劑等物，經濟價值極大。美中不足的是，一旦步入燐礦範圍，輒感腥臭撲鼻令人窒息。南沙群島燐礦範圍總計不過一平方公里，糞層厚度平均爲一公尺，儲量原已不多，加上二次大戰以前遭日本、法國有計畫的盜掘，故各島目前燐礦已所餘無幾，且點散零星，大多已無開採價值。

水產——南沙海域冬夏水溫恒常，礁灘眾多，利於浮游生物密聚，使得各種水產生物得以大量增殖。這些豐盛的水產，可再區分爲魚類、蝦類、蟹類、龜類、軟體類和海藻類。南海魚類繁多，達千餘種，僅經濟價值較高者計就超過百。主要魚類包括金槍魚、馬鮫魚、鯊魚和旗魚；其中金槍魚和馬鮫魚產量特高，營養價值好，是遠洋漁業的主要對象。其他較爲重要的魚類，則有紅魚、鰹魚和石斑魚。蝦類當中首推體積龐大的龍蝦，顏色鮮艷且品質優美。蟹類則含肉質珍美之梭子蟹與饅頭蟹等。龜類含海龜與玳瑁，其肉可食，其甲可製藥及裝飾物。軟體類有章魚、墨魚和魷魚等；海藻類則可作爲糊料、凍菜、橡膠、造紙和紡織原料。根據聯合國發表的公報，目前南沙海域的漁獲量爲每年四十五萬餘噸，除極少數歸台灣遠洋作業漁船撈獲外，餘皆爲鄰國漁民就近盜取，如何保護我國南海漁源與漁民作業安全，政府應視爲當務之急。若政府對南沙海域漁業加以輔導規劃，用心經營，產量將可擴增四倍，相當於外銷金額每年二十五億美元，實爲不可忽視之資源。

如果南沙海域僅爲優良的遠洋海業撈獲區，其主權確屬我國，相信也不會有其他國家提出異議；可是近十年間，南沙主權歸屬的問題，卻成爲國際間矚目的焦點。紛爭衝突的目的，乃爲南沙海底可能蘊藏的油源。

石油——南沙群島的鄰接區域，都在之濱藏有豐盛的油礦。依據《一九七九年世界石油統計年報》，已開採且大量生產者計有：菲屬巴拉望島西二十五浬外的五口海上油井（西距南沙東界的海馬灘僅二十六浬），日產量爲四萬兩千桶油；馬來亞沙巴外海的四十八口海上油井（北距南沙的榆亞暗沙約百浬），日產七萬桶油；英屬汶萊外海的兩百三十口海上油井（西距南沙海寧礁七十浬），日產十八萬八千桶油；馬來亞沙撈越岸外的九十口海上油井（西距南沙的南康暗沙僅四十浬），日產九萬三千桶油；印尼納土納的八口海上油井（北距南沙的萬安灘約兩百浬），日產兩萬桶油；馬來半島東岸外的海上油井（西距萬安灘三百浬），日產三十萬桶油。這些位於南沙外緣已行開採的外國石油，相當於中國大陸日產量的三分之一。此外，上述各國亦積極地在南沙群島四週的淺海大陸礁層上忙著鑽探，也因此引起海內外人士對南沙範圍以內可能蘊藏油源的關切。

早在一九六七年，聯合國屬下的亞洲暨遠東經濟委員會（ECAFE）就對南中國海大陸礁層上的海底油源有了興趣。對該會提供技術支援的英國海軍海道測量局，也曾積極派艦參與南中國海的探勘。第一期的探測，於一九六九年夏在南海實施震測一萬六千公里，範圍涵蓋南海三大海底盆地——東南的婆羅乃海底盆地（含南沙群島內的南群礁沙與西群礁灘）、正西的湄公海底盆地（含南沙海域西緣）及西南的暹邏海底盆地。探勘的結果十分令人興奮：整片海底盆地上均爲厚達兩千公尺以上的沖積砂層所覆蓋；沖積層越厚，蘊藏石油的機率亦越大，也就是說，南中國海自暹邏灣起到婆羅洲外一整片海底，正如其週沿海岸外的油田一樣，極可能藏有巨量的低硫性原油。第二期的探勘，自一九七一年起實施，範圍包括越、菲間的南中國海，也就是南沙群島內危險地帶及北群島礁的全部水域。然該地國際情勢日益緊張，探測工作也就時斷時續，拖了四年有餘方告結束。

雖然截至自前爲止，尙無南沙群島石油蘊藏量的正確估計公諸於世，但一些觀察家曾作最保守的預測，謂南沙範圍內石油蘊藏量最少有一百五十億桶。而樂觀的推算，就眾說紛紜了，最甚者推測爲七百億桶。目前國府在台灣的石油消耗率爲每天三十萬桶以上；中共在大陸爲每天一百九十萬桶；換言之，南沙石油若全部開採，而國共燃耗率長年維持不變，單就南沙的石油論，足可讓國共雙方獲得二十年至九十年的能源自足。在能源危機漸趨嚴重的今日，南沙海域的可能油源與大規模海域探鑽的技術可行性，的確給予國人相當大的鼓舞。

然而，南沙的海底油源，也誘引了各國的覬覦。

(《中報》，一九八一年四月和十一月)

【附錄】

1. 美日爭相勘探我國沿海地區

《群報》

〔《群報》報導〕據《紐約時報》二月十七日報導稱，沿中國海岸，北起朝鮮、日本，南抵菲律賓、越南的廣大海域，其藏油之富，可能相當於整個中東地區的油藏。最近由於西貢當局侵占西沙、南沙群島的事件以及日本、南朝鮮當局私自劃分東海的大陸架「共同開發區」，而使這個地區的石油問題突出在國際問題之上。

台灣當局對這個問題也表現出相當的敏感。目前台灣已將自釣魚台列島至琉球之間的海域，出讓與一些外國的石油公司——AMOCO正在台灣西南外海勘探。據說第一口井的鑽探結果毫無成績，但是這家油公司打算在今春天氣晴朗以後，繼續探測更多的油井。

南越西貢當局從去年夏天開始，也忙著將其石油主權出讓給四個西方石油公司。這些公司目前已完成地震探測，並打算在今年下半年開始鑽探。

日本本洲十浬外外海的日本海內，日本與AMOCO也正在鑽探油井，據說可能會有石油。

最有可能的藏油區，無疑的是釣魚台海域附近的東海大陸架。中國聲明這個地區隸屬中國，《紐約時報》說：「大陸架是大陸的自然延伸。」日本對這個地區垂涎三尺。他們說，既然釣魚台附近海域有所紛爭，那麼就應該在釣魚台列島與中國大陸之間劃一道界限，而把釣魚台歸屬日本。這真是無理取鬧。

美國過去一直主張釣魚台列島歸屬日本。但最近還沒有聽到美國官員提及此事。

（《群報》，一九七四年二月十八日）

2. 富饒的西沙群島

《七十年代》編輯部

西沙群島在海南島東南面，由近四十個島嶼、沙洲、暗礁、暗沙和暗灘組成，其中以宣德群島的永興島、石島、東島及永樂群島的甘泉島、珊瑚島、晉卿島最爲重要。永興島的面積爲一·八五平方公里，其餘島嶼的面積都在一平方公里以下。最高的石島，海拔十二至十五米，一般島嶼只高出海面四至五米。年平均氣溫在二十五度以上；最低的月平均氣溫爲二十二·八度；最高的月平均氣溫出現在五至六月份（五月份二十八·八度，六月份二十八·九度）。夏季雨量最多，年雨量在一千四百至一千五百毫米以上，豐沛的雨水是珊瑚島上淡水的唯一來源。這種長年高溫，雨量又多的氣候，被稱爲「熱帶海洋性季風氣候」。西沙群島是侵襲中國的颱風的主要發源地。

終年高溫多雨的西沙群島，一年四季都是林木常青，鮮花盛開。天然林以紫茉莉科的麻瘋桐樹最多；人工林以椰子樹最普遍，由於它適宜生長在鹽分較重的沙灘和當風的地方，而且又可作爲航行的標誌，早在清代，從中國大陸前往海島捕魚的漁民便開始種植椰子樹，現在一些島上可見椰樹成林的美麗景象。此外，島上還種植有木瓜、芭蕉等熱帶果木。

西沙群島的叢林裡是海鳥的天堂。海鳥中以紅腳鰹鳥最多。這種海鳥，形狀如鴨，嘴綠腳紅，乳白色的羽毛，非常美麗；牠們白天成千上萬隻飛到海面上捕捉魚蝦，晚上再返回原處；當地漁民根據牠們尋食的動向，可以辨認出魚群的方向，進行捕撈生產，所以被稱爲「偵察兵」。還有一種被稱有「強盜鳥」的軍艦鳥，全身黑色，翅膀展開有二米多長，嘴端有鉤，每當傍晚，成群的紅腳鰹鳥啣著食物回來時，牠就攔路襲擊，用銳利的嘴鉤爭奪，直到對方把食物吐出。人們幾乎每天都可以看到這種激烈的爭奪戰。由於海鳥眾多，島上鳥糞層蘊藏十分豐富，所產鳥糞含有豐富的磷、鈣等，不僅是天然的良好肥料，也是製藥的原料，一百斤上等鳥糞可提取出咖啡因十斤，這種化學藥品是製造阿司匹靈和強心劑的重要原料。

西沙群島附近的海面，海水溫度和深度，最適宜珊瑚蟲生長，環繞各島的就是由這無數死亡了的珊瑚蟲堆集起來變成的珊瑚礁。礁石顏色鮮艷，姿態各殊，半露於海面。海水非常清澈，戴上潛水鏡潛入海底，人們可以發現奇異的世界，猶如一座多姿多采的水晶宮一樣；冶艷的小魚在五彩的珊瑚間穿來穿去；傲慢的寄居蟹在搶奪海螺的「房子」；張牙舞爪的龍蝦在尋找搏鬥的對手；各色各樣的海參在懶洋洋的蠕動……。西沙群島附近的海域，是中國魚產蘊藏量豐富的漁場之一，每到漁汛，從海南島等地前來的漁帆、漁輪都雲集於群島周圍的海面上，捕撈各種魚類和其他水產品。其中大宗的水產有金槍魚、馬鮫魚、紅魚、海龜、海參等。此外，還有花紋美麗的石斑魚，游水速度達到每小時九十公里的旗魚，有性情兇惡的虎鯊和渾身是刺的刺魨，以及隨波飛舞的飛魚等。這些水產中，海龜（包括蠵龜和玳瑁）是主要水產之一，每年四月到六月，許多海龜爬到西沙群島上產卵，雌龜產卵時不能走動，人們急步跑去，把牠翻倒，幾百斤重的大海龜便四腳朝天，任人捕捉。熟習水性的人平時也可以下海捕捉海龜。海龜的肉和蛋都可以吃，殼可以用來製作珍貴的藥材——龜板。

除了西沙群島以外，散佈在中國南海上，由珊瑚礁構成的群島，還有東沙群島、中沙群島、南沙群島。這南海諸島不僅在經濟上具有重要意義，而且在地理位置上的重要性也很突出。它正當太平洋和印度洋的咽喉，亞洲和大洋洲的中繼站，是亞洲東北部各港口通往南洋群島、非洲、歐洲之間的海洋航線必經之地，爲中國同越南、印度尼西亞、菲律賓、馬來西亞、新加坡等國家和地區往來的紐帶，是中國南方的海上前哨。和東沙、中沙和南沙群島一樣，西沙群島一向爲中國漁民從事生產活動的場所，遠在公元十四、五世紀以前，中國福建、廣東人民就已進行了調查和開發。在一些中國的古籍中，曾把南海諸島稱爲「千里長沙」、「萬里石塘」或「萬里長沙」、「千里石塘」，把西沙群島稱爲「七洲洋」。

（《七十年代》，一九七四年二月）

七、南沙群島必須回到祖國懷抱

狄縱橫

南沙群島的收復與鞏固

不論國共，最近幾年來其行政部門均有意貶低南沙爭執的嚴重性，除偶爾適時對外發表有關聲明外，從未將南沙現狀據實向國內及海外關心國情的人士有所交代。這種有意的規避，固不能滿足海內外中國人關切國是的渴望，但也十足反映出當局對南沙爭執並沒有妥善解決的方案，因此盡其所能避免刺激人心，能拖就拖。過去十年間，國府與中共對釣魚台主權維護雖各盡所能，然迄今問題仍是懸而未決；然嚴重性多多的南沙爭執，國共卻可能走上釣魚台的老路：「這一代不能解決的問題，留給下一代去解決」。問題是，到了下一代，我國在南沙的油藏早已遭鄰國盜掘一空；我國的領海業已成超霸強權的內海；我國的南海漁源亦遭人大量濫捕；我國的漁民繼續遭海盜追殺；越籍華人難民一如以往，大批曝屍於南沙珊瑚礁上。

收復並鞏固南沙群島，進而在其上行使我主權、開發各種資源及護航護漁，相信是每一位中國人，也是國共雙方政府所願見者。不過，到底我們的勝算有多大？在論及以軍事行動光復並鞏固南疆失土的可行性之前，南沙的國際軍事現況有詳加研討的必要。

派軍隊盤據我南沙群島部分島嶼沙洲者，東有菲律賓，西有越南。在我國領海內探鑽並盜掘海底油藏者，除越、菲兩國外，還有印尼與馬來西亞。在我國領海及兩百浬經濟專屬區內濫捕魚類者，除上述四國外，主要來自日本。對南沙群島圖謀已久，妄圖透過附近鄰國對之加以實質控制者，則有美國、蘇聯和日本。所牽涉到的國家，大小總計有越、印、馬、菲四個鄰國，美、蘇兩個軍事強權及經濟超霸日本，如何在這些國家環伺之下一舉收復南沙各島，的確不是一項簡易的軍事行動。

占有我國南沙六島的越南，派有六百名海軍兩棲偵察隊盤據南沙群島，其中三百五十名據守偏北的南子、鴻庥、景宏三島；餘則駐守偏南的南威島、西礁與安波沙洲。雖然各島的詳細越軍數目無從判明，但由島嶼的面積與地區的緊張性，筆者估計南子、鴻庥及南威三島各有越軍兩個加強排，人數在一百至一百五十之間；其餘各島則僅有象徵性的部隊數十人。由於越軍所據各島距越南本土遠（最近的南威島、距越南金蘭灣海空軍基地有兩百四十浬），故越軍勢難維持南沙群島的空中優勢；按越南所擁有的俄援米格二十一戰鬥機，在南沙各島上空僅能戰鬥巡航十分鐘。以其制空實有捉襟見肘之感。此外，越南嚴重缺乏越洋攻擊艦艇，無從制海，而經常運補南越駐軍者，僅為越南海軍小火輪。南越政權遺留下的五艘登陸艇，則從未出現南沙海域，他們若非老舊逾齡全遭淘汰，就是缺乏零件維修而告癱瘓。綜合而言，越軍在南沙各島既無空權，又失海權；一有戰況其維繫南沙的脆弱補給線不切自斷，據守各島的越軍易遭全面封鎖。因此，國共雙方所面對的，只有六百名散聚六島的越軍。

印尼在各相關國家當中，僅在我經濟專屬海域內探鑽油源，犯我不多；然其海軍卻在南沙海域上濫捕我台灣遠洋漁船，掠奪其漁獲並監禁毆打甚至殺害台灣漁民，其乖張暴戾之態實足令人髮指！然而，形同海盜般的印尼海軍，卻是脆弱無比，虛有其表。號稱擁有超過兩百艘戰艦的印尼海軍，由於缺乏零件、維修人員及裝備，大多停航。十四艘俄製潛艇，僅有一艘可出海潛航。實際巡航印尼一萬四千島嶼間水域者，只有九艘護航驅逐艦及二十艘巡邏艦艇；由於其主要建軍目的在於截堵走私、緝捕海盜和護航護漁，故這些艦艇僅裝備輕型武器，無從有效制海。不過，印尼五大海軍基地之一的Tanjung Uban Naval Base，卻在納土納群島上，距我國南沙海域僅八十浬，若印尼海軍傾力集中於此，進而發航至南沙海域與我衝突，雖尚不致於構成威脅，但卻會造成相當程度的干擾。

南康暗沙底下的六億立方呎天然氣，即將在年內遭馬來西亞盜掘圖利；爲了維護既得利益，馬國必然出動其海空軍保護其設於我國南康暗沙的採油設施。然而，馬國三軍脆弱，能否順利執行此任務，甚屬可疑。馬來西亞海軍凡能出海作戰之遠洋艦艇，僅得飛彈護航艦兩艘及十四艘巡邏快艇；然其海軍基地位於婆羅洲拉布安（Labuan Island Naval Base），距離南康暗沙僅一百六十浬，占有地利之便，務需慎防。馬國空軍能執行制空任務的戰鬥機僅有一中隊F-5E／F型戰鬥機共十六架，距南康暗沙最近的空軍基地，亦位於拉布島。由於馬來西亞共產黨活躍於泰、馬交界之馬來半島，故馬國海軍均集結於馬來半島兩側，一旦南沙海域起事，咸信僅有部分海空軍能抽身東調。

在直接涉入南沙紛爭的各國當中，要數菲律賓的三軍軍力最強，在南沙盤據的菲軍亦最活躍。根據負責防衛菲占南沙各島的「菲西警備司令部」所透露，至少有一千名菲國海軍陸戰隊員駐守各島嶼沙洲；按菲國海軍陸戰隊係菲國三軍的精華，不僅裝備齊全訓練精良，且與該國回教徒陣營爭戰多年，富有登陸作戰經驗。菲國海軍陸戰隊成員四千三百，編成六個突擊營及一個登陸運輸車群，其中四分之一即固定配備於南沙群島之中，主力依次分佈於中業（約有三百人）、馬歡（約兩百五十人）及北子（約一百五十人）各島。

尤有進者，菲國已在中業島上建成一噴射機跑道，以利該國新購之美製 F-8 型倍音速戰鬥機起降。這條跑道總長六千呎，其中一半以上係依附島外珊瑚礁盤所建，算是南沙群島當中最大的人爲建築。此外，菲國正在馬歡島上另築一短跑道機場，以利螺旋槳戰鬥機進駐。由於菲國空軍一中隊 F-8 噴射戰鬥機及一中隊T-28螺旋槳戰鬥機進駐中業島，已使得菲國坐擁南沙群島的絕對制空權。即使南沙群島各機場悉遭毀壞，菲律賓的戰鬥機仍可使用巴拉望島上各機場（距南沙馬歡、費信兩島僅一百五十浬）就近獲取局部優空；以菲國現有之F-8型噴射戰鬥機為例，自巴拉望起飛升空後仍可在南沙各島上空執行戰鬥巡邏航行三十分鐘之久。論及南沙群島制空優勢，菲律賓算是得地利之便而佔盡便宜。

在積極的美援下，菲國海軍在其七千島嶼間水域上任務頗繁重。菲國的遠洋作戰軍艦，包括八艘護航驅逐艦及十八艘巡邏艦；另外，菲國尙擁有亞洲最大的兩棲船團：二十六艘坦克登陸艦及四艘中型登陸艦。這批軍艦不但在南沙海域作經常性的巡航，並屢次在南沙各島上配合其陸戰隊遂行登陸演習，對我駐太平島守軍構成絕對威脅。為了支援南沙群島上的菲軍，菲國更在巴拉望島西岸的Port Barton興築軍港（西距費信、馬歡島僅一百四十浬），以就近補給掩護南沙各島之菲國軍民。

不過，除了南沙爭執外，菲律賓卻是內憂外患頻頻。散佈於菲律賓全境的黨「新人民軍」（前身即活躍於五〇年代初期的菲共虎克黨）四出游擊，滋擾不斷；菲南的「摩洛解放陣線」亦打著回教旗號與菲人進行宗教戰爭多年，故菲國三軍部隊多半用於清勦此兩大內憂，能否全數抽調而出面對南沙爭執，實有疑問。此外，印尼、馬來亞和菲律賓雖同為「東南亞國協」會員國，然卻是貌合神離，各走極端。菲、馬之爭在於婆羅洲的沙巴，馬國堅持沙巴實歸其所屬，菲國則認為沙巴係菲國領土，各說各話，雖不致為此兵戎相見，但至少不會為了南沙爭執而聯合對付國共。菲、印之爭在於印尼偏袒菲國回教徒，暗中由海上運送武器彈藥給摩洛解放陣線成員助其抵抗菲軍進而獨立建國。政治外交上既不和諧，軍事實力也參差不齊，「東南亞國協」會員國若想在南沙爭執上團結對外，步調一致，少有可能。

菲律賓之所以能在南中國海囂張橫行，除了依其本身實力予取予求外，最大的本錢，乃為依《菲美共同防禦條約》作爲靠山，挾美國以自重。菲國外交部更於七九年初宣稱，根據共同防禦條約美國有條約的約束，爲南沙爭執而出兵支援菲律賓。然而，筆者認爲美國向來力圖避免捲入亞非國家的領土爭執，對南沙群島自不例外；若其針對美國戰略利益而進軍南中國海，能夠自圓其說的藉口多的是，用不著偏勞菲律賓動用條約請求美國出兵。

綜合而言，越、印、馬、菲四個鄰國在南中國海的軍力配備，除菲律賓外均甚薄弱，不足爲懼；唯有菲律賓在南沙群島配備完善，掌握局部制海制空權，除之不易。此外，美國與蘇聯經常派遣機艦在南沙海域巡弋不去，更爲原已非常複雜的南沙爭執倍添紛擾。

在昔日越戰高潮期間，南中國海以及整個南沙群島空域是美國經由遠東各地補給駐東南亞美軍的必經之地；整個南沙海域日夜有美軍機艦穿梭來往，猶如美國的內海。甚者連中共都將駐守榆林港的潛艇部隊北調黃海，以避免與美軍在南中國海直接衝突。曾幾何時，南越潰亡，美軍撤出東南亞，蘇聯接踵而至，甚至正式租用越南金蘭灣作爲蘇聯太平洋艦隊的前進基地。美、蘇雙方隔著南中國海相互對壘，南沙群島，也就成爲美、蘇兩大陣營在東兩亞的緩衝地帶；任何一方若能取得南沙群島的實質控制，也就等於取得西太平洋的相對制海權，油源、漁源盡是垂手可得。是故美、蘇雙方均透過其在南中國海的代理人——菲律賓及越南，無時無刻都在打南沙群島的算盤。攻擊盤據南沙的越軍，等於是向蘇聯挑戰；驅逐駐紮南沙的菲軍，也就等於是壓縮美國在西太平洋的利益。這些，相信都在國共雙方策劃對南沙採取軍事行動前列爲必須愼重考慮的因素。

反觀國共雙方，僅有國府在南沙群島太平島駐有兩陸戰隊加強連。據菲警備司令部稱，國府在太平島上建築的軍事設施，計有磚造大型營舍兩幢，搶灘碼頭兩座，小型柴油發電站一，氣象站一，通訊站一及露天砲兵掩體五座；駐防的國府海軍陸戰隊人數，估計在五百至一千人之間。按國府雖擁有遠東最具威力的海軍——二十三艘飛彈驅逐艦、十艘護航驅逐艦及一支能裝載一個陸戰隊加強團的遠洋兩棲船團，經常進行兩棲登陸演習；然百分之九十以上的國府陸戰隊與艦艇均配備於海峽當面以防止中共渡海，無力抽身南下保疆，加上南沙太平島距台灣本島過遠（直線距離約八百浬），在沒有空權的情況下實施大規模的傳統兩棲作戰，可能性不大。

中共海軍遠洋兩棲攻擊能力較遜於國府——十一艘飛彈驅逐艦，十四艘護航驅逐艦及一支能載運團級規模的兩棲船團。由於缺乏遠洋作戰經驗及操演，加上南沙各島距中共亦遠（例如南康暗沙距中共最近的軍事基地榆林港亦有六百五十浬），對南沙失土發動正規兩棲登陸戰的機會亦更加渺茫。

即令國共雙方互相「體諒」，同時撤除台灣海峽的巡弋與對峙，以傾全力南下保疆，然而耗時費日的戰備集運、兩棲裝載，啓淀出航，船團編組以迄於接敵登陸，在在都暴露於超霸強權的情報網內和美、蘇等間諜衛星的同步追蹤監視之中，菲、越等國自然會有充分的預警而積極備戰迎擊國共，甚而拉美、蘇下海倚強權自重。勝算原已不高的遠洋登陸作戰，加上行蹤敗露，要想奪回南沙失地更是難上加難。

既然傳統兩棲作戰的可行性不大，收復南沙的軍事行動，只得寄望於非傳統性戰術——小規模的兩棲突擊。國共雙方均有此能力執行保疆之責。

國府定期運補太平島駐軍的「南威支隊」，經常保持有兩艘飛彈驅逐艦及兩艘中型登陸艦；運補航線，距菲軍奪佔之北子、中業、南鑰島及楊信沙洲和越軍盤據之南子島卻不及萬碼，在國府艦隊主砲射程之內。定期運補自一九五六年以迄今從未間斷，更未因越、菲進占南沙各島而受滋擾，固然國府的南威支隊火力強旺足以自保，但越、菲等國默許國府留駐太平島以求靜態平衡才是主因。若國府藉運補航次而一舉轉向突擊，以迅雷不及掩耳之勢奪回失土，可行性極高。由於中業島具有菲軍所築之南沙唯一噴射戰鬥機跑道，國府南威支隊的突擊行動，必以其爲首要目標；其餘各島均距中業島不及二十五浬，以全速前進的國府船團僅須三小時即可抵達其他次要島嶼登陸奪回。

由越軍盤據的鴻庥島，與太平島同處鄭和群礁內，兩島相距十二浬；國府甚至不必倚賴南威支隊遠自台灣發航南下保疆，利用太平島上的陸戰隊搭乘該島現有之小型登陸艇，趁夜暗一舉突襲登陸，即可望收復鴻庥島。

中共擁有遠東最大的潛艇部隊，含各型潛艇達九十四艘之多。使用潛艇裝載兩棲突擊隊員（按解放級潛艇可攜兩艘橡皮舟筏及二十名突擊隊員），自華南各軍港分批分時秘密潛航出港，不出兩日即可抵南沙，同時在各島突襲登陸。守軍實力弱者，可殲滅之並行實質占領；守軍實力強者，可盡量對其設施破壞後再行撤離。對於菲、印、馬、越各國在我南沙海域的鑽井台與探鑽船，使用潛艇對之突擊破壞甚而占領，確爲可行的軍事行動。

即令南沙各失地先後爲國府或中共（或國共雙方同時）所收復，如何鞏固此一遼闊海疆爲另一頭痛萬分的難題。只要美、蘇願意支持越、菲逐鹿南中國海，越、菲兩國必以外援來併湊兩棲船團向南沙各島國共守軍反撲。在沒有局部空權、海權及永久工事的狀況下，南沙各島（除太平島外）能否固守待援頗成問題。

此外，軍事行動又絕對與政治、外交、經濟情勢有關，舉例言之，若美國對國府以停止出售「防禦性」武器相脅，國府艦隊可能連巴士海峽都不敢穿越，更不用論南中國海了。若日、菲兩國以停止購買中國石油以杯葛中共的軍事準備，中共潛艇突擊的行動必然胎死腹中，可能連聲明與抗議都得以取消，以利爭取外匯。

總結而言，以軍事行動來收復南沙失土可行性不高，但亦非絕對不可為；以軍事實力及武裝部隊確保南沙群島，若美、蘇超霸執意介入干涉並支援越、菲兩國，南沙的鞏固頗成問題，絕大多數的島嶼均將再淪為失土。不論國共雙方，由於國力不強，事事須顧及政治、外交、經濟等因素之影響及利弊，才能決定是否出兵南下保疆，這才是問題的焦點與重心。如何利用國際間權勢消長與利益鬥爭的矛盾，將最有利的情勢轉化為我用，及時且迅快地收復鞏固南沙群島，實為軍事、政治、外交及經濟統合運用的最高境界。不論國共，任何一方若能一舉重掌我南沙主權，相信必能得到海內外人心的真誠擁戴。

南疆的國界問題

即令南沙群島為我所光復並派軍駐防巡弋，各相關國家也心悅誠服地承認我國應享有南沙主權，國際紛爭並未因此而告平息，因為，沒有一個相關國家承認我國在南海所劃的國境線——外人譏之既籠統又具侵犯性。籠統，是事實；要說我國南疆國境線對鄰國具侵犯性，卻又未必。

不論國共，南疆國境線一概沿用中華民國內政部方域司在一九四七年所公佈者。這條問題叢生的國境線，由巴士海峽中線起開始進入南中國海，沿著菲國呂宋島及巴拉望島外一路延伸至婆羅洲岸外；繞過曾母暗沙南緣後國境線折向西行，經印尼納土納島群外再折往北行，最後沿著越南海岸外一路伸回東京灣中越交界線。國境線所圈成的海域，不僅包括了海南島及中、西、東、南沙群島，亦將大部南中國海囊括為我國內海。無論就發現、經營、管轄言，我們均有充分的理由要求將大部（甚而全部）南中國海列入我國國境之內；與其說這條南疆國境線具有侵略性，倒不如說它具有歷史性與民族性。如何維護這條既定的國境線的國際合法性，就成為國共「守土保疆」的是重要課題了。

一九五八年九月四日，中共為「八二三砲戰」台海戰爭，而宣佈領海擴張為十二浬；一九七九年九月六日，國府亦因應菲律賓的領海擴張，而宣告領海延伸十二浬並主張兩百浬專屬經濟海域。這些聲明，無疑自我否定掉既定南疆國境線的合法性，因為，按照十二浬領海計，我國在南中國海無論如何都不能「恢復舊觀」，南沙群島不但與祖國分離，中間隔離著一段既寬且廣的公海，連越、印、馬、菲在我國南沙海域內的胡作非為都要從非法變成合法。

自一九五八年第一屆海洋法會議召開以來，國際間即執意草擬一部公認的海洋公法，以明晰確定領海、公海等劃線原則並對海洋資源及海洋相關課題作一合理處置。到了一九七九年底，海洋法會議已召開三屆計十次會期，海洋公約已草具規模，預計一九八〇年三月可望獲致最後決議，公認的海洋公法草案將可面世。然而，不論海洋公法採行何種領海基線劃線法，都與我國南疆現況發生嚴重衝突。

衝突之一，在於草案之中的「群島原則」劃線法僅適用於「群島國家」。我國屬大陸沿海國家，即令擁有南沙群島，亦不能算做「群島國家」；若無法引用「群島原則」劃線法，南沙群島既不能與祖國直接併連，且本身亦無法自相聯接各島、礁、沙、洲以成一區。

衝突之二，在於草案中對「島嶼」的定義，僅針對適於人類居住之高潮陸地言，至於沒有淡水之島、礁、沙、洲及淹沒在海面下的暗礁、暗灘與暗沙，均不能視為島嶼。按照草案，則南沙群島僅剩十四處合法「島嶼」，我國南疆的極限再也不是淹在水下的曾母暗沙，而是安波沙洲；疆界，也就無端端地少了兩百四十浬。

衝突之三，在於草案中只有合於定義的「島嶼」，才能享有自己的專屬經濟區；也就是說，在南沙六十萬平方公里的海域內，若按照草案，我國只能對其中少部份的海域內、海中及海底的資源擁有主權。

衝突之四，草案中言明若鄰接國領海或專屬經濟區域發生重疊，應由當事國協議解決，若無協議則引用尚未定案的分界法劃開。我國南疆的國境線若按草案劃訂，在在均與越、馬、印、菲等鄰國相重疊，不論就何種分界法，南沙群島大部份均讓鄰國坐享海中、海底資源主權。

如果十二浬領海及兩百浬專屬經濟海域的主張爲國際所普遍接受，按照海洋公法草案的國境線劃法，我國南疆的領土將會變得支離破碎，面目全非。重新界定後的國境線研判，不但百分之九十九原有南沙海域由領海變爲公海，連我國享有海中、海底資源主權的水域，更不及原有之半。而越、印、馬、菲各國原在我領海內的非法盜油，一躍而成爲完全合法。如此不但在國防上盡失先機，經濟上蒙受鉅害，主權亦大部旁落。

爲了維護我既有權益，除了派軍收復鞏固南疆外，我政府更應主動積極地在國際會議中爭取對我國最爲有利的草案條例，或消極地阻止並拖延任何對我不利之草案、條例、公約。看來，如何在南沙群島上叫外人心平氣和地讓我政府行使主權以開發南疆，將會比派軍南下保疆更形困難。

結語

南沙群島的領土爭執，所牽涉到的國家之多，拖延時間之久，涵蓋範圍之廣以及對世局影響之大，在我國歷史上恐無出其右。南沙群島問題的重心，一爲領土的收復與鞏固，一爲主權的有效行使與開發，兩者之間相互牽制，互有關聯。理所當然地，國共雙方均堅持南沙爲我國領土；國府在南沙最大島嶼太平島上雖駐有重兵守土保疆，然其政府不爲相關國家所承認，中共雖然在東亞舉足輕重，然建國三十年來從未實質控制掌握南沙群島片土寸地。這些，都使得紛爭情勢益形複雜。

過去十多年來，國府對南沙問題節節退讓，忍辱屈求，導致當前僅控制太平一島；中共一如往昔，口號雖響亮，卻從未見行動。國共雙方在過去都未能及時且有效地維護我南海主權，固有不得已之政治、經濟、外交及軍事上的限制，然展望未來，強權圖以在南海擴張勢力稱霸，鄰國則謀奪我南海油藏日亟，我們但願國共雙方均對之有仔細周詳的考慮與應變對策，而不願再見到南沙情勢日益惡化下去。

國府在《中華民國憲法》中明確指出建國的基本原則之一，即在確保我領土主權之獨立與完整。中共在一九七八年通過的《中華人民共和國憲法》第十九條亦說明了「中華人民共和國武裝力量的根本任務是……保衛國家的主權、領土完整和安全」。我們期望國共雙方均能集思廣益，在最短期間內收復並鞏固南沙群島，以符合憲法所定義之基本立國精神；我們亦相信國共雙方均會全力以赴，待機收復南沙，在其上行使主權並開發資源，因爲誰都不願背負「喪權辱國、出賣祖產」的嚴酷指責。

（《中報》，一九八一年三月）

第二節　西南沙群島是我們的！

一、南中國海諸島嶼的主權問題

鄧嗣禹

一九七四年一月間，中國與越南在西沙群島發生了很激烈的海陸空軍衝突。這是二十世紀中國在遠離大陸的地方，作了第一次為保護國權的海戰。

本文主旨在將西沙群島及其他中國南海島嶼的位置、主權與重要性，作一簡短的初步研究。

（一）區域位置

西沙群島、南沙群島等，因為國人不喜歡向外發展，故普通的圖籍多失載，或言之不詳（註一）。大致說來，台灣與海南是中國兩大島，形同雙目。海南的東北，有東沙群島，西文名Pratus Islands。大概是此人曾經測驗試航，故名之。此島在香港東南約一六〇哩，汕頭西南一八〇哩。舊名千里石塘或大東沙。當香港與馬尼拉航路之衝途，離馬尼拉約三七〇哩。島上設有燈塔及觀象台、無線電台，可以報告颱風。

西沙群島（Paracel Islands），在廣東陵水縣榆林港東南，舊稱七洲洋。據《瓊州志》：「海中有山，連起七峰」，故名之（註二）。這是一群由珊瑚礁結成的低島，大小島嶼與沙礁共有二十餘座。其重要者有甘泉島、永樂群島、宣德群島、林肯島等；遠近不一，羅列海面約二百方哩。位於赤道北十五度四十六分至十七度八分；經線東百一十度十一分至一一二度五四分。距海南島一五〇哩，離越南海岸約二五〇哩。

中沙群島（Macclesfield Bank）靠近西沙群島的東南邊，爲廣東省一部分。位於北緯十五度二十五分至十六度十五分及東經一一三度四十分至一一四度五十七分，共有二十淺灘，是全部潛伏在海面下的珊瑚礁，暗礁距離水面約七十餘尺，分佈範圍約七十五哩。

南沙群島（Spratly I.），是南中國海諸島中位置最南，島礁最多，散佈範團最廣的群島。位於北緯十二度至四度，與東經一〇九度至一一八度之間，包括島、礁、灘、暗沙約一百座。數量之多，爲中國南海中各群島之冠；海面亦較其他三群島爲廣。其中尚有一部分島嶼，未經探測，仍列爲航海危險地帶，已經探測者，以鄭和群島爲最大。在西北角的太平島（Itu Aba Island）也很大，而最佳之島是南威島（Spratly Island）。一般的地圖，以此島代表南沙群島，列名於圖上，位於東經一一一度五五分及北緯八度三八分之間。島長一千五百尺，寬約九十尺。由於水道深濶，港灣優良，從前的法國，現在的越南，很想得之爲快（註三）。

（二）主權問題

從歷史上看，中國高僧法顯，已在四一四年，從印度返國，經過七洲洋（註四）。一二九二年元世祖經爪哇，亦途經此洋（註五）。此後數百年瓊州漁民每至各島捕獲水產。因爲他們缺少知識，又加忙碌，無暇做出引人注意的記載。清光緒間，鄒代鈞《西征紀程》，謂《海國聞見錄》所載之千里石塘，即東沙群島（註六）。並力言其地位之重要。郭嵩燾在一八七六年西使歐洲，道經南海，入「齊納細」（China Sea），猶言中國海也。旋入拍拉蘇島（Paracel Islands），郭氏毫不猶豫的說，「中國屬島也」。（註

七）

最重要的證據，是中法戰爭後，安南已非中國藩屬。一八八七年六月二十六日，中國與法國，《續議界務專條》第二條說得明白，見下面中法原文。

Au Kouang-tong, il est entendu que les points contestés qui sont situés à l'est et au nord-est de Monkai, au delà de la frontière telle qu'elle a été fixée par la commission de délimitation, sont attribués à la Chine. Les îles qui sont à l'est du méridien de Paris 105°43' de longitude est, c'est-à-dire de la ligne nord-sud passant par la pointe orientale de l'île de Tch'a-Kou ou Ouan-chan (Tra-co) et formant la frontière sont également attribuées à la Chine. Les îles Go-tho et les autres îles qui sont à l'ouest de ce méridien appartiennent à l'Annam.

廣東界務，現經兩國勘界大臣勘定，邊界之外，芒街以東及東北一帶，所有商論未定之處，均歸中國管轄。至於海中各島，照兩國勘界大臣所畫紅線，向南接畫此線正過茶古社東邊山頭，即以該線爲界（茶古社漢文名萬注，在芒街以南、竹山西南）。該線以東海中各島歸中國，該線以西海中九頭山（越名格多）及各小島歸越南。

法文條約（見右，註八），緯線一〇五度四三分以東各島歸中國，是中國南海中四群島，即西沙、中沙、東沙、南沙群島，皆在一〇五度之東，故皆屬於中國，毫無問題。

可惜滿清末年，國事擾攘，政府無力顧慮邊陲。南海中四島雖重要，然政府未能嚴密防守，致令地利爲外人所侵略。一九〇七年日人入侵離台灣四百哩的東沙群島，國人始知西沙群島之危險。一九〇八年粵督張人駿，曾建議開闢此島，遣人調查，取其土產鳥糞及珊瑚與東沙群島之燐礦及熱帶果木，同陳列於南洋勸業會。一九二一年台灣專賣局局長池田氏利用何瑞年，以西沙群島實業公司名義，欺瞞政府，承辦西沙群島墾植、採礦、捕魚各項。其實際經營者則爲日本人所組織的南興實業公司，甚至修築輕便鐵道，以經營海產及礦物，至是大招各方反對。一九二八年春，始行撤銷原案，當時戴季陶發起組織粵省西沙群島考察團，沈鵬飛編有《調查西沙群島報告書》一冊（註九）。經過這些考察，地理形勢已頗明顯。此後數年，廣東政府且有開發西沙群島的詳細計畫與預算（詳見《廣東全省地方紀要》第三冊，民國二十三（一九四四）年廣東省民政廳發行）。

法國趁中國大革命的時期，無暇外顧，乃於一九三〇年試行侵占南沙群島中的小島。到了一九三三年正式宣佈占領「堤沙淺洲」（Tizard Bank），「斯巴特里島」（Spartly Island）以及其他七個小島。法國野心勃勃，對於歐洲當時的巨變及中國失去東三省的時機，充分利用，強據這些島嶼，妄想阻礙新加坡與香港的航線，並威脅美國在菲律賓的殖民地。但菲律賓總統對南沙群島也想染指，假休假之名去東京，陰與日政府交涉，謀分一杯羹，讓菲律賓也享有南沙群島的幾個島嶼。日外交部以菲律賓尚未獲得獨立，拒之。（註十）

一九三八年夏，日本侵華急，欲奪南沙群島以威迫美、英、法之殖民地，以便大舉侵襲東南亞。又在海南島登陸，以斷絕中國海上接濟，並進攻廣州。英、法二國同向東京提出抗議，無效。法國宣佈占領西沙群島，顧維鈞大使向法政府提出抗議，措辭軟弱，政府播遷，無濟於事。（註十一）

可是自一九三九年起日本占領南海中各群島至日本投降時爲止。終戰後，日本將南海中各群島，物歸原主，交還中國政府。法國不服，頗欲以武力強占。南京外交部長王世杰，及國防部長白崇禧，同時提出抗議阻撓。一九四六年十二月，中國派遣軍艦接收南沙群島，並常川派軍駐守（註十二）。所以我們可以肯定地說，中國南海內四大群島爲中國的領土，是不成問題的。

不料近年來，越南西貢政府，居然又宣稱西沙、東沙、中沙及南沙四群島，皆屬於越南，並想用武力霸占，豈非無理取鬧。所以一九七四年一月十二日中華人民共和國發表聲明云：

不久前，南越西貢當局，竟悍然宣佈，將中國南沙群島中的南威、太平等十多個島嶼，劃歸南越福綏省管轄。這是對我國領土主權的肆意侵犯。

南沙群島正如西沙群島、中沙群島、東沙群島一樣，歷來就國的領土。近年來，西貢當局對南沙群島和西沙群島的一些島嶼加緊侵占活動，多次叫嚷它對這些島嶼享有主權，甚至在島上豎起所謂「主權碑」。西貢當局公然又把南威、太平等十多個島嶼劃入自己的版圖，這是企圖永遠霸占中國南沙群島的一個新步驟。西貢當局的上述行動，不能不引起中國政府和中國人民的憤慨。

中華人民共和國政府重申，南沙群島、西沙群島、中沙群島和東沙群島，都是中國領土的一部分。中華人民共和國對這些島嶼具有無可爭辯的主權。這些島嶼附近海域的資源也屬於中國所有。西貢當局把南沙群島中的南威、太平等島嶼劃入南越的決定是非法的、無效的。中國政府決不容許西貢當局對中國領土主權的任何侵犯。（註十三）

越南政府不管中國的聲明，反誣衊中國政府侵占他的西沙群島，並派遣六艘軍艦和飛機，向西沙群島的甘泉島（Robert Island）並繼續向迄東的道乾群島（Duncan Islands）前進。中國也派了兩艘艦艇，巡視海面，與越南軍艦作戰兩日，最激烈的海陸空軍大戰，長達一百分鐘。雙方各有一艘載有一百人員的艦艇被擊沉。終於把越南打敗，有四十八名越南兵被俘虜，並有一美國人（Gerald Emil Kosh），從前是軍人，現在穿便服隸屬國防部，一說在美國西貢大使館作事。他在荒島上觀察，故與越南軍隊同時被捕。（註十四）

越南既民窮財盡，尚欲外侵，真是莫名其妙，實際背景，恐有錯綜複雜的國際關係在內。英國既無力維持大量海陸空軍，保持在印度洋與東南亞的勢力，美國亦以國內輿論反對，不能大舉駐兵於東南亞各國。蘇俄乃乘機繼續英美在印度洋與太平洋上的霸權。但美國雅不願意放棄在這兩洋的勢力，屈居世界第二位，其第七艦隊，雖不若前此之活躍，然仍在原有地帶。若無此艦隊，越南決不敢舉兵妄動，所以一月十九日中越激戰時，越請美艦援助，艦長未置可否。至於前線被俘之美國觀察家，我們亦覺奇異。蓋世界之大，隨處可以工作，何必在中越兩國關係緊張時，同越軍進入荒島觀察？

越南在一月十九日吃了敗仗後，仍未甘心，重整旗鼓，續遣大軍，進攻南沙群島（註十五）。中國政府爲減少國際糾紛起見，釋放美國俘虜。二月十六日越南的俘虜亦全部遣還。可是西貢政府仍大事宣傳，說西沙、南沙、中沙、東沙各群島，都是越南的。

這種毫不講理的叫囂以及其他的陰謀詭計，引起中華人民共和國外交部強烈的譴責和抗議。其詞云：

最近，南越西貢當局在入侵我國西沙群島，遭到我國軍民的痛擊之後，竟然於二月一日再次出動軍艦，侵占我國南沙群島所屬南子島等島嶼，在島上非法設立所謂「主權碑」。這是西貢當局對我國領土主權的肆意侵犯，對中國人民新的軍事挑釁。中國政府和中國人民對此表示強烈的譴責和抗議。

中國政府已多次聲明，南沙群島、西沙群島、中沙群島，東沙群島，都是中國領土的一部分，中華人民共和國對這些島嶼及其附近海域具有無可爭辯的主權。

中華人民共和國政府決不容許西貢當局以任何藉口侵犯中國的領土主權。中國政府的這一立場是堅定不移的。（註十六）

同時北京也警告日本和南朝鮮政府，說他們不告知中國，就於一月三十日簽訂了所謂共同開發大陸礁層的協定，由日本和南韓雙方共同投資在東海內開發石油及天然煤氣，這是侵犯中國的主權，中國政府決

不能同意，南韓、日本「必須對由此引起的一切後果承擔全部責任」。（註十七）

北京政府對越南與對日本及南韓的兩種聲明，同時發表，似乎缺少聯貫性。但聞其中有無稽謠傳，說越南、菲律賓，及台灣聯合起來，抵抗中共。甚至日本亦有野心復萌的趨勢。並稱西貢、台灣與菲律賓各有一部分武裝勢力駐在南沙群島中某些島嶼之上，所以中共不能以海軍力量，維護南沙群島的主權。這些謠傳，可能是西貢外交部發言人，妄想西方記者代爲宣傳，以求事體擴大。弦外之音，可從一二月份西文報導推敲得之。

台灣政府，特於二月八日，重申嚴正立場。謂南沙群島爲我固有領土，其外交部聲明原文如下：

最近越南政府發表有關對南沙群島擁有主權之聲明。為此，中華民國政府曾向越南政府提出嚴重抗議，並重申南沙群島為中華民國之固有領土，其主權不容置疑。

南沙群島曾在第二次世界大戰期間為日本所侵占，但戰後中華民國政府於民國三十五年十二月派艦自日方接收，並派遣國軍經常駐守。中華民國復於民國三十六年十二月一日將此等島嶼、礁、灘等之名稱予以核定，昭告中外。

同日《中央日報》有一社論，詳述「我們對南中國海諸群島的立場」。略謂「南中國海上諸群島，包括西沙、南沙、中沙、東沙等，均為中華民國之領土，自明、清以降早已列入版圖。」（註十八）北京、台北雖在政治上冰炭不相容，而確信諸群島屬於中國是完全一致的。

（三）島嶼的重要性

在經濟方面：這些島嶼有豐富的海產，如海參、海帶、燕窩、海龜、鳥糞肥料、水果等物。廣東南海一帶漁民，每年信風盛時，揚帆而去；西南季風起時，滿載而歸，獲利甚巨。

此外這些島嶼所蘊藏的石油煤氣，舉世趨之若狂。有此寶物，故靠近群島各國皆躍躍欲動，得之爲快。即遠離南海之列強，亦何嘗不直接間接想據此寶藏？越南甘作強國的卒子，以便長期獲得經濟、科技與軍事上的外援；至少可變成暴發戶，最低的希望亦可救濟腐敗垂危的政府，而挽回壓迫失望的民心。

中國既需要石油煤氣以發展工商業，也需要海產食物，以維持人民的生活。如海帶本爲價廉而富養料之食品，然海內外市場所售賣者多日本產。海參、蚌蛤、響螺、烏賊、玳瑁、海人草等名水產，多出自東沙群島及其他島嶼。中國人口眾多，有此四群島，再加保護開發，當對國內外市場，有重大的經濟的貢獻。

在國防與軍事方面：南海內四群島，更加重要。西沙與東沙群島之間，自古以來，爲由香港至新加坡或由海防至馬尼拉之中心地點。據南海之中心，扼交通之樞紐，位置甚爲衝要。

南沙群島之主要島爲「斯巴特里島」（Spratly I.），有長亙十英里之礁湖，爲水上飛機、潛水艇、小艦艇等理想的臨時休息及避難所，且足容一萬噸之巡洋艦。而各島地位，又居越南、菲律賓和婆羅洲之間，可發展爲潛水艇之海軍要塞，可以隔斷新加坡與香港間的海上交通，而獲得中國海之制海權。故南沙群島爲中國南海第一防線，西沙、中沙群島爲第二防線。此等島嶼若築好堤防，港口及碼頭，可捍衛香港、澳門。

日本政府的觀察與分析，也認爲西沙群島已成爲重要的軍事基地，以窺察蘇俄海軍從印度洋、東南亞、中國南海至太平洋方面的活動。日本對今年一月間中國越南在西沙群島的戰爭，表示深切的注視：因爲在南沙與西沙群島之間爲日本大油船從近東運汽油返國必經之途。若此群島爲南越霸估，對日本巨船的航行，可能有所不利。

日本官方消息的立場，認爲南越是此次糾紛之始作俑者，南越發動軍事射擊，預計美國海軍必助以一臂之援。但結果賭輸了。

美國第七艦隊的航空母艦，名 Kitty Hawk。中越作戰時正在戰場附近巡遊，但採觀望的態度。當南越進攻甘泉島（Bobert I.）時，中國方面，沉著應付，終於一舉而穩定整個西沙群島的局勢。日本政府的分析，得到下列數結論：一、中國方面發揮強而有力的決心，以衛護中國的領土主權，雖用武力亦所不惜。二、中國已擁有世界第三位的海軍力量「The Chinese navy, which has secured the rank of third in the world」【?】，在南海已表現進可以戰退可以守的能力。三、中國方面已注意這些島嶼在戰略上的重要性，以便對付蘇聯，其目的很明顯的是在監視在向太平洋邁進的蘇聯海軍。四、中國方面甚願開發這些島嶼的礦物與海產。

日本官方消息，從軍事方面著眼，特別重視第二、第三兩點。日本人知道，自從一九五八年起，中國已在永興島或林島（Woody I.）跟林肯島（Lincoln I.）建築了海軍與漁業根據地。有一連海軍陸戰隊跟幾隻巡邏艦與供應船常川駐在這兩島上。林島上且有雷達設備。

這就是說，中國海軍已重視西沙群島作爲南進及監視蘇聯海軍行動的根據地。日本政府認爲中國海軍已在西沙群島佔優勢與勝利，中國已在此島嶼上建立了軍事據點。（註十九）

日本人在南洋及中國南海一帶，很有經驗，熟悉地理及經濟情形。他們的政府現在以第三者的地位發表觀察與意見，大致說來，足資憑依。

（四）結論

本文主旨在討論主權問題，故以此作結。中國南海四大群島的主權屬於中國，是根據下列三點：

一、從歷史上看，這四大群島是中國的。

法顯早在四一四年就已經過七洲洋，即今之西沙群島。十二、三世紀趙汝適《諸蕃志》南海條中，有萬里石塘，即今之中沙群島（註二十）。元朝蒙古人征爪哇途經東沙、中沙、西沙各群島。十五世紀初，鄭和七次遠征，往來南海中各島，現今南沙群島有鄭和群礁。郭嵩燾使西，經過七洲洋，亦毫不猶豫的說：「中國屬島也」。大概說來，自古至今，西沙與中沙群島之間，爲由香港至南洋之孔道。中國早已視爲固有，歷史證據充分，不必詳徵博引。（參見左表）

南海四大群島古今名稱對照表

現在名稱	曾有之古名	備註（出處）
東沙群島	石星石塘	《鄭和航海圖》
	南澳氣	《海國聞見錄》《瀛環志略》
	大東沙	據《南海諸島地理誌略》
西沙群島及中沙群島（二群島位置極近，古籍多併而稱之）	石塘（萬里石塘）	《鄭和航海圖》
	萬生石塘嶼	《鄭和航海圖》
	七洲洋	普遍見於各書。但瓊州東北角亦有「七洲洋」，與此名同而實異。
	千里石塘	亦見於一般志書
	七里洋	《宋史紀事本末》
	石塘	《宋史紀事本末》
	九里洋（九洲洋）	《海國聞見錄》
	長沙石塘	《海國聞見錄》
	七里山（七洲洋山）	《讀史方輿紀要》
		（按：中沙群島原名南沙群島，其後團沙群島改稱為南沙群島而中沙群島遂改易今名）
南沙群島	團沙群島（其中鄭和群礁古稱堤閘灘，後稱團沙群礁） 石塘 長沙	民國二十年前的名稱，勝利後改易今名（參見《南海諸島地理誌略》） 古代一般輿地志書對諸群島並無明顯劃分，中以石塘、長沙之名統稱西沙、南沙群島的可能性極大。

二、從國際條約與慣例上來看，這四座島嶼也是屬於中國的。

一八八七年六月二十六日《續議界務專條》，法文條約，明說子午線一〇五度四十三分以東之島嶼，屬於中國。西沙群島在東經一一〇度之間，中沙東沙群島皆在一一〇度之東，南沙群島亦在一〇五度之東，條約明文規定，毫無疑惑餘地。一九三〇年間法國趁中國內憂外患之機，侵略南沙與西沙群島，但不久被日本占領。一九四六年二月二十八日，中法簽訂關於法國放棄在華治外法權、租界、廣州灣及其他有關特權條約（註二一）。同年十二月中國派四條軍艦，從日本人手中接收南沙群島，從此至今並常川有少數軍隊駐守。一九五二年四月二十八日，台灣政府與日本簽訂的和平條約第二條云：

It is recognized that under Article 2 of the Treaty of Peace with Japan signed at the city of San Francisco in the United States of America on September 8, 1951 (hereinafter referred to as the San Francisco Treaty), Japan Has renounced all right, title and claim to Taiwan (Formosa) and Penghu (the Pescadores) as well as the Spratly Isands and the Paracel Islands.

茲承認依照公曆一千九百五十一年九月八日在美利堅合眾國金山市簽訂之對日和平條約（以下簡稱金山和約）第二條，日本國業已放棄對於台灣及澎湖群島以及南沙群島及西沙群島之一切權利、權利名義與要求。（註二二）

物歸原主，這是慣例。日本不把南沙及西沙群島還回法國或越南，而交還中國，更可證明這些島嶼是屬於中國的。

三、從最有權威美國學術機關編纂的世界地名大辭典來看，這四個島嶼更是屬於中國的。

這是最公平、最具有學術性的證據，英文名：

The Columbia Lippincoat Gazetteer of the World. Edited by Leon E. Seltzer with the Geographic Research Staff of Columbia University Press and with the cooperation of the American Geographic Society. Published by the Columbia University Press by arrangement with J. B. Lippincoat. New York, 1052. 2148 pp.

這本地名大辭典既由美國名大學與美國地理學會合作編成，爲最重要、最詳細的地名參考書，今摘錄數條如下：

【西沙群島】：Paracel Islands, Chinese Sisha or Hsi-sha【Western reefs】, extensive group of low coral islands and reefs, in S. China Sea, part of Kwangtung prov., China...... Includes Amphitrite Group (NE) with Woody Isl (E), radio station, Crescent Group (W), Lincoln Isl. (E), Triton Isl. (SW). Prior to Second World War, under vague control of Fr. Indo-china. Occupied 1939-45 by Japan. Passed to Chinese after Second World War. P. 1426.

另外，美國較簡單的韋氏地名辭典亦說：

Paracel Islands...... in the South China Sea ab. 250m. of cen. Annam, French Indochina, 16° 30"., claimed by France and Japan. Occupied by Japan 1939, returned to China after World War II. Webster's Geographical Dictionary (Springfield, Mass. 1949) pp. 853-54.

【中沙群島】：Chinese Chungsha 【middle reef】, (Macclesfield Bank), group of low coral reefs, in S. China Sea, part of Kwangtung province, China...... Consists of more than 20 shoals scattered over an area 75mi. long (NE-SW), 35mi. wide (NW-SE). The Columbia Lippincott Gazetteer of the World, p.1106.

【東沙群島】‥(Pratas Islands), Chinese Tungsha 【eastern reef】 in S.China Sea. Kwangtung prov., China...... Occupied by Japan, 1907-09 and 1930-45. Ibid. P.1516.

【南沙群島】‥"Nansha Islands (nansha) 【Chinese-south-reefs, name applied by Chinese to China's southernmost territory of Islands, cays, and reefs in S. China Sea, part of Kwangtung prov...... Includes Tizard Bank with Itu Aba Isl. and Spratly Isl. Held by France (1933-39)and Japan (1940-45); passed into China after Second World War." Ibid. p.1282.

其他四群島的小島，皆說明是中國的領土，例如南沙群島中的兩小島，這部哥大地名辭典云‥

【南 威 島】‥Spratly Island, Chiese Nanwei (Nan-wa). Chinese dependency in S. China Sea, part of Kwangtung prov. III°55' E. 8°38' N., 500yrds. long, 300 yrds. wide...... Occupied by France, 1933-39, and by Japan 1939-45, when it was developed as a submarine base. Ibid. p.1814.

【太 平 島】‥Itu Aka Island, Chinese Taiping, Chinese dependency in Tizard Bank, S. China Sea, c. 600 mi. S. E. of Hainan., 10°28' N 114°21' E., 1/2 mi. wide, 3/4 mi. long...... Has lighthouse, military post, meteorological and radio station, Occupied by

France（1933-39), by Japan（1940-45)., passed to China after Second World War.

Ibid. p. 853.

其他關於各小島的解釋，大都類此。讀了上錄各條，西貢外交部如仍有異議，請同哥倫比亞大學及有關地理地圖知識最廣博、最具有權威性的美國地理學會去辯論好了。

現任美國的大總統及外交部長，如有誠意維持世界和平，最好明令反對南越政府狐假虎威無理取鬧的行動，因其採取軍事進攻，侵占中國的領島，擾亂東亞的和平。

註釋：

註一：最有名的丁文江、翁文灝、曾世英編的《申報六十周年紀念，中華民國新地圖》（上海，一九三五）第四十五圖，僅繪海南島與西沙群島而未及其他。張其昀主編的《中華民國地圖集》，第四冊，中國南部（台灣，一九六二）中有「海南特別行政區」圖。莫先熊，《中國區域圖》（台北，一九六六）亦有「海南島與海南諸島」一圖。《中華人民共和國地圖》（北京，一九七一）在其下右角有海南諸島圖。

註二：見呂調陽，《東南洋鍼路》，在《小方壺齋輿地叢鈔》第十帙，頁四六四。

註三：詳參 The Columbia Lippincoat Gazetter of the World, ed. by Leon E. Seltzer（New York, 1952）英文名詞下各條。又參朱祖佑，《中國海洋》（台北，一九五六）頁一三至一四，及王華隆，《中國區域地理綱領》（台北，一九七六）頁七〇、七二。

註四：許雲樵，《據風向考訂法顯航路之商榷》，《南洋學報》，六卷十二期（一九五〇年十二月）頁三；足立喜六，《法顯傳》（東京，一九四〇）頁三八四所附之地圖。

註五：溫雄飛，《南洋華僑通史》（上海，一九二九）頁五八至五九，及元史，《史弼傳》二六二，一二。

註六：《小方壺齋輿地叢鈔》，第十一帙，冊五，頁八至九。

註七：同上，冊二，頁一四七下。

註八：Treaties, Conventions, etc. between China and Foreign States, Published by order of the Inspector General of Customs. Shanghai, second. ed. 1917. p. 934.

註九：是書成於一九二八年，見《廣東研究資料》，史地篇，頁一八六。

註十：Time Magazine, July 18, 1938. pp. 16-17.

註十一：同上。

註十二：詳參鄧嗣禹〈西沙群島的主權問題與重要性〉，《天津民國日報》，一九四七年二月七日至八日。

註十三：《人民日報》，一九七四年一月十二日。

註十四：New York Times, January 17, 18, 19 and 21, 1974; Christian Science Monitor, January 17, 18, and 19, 1974. The 48 prisoners of war 是根據（London）Times, February 6, 1974.

註十五：New York Times, February 5, 1974.

註十六：《人民日報》，一九七四年二月五日。

註十七：同上。

註十八：以上聲明及社評，均見《中央日報》，一九七四年二月八日。

註十九：Tokyo Shimbun, January 23, 1974, Translation Service Branch, American Embassy, Tokyo, January 25, 1974.

註二十：Chau Ju-kua, Chu-fan-chih, translated from Chinese and annotated by Friedrich Hirth and W. W. Rockhill. Reprint, New York, 1966. pp. 176, 185.

註二一：Treaties Between the Republic of China and Foreign States(1927-1957)《中外條約輯編》。Compiled and published by The Ministry of Foreign Affairs, Taipei, 1958. pp. 152-60.

註二二：同上，頁二四九。

（《明報》，一九七四年五月）

二、從歷史載籍及輿圖看南海諸島的主權歸屬問題

葉漢明　吳瑞卿

（一）導言

從今年（一九七四）月十五日，南越與中國在西沙群島發生軍事衝突以來，各方對南海諸群島的主權歸屬問題頗感關切。

南海諸群島包括西沙群島、南沙群島、中沙群島和東沙群島，長久以來已納入中國的版圖，這是無可置疑的事實。其中南沙群島的「曾母暗沙」更一直被公認爲中國極南的疆界。

早在去年九月，西貢政府竟宣佈將中國南沙群島中的南威、太平等十多個島嶼併入其版圖。在西沙戰事發生之際，更明令將西沙群島也劃入其轄區之中。南越所宣稱對西沙、南沙群島主權的擁有，主要是根據兩項理由——「最早發現」和「他國默認」，這也是國際法上構成領土主權占有的其中兩項因素。南越據《大南一統志》稱，西沙群島在十九世紀開始時由越南嘉隆王的海軍所發現（註一）。此外，南越並指出在一九五一年舊金山會議上，該國提出對西沙群島擁有完全的主權時，並無任何國家提出異議。

事實上，根據中國典籍所載，西沙以及南海諸群島的歷史，可以遠溯至漢朝。中國人最早發現南海各群島的事實，有充分的證據，毋容置辯。然而，在第二次世界大戰前，西沙群島中某些島嶼曾先後爲法國及日本所占領。但在戰後，已由中國政府正式接收，並核定地名、勘測島嶼、劃定行政區，正式公佈於中

外，並無任何國家提出異議。至於一九五一年的舊金山會議，中國並非參加者，但對南越的聲明，曾於事後提出嚴正抗議。一九五一年八月十五日，中華人民共和國外交部長周恩來在《關於美英對日和約草案及舊金山會議的聲明》中，就曾指出：

「西沙群島和南威島正如整個南沙群島及中沙群島、東沙群島一樣，向為中國領土。」（註二）

所以南越企圖引用「他國默認」的藉口是不成立的。南海四大群島是中國的神聖領土，絕對不容侵犯！對於南海各群島問題的探索，可以從國際法、政治學、條約、交通、疆界邊防、地理形勢及物產資源等各方面入手。本文主要從中國歷代以迄清末的典籍、輿圖的記載中，尋覓有關南海諸島的歷史沿革資料，冀能藉較切實的研究功夫，爲諸群島的主權歸屬問題提供一些歷史證據。

（二）歷史的溯源

南海諸島的地名，古今不同。在中國的古籍中，一般多以「長沙」、「石塘」籠統稱之。其中東沙群島古名有「石星石塘」、「南澳氣」、「大東沙」等。西沙群島的古名更多，一般稱爲「千里石塘」，其他名稱如「石塘」、「萬里石塘」、「萬生石塘嶼」、「七洲洋」、「長沙石塘」、「七里洋」、「七里山」、「七洲洋山」等。中沙群島位置毗鄰西沙，古籍多併而稱之。至於南沙群島，亦多稱作「石塘」、「長沙」等；其中「鄭和群礁」，古稱「堤閘灘」。這群島在民國二十年以前稱「團沙群島」，抗戰勝利後才易今名。

中國古籍中有關南海諸島的記載，最早可遠溯至東漢時代。章帝建初年間（公元七十六年），楊孚在其所著的《異物志》中謂：

「漲海崎頭，水淺而多磁石，徼外人乘大舶，皆以鐵針錮之，至此間，以磁石不得過。」（註三）

引文中「漲海」即自海南島迄滿剌加海峽（按：即麻六甲海峽）間的中國內海（註四），範圍所及，當包括今南海各群島。

唐貞元間（公元七八五—八〇五），賈耽入四夷，事載《新唐書》〈地理志〉，其中記述廣州通海夷道云：

「廣州東南海行二百里至屯門，乃帆風西行二日至九州石。又南二日至象石，又西南三日行至占不勞山，山在環王國東二百里海中。又南二日行至陵山，又一日行至門毒國。又一日行至古笪國。又半日行至奔陀浪洲，又兩日行到軍突弄山。又五日行至海硤。蕃人謂之質，南北百里。北岸則羅越國。南岸則佛逝國。」（註五）

據伯希和（Paul Pelliot）考證，這段海程實已包括自廣州至滿剌加海峽的海域範圍（註六）。依此，則南海諸島當在範圍之內。

北宋末，帝昰避元兵，亡入海至「七里洋」。事見《宋史記事本末》卷一百八「二王之立」：

「元將劉琛攻帝於淺灣，張世傑戰不利，奉帝走秀山，至井澳……元劉琛襲井澳，帝奔謝女峽，復入海，至七里洋，欲往占城不果。」（註七）

所謂「七里洋」，雖未有明確指出位置，然就所述航海途程觀之，當爲今西沙群島一帶。

南宋時，周去非撰《嶺外代答》（約成書於一一七八年），筆記西南夷風物。據該書稱，交趾洋中有所謂「三合流」，其南流通於諸蕃之海，北流達至廣東福建江浙之海，東流入於無際，即所謂東大洋海。船舶往來，陷此三流之中，危險萬狀。其中東大洋海即屬今南海諸島海域，據篇中謂：

「海南四郡之西南，其大海曰交趾洋。中有三合流。波頭濆湧，而分流為三。其一南流，通道于諸蕃國之海也。其一北流，廣東、福建、江浙之海也。其一東流，入于無際，所謂東大洋海也。南船往來，必衝三流之中，得風一息可濟。苟入險無風，舟不可出，必瓦解於三流之中。傳聞東大洋海，有長砂石塘數萬里，尾閭所洩，淪入九幽。昔嘗有舶舟為大西風所引，至於東大海，尾閭之聲，震洶無地，俄得大東風以免。」（註八）

「長砂石塘」顯然指今南海諸島。

趙汝適的《諸蕃志》（約成書於一二二五年），也是南宋晚期記述南海諸蕃的重要載籍。其中「海南」條記：

「（唐）貞元五年，以瓊為督府，今因之。徐聞有遞角場與瓊對峙，相去約三百六十餘里。順風半日，可濟中流，就三合溜。涉此無風濤，則舟人舉手相賀。至吉陽迺海之極，亡復陸塗。外有洲，曰烏里，曰蘇吉浪。南對占城，西望真臘。東則千里長沙，萬里石床。渺茫無際，天水一色。舟舶來往，惟以指南針為則，晝夜守視唯謹，毫釐之差，生死繫焉。」（註九）

文中所述的「三合溜」，蓋即周去非《嶺外代答》所稱的「三合流」。該段海域亦即中國的南海，其中「千里長沙」、「萬里石床」乃指南海諸島。

南宋度宗年間，錢塘吳自牧撰《夢粱錄》，記述臨安郊廟殿宇、風俗人物。其中〈江海船艦〉條，論及商船自泉州出海，南下「七洲洋」的險況語謂：

「……且論船商之船，自入海門，便是海洋，茫無畔岸，其勢誠險……若欲船泛外國買賣，則自泉州便可出洋，迤邐過七洲洋，舟中測水，約有七十餘丈。若經崑崙、沙漠、蛇龍、島豬等洋……風浪掀天，可畏尤甚。但海洋近山礁則水淺，撞礁必壞船。全憑南針，或有少差，即葬魚腹。自古舟人云，去怕七洲，回怕崑崙，亦深五十餘丈……。」（註十）

「七洲洋」、「崑崙洋」即今西沙群島其及西南一帶海域，浪大礁多，向爲航海者所忌。「去怕七洲，回怕崑崙」之說，由此而來。

及至元代，中國疆土空前擴展，除了在陸路方面遠拓歐洲外，對海上諸蕃的征服，亦未嘗稍懈。至元二十九年（公元一二九二年）十二月，元世祖派史弼征爪哇，途程所及，涉歷南海諸島。據《元史》〈史弼傳〉記：

「……弼以五千人，合諸軍，發泉州。風急濤湧，舟掀簸，士卒皆數日不能食。過七洲洋，萬里石塘，歷交趾占城界。」（註十一）

「七洲洋」及「萬里石塘」顯然即今西沙、南沙諸群島。

元成宗年間，周達觀撰《真臘風土記》，真臘即今柬埔寨。周書記自溫州至真臘的海程說：

「真臘國或稱占蠟，……自溫州開洋行丁未針，歷閩廣海外諸州港口，過七洲洋，經交趾洋，到占城……。」（註十二）

據伯希和考證，篇中所稱的「七洲洋」即今西沙群島（註十三）。

元末，汪大淵《島夷志略》（約成書於一三五〇年）〈尖山〉條云：

「自有宇宙，茲山盤據小東洋……。」（註十四）

據日人藤田豐八校注謂：

「……（尖筆蘭）山西北即千里石塘，土產檳榔、椰子、冰片……千里石塘此書作萬里石塘……。」

（註十五）

尖筆蘭爲南海諸小島之一，「千里石塘」或「萬里石塘」即指今西沙群島。又同書〈崑崙〉條謂：

「……諺云上有七洲，下有崙崑……。」（註十六）

此句蓋引《夢粱錄》「去怕七洲，回怕崑崙」之說。

又同書《萬里石塘》條云：

「石塘之骨由潮州而生，迤邐如長蛇，橫亙海中。越海諸國俗云萬里石塘，以余推之豈止萬里而已哉。」（註十七）

汪氏並認爲「萬里石塘」的地脈向三方伸展（註十八），一至爪哇，一至渤泥及古里地悶，一至西洋遐崑崙之地。藤註以爲，此「萬里石塘」即《諸蕃志》的「萬里石床」（註十九）。

依藤氏考證結果，「七洲洋」即今Paracel Islands（西沙群島），而「萬里石塘」即今Macclesfield Bank（中沙群島）（註二十）。

從《島夷志略》記載的詳盡看來，可見遠在元代，中國已能充分掌握南海諸島的有關資料。

及至明代，由於鄭和七下西洋的關係，南海諸島的印象在有關載籍中越顯明確肯定，除了文字的報告外，更出現了第一幅包括南海諸島在內的地圖——《鄭和航海圖》（註二一）。據向達的考證，圖中的「石塘」即是「萬里石塘」，亦即今西沙群島；而「萬里石塘嶼」亦應作「萬里石塘」，同屬今西沙群島島嶼群。至於「石星石塘」當指今東沙群島（註二二）。

其實，在元代朱思本的《廣輿圖》（明代羅洪先增纂）中的《西南海夷總圖》（註二三），已有「石塘」、「長沙」之名，雖位置有待商榷，且無文字作註腳，但觀其海域所及範圍，包括今南海諸島的可能性甚高。不過，真正具有代表意義的，仍以《鄭和航海圖》爲主。

鄭和在明成祖永樂及宣德年間（一四〇四—一四三三），先後七下西洋，曾遍歷南海各島國，並以武力占領之。隨行者有費信、馬歡、和鞏珍等，均曾著書記事。黃信的《星槎勝覽》、馬歡的《瀛涯勝覽》、以及鞏珍的《西洋番國志》，同爲研究南海及南洋交通史的珍貴資料。今日西沙群島中的永樂群島、宣德群島、南沙群島的鄭和群礁、費信島、馬歡島等，皆爲紀念鄭和下西洋的盛舉而命名的。

正德年間，黃省曾根據費信《星槎勝覽》和馬歡《瀛涯勝覽》二書，撰有《西洋朝貢典錄》，記鄭和航程所經諸國。其「占城國第一」一則，記由福州至占城的海程曰：

「……由福州而往，鍼位取官塘之山，又五更取東沙之山，過東甲之嶼，又五更平南澳，又四十更平獨豬山，又十更見通草之嶼，取外羅之山，又七更收羊嶼。國東北百里巨口曰新港……。港西南陸行百里為王之都城，其名曰佔城……。」（註二四）

古代海外之法，以六十里爲一更，依此折算，由福州起行，至東沙之山，即合今東沙群島位置。再南行經南澳以達獨渚山，已及今海南島以南，剛接西沙群島的海域。

在費信所撰的《星槎勝覽》中，曾引「上怕七洲，下怕崑崙」一語，以形容西沙一帶海域的險象（註二五）。

明萬曆間張燮著有《東西洋考》，其中〈舟師考〉一章的〈二洋針路〉條下，舉出「七州山、七州洋」，並引《瓊州志》注曰：

「瓊州志曰：在文昌東一百里，海中有山，連起七峰。內有泉，甘洌可食。元兵劉深，追宋端宗，執其親屬俞廷珪之地。俗傳古是七州，沉而成海……舟過此極險。稍貪東便是萬里石塘。即瓊志所謂萬州東

之石塘海也，舟陷石塘希脫者。」（註二六）

注意此段亦有引證宋帝避元兵事。所謂有山連起七峰，以及七州沉而成海，可說是「七州洋」名稱的由來（七州者蓋指西沙群島東部七島，即今之趙述島、西沙、中島、南島、石島、永興島及北島（註二七））。此「七州」及其稍東的「萬里石塘」或「萬州東之石塘島」，當統指今西沙、中沙群島而言。

對於「長沙」、「石塘」的險惡，嘉靖年間黃衷的《海語》也曾述及。其中「畏途」類〈萬里石塘〉條有云：

「萬里石塘在烏瀦獨瀦二洋之東。險風晦景，不類人世……航師脫小失勢，誤落石汊，數百艘皆鬼錄矣。」（註二八）

又〈萬里長沙〉條云：

「萬里長沙在萬里石塘東南，即西南夷之流沙河也。弱水出其南，風沙獵獵，晴日望之成盛雪。舶誤衝其際，即膠不可脫。必幸東南風勁，乃免陷溺（註二九）。」

此外，顧岭的《海槎餘錄》也指出：

「千里石塘，在崖州海面之七百里外。相傳此石比海水特下八九尺，海舶必遠避而行。一墮即不能出矣。萬里長堤出其南波，流甚急，舟入迴溜中，未有能脫者。番舶久慣自能避，雖風汎亦無虞……。」（註三十）

以上所謂「萬里長沙」、「萬里石塘」、「千里石塘」、「萬里長堤」者，蓋統稱今西沙以至南沙一帶海礁而言。

及至清代，由於西洋輿地知識的傳入，加上海上交通及中外接觸的日漸發展，南海諸島在載籍中開始有肯定的名稱，在輿圖中亦有較準確的位置，且對其形勢的認識日趨詳贍。

清初最著名的輿地書籍是陳倫炯的《海國聞見錄》（成書於雍正年間，約公元一七三〇年），內容記中國沿海，以至東洋、西洋、南洋等地的形勢甚詳，並備有圖誌。書中的〈南洋記〉條載：

「廈門至廣南，由南澳見廣之魯萬山，瓊之大洲頭，過七洲洋，取廣南外之咕嗶囉山，而至廣南；計水程七十二更……七洲洋在瓊島萬州之東南，凡往南洋者，必經之所。」（註三一）

中國載籍中名七洲洋的群島有二，一位於瓊州東北角（見《鄭和航海圖》）；另一則在瓊島東南海中。後者即爲今之西沙群島。《海國聞見錄》正式點出其位置，且照其《四海總圖》（註三二）所示，瓊島萬州東南的「七洲洋」，當爲西沙群島無疑。

《南洋記》又云：

「獨於七洲大洋、大洲頭而外，浩浩蕩蕩，無山形標識；風極順利、對針，亦必六、七日始能渡過而見廣南咕嗶囉外洋之外羅山，方有準繩。偏東，則犯萬里長沙、千里石塘；偏西，恐溜入廣南灣，無西風不能外出。」（註三三）

「七洲洋」、「萬里長沙」、「千里石塘」的位置均極明顯，當為今西沙、中沙群島。

又《東西洋記》云：

「……而朱葛礁喇必從粵南之七洲洋過崑崙、茶盤，向東而至朱葛礁喇一百八十八更……。」（註四）

所說的「七洲洋」，亦即今西沙群島。

從以上數段文字所載，可見西沙、中沙在海道交通上的重要。正如姚文枏的《江防海防策》所說：

「自明中葉泰西各國東來……從地中海、紅海而來入麻剌甲海峽。而海峽乃其來中國第一重門戶，過瓊州七洲洋，有千里石塘、萬里長沙，為南北洋界限。其間惟天堂門、五島門、沙馬崎頭門三處可通出入。此為第二重門戶。」（註五）

由此可知，至少自明代以來，西沙、中沙群島一帶海域已成中外航運的要衝。

《海國聞見錄》且是最早標示東沙群島名稱的書，其附圖卷首所列的《四海總圖》，即有東沙群島在內。當時稱東沙群島爲「南澳氣」，書中並有整篇文字描述「南澳氣」，現節錄如下：

「南澳氣，居南澳之東南。嶼小而平，四面挂腳，皆咕嘍石。底生水草，長丈餘。灣有沙洲，吸四面之流，船不可到；入溜，則吸擱不能返。」（註六）

「南澳氣」位於南澳東南，吸四面之流，氣懸海中，沙礁南伸粵海，衍爲「萬里長沙頭」、「長沙門」、「萬里長沙」、「七洲洋」、「千里石塘」等如文中所記：

「隔南澳水程七更，古為落漈。北浮沉皆沙垠，約長二百里，計水程三更餘。盡此處有兩山：名曰東獅、象；與台灣沙馬崎對峙。隔洋闊四更，洋名沙馬崎頭門。氣懸海中，南續沙垠，至粵海，為萬里長沙頭。南隔斷一洋，名曰長沙門。又從南首復生沙垠至瓊海萬州，曰萬里長沙。沙之南又生咕嘍石至七洲洋，名曰千里石塘。……」（註三七）

這段記載，實已包括今東沙、西沙、中沙以至南沙群島在內。又云：

「西洋呷板，從崑崙七洲洋東、萬里長沙外，過沙馬崎頭門而至閩、浙、日本，以取弓弦直洋。中國往南洋者，以萬里長沙之外渺茫無所取準，皆從沙內粵洋而至七洲洋。此亦山川地脈聯續之氣，而於汪洋之中以限海國也。」（註三八）

整段文字已將中國南海，由台灣、東沙、以至西沙、中沙各群島的分佈位置及航海作用，作極清晰的描述。

嘉慶間，海客謝清高口述、楊炳南筆錄而成的《海錄》，對南海形勢的記載，備極詳贍。卷中〈噶喇叭〉條記「萬里長沙」云：

「噶喇叭，在南海中為荷蘭所轄地。海船由廣東往者，走內溝，則出萬山後向西南行，經瓊州安南至崑崙。又南行約三、四日到地盆山。萬里長沙在其東。走外溝則出萬山後向南行少西，約四、五日過紅毛淺。有沙坦在水中，約寬百餘里，其極淺處止深四丈五尺。過淺又行三、四日到草鞋石，又四、五日到地盆山，與內溝道合，萬里長沙在其西。溝之內外，以沙分也。萬里長沙者，海中浮沙也，長數千里。為安南外屏。沙頭在陵水境，沙尾即草鞋石。船誤入其中，必為沙所湧，不能復行，多破壞者……。」（註三九）

此段記「萬里長沙」的位置及形貌極明晰。噶喇叭即今爪哇首都Batavia（據馮承鈞考證）。由廣東往赴該地必經「萬里長沙」。文中所云行內、外溝之分者，蓋以此段沙礁爲界，而「萬里長沙」殆今之西沙、中沙以至南沙群島之斷續沙礁也。

有關「七洲洋」及「千里石塘」，書中記曰：

「故記海國自萬山始。即出口，西南行過七洲洋，有七洲浮海面，故名。」（註四十）

又：

「……七洲洋正南，則為千里石塘，萬石林立，洪濤怒激，船若誤經，立見破碎。」（註四一）

又〈尖筆蘭山〉條：

「尖筆蘭山，在地盆山東少南，南海中小島也……山西北即千里石塘。」（註四二）

「七洲洋」即西沙群島，而「千里石塘」則爲西沙稍南的「中沙群島」，爲古今海船必經的畏途。

《海錄》並正式指稱「東沙」的地名，如〈咩哩干國〉條謂：

「咩哩干國（馮承鈞註：即今美國）……凡船來中國……九月以後，北風急，則由地問借風向文來、蘇祿、小呂宋東沙而來……由小西洋復來中國……遇北風，則由白石口東南行，至細利窪入小港，經蘇祿、小呂宋、東沙而來……。」（註四三）

所指的「東沙」位置甚明顯，即今菲律賓（文中稱呂宋）西北的東沙群島。可見當時該島已由「南澳氣」改稱「東沙」了。

又〈小呂宋〉條云：

「小呂宋……千里石塘是在國西。船由呂宋北行，四、五日可至台灣，入中國境。若西北行，五、六日經東沙。又日餘，見擔干山。又數十里即入萬山，到廣州矣。東沙者，海中浮沙也。在萬山東，故呼為東沙。往呂宋、蘇祿者必經。其沙有二，一東一西，中有小港可以通行。西沙稍高，然浮於水面者，亦僅有丈許，故海船至此遇風雨，往往迷離至於破壞也。凡往潮、閩、江、浙、天津各船，亦往往被風至此，泊入港內，可以避風。掘井西沙亦可得火。沙之正南，是為石塘。避風於此者，慎不可妄動也。」（註四四）

此段對「東沙」描述極爲詳盡。並可見當時東沙群島的交通地位。

嘉慶間的另一重要輿地書爲顧祖禹的《讀史方輿紀要》。該書配合歷史沿革以言山川封域。其中對「石塘」的記述如下：

「……宋天禧三年，古城使言國人詣廣州，或風漂船至石塘，即累歲不達。石塘在崖州海面七百浬。」（註四五）

依位置所示，「石塘」即今西沙群島。據文中所述，「石塘」至少在宋代已被發現。

又對「石塘」形勢的描寫如下：

「……又（崖）州亦濱海，海槎餘錄，海面七百里外有石塘。北之海水特高八九丈。其南波流甚急，海槎必遠避而行。舟入迴溜中，罕得脫者。」（註四六）

可見西沙海域一帶，古來向爲險地。

道光年間，「海防論」的首倡者魏源在其《海國圖志》曾根據《海國聞見錄》及《海語》二書，對東南洋諸島的形勢及針路詳爲條述（註四七）並繪有地圖。

徐繼畬的《瀛環志略》，在述及中國與南洋的交通時曾將以上《海國聞見錄》的整段文字引錄。此外，徐書對「七洲洋」，亦有多段記述。卷二〈南洋各島〉載：

「……由廈門往文萊，取道呂宋，往吉里問馬神者，取道七洲洋，由茶盤轉而東向。」（註四八）

又：「由廈門趨七洲洋，用未針指西南過崑崙越茶盤，歷水程二百八十更而抵噶羅巴……。」（註四九）

又云：「由七洲洋過崑崙越真臘之爛泥尾趨暹羅內海之西岸……。」（註五十）

據此，當時的西沙群島海域已成閩粵與南洋及歐洲的交通要道。

《瀛寰志略》所附的輿圖，更將「南澳氣」、「長沙門」、「沙頭」、「石塘」及「七洲洋」等地位置繪出（註五一），其準確性極高。

另外，道光年間嚴如熤輯《洋防輯要》，其中所附的〈東南海夷圖〉亦有「長沙」、「石塘」的地名（註五二）。而其《廣東沿海圖》亦標出「萬里長沙」的位置。又該書卷八〈廣東沿海輿地考〉有云：

「……又西則峽門、望門、大小橫琴山、零丁洋、仙女澳、九竈山、九星洋諸處……。」（註五三）

文中的「九星洋」即今西沙群島，當時已入粵省海防的戍守範圍。梁廷枬《粵海關志》（註五四）記自粵省到暹羅國的海程亦云：

「……由廣東香山縣登舟，用北風下，指南針向午行，出大海名七洲洋，十晝夜可抵安南。海次中有一山名外羅，八晝夜可抵占城。海次十二晝夜可抵大崑崙山……遇西風飄入東海中，有山名萬里石塘，起自東海琉球國，直至海南龍牙山……。」（註五五）

所記當爲西沙、中沙群島的海域。

光緒年間，王之春撰《國朝柔遠記》，縷述自清開國以至同治年的中外關係，對海道形勢詳細描述，例如西南洋諸國來華互市事，其中述占城、真臘國云：

「……真臘……其地北接占城南際，海盡處為爛泥尾。由粵虎門經七洲洋七千二百里……」（註五六）

「……蘇祿再西為婆羅洲，由廈門趨七洲洋，過崑崙而南為噶羅巴，再西為蘇門答臘……」（註五七）

從這些文字看來，當時的「七洲洋」，也就是今日的西沙群島海域，已成爲中國與西南洋各國交通必經之地。

光緒以後，南海諸島屢受他國滋擾。先爲光緒九年（一八八三），德國政府擅自派兵測量南沙群島，經交涉後撤去。

光緒十三年（一八八七），中法越南戰爭結束，和約中的《續議界務專條》第三款規定：「廣東界務經兩國勘界大臣勘定邊界之外，芒街以東，及東北一帶所有未定之處，均歸中國管轄，至於海中各島照兩國勘界大臣所畫紅線向南接畫，此線正過茶古社，東邊山頭，即以該線爲界，該線以東海中各島歸中國，該線以西海中九頭山及各小島歸越南。」（註五八）依此條約所定，南海諸島遠在分界線以東，當屬中國領土。

但在光緒二十八年（一九〇四）四月，法駐越南當局竟圖染指西沙。清廷派副將吳敬榮，以水師提督李準爲總指揮，率「伏波」、「琛航」、「廣金」三艦前往諸島勘查。並於島上升旗立石。且著有《巡海記》，繪有測量圖（註五九）。今南沙群島中的李準灘、伏波礁，以及西沙群島的廣金島、琛航島等，即爲紀念此事而命名。

光緒三十三年（一九〇七）六月三十日，日本商人西澤吉次郎率百餘人乘「四國丸」登陸東沙群島，非法占領並易名「西澤島」。兩江總督端方通知外務部，由該部派兩廣總督張人駿前往處理。經前後兩位粵督張人駿、袁樹勳與日本駐粵領事交涉，中國列舉人證物證後，日本終於承認。遂於宣統元年（一九〇九），由中國以十三萬元向西澤收回東沙群島（註六十）。張人駿查勘東沙群島後，復至西沙探測，並提出開發計畫，同時撰有《勘查西沙群島小記報告》（註六一）。

以上所述光緒年間，中國與德、法、日等國的交涉，均爲中國在各群島行使主權的證據。自清中葉以來，清政府對於海防問題日益重視，一些較重要的史輿書籍如《海國聞見錄》、《洋務輯要》、《瀛環志略》、《國朝柔遠紀》等，往往成爲疆界問題發生後與外國交涉時所引以爲據的主要資料（註六二）。光緒戊子年（一八八八）刊印李兆洛編繪的《皇朝一統輿地圖》（註六三），已將「氣」（按：「南澳氣」）、「沙頭」、「長沙」、「石塘」即今之東沙、西沙、中沙、南沙群島等的地名正確標上。及至宣統元年（一九〇八）廣東參謀處所測繪刊印的《廣東輿地全圖》（註六四），在廣東以南海域圖中所及區劃，已正式標上「東沙島」、「西沙群島」的名稱。

總括全文所述，中國載籍中對南海諸群島的記述，自東漢以迄清季，歷代不絕。

當然，除卻文字上的記載之外，尚有古錢、古碑、古廟等實物可供佐證。（古錢方面，如抗戰期間在西沙群島水底發掘出的王莽錢、永樂通寶等銅幣。民國三十六年，在石島珊瑚礁下發現的「皇宋」、「天元」、「開元」、「洪武」及永樂通寶等古錢（註六五）。可證自東漢末以至宋、明等朝代已有中國人前往西沙群島一帶。廟宇方面，早在光緒三十三年與日交涉期間已發現東沙島有中國廟宇，並提出作爲交涉的證據。民國三十六年查勘林島時亦發現「孤魂廟」，並考證建於百數十年前（註六六）。石碑方面，抗日戰爭前，已發現李準巡視時立下的石碑。凡此種種，均爲南海各群島主權歸屬問題的具體實物證據。）然而，筆者手頭所得僅爲載籍性資料，故僅從這方面入手，以從事一種「文獻式的研究」，只冀能成整體證據中之一環而已。

（三）後記

本文僅就所知及所能接觸的資料進行彙集分析。至於較爲基礎性的考證功夫多本前輩學者之說。由於識見讜陋，難免錯漏不全。兼且其中資料雖有得知而無法蒐獲者，唯望有心人士指正補足。又所接觸的部分資料，雖經推測認定與南海諸島有關者，唯限於時間及能力，未能正確考證，僅能在此提供，以待日後繼續探討。

陸沉未必由洪水，誰為神州理舊疆！

註釋：

註一：據《星島日報》一九七四年一月二十日報導。

註二：一九七四年一月二十日〈中華人民共和國外交部聲明〉，《大公報》，一九七四年一月二十一日。

註三：楊孚：《異物志》，曾釗輯。商務《叢書集成》初編三〇二一本，上海商務，民二十四—六，頁三。

註四：這是據伯希和（Paul Pelliot）的考證。參見伯希和著，馮承鈞譯：《交廣印度兩道考》，下卷《海道考》。台北商務，民五九，頁六三。又參考伯希和：《扶南考》，載馮承鈞編譯：《史地叢考》續編。台北商務，民五八，頁十二。

註五：歐陽修、宋祁：《新唐書》，中華《四部備要》本。上海中華排印本，民二五。卷四三下《地理志》頁一八下。

註六：見《交廣印度兩道考》，下卷《海道考》，頁六三，頁一四九—五〇。

註七：馮琦編，陳邦瞻纂輯，張溥正：《宋史紀事本末》，卷一〇八〈二王之立〉。台北商務，民四五，頁九二五。

註八：周去非：《嶺外代答》（一）。《叢書集成》初編三一一八本。頁九—一〇，〈三合流〉條。

註九：趙汝適：《諸蕃志》。《叢書集成》初編三二七二本。

註十：吳自牧：《夢粱錄》（二）。《叢書集成》初編三二二〇本。頁一〇八，卷十二「江海船艦」條。

註十一：宋濂：《元史》。中華《四部備要》本。上海中華排印本。民二五，卷一六七，頁七上，《列傳》〈史弼〉。

註十二：周達觀：《真臘風土記》。載陶宗儀纂，張宗祥重校：《說郛》（三）。台北新興書局，據稻江市隱樓蔡氏藏本影印，民五二。卷三九，頁一三。

註十三：據伯希和《真臘風土記箋註》。載《史地叢考》續編。頁五六。

註十四：汪大淵撰，藤國豐八校註：《島夷志略校註》。台北文華出版公司據羅振玉鉛印本影印，民五九。總頁七八六〇〈尖山〉條。

註十五：同上書，總頁七八六一。

註十六：同上書，總頁七九一五，〈崑崙〉條。

註十七：同註十四書，總頁七九七一，〈萬里石塘〉條。

註十八：同上。

註十九：同上書，總頁七九七二。

註二十：同上書，總頁七九七二—三。

註二一：茅元儀輯：〈鄭和航海圖〉，向達整理。北京中華，一九六一。圖頁四〇。

註二二：同上書，向達：〈鄭和航海圖〉地名索引，頁一五、三八。

註二三：朱思本：〈廣輿圖〉，明羅洪先增纂，胡松刊補。台北學海出版社影印本，民五八。總頁三八六—三八九。〈西南海夷總圖〉。

註二四：黃省曾：《西洋朝貢典錄》。台北文海出版社據清道光二十一年（一八四一）指海本影印。總頁四八八。

註二五：費信著，馮承鈞校註《星槎勝覽》。台商務，民五九。頁八，前集〈崑崙山〉條。
註二六：張燮《東西洋考》。上海商務，民二六。頁一一八，卷九《舟師考》《二洋針路》。
註二七：《南海諸島地理誌略》，陽明山莊印，民四八。頁七五。
註二八：王東：《海語》，載張繼儒輯：《寶顏堂秘笈》。上海文明書局石印本，民一一。卷下，頁一上—下，「畏途」類〈萬里石塘〉條。
註二九：同上書，頁一下，〈萬里長沙〉條。
註三十：顏岭：《海槎餘錄》，載王文濡輯《說庫》。上海文明書局石印，民四。頁七上。
註三一：陳倫炯：《海國聞見錄》。台北台灣銀行，民四七。頁一五，《南洋記》。
註三二：見同上書，頁三四—三五。
註三三：同上書，頁一六。
註三四：同上書，頁一三。
註三五：姚文枏：《江防海防策》，載王錫祺輯：《小方壺齋輿地叢鈔》（四五）。台北廣文，民五一。總頁六七三五。
註三六：同註三一書，頁三一。
註三七：同上。
註三八：同上。
註三九：謝清高口述，楊炳南筆受：《海錄》，馮承鈞註釋，台北商務，民五九。卷中，頁四四。

註四十：同上書，卷上，頁一。

註四一：同註四八書頁。

註四二：同上書，卷中，頁四七。

註四三：同上，卷下，頁七六。

註四四：同上，卷中，頁五九—六〇。

註四五：顧祖禹：《讀史方輿紀要》（五）。北京中華重印本，一九五五。卷一〇五，頁四三三六—四三三七。

註四六：同上書，頁四三三六。

註四七：魏源：《海國圖志》（三）台北成文出版社影印本，民五六。頁六三七—六四二、六五五—六五九。

註四八：徐繼畬：《瀛環志略》上。清同治丙寅總理衙門刊本。卷二，頁三七上及頁一四上。

註四九：同上，頁一下—二上。

註五十：嚴如熤：《洋防輯要》。清道光戊戌年東鹿堂刊本。卷一〇，頁一下—二上。

註五一：同上，卷一，頁二。

註五二：同上，卷八，頁一下。

註五三：梁廷枏：《粵海關志》。台北成文出版社據廣州四文堂刊本影印，民五七。頁卷二一，頁六下。

註五四：同上，頁一一下。

註五五：同上，頁二二上。

註五六：王之春：《國朝柔遠記》（一）。台北華文書局據光緒十七年（一八九一）廣雅書局刊本影印，民五七。卷四，總頁二〇八—二〇九。

註五七：同上書（二），附編（一）《瀛海各國統考》，總頁八四九—八五〇。

註五八：光緒十三年五月六日訂立之《中法續議界務專條》第三款。載《清末對外交涉條約輯》（二），《光緒條約》之部，台北國風出版社，一九六三年。

註五九：事載《李準巡海記》，原文未見。參考前註書，頁七六。

註六十：見王彥威、王亮編：《清季外交史料》。光緒三十四年—宣統元年。台北文海，民五二。

註六一：據佘陽：〈西沙群島與南沙群島〉，載《華僑日報》，一九七四年一月二十六日。

註六二：光緒三十三年，日商西澤佔東沙群島時，張人駿即以《國朝柔遠記》、《海國聞見錄》等書作交涉用之證據。據前註二七書頁七一。

註六三：李兆洛：《皇朝一統輿地圖》，載《李氏五種合刊》。上海掃葉山房刊本，清光緒戊子年（一八八八）。

註六四：《廣東輿地全圖》，宣統元年廣東參謀處測繪刊本。首頁。

註六五：據佘陽前文（下），載《華僑日報》，一九七四年一月二十七日。又參考前註二七，頁七四—七五。

註六六：據前註佘陽文。又參考前註二七書，頁七二。

（《明報》，一九七四年五月）

三、我國與南沙群島的實質關聯

狄縱橫

南沙群島向爲我國神聖領土，無論就發現、經營、管轄言，我們均可從歷史上找出鐵證與實據，這些都不是外力強橫入侵盤據所能抹殺得掉的。

南沙群島的發現

西元前六九五年——據《明報月刊》九十九期衛聚賢〈中國人最早到南中國海考〉文，引證中國人曾於魯桓公十七年在「中國以南」看到日環食；衛君將「中國以南」據論解釋爲南中國海，這也是在越南菲律賓有歷史記載以前，我國人早在二千五百多年前就已航行來往於南中國海的證據。

西元二二〇至二八〇年——三國時萬震《南州異物志》一書中記述從馬來半島發航駛返中國的景觀爲「……東北行，極大崎頭，出漲海，中淺而多磁石」；「東北行，極大崎頭，出漲海」這幾句，描述我國航旅者順西南風揚帆航行，自中南半島入南中國海。而「水中多磁石」，則是指當時尚淹沒在海面下的暗沙暗礁。照海底珊瑚礁增殖的速度，今天剛露出海面的沙洲礁石，在三國時代尚淹沒在海平面下約十五公尺，這也說明了南沙群島部分島洲尚未露出海面時，我國商旅早已在其上航行多年。

西元七八九年——宋朝趙汝適《諸番誌》曾記述唐貞元五年即以「瓊為督府，南對占城，西望真臘，東則千里長沙，萬里石床，渺茫無際，水天一色，舟船來往，惟以指南針為則，晝夜守視為謹，毫厘之差，生死繫焉」，這段生動詳盡的航海描述，對南沙群島提供了重要的歷史註解：第一，根據「西望真臘（東埔寨），東則千里長沙，萬里石床」，這裡的「千里長沙、萬里石床」，自然是指南沙群島的所在地；第二，根據「渺茫無際，水天一色」，當時航旅所望見的「千里長沙、萬里石床」，應該不在海面上，否則大海不會一望無際，水天亦不該相接一色；第三，根據「舟船來往……生死繫焉」一段，可推論當時南沙群島已擁有數不清的暗礁與暗沙，古代舟船吃水很淺，這些對航行具有嚴重威脅的暗礁與暗沙，相信已距海平面不到兩公尺，也是今天露出海面島礁沙洲的歷史前身。

西元一一七八年——宋代周去非在《嶺外代答》一書中引述「東大洋海，有長砂、石塘數萬里」，「東大洋海」是指南中國海，「長砂、石塘」當然是指島、礁、灘、洲、沙。南海之中僅有東沙、西沙、中沙與南沙四群島，其中夠格稱得上「數萬里」遼闊範圍者，只有南沙群島。雖然周去非沒有說明這些石塘、長砂是露出水面的島、礁、沙洲呢，還是淹沒在海面下的暗沙、暗礁、暗灘，但至少在此段古文中說明了我國早在八百年前對南沙群島的範圍已有概略性的了解。

西元一二九三年——《元史》第一六二卷〈史弼傳〉中記有元代至元二十九年底大將史弼率兵五千，領海舟千艘「發泉州……過七洲洋，萬里石塘，歷交趾、占城界」，這說明了距今七百年前，我國千艘舟船的大型艦隊已在南沙群島海域活動。

西元一四〇五至一四三三年——這是明代鄭和七下西洋的時期，也是南沙群島首次被正確記述的年代。當時馬歡所著的《瀛涯勝覽》及茅元儀所編的《武備誌》，對鄭和七下西洋的航行記述及所見各島群的相對位置，都有非常正確詳盡的記載，如當年的鄭和群礁，就被稱作「堤閘灘」。這些史料，證明了距今五百多年前，南沙群島內露出海面的島礁、沙洲已被我國所發現。

南沙群島地當南海航線的要衝，因此在鄭和七下西洋後，中國出了很多有關南海航行指南之類的書籍，如明代黃衷的《海語》、張燮的《東西洋考》以及明末的《順風相送》、清初的《指南正法》等。這些書籍不僅記述了南沙群島的島礁分佈概況，且對南沙附近海域的潮汐、風向、資源作了詳盡的描述。清代康熙中期以後，我國人民在南海的商旅漁獵更現繁忙，因此有關南沙群島地圖的書籍報導亦紛紛面世，如施世驃的《東洋南洋海道圖》，陳倫炯的《海國見聞錄》，徐繼畬的《瀛瓊志略》。南沙群島，經過千百年來的珊瑚滋長，自海底掙脫向上而出水面，完全為中國世世代代的航旅者所見證。這些史籍上的記述，無疑是中國人首先發現南沙群島的鐵證，沒有任何一個外國政權能夠提出像我國發現南沙的悠久而詳細的歷史證據。

南沙群島的經營

很早以來，閩粵兩省及海南島的漁民到南沙群島捕魚定居者已為數甚眾，他們在島上興建了房舍廟宇。隨著到南沙諸島的漁民逐漸增多，經濟活動的範圍亦由漁獵而擴展至種植果樹，開闢園地，畜養家禽，採掘燐礦。明代王佐的《瓊台外紀》曾述：「州東長沙石塘、瓊海之地，每遇鐵颶挾潮，漫屋渰田」。這段描述即指熱帶暴風雨挾著引發的海潮，捲襲西沙、南沙諸島，房舍毀壞，田園淹沒；可見在十五世紀時我國辛勤的漁民早已定居西沙與南沙，和大自然展開搏鬥，克服困難以開發經營。

勤奮勇敢的中國人對南沙的經營，就連處心積慮妄圖染指中國的外力在其文獻內亦有充分的反映：一八六〇年代英國出版的《中國海指南》（China Sea Pilot）一書中載有「海南島漁民在南沙太平島上久居，每年十二月或隔年一月他們即揚帆來此，載來米糧及必需品以供太平島上漁民之用。」當時，英國水兵途經太平島涉水登岸取淡水，還對該島周圍做了詳盡的測量，但卻不知太平島的名稱，就問島上的瓊州漁民。島上漁民與英兵言語不通，誤以爲英兵問其來自何方，乃以海南話答曰來自瓊崖，英兵即根據其音「伊突阿巴」將錯就錯地將太平島英文正名爲 Itu Aba 而沿用迄今。

第一次世界大戰期間，日本乘虛而入，侵占南沙群島。在日本人小倉卯之助的《南沙探勘記述》中，就坦率承認南海諸島上早有海南島漁民居住。而且還在太平島、西月島、中業島和北子島等處看到我國居民在上述各島所修築的水井、墳墓和廟宇等物。

一九二九年，南沙群島走馬換將，日人退走，法軍進占。一九三三年七月二十一日，法國政府曾發表官方公告，對我國漁民在雙子礁、中業島、南鑰島、太平島、南威島和安波沙洲等處的開發活動，均有詳盡描述，且圖文並茂。其中一段述有「中業島和雙子礁上住有不少海南島籍之中國漁民……他們生活在茫茫汪洋中的孤島上，樂安天命，與世無爭。」這些都是我國漁民對南沙群島經之營之的見證，不能隨意抹殺的事實。

第二次世界大戰前夕，南沙群島又告易手，日軍捲土重來，法人退出。大戰期間，日軍在台灣徵集了數以百計的民伕載往南沙的太平島和南威島，替日本修築軍事設施，碼頭棧埠，築路開墾，倍極辛勞，日本文獻均有詳實記載。

不論是自力更生，或由外力強占，南沙群島的開發經營與設施建築，無一不是假中國人雙雙勤勞的手，用血汗所造成的，這也是南沙群島與中國不可分割的另一鐵證。

南沙群島的管轄

在發現與經營南沙群島的同時，中國歷代政府就不斷對南沙海域行使管轄。東漢時期地方行政官員巡行漲海的記載，說明了早在一千七百年前我國政府已派員巡視了南沙海域。北宋《武經總要》的記述更說明當時政府已在南海設置巡海水師營，守衛著我國南疆。《元史》〈史弼傳〉更進一步說明了宋元時期南沙海域已列入中國的海疆範圍。西元一七一〇年至一七一二年間，廣東水師副將吳陞就曾巡航南海，據乾隆《泉州府志》卷五十六的描述：「自瓊崖，歷銅鼓，經七洲洋、四更沙，周遭三千里，躬自巡視」。

到了晚清末年，我國政府對南沙群島的管轄更進一步。專門論述海防的《洋防輯要》一書，就將南沙群島繪入《直省海洋總圖》當中，列入我國海防區域。一八四一年編纂的《瓊州府志》也明確記述：「萬州有千里石塘、萬里長沙，為瓊洋最險之處」，更指派崖州協水師營分管洋面，南面直接暹邏、占城外洋。直到清末，所有論述海防的著作也都把南沙群島列爲我國海防的門戶，視爲「天塹」，用以劃分「中外之界」。中華民國建國之後，特將當時的南沙群島命名爲「團沙群島」，明確列入我國版圖以內。

我國對南沙群島主權的行使

民國肇建以後，南沙即淪入強權手中，直到第二次大戰結束後始重返祖國懷抱。一九四六年，我國由內政部、廣東省政府及海軍總部分別派員組隊前往南沙群島探勘接收。十二月九日，海軍將領林遵率四艘軍艦自廣州出發，其中「太平」號護航驅逐艦及「中業」號坦克登陸艦負責接收南沙群島。十二月十二日，接收艦隊抵太平島，並在島上探勘、測量，重建國碑，並留下一海軍陸戰隊加強排駐守，行政權則屬廣東省。從此南沙群島確實列入我國掌握，無庸置疑。

一九四七年三月十五日，鑑於法國捲土重來虎視南海，我國政府遂將南沙群島劃爲要塞地區，行政權則由廣東省暫交海軍總部；爲了應付外來危機，我國海軍更在太平島設立氣象台與通訊站，以便與祖國大陸加強連繫。一九四七年十二月，南沙群島的行政權再由海軍總部劃交海南特別行政區掌握；與此同時，我國內政部公佈了南沙群島諸島、礁、灘、洲、沙之名，其中計島嶼五、沙洲三、礁二十六、暗沙二十一及暗灘十，合計六十五處。

內政部當時所公佈的南沙群島命名，除部分按西文直譯（或音譯）或沿用古老慣稱外，餘皆具有歷史意義，如：

鄭和群礁：紀念明成祖時鄭和七下南洋；

道明群礁：紀念明朝楊道明拓殖南洋三佛齋；

尹慶群礁：紀念明朝尹慶出使南洋；

楊信沙洲：紀念明朝楊信拓撫南洋；

馬歡島：紀念明成祖時馬歡出使南洋（馬著《瀛涯勝覽》）；

費信島：紀念明成祖時費信出使南作（費著《星槎勝覽》）；

景宏島：紀念明成祖時王景宏出使南洋；

人駿灘：紀念清末保衛西沙有功之兩廣總督張人駿；

李準灘：紀念清末保衛西沙有功之水師提督李準；

伏波礁：紀念清末保衛西沙之艦隊旗艦「伏波」號；

太平島：紀念抗戰勝利後接收南沙艦隊旗艦「太平」號；
中業群礁：紀念抗戰勝利後接收南沙軍艦「中業」號；
敦謙沙洲：紀念「中業」號艦長海軍中校李敦謙；
鴻庥島：紀念「中業」號副艦長海軍少校楊鴻庥；
南威島：紀念抗戰勝利後接收南沙時粵省（轄南沙）主席羅卓英。

我國對南沙群島的實質控制

一九五〇年五月，國府在內戰中潰敗並自海南島撤守，同時亦撤出駐防南沙群島的軍民。一九五六年由於越、菲鄰國謀奪南沙日亟，國府乃於該年六月出兵長駐南沙群島，並成立南沙守備區，直屬國防部。爲了應允國際民航組織的請求，國府遂擴建太平島上的氣象站，擬每日播報四次南沙海域的氣象資料與過往機船，以保障商旅的飛航安全；同時，國府亦在南子島上興築一高四十呎的反射鐵塔，以利過往船艦以船用平面雷達行定位用，這兩項便利國際航行安全的設施，均於一九六〇年先後啓用。

由國府海軍編組成的「南威支隊」，自一九五六年起每兩個月即定期自台灣發航，一方面運補太平島駐守的陸戰隊，一方面趁便巡弋廣闊的南沙海域以鞏固邊防。一九六三年十月六日，由國府國防部、內政部及海軍總部會同派員遠赴南沙各島設碑立界並行測繪，二十二天內所視察過的島嶼計有太平、南威、中業、南子、北子、西月、南鑰、鴻庥諸島及敦謙、楊信沙洲等。一九六六年颱風過境，部分國碑毀壞，國府海軍乃再度派員前往北子島、南子島、中業島及鴻庥島重立碑界。

爲了使國內青年對南沙群島有更深入的了解，國府青年「反共救國團」於一九六七年創辦了「南疆遠航隊」暑期活動，召收大專及社會青年遠赴太平島展開爲期兩週的訪問勞軍活動；旋因駐軍風紀敗壞，乃於隔年暑期限收男性大專學員參與，並將活動更名「南沙戰鬥營」以符尙武精神。然某個大專學員於返航途中趁靠泊菲島美軍基地加油加水之便逃亡偷渡，乃導致救國團爾後拒絕再辦南沙群島青年活動。

一九七〇年以後，南沙糾紛國際化，情勢日益險惡，除了長年在此附近海域作業的台灣漁民外，逗留在南沙群島的我國國民，就僅剩駐守太平島的海軍陸戰隊員和巡弋運補的海軍官兵了。

（《中報》，一九八一年二月）

【附錄】

1. 收復南沙群島親歷記

何炳材

第二次世界大戰結束前，美國、英國、蘇聯和中國分別在開羅和波茨坦召開會議，就戰後問題進行磋商。

根據《開羅宣言》和《波茨坦公約》，中國收復被日本侵占的領土領海理所當然。南海諸島自古是中國的領土，收復南中國海和南海諸島，成為二戰後中國軍隊的一項重要任務。

本文作者何炳材，是一九四六年中國收復西沙群島艦艇之一的「太平」艦少校副艦長。韓敏學是「永興」艦的輪機上士。一九九六年，他們分別撰文回憶了五十年前的這一幕。

接受任務制定航行計畫

一九四六年七月，國民黨海軍所屬的「太康」、「太平」、「永定」、「永勝」、「永順」、「永泰」、「永寧」、「永興」八艦艇從美國遠航回到中國。中國政府即組織收復南沙、西沙兩群島艦隊，以當時裝備最新式的太平艦（護衛驅逐艦）爲旗艦，率領「中業」（大型登陸艦），「永興」（掃雷艦），「中建」（大型驅逐艦）等艦前往執行收復任務。海軍上校林遵被任命爲艦艇指揮官。林遵和麥士堯艦長指定我負責與航海官戴熙愉、參謀林煥章共同研究擬訂航行計畫，限令在一九四六年十二月底前完成接收任務。

當時我是太平艦的少校副艦長，從一九三四年起在海關航標船和測量船上工作多年，對沿海航標、航道比較了解，對在大風浪中運送人員和物資上海島也有一定經驗。但南沙群島的航海資料和航道，不論中外航路指南均無闡述，只說這裡是「危險地帶」。因此當我接到指揮官和艦長交代這項領航重任時，心中無數，於是到處搜羅資料。

後來我從上海海關海務處找到一張一九一〇年法國出版的南沙群島舊海圖，但該圖比例尺很小，水深點很疏，不適合航海之用。從這幅海圖，得知南沙群島的島礁和暗沙，大部分是由珊瑚礁構成，並多為水面下環抱著礁湖的環礁，全區沒有燈塔或任何航標。太平島算是最大的島，面積也不到〇・五平方公里，海拔高度只有三・三米。在能見度良好的情況下，也只可在靠近七—八海里內才能看到該島。在天水相連的遼闊南沙中找到它，好比「海裡尋針」。

太平島四周被珊瑚礁所環繞，要登上該島，必須經過珊瑚面航行，摸索深水航道前進，能否找到這條航道，我手頭還缺乏有關資料。但當時我抱著堅強的信念：法國人、日本人能登上太平島，我們也一定能登上。

我認真研究南沙群島的形勢和周圍水深，以及南沙的氣候、風向、海流、海浪等，分析過去沉船多在南沙群島東北部的原因。又根據當時東北風季，南沙的海流是以西南流為主這一要點，認定由西向東駛近太平島，大致逆流航行，對控制航速以搜索太平島和找珊瑚礁間的航道是有利的。於是決定由海南榆林港開出後，先向南行駛，至越南海岸的華利拉（Varella）角外，然後向東駛向太平島。雖然這樣會多航行些里程，但既有把握找到該島而又安全。

另一方面，由上海至榆林港所經各海區的氣象、潮流、航標和雷區等，也要深入研究。因為當時第二次世界大戰剛結束，中國沿海的燈塔、浮標等大部分尚未恢復，有些雷區尚未經過徹底測掃，海上常有漂雷出現。同時，海上治安也較亂，華南海區海盜猖獗，對航船安全威脅很大。以上種種因素，都要在設計航線時考慮進去。經過短短半個月的研究、設計和準備，制訂了全部航行計畫，並經上級批准按照執行。

兩次折回榆林港

一九四六年十月二十九日，「太平」號等四艘艦艇從上海吳淞口列隊出發。沿途以信號燈、旗號或無線電話指揮和互相聯繫。平均航速爲十節，十一月二日到達廣東虎門。十一月六日由虎門續航，十一月八日駛抵海南榆林港。在榆林港補給，並與當時駐榆林和三亞的海軍商量無線電聯絡計畫。

據悉日本在占領三亞和榆林期間，均設有海岸電台。在三亞港還設立機場潛艇基地和一個極大型的遠程無線電台，以指揮日本在南海和南太平洋的海軍和空軍。但日本投降後，國民黨的「接收大員」不僅沒有很好利用或妥善保管這些戰利品，反而將絕大部分設備、機械、儀器等拆散，盜賣零件，以飽私囊。我親眼見到許多大型無線電真空管擺在三亞市場當作金魚缸出售。接收下來的大量貴重軍用設施、通訊設備、交通工具，除了少數留給官員們自用外，其他全部變成廢品。

在榆林港期間，我們還向當地的老漁民了解南沙和西沙群島的情況。得知該兩群島的漁季是在二—四月。春季風力一般在四—五級以下；冬季多強風。西沙群島的錨地不算很差，但南沙群島根本沒有避風錨地，底質不是碎石、沙，就是珊瑚，容易走錨。由於該海區冬季多惡劣天氣，實際上，選在十一—十二月份去接收南沙群島是不適宜的。何況當時在戰爭時期受到破壞的南海氣象站尚未恢復，氣象預報不準確，海上的天氣難以掌握，中途又無避風錨地，艱險可想而知。但是，國民政府的決定和命令不能改變，而收復南沙群島是關係到中國在國際社會的威信問題，惟有盡量克服困難，爭取在限期內完成任務。

「太平」號等四艦艇在十一月中旬和下旬曾有兩次駛出榆林港，約三小時後，遭遇狂風巨浪，「中業」、「中建」兩艘大型登陸艦橫搖至三十度，眼看有傾覆的危險，只好返航榆林港等待。

螢光屏上一粒光點

一九四六年十二月九日天氣，東北風三級，早晨八時第三次由榆林港出航。在港外定準航向一七九度，向越南東岸外駛去，根據當時風向、風力和估計的流向、流速，駕駛航向定位爲一七七度，利用雷達測定船位。「永興」、「中建」兩艦在出港後分頭駛往西沙群島。「太平」、「中業」兩艦繼續向南以平均時速十節航行。十二月十日上午十時左右，我們在越南華利拉角外利用陸標測定準確船位後，直指南沙群島的太平島。由於估計風流壓準確、船位一直基本保持在航線上。

十二月十二日上午，海水變爲深綠色（過去一段爲黑色），知艦已進入一千米左右的較淺水域，距珊瑚區不遠。於是派水兵上桅頂加強瞭望，搜索變淺的水色，並減低航速，開動回聲測深儀，不斷記錄水深讀數，並注意其變化。上午十時左右正前方地平線上出現一條短黑線，以後逐漸見到岸形。雷達螢光屏上顯示出一粒光點，與天文觀測的經緯度、水深和海圖上標繪的圖像校對，斷定這是太平島無疑。又過半小時，航經一塊深約四十米的珊瑚平台，海水突變淺綠色。

兩艦將船速減至極慢，改以該島岸線的方位測定船位，並用雷達測得距離六百米，水深測得三十米，立即倒車，上午十一時在太平島的西南岸外下錨。這塊錨地是碎石、沙底，海水十分清澈，錨和錨鏈拋下海底後能全部看清。拋好錨後，拉汽笛長聲，以引起島上人們注意。

登上南沙群島

我帶水兵和海軍陸戰隊各一班分乘汽艇和救生艇登陸。前進至距岸約五十米處，水太淺，我們離艇涉水登陸。我們先進入近岸邊的堡壘搜索，未發現任何人員，於是在其頂部升掛國旗。再向北進入兩座混凝土房子搜索，只見有日軍留下的幾件鋼盔和破爛軍服、皮鞋等。並將日軍豎的石碑推倒。

當天林遵指揮官、麥士堯艦長、中業艦長、副艦長、戴熙愉、林煥章和我在島上舉行了收復儀式，豎立一個高約一米的水泥鋼筋碑，上刻有「太平島」三個大字。國民黨廣東省政府官員麥蘊瑜主持了收復儀式。

十二月十五日艦艇返航。當時留下了海軍陸戰隊一個排以及氣象員、無線電員、修理人員、醫務人員等共約六十餘人。還留下一批武器彈藥、醫療器械和藥物、生活用具（包括捕魚網具、釣具等）和足夠半年用的燃料、易耗物料、糧食、副食、罐頭食物等。

（摘編自北京《中華文史資料文庫》）

2. 見證永興艦駛進西沙群島

韓敏學

一九四四年，美國根據租借法案將八艘軍艦移交中國，以配合美軍向日本本土進擊時，擔任護航任務。美國政府要求中國派出官兵一千餘人赴美學習和接收軍艦。當時我正在重慶交通大學輪機專業三年級學習，尚需實習一年才能畢業。學校爲鼓勵青年參軍，同意在海軍服役代替實習，戰後回校即可領取畢業證書，我就報名參了軍。同學中讀船舶專業的學生百分之九十參了軍，共約八十餘人。

一九四四年十二月，我在重慶唐家沱入伍。一九四五年一月初，隊伍自重慶出發到成都分批乘飛機到印度，在加爾各答郊外集中，然後到孟買附近卡利安鎮候船。約二月底在孟買登上美運輸艦，航船繞過澳大利亞、新加利多尼亞，跨越太平洋，於當年四月中旬到達美國洛杉磯的聖彼得羅。四月二十五日到達美國東南角的佛羅里達州邁阿密市的美國海軍訓練中心（Navy training centre），並開始接受訓練。

當年十一月底，學習結束。我被分配在獵潛護航艦PCE869（即後來的「永興艦」）實習。三個月後，我被任命爲「永興艦」輪機上士。一九四六年四月初，「永興」等八艦自關塔那摩港啓程經巴拿馬運河回到中國。

一九四六年十月下旬，國民政府海軍軍部命令「永興」與「太平」、「中業」、「中建」四艦組成艦隊，收復南沙群島和西沙群島。

艦隊成立了指揮部，由林遵上校任總指揮，姚汝鈺爲副總指揮。具體分工是林遵帶領參謀林煥章坐鎮太平艦，率中業艦收復南沙群島。姚汝鈺帶領參謀張君然坐鎮永興艦，率中建艦收復西沙群島。

根據預先安排，太平艦與中業艦先出發前往南沙群島，然後，永興艦與中建艦開往西沙群島，因爲南沙群島航程較遠。這樣任務完成後，可同時在榆林港匯合返航。

但是，每次太平艦與中業艦出發後不久，就因氣候惡劣、風浪太大而返航。後來永興艦與中建艦因爲西沙群島距離較近，就不再等待太平、中業兩艦便先行出發，前往收復西沙群島，改變了原有的安排。

永興艦大多數官兵是來自大學及中學的學生，投筆從戎是爲了抗擊日本侵略者和收復失地。雖然沒有機會參加擊敗日本侵略者的戰鬥，但是能親身參加收復被日本占領的南中國海領土和領海也是感到無比的光榮和興奮，自動爬上桅杆頂瞭望，當發現島上微影就歡呼雀躍。

到離島約二百米處拋錨放救生艇，我與輪機長劉鐵焱陪同艦隊參謀張君然首批登島。我們帶著衝鋒槍，由兩位漁民駕駛小艇駛到離岸約二十米處淺得不能再駛近時，漁民先下了水。我本擬也跳下水，但水深至膝，漁民便主動背我上岸。我們用不到半小時便繞島一周。島上除有海龜蛋和海龜爬跡外，沒有半點人跡，岸邊有一座三十餘米長的棧橋，可能是日本占領期間運鳥糞用的，當時已損壞無法使用。

中建艦也放下交通艇，陸續運送人員與物資上岸。

數日後，駐島人員及施工人員將駐地的電台設施、生活物資全部運上岸，安排妥善後，舉行了收復儀式，然後返回榆林港。在榆林港村店訂酒席，慶祝收復西沙群島成功。

太平艦與中業艦也勝利完成收復南沙群島任務。整個艦隊一齊回到黃埔港，兩天後太平艦與永興艦駛入廣州白鵝潭停泊。我記得當晚還是聖誕夜，兩艦按歐美傳統，用擴音機互致祝賀。林遵指揮官在廣州舉行了記者招待會，各大報首版均向全中國和全世界報導了這一重大歷史事件。

二月下旬太平艦另有任務駛離廣州，永興艦一直駐守廣州至七月，保持與西沙、南沙群島的聯繫，負責補充西沙與南沙群島的給養，在南中國海巡查，執行保衛中國南疆任務。

（摘編自北京《中華文史資料文庫》）

3. 中國代表促停止測量南沙

《群報》

〔《群報》報導〕據新華社聯合國五月六日電，在聯合國經社理事會第五十六屆會議上，中國代表王子川發言，就「國際製圖合作」問題發表中國代表的幾點聲明。

聲明說：「蔣介石集團盜用中國名義參加了聯合國第一屆至第六屆亞洲及遠東區域製圖會議，它參加上述會議及其所承擔的一切義務，都是非法的、無效的。」

聲明接著說：「聯合國第七屆亞遠製圖會議，我國未派代表參加，因此會議通過的一切決議對中國沒有約束力，中國代表團保留在研究這些決議之後作出評論的權利。經社理事會對於第七屆亞洲及遠東區域製圖會議的報告，如果交付表決的話，中國代表團將不參加投票。」

聲明指出：「聯合國亞洲及遠東區域製圖會議以往會議的有關決議中，曾提出成立所謂『南中國海海道測量委員會』，並將我國南沙群島及其附近海域列入該委員會測量計劃的範圍，這種做法是錯誤的。中國政府曾多次嚴正聲明，南沙群島和西沙群島、東沙群島、中沙群島一樣，向來是中國的領土。中華人民共和國對這些島嶼及其附近海域具有無可爭辯的主權。中國代表團要求有關當局採取措施，停止所謂『南中國海海道測量委員會』上述海道測量計劃，並注意保證今後不再出現此類情形。」

（《群報》，一九七四年五月十二日）

四、我國海疆和國際法

張顯鍾

從釣魚台群島到最近的西沙和南沙群島的主權紛爭，以及從黃海、東海以至於南海等海底礁層探測，開發自然資源的法律糾紛，我們已可看出一向平靜的中國海疆在來日風波裡的輪廓。

當然，領土主權幾乎是這些列嶼爭執的本質；然而，海疆衝突的尖銳化實際是由於對海洋自然資源永久主權的明爭暗鬥而引起的。原則上說，對這些島嶼主權之爭執，在消極方面，只要我們能提出反證，否定日本對釣魚台，越南對西沙，以及越南、菲律賓對南沙主權主張，即可阻止她們的要求；在積極方面，我們引用衡平法（equity）反訴我們的權利主張。可是，自然資源的爭取是當務之急，我們就必須先設法治標，而後再來治本。今年內，聯合國又要對海洋法做必要的修正，我國海疆問題的解決，這個海洋法會議是有舉足輕重的影響的。

目前，對海洋法發展的兩個最具關鍵性的問題是領海的寬度和大陸礁層的定義。一九五八年日內瓦制定的《海洋法》對這兩個問題的答案很模糊，極可能在今年的國際會議中，對這些敏感性的問題也不會有任何具體的結果。不過就維護我國權益起見，中共在會議上所採取的立場是有決定性作用的。

嚴格說來，就釣魚台群島而言，大陸礁層公約至關重要。一般法學家都認為《日內瓦大陸礁層公約》前三條已經是習慣法的一部分，因而對非簽約國也有拘束力。這是要極力反對的，因為它的定義包括了開發程度可能的深度。釣魚台群島座落於鄰接（adjacency）中國大陸的海底礁層邊緣，和琉球群島有沖繩地槽隔開。如果以地質學二百公尺深度的定義，這個條約可以加強我們的地位，而且也可確保東海地區大陸礁層的利益。假如開發程度可能的深度爲準，那麼東海就要和日本按中線平分了。……

對西沙和南沙群島而言，《大陸礁層公約》就沒有多大關聯，因爲這兩群島主要是珊瑚累積而成的島。這些島是其海底大陸礁層的延伸（prolongation）遠比附近的海底礁層是鄰接這些列嶼來得正確。所以爲要取得這些列嶼的海底礁層及其海域的漁類資源和此區域海面國家安全的利益，應用洋中海島的理論（Mid-Ocean Archipelagic Theory）例外擴大其領海寬度，不受一般領海寬度限制，只是和我們爭執南沙的菲律濱也是主張這個理論最力的國家。海洋法對發展我國南海諸群島及海底資源，有極密切的關係。

總之，海疆問題和海洋法發展有複雜的相對關係，不是單純的一個態度可以籠統保證我國的權益。我們同意聯合國主張海洋是「人類共同的遺產」（Common heritage of man kind）。對大陸礁層我們應主張地質學的定義，對領海的寬度應有伸縮性的政策，以使南海的安全和資源能夠得兼，而且不會失去享有其他大洋資源的平等機會。但我們也必須記住挪威出席海洋法委會代表伊文遜（Evensen）的警告，對海洋及海床的掠奪「至少會像過去涉及的殖民地和殖民政策的衝突一樣，深遠地危害了世界和平」。

國際法過去是帝國主義用來粉飾侵略的藉口；現今新進國家反而可以用來保護利益的盾牌。疆土的保護常常在會議桌上遠比兵戎相見更有深遠的效果，未來中國海疆問題就是一個這樣的情況。

（《星島日報》，一九七四年三月五日）

五、從國際法看西沙與南沙爭端

由於南沙、西沙群島事件的發生，而引出主權誰屬的爭論，讓我們從有關這二群島的條約上來看：

一九五一年九月八日《舊金山和約》第二條：「日本茲放棄其對於南沙群島及西沙群島之一切權利、權利名義與要求。」

一九五二年四月二十八日《中日和約》第二條：「茲承認西曆一九五一年九月八日在美國舊金山市簽訂之對日和平條約第二條日本國業已放棄對於台灣及澎湖群島以及南沙群島及西沙群島之一切權利、權利名義與要求。」

但並沒有明文規定歸還那一個國家，所以，南越主張他們在舊金山和會上聲明了南、西沙群島應歸還南越，而與會的五十一個國家並沒反對（吾人頗表懷疑，因蘇聯所提的修正草案主張應歸還中國），如此就主張南、西沙群島是南越的領土。但是要知道，舊金山和會沒有中國代表參加，而且北京政府不僅在開會前及開會後，均嚴正地聲明中國在南海諸島的主權是不可侵犯的，且該和約沒有中國參加準備擬制和簽訂，是非法、無效的，並且也違反《開羅宣言》的規定，日本竊取於中國的領土，如滿洲、台灣、澎湖群島等應歸還中國。

從國際法觀之，所謂「恢復原狀」主義（postliminium），本爲羅馬法的一個觀念，國際法採用來說明交戰國的領土與人民，雖在戰時忍受了敵國的軍事占領，卻不隸屬於敵國的主權，敵國的軍事占領一旦終止，未占領前的事務原狀，便當然恢復，由原來主權國進占，再度取得主權。

很明顯的，從前面文章提供的歷史證據及事實，我們可以了解到中國不僅做了抗議的聲明，且實際上有行使主權的事實。一九四五年，中日戰爭結束，一九四六年，國民政府派艦接收西沙、南沙，並在太平島重立國碑等，並劃歸廣東省政府管轄。一九四七年，更正式核定東沙、西沙、中沙、南沙四群島及所屬各島嶼、礁、灘等之名義，並公佈中外，當時並無任何國家提出異議，這應可說明在舊金山和約簽訂前，日本投降後，中國業已進占南海諸島，並實際上有效地行使主權，而當時並沒有其他國家抗議，足見其他國家均已默認南海諸島爲中國領土的一部分，主權是屬於中國的。雖然國民政府因內戰關係，於一九五〇年撤離南海諸島的駐軍，但這只是行政管理的暫時中止，並不代表主權的放棄。況且，一九五三年北京政府緊接著就有效控制了西沙，而一九五六年，台北政府也派軍隊駐守太平島迄今，並巡視其他島嶼。故中國對於西沙、南沙雖有幾年中止它的行政管理，但期間非常短暫，且事實上也沒有發表過放棄的聲明，並不影響主權的所有。

反觀南越以何種行動來支持它的主權。一九五五年，在馬尼拉召開的第一屆國際民航組織會議上，越南也參加了議案中決議「中華民國應補充南沙群島每日四次之高空氣象觀測，並要求我國竭力設法，傳送有關東沙、西沙、南沙各群島的氣象報告於各地。」由此可見，越南也默認了南海諸島爲我國領土。一九五九年，南越雖授權新加坡公司至西沙開採燐礦，但經北京政府抗議，也沒實際行動產生。一九五九年二月，西貢海軍侵入西沙，抓走漁民八十二人，北京政府強烈抗議，遂釋放漁民。一九六九年，聯合國宣佈南中國海的大陸棚上蘊藏大量石油，菲律賓和南越相繼提出對南沙群島主權的要求，中國對此強烈警告菲及西貢政權。一九六〇年越戰前後，美國飛機屢次飛越西沙永興島上空，北京政府也提過數十次抗議。

從上述說明，南越並沒有充足的行使主權的依據，雖然它也提過主張聲明，但自一九四九年以來，北京政府的抗議不下七次之多，而南越只回答一次。因此南越在國際法理上的依據是十分脆弱的。再看菲律賓方面的聲明，一九五六年，菲人克洛瑪稱發現自由地而進占。事實上，該地即南沙群島，後經台北政府抗議而撤離太平、南威島。但仍有駐軍在五個小島上，理由是那些島嶼並不屬於南沙群島。但這些島嶼如確屬南沙群島的一部分，則因台北政府的不斷抗議菲律賓也無法因時效取得主權的。

除此之外，我們也可依歷史上的證據來證明，因這些島嶼均不是任何一國大陸棚地理上的自然延伸（按大陸棚的延伸是從濱海至水深二百公尺之水面，而大部分南海水深三千公尺，甚或有些地方深達四千公尺），所以與《大陸礁層公約》沒多大關聯。假設這些島嶼最初並沒有任何力量建立有效的控制，而是屬於無主地的話，那麼任何國家均可依先占方式取得領土。

國際法上，領土取得的方式有五：一、先占（Occupation），二、征服（Conquest），三、轉移（Transfer），四、附添（Accretion），五、時效（Prescription）。所謂先占是一個國家在某一片無主地上設定主權，其條件如下：

一、先占的客體須是無主地。即不曾設定主權的土地，而不必是無人居住的土地。無主地可包括：*1.*無人居住的荒地、荒島與新形成的島嶼。*2.*有土人居住而沒有任何組織的土地。*3.*有土人居住、有原始組織而不在現行國際法系統之內的土地。*4.*被文明國家放棄。

二、先占的主體必須是國家。先占的目的在設定主權，唯有國家才能，不依事先授權或事後批准行之。因此，菲人克洛瑪的發現自由地，被國會駁回及外交部否認，根本不能成先占的要件而取得領土。

三、先占須做有效的占領。國家設定主權後，便當行使有效占領是行使主權的初步，其具體表現與地方行政機構的設立，升國旗正式發表兼併聲明，通知其他各國或實行拓殖。因此，發現並不是先占的唯一根據，只能使最先發現的國家取得一種原始權利，如果最先發現的國家在某一時期內，不曾作有效的占領，過了這段時期，自不能阻止他國占領。至於時期的長短，有些法學家主張二十五年，但也並不是絕對的，另有人主張應視個別情況而定。

回顧我國歷史自明朝永樂、宣德年間（一四〇四—一四三三），鄭和下西洋即將南洋群島（包括今日之南海諸島）收入版圖。十四、五世紀之前，我國漁民即經常前往各該島作業。抗戰勝利後，政府派軍政人員前往接收，並劃歸海南特別行政區管轄。多年來，我國公私印行的各種地圖均將各該島列入我國領土界線以內；不僅如此，外國的地圖，如美、英、蘇、意出版的地圖上，均在南海諸島註明是屬於中國的。因此，我國早已完成國際法上先占的要件，且南海諸島之屬中國，自漢迄清，歷史記載不絕，足以證明繼續的所有。雖然南越也提出了許多證據，但都比中國晚，且其中不少是法國殖民時代遺留下的。南越最早的記載是一八三五年出版的《南越地圖》中有西沙的記載，《大南越通志》記載阮朝初葉，有所謂的「黃沙公司」在西沙採海產，另有法探險者的記載，指出交趾支那國土包括西沙群島，並提到嘉隆帝曾下令列西沙入版圖，其時在一八一六年左右。因此可知南越所提出的歷史證據都比我們晚了數百年。況且，一八八三年中、法、越南《續議界務專條》第三款也明白規定「廣東界務經兩國勘界大臣勘定邊界之外，芒街以東，及東北一帶所有未定之處，均歸中國管轄」，海中各島，包括西沙群島及南沙群島都遠在這分界線以東，由此更清楚地明瞭越南早就承認南沙、西沙群島之主權屬於中國。

（康奈爾大學中國同學會，《南海諸島問題特刊》，一九七四年三月）

六、從國際公法看領土之得失

守華

自去年（一九七四）一月南越軍隊企圖占領西沙群島失利，二月初改占南沙群島，迄今已設有鞏固之軍事建築於南沙七個島嶼上面。為了爭取國際輿論的同情，南越駐美大使館新聞處更發表了一份所謂「FACT SHEET」，寄到全美各大機構及圖書館內。這份文件的內容大致上以下面數點來肯定南越應享有南中國海十一個群島（即南沙群島）的主權：

一、地理上，南沙諸島距離越南最近。

二、歷史上，南沙群島已為越南所占有，以一八三四年的一張越南地圖為證。

三、法國外交部於一九三三年派船三艘前往南威等三島，以發現新陸地之方式予以占領，中國、菲律賓、荷蘭及美國均無抗議。

四、在國際條約及慣例上，南越曾於三藩市會議發表接收南沙諸島之聲明，在場五十一國沒有提出反對意見。

基於以上四項理由，南越政府於是堅持其對南沙主權之擁有為不可置疑。從國際法的角度看來，南越政府好像無論在「先占」、「時效」及「征服」各原則上均振振有詞。事實上是這樣嗎？我們可以詳細一點看國際公法在領土得失上的各項主要原則。首先應該指出歷史性地圖上的國界本身並不可能構成主權所屬的證明。地理上的接近，在不符合「鄰接」（CONTIGUITY）及「大陸棚」（CONTINENTAL SHELF）原則下，亦不是以為主權享有的理由（註一）。南沙為珊瑚礁嶼，遠離越南海岸至少三百哩，非於大陸棚之上，更非「鄰接」，是以此理不足為據。

一、和平占領或先占（OCCUPATION）：一個國家可以在一塊無主土地（TERRA NULIUS）上建立主權，使成為自己的領土。領土的先占不須全面，但必須明顯而且有效（如設立行政機關管轄新佔地）。單是官式宣佈占領，並不算作有效之先占。（註二）

二、割讓（CESSION）：或稱「轉移」（TRANSFER）。主權國之間可以訂約出讓。承讓、接收、收買、出賣及交換所轄部分領土的主權。歷史上著名的例子有一八〇三年法國出賣LOUISIANA給美國，帝俄以七百二十萬美元賣出ALASKA等。往日帝俄侵略中國，單是一個《聖彼得堡條約》（一八八一）便使中國喪失土地三十五萬平方哩。此外還要賠款四百萬盧布（註三）。

三、征服（CONQUEST OR SUBJUGATION）：顧名思義，「征服」原則代表了最明顯之不平等條約。帝俄於一八七一年出兵占據新疆的伊犁區，拒不撤兵。一八八二年訂立《伊犁條約》，中國正式失地二萬平方公里。自《聯合國憲章》第二章第四條禁止國際間武力的使用後，「征服」及「平定」今日再不能成為合法爭取領土主權的手段。

四、時效（PRESCRIPTION）：時效原則基於長時期實際上主權不斷的有效行使。時效必須具備三個條件：*1.*所行使的必須是主權，不是行政權（如租界內者）。*2.*領土主權國在行使其主權時未受干擾，如沒有第三國家抗議，地方人民未有反抗之表示等等。*3.*取得有效的經過時間必須相當悠久。因為在時效的長久上沒有劃一的規定，標準因事而移，故此往往不能構成主要的論據，在諸原則中地位最低。

五、添附（ACCRETION）：在天然環境的變遷下，土地有新的伸延或沖積，如河口的三角洲，河道主流之改變（崩附地：AVULSION）等等，均足以構成領土邊界的改變。

以上是國際公法上判斷領土主權歸屬的五大原則。拿來印證南越政府「FACT SHEET」的四大理由，我們很清楚地看到在地理上，南沙群島沒有一個位於南越領海之內，至於「距離南越最近」的一個說法，十分荒謬，相信菲律賓政府一定不會同意這說法。何況主權歸屬，與遠近問題沒有關係。自歷史上的紀錄看來，越南以一八三四年的一幅地圖作爲先占證據。可是中國地圖的紀錄更爲遠久，就歷史事實說來，遠自公元八世紀，中國人已經經營西、南沙諸島嶼了（註四）。至於法國殖民主義者於一八三三年派船三艘前往南威三島，以發現新陸之方式予以占領，中國、菲律賓及美國均無抗議一說，實在不能成立。首先南威三島已爲中國所經營，長達數世紀之久，本不是無主之地，越南或法國不可能加以「先占」。一八五七年六月二十六日中國與法國訂立之《續議界務專條》第二條內明文規定西沙、中沙、南沙及東沙等群島，皆屬中國，故此法國一九三三年登陸南威三島，實在不是「和平先占」，而是「侵略」了（註五）。說到一九五一年的三藩市會議，會上南越發表接收南沙諸島之聲明，在場五十一國沒有提出反對意見這一點，我們要知道，中國並非三藩市會議國之一，南越政府這般提出其理由，稱與會五十一國，可見實自揭其短。

而且早在一九五一年八月十五日，中國外交部長周恩來在〈關於美英對日和約草案及舊金山會議的聲明〉中就曾嚴正指出：「西沙群島和南威島正如整個南沙群島及中沙群島、東沙群島一樣，向爲中國領土。」（註七）其次台北政府在一九五二年與日本簽訂和平條約第二條內日本聲明放棄南沙諸島的主權，可見這「放棄」與中國之接收有直接的、條約上的關係。國際公法的慣例是物歸原主，日本沒有和越南簽訂同樣的和約，用意十分明顯（註六）。從南越政府所派發的「FACT SHEET」，我們看見了它虛僞的一面。若是單從國際法的角度看來，南越政府是站不住的。可是爲什麼它仍然占領了南沙的七個島嶼，更在上面加工建築軍事設施？而國際輿論界亦不見有所表示？從這一點我們可以看見單是國際法不能解決領土主權之行使及其保留的實際問題。台北官方向南越政府作口頭上、公文上的抗議，只可算是爲山九仞之一仞。就這原因，我們必須要求台北政府在短期內，如外交途徑無效，則應採取果斷的措施，不能在不知不覺下，把南沙的主權喪失掉。無論現在或將來都不能與虎謀皮，說什麼共同開發，否則我們要問：台北政府和滿清政府有什麼兩樣？我們的子孫要問，爲什麼你們丟掉了南沙？

註釋

註一：「鄰接」（CONTIGUOUS ZONE）沒有明確的定義，依慣例為離海岸線三至十二哩，通常以外限十二哩作準，之內為領海，之外為公海。「大陸棚」為接連內陸之海床，水深不超過二百公尺為大陸棚，可以延伸遠離領海範圍。參見Gerhard von Glahn, Law Among Nations, Macmillan, Toronto, 1970 pp. 309-321。

註二："......A declaration of occupation is not enough; it would constitute only a" fictitional occupation, and not an effective occupation. This is the reason why effectiveness has a special importance for the recognition of title by occupation." Max Sprenson, ed: Manual of Public International Law, N.Y.: St. Martins Press, 1968, p. 322.

註三：有關中國、中亞及東北失地之其他條約，參見Alastair Lamb, Asian Frontiers: Studies In a Continuing Problem, London: Ferderick A. Preager, 1968, pp. 190-213及趙宋岑《中國的版圖》，下冊，台灣中華書局，一九六七。

註四：參看《明報》月刊第一〇一期葉漢明、吳瑞卿君之〈從歷史書籍及輿圖看南海諸島的主權歸屬問題〉。

註五及六：參見《明報》月刊第一〇一期鄧嗣禹〈南中國海諸島嶼的主權問題〉。

註七：新華社北京，一九七四年一月二十日電。

主要參考書

1. 杜蘅之《國際法大綱》上冊，台灣商務印書局，一九七一。
2. 何適《國際公法》，台灣商務印書局，一九六六。
3. Glahn, Gernard von. Law Among Nations. Toronto: Mas Millan, 1970.
4. O'Connell, D. P. International Law. Vol. 1. London: Stevenson & Sons, 1970.
5. Oppenheim, L. Interantional Law: A Treatise. Vol. 1. New York: Longmans, Gram & Co., 1905.
6. Max Sprenson，見註二。

（威斯康辛大學保沙委員會，《中西部保沙通訊》，一九七四年第一期）

七、西沙文物——西沙群島文物調查摘要

漁夫

西沙群島是我國南海諸島的一部分，位於廣東省海南島東南大海中，它由三千多處島嶼、沙洲、礁、灘所組成。從海南島南部的榆林港到永興島約一八〇哩。西沙群島範圍廣闊，物產富饒，風景美麗，形勢險要，自古以來就是我國的神聖領土。我島人民千百年來就在這些島嶼上居住、生產，並在它的海面上航行、捕魚，洒遍了辛勤勞動的血汗。一九七四年三月至五月，廣東省博物館和海南行政區文化局的文物考古工作人員到西沙群島進行文物調查。在人民解放軍駐島部隊，西、南、中沙群島革命委員會和廣大漁民、民兵的支持幫助下，在西沙群島所屬永興島的珊瑚島、甘泉島、金銀島、晉卿島、北島和五島（東島）等地進行了廣泛的調查，並在甘泉島和金銀島二地做了考古試掘，獲得了一大批重要的歷史文物和資料。這是我國人民千百年來在西沙群島長期勞動、居住的有力的歷史見證。

島上的調查發掘

這次文物調查中，在甘泉島發現了一處唐宋遺址，出土了一批清代、近代的瓷器和一枚宋代銅錢，一枚明代銅錢。

1. 甘泉島上的唐宋遺址和出土遺物

甘泉島位於永樂群島西部，漁民俗稱「圓峙」，以林泉甘甜著名。該島長七百餘米，呈南北向的橢圓形，從島上共挖出三十七件瓷器，大多是殘片，可分爲兩類：

第一類：十一件青釉瓷，全是罐類器。瓷器製作較粗，胎質灰黑，火候不高，是一種半陶器。器外是青綠色釉，開魚子紋片，與在廣東、福建發掘出類似的罐器比較，這些青釉罐的時代應在唐至五代期間。

第二類：是二十六件宋代的青白釉瓷器，包括各種罐、碗、碟和粉盒。這批宋代瓷器，胎質細密、製作相當精緻。釉水薄，多顯青白色。以瓷器的胎質、製法、器形、釉色和花紋裝飾看，與廣東省廣州西村皇帝崗窯址（始於晚唐、盛於五代、北宋）出產同類器物對比，兩者幾乎完全一樣。因此，甘泉島出土的有些宋代瓷器，應當就是廣州西村皇帝崗窯場的產品。

根據發掘的情況，可以斷定這是一處唐、宋時代的居住遺址。因為瓷器是埋在島內離海邊一〇〇米的珊瑚沙、鳥糞和腐爛樹枝裡，全部瓷器都沒有被海水和珊瑚沖擊和腐損的跡象，也沒有黏上珊瑚沙。這說明它們沒有在海水中浸泡過，是我國古代居民直接攜帶到島上，而不是失落在海裡後被海潮沖上來的。此外，瓷器數量不多，品種複雜，有不少質地粗糙的盤碗、罐，顯然是我國居民的日常生活用品。

2.其他島上出土的瓷器

在永興島、金銀島、珊瑚島和五島等地發掘出了十八件瓷器和瓷片，從器形和花紋上看，是清代康熙至雍正年間江西景德鎮的產品。有三件瓷盤完好如新，說明它們沒有浸泡過海水，是島上當時居民的遺物。

3.出土的銅錢

在晉卿島和廣金島曾挖掘到鑄於北宋徽宗建中靖國元年（公元一一〇一年）的「聖宋元寶」和明代的「洪武通寶」，說明當時島上居民使用的貨幣和全國其他地方流通的相同。

漁民建築的珊瑚石小廟

海南島的文昌、瓊海等地的漁民，很早以來就到西沙群島進行漁業生產。他們大多在冬季利用東北風南下，到第二年颱風季節前乘西南風北返，有的漁民就在島上常住。漁民在西沙群島的生產，主要是捕捉魚類、海龜，也有揀海參、貝殼、公螺和割牡蠣的。漁民在島上挖水井汲水，種椰樹，曬魚乾，拾柴薪，蓋造草棚和珊瑚石小廟等。最先上島蓋廟的漁民受人尊敬，捉海龜、揀貝殼等都享有優先權，廟就是他們最先上島的標誌和紀念。

在西沙群島一共發現十三座小廟。小廟的結構簡單、規模甚小，多用珊瑚石、珊瑚板砌成。有的小廟裡還留有代香爐的清代道光年間福建德化的瓷碗、盆等。琛航島西北角的廟裡有一件明代龍泉窯的觀音像和一對近代花瓶。這些佛像和供器顯然是中國漁民帶來的。

漁民們對這些小廟，沒有統一的稱呼，供有神像的就叫娘娘廟，其他的稱爲公廟、石廟、土地廟等。從小廟的建築，各種佛像供器等的研究來看，有的小廟是明代建的，大多數則是清代所建。許多小廟顯然是經過修理、加砌。從瓷器年代的差距，也說明經過漁民們一再的更換補充。

碑

西沙群島上一共發現了四塊碑，都爲中國政府所立。第一塊有「視察紀念，大清光緒二十八年」等字樣，第三塊「視察紀念」是一九二一年當時中國政府所立，第四塊是抗日戰爭後，一九四六年十一月二十四日當時中國政府收復群島時立，碑上刻有「南海屏藩」「海軍收復西沙群島紀念碑」。

海南島漁民的航海《水路簿》

中國漁民們在往來西沙群島的航海經驗中，繪製了《水路簿》，以便漁民們在西沙群島海域的航行。《水路簿》多爲手抄本，是祖輩們航行經驗的總結，經過流傳抄寫的過程中，又不斷的修改補充。《水路簿》裡記有各地之間的方向、距離、當地的氣象、海洋島上海下的物產資源。這些資料是必須經過一段很長的時間，各種生產活動才能收集成的。漁民們更用約定俗成的辦法給各地方取了形象生動的地名。

礁盤上發現的遺物

西沙群島是由無數珊瑚礁形成的。島就是珊瑚沙的堆積，但四周大多有比島寬數倍的珊瑚石礁盤。礁盤上一般水深二丈左右，退潮時有些珊瑚石塊能露出水面。

在這些礁石上也發現了一些宋、元、明、清各代瓷器及銅錠、銅鏡、銅劍鞘和大量的銅錢，包括明代的「永樂通寶」、元末的「天啓通寶」、「洪武通寶」、「龍鳳通寶」等。這些都是中國船隻觸礁沉沒的遺物。

根據這次調查中已發現的文物，我們可以清楚地看到：西沙群島自古以來就是中國神聖的領土，中國人民一直在西沙航行、居住和生產勞動。帝國主義者說這是一片無人管轄、無人居住的荒島，歷史已經給了他們一記響亮的耳光！南越西貢當局處心積慮的製造謊言，還企圖用武力侵占我國領土，在偉大的中國人民面前，這種侵略陰謀絕不能得逞！謊言早已戳穿，歷史鐵證如山，這就是這次文物調查的結論。

（堪薩斯大學，《保沙專刊》，一九七四年二月，摘自《西沙文物——中國南海諸島之一西沙群島文物調查》，廣東省博物館文物出版社，一九七四年十月，北京）

第三節　人若犯我，我必犯人——西沙點燃戰火

茗子

一、西沙之戰

（一）中國海疆一再被侵占　忍無可忍終發兵西沙

夜幕下有風，六級風。

海面上有浪，中浪中湧。

一支艦艇混合編隊，疾馳在南中國海。

下弦月終於從厚厚的雲層中冒出來，這時候，已是一九七四年一月二十日凌晨。

當頭一條護衛艇上，有山東口音響起：「放慢點，注意觀察。現在已航行七小時了，別走過了西沙！」

西沙？是的。兵發西沙！

這是中華人民共和國，一個仍未從「文革」內亂中脫身的大國，派出了收復領土的陸海軍聯合作戰部隊。

風漸漸息了，浪漸漸平了，銀色的月光灑在無邊的大海上，映出一片美得如童話般的世界。

漸漸滲入這黑白畫面的是晨曦，是海天交接處的一抹血紅。右舷遠處出現了一線白花花的礁盤。

參戰的艦艇會合了，參戰的漁輪靠過來了，寂靜的空中，看不見的電波在傳遞無聲的命令。從北京到廣州，從廣州到榆林，從榆林到西沙。

大戰在即，令飽受暈船嘔吐之苦的陸軍將士們精神爲之一振。砲衣褪下來了，各艦艇的海軍將士各就各位。此時，在琛航島附近，昨日激戰負傷後搶灘的三八九艦上，仍有局部的燃燒；火苗憩著桅杆，高高的桅杆在夜與晝交替的天際燃燒著，像憤怒的火炬，它告訴世人：戰鬥，非自今日始。

侵略者對中國海洋國土的蠶食鯨吞，更非自今日始。南中國海、日本海、黃海、東海，歷史蘸著鹹水與血水寫下，留給中國人一頁頁屈辱、痛苦和憤怒的回憶。

倘不理解這些歷史，你很難理解毛澤東、周恩來、葉劍英、鄧小平這老一輩人，以及在西沙海上狂呼搏殺的這一代人，爲何因幾個小島而耿耿於懷。

一九七三年到一九八二年間召開的聯合國第三次海洋法會議，經過激烈鬥爭，終於通過了《聯合國海洋法公約》（下文稱《公約》）；鬥爭之激烈，是因爲有的國家已佔了有利態勢，而有的國家正力求打亂重來。大家都記得古希臘狄米斯托克利在二千五百年前的名言：「誰控制了海洋，誰就控制了一切。」根據《公約》，沿海國家的領海寬度增大到十二海里之內（一海里爲一．八五二公里），擴大了以前沿海國家領土向海洋延伸的距離。這是第一筆。

第二筆財產是「海洋專屬經濟區」——從領海基線算起不超過二百海里。沿海國家在其專屬區內享有對於一切自然資源的主權權利，進行經濟開發和勘探的主權權利，還有建造和使用人工島嶼、設施和結構的主權權利，以及海洋科學研究、海洋環境保護與海洋人工設施的管轄權。

全球的專屬區內，蘊藏著佔世界百分之八十已探明的石油儲量，百分之九十四的世界漁業產量，而且，幾乎包括了所有重要的國際海上通道。

這三筆財產，我們卻不知一些鄰居在悄悄冒領。

實際上，借助這個條約，佔地球面積百分之七十點八的海洋等於來了一次重新分配，其中三分之一已經成了沿海國家的新領土——海洋國土。就是說，在我們一些人還沒了解，還沒領悟，還沒來得及興奮或憤怒的情況下，地球的四分之一（約百分之二十三．六）已經瓜分完畢。

按照《公約》規定，中國可以劃分三百萬平方公里的海洋專屬區和大陸架——我們的海洋國土。

多乎哉？不多也！

以人均計算，中國每人只擁有二八〇八平方米的海洋，只是日本人擁有的百分之八！以陸地國土與海洋國土面積相比，中國是一比〇．三，而越南是一比二，印尼、菲律賓則高達一比十。

而就是這一塊並不過分的海洋國土，像是中國人無暇經營的前院，已被一些貪婪的國家闖入，始則偷占，繼而駐軍，終於鑽井採油，把資源狂吸濫採，大盜小賊哄搶的面積，幾近中國海洋國土的三分之一。

據《公約》規定，不僅沿海大陸可以擁有領海和海洋專屬經濟區，具備一定條件（主要是具備人類生存條件和周圍海域足夠寬廣等）的海洋島嶼也可以擁有領海和海洋專屬經濟區。

這就使島嶼瘋狂大漲價，它的價值，將不在於島上那零點幾平方公里土地，那幾株樹一眼井，而在於據此可以獲得四五〇平方海里即一五〇〇平方公里的領海區，又可以獲得十二點五萬平方海里即四十三萬多平方公里的海洋專屬經濟區。

何止寸土尺金？

尤其是漁產豐富的南海諸島，尤其是有「第二個波斯灣」之稱的儲油豐富的南海諸島海域。百分之百利潤就可以使資本家瘋狂而不畏死，何況幾乎是無本萬利？幾根破槍，一艘軍艦，就能佔一個島而獲得神話般的巨大寶藏?!

由此，某些島國不惜傾數百億的巨款，把一個本來只有在落潮時才露出彈丸之地的礁盤建成人工島，以便獲得數十萬平方公里的領海和專屬區！

一些窮國弱國沒錢行此盛事，但有槍，便去做「無本生意」。於是盯上了中國，儘管他們曾一次又一次承認中國對有關島嶼的無可爭辯的主權，但利之所至，也就食言而肥，背信棄義了。中國人的海洋國土，由此不得安寧。

南中國海，憤怒的海。

據史料記載，早在西漢時期，南海諸島已收入我國版圖。自此以後，歷朝史料都記載了中國人民在南海諸島一帶航行、生產、生活的情況，在島上也留下了古代中國人的廟宇、墳墓、水井、用具。北宋時期，中國海軍已經巡海到西沙群島一帶；元代則到此正式測繪；清代更由水師提督親率軍艦，上島重申主權，升旗放砲，定名勒石。

這一切，毗鄰各國及世界各重要航海國都是知道的，他們的地圖、教科書，以及世界上許多權威性的百科全書都標明：南海諸島屬於中國。

早在一九五一年八月十五日，周恩來總理在《關於美英對日和約草案及舊金山會議的聲明》中，就特地指出：西沙群島和南威島正如整個南沙群島及中沙群島、東沙群島一樣，向爲中國領土。

近二、三百年來，中國的南海諸島，像一個國際鬥爭的舞台，在這個舞台上：大盜是蠻橫的掠奪，小賊是卑怯的巧取；列強有列強的舉動，列弱有列弱的把戲。

到了二十世紀初，中國積弱不振，列強爭奪海上霸權更激烈，前此的那種航海家的羞恥心和紳士風度，就讓位於商人的利欲和海盜的蠻橫了。

一九三三年，法國趁日本入侵中國東北之際，派兵侵占西沙群島，並於一九三三年四月六日至十二日侵占了南沙群島。

一九三三年八月二十八日的《南華早報》，記載了令中國人感到屈辱而又有點滑稽的一幕。法國侵略者說：這裡有礁湖，「可用作水上飛機、潛水艇和小型船隻萬一需要時的優良避風港。」「如果由外國行使對這些中國海域的監護權，看來可能造成妨礙我們海上交通安全的危險。」

請看，「中國海域的監護權」，法國侵略者把自己置於什麼位置？

法國人在讚賞之餘，不由得驚嘆：「這樣一個地區無人占領，這是多麼粗心大意的疏忽！占領鄰近領土的列強各國：英國、美國、荷蘭和日本，沒有一個曾經想到要採取行使主權的行動……」這些法國人，也太自以爲是了。

一方面，法國人強調這些島荒無人煙。另一方面，卻描寫了島上中國人的廟宇、用具、神主牌和一段神秘的留言。在一個島上，法國人升國旗，而升起法國旗的竟是「在島上居住的三個中國人」！

簡直是一段「黑色幽默」！

對此，日本人也就不再「疏忽」了，他們提出「抗議」，派出軍艦進行威脅。到了一九三九年三月，乾脆向西沙南沙發動攻擊，實踐了大盜間「黑吃黑」的勾當。

抗戰勝利後，中國根據《開羅宣言》和《波茨坦協定》，於一九四六年派海軍收復和進駐西沙和南沙，結束了列強二、三百年來的覬覦。但是，在這個舞台上，列弱——比鄰的經濟不算發達軍事也並不強大的諸國，卻又登台表演了。

這是被菲律賓人民趕下台的前獨裁者馬科斯的名言，一九七一年七月十一日，他為自己派兵侵占南沙群島狡辯說：「占領是決定性的因素，占領就是控制。」他同時宣佈「授權」在該海域開採石油。

馬科斯的話，可以說代表了列弱在或明或暗侵吞瓜分南海諸島時的心理。儘管他們也竭力引經據典，但心裡卻明知中國的合法主權是歷史的事實，與其多費唇舌，不如動手拿一點算一點。

在這方面，介紹一下在中國鮮為人知的狂人克洛馬是很有參考價值的。克洛馬聲稱他「發現」了南沙群島，於一九五六年三月組成四十人的「遠征隊」進入南沙，隨後宣稱建立「自由地」，自稱「自由王子」，還準備發行郵票等等。表面上，這是一個狂人的私人行動，實際上，正如菲律賓報紙揭露的那樣，這是政府幕後支持的行動，目的是以試探方式實施占領。

果然，克洛馬在南沙進進出出，在國際上大造輿論，似乎真有這樣一個「自由邦」、一塊「自由地」。而官方則加緊鞏固對南沙部分島礁的占領。

到了一九七四年十一月，國防部長恩里萊下令「拘捕」了克洛馬，說他無權成立「自由邦」，這一塊「自由地」應是國家領土。

於是，一場戲落幕，一大片海域也隨著幾個小島的占領而被非法劃入人家的大陸架範圍。

戲法人人會變，各自方法不同。

在妄圖瓜分南海諸島的各方，越南最奸詐、最貪婪，又是最無賴、最頑固。自一九五六年起，南越當局幾乎是同時向我西沙、南沙下手；而作為「同志加兄弟」的北越，其領導人曾多次在正式聲明、照會中承認南沙、西沙是中國領土。在其官方地圖冊和學校教科書中，都把西沙南沙標明是中國領土。誰料一旦全國解放，他們立即翻臉不認人，改口不認帳，不但繼承了南越僞政權全部侵略成果，而且繼續擴大侵略。

越南人在南沙，儘管生活設施低劣，氣候變化令給養常常補充不上，但他們仍死死賴著不走。當其他侵占中國島嶼的國家熬不下去，或守備乏人，或虛設旗標而無正常守備時，越南人立即趁虛而入，毫不客氣地來個「黑吃黑」，於是越佔越多，竟把南沙群島主要的三十一個島佔了二十多個。

在西沙，南越僞軍原來佔了多個島嶼，後來集中兵力占據珊瑚島，時時騷擾我漁民的正常生活和作業，不時到其他島上進行襲擾，擺出一副反客爲主的流氓嘴臉，企圖把中國人民擠出西沙。

一九七四年，一方面出於其主子美帝國主義的戰略需要，一方面出於潛在經濟價值的考慮，越南侵略者的活動更猖獗了。

（二）初度交鋒漁船鬥軍艦
葉劍英調兵決揚軍威

戰雲密佈，西沙難逃一戰，考驗便首先落到在西沙海域正常作業的中國漁民身上了。

一九七三年底，廣東南海漁業公司的職工出現了一股「西沙熱」，都知道那裡可能有危險，都知道越南侵略者的蠻橫，但還是都搶著去。

他們明白，去西沙，既會有生產鬥爭，也會有對敵鬥爭。作爲黨委常委、副經理、民兵團參謀長的張秉林奉命帶隊，他更加清楚戰爭是怎麼回事。這個參加八路軍從山東出關，又從東北打回來，參與解放海南島的轉業軍人，心中有數，知道在這樣形勢下去西沙捕撈作業，無異於上前線。捕撈隊，由一些鐵骨錚錚的中華兒女組成了，分屬南漁四〇二、四〇七船和島上後勤組，並分爲三個黨支部，張秉林任總支書記，統率這九十七人。

船上和後勤組都設有電台，帶上報務人員和醫生，甚至帶備了一名外科醫生和相應的器械。每條漁輪上，有一條機艇和五條玻璃鋼小艇。爲了防備襲擊，每船上有一挺「十二點七」機關槍，艙裡有五枝自動步槍，平均每個船員配有一顆手榴彈。這就是同赴前線的中國漁民擁有的全部裝備。他們都知道：一九五八年南越僞軍曾綁架中國在西沙正常作業的八十多名漁民，敲詐勒索，百般折磨，但是，他們還是搶著去；那股豪氣，直使一個捕撈隊，變成一個敢死隊一般，慷慨登船，奮勇出征。

船從海南的白馬井漁業基地出發，一月十三日到達西沙，十四日在琛航島設立了二十人的後勤基地，負責加工海產品。

西沙，熱鬧起來了！那成百斤重，其大如豬的一個個梅花參被槓出水面時，那一網網魚蝦出水時，笑聲驚動了群島！成千的海鳥盤旋天際，又是一番壯觀景象。

漁民們沒有忘記自己是西沙的主人，他們在甘泉島上升起了五星紅旗，並且豎立一塊大木板，上面用紅油漆寫上：

「中華人民共和國神聖領土，決不允許侵犯！」

考慮到當時仍處於「文革」期間，滿腔義憤的漁民僅用這樣的語句而沒用「文革語言」，已經是非常策略，很講分寸的了。

然而，南越軍艦上的美式大砲仍然爲此褪下了砲衣。

一月十五日十三時五十分，砲響了。敵十六號艦對著甘泉島上的五星紅旗打了十發砲彈，揭開了西沙之戰的序幕。

漁民們不瞅不睬，照常作業，令越兵大為沒趣。原來他們估計，偌大的戰艦對付三百噸的漁船，也不過是嚇嚇就跑了。既然不行，便放下小艇，載上士兵靠近四〇二船。當時，四〇二船是內張外弛，一方面向公司領導和捕撈隊領導發電匯報，一方面緊急動員，準備戰鬥。

敵船靠近，說是要檢查，船長黃亞來大怒，喝道：「這裡是中國的西沙，該受檢查的不是我們，而是他們，把他們趕走！」於是，船員們抓起魚叉、鐵棍、木棍，一起撲上，輪機長林樹根舉起船槳大喝一聲：「誰敢上來，我就揍他！」

全副武裝的越兵慌了，只好掉頭回艦。

這時，越方要求增援，我方也在聯絡伙伴。當晚，正在羚羊礁潛水作業的四〇七船立即趕回與四〇二船會合。而第二天，越四號艦也趕來，並派兵占領了甘泉島。此後，兩條大軍艦對著我兩條漁船，劍拔弩張，衝來撞去，始終沒法逼我漁船離開。

十八日上午，敵十六號艦又直衝四〇七漁輪。敵兵穿好救生衣，一面用手比劃，表示要開砲，一面用中國話廣播，妄圖硬逼我漁輪離開。這時，一直利用我船小而靈活的特點不斷避開敵艦衝撞的船長楊貴，下令沿著航線直撞過去，敵軍嚇呆了。

楊貴站在船頭，「刷」地撕開上衣，拍著胸膛，大聲喝道：「有種的朝這裡打，中國人民是不怕死的！」

船員們也站上甲板，齊聲喊：「你們敢開第一愴，我們要你餵鯊魚！」兩船越來越近，一百米、五十米、三十米，就在中國人等著同歸於盡的一剎那，越南人吃不住勁兒了，他們緊急倒車，然後溜開了。

如果說這個回合還不足以顯示中國人的膽量，那麼，隨後的突變又把這些中國人擺在要麼當俘虜，要麼拚一死的地步。

十六號艦剛退，四號艦又衝向四〇七，在靠近的一瞬間，敵艦來個急轉彎，不但撞壞了四〇七的左舷，而且用鐵錨鉤住了漁船駕駛樓的鐵窗。船長楊貴立即撲出駕駛樓外台，拚盡全力去推鐵錨。這時，他處於極其危險的處境，鐵錨一脫，他可能被沉重的鐵錨砸死，也可能被摔進大海。然而，鐵錨不動，鐵鏈綳得太緊了，如果敵人不倒車，鐵錨不是人力所能推動的。

船長命令：「敵人不倒車，我們就上艦同他們拚！」

拚?槍是不能輕易動用的，因爲有規定：我們不打第一槍。於是，船員們抄起竹篙、魚叉、棍棒，紛紛湧向船舷，準備跳上敵艦。

南越兵中不乏會聽中國話甚至廣東話的人，登時慌成一片，紛紛躲入艙內，不一會，開動倒車，鬆開錨鏈，避開了這群不怕死的中國人。

兩次較量，兩次倒車，勝負自明。敵方掛出了「操縱失靈」的信號旗，聊作遮羞。

中國人則齊齊發一聲喊：「中國人民會跟你們算帳的！」

此時，國內頻繁的政治運動正值一段短暫的間歇，「批林批孔」運動還沒掀起（剛打完仗就來了）；鄧小平開始恢復部分工作（還沒公開）；葉劍英早有收復西沙之意，這時正主持軍委日常工作（儘管時受衝擊）。雖說還是時世艱難，但中國人還是稍稍喘了一口氣。

侵略者恰恰在這個時機來考驗中國人的決心，可謂活該！

一月十五日下午二時，廣州軍區作戰部副部長王慶林接到報告：西沙海域敵方活動異常。

王慶林立即下令值班參謀標圖，他看後發現，敵艦活動確實異常，到底敵人是想嚇嚇中國人，還是真想動手，一時仍難下判斷。廣州軍區立即報告中國人民解放軍總參謀部，總參要求廣州繼續掌握情況，同時立即報告周恩來總理和葉副主席，分析情況之後，周、葉二人也感到情況異常。於是，馬上向毛澤東主席匯報。

時值「文革」期間，軍隊的一切調動都要向主席請示。主席同意周、葉二人的意見，指示：進一步掌握情況，加強戒備，作必要的準備。此後，毛主席又指示：加強海岸巡邏，加強戰備工作，堅決保衛西沙。

在西沙，事態繼續發展。每一步發展，廣州獲悉後即馬上匯報北京總參方面，總參報告總理與葉帥。有時，總理和葉帥甚至直接與廣州軍區通話。

三個編隊的海軍趕赴西沙，它們是三九六編隊，包括三九六、三八九兩艘掃雷艦，火力不強，其中一艘還是剛從船塢出來，尚未試航試砲；二八一編隊，包括二八一、二八二兩艘獵潛艇；二七一編隊，包括二七一、二七四兩艘獵潛艇。

面對的南越軍人是四艘美式軍艦，包括三艘驅逐艦和一艘護衛艦，火砲大，火砲多，速度快，噸位大。僅一艘四號艦的噸位，就大於三九六、三八九、二七一、二七四兩艦兩艇噸位的總和。

即使門外漢也會明白，情況不容樂觀。

再考慮到對方是打了多年仗一直沒停止過作戰的軍隊，而我們的軍隊，尤其是海軍與陸軍、空軍多兵種聯合作戰尚屬首次。而解放軍自「文革」在一九六六年發動以來，屢受衝擊，地方造反派的衝軍區，「揪軍內一小撮」餘波未了，軍心因林彪反革命集團的滅亡也不可避免受到影響。

這支軍隊還能一戰嗎？這樣的環境下中國還能下決心爲幾個小島作戰嗎？

相信這正是南越僞總統阮文紹思考的問題，儘管他在戰場上形勢也不妙，但他顯然認爲中國的處境比他更糟，認爲中國軍隊的情況更糟；否則，他就不會下令在西沙的其他島嶼登陸搶佔，他就不會下令向中國海軍開砲了。

阮文紹自認必勝，他相信自己的先進裝備，相信實力。

中國的領袖和人民相信自己必勝，他們相信這支軍隊的光榮傳統和素質。

只有那些具體策劃，指揮這次戰鬥的將校，知道環境是多麼艱難。

事實上，中國海軍艦艇雖多，但設備陳舊，維修不足，火力不足，甚至續航能力不足。遂以中國人的智慧，作戰部門設計出一套套因陋就簡、行之有效的解決辦法。

空軍活動半徑小，一旦發生空戰將會如何，他們緊急設計出種種應急方案。

沒有海軍陸戰隊，只有陸軍海戰的傳統，木船打兵艦，陸軍打海戰，作戰部門知難而進，又有一套套設想。

難！難！難！真正打起來就不難。當時，響徹這支英雄的軍隊的口號正是「一不怕苦，二不怕死」，後來的事實證明他們的表現確是如此。

因此，就連深知困難的作戰部門也充滿必勝信心。

「上下同欲者勝」，從這一點來說，南越方面無法與中國相比。從這一點來說，未打響便決定了一九七四年那場戰鬥的勝利。

中央軍委爲西沙之戰成立了領導小組，包括葉帥、鄧小平，也包括當時紅極一時的王洪文、張春橋。實際上，是總理和葉帥在抓總，根據總理指示，葉劍英與鄧小平及時研究各種情況，而王、張之流，既不懂，也沒插嘴的餘地。但這個小組的構成，既反映了西沙之戰的特定環境，也反映了這場關係國威軍威的小規模戰鬥，是如何牽動了包括毛澤東在內的中國人的心。

在廣東，正在住院的省委負責人林李明表示：要人出人，要物給物，全力支持西沙之戰。

中央既下決心，廣州軍區便迅速調兵遣將。廣州軍區司令員許世友來到作戰部，大家請他作指示，他說：「大小請示中央，不要因小失大，不要因大失小，現在是毛主席當家。」

廣州軍區副總參謀長焦玉山奉命帶上司令部政治部後勤部人員組成的精幹班子進駐海南的榆林基地。戰鬥打響後，葉劍英多次打來電話，有時就直接打到榆林。

在廣州軍區，副司令江燮元、吳存仁、參謀長孫干卿等一同待在作戰室，前方一舉一動，一進一退，這裡盡在掌握之中。這些經歷過殲敵數十萬人大戰役的將領，並沒有對這場小仗掉以輕心，而是看作關係國威軍威的大事。

參與此仗的諸將中，有引人注目的「三江」。「三江」就是江燮元和海南軍區司令江雪山、副司令江海。

解放戰爭期間，「塔山阻擊戰」曾聞名中外，「三江」同在戰場，其中江燮元是扼守塔山一線的十二師師長，江雪山是該師三十四團副團長，江海是該師三十六團團長。三人曾協同作戰，苦戰六晝夜，在友鄰部隊協同下，擊退敵軍十一個師的輪番進攻，保障我軍主力攻克錦州，關上了東北敵軍逃往關內的大門。三十四團被命名爲「塔山英雄團」；三十六團被命名爲「白台山英雄團」。

一九四九年初，毛主席在北京西苑機場檢閱中國人民解放軍，江燮元師長也奉令帶著江雪山團長、江海團長及其英雄部隊的營級以上幹部，接受了領袖們的檢閱。

西沙戰雲密佈，這三位又在一起指揮作戰了。江燮元在廣州軍區作戰室內，與其他領導一起通觀全局，指揮作戰。江雪山則按廣州軍區電示，與薛副政委及南海艦隊羅副司令，帶軍區司政後精幹人員在榆林要塞，組織對西沙作戰聯合指揮部，隨時接受軍委、總參及廣州軍區的指示，不失時機地指揮西沙前線作戰。

江海帶著榆林要塞第十團的三個連，準備登島作戰。他想想：這些陸軍部隊不熟水性，不習水戰。他便大著膽子向廣州軍區要求調用兩棲偵察隊。軍區首長一口答應，江海大喜。這樣，他手中就有了五〇八人的兵力。這位司令笑笑說：「我可以當個營長了。」

上級首長要求江海，與海軍在前線的南海艦隊的魏明森副司令統一指揮前線作戰。

中國方面調兵遣將，南越當局也沒閒著，他們不但不打算退出已占的甘泉、珊瑚、金銀三島，還想一鼓作氣，把廣金、琛航、晉卿三島也奪過來，形成在西沙永樂群島的一統局面。

看來，人家似乎沒把中國這個巨人放在眼裡。

（三）以小勝大敵艦沉海底
兵器質劣文革遺禍烈

一月十九日七時，敵兵在琛航島登陸。

二十三名荷槍實彈的越軍直撲琛航島上，滿以為偷襲得手，誰料半空裡大喝一聲，衝出一群中國民兵，槍口對槍口，槍刺對槍刺，把侵略者堵在珊瑚坎上。

敵人也會中國話，蠻橫地對中國人說：西沙是屬於西貢管理，要求中國民兵退出。

中國人最怕語言不通，既然你能聽懂，那麼「文革」期間哪個不會辯論？於是民兵們列了個一、二、

三、四點，據理駁斥。既有主講，亦有伴唱，講到妙處，有四個民兵在旁齊聲高喊：「西沙是中國領土，你們是顛倒黑白，胡說八道！告訴你們，中國人民不好惹，你們快快滾回去！」

南越僞軍哪見過這個陣勢，一是理虧，二是氣餒，個個作聲不得，只好就地一蹲，或似老僧入定狀，或作孩童拾貝狀。過了一會，有五個僞兵瞅空子鑽進樹叢，正想向島的縱深偷襲，誰料中國人如守華容道一般，處處有伏兵。僞兵才鑽了幾叢羊角樹，忽聽得一聲虎吼：「站住！」

樹叢中撲出一組民兵，端著上了刺刀的步槍，步步邁過來，嚇得敵兵遠遠後退。

南越兵膽寒，便想偷偷插了旗子，然後溜之乎也，回去也好交代。誰料中國人寸步不讓，揚言：「你敢插旗就消滅你！」於是那旗只得灰溜溜地收起。

越南人進退失據，敵軍報務兵拿起話筒想同艦上長官聯繫，一個中國民兵運足中氣，大喝一聲：「不許通話！」猶如晴天霹靂，嚇得那兵的話筒當場就掉在珊瑚礁上了。

沒奈何，越南人要撤了，想想回去沒法交代，就央求中國人給個證據，證明他們已經上過島了。

中國人略一思索，叫道：伸手過來。竟然拔出筆來，在越兵手心寫了幾個字，喝聲：去吧！

越兵如釋重負，扭頭便撤。大概想想不妥，又回過頭來，要求用紙寫。

這倒難爲了瀟灑的中國人，一陣折騰，倒也變出一張小紙片來。事後有人說是煙包紙，有人說是筆記本撕下來的，反正是寫了幾個這樣的字：西沙群島是中國領土，不容侵犯。

敵兵接過放好，率隊退下橡皮舟，結束了這段頗似中國民間傳說「李太白草書退蠻兵」的故事。

過了幾分鐘，另一股南越僞軍在廣金島登陸。島上只有十位中國民兵，敵眾我寡，面對著架起兩挺機槍的二十一名敵人，大辯論就改變了形式。

中國人先禮後兵，出言警告，但這股敵兵大概沒有辯論的興致，沒講幾句就開槍射擊了，兵艦上的大砲也直轟過來。

中國民兵大怒，立即用預備好的交叉火力去辯論了，四百多發子彈掃過去，只見敵人影都不見，只丟下兩挺機槍、一支自動步槍、一具屍體，幾灘血跡。遠遠眺望，發現敵人都跳下礁盤，躲在水裡，只露出鼻孔吸氣。

過了半天，見中國人不再開槍，有一兩個試著站起身來，看看中國人還不射擊，於是嘩啦啦一陣水響，紛紛涉水上船，溜之大吉。事後，中國人都說可惜，當初沒接到明確的命令，否則，兩島的登陸之敵可以全部俘獲，何至於只繳機關槍？

敵人登陸失敗。南越僞總統阮文紹從西貢發出命令：打！

這時是一月十九日十時，我二八一編隊被指揮部作爲預備隊，停泊在永興島附近海域。永樂群島附近海面上，敵我艦隻是：四對四。

我方兩艘掃雷艦，火力較弱，兩艘獵潛艇，噸位更小。四艦艇加起來，總噸位不及敵方一隻四號艦。敵艦有意把我艦艇逼在內線海面，他們在外線排好陣勢。十時二十三分，突然一齊向我艦艇開砲。火光四濺，我四艦艇均不同程度中彈負傷。其中二七四艇傷最重，政委、副艇長當場犧牲。

中國軍人用自己的鮮血，恪守了「不打第一槍」的諾言。

但是，此時我已處於被動。

鮮血，激起了中國海軍的拚勁，鮮血，也解除了中國軍人道義上的顧忌，他們機智過人，加上「一不怕苦，二不怕死」的傳統教育，豈是弱者？四條艦艇刹時全速衝向敵艦，一對一廝殺起來。

敵人砲火艦大，利於遠攻；我方砲小而發射速度快，艇小而操縱靈活，利於近戰。中國海軍胸有成竹，一邊急速發砲還以顏色，一邊撲上前去，要扭住對手決戰。

敵艦中砲，敵艦慌了，他們企圖拉開距離，晚了！開戰不久，我海軍已扭轉了被動局面，該敵人流血了！二七四艇，是參加過「八．六」海戰，以近戰擊沉過蔣軍大軍艦的英雄。這一回，更是勇猛非常，他們直奔敵艦——噸位最大、火力最強的四號艦。衝到了相距三百多米的時候，二七四艇狠狠開砲，一下子就把敵兵打得抱頭鼠竄，中國艇長不禁大叫：「打得好！」二七四艇全速前進，纏住敵旗艦，又擊中了敵艦駕駛台，敵人的軍旗落入水中。

突然，艇長聽到報告：「電舵失靈！」他搖搖車鐘，車鐘也不起作用了，話筒也沒有回音，整個指揮系統中斷了！

操縱失靈，一個故障，足以反勝爲敗。

敵四號艦、五號艦已夾擊過來。

關鍵時刻，最能考驗出武器的性能優劣，最能檢驗出設備的維修質量，這是「文革」中的一仗啊！

關鍵時刻，最能考驗出指揮員的智慧勇敢，最能檢驗出戰士的忠誠無畏，這是中國人振軍威、振國威的一仗啊！

只見艇長大叫：「用人力舵！」戰士馬上撲入人工舵艙，操舵者震昏了，醒來又緊握舵把。

艇長命令：「全速後退！」

要讓正在全速前進的機器全速後退，很可能使機器毀於一旦，這是不合規程的。然而若非如此，剛才失控的艇就會撞上敵艦，或者被夾在敵四號、五號艦之間，不被擊沉，也會被撞沉。

戰士沒有猶豫，立即操作。戰艇一下子像勒住繮繩的烈馬，後退出險境。

正好，退出的位置適宜左右開弓地打擊敵四號和五號艦。打！敵四號艦再也頂不住了，它的通訊設施也被毀了。這艘一千七百七十噸的敵旗艦，拖著濃濃的黑煙，率先逃出戰場。二七四艇猛追。

這不是電影《甲午風雲》的鏡頭和對白，而是發生在二十世紀七〇年代的現代海戰。

人們可以問很多的「假如」：假如給我們海軍更好的裝備……假如不是「文革」……

但，「假如」不是現實。

戰鬥正酣，二七一艇後砲的裝彈機壞了，上不了膛，退不了彈。戰士冒著生命危險，用手強壓上膛。

敵艦被擊傷了，打怕了，想溜，必須追擊。但砲管紅了，發脹，換不下來。戰士撲上去，用那肉長的雙手握住，嗤嗤地冒著煙卸了下來。

故障也發生在三八九艦上。鏖戰中，瞄準手來報：「砲彈不過火！」（砲彈不響）按規定，必須等過三十秒才能退膛，否則可能在自己艦上爆炸。

然而，三十秒不發砲，戰機就失去了。

砲長「嘩」地撕開自己的呢上衣，喊一聲：「閃開！」他豁出去了，一拉砲閂，用手把卡殼的砲彈拉了出來。副政委撲上去，抱住砲彈扔入大海。冒這一場險，多發了四顆砲彈，正好擊中敵十號艦的指揮台。

不一會，三八九艦已衝到離敵十號艦僅數十米距離。只聽見副艦長發一聲喊：戰士們！把秘密武器使出來！只見一片黑呼呼的傢伙雨點般砸在敵艦上，一陣巨響一片火光，這是二十六枚中國手榴彈。

與此同時，中國海軍紛紛拿起衝鋒槍，往十號艦上橫掃過去。南越兵被弄慘了，他們做夢也沒想過在大軍艦上海戰會挨上步兵、武器襲擊的。

一輪打擊，活著的敵人都躲進艙內了，再不敢冒頭了。

然而，三八九艦也傷得不輕，剛開戰時就受傷，此時，傷上加傷。一顆砲彈打在三八九艦兩台主機之間，另一顆砲彈擊穿了後住艙的左舷。

水嘩嘩地湧進艙內。正在搬運彈藥的戰士郭玉東本已負傷，此時脫下帶血的呢軍服，包起圓木塞，堵住缺口。他正揮動木槌擊打木塞堵漏時，又一顆砲彈穿過船艙，擊中了他。這位中華英雄兩膝均被打掉，腰以下已經血肉模糊，仍堅持戰鬥，直至犧牲時還保持著堵漏的姿勢。

機艙內，濃煙滾滾，呼吸困難，爲了保住主機，五名戰士戰鬥直至犧牲，也沒有爬出艙外逃生。

三八九艦的濃煙，吸引了本已在逃命的敵十六艦，敵人以爲有便宜可撈，便掉頭向三八九艦撲來。三八九艦猝然受到偷擊，一面救火，一面向十六號敵艦發砲還擊。

就在這時，響起了令人震驚的報告聲：

「艦長，八五砲彈打完了！」

艦長：「立即通知水雷兵裝好深彈！」深彈，即深水炸彈，原是對付潛艇的，此刻只有這一武器了。要發射深彈就得與敵艦接近，但此時三八九艦的航速已很慢，發射深彈若不能迅速拉開距離，等於同歸於盡。

艦長下令：「向敵艦衝去！」

兩艦漸漸接近，只見三八九艦傾斜著身子（已進水），拖著濃煙烈火（戰士仍在奮勇撲救），向敵艦撲來，近了！近了！敵兵紛紛趴在甲板上，連聲驚叫。

此刻，就像甲午海戰中令人永難忘卻的那一幕，那憤怒而無言的鄧世昌，那驚恐而絕望的日艦吉野。

一時間，歷史彷彿要以某種重複來證實中國軍人的英雄氣概，證實中國人民的決心：

衛我國土，寸土必爭！寸海必爭！

正在這千鈞一髮的危急關頭，我三九六艦及時趕到截住，猛烈的砲火擊向敵十六號艦，敵艦轉身就逃，又遇上三八九艦的副砲和輕機槍的火力。敵十六號艦被重創，拖著濃煙逃出戰場。

深水炸彈終於沒有發射。

事後，劇作家們編電影時，很捨不得這個情節，於是安排了我艦發射深彈，敵艦被擊沉的大快人心鏡頭。然而，現實中，三八九艦若發了深彈，是很難自保的了。英雄們曾作了最壯烈的選擇，這就夠了，人們已經足以為之驕傲。

這時，指揮部命令：「三八九艦立即搶灘登陸，準備再戰。」

艦上，為撲滅大火已犧牲了一些勇士，而彈藥艙正在起火，進水嚴重的艦身也在下沉。向淺灘衝去！三八九艦順利搶灘，為人民保存了這一艘英雄的軍艦，日後修復返航。

此時，指揮部早已命令預備隊出動。二八一編隊衝出來，截住了逃在最後的敵十號艦。這條命名為「怒濤」號的護衛艦，本已被三八九等艦打得遍體鱗傷，現在再被這兩艘養精蓄銳的獵潛艇在五百米外一陣狠打，油庫起火，彈藥庫起火，終於支持不住。

「轟隆」一聲，「怒濤」號在中國人民真正的怒濤中沉入海底。

另外三艘敵艦追之不及，被其逃脫。

西沙海戰結束了。一月二十九日，西貢軍方司令部發表經過修改的傷亡數字是：一艘艦艇被擊沉，三艘被擊傷。阮文紹之流吃了這個意想不到的大虧，只能用誇大對手力量的方式來遮羞，通過外國通訊社報導，說中國出動了若干艘科馬爾級驅逐艦，並發射了冥河式導彈。消息傳開，中國人倒衷心希望這是真的：我們早該有了，我們的子弟兵早該有更好的武器！

然而，事實證明，西沙之戰我軍除了艦艇火砲之外，唯一破例使用的武器只有手榴彈，還有衝鋒槍。

（四）登陸作戰生擒美國顧問　蔣介石讓道東海艦南下

海軍決戰之後，下一步就是登陸作戰了。這一點，作戰雙方都很明白。

阮文紹立即調派一艘軍艦載運一個加強營的兵力，企圖增援竊據我珊瑚、金銀、甘泉之敵。

但這位偽總統沒有料到，他的一舉一動，他的每個命令，已經被我廣州軍區作戰部隊掌握得一清二楚，知己知彼，穩操勝券。作戰部長王玉震奉總參之命，已經制訂了應付敵人大規模增兵再幹一場的方案。一個加強營，中國人是隨時吃得下的。

夜朦朧，海上是六級風，在榆林海軍基地，五〇八名陸軍戰士魚貫登船。他們當中，有的是剛剛與下午來結婚的未婚妻分手上戰場的，有的是新兵入伍沒幾天。下午，部隊剛作了應急的訓練，晚上，就登上了他們完全陌生的艦艇，與他們完全陌生的大海打交道。

前線指揮江海來了。這位山東漢子，是陸上蛟龍，可坐船就不適應。海軍請他上那唯一的護衛艦，他上得艦來，一打聽，原來艦上兩台主機壞了一台，開起來慢。他馬上放棄了這理所當然的旗艦，轉乘一艘護衛艇。

哇！這麼小！江海上艇後不禁暗暗吃驚，艇上已搭乘了一個排的戰士。這位軍級首長一笑置之，小就小吧，只要走得快。

開航了，司令想去方便方便，攀著欄杆到了艇尾廁所，誰料浪來了，六級風挾著大浪撲上艇面，叫司令回不了船艙。這時，衝過去兩位海軍，連扶帶挾，把陸軍司令架回了船艙。

收復西沙的指揮部，就在這小小的艇上，這也是阮文紹之流難以想像的，中國人用這樣的小艇，在這惡劣的氣候，在海戰結束十多小時即開始了新的行動。

江海在狹小的船艙裡，強忍著暈船的痛苦，硬撐著指揮戰鬥。旁邊是海軍報務員，這麼大的風浪，他也嘔吐了，往腳下的水桶嘔兩下，又發一陣電報。江海看了一陣，對警衛們喝一聲：快給我來個桶！好，你吐我也吐。他也不再硬撐，哇地一聲吐開了。各船上的陸軍都在嘔吐，吐完了胃裡的東西，便吐黃水，乃至吐血。

這血，是捕捉戰機的代價。後來，戰俘們供認：海戰之後，估計島上會遭海軍砲擊，沒想到我軍來得那麼快！

一月二十日晨，十二條艦、艇，停泊在西沙永樂群島海面，戰士們抖擻精神，全副戎裝，聚集在甲板上，這是戰前動員會。

江海用喇叭，在海面上聲音傳得很遠很遠，他說得很實際：同志們，我們的海軍弟兄，昨天在這裡英勇作戰，打了個大勝仗。今天，輪到我們陸軍了，看我們的了！我們只能前進不能後退，堅決收復我們神聖的領土！

戰士們奮臂高呼，口號聲驚天動地。

登陸開始了，首先是占領沒什麼工事的甘泉島，把金銀、珊瑚之敵隔開，而且這島上有淡水，如果敵大部隊反撲，利於我軍堅守。

這是九時五十五分，海軍艦艇一齊開砲，陸軍們乘舢舨登陸甘泉島。砲火延伸，砲火停止，島上是一片寂靜。江海用望遠鏡觀察，沒有發現抵抗。這員虎將不禁有點失望：兔崽子，難道都溜了？

此時，登陸部隊正向島的縱深追擊。班長小梁憋足一股勁，恨不得馬上發現敵蹤，大戰一場。他是個被戰事耽誤了的「準新郎官」，昨日下午，他到縣城去接母親和未婚妻，未婚妻是特地到部隊來與他成婚的。他在縣城發現一種異常的氣氛，憑著戰士的敏感，他知道要打仗了，想起臨來時指導員吩咐：下午六時一定要回營。於是，他也不等未婚妻了，立即往回趕，回去請求參加戰鬥。此刻，這位「準新郎」多麼希望，能帶者捷報回去見未婚妻。突然，草叢有了動靜！

戰士們悄悄合圍，一聲怒吼：「不許動，繳槍不殺！」

逃過砲火躲在草叢中的敵兵一個個被揪出，一共十四名。

消息傳回指揮部：全殲甘泉島守敵！

於是，立即揮兵珊瑚島。

珊瑚島是敵軍經營了多年的據點。戰前，我軍曾派人喬裝漁民偵察過，摸清了島上的敵情。現在艦砲轟鳴，宣告了盤踞此地八年的侵略者的末日。

南僞的「國旗」在砲火中連旗桿折倒於地。

南僞的僞軍躲進碉堡中，作最後的頑抗。

江海大聲向海軍招呼：「別打了，伙計！那房子咱們還得住呢！」未曾登島，司令已在想日後的事了。

登陸從兩個方向進行，五連從西南登陸，偵察隊從東北突擊。江海轉頭一看，一些戰士還在擺弄橡皮舟，橡皮舟在水面滴溜溜地轉，就是不往前去，原來，他們不會用這怪玩藝！

江海挎上一挺衝鋒槍，喊一聲：「伙計，別弄了，跳水泅渡！」這一聲提醒了這些偵察兵，一個個劈浪前進，倒比橡皮艇更爲帶勁。江海也登陸了，他想：親手撈個南越俘虜也好。

一輪攻擊，碉堡中豎了降旗，那是敵兵用槍尖挑個白褲衩，在硝煙中瑟瑟地抖動。

搜索中，發現一堆木頭後面，有一個特殊的人物，戰士們樂了：逮了個美國鬼子。「抓住美國兵囉！」這是南越僞軍的美國顧問科什。此刻，正有美國的一艘航空母艦，在外海游弋。

兵發金銀島。

上得岸來，只找到一批敵人來不及帶走的物資，搜索全島，不見人影。敵兵嚇跑了，昨日一戰，已叫南越僞軍膽顫心驚，明知大勢已去，於是金銀島守敵便棄島逃亡，乘橡皮艇溜之大吉。遇上海流，把他們飄得很遠很遠，過了十多天，回到峴港時，一半已經餓斃。倒是那些當俘虜的，受到了良好的待遇，白白胖胖地被遣返，勝似那些悲慘的逃兵。

敵方援軍不來，大大掃了中國軍人的興。其實，作戰部門比現場的將士知道得更清楚。他們知道：敵人援軍已來，一艘軍艦，載著一個加強營的兵力。

敵援軍未到戰場，膽已先破，他們來到離西沙四十多海里的海面上，便用電報向西貢回覆：已到達戰場。

軍艦泊了半天，不停向西貢謊報軍情，說是戰鬥如何激烈，中國兵力如何強大，他們如何努力，就是衝不過阻擊圈救不了西沙之急。

待到西沙槍砲聲沉寂，這些援軍也結束了「嘴上談兵」，悄然遁去。

從此，西沙群島及其一帶中國的海洋國土，再沒有侵略者的立足之地。

捷報即傳北京。

兩天戰果，計共擊沉敵艦一艘，重傷三艘，擊斃敵艦長以下一百多人，俘越僞軍少校以下四十八人，美國顧問一人。

我方代價，犧牲艦政委以下十八人。

規模雖小，意義非凡。

這是首次顯示我國不惜一戰以維護我海洋國土的完整，顯示我軍經磨歷劫仍然有很強的戰鬥力，令世界各國刮目相看。

有道是：「外行看熱鬧，內行看門道。」葉劍英是個內行，他十分高興地親自給廣州軍區孫參謀長來電話：你們用什麼砲把敵人的大軍艦打沉了？你們艦艇上最大口徑的砲是什麼？

孫參謀長答：三七口徑。

問：為什麼三七砲能把這麼大的軍艦擊沉？

答：因為我們打它的要害部位。

葉劍英高興地笑了。

葉帥又指示，派飛機偵察一下，掌握敵人動態，準備迎擊敵人的大反撲。

軍區與空軍聯絡。

空軍回答說：殲—六飛機飛到西沙上空，按油量計算停留不了一分鐘，怎麼辦？

首長下令：飛！如果到時飛不回來，就棄機跳傘。

作戰部立即通知沿海艦艇漁船注意，準備接應和救護。

不知怎的，飛機比電報來得快。收復三島的陸軍們正在隨時戒備著，預防敵人的偷擊。突然，上空發現飛機。

於是，所有艦艇立即作對空射擊準備，陸軍的機槍佈置了交叉火力。幸虧指揮官事先有命令，飛機不投彈就不要射擊，免得誤傷自家空軍。

飛機盤旋，在雲中一閃，是紅星。「千萬別開槍，是我們的飛機！」大家都歡呼了，放下機槍，高興地仰望著天空。

十五分鐘後，才接到我方飛機要來的電報。天！那年頭的通訊，令人捏一把冷汗！

殲—六出動，不但完成了偵察拍攝任務，而且安全返航。這一冒險之舉，測出殲—六的續航能力到西沙還可停留好幾分鐘再飛回來，從此殲—六可以常飛西沙巡邏了。情況報給葉帥，葉帥又笑了，這一回，是爲空軍高興。

南越僞總統阮文紹爲難極了。西沙一戰，賠了夫人又折兵，不報復吧，心有不甘，面子上也下不來，跟美國主子也交代不了。再下賭注吧，軍隊已被打掉鬥志。

中國海軍方面，調東海艦隊四艘導彈驅逐艦南下，列隊通過台灣海峽。

蔣軍飛報蔣介石，請示是否要攔截。據說，蔣介石只慢吞吞說了一句：「西沙正吃緊哪！」便閉上眼睛一言不發了。蔣軍心領神會，於是，相安無事。

導彈驅逐艦此來，等於告訴阮文紹，再打，要吃的不再是「假導彈」，而是真導彈了。

南越軍被打怕了，阮文紹給部隊下令：今後要堅決避免與中國作戰。但這不等於他不再覬覦中國領土。

就在西沙之戰後十天，一九七四年一月三十日，南越軍艦開往南沙，占領南威島。二月一日，南越再占南沙兩島。三月四日南越聲稱，除了已占四島外，還要再占三個島。

敵人的膽子又大起來了。從此以後，南沙成了他們報復的對象，失之西沙，取之南沙。

而中國，此刻卻又在大批判，在查孔子與少正卯的故事，在影射周公，在新一輪內耗中沉迷。

南沙，今日是某國立標，明日是某國升旗，全不把中國主人放在眼裡。

直到一九八八年三月十四日，人民解放軍收復六個礁，情況錯綜複雜的南沙，才升起了五星紅旗。

「三·一四」是西沙之戰的繼續，但這遠不是捍衛我海洋國土鬥爭的終止。

毋忘南沙！

（摘自《中共六次衛國戰爭》，香港文化出版社編印，一九九三年）

二、北京官方聲明

〔新華社北京十一日電〕中華人民共和國外交部發言人聲明

一九七四年一月十一日

不久前，南越西貢當局，竟悍然宣佈，將中國南沙群島中的南威、太平等十多個島嶼，劃歸南越福綏省管轄，這是對我國領土主權的肆意侵犯。

南沙群島正如西沙群島、中沙群島、東沙群島一樣，歷來就是中國的領土。近年來，西貢當局對南沙群島和西沙群島的一些島嶼加緊侵占活動，多次叫嚷它對這些島嶼享有主權，甚至在島上豎起所謂「主權碑」。西貢當局公然又把南威、太平等十多個島嶼劃入自己的版圖，這是企圖永遠霸佔中國南沙群島的一個新步驟。西貢當局的上述行動，不能不引起中國政府和中國人民的憤慨。

中華人民共和國政府重申，南沙群島、西沙群島、中沙群島和東沙群島，都是中國領土的一部分，中華人民共和國對這些島嶼具有無可爭辯的主權。這些島嶼附近海域的資源也屬於中國所有。西貢當局把南沙群島中的南威、太平等島嶼劃入南越的決定是非法的、無效的。中國政府決不容許西貢當局對中國領土主權的任何侵犯。

〔新華社北京二十日電〕中華人民共和國外交部聲明

一九七四年一月二十日

一九七四年一月十五日以來，南越西貢當局悍然出動海空軍入侵我國西沙群島中的永樂群島。它們出動軍艦撞壞我漁輪，派遣武裝部隊強占我甘泉島和金銀島；特別嚴重的是，一月十九日，西貢軍隊向我琛航島發動武裝進攻，派遣軍艦和飛機向該島進行野蠻的砲擊和轟炸，打死打傷我漁民、民兵多人。西貢軍艦還向正在執行巡邏任務的我國艦艇首先開砲襲擊。我艦艇部隊和漁民、民兵在忍無可忍的情況下，進行了英勇的自衛還擊，給予來犯之敵以應有的懲罰。

長期以來，南越西貢當局就妄圖侵占我國西沙群島和南沙群島。西貢當局不僅把我國南沙群島的南威、太平等十多個島嶼非法劃入其版圖，現在，又明目張膽地對我國進行軍事挑釁，以武力霸占我國領土，真是猖狂已極。中國政府和中國人民對此表示極大憤慨和強烈抗議。

西貢當局在武裝侵犯我國領土的同時，還採用「惡人先告狀」的手法，捏造了所謂中國「突然」對西沙群島主權「提出異議」的謊言，企圖混淆視聽，居然說西貢對西沙群島擁有完全的「主權」，還說什麼在一九五一年舊金山會議上，沒有任何國家對它的這個主權要求提出異議。眾所周知，西沙群島和南沙群島、中沙群島、東沙群島歷來就是中國的領土，這是無可置辯的事實，這是所有中國人都承認了的。儘管在第二次世界大戰前，西沙群島中的某些島嶼曾一度被法國侵占過，其後又被日本所占據，但是第二次世界大戰結束後，西沙群島同其他南海諸島一樣，已為當時的中國政府正式接收。而且早在一九五一年八月十五日，中華人民共和國外交部長周恩來在「關於美英對日和約草案及舊金山會議的聲明」中，就曾嚴正指出「西沙群島和南威島正如整個南沙群島及中沙群島、東沙群島一樣，向爲中國領土。」此後，中國政府曾多次重申這一立場。西貢當局任何企圖侵占中國領土的藉口，都是根本站不住腳的。

中國是一個社會主義國家，我們從來不去侵占別人的領土，也決不容許別人侵占我國的領土。爲了維護我國的領土完整和主權，中國政府和中國人民有權採取一切必要的自衛行動。在自衛戰中，我們俘獲的對方人員將在適當時機予以遣返。西貢當局必須立即停止對我國的一切軍事挑釁，停止對我國領土的非法侵占活動，否則它必須承擔由此引起的全部後果。

中華人民共和國外交部發言人聲明

一九七四年二月四日

一九七四年一月三十日，日本政府和南朝鮮當局在漢城簽訂了所謂共同開發大陸架的協定。該項協定在東海海域片面劃了大面積的大陸架，作爲日本和南朝鮮的所謂「共同開發區」，由日本和南朝鮮雙方共同投資，在該區域開發石油和天然氣。

對此，中華人民共和國外交部發言人授權聲明：中國政府認爲，根據大陸架是大陸自然延伸的原則，東海大陸架理應由中國和有關國家協商確定如何劃分。現在，日本政府和南朝鮮當局背著中國在東海大陸架劃定所謂日、韓「共同開發區」，這是侵犯中國主權的行爲。對此，中國政府決不能同意。如果日本政府和南朝鮮當局在這一區域擅自進行開發活動，必須對由此引起的一切後果承擔全部責任。

中華人民共和國外交部發言人聲明

一九七四年二月四日

最近，南越西貢當局在入侵我國西沙群島，遭到我國軍民的痛擊之後，竟然於二月一日再次出動軍艦，侵占我國南沙群島所屬南子島等島嶼，在島上非法設立所謂「主權碑」。這是西貢當局對我國領土主權的肆意侵犯，對中國人民新的軍事挑釁。中國政府和中國人民對此表示強烈的遣責和抗議。

中國政府已多次聲明，南沙群島、西沙群島、中沙群島和東沙群島，都是中國領土的一部分，中華人民共和國對這些島嶼及其附近海域具有無可爭辯的主權。

中華人民共和國政府決不容許西貢當局以任何藉口侵犯中國的領土主權。中國政府的這一立場是堅定不移的。

【附錄】

1. 西南沙大事記

麥城威斯康辛保沙委員會資料小組

在我國浩瀚的南海上，散佈了一百七十多個島嶼和沙礁，按它們的位置，劃分爲東沙、西沙、中沙和南沙四個群島。東沙群島舊名千里石塘，又叫大東沙，位於南海的東北部，是中菲之間海運的重要航標。西沙群島在海南島東南一百五十哩，舊稱七洲洋，由永樂群島、宣德群島、及十多個沙礁組成，分佈在北緯一五度四六分至東經一一〇度一一分至一一二度五四分，約二百方哩的海域上。中沙群島在西沙的東南，由二十多個暗沙和暗礁組成，分佈範圍七十餘方哩。南沙群島是四組群島中位置最南，島嶼最多、範圍最廣的一個。它南起北緯四度，北至北緯一一度三〇分，西起東經一〇九度三〇分，東抵東經一一七度五〇分，包括了一百多個島嶼、沙洲、暗沙和暗礁。

從地理位置來看，南海諸島當東南亞各國交通的要衝，扼馬六甲海峽航運的咽喉，是防衛我國南疆的前哨重點。南沙群島中的南威島，水深港闊，是我國重要的海軍基地。從經濟觀點來看，南海諸島終年高溫多雨，盛產熱帶林木果品和鳥糞肥料，也是我國南方海岸漁民的重要作業地區。自從一九六九年聯合國「亞遠經委會」的報告透露西沙群島附近可能蘊藏豐富的石油礦產之後，南海諸島的經濟價值日益明顯，因而引起南越及菲律賓之垂涎，意圖染指。自菲律賓強占我南沙三小島於前、南越橫奪我西南沙於後，南海諸島無論在軍事、政治、或經濟上都成爲舉世矚目的地方。爲了使大家更加明瞭越菲兩國對我領土的陰謀，特將最近的「西南沙事件」表列於下。

一九七一年七月十日——菲律賓政府要求台北政府撤出駐守南沙太平島上的軍隊，隨即派兵占領南沙群島中之三個無人島。（《星島日報》）

一九七一年七月十六日——北京政府外交部重申中國在南沙之合法主權，並對菲律賓侵略南沙的行為，表示不能容忍。（新華社）

一九七三年九月六日——西貢政府發表聲明，將我國南沙群島中，包括南威、太平等十多個島嶼，劃歸南越福綏省轄下。（《橋刊》）

一九七三年九月——西貢派兵進駐南沙群島中的南小島（即鴻庥島NAMYIT I.）。（《新境界》）

一九七四年一月十一日——北京發表聲明，抗議西貢將南沙群島中的南威等十多個島劃歸南越福綏省，同時重申對南海諸島主權。（《文匯報》）

一九七四年一月十五日——南越軍艦炮擊甘泉島，並騷擾附近中國漁船。（《文匯報》）

一九七四年一月十七日——南越侵占金銀及甘泉二島，公然取下五星旗。（《人民日報》）

一九七四年一月十八日——南越艦艇衝撞中國漁民。（《人民日報》）

一九七四年一月十九日——美國發表聲明，美國未有涉入西沙群島爭論。（《星島日報》）

一九七四年一月十九日——台北重申南沙、西沙為中國所有。（《中央日報》）

南越承認軍事失敗，中國軍控制西沙群島。（《星島日報》）

北京發表聲明，抗議西貢入侵，並宣佈在這次自衛戰中所俘人員，將於適當時機遣返。（《大公報》）

一九七四年一月二十二日——合眾社於西貢報導，甘泉島之役有一美國人被俘。美大使館表示無可奉

告。（《中央日報》）
一九七四年一月二十二日——中國代表在聯合國重申對南海諸島主權，並指責南越入侵中國領土。
（《星島日報》）
一九七四年一月二十五日——美國國務院承認有一美國「文官」於西沙衝突中失蹤。（《星島日報》）
一九七四年一月二十九日——北京宣佈提前釋放被俘南越傷、病軍人，包括一名患病的美國人。
（《PAKISTAN TIMES》）
一九七四年一月三十一日——南越海軍登陸南沙群島中的珊瑚島，並樹立南越國旗。（《星島日報》）
一九七四年一月三十一日——美國國務院表示不過問南沙事件，希望中越能和平解決。（《星島日報》）
一九七四年二月一日——台北表示不願為南沙事件同南越作戰。（《星島日報》）
一九七四年二月三日——合眾社報導西貢與台北同意分占南沙島嶼。（《華僑日報》）
一九七四年二月四日——北京指責南越入侵南沙，侵犯我領土。（《大公報》）
印尼外長表示向不異議西沙南沙屬於中國。（《大公報》）
一九七四年二月五日——台北抗議南越登陸南沙。（《星島日報》）
一九七四年二月五日——中共抗議日韓開發東海資源事。（《星島日報》）
一九七四年二月五日——南越表示無意與台灣及菲律賓組軍事聯盟對抗北京。（《中華日報》）
一九七四年二月五日——台北重申對南海諸島主權。（《聯合報》）
一九七四年二月七日——西貢在南沙島嶼扯下台灣國旗。（《中華日報》）

一九七四年二月八日——台北外交部發表聲明，重申南沙為我領土，並表示曾數度向西貢交涉及抗議。（《中央日報》）

一九七四年二月八日——中央日報社論表示台將不惜一戰，捍衛南沙主權。（《南洋商報》）

一九七四年二月八日——中菲兩國石油公司同意合資開鑿油井。（《中央日報》）

一九七四年二月十二日——台北拒絕菲律賓有關南沙、西沙主權的抗議。（《華僑日報》）

一九七四年二月十三日——西貢軍方傳出消息，四艘台艦開入南沙海域。（《南洋商報》）

一九七四年二月十八日——南越發表聲明，縱與敵友一戰在所不顧，誓奪西沙、南沙。（《星島日報》）

台北政府官員表示，決盡一切努力，避免與越開戰。（《星島日報》）

一九七四年三月九日——西貢開始在其占領的南海諸小島構築工事，正式進入南沙占領的第二階段。（《NEW YORK TIMES》）

一九七四年五月十二日——台北外交部發言人表示，南沙駐軍守土有責，任何侵犯在所不容。（《中央日報》）

我們應當認識，在以上這一系列的事件背後，最終的問題，是領土主權的問題。

（麥城威斯康辛大學保沙委員會資料小組，一九七四年）

2. 西南沙群島大事記

《橋刊》編輯部

《元史》〈史弼傳〉記載，一二九二年，元將史弼率領軍隊航海「過七洲洋，萬里石塘，歷占城」，進攻爪哇。中外學者考訂七洲洋即爲西沙群島。

一三九四年汪大洲的《島夷志略》記中國航海人民的諺語，頭兩句是「上有七洲，下有崑崙」。

公元一四〇四—一四三三年之時，鄭和七下西洋，同行的費信和馬歡兩人都曾著書《瀛涯勝覽》及《星槎勝覽》，記載遊南海諸島情況。

一七三〇年（雍正十一年）陳倫炯在《海國見聞錄》中，稱西沙群島爲七洲洋，我國古籍《宋史記事本末》卷一〇八〈二王之立〉一章又稱西沙爲「七里洋」。

一八一六年越南王嘉隆曾占領西沙，旋因越南自身遭法國侵略，自動撤退。

一九〇七年法國駐越南的當局又圖染指，經清廷派廣東水師提督李準，乘艦巡戈西沙而止。

一九二一年粵商何瑞年向當時政府申請承辦西沙群島實業有限公司，何氏勾結日人將實權讓與日人，日人組織南興實業公司，經營鳥糞製肥。

一九二七年廣東實業廠註銷何氏承辦權。

一九二八年五月二十二日中國政府派海瑞艦由中山大學教授沉鵬飛率領調查西沙群島，日人遁走，歸後著有《調查西沙群島報告書》。

一九三一年在香港遠東氣象會議上，法國安南氣象台長及上海天文台主任徐家滙曾要求中國政府在西沙群島設立氣象台，亦即承認中國的領土主權。

一九三三年法國政府忽然照會中國駐法大使館，聲述西沙群島係屬安南，其理由爲一、安南王公曾在此島建塔立碑，安南歷史有此事實。二、查中國歷史上有英艦曾與中國漁船衝撞，沉沒該島附近，當時英國政府竟向中國抗議，而滿清政府覆文中有七洲洋島非中國領土之語，故不負責。當時中國（國民）政府隨即提出確切證據向彼抗議：

1. 該島經緯度和地理、形勢都明顯屬中國領土。

2. 清末，李準曾被派至該島，並鳴砲升旗，重申此爲中國領土的表示。

3. 請參考一九三一年。

一九三七年馬廷英氏發表〈珊瑚礁成長所需年代之考證〉一文指出在西沙群島活珊瑚礁下約五英呎處，發現有「永樂通寶」的中國銅幣，足證明明代曾有人前往西沙。

一九四六年十二月國府海軍收復南沙與西沙群島，並在島上立碑及駐軍，從此這兩座群島回歸祖國管轄。

一九四七年十二月一日國府公佈東沙、西沙、中沙及南沙群島所屬各島、礁、灘等之正式名稱，並宣告中外。

一九五一年八月十五日周恩來向全世界發出嚴正聲明，「中華人民共和國在南威島和西沙群島之不可侵犯主權」，不論美、英對日和約的草案有無規定及如何規定，均不受任何影響。

一九五一年九月四日國府發言人宣佈《金山和約》對中華民國政府無任何約束力，且與中、日間之關係無關。（按：該和會拒讓國共任一方派代表參加）

一九五一年九月八日《金山和約》第二條註明，日本業已放棄對於台灣及澎湖群島、以及南沙群島及西沙群島之一切權利、權利名義與要求。

一九五二年四月二十八日國府與日本政府簽訂《中日和約》，其第二條宣稱「茲承認依照公曆一九五一年九月八日在美利堅合眾國金山市訂之對日和約（以下簡稱《金山和約》）第二條，日本國業已放棄對於台灣及澎湖群島以及南沙群島及西沙群島之一切權利、權利名義與要求。」

一九五六年（民國四十五年）菲律賓人克洛瑪自稱發現南沙群島曾在國際上引起一陣風波，越南海軍亦曾在同年侵入該群島，我政府（台北）當時即曾提出強硬抗議。

一九五六年五月二十二日中國政府部長就菲律賓對南沙群島之主權要求發表嚴正聲明，並經外交途徑通知菲律賓政府，南沙群島爲中國領土之一部分爲不爭之事實。

一九五六年五月二十八日外交部次長周書楷正式通知菲律賓駐華大使羅慕洛，中華民國據有南沙或珊瑚群島的全部主權。

一九五六年六月一日中國外交部次長周書楷就越南政府對南沙與西沙群島提出主權之要求反駁如下：

1. 該四群島數百年來皆列入中國版圖，從未有外人提出抗議（包括越南）。
2. 中國內政部於一九四七年十二月一日出版的此四群島嶼中國名稱並未有任何外國（包括越南）反對。
3. 一九五一年七月《金山和約草約》簽字時，中國外交部次長周書楷曾申明該和約，尤其有關中國利益之部分，我皆不受其拘束。
4. 中國政府發言人沈昌煥曾於一九五一年九月三日正式聲明中國不受金山和約的任何約束。

一九七三年九月六日南越西貢當局悍然宣佈，將中國南沙群島中的南威、太平等十個島嶼劃歸南越福綏省管轄。

一九七四年中華民國出版的所有大小地圖，均將東沙、西沙、中沙、南沙及團沙群島列入國家領土的範圍內。

一九七四年一月十一日中共外交部聲明，不久前南越西貢當局將中國的南沙群島中的南威、太平等十多個島嶼，劃歸南越福綏省管轄，這是對我國領土主權的侵犯。中華人民共和國政府重申南沙、西沙、中沙和東沙群島都是中國領土的一部分。南越的把中國島嶼劃爲南越管轄是非法的，無效的，中國政府決不容許西貢當局對中國領土主權的侵犯。

一九七四年一月十二日越南外交部發言人阮壁茂在記者會中發表聲明，認爲離峴港東一八〇哩的西沙群島是屬於越南的領土範圍之內，並稱自一九五四年以來越南便經常派遣戰艦巡弋這些島嶼。

一九七四年一月十六日越南外長宣佈中共艦隻已進入爭執中的西沙群島周圍水域，並把人員輸送登陸，構成了對該地區和平與安全的威脅。

一九七四年一月十七日越南軍方消息，兩艘砲艇正在南海的西沙群島附近演習。因雙方以機槍開火，衝突的威脅已經增加。

一九七四年一月十七日南越水手及士兵在西沙群島向一批在甘泉島上豎起中共旗幟的中國人機關槍掃射。但不確知中共方面人員有無武器，以及曾否還擊，或是否只是一批非武裝的漁民而已。

一月十八日南越宣佈自從一七八九年廣龍皇帝將清朝軍隊逐出東京灣以來，第一次對他們的古老的敵人的勝利。南越的李德藝上校說：我們已贏得了第一個回合，現在如果他們要攤牌，我們就攤牌。我們準備著他們的。

一月十八日台北外交部再度聲明，南沙群島及西沙群島爲中國固有之領土，其主權不容置疑，並聲稱於一九四六年十二月派艦接收，樹立石碑，派兵駐守。一九四七年十二月，將各島之名稱宣告中外。中國政府在去年一年間對於就上述各群島提出任何領土主張之國家，先後於元月二十五日、八月九日、八月二十二日及十月二十六日以書面及口頭提出抗議，並重申此等島嶼惟一享有合法主權之國家爲中國。

一月十九日南越方面派出兩艘巡邏艇、兩艘驅逐艦強登琛航島，而遭中共軍反擊，南越軍被迫撤離，隨後雙方爆發海戰，南越一艇被中共擊沉，三艘負傷逃回南越，中共亦有一艘艦艇被擊沉。南越的地面部隊在死傷數人後，撤退至西沙群島中其他的島嶼，就是說，南越軍仍占據著中國的領土。一月十九日衝突發生之後，南越駐聯合國觀察員，立即向安理會抗議中國對西沙主權的主張及對南越動武，要求安理會採取「所有適當行動」，後又取消抗議。

一月二十日中共以四架米格二一和米格二三型戰鬥轟炸機、十四艘軍艦投入戰鬥，向駐於金銀島、甘泉島和琛航島的南越士兵轟炸，中共顯已控制西沙群島和俘獲一百名南越軍和美籍氣象觀察員。

一月二十日中共外交部聲明，一九七四年一月十五日南越海空軍侵入我國西沙各群島，一月十九日向我琛航島發動武裝進攻，用軍艦和飛機炮擊和轟炸，打死、打傷我漁民和民兵多人，更向執行巡邏任務的我國艦艇首先開砲襲擊。我艦艇部隊和漁民、民兵在忍無可忍的情況下，進行自衛還擊。

自二次世界大戰結束後，西沙群島及南沙群島，已爲中國政府正式接收，而早在一九五一年八月十五日中華人民共和國外交部部長周恩來在「關於美英對日和約草案及舊金山會議的聲明」中，就曾嚴正指出，西沙群島和南威島正如整個南沙、中沙、東沙群島一樣，向爲中國領土。現又重申中國從來不去侵占別人的領土，也決不容許別人侵占我國的領土。

一月二十一日經過最後的一次米格機與陸上部隊的攻擊後，中共顯已完全控制西沙群島。西貢軍事發言人雖不肯承認被擊敗，但承認已同在島上的南越士兵失去無線電的聯絡。

西貢外交人士不明中共進攻的目標，謂中越對西沙主權的爭執，由來已久，但從未發展到軍事的衝突。

一月二十一日美國防部稱，在中共與南越砲艇在西沙發生衝突時，美國第七艦隊奉命提高警惕，勿介入此場戰鬥中。西貢消息，在兩天戰鬥結束前，美方曾拒絕西貢的多次要求派遣船隻與直升飛機，拯救一名美國人及數十名南越人。

美國防部發言人弗倫漢稱，他不知道南越有沒有要求協助，但「我們已經告誡我們在該區的軍隊，勿捲入漩渦。」

西貢美大使館已深入調查關於一名美國人在西沙島上被殺的消息。

國務院公關官員重申美國立場，美國絕不介入，但亟盼此項爭端能夠和平解決。他說該美國人是一平民，是美使館防衛隨員，受西貢政府大南市海軍司令之邀，訪問該島。是日與海軍司令同船駛往西沙的甘泉島或柏陶島，這是不到七十二小時的一項例行任務。

一月二十二日荷蘭船在西沙群島鄰近海面救起二十三名南越水手，他們是在西沙海面與中共砲艇交火後，所乘船隻被擊沉，而漂流海面者。

南越謂，該被擊沉沒的軍艦，艦上有八十二人。經兩天戰鬥後，被擊斃或俘虜南越兵共一百五十名和美國人一名。

美官方稱，上週末在西沙群島戰事中失蹤的美國人GERALD E. KOSH，只是觀察員，未報告越軍使用美軍事配備與其效能。

他被稱爲「聯絡員」，直接向五角大廈報告，然後再交與南越軍司令。此爲外界獲悉有此類聯絡員之首次。美方無意遮瞞，並顯然相信未違反國會對軍事介入的限制或巴黎停火條約的規定。

GERALD E KOSH（美國人）年二十七，自一九六五年入伍當兵至一九六九年，上年十二月開始觀察員工作。相傳美國已電駐北京辦事處向中共查詢KOSH是否被俘。

西貢美使館人員稱，他們不確知此聯絡員的確實任務，以及彼等詳細報告的內容，因此未能確定彼等有無關於南越，軍事戰略戰術的評價，並言彼知KOSH非軍事顧問，並不致作任何人的顧問。（巴黎停火協議是要美軍完全撤出南越，包括軍隊與軍事顧問人員）

一月二十四日在越南與中共上週末在西沙群島發生海戰之前，三艘蘇俄軍艦曾在西沙群島附近巡弋數天。越南曾立即通知美第七艦隊，要求美監視蘇俄軍艦的活動。

美軍艦曾自北方航向西沙群島離該群島一百五十英里之內，然後又回航北方。越南人士說：我們認爲這些美國軍艦所以回航，是接到第七艦隊總部的新命令。

越南海軍曾在本月十三至十六日不時看到蘇俄的軍艦，目的不詳。

一月二十五日中國正式通知美國，一名美國人和一百多名越南人被俘。

一月二十八日西貢軍事指揮部已下令大批越南海軍艦隊駛往西沙群島，越南空軍也大批調動超音速噴射機，移駐於西沙以西的峴港空軍基地，對西沙構成包圍態勢。

一月二十九日中共釋放美國人GERALD E. KOSH和五名南越傷病俘虜，由國際紅十字會及南越當局派員在羅湖接待。

一月三十一日南越軍事發言人宣稱，南越政府已派遣一二〇民兵前往南沙群島登陸，以防中國軍隊占據。駐防南沙群島之中華民國軍隊尚未與之發生衝突。

二月一日《紐約時報》指南越人斷斷續續地抗拒中國的侵略者，已有兩千年歷史。

西貢《英文郵報》以橫貫全版的大標題：歡迎西沙島戰士——英雄歸來的儀式已準備好了。

二月四日南沙群島屬中國領土範圍，在該等較大島嶼駐有中華民國軍隊。但在接近菲律賓的一些島嶼，有菲律賓軍隊占駐。

二月七日外交部長沈昌煥約見越南駐華代辦阮文矯，並提請他注意：過去我國政府曾數度向越南政府申明南沙群島爲中國固有領土的立場，並對南越政府最近對南沙群島主張領土主權一事提出嚴重抗議。（原編者：本文之部分資料由中國新聞處陸以正先生提供）

（《橋刊》，一九七四年二月）

三、詩歌

1. 西沙之戰

張永枚

【原編者按】張永枚是大陸上一位著名詩人，著有《螺號》等詩集。他這首詩原登《光明日報》，三月十六日由《人民日報》轉載佔兩大版，為往常所罕見。路透社對該詩發表評論，指出「這首詩特別否認外界報導的所謂中共海軍曾用科馬爾級驅逐艦（Komar-class Patrol Boat）和蘇聯設計的冥河式導彈（Styx Guided Missile）對付南越海軍。另外，這首詩可視為戰事發生以來中共對事件經過和立場闡釋比較詳盡的一份文件。

詩報告

序詩

炮聲隆，

戰雲飛，
南海在咆哮，
全世界，
齊注目，
英雄的西沙群島。
湧浪裡，風雲中，
海燕排空上九霄。
壯志鼓雙翅，
豪情振羽毛。
飛翔吧，海燕！
歌唱吧，海燕！
快告訴我們，
西沙軍民是怎樣把入侵者橫掃……

（一）美麗富饒的西沙

陽光在碧波上一耀一閃，
海風把浪花捲上礁盤，
金子似的沙土，
白玉般的海灘，
珠貝鋪滿地，

鳥肥積如山，
野海棠，
高撐著翠綠的巨傘，
羊角樹，
伸展在石縫路邊，
開不敗的野花啊！
紅白藍黃千萬點，
汲不盡的清泉啊！
甘甜如蜜微帶鹹，
是祖國媽媽的乳汁，
點滴叫人力量增添，……

啊！
美麗的西沙群島！
像一把珍珠，
撒在南海的水面。

看領海：
魚群在遨游，
三兩飛出波濤間；

馬蹄螺，
梅花參，
恍惚如在鏡中閃，
海松勁拔，
海柳剛健，
珊瑚的異彩迷人眼。
澹澹的海波，
像一塊藍絲絨，
把神奇的寶藏遮掩……

富饒的西沙群島！
人民愛你，
強盜垂涎。

啊！西沙群島！
你富饒美麗，
更雄偉壯觀，
像一組組威武的哨兵，
把守著航道要衝，
守衛在雲水之間。

西沙自古是中國的領土領海，
我們祖先的足跡早把諸島踏遍；
多少輩，
漁船來此捕撈；
多少代，
航隊錨泊海灣；
更有那，
漢字碑，（註一）
先輩墳，
永樂古錢，
藍花瓷盤，（註二）
文物、古蹟，
鐵證萬件。
使人依稀可見；
祖先的漁火，
漢、唐的炊煙，
明、清的篷帆……
啊！
古歌中的

「千里長沙，
萬里石塘」，
和祖國大地山水相依一脈連；
西沙、南沙，
中沙、東沙……
都是中華民族壯麗的漁鄉，
豈能讓強盜霸占！

（二）漁民與敵周旋

海域寬廣，
漁輪出航，
馳騁西沙，
乘風破浪，
捕螺、撈參，
垂釣、撒網，
生產戰備忙……

聽！
汽笛聲，似哭喪，
南越偽軍兵艦侵海疆！

可鄙的西貢傀儡，
頂盔貫甲，舞刀弄棒，
蚍蜉撼樹不自量，
為貧血的大老板，
找能源，搶地盤，
要想攫取我寶藏！
推進器劃破海面，
似刺傷漁民胸膛。

阿沙老船長，
高大魁梧，
岩礁般的堅強；
雙手叉腰，
注視敵情，
「抗議」的命令震船艙！
高揚的國際訊號旗，
集聚了七億人民的憤怒和力量：
「抗議侵我領海，
命令你艦離開！」
這警告，

叫鋼鐵也顫抖，
敵艦轉舵閃一旁！

狡辯的罪犯，
無恥，囂張，
竟掛出顛倒黑白的訊號旗，
胡說西沙是峴港！
另一艘敵艦也闖過來，
合伙打劫遂瘋狂。
一艘在前面堵，
一艘在後面撞，
竟妄想，
把我漁輪撞沉在西沙海洋！

阿沙老船長，
出身苦漁家，
世代浪裡闖。
漁霸逼稅打死了阿爹，
阿媽懷他流浪遠海上，
船泊西沙生下他，

取名阿沙記下血淚賬。
毛主席，共產黨，
救他出苦海，
漁工當船長；
文化革命的暴風雨，
使他像戰刀又淬火，
鋒刃加了鋼。
面對入侵者，
阿沙頭高昂；
「狗強盜！
撞沉漁輪是妄想！
你看看！
中國人民的智慧和膽量！」
阿沙船長一揮手，
漁輪靈活轉航向，
抽身脫出敵人夾擊，
汽笛三聲海盜膽喪。
兩艘敵艦，
險些相撞，
忙開倒車，

左搖右晃。
惡犬相對罵，
叫汪汪。

英雄的漁輪啊！
牽著兩艘敵艦的「牛鼻子」，
在海上轉圈圈、捉迷藏，
像神出鬼沒的游擊健兒，
和強寇周旋在青紗帳。

傀儡軍一計不成生二計，
賊軍官套上了海關服裝，
佯裝成海關人員，
帶領著蝦兵蟹將，
坐上機動艇，
開到漁輪旁；
吵著要上船「檢查」，
伸出狗爪抓船幫，
活像馬戲團的小丑，
粉墨登了場。

阿沙船長舉起廣播筒，
揭穿敵人的鬼花樣：
「這裡是中華人民共和國的領海；
不是你竊踞西貢的營房！
應受檢查的是你們！
快滾出去，
明火執仗的匪幫！」

敵艦的大炮瞄準我漁輪，
艇上的強盜亂舞著刀槍。
老船長拉響了驚報器，
民兵們各就各位彈上膛。
人民的槍口，
一齊對準強盜的胸膛：
「誰敢向我輪伸手，
就斬斷他的魔掌！」

一邊是，
勤勞正直的漁民；
一邊是，

武裝到牙齒的海狼！
敵我對峙，
劍拔弩張，
濤聲嘩嘩響！
鋼鐵的民兵們，
像六連嶺的群峰，
十級颱風刮來不退讓，
英雄的老船長，
似南天一柱，
藐視那逆水惡浪！
「狗強盜要敢開炮，
就對準它的彈艙衝過去！」
拚一個魚死網破，
以小換大保海防！」

傀儡軍聞聲心驚肉跳，
一個個腿顫手抖臉焦黃。
資本家血腥的鈔票，
買不到勇氣和膽量。
正義在手的人民啊！

頂天立地，
志堅膽壯，
革命氣節，
光芒萬丈，
像李玉和高舉紅燈，
屹立在火浪煙波的西沙戰場！

（三）海戰奇觀

掠過湧的丘巒，
登上浪的山尖，
艦首剪開萬朵梨花，
艦尾拋出千條白練；
莊嚴的八一軍旗，
在海風中狡猾的招展，
戒備中的主炮副炮，
雄赳赳虎踞艦兩端；
輪機的歌喉在高唱，
雷達的巨眼在飛轉。
前進！
新中國年青的海軍！

無產階級的戰艦！
駕驚風，
逐流雲，
劈狂瀾！
編隊嚴整機動，
航線準確不偏。
一位年青的艦長，
像撐天的椰樹迎風站，
鋼盔下鋒銳的目光，
似能穿雲破霧一射千里遠。

鍾海艦長，
出生在湘江畔，
韶山沖的陽光雨露，
培育了這新中國的青年。
曾記得：
在那上場屋邊、
荷花塘畔，
他掛上了紅領巾，
在農民夜校的舊址，

偉大領袖戰鬥過的地方，
宣誓加入共青團。
海上的風波，
艦上的歲月，
磨練了戰鬥意志，
錘打出鋼骨鐵膽；
刻苦的學習，
真理的教導，
使他光榮加入共產黨，
心與五洲共苦甜。

年青的艦長，
此時此刻，
思潮洶湧，
豪情無限；
彩雲飄處，
彷彿望見：
天安門的青松、紅牆，
中南海陽光燦爛，
偉大領袖毛主席，

矚目天涯，
指點航線，
給我們革命真理的羅盤，
鼓舞著戰鬥的軍民一往無前！
艦長的視線投向掛曆，
掛曆上一幅壯麗的畫卷：
飛渡的亂雲，
從容的勁松，
無限的風光，
巍峨的廬山。
…………
海風過時，
彷彿聽見，
一個響亮的聲音，
又迴響耳邊：
「把入侵者從西沙趕出去！
革命軍人，
共產黨員，
要誓死捍衛毛主席的革命路線！」
啊！

軍號聲烈，
戰鼓聲酣，
《歌唱祖國》，
響徹雲天！
挾崑崙，
越南海，
戰士面前無困難！
駛過宣德群島，
直發永樂海面。（註三）
耳旁傳來：
漁民的控訴，
船工的呼喊：
四艘西貢偽軍的兵艦又進犯！

艦長、政委，
及時動員：
「中國人民不可侮！
受迫害的漁民盼支援！
我們決不要別人的半分領土，
也決不准強盜佔我一寸河山！」

「西沙歷來屬我，
世人有口皆言！」
「堅決保護漁民，
誓死捍衛主權！」

訊號燈，
以嚴正的眼睛，
連番警告敵艦；
傀儡軍，
自恃艦大噸位重，
怙惡不悛，
一次次擦過我船舷；
雖凶暴詭詐，
也只不過撞壞些欄杆。

艦長拔出手槍，
橫目似電穿！
水兵抱起炮彈，
仇恨滿心膛，
戰士憤怒的烈火，

似能把南海燒燃！

艦長收槍屏息，
暫把怒火強按：
「我們決不打第一槍！
要步調一致鬥凶頑。」

英雄艦沉著鎮定，
敵兵船倉惶混亂：
當兵的穿上了救生衣，
當官的套上了救生圈。
霎時轉向變隊形，
朝著峴港就逃竄。
「賊船跑了！」
「不！
提防它詭計多端！」

鍾海語未落，
敵艦忽掉轉，
耍了個海上「拖刀計」，

狠狠衝向我戰艦！

南海啊！
你記住！
記住西貢偽軍罪滔天！
南海啊！
你作證！
西貢偽軍首先向我戰艦開炮！
西貢偽軍首先向我海島開炮！
是群貪婪的強盜，
點起了侵略戰爭的凶焰！
人不犯我，
我不犯人，
人若犯我，
我必犯人。
革命軍民忍無可忍，
忍展開了西沙自衛反擊戰！

啊！
火雲籠罩，

彈道劃空，
水柱聳天！
我艦編隊，
冒著炮火，
全速向前！

打！
轟隆隆！
為死難的中越人民報仇冤！
打！
轟隆隆！
保衛我
領海領土領空的不可侵犯權！

打！
阿沙船長指揮漁輪來助戰！
巧策應，
將敵艦火力分散，
殺傷它甲板上的兵員！

打！
像越南人民軍懲罰賣國賊！
前進！
中越人民的戰鬥友誼山高海寬。

打！前進！
人民的炮彈如生雙眼，
一發發命中敵艦！
直打得：
敵人旗艦起烈火，
指揮失靈聯系斷！
直打得：
賊船編隊亂了套，
各自奔命不相援！
直打得：
艙面敵兵，
翻滾中彈，
哪裡逃！
大海深淵！

我編隊越戰越勇，
英雄艦處處當先。
炮管打紅，
彈殼膨脹，
不能退殼生困難！
艦政委，衝過去，
帶繭的大手，
扒出了滾熱的炮彈！
彈藥手更增銳氣，
不間斷你遞我填。
戰士的手，
燙起了串串血泡，
不顧疼痛，
掏盡紅心保河山！

啊！
為什麼！
南海掀巨浪，
衝澆著英雄艦的甲板！
為什麼！

海雲齊聚攏，
圍繞著那高聳的桅杆！
英艦一角起火，
風呼嘯火苗飛竄！
鍾海命令：「快滅火！」
水兵們無畏撲上前！
哪管它，
濃煙嗆人難睜眼！
哪管它，
火團滾動在身邊！
「快！
撲滅它！
用我們的生命！
快！
澆滅它！
用我們的血汗！」
水兵們，
恨不能倒提大海當做滅火器，
立即熄滅艦上的火煙。

水兵們正緊急滅火，
看前方又出現敵人十號艦！
鍾海艦長，
正一正鋼盔，
揮動鐵拳：
「同志們！
雖然我艇著火，
也要壓倒敵艦！
只有我們的頑強，
沒有敵人的勇敢！
橫過去！
靠近打！
逼它火力難以施展，
以我之長，克敵之短！」

我們是無產階級的軍隊，
具備著特殊的有利條件：
一不怕苦，
二不怕死，
與人民血肉緊相連。

仗著它，
推翻三座山，
仗著它，
抗美援朝鮮，
仗著它，
威震珍寶島，
仗著它，
保衛海防線。

戰火紛飛，
英雄艦艇迎考驗，
衝鋒路上，
電舵失靈受阻攔！
「殲敵計劃豈能動搖，
困難越多越要果斷！」
鍾海發命令：
「快操人力舵！」
「是！」
五個水兵挺身而出，
立即打開舵艙的護板，

似傳電般飛下舵艙，
齊心把人力舵板轉！
駕馭著無邊無際的大海，
搏鬥著變化莫測的波瀾！

指揮台上，
鍾海挺立，
催車赴戰，
巍然如山！
風濤啊！
吹奏著雄壯的軍樂，
水兵們殺聲動海天。
「衝上去！
以勁松的意志，
勁松的勇敢！
衝上去！
要奪取革命的勝利，
必須向險峰登攀！
衝上去！
前進的道路，

開劈在大風大浪間！
衝上去！
衝上去！
衝——上——去！」
英雄艦像條火龍，
轉瞬間靠近敵艦！
鍾海一聲吼：
「快投手榴彈！」
他帶頭拉弦、奮臂，
把一顆手榴彈投中賊船！
轟！
敵艦的指揮台搖搖欲墜，
一剎那沒入了滾滾濃煙！
我水兵緊隨著艦長，
一一投出手榴彈！
呼嘯著，
翻飛著，
爆炸在敵艦首尾，
開花在左舷右舷！
炸得它，

槍炮啞，
桅杆斷，
百孔千瘡飛碎片！
匪官兵，
像老鼠遭到滾湯澆，
胡亂撞齊往艙底鑽。
那醜惡的南越偽旗，
煙燻火燎像隻死烏鴉，
飄落在狂濤巨瀾。

看哪！
三艘敵艦重創而逃，
歪著膀子冒著煙，
十號艦急速下沉，
南海底又多了廢鐵一攤！
發瘋的西貢傀儡軍，
受到了正義的懲辦！
英雄艦撲滅烈火，
修好了電舵，
戰位無損，

威武凱旋。

歡呼吧，巨濤！
歌唱吧，海燕！
歌唱這祖國海上健兒創造的新奇蹟，
歌唱這不到三十分鐘的勝利自衛戰！
新中國參戰的人民海軍，
既沒用什麼「科馬爾級的驅逐艦」，
更沒用什麼「冥河式導彈」，
我們是，
以小打大，
以弱敵強，
小試鋒芒，
就叫那老闆和走狗丟盡了臉！

歡呼吧，巨濤！
歌唱吧，海燕！
歌唱這祖國海上健兒創造的新奇蹟，
歌唱這不到三十分鐘的勝利自衛戰！
毛主席締造、指揮的人民海軍啊！

近戰殲敵，渾身是膽，
軍艦拚開了手榴彈，
海上人民戰爭史，
蔚為奇觀展新篇。

（四）國旗飄揚在西沙群島

曉風起，
艦艇高速向前進，
住艙裡，
滿坐著陸軍和民兵，
祖國的寶島要解放，
軍民併肩殺敵人！

一位黎族新戰士，
背靠艦壁，
槍貼前胸，
寬聳的前額，
似五指山的岩峰，
朗星般的眼睛，
注滿了火焰般的熱情，

豐潤的臉龐，
像成熟的咖啡豆一樣深紅，
他的左臂，
曾戴過紅衛兵的袖章，
握槍的手，
曾揮斥林賊寫詩作文，
今天，
他要用熱血寫張大字報，
懸掛在太平洋的雲空；
中國的領土決不許侵犯，
侵略者玩火必自焚！
大海忽然驚跳翻滾，
新戰士禁不住身失重心，
頭暈，嘔吐，
軀體像時浮時沉。

指導員忙給他撫胸捶背，
親切地安慰他「不要緊」。
他拿出壓縮餅乾，
就開水細嚼慢吞：

「戰友們！
阿春我已摸到大海的脾性，
吐了再吃，
吃了再吐，
山中虎要變水底龍。」

新戰士李阿春哪，
就這樣嘔心瀝血，
爭做解放寶島先鋒，
猛然間，
叮叮叮！
全艦響起警報鈴！

一聽戰鬥鈴聲響，
頭暈嘔吐忘乾淨，
軍和民立起抓槍，
登甲板如履平地，
勇猛又機靈。

蒼海似輕紗覆蓋，

水盡處一抹朝雲，
影綽綽，
正前方一條灰白色的線，
那就是被西貢偽軍霸佔的寶島，
祖國版圖上的一顆星。

……

阿春似看見，
獸蹄踐踏著她珊瑚般的身軀，
直覺得鑽心似的疼。
他大步上前叫首長，
要求任務表決心：
「請把國旗交給我，
只要還有一口氣，
就要把她插上祖國的寶島，
迎來整個西沙解放的黎明！」

首長撫著他的肩頭，
那蓬勃的朝氣沁人心胸。
小伙子入伍不到一年，
為人民立下了三等功，

在一個颱風之夜，
入激流救起了兩個紅小兵。

首長莊重地遞過國旗，
一遍遍囑咐叮嚀，
黨，
對這紅旗下生長的青年，
賦予了無限的信任——
革命的未來屬於他們！

艦炮怒吼，
摧枯拉朽，
猛轟敵陣！
戰士民兵換乘了橡皮舟，
向灘頭飛槳疾進。
突然間
一串子彈打穿了橡皮舟，
阿春他棄船跳海浪裡行，
一隻手高擎國旗，
一隻手擊水游泳，

民兵排長趕上來，
帶著他的臂膀泅水越浪頭！
登上了礁盤，
搶上了沙灘，
兵民更奮勇。
衝鋒號，直吹得，
雪浪擊天，
群島地動，
草木呼風恰似萬馬騰！

猛地裡一顆敵彈，
打中了旗手的臂膀，
疼痛如同刀割心！
黎族戰士的熱血啊，
像朵朵紅花戰地開，
古老西沙逢新春……

阿春手拉著旗桿，
奮力鼓著勁，
國旗在他頭上嘩啦啦地飄，

使他滿腔血沸騰：
「騰祖國啊！為了您流血、犧牲，
是我們最大的幸福和光榮！」
阿春復又高高舉起國旗，
英勇衝擊奮不顧身！
新兵高舉著國旗，
國旗鼓舞著新兵，
激勵著戰友們向前衝。

在國旗光輝的照耀下，
阿春衝到敵軍營房的大門，
民兵排長自告奮勇當底座，
與戰友搭成一道人梯，
把旗手送上營房的最高層！
黎族新戰士阿春，
一隻手拔下了西貢傀儡的黑旗，
一隻手把五星紅旗穩插在屋頂！
南中國的曙光，
輝映著他高大的身軀，
領章，紅星……

國旗在軍號聲中飄揚！
英雄們已把各島的殘敵肅清！
國旗在西沙群島飄揚！
軍民舉鋼槍，歡聲如雷霆：
守島一條心，
建島一家人。

國旗在飄揚！
國旗在飄揚！
國旗下的南海啊！
一層淺綠，
一層深藍，
一層橘黃，
一層緋紅。
看哪！
太陽出來了！
太陽出來了！
照亮了西沙群島，
照亮了南海長城。
聽哪！

江河湖海，
平原峻嶺，
黨、政、軍、民、學，
東、西、南、北、中，
齊聲高唱：
「東方紅……」

註釋：

註一：北島有石碑，上刻「視察紀念　大清光緒二十八年」字樣。

註二：我軍民在珊瑚島發現明永樂（一四〇三—一四二四）古錢及我國古瓷盤等文物。

註三：宣德群島和永樂群島均為我國西沙群島所屬。

（一九七四年三月十日完稿於北京）

（《群報》，一九七四年四月一日，原載於一九七四年三月十五日《光明日報》，《人民日報》次日轉載）

2. 保衛南沙

（一）

南沙，南沙，
一帶海山如畫。
藍天碧水相連處，
萬千鷗鳥翩翩舞。
椰林過處，
漁舟點點。
這是中華民族開拓的
美麗的南沙。

（二）

南沙，南沙，
屹立在南海上，
蘊藏著無窮財富。
帝國主義的野心家，

占我南沙，
竊我南沙，
中華兒女趕快起來，
保衛南沙！

（三）

南沙，南沙，
中國的南大門，
豈容他人侵占。
中華兒女團結起來，
驅逐狼豺，
收服南沙！
中華兒女團結起來，
保衛南沙！

（芝加哥《中西部保衛南沙委員會特刊》，一九七四年）

3. 南沙歷來本吾土

吳明

南海水暖金沙岸，碧波椰林映朝暉
問君島上何所有？珊瑚遍地鳥糞肥
問君水中何所有？家家喜載魚兒歸
問君海底何所有？石油惠及子孫輩
漁船穿梭漁家樂，且慶豐收飲三杯
閒臥沙灘君莫笑，警衛邊島不思歸
東海之水接南海，一波未平一波來
驚聞南海起風暴，同胞猶憶釣魚島
內部危機起賊心，派出低能小妖怪
小鬼持旨攪西沙，妄想逞兇戾氣乖
軍民團結獅子吼，妖魔鬼怪快滾開
四十九名囚階下，侵略下場真可哀
一人名曰觀察員，居心叵測鬼滿胎
前車覆轍猶可鑑，喪心病狂登南沙
跳樑小丑何足畏，幕後陰謀當揭發
島上蔣軍五百餘，本應守土將敵殺
南沙歷來本吾土，忍看阮賊把旗插

可歎蔣家小王朝，賣土求安心毒辣
革新保台燻天臭，寡廉鮮恥人人罵
凡我中華好兒郎，群起口誅與筆伐
海外僑居當愛國，統一祖國好回家

（《群報》，一九七四年四月二十九日）

第四節　中外評論

一、我們對南海諸島事件應有的認識和立場

許良雄

自西沙群島爆發戰爭的消息傳來之後，很意外的，各方的反應相當冷漠。和當時全國的反應相比，這種冷漠，從表面上看來，簡直就像什麼事也沒發生過一樣。若再和越南舉國上下的激烈反應相比，則我們已近乎麻木不仁了。這樣的民氣決非國家之福。實在深值有關當局痛切反省。

關於越南政府對西沙群島的主權要求，早在一月十二日即有外電報導，而中共亦同時發表聲明，但我們的報紙不僅沒有宣導和分析，外交當局亦未及時表示明確的態度。這種做法，和四年前對釣魚台事件的處理，如出一轍。這是否就是影響民氣的原因之一，我不敢斷言。但這是否革新的做法，則值得深切檢討。

無疑的中國領土

我所以提出上面不客氣的批評，主要鑒於兩個理由：一、南海諸島為中國固有之領土，此自明朝起史書早有記載，且在考古和地質考證上，亦有充分之證據，故其後雖有其他國家企圖霸占，終因史實俱在，法理充分，而不能得逞。二、南海諸島的事件，將因國際現實關係中之諸因素，如俄毛之衝突、海底石油之開發等，而成為釣魚台事件後，更複雜的問題，其於我們之影響，將不止於單純之領土爭執（確切地說，

應是領土保衛），而是關係到全民族的存亡。

美國似希圖染指

關於第二點，越南對南海諸島的主權要求，是到了越南和美國油商簽約開發湄公河出海口一帶海底油田，並傳說南海諸島蘊藏有豐富石油之後，才顯得積極。因此，事件的原因，在於越南企圖獨佔南海諸島的油藏。於是先公然派軍強占西沙，未遂，乃又強占南沙。又此事若非美國人插手其間，越南政府何致於如此無理？事件的禍首也許還另有其人？

在西沙事件發生後，美國國務院發言人一再聲明「不介入」，但此項聲明實難令人信服。第一、西沙事件中，曾有兩名美方官員被共軍所俘，此證明不僅油商插手其間，即美國政府亦牽涉在內。第二、既有美國油商插手其間，在事件發生後，美國政府爲平息事件，自應勒令其本國油商停止合約，一如其曾施之於我，即停止美油商與我共同開發釣魚台及海峽油藏之合約，但美政府不爲止舉，此則表示美國將繼續在暗中支持越南。第三、中越皆美國盟邦，中共亦與美國有一定程度之外交關係，因此，在道義上，美國有責任調停此項糾紛，一如其所施之於以色列者。但近更宣佈援越 F5E 戰鬥機，此非火上加油者何？第四、據美聯社十七日發自西貢的電訊說，美在西沙東北方一百哩的南海海域設「雷達哨」，由飛機或驅逐艦擔任，目的在使西貢及華府能獲得西沙及海南島的情報。此一消息不是明白顯示美國政府要介入越南的侵占行爲嗎？

蘇俄更想渾水摸魚

就在美國油商直接介入，而美國政府又實行所謂「不介入」的介入之際，一直在虎視眈眈的蘇俄，自不願錯此良機。

蘇俄自俄印軍事同盟締結以來，因已在亞洲獲得了反美基地，所以到處煽風點火，似乎確有「天下大亂」之勢。然而，此種亂乃在轉移世人目光，使大家無暇東顧，而便於它在中國大陸取利，因此，「天下大亂」只是表面的，實質上，是要不利於中國大陸。

配合著中亞的戰略部署，蘇俄除了在北方的中蘇邊境繼續增加兵力之外，九月間蘇俄《文學報》轉載外蒙《文學與藝術》上的一篇文章，指責中共歷年來在外蒙領土上進行軍事演習。這是蘇俄利用外蒙即將不利於中國大陸的藉口。

在大戰略的包圍下，缺口還有中國的東北和東南。關於東北方面，蘇俄正對北韓和日本施行種種誘脅。而在東南，蘇俄之援助北越，本亦含有對付中共之企圖。此外南海諸島在戰略位置上，不僅護衛我南疆，同時，扼守進入麻六甲海峽之入口，特別是西沙，更看守著海南榆林軍港。蘇俄若想封鎖、控制中共海軍，必然要控制東海及南海。而在蘇俄無法獲得介入的藉口時，蘇俄當然想利用越南爲其火中取栗。

據泰國《暹邏日報》一月二十一日的社論透露，西沙事件與蘇俄的陰謀有關。二十三日《華盛頓郵報》報導西貢消息引述越南海軍方面人士的話說，在西沙事件前，他們曾目擊三艘蘇俄軍艦：在該群島附近海域游弋了幾天；就在十三至十六日越南向中共抗議其軍艦騷擾的期間，他們還看到蘇俄軍艦在附近活動，這說明蘇俄正在伺機介入。

但有機會還得有藉口，因此，莫斯科最近不斷處心積慮製造輿論。一月三十一日莫斯科電台即就西沙事件發表評論。它說：「西沙群島的衝突事件，在世界上引起了很大的反應，特別是中共的鄰接國家，對此次事件的發生，已引起了相當的不安與警戒。北京最近所發行的地圖，曾把亞洲南部及東南部廣大的地域列入中國領土之內。這種事實與西沙群島發生的紛爭，使亞洲鄰接中共的國家惶惶不安。北京發行的地圖，亞洲各國均認為是中共領導階層在地圖上的侵略行為。」二月十一日蘇俄《真理報》在一篇題爲〈南沙群島的局勢也變得緊張化了〉的〈國際一週述評〉中說：「中國（共）上層領導故意的通過這項辦法，使國際生活充滿著危險的不穩定因素。」這篇文章故意把中國人保衛領土的自衛行動，說成是「人爲的惡化國際緊張局勢的行動」。當然，如果越南不公然派軍侵略我國，自無事件發生之理。但蘇俄有意把這項自衛行動歪曲爲「人爲的惡化國際緊張局勢的行動」，又說此舉已引起中國大陸鄰接國家的不安和警戒，這並不是說它支持越南，而是慫恿越南再打下去，以便蘇俄能以亞洲憲兵的姿態出現，藉口保護中國大陸的鄰接國家，或親自出馬，或慫恿其附庸出兵合力攻打中國大陸。對此點，在最近英國權威軍事雜誌《陸軍季刊》的評論文章中，曾有相同見解。該誌指出，蘇俄與外蒙現在已全部完成戰鬥準備的六十師軍隊，「其部署型態有力的表示出攻勢意圖，……如果蘇俄內部某些條件達成，很可能蘇俄將於一九七四年夏季發動攻勢。」

就在蘇俄尋找藉口以便宰割我民族之際，一向對中國野心勃勃的日本軍國主義者，亦已公開表示要加入對中國的宰割。據合眾國際社一月二十四日東京電，日外務省發言人黑田今天表示，日本對西沙群島的主權，無權發表任何意見，但他旋即表示日本堅持它對位於台灣和琉球間的尖閣群島的主權，他說：「尖閣群島是我們的島嶼。」大家都知道，所謂「尖閣群島」，實即釣魚台列島，當越南在西沙起事之後，日本也要乘火打劫，準備在釣魚台下手了。這就是一向對我們「感恩謝德」，而被我們引爲「故人」的友好行爲！

由上述分析，可知南海諸島的領土事件，並不是如外傳的領土爭執，而是關係中國民族存亡之大事。

（《中華雜誌》，一九七四年十二月）

（以下從略）

二、從南沙事件說起

沈君山

最近越南海軍侵犯我國南沙群島，陸續在七個島嶼登陸，我國外交部已於日前發表聲明，嚴重抗議。同時，西貢方面傳來一個荒唐的消息，說越南之出兵，乃在求「中、菲、越三國共同享有南沙主權，以聯盟對抗中共之侵犯」。這個消息雖然最後經官方否認，但空穴來風，居心叵測，一個國家之主權，乃屬於國民全體，此彰彰載諸我國憲法。確是我們的領土，雖一寸亦不能捨，共享主權，所指何來？

今天中華民國政府的處境極為艱苦，其所以受千百萬炎黃子孫擁護支持者，在於這個政府確守三個基本的原則：第一，外交方面，雖然因為國際形勢的局限，近年來屢受挫折，有時且不得不委屈求全，但是我們的領導中心，折衝樽俎之際，基本上從來沒有脫離中華民族的立場。第二，民主法治方面，雖然因為內外形勢的局限，可以批評之處很多。但是和大陸上那個政治掛帥的政府來比，我們的人民，不論是知識份子還是一般民眾，確相對的享有不成比例的自由。第三，民生經濟方面，雖然因為地處海島，市場資源皆屬有限，貿易加工成為經濟成長的命脈，貧富距離的拉大乃成為自然的趨勢，但在受此種經濟結構的局限之下，政府的種種努力，確乎是在求財富之合理分配。

凡此三端，自蔣經國先生組閣以來，納言採諫，勵精圖治，能夠做的事總儘力去做，此所以自由地區的華夏子孫，自釣魚台運動開始，經過三年來的風潮激盪，回歸認同種種心理的矛盾之後，越來越多的同胞，終於認清自由中國才是我們這一代中國人唯一可以為之努力奮鬥的地方，但是這種心理剛剛萌芽，尚在動盪矛盾之中。對於一般國民，切身有關的經濟民生，當然最關重要。但是對於較能往遠處看的知識份子，國格主權是一個原則性的問題。所謂國家，是一群大致有共同傳統、共同利害的個人結合而成的組織，其目的乃在團結起來，在此互相競爭的世界上爲此一群個人爭取最大的利益。代表國家行使政權的是政府，一個政府的靈魂在其主義政策，而形之於經濟措施與政治制度；但政府和主義都是暫時性的，隨著科技的進步，交通的發達，一個逆於潮流的主義或者政府，或由暴力或由改革，十年數十年內必定要徹底改變。真正永久的是構成國家本體的民族。血緣、文化、語言、傳統這些形成民族的要素，乃歷數千百年結晶而成，民族之間的利害衝突，在世界大同這個遙遠的理想沒有實現之前，是不會消失的。今天中共控制了大陸、海南以至西沙，站在一個中國人的立場，並非主權之喪失，只是一個內政問題。十年數十年後，那個要靠不斷的革命來維持生命的朝代過去了，那些土地還是我們中華民族的領土。但是今天若有一片土、一寸地落於異國之手，儘管將來物換星移，這片土地要再要回來，就難了；清喪土於俄可爲前例，這才是真正主權之喪失。

所以我們以爲越南今日爲求「安內」故意「攘外」，貿然進軍南沙，是一種最自私、最不智的行動，而其放出「共享主權聯盟抗共」的謠言，尤其是陷人於不義的自我陶醉。我們之非共反共，是站在一個「中國人」的立場來非共反共；「中國人」這三個字是我們一切努力最基本的立場，絕不是任何誘惑所能改變的。

或者有人以爲越南素爲我國友邦，宜多予忍讓。然友邦除具有共同的立場和利害外，最重要在互相尊重。雙方對主權發生異議，儘可根據歷史、地理、條約、公法以求取一合理之解決。今越南政府於西沙棄甲曳兵之餘、罔顧我政府之忠告勸告，以武力登陸南沙，大事宣揚，全不尊重我國之立場與地位，此等政府，又何必以友邦視之？

或者有人以爲外交交涉宜權衡利害，越南政府乃最堅決反共的政府，在此邦交日蹙之際，不宜輕舉妄動。誠然，但在涉及立國基本時，則不可不動，「時窮節乃見，一一垂丹青」，不但於個人爲然，於國家亦然。即退一萬步來看，以利害爲權衡，一方面是千百萬海內外之民心，一方面是一個欺善怕惡不識大體的政府，取捨自明。

所以我們絕對擁護政府所發表的嚴正抗議，而且我們更希望政府能用具體的行動來支持其抗議，所謂具體的行動，當然並非逞一時意氣。千浬馳援，以干戈相見，或者並不是切合實際的方法，但諸如暫停經濟技術援助，確是我們能做而且可以做得到的。應付此事的決心和方法，乃海內外民心之所繫，我們寄厚望焉！

（《中央日報》，一九七四年二月十二日）

三、遙望南疆

楊子

這幾天披讀有關南沙群島的電訊，常使我繞走斗室，不知是否應評論此事，而應該如何立論。民族主義的情緒與現實利害的考慮，在內心翻滾、衝突、激盪，而又作痛苦的自抑。我深知海外僑胞的心情，我深知中共的陰謀；但是，我怎麼覺得有一股衝動，有許多話要說？

多年前我由印尼返國讀大學，由於我愛海，搭乘了荷輪「芝楂蓮加」號，由椰嘉達往香港。船啓行後第二天，我在餐廳裡看見二副在航圖上移動小旗幟，表示船隻的位置，我指著南沙群島用馬來話驕傲地跟他說：

「你的船經過我國領海了。」

他笑著回答我：「那真是要小心翼翼經過的領海呢！」

真的，在地圖上那一點點密密麻麻的地方，都是珊瑚島，犬牙交叉，暗礁雜錯，航行者視爲畏途的區域。但是，不管它是豐饒瘦瘠，中國的領土便是中國的領土，這是我國極南疆界，歷史上斑斑可考，維護領土完整的立場，無論面對敵友，我們都絕對不移的。

當去年國際間發生麻六甲海峽的航行權爭執問題時，我曾根據「群島主義」的理論，寫了一篇文章，指出我南海諸島的重要性。所謂群島主義（Archipelago Doctrine），是指一國的國界線應以其擁有本土以外離島的最向外的各點聯繫而成。這是始於一九五三年挪威政府所宣佈的國界主義。

我在那篇文章說，依據群島主義，我國的最南疆土應在曾母暗沙。我國在南海的領海，也應以西沙、中沙、南沙群島的最西、最東、最南的礁瑚島的最外向點爲準計算。因此，我提醒政府，應該及早注意，使越南政府及菲律賓政府不只尊重我南沙群島的主權，同時也要與他們在領海問題上獲取友好的協議。

去年九月我重遊墾丁公園，站在觀海樓上遙望巴士海峽與台灣海峽的交界，頓覺血液中湧起了海的澎湃，重行想起在荷輪上對那位二副所說的話。不料，只是幾個月的功夫，我被迫一遍遍的翻閱有關南沙群島的電訊，爲之破戒抽了一枝香煙，仍苦於不知如何下筆，來申述我心中的積鬱。英國海軍名將奈爾遜曾說過一句名言：「為祖國開拓海疆，是男子漢最具挑戰性的事業。」我望著手中握著的那枝軟弱的筆，顧念到祖國艱難的處境，好難過，好難過！

越南駐華大使館常常寄些資料給我，平日我都以兄弟之邦，患難之交，反共夥伴的心情來讀它。這幾天，我卻不敢，也不願去拆他們寄來的新聞稿。對於南海諸島的問題，我外交部的聲明已經有很堅定明確的表示了，但願越南朋友，勿使親者痛、仇者快了。

站在掛在書房的南海地圖之前，遙望南疆，我要向駐在太平島的國軍致敬禮；在那極南的祖國領土，你們是多麼令人崇拜的韋陀呵！

（《聯合報》楊子專欄，一九七四年二月十一日）

四、我國應正視南海危機

鄧兌人

南中國海正蘊藏並發展著一個大戰危機！因爲南越西貢政權，心懷鬼胎，惟恐天下不亂，竟敢明目張膽侵犯中國領土，在西沙群島被擊敗以後，又向南沙進犯。這如果不是西貢軍閥政權的喪心病狂，便是有國際陰謀的幕後策動，中國政府與人民，應嚴密注視，並應以斷然決然、劍及履及的態度保護領土主權。我們主張中國政府，應以對西沙群島的同樣迅速徹底的自衛軍事行動，來對付蓄意侵犯南沙群島的越軍或菲軍，必要時可給予更嚴厲的懲罰。同時向世界聲明，中國將以有效行動擊破任何國家陰謀。盼友好國家切勿介入此種侵略行動，如果西貢或菲律賓方面要繼續挑釁的話，中國應使用適當力量，多方面擊敗敵人。我希望中國人應明白當前情況的重要性，這是國際潛在陰謀家們對中國保衛國土的決心和力量一個探測的行動，中國如果示弱或遲疑猶豫，將帶來無窮的後患！

我更希望海外的中國知識份子，不要自作聰明，發出一些似是而非的違反中國人利益的言論，爲侵犯中國領土的敵人作強辭奪理、詭譎模稜的辯護。有人竟把堅兵利砲蓄意侵略的敵人，描說爲善良的「小國」，而指責中國政府抵抗侵略的嚴正方法爲「欺弱扶強」、「以牙還牙」及「不合時宜」，猶如「帝國主義」的行動，並大談其「陳兵島外」，再用「高度外交手腕」云云。借孔子一句話來說：真是「其愚不可及也」！

我們必須明白：凡是侵犯中國領土主權的國家，無論大小，都是敵人，必須盡力加以打擊及制止。當年日本開始侵略中國的時候，起初不是也有人以爲東瀛小國，不會有大憂慮而終至不可收拾嗎？別人怎麼說，外國人報紙怎麼說，我們管不著；至少，中國人尤其是有知識的人，不應在損害國家人民的利益基礎，亂發謬論。

國際領土之爭，歷史事實是一回事，事實占領又是一回事，兩者都是靠國家武力為依據，從古到今，事實的例子是更難枚舉的。凡一國出兵侵占（甚至威脅）另一國的領土，立刻便成為極其重要的緊急情勢，誰能作事實占領，便是優勢。所謂談判只是雙方強弱不分的時候才用的手法（或是強者要求弱者承認事實的姿態），在這種場合，所謂國際道義是根本不存在的。也有很多人喜歡大喊「國際道義」，實在是莫知所云。因為國與國、民族與民族之間，因文化、宗教、風習的不同，很少有相同的「道」，而政、經、軍事鬥爭之「道」尤其不同。「道」既不同，以道為根本的「德」與「義」便當然不同了；簡單明白一點說，鐵一般的歷史事實可以證明，根本就沒有「國際道義」這回事，只有一般軟弱無能的人們，才高喊「國際道義」。這僅是心理上的「夜行吹口哨」，阿Q式的自我打氣、自我安慰而已，在強者的耳中，聽起來只暗暗好笑罷了。很明顯的，唯有「口吐柔言，手揮巨棒」的所謂「巨棒政策」，或進一步的「砲艦政策」，才是實實在在的「國際道義」。讀者如若不信，可翻翻世界史，看看是否能找得到一件所謂「國際道義」的事例。

不過，我們必須指出：中國是全世界最大、最古老而文化極富的國家，對世界的和平、安定、繁榮都有極大的責任，更要對世界各國，樹立上國表率；我們決不侵犯任何國家，但是，也絕不容許任何國家，超級強國或蕞爾小邦來侵犯中國，這便是國際正義法律的準繩。

（北美《星島日報》，一九七四年二月二十一日）

五、南沙事件的時事演變

南鯊

一九七四年一月十五日左右，西貢政府以歪曲《舊金山和約》爲依據，侵犯我西沙群島。二日後爲中共擊退後，西貢曾要求聯合國安全理事會辯論未成，於月底又進犯我南沙群島。北京和台北當局均先後重申對南沙主權，並向西貢抗議。但又據《南洋商報》二月二日登載：「南越與台灣同意避免衝突，分享南沙」的消息，此點有待台北當局澄清。不久菲律賓政府亦湊上一角，向台北及西貢提出抗議，要求撤出南沙群島上駐軍，聲明海島主權屬菲律賓，主張提交聯合國解決。台北曾照會菲律賓，重申對南沙主權。關於南沙問題，印尼外長亦發表談話，認爲西沙、南沙之屬於中國從未引起異議，北越駐新德里代辦認爲西南沙主權問題須由歷史學家研究決定。台北方面軍事發言人說明：「南沙群島為我領土，我艦活動從未間斷。」二月十五日菲總統執行秘書談南沙主權，披露菲在附近島嶼上設有航海及氣象站。據《中國時報》二月十六日登載：南越聲稱，他有意再占中國南海西沙、南沙所有島嶼，即使與北京、台北、馬尼剌當局作戰亦在所不惜。但又據二月十八日的《星島日報》：中華民國官員曾稱，決盡一切努力避免與南越開戰，但如中共軍隊登陸則一律開槍射殺（此項報導已經台北方面否認）。二月十七日《南洋商報》登出，南越又原則上同意菲總統建議主張有關國家直接談判解決南沙主權爭執。十七日又登載：美在南中國海設有雷達哨站，助南越偵察西沙及海南島，同時該報又稱：西貢人士說：南越軍已占領南沙群島的第五個島而未遭反抗。據《中國時報》二月十八日稱：日前有八名愛國青年（香港）男女，向南越領事館示威，抗議南越軍隊無理侵占中華民國所屬南沙群島，並要求南越軍儘速自該等島嶼撤軍。

目前南沙事件尚未了結，台北當局除了聲明抗議外，未有任何具體行動，而仍繼續協助南越農技團人員發展南越農業（《中央日報》四月二十三日），又協助南越建加工出口區（《中央日報》四月二十四日）。且協助越開發湄公河三角洲，又續派二醫療隊，協助南越戰後重建（《聯合報》四月二十日）等。同時《聯合報》四月二十三日登載：我特技雜耍表演團在越南遭禁演，又據最近五月二十六日《中央日報》登載：西貢市長抵台北開亞太市政會，台北市長張豐緒在機場歡迎。另外美國方面報紙多採用西貢來的消息，而有偏袒西貢之嫌。

（威斯康辛大學保沙委員會，《中西部保沙通訊》，一九七四年第一期）

六、從南沙事件說起

李得勝

南越的西貢傀儡政權，最近兩個月來，在中國南海諸島一再製造事件。一月中旬，西貢軍隊侵入西沙群島，騷擾我國漁民作業，並占領島嶼，攻擊守軍，但在中國解放軍及民兵迎頭痛擊之下，不支而退。接著，西貢軍隊於二月一日至四日間連續在南海諸島中的南子島等七個島嶼登陸，並揚言為取得西沙、南沙兩個群島的完全控制，準備與任何方面作戰。南海諸島歷來都是中國的領土，其主權歸屬，無論就歷史記載，或法理根據，均是無可爭辯的。西貢政權這種無理舉動，不能不引起我國同胞的極大憤慨。另一方面，西貢政權在內外交困，自顧不暇之際，悍然旁生枝節，對我國發動侵略，這後面必有種種不可告人的陰謀，以及複雜的國際背景，這不能不引起我們的警惕。

當西沙事件發生時，國民政府隔岸觀火，台北的報刊發出了「毛越衝突，原因未明」、「毛機昨炸西沙群島，登陸攻占南越陣地」等乖張的言論。及至西貢政權轉而入侵南沙時，國民政府的表現尤其令人失望。按南沙群島自民國三十五（一九四六）年起即有國軍部隊駐防，二十餘年來國府的軍艦在台澎與此一地區往返活動，從未間斷。但是當二月一日西貢軍隊登陸南沙時，未聞國府有絲毫的抵抗行動，遲至二月八日台北的外交部才發表了一個關於南沙群島主權的聲明。此後代表國府的《中央日報》迭次立論，究其內容不外輕重兩個要點：比較輕描淡寫的一點是「呼籲中越雙方，應經由外交途徑，妥善處理」。呼籲對方不要動手尚有可說，呼籲自己不要動手則有點奇怪。本來就沒有抵抗，也沒有想要抵抗，還需要對自己呼籲嘛！是代誰呼籲呢？大概《中央日報》的主筆老爺們平日包辦民意慣了，恍惚間又化身為老百姓的喉舌，替國民政府不盡守土衛民之責找下台階了。真正重要的信息則是「呼籲海內外同胞，支持政府以高度理性而自制，與越方交涉」，並且要「時時警惕，毛共正在利用每一個可以利用的機會煽動群眾情緒，來增加當局者的困擾。」換句話說，愛國有罪，凡是主張以武力保衛領土者，便是毛共的爪牙。這豈非釣魚台事件的重演嗎！二月二十五日的《中央日報》社論說「釣魚台之爭曾引起軒然大波，而在日本田中政府與匪勾結之後，毛偽何嘗有一言『保釣』？」就是說：我們不保，毛偽也不會保的，你們在海外叫什麼？這種從自己身上揭下瘡疤向別人身上貼的無賴行徑，不過欲蓋彌彰而已。明眼人都看得出，若非北京的中國政府數度嚴正的聲明立場，暫時遏止了帝國主義者的侵占野心，今天釣魚台海域已經是外國打油船的天下了。方今西貢政權小醜跳梁，謀我南沙，爲政者正宜前事不忘，奮起保國衛土；國民政府不此之圖，反而利用困難之機，大做其反共宣傳，派御用學人沈君山之流，鼓其如簧之舌，說什麼「我們的人民享有不成比例的自由」「自由中國才是我們這一代中國人唯一可以為之努力奮鬥的地方」（二月十二日《中央日報》）。沈學人敢是欺我等海外知識份子無家可歸嗎？若國民政府治下的台灣省都能以自由民主爲標榜，人間還有羞恥嗎？綜觀國府言行，對內是一手遮天，包辦國事，用亂送紅帽子的辦法壓制愛國言論，對外則姑息隱忍，唾面自乾，只求苟延殘喘，以便槍口對內。且聽外電引述一位台北官員的話吧：「我們駐在南沙的軍隊接獲命令，假如中共軍隊企圖登陸，一律開槍射殺，但假如入侵的是南越軍隊，便試圖說服他們離開」（三月二日《華僑日報》）。愛國的同胞，是可忍，孰不可忍耶！

我們反對國府當局坐視西貢軍隊侵占南沙群島而毫不抵抗的懦弱行爲！我們要大聲疾呼，所有海內外有良心、有血性的中國人團結起來，督促在南沙群島上駐有軍隊的國民政府負起保衛國土的責任！如果國府當局竟敢如斷送釣魚台列嶼那樣斷送南沙群島，我們呼籲在北京的中國政府首先解放南沙群島，以保衛祖國領土的完整。

我們更要指出，目前國家分裂的狀態爲外人覬覦我國領土提供了有利的機會。三年前的釣魚台事件和今天的南沙事件便是明證。要避免這類事件一再重演，便應該迅速謀求國家的統一。最近海外與大陸上的有識之士紛紛發出國共和談的呼籲，只要這種和談能照顧到台海雙方人民的利益，切實達到台灣人民當家做主的願望，便會得到海內外所有中國人的支持。可是國府當局一味堅持其反共態度，對於發自人民內心的呼聲絲毫不予理會。我們願向國府當局再進一言，你們數十年來的反共政策已爲國家和人民帶來無窮的禍害。你們的反共理論在人民眼中早已破產了，正如一位同胞說的，「如果反共有道理，自有台灣人民在前面反，用不著二二八事件的元凶來做急先鋒。」你們應該讓開大路，不要再做人民團結，國家統一的障礙。

（《密西根月報》，一九七四年二月）

七、西貢爲什麼挑起戰爭？

一般揣測認爲，西貢挑起這次衝突的因素有來自國內和國際兩個方面。

就國內情形來說，自《越南和平協定》簽署，美軍撤出南越後，西貢阮政權的日子越來越不好過，它的倒行逆施的政策受到反對黨和各界人士的攻擊，爲了轉移國內人民的視線，遂挑起這次戰爭。除了轉移視線外，由於越共與北越和中國保持著友好關係，一方面破壞越共和北越與中國的友好關係，另一方面可延長西貢政府的壽命。

在外交方面，由於近年來中國在東南亞的威望有了提高，遂使一些反共集團感到驚慌。西貢企圖製造混亂，重新證明中國的所謂「侵略性」，以便美國在南越和東南亞作較多的捲入。同時，亦可試探美國現在對西貢的支持究竟達到何種程度，以及試探中國政府保衛領土的能力和決心。

從國際方面來看，在今天西方世界的石油危機中，西方國家如熱鍋上的螞蟻，焦頭爛額的在找油源，而西沙、南沙附近有著豐富的石油蘊藏，遂引起西貢的野心。據路透社電訊報導，美國和加拿大的四家石油公司已經租了南越附近大陸架一些地方，並期望不久開始進行鑽探。

另一方面，隨著蘇伊士運河的即將重開，蘇聯和美國在印度洋爭霸的野心已經昭然若揭。南沙群島具有巨大的戰略重要性，難怪蘇聯在西沙事件發生後，馬上要支持南越當局了。

（加拿大雷城莎省大學《莽原月刊》，一九七四年三月二十日，〈西南沙資料選輯〉）

八、揭開西貢政權侵南沙之謎

不單純是石油問題

西貢當局竟又增派海軍，進犯南沙群島，並有長久霸占之意圖。這就顯得西貢當局未免太過猖狂、太不自量了，他們似乎還沒有從他們在西沙群島的失敗中得到應有的教訓。

西貢這一而再的尋釁行動，不會單純著眼於南海諸島大陸架的石油資源和其他資源，事實上西貢要開發淺海石油，還沒有如此的經濟和技術能力。

那麼，它是否蘊含著某些政治目的呢？這是很可能的。有些觀察家認爲，它可能借此挑撥中國和越共甚至北越的關係；它可能受到幕後人的唆使，借此以改變亞太區國家對中國的印象。

幕後人是誰？

幕後人是誰？是蘇聯嗎？國際輿論有過這樣的推測，雖然目前還證據不足。但是，卻不能不說，蘇聯正是懷有「使中國在東南亞趨於孤立」的陰謀的。

莫斯科電台對西沙群島的事件，發表了如下的評論：「西沙群島的衝突事件，在世界上引起了很大的反應，特別是中國的鄰接國家，對此次事件的發生，已引起相當的不安和警戒」。不言而喻，莫斯科是希望東南亞國家對中國「感到不安」的，這樣，不但符合蘇聯的包圍、孤立中國的反華策略，而且它必然認爲會有助於其推行那個「奄奄一息」的「亞洲安全體系」的計畫。

六〇年代以前，由於超級大國實施圍堵政策，使東南亞一些國家產生錯誤的判斷，視中國爲一種「威脅」。但是，七〇年代後，再把中國形容爲「黃禍」，已沒有市場了，中國不做超級大國，不稱霸，這個信念，在越來越多的事實證明下，已越來越多地爲東南亞國家人民所理解。

蘇聯要借中國捍衛領土而進行反華，那適足以暴露其陰謀而已！

現在，中國人所注意的，是蘇聯對這問題的態度。據報導，第一批在深圳被中國遣返的西貢軍俘虜和美俘，都承認他們在中國受到良好待遇。

莫斯科西貢一丘之貉

果如所料，莫斯科方面卻傳出罵聲。罵西貢軍侵犯中國領土嗎？不是。莫斯科罵的是中國，罵中國在西沙群島進行的自衛戰引起了「鄰邦」的「不安」云云。

這有點奇怪了，然而，仔細想想，卻一點也不奇怪。

在侵犯中國領土這一點上，莫斯科與西貢實在是一丘之貉。當年蘇聯出兵侵犯中國北方的珍寶島，結果被打敗了；如今，西貢出兵侵犯中國南方的西沙群島，結果也被打敗了。同病相憐，莫斯科替西貢撐腰有什麼奇怪！現在，西貢當局又進一步派兵侵犯中國的南沙群島了，蘇聯又將說些什麼話呢？

至少在表面上，華盛頓比莫斯科聰明一點。華盛頓對於西沙群島和南沙群島的問題，都表示「不干涉」。

目前，東南亞確也有不安的情緒，那不是中國所引起，而恰恰是蘇聯的行動所引起的。

爲了爭霸，蘇聯對南中國海的興趣當然高得很，越來越多的蘇聯艦隻出現在這個地區。美國記者就有所報導，說在西沙群島之戰前幾天，蘇聯艦隻就曾在附近游弋。

蘇製造事件值得注意

這一切，才真的引起人們的不安，注視蘇聯在東南亞地區搞風搞雨，製造事件。

不論是西沙群島或釣魚台列島同樣爲中國的領土，中國確有其無可爭辯與不容置疑的主權，這是絕對正確的態度；主權受到侵犯，發表聲明之不足，繼之以採取行動來保護主權，甚至不惜訴之戰爭，我們也認爲這立場是嚴正的，也是必要的。

（《大公報》，一九七四年五月二日，摘自曼谷《泰京報》）

九、日本輿論評西沙之戰

《美洲華僑日報》

〔東京訊〕此間《日本經濟新聞》日報刊文，談西沙群島戰役，摘錄如下：

「中國海軍一月二十日圍繞著南海西沙群島的領有權問題，同南越軍隊進行了『海戰』，這使人們透過西沙，看到了中國海軍的一些情況。」

「這次衝突，是自一九六四至六五年在台灣海峽同台灣軍艦交戰以來的一次大規模作戰，由於中國方面『閃電般』地戰勝了南越軍隊，從而證明了中國海軍已得到增強的說法。這就進一步吸引了有關人士對這個問題的關心。」

「可以說，在局部戰爭中的閃電戰戰術，同廣闊地帶進行的持久戰術一樣，都是中國拿手的戰術。西方感興趣的是如下的報導：『中國出動了裝備導彈的驅逐艦四艘』。如果這一報導屬實，中國海軍從很早以前就投下力量自行設計和建造的導彈驅逐艦、快速導彈艇等已經裝備一線部隊。這表明中國海軍已獲得了飛躍發展。」

「不消說，中國海軍，是傳統地進行防禦的軍隊，但是，從西沙群島的衝突來看，中國的態度是，誰要侵犯本國領海，就要對它採取堅決的行動。」

（《美洲華僑日報》，一九七四年二月九日）

第五節　起來，保衛西南沙！

一、這樣的政府

懷敏

1. 國民黨政權與南沙

從二月初（一九七四年）南越西貢侵占南沙群島以來，大家都關心著事態的演變，希望太平島上的「國軍」有所行動，保衛我國南疆。二月過去了，三月也過去了，現在已是四月尾，「國軍」一無動靜，反而是三月中傳來西貢軍在南沙群島上進行第二階段加強「防衛」工事，運了幾百噸的建築材料，還有軍火、汽油、食物等，面對著這種狂妄的明目張膽的挑釁，「國軍健兒」並沒有如二月十二日《中央日報》社論所說的，「奮其流血五步的決心，為民族的榮譽而戰，與國土共存亡」，而是硬受了（愛國的人總不會順受吧！）這道命令：「假如中共軍隊企圖登陸一律開槍射殺；但假如入侵的是南越軍，便試圖說服他們離開。」這道命令是對太平島上「國軍」的侮辱，是對我們民族的侮辱！

局勢的演變不禁令我們關心這樣一個問題：台北的政權會起來堅決保衛南沙嗎？要得到一個比較正確的看法，我們只能從台北政權的本質和它一向以來對保衛國土的作爲去探討。

台北政權實行的實際上是國民黨的一黨專政，是國民黨代表的階級——大官僚資產、大買辦、大資產階級和從大陸逃到台灣省的大地主階級的階級專政。

北伐戰爭時和北伐戰爭前，國民黨是作爲歷史上進步的新生的資產階級的政黨出現在中國的政治舞台上。其前身——同盟會提出「驅除韃虜、恢復中華、創立民國、平均地權」的政治綱領，領導國內廣大的反清力量進行了一次又一次的武裝起義，並和擁護君主立憲、主張採取和平手段的改良派進行堅決的鬥爭。久受帝國主義和封建主義壓迫的廣大工農群眾，在同盟會會員的宣傳和鼓動下，群起呼應，終於爆發了辛亥革命。辛亥革命以其澎湃之聲勢摧毀了中國數千年的封建皇朝統治，代之以資產階級的共和政體。可是革命的成果很快就被舊官僚和立憲派所纂奪，中國也因而進入了四分五裂的北洋軍閥時代。

軍閥割據的局面，是直接根源於中國數千年的封建土地關係所決定的封建主義思想的，做不了大皇帝也要做個小皇帝。而這些大小皇帝，沒有外國勢力給予的金錢和槍砲，是經不起革命人民的衝擊，是維持不住的。因而離開了社會上的封建勢力和帝國主義的包庇，也就沒有北洋軍閥的割據。百多年的鬥爭，尤其是辛亥革命後出現的國際的和中國的局面，使中國人民終於得到這樣一個結論：封建主義和帝國主義是中國人民的真正敵人。在確認中國革命的真正對象之後，國民黨的領導者孫中山於是重新闡述三民主義的內容，提出了聯俄、聯共、扶助工農的偉大的革命政策。在這個政策的指導下，重組了國民黨，並建立在黨直接指揮下的黨的軍隊。北伐戰爭在這個基礎上得到偉大的勝利。可是正是在北伐戰爭中，國民黨變了質，它舉著孫中山的革命的三民主義的旗號反對三民主義，它背棄了孫中山訂定的聯俄、聯共、扶助工農的三大政策，它投到了中國革命的兩個主要敵人——封建地主階級和帝國主義勢力的懷抱中去了。從此，曾經是革命的國民黨及其領導下的政府，變成了對內壓迫人民，對外軟弱的反動集團。

孫中山在一九二五年臨終時的遺囑寫道：「余致力國民革命凡四十年，其目的在求中國之自由平等，積四十年之經驗，深知欲達到此目的，必須喚起民眾及聯合世界上，以平等待我之民族共同奮鬥。」國民黨完全違背了總理的遺言。它非但沒有去喚起民眾，反而是對內發動內戰，實行規模一次比一次龐大的「圍剿」。一九二七年到一九三一年，「圍剿」剿出了什麼呢？是剿出了日本帝國主義侵占東北三省，搞了一個傀儡政權──滿州國。蔣介石一開始就命令軍隊不作抵抗，還要軍隊退到山海關以南，雙手拱讓了大片國土。滿洲國搞了出來之後，蔣介石的反應是什麼呢？是訴諸和平途徑，是訴諸毫無權力的所謂國聯（相當於現在的聯合國的國際組織）。從來在歷史上蓄意以武力入侵人家大片國土的勢力，只有以武力才能抵抗之。蔣介石不是連這起碼的常識都沒有，便是有意耍花招愚弄人民。他對外標榜和平，對內卻整天不停的磨刀，今天砍斷了一把，明天則更賣力的磨兩把。奇怪的是：當時共產黨究竟做了什麼事令蔣老先生如此震怒，必須置諸死地而後快呢？查實「匪」軍做的正是「喚起民眾」，帶領他們向中國革命的主要敵人之一──地主階級進行衝擊，實行「耕者有其田」、「平均地權」等國民黨自己訂定的口號。蔣老先生有一個奇特的邏輯：自己說了卻不做，人家做了他卻恨之入骨。該怎麼解釋呢？答案唯有是他和地主階級站到一塊去了。共產黨衝擊地主階級，也就是侵犯了他的利益，他能坐視嗎？日本人占領東北，管他的，反正就算整個中國給了東洋鬼子，我老蔣還可以做「大日本帝國中國省省長」。可是這些頑固的共產黨，說了便做，地主若果全被他們打倒了，那我蔣中正豈不是要站到黃海裡去泡黃泥水？

國民黨果真如是？一九三一年九一八事變後，日本侵占了我國當時的遼寧、吉林、黑龍江三省，東洋鬼子雖然消化力不強，可是胃口卻很大。一九三三年又占了熱河。一九三五年六月國民黨與日本簽訂了臭名昭彰的《何梅協定》，出賣中國在華北的大部主權。一九三五年末日本更嗾使漢奸、賣國賊殷汝耕搞什麼冀東防共自治區的傀儡政府，妄圖進一步侵占我國領土。是可忍孰不可忍，愛國的群眾沸騰了。一二・九北京的愛國學生舉行示威，提出「停止內戰，一致對外」、「打倒日本帝國主義」等口號。愛國情緒迅速蔓延全國。日本帝國主義者步步進逼，國民黨政權則步步後退。它究竟在幹什麼呢？原來它的軍隊正在一次又一次的「剿匪」，而且越剿越大，從福建、江西到廣東，從廣東到湖南，從湖南向西再折北一直剿到陝北去。這次剿匪剿出了什麼呢？它把日本帝國主義者剿進了華北，它把學生們和廣大的愛國同胞剿到了街頭示威。到了一九三六年末，更剿出了個西安事變。至此，在各方的強大壓力下，蔣介石不得不停止內戰，順乎廣大人民的要求，起而抗日了。可是抗不了多久，蔣介石的三分抗日的態度慢慢暴露了。其實他的嫡系部隊從來就沒有真正的抗過日，反而是在中共所在地的陝北周圍死賴，想趁機吞而噬之。抗日勝利了，蔣介石又要舊調重彈，發動內戰。一九四五年，爲了爭取蘇聯不插手，蔣介石承認了早已宣佈脫離中國的蒙古人民共和國。這次剿匪又剿出來什麼呢？它剿出了波瀾壯闊的群眾的反內戰、反飢餓運動，剿出了東北的易手，淮海戰役的失敗，而最後終於把自己剿到台灣省這個海島去了。

國民黨政權被大陸上的人民唾棄了，這不能不說是對它的一個重大教訓。可是它有沒有接受教訓，從此洗心革面呢？沒有。在美帝國主義者的支撐下，它仍然是外靠強權，內壓人民。怎麼可以這樣說？三七五減租不是他們改過的象徵嗎？台灣的經濟二十多年來起飛不少啊，是的，他們也懂得打擊地主階級了。可是反正他們維護的一班大陸來的既得利益者在台灣不擁有土地，而台灣人民壯烈的二・二八起義又把國民黨和當地人民弄僵了。於是他們樂得來個一不做，二不休，索性一石二鳥，對內既剷除了台灣本土的社會支柱——地主階級，對外也可作爲大事宣傳的本錢：我們正是執行總理遺教，實行「耕者有其田」的政策啊！工商業是應該發展的，何況中國本來就缺乏工商業。可是不要忘記了，發展工商業的目的應該是使從這種努力得來的利益，正如民權一樣應「爲一般平民所共有，非少數人所得而私之」。而要達到此目的，則唯有走「節制資本」（註一）之途。可是國民黨忘了總理的遺教，走的是放任資本之途，即是說它維護的仍然是它在大陸要維護的階級，它代表的仍然是與廣大人民爲敵的大資本家、大買辦階級、和從大陸逃來的大地主階級。政權的本質決定了國民黨只有對內強壓，對外依附帝國主義勢力才能維持下去，而由此無可避免地引申出它對外軟弱的必然性。

放任資本換來了什麼呢？換來了農村的日漸萎縮，其嚴重程度已達到連廢除肥料換穀制和增加對農業的投資也不能挽回糧產量下降的地步。外貿是增加了，可是隨著外貿的增加，台灣變成了更巨大的加工區，外資在台灣經濟中佔的比例越來越高，基本工業不見發展，民族工業漸被摧殘。原料、機器和市場都操在人家手中。在這樣的經濟基礎上，它在釣魚台事件中又能強硬到哪裡去呢？還不是讓其主子把釣魚台雙手交給了它的二老闆日本。

一九七一年以來國際局勢迅速向前發展，大老闆、二老闆都有點自顧不暇了，爲了自己方便，一手撇開了國民黨這個包袱。台灣該向何處去呢？靠山越來越不穩，盟友的數目一日小於一日，世界經濟稍一動盪，台灣的畸形經濟體系這個毒瘤馬上使國民黨，而且也使善良的老百姓苦不堪言。在這前途茫茫之秋，高呼但求生存之際，保衛南沙？算了吧，恐怕連台灣本島都保不住了。

同胞們啊！國民黨素來是一個少講原則，多求自保私利的集團，在這局勢瞬息萬變的時候，狗急跳牆大有可能。讓我們以嚴峻之態度，高度之警惕，提防這班人再次幹出一次出賣國土，和更進一步出賣人民的勾當。

註釋：

註一：孫中山在一九二四年國民黨第一次全國代表大會的宣言上是這樣說的：「凡本國人

及外國人之企業，或有獨佔的特質，或規模過大為私人之力所不能辦者，如銀行、鐵道、航空之屬，由國家經營管理之；使私有資本制度不能操縱國民之生計，此則節制資本之要旨也。」上述的一些企業在台灣是國營的。可是國營的大前提是政府必須是為人民的利益服務的。在台灣，這些企業實際上操縱在一些貪贓枉法的官僚手中，成了資本的另一形成——官僚資本。「節制資本」實質上不存在了。

（《康乃爾通訊》，一九七四年五月）

2. 一幕陰險的惡計

旭陽

國民政府對於南沙群島問題的處理方式是軟弱的，昏庸的，凡是作爲國民一份子的任何人，理應本乎正義感與責任心，勇敢的站起來匡正這個錯誤的政策。保沙會的愛國同學就是不忍坐視國民政府的喪權辱國，爲了維護八億國人的尊嚴與氣節，要求國民政府行動起來，抵禦外侮，因此保沙會同學的目的是純正的，行爲是光明的，可惜國民政府駐芝加哥領導館的一位昏官帶領著其轄治之下的留學生評論社及反共愛國聯盟，對保沙會進行了無所不用其極的干擾與破壞，愛國同學的熱血與良心就是被這群黨徒給吞噬了。

八月十七日，保沙會的愛國同學爲了推展保沙運動，乃借蓋城世界青少棒比賽時機臨時議決印發數千份中文及英文傳單，贈送給前往看球的中外人士，以呼籲全世界對於南沙事件的正視。保沙會是項愛國行動，雖是臨時的決定，但是潛伏在保沙會中的國民黨徒，卻事先就把這個消息報告領事館，認爲這又是一個打擊愛國同學的大好時機，於是立即佈置了因應的破壞行動。他們一面用其轄下的留學生評論社，趕印了大批專門詆毀保沙運動的《留學生評論》第十二期刊物，著令「反共愛國聯盟」的黨徒將刊物散發給每一位領到保沙傳單的國人，一面又精心設計了一個保沙會與台獨份子衝突的陷阱。

原來在蓋城世界青少棒比賽的場外與場內，每年都有搞台獨運動的份子，從事活躍的宣傳工作，今年亦不例外。在球場入口處有一隊宣傳台獨的人拿著「倒蔣獨立」的牌子示威遊行，剛巧保沙會的同學同時也在散發保沙傳單，國民政府駐芝加哥的這批黨徒，就想利用這個機會，設計了一個挑撥兩派人員衝突與武鬥的惡計，以便從中坐收漁利。

當保沙會的同學到達球場開始散發傳單時，就有一群抱著挑撥陰謀的黨徒，陰陽怪氣的慫恿保沙會的同學說：「你們趕快去向他們（指台獨遊行隊伍）發傳單嘛！趕快去嘛！」當然保沙會的同學不是傻瓜，對於這種不懷好意的建議，置諸不理。那些黨徒看到陰謀不能得逞，一計不成又來一計，其中一位穿著黃褐色條紋襯衫、西裝褲及黑皮鞋的黨徒，突然從保沙會的一位女同學手中搶去傳單一疊，一面說：「你們不敢送，我來送。」這時場地的情勢已起了變化，洋警察在黨徒的唆使下，已將台獨隊伍和保沙同學驅逐到街上，兩派人員的情緒都提高了。那位搶去傳單的黨徒，就利用這個時機，夥同反共愛國聯盟的主席逢麗松，僞裝成保沙會人員，將搶去的傳單，以保沙會的名義，強行派給台獨隊伍，並且假惺惺的訓斥台獨份子：「我們是保沙會，你們膽敢不要我們的傳單！」果然本已情緒激昂的台獨隊伍，經不起這樣的挑釁，於是立刻有人要大打出手了。保沙會的同學每人手中都拿著黃色的傳單，是很容易辨別的。寫到這裡，我們不得不佩服挑撥者的陰險，因爲無論在時機上、在場地上、以及在運用上，在在都顯示出了上乘的掌握技巧！這是經過一番心思，周密絕頂的安排佈置。眼看一場大戰不可避免了，保沙會的同學人人自危。

保沙會同學屢次遭受國民黨徒的打擊，早就養成「處變不驚」的能力。這次面臨的意外，雖然相當險惡，但是大家仍然保持堅定而沉著的態度，冷靜而無畏的神色。果然台獨份子只包圍兩個上前尋釁的挑撥者，對於佇立一旁，紋風不動的保沙會同學，只是疑惑的看了幾眼。結果兩個挑撥者看不但沒有達成挑撥的使命，詭計不成，自己卻陷入了挨揍的狼狽境地。這時潛伏在暗中的其他黨徒，看到情勢不妙，不得不暴露行藏，紛紛上前周旋排解，並招來警察將一場自作自受的危機消除。

從這個險惡的風波中，我們可以看出芝加哥領事館及其所帶領的黨徒是如何的狡黠陰險。他們自己不但不肯保衛國土，卻一再不擇手段的去阻擊別人保土的愛國行動。這次陰謀詭計用了一個「借刀殺人」之計，妄想用異己之人，流保沙會的鮮血。可惜英靈的上蒼，偏不讓其得逞，彼等只有徒呼奈何而已矣！

（《中西部保沙通訊》，一九七四年第二期）

3.關於南沙的幾個漏網消息

李志康

西貢政權出兵侵奪我國南沙群島是在今年二月初，在西沙被中國軍民驅逐之後。可是早在去年十月的時候，西貢政權就宣佈了要侵占南沙的野心。台北中國文化學院地學研究所教授鄭資約看見國民政府對此視若無睹，毫無反應，心理不免焦慮，就寫了一篇題名叫做〈南沙群島屬於我國領土〉的文章（見《文藝復興》，一九七三年十二月號）提醒大家注意。他在文章中引用了一九七三年十月十一日西貢專電的報導，指出「越南內部發表命令，將南沙群島併入他們的福綏省管理」，並把被併吞的九個島的名稱、位置列表。

除了鄭資約的這一篇文章，台灣九十家報紙，幾百種雜誌刊物中，沒有一絲一毫關於南沙的消息或對西貢聲明的反應。很明顯的，國民黨中央的政策是壓制封鎖新聞，不讓島內人民知道。到了今年二月一日，西貢軍登陸南沙數島之後，各種外電報導如雪片般飛到台北幾家報社，報館中一些具有熱血的編輯再也忍不住了，便向報社以外一些較有影響力的人透露出消息，台北高層社會中才開始流傳有關南沙的報導。另一方面，國民黨中央黨部也召開緊急會議，討論處理有關南沙新聞的方法。最後決定，對島內仍儘量封鎖，但對海外華僑、留學生必須做出一些表示，以免再蹈入釣魚台事件時的尷尬處境。所以二月十二日在《中央日報》海外版上發表了沈君山的文章，二月十八日由外交部發表聲明，都是這一決定的結果。

不過，台北當局所願做的和所能做的，也只是發表幾個聲明而已，根本沒有任何具體的保衛領土的行動，這是國民政府的一貫作風，稍熟悉國民政府外交史的人，是一點不覺得陌生的。西貢侵占南沙之後，有一個叫梁嘉彬的作者回憶南海諸島的歷史（見《中華雜誌》一九七四年四月號）特別指出，一九三三年法國占領南沙六個小島，國民政府又是抗議了事，但是「弱國外交，徒恃抗議，於事何補？」梁嘉彬又說，到一九四五年日本投降，「我國軍力不敷，只將一、二要島予以接收」。於是法國又派海軍陸戰隊一排開入西沙第二大島甘泉島，「並在該處設立大電台一所，曾經我國抗議，法竟置之不理……我國外交宗旨向來不願開罪友邦，戰後對盟國尤多禮讓。直至一九四七年因越戰緊張，法國自願撤出甘泉島，我國始全部接收南沙。」

到一九七〇年聯合國有所謂中國南海勘測的提案，台灣派張惟一代表參加。張惟一回台之後，深恐國際合作又將成爲侵略我國領土主權的藉口，便發表一篇文章，呼籲大家注意維護南沙主權（見《文藝復興》

一九七一年十月號）。他說：「南沙海域幾與蒙古面積相埒，太平一島尚不及庫倫一個城角，今後我們如不能從廣闊的面的開發，而仍以重點地——曾經稱之為象徵式的占有，是無濟於事的。……五十二（一九六三）年我們的友邦在距太平島僅四十餘浬的南鑰島上毀我國碑，另建彼塔，時過數月，方始得知；五十五（一九六六）年我政府曾在若干重要島嶼重建國碑。最近外電報告，該碑銅牌被竊，流落北婆古晉，當作廢銅破鐵出售，而我尚不知為何島所失落。由此種種，可知南沙確保不易，更不能對駐守海軍寄以奢望。」

有人說，國民政府應付這次保衛南沙運動，比應付保釣運動時進步了，這話自然也有道理。據筆者看來，台北當局最重要的進步，就是它封鎖新聞，壓制輿論的手段更嚴密、更高明。它起初新聞封鎖的對象還只限於台灣島內，後來看到海外掀起保衛南沙運動，又進一步對海外鎖。自三月以後，命令各報紙海外版不准刊載有關台灣與南越交往的任何消息。今年三月，紐約《橋刊》去華盛頓國民政府大使館訪問時「代理館務的陳岱礎公使」便說：「由於台北外交部積極地和南越交涉，目前南越已減少了對外的宣傳，亦不像前些時日那樣囂張，足證外交途徑已獲相當成效。」（見《橋刊》一九七四年五月號）

不積極地出兵保衛領土，而只希望侵占領土的敵人降低宣傳的聲音，以免讓中國同胞知道，這是什麼樣的政府？我們還能對它存任何奢望嗎？

（《中西部保沙通訊》，一九七四年第二期）

二、掀起了保沙運動

1. 國民政府應立刻行動!

何石鳴

南沙群島的多個島嶼陷於西貢和菲律賓手中已有多月,對南沙有管轄權的國民政府至今還沒有採取有效行動去驅逐入侵的敵人。我們可以來尋求一下國民政府不肯保衛領土的原因。

任何生物的個體或社團活動,目的不外爲自己爭取利益、逃避損害。譬如所有生物都要尋食物、求生存;譬如盜賊搶劫可以不勞而獲,又譬如西貢和菲律賓強占南沙可以搶到石油。由此可知,國民政府放棄南沙一定會對國民政府有利,國民政府保衛南沙一定會對國民政府有損。

爲什麼保衛南沙會損害台北政府利益?爲什麼保衛西沙能給予北京政府利益?

讓我們來想一想什麼是「政府」?什麼是政府的利益?

假如有一群人,由於地理或歷史原因,居住在同一塊土地上,有大致相同的生活習慣,以致產生了一種獨特的文化,這群人合成一個「民族」。假如在一個或多個民族中,有一小部分的人對外負責維護民族的利益,對內負責維持人與人之間的合理關係,這民族和他們的土地稱爲一個「國家」。那小部分人稱爲這國家的「政府」。全部的人稱爲這國家的「人民」。那片土地是這國家的「領土」。所以,我們知道:政府的利益是一小部分的利益,國家的利益是全體人民的利益。

人民和領土是構成國家的基本要素,沒有人民或沒有領土都不可能有國家。所以,保護人民和保衛領土，是政府的首要任務。任何政府都不能推卸這兩種任務，也不可能有任何例外情形，可以讓一個政府逃避這兩種責任。

北京政府保衛西沙是完全合理的，因爲這個行動維護了領土完整、保障了漁民安全、也保護了人民的利益。假如台北政府也保衛南沙，當然可以產生同樣的效果。但爲什麼保衛南沙反而會損害這政府呢？

國民政府自從一九四九年退到台灣，與大部分中國人斷絕了關係，在國際上的地位一落千丈，現在已經有九十九個國家不肯承認這政府能代表全體的中國人民。台北政府今天已經到了只能爲本身生死存亡而掙扎的時候了。

假如台北政府保衛了南沙，就當然保衛了當地的石油資源，而美國、西貢和菲律賓就不能攫取到暴利了。我們都知道：台北政府能生存到今天，是因爲美國的軍事保護，而美國肯保護台北政府當然是希望能得到利益的。台北政府因此而面臨一個抉擇：保衛南沙而縮短本身的壽命，或放棄南沙而希望委曲求全。

人民的利益應重於政府的利益，這是民主精神。政府的任務是維護本國的利益，這是民族主義。政府存在的唯一目的是執行人民的命令。構成政府的那一小部分人是全體人民的公僕，有爲全體人民爭取利益，謀求幸福的重責。一個政府如果只求政府本身的利益、忽略人民的利益，就已經有失責之嫌。一個政府如果以全體人民的利益去換取政府本身的壽命，是嚴重的賣國罪行。

在過去的幾個月，美國中西部的中國學生和僑胞發起了保衛南沙運動，曾經多次督促國民政府採取有效行動去保衛南沙群島。可是，國民政府不但只是避重就輕地逃避確實的回覆、沒有驅逐來侵敵人，而且還說保衛南沙運動是攻擊國民政府的行動。事實上，領土必須保衛、人民的利益重於政府的利益，保衛南沙是中國與外國的鬥爭，而不是中國國內黨派的鬥爭，這都是十分明顯的事實。我們希望國民政府停止故意混淆問題的本身，而馬上盡責的去保衛領土，停止迫害愛國的同胞們，而馬上對付來侵的敵人。我們在此再次呼籲國民政府應以國家的利益為重，馬上採取有效行動，收復南沙群島。

（《中西部保沙通訊》，一九七四年第二期）

2. 行動起來！保衛南沙！

麥城威斯康辛保沙委員會

歷史事件的發生與演變絕對具有連貫性；任何表面上看起來是偶發、孤立的事件，追根究底都是一連串歷史的與國際的、內在的與外在的矛盾因素互相衝激影響而形成的集中表現。

對於釣魚台附近以及南中國海的豐富石油蘊藏量有所認識的人，都清楚地預感到：這兩個地方或遲或早會要發生爆炸性事件的。果然不出所料，繼釣魚台事件不過三年的光陰，南中國海的西南沙群島上再次發生了國際侵略者企圖侵占與侵犯我國領土與主權的陰謀；西貢於去年（一九七三年）九月霸占南沙太平島以南約二十公里處的南小島（又稱鴻庥島，Namyit I.）以後，續於今年（一九七四年）一月侵犯南沙，二月進占更多的南沙島嶼；而馬尼拉政權也趁火打劫，對外宣稱在一九五六年及一九七一年間強占的南沙數島為菲律賓所有。

海外的愛國同胞由於地利之便以及新聞資料的充足，很迅速地行動起來；一面力促在南沙太平島駐有軍隊的國府採取強硬的態度，以具體的行動粉碎西貢及馬尼拉的卑鄙侵略行爲；一面去函嚴斥西貢及馬尼拉政府對我國領土主權的橫蠻侵占與侵犯。西貢與馬尼拉兩政權的漠視不理早在意料之中，但國府方面態度的不夠強硬以及具體行動的欠缺，令吾人倍覺痛心。

在《舊金山和約》及《中日台北和約》中，由於沒有正面地、肯定地指出日本把台澎、南海諸島等歸還中國，終於爲日後的台灣地位問題、釣魚台主權歸屬問題、甚至今日西南沙的主權問題埋下了衝突的伏機。今天我們痛定思痛，實在無法再坐視任何聲明及條文的含混其辭；有關領土主權的重大事件，我們再也不能容忍任何外交辭令的模稜兩可！基於這個教訓，海外愛國同胞在公開信中要求國府就中、菲、越共享南沙主權的傳聞給予正面地、肯定地、公開地澄清，除非是國府當局默認這個傳聞；否則，我們沒有理由得不到滿意的答覆。（註一）

海外愛國同胞與輿論界一致要求斷絕對西貢的一切援助，但事實上，我們卻看到各種軍事、經濟、醫療隊、加工區建設等的援助，仍然源源不絕地從台北流入西貢。（註二）

海外愛國同胞要求通牒西貢、馬尼拉，限時撤出南沙，否則斷絕友好關係；可是，南沙被佔如故，而西貢駐台北的代辦倒反而升任大使。（註三）

海外愛國同胞要求不論有無國軍駐守之任何島嶼，均不容有外國軍隊之入侵。然而在言論聲明中，我們仍看不到蔣經國先生就「凡有中華民國武裝部隊駐防之地，國軍守土有責」（註四），作更進一步的明確闡述；而在實際事件中，則看到西貢占領了太平島及其周圍至少七個小島。

當然，國府方面發表了聲明，這雖然有它一定的作用，可是沒有具體行動作後盾的文字聲明是「站不住腳的」，因爲西貢及馬尼拉也可以發表同樣的言論。今年元月十五日，西貢外交部發表如下的謬論：認為中國政府對西南沙諸島擁有主權的聲明是幼稚、不合邏輯和站不住腳的（註五）。五天之後，北京政府於短短的兩天之內悉數掃蕩西貢進犯西沙群島的軍隊，這個事實教育了我們，只有挺直腰桿站起來的聲明才「站得住腳」！

我們深信，只要政府確確實實地負起保國衛土的職責，海內外同胞必然團結起來支持政府；也只有在保國衛土的大原則下，支持才有意義可言；假如只是單純地號召「支持政府」，而犧牲了要求保國衛土的原則，那等於漠視政府的可能陷於不義的地步，而不是支持政府了。今天，在海外呼籲「團結對外」，也必然發現沒有政府實際行動的配合，沒有政府軍事上或外交上強硬而有效的措施，「團結對外」不是遲早變的蒼白無力，不然就是改變了方向。

因之，我們在此呼籲所有的愛國同胞們，在保國衛土的旗幟下，堅強地團結起來，一致督促國府採取有效的具體行動，以維護我國領土主權的獨立與完整。我們也因之再次重複一句五．一八芝加哥示威遊行的口號，「國民政府，行動起來」！

註釋：

註一：一九七三年七月四日《中央日報》海外版第二版的「短評」否認中、菲、越有秘密協定，共同開發南海海底資源，我們認為：第一，共同開發與共享主權是兩回事；第二，澄清「共享主權」乃有關領土主權的重大事件，應由台北方面負責單位做正面的官方宣佈，不應由報社的小方塊做非官方的短評；第三，在領土主權的問題沒有徹底解決之前，任何中、菲、越雙方面或三方面的共同開發，都應明確指出開發的地點，假若是在南中國海上目前發生糾紛的區域，則「共同開發」將易招致「共享主權」的嫌疑。
今年（一九七四）二月八日《中央日報》海外版第一版報導二月一日台北外交部的聲明，「重申南沙群島為中華民國的固有領土，其主權不容置疑」，「並對越南政府最近對南沙群島主張領土主權一事，提出嚴重抗議。」我們認為這種聲明與抗議仍具有外交辭令的模稜兩可，仍不能排除共享主權之可能。因之，我們鄭重要求正面地、肯定地與公開地對中、菲、越共享主權一事加以澄清。

註二：台北方面準備繼續派兩個醫療隊到越南，「協助越南戰後重建」（一九七四年四月二十日《聯合日報》海外版第二版），準備由加工出口管理處處長吳梅村率領一個顧問團到西貢，協助越南建立加工出口區（一九七四年四月二十四日《中央日報》海外版第一版）。代表台北方面到國外作友好訪問的海嘉特技團被西貢方面以「為了節目審查」的理由而遭禁演；此外彩霞雜耍團及功夫特技團在西貢也遭禁演（一九七四年四月二十三日《中央日報》海外版第三版）。與台北方面的「循外交途徑解決」而同時進行的還有：1.贈送四百萬元的農具給西貢，2.送兩萬部書給西貢，3.協助西貢開發湄公河三角洲，4.農業技術人員協助西貢政府大力開發農村經濟等等（參見一九七四年五月《中西部保衛南沙委員會特刊》，第三十二頁中，示威代表與歐陽瓚總領事的對話。）

註三：西南沙事件發生時，仍為西貢駐台北的代辦阮文矯，於今年四月被升為「特命全權大使」（一九七四年四月十四日，《中央日報》海外版第一版。）

註四：美國《時代雜誌》記者今年二月二十四日問及台北方面是否將保衛西南沙。蔣經國先生回答說：「凡有我中華民國武裝部隊駐防之地，國軍守土有責，不容置疑。」（詳見一九七四年三月五日《中央日報》海外版第一版）對此，海外愛國同胞們要求進一步闡明「沒有武裝部隊駐防之領土，台北軍隊是否也守土有責？」

註五：見波士頓區出版的《新境界》（一九七四年二月二十二日）〈中國的南海諸島〉特刊第一頁。

（《中西部保沙通訊》，一九七四年第一期）

3. 火速起來保衛南沙！

黃參

自從西貢政府入侵我南沙群島以來，各方反應強烈。各地愛國同胞不僅強烈指責西貢及菲律賓政府的強盜行爲，還紛紛成立保沙會以求達到用行動來保衛南沙的目的。今天當這個運動正在轟轟烈烈地展開的時候，有些人還是採取觀望態度，猶豫不前。綜合其原因，大概可分五點：

一、有些人認爲南越乃蕞爾小國，任其兇惡也不能久占南沙。

二、有些人以爲中共遲早會像西沙事件時一樣，出兵卻敵，因此不需再來一個運動。

三、有些人覺得釣運搞了一場好像是徒勞了，所以以爲保衛南沙也不會有什麼實際結果。

四、也有些人是怕人扣帽子，影響將來回國，所以不敢出來參加這個正義的愛國行動。

五、還有些人覺得局勢微妙，還是由國府經「秘密外交」途徑解決吧。

以上幾點，大家只要仔細想想，就會發現是不對的。

我們先談第一點，大家都知道，以西貢政府這樣一個風雨飄搖的政權，照理是無膽自己出來生事的；現既然發動侵略，其幕後必有大國支撐，而該大國爲什麼同是國府友邦而不支持國府立場，反而採取超然立場呢？這點是值得尋味的。南沙有油，這是大家共知的。西貢政府爲了支持其政權已將其沿岸產油區拍賣光了；不但如此，它竟然猖狂至連柬埔寨領海內的產油區也當是自己的來賣。將來南沙如繼續在西貢手裡，下場也是如此。西貢爲了要鞏固其利益，必會儘快把南沙礦藏拍賣給大國的公司，這樣中越矛盾會一轉而成爲超級大國爲了維護其已得的礦產利益而與中國抗衡的局面了。到時恢復南沙的鬥爭會比現在艱苦多少倍了。所以說：如果今天我們不行動起來，趕走西貢侵略者，再拖下去，則國土收復的希望就更渺茫了。

從另一方面看，今日國府對西貢侵略者的軟弱態度叫人吃驚；大家想一想，如有一天，這領土之爭弄上國際法庭，西貢可以振振有詞地撒賴說：「我們同對方是有默契的，你看我們在南沙登陸，他們有任何實際反抗行動沒有？我們登陸的小島距太平島只有二十海浬，在太平島上的守軍一彈也沒有發。在同一期間，他們還把我們的代辦升為大使，經援軍援還是不斷送來西貢，可見他們是不介意我們占領南沙的。」那時我國縱有最雄辯的法律代表也無法反駁這些事實。所以我們必須督促國府立即採取強硬外交，用行動來昭告世界，中國有保土衛國的決心。

希望中共會出兵來干涉南沙是不合實際的。現在中共正在大力宣傳和平統一；況且太平島上有國軍駐守，所以北京一定不會用武力來解決南沙事件。這樣做法太容易引起又一次國共內戰，況且在國府直轄的地方，卻要由中共來捍衛，這豈不是開國府的玩笑？誠然，站在國民立場，我們是希望兩黨合作共禦外侮，但在現階段，這點還是談不到。所以目前不可以寄望中共出兵，只可以寄望國府以果決的行動，以示國人了。

至於釣魚台運動是否失敗了？各有各的說法。但從最初該運動發起時的目標來看，這個運動是成功的。釣運的目的在保衛釣魚台以免陷於日人之手，這點已做到了，從報章消息中，我們知道直至今天，日本雖然口頭聲稱釣魚台為其領土，但日本並未派人員長駐島上，亦無永久工事在島上，就算是宣傳已久的氣象台，始終沒有建築，這就是說日本在目前還沒有實際占領這些島嶼。至於芝加哥領事館人員為什麼口口聲聲說釣魚台已不保了，就不得而知了，這點有待國府立刻澄清。釣魚台本屬台灣省宜蘭縣，是否真的丟了就只有國府才知道，海外中國人已盡力保衛釣魚台是有目共睹的。總的來說，除非有關方面已將釣魚台經秘密外交途徑丟了，否則釣運到目前已做到保衛國土這一點。假如當年無釣運，相信今日釣魚台已陷入日人之手了，保衛釣魚台已成功了，為什麼保衛南沙會不成功呢？

至於有些人因怕人扣帽子而影響了家人及回國，以致不能出來積極參加這個轟轟烈烈愛國運動，這點我們很同情亦感到很痛心。國父生前憧憬的自由民主富強的中國，今日不但受小國欺負，連國民公開愛國的自由也沒有，真是一個可悲的諷刺，但如大家能精誠團結起來，一心衛國，相信別有用心的鼠輩小人也不能給全體中國人扣帽子。如這點目前還做不到，大家應本著一片愛國之心，至少在精神上、言論上及金錢上大力支持這個正義的運動，使其能貫徹其時代的使命。

在外交交涉中，不錯，很多時候有些事情是要守秘密的，但並不是什麼也不給人民知道。中國人吃秘密外交的苦頭實在不少了，最近的例子可舉菲律賓侵占南沙三小島之事，搞了十多年秘密外交，到底收復了那三個小島沒有？有人用基辛格式外交來為「秘密外交」辯護，但基辛格守密的只是交涉進行中的情形。至少人們知道誰在負責交涉，在什麼地方、何時、結果如何。我們迄今聽了不少非官方消息，謂正在進行

「秘密外交」，但連誰是中國方面的代表我們也不知道，還用說其他嗎？所以我們必須堅決反對所謂「秘密外交」。從經驗上，我們可以看到「秘密外交」，其實就是無外交。

就事論事，今日保沙要比當年保釣來得更迫切。原因是：一、釣魚台當時還是個爭論中的地方，西南沙是已被侵占了的領土。二、釣魚台事件充其量也只不過是中日之事，不像南沙有著發展爲中國與超級大國之爭的危險。所以我們必須趁著這還是地區性的小衝突的時候，早些解決這事，否則將來發展爲中國與超級大國之爭，則禍及全世界矣，後果更不堪設想了！

愛國同胞們，我們不能再忍受喪土的恥辱！我們應挺起腰桿，立刻團結起來，行動起來，爲保衛祖國而奮鬥！爲全世界和平而奮鬥！

（麥城威斯康辛大學保沙委員會，《中西部通訊》，一九七四年第一期）

4. 蚍蜉撼大樹，談何容易！

喬華

西南沙群島無論從歷史上、地理上，都證明從來就是中國領土，這是無可辯駁的鐵一般事實。

今年（一九七四）初，西貢政府仗著美國在背後支持下，膽敢染指我領土，派軍艦侵略我西沙群島。

中共本著「人不犯我，我不犯人，人若犯我，我必犯人」的宗旨，在先禮後兵的情況下，進行自衛性的還擊，把一小撮侵略者「全部、徹底、乾淨」地報銷，他們來多少，我們便報銷多少。我們所做的是正義的，正義的事是戰無不勝的。西貢政府眼見西沙侵略行徑不得逞，但是還不甘心失敗，不久又派兵侵略我南沙，占據其中六個島嶼；菲律賓更乘機霸占四個，好不熱鬧！台北國民政府以為與西貢和菲律賓政府有數十年的友好關係，又唯心地不便放棄反共盟友，念念不忘東南亞反共聯盟這塊爛招牌，便提出其苦口婆心的滔滔辯辭，以便自圓其說，欺騙世人。歷史告訴我們，從來都沒有侵略者會立地成佛，突然大發仁慈，自動放棄其侵略成果的。他們武力來，我們便應要用武力解決，只有以牙還牙，中國才能得維護領土完整。

（加拿大雷城莎省保衛西南沙群島臨時行動委員會，《保沙通訊》，一九七四年五月一日）

5.「西南沙臨時行動委員會」好！

喬華

自從西貢政府和菲律賓政府無理在今年（一九七四）初侵占我南沙群島。到現時為止，仍然占據其中若干島嶼，並竟然公開把我領土出賣給外國石油集團，以便開採石油。這種徹頭徹尾的帝國主義侵略行徑，無不激起每一個中國人的無比憤慨。

在「保衛國土，人人有責」的大前提下，沙省雷城大學一般愛國中國學生，在二月杪舉行「西南沙事件座談會」。無論從到會人數的踴躍和發言的激烈情況，事事都顯示新一代的中華兒女是關心國家大事的。我們認識到國家的富強和領土的完整是和人民的利益相關聯的，從來就沒有國家貧弱而人民反而受其利的，只有一小撮賣國害民，以圖私利的才會受益。我們都是知識份子，我們認識到我們的責任：我們要向歷史交代，我們要向全中國人民交代。故此我們即時成立「西南沙臨時行動委員會」。我們首要的目的是廣泛宣傳西南沙事件真相，讓每一個國胞認識到西南沙事件的嚴重性，及它對中國將來國勢的影響。我們認識到歷史上殘留下來而銘刻在我們心坎中的政治恐懼症，是必須要打倒的。我們堅信只要我們「下定決心，排除萬難」，終會剷除一小撮「害人蟲」，我們是「全無敵」的。最後勝利是屬於我們的。

（加拿大雷城莎省保衛西南沙群島臨時行動委員會，《保沙通訊》，一九七四年五月一日）

第六節　美國各地的保沙運動

〔紐約〕

一、記紐約「南海諸島主權問題報告會」

樂群

海外華僑一向熱愛祖國，過去有許多事例，都可以證明這點。紐約的僑社，由於各種有利條件的配合，一直是站在海外愛國運動的前哨。自從一九七〇年底發動「保釣運動」以來，海外的華僑社會普遍地激起了對祖國的認同。他們深切感到：只有祖國強大，才有僑民的安全。這種意識上的覺醒，把旅居海外的中國知識份子與在當地生根的華僑，緊緊地結合起來。他們從此以後打成一片，發動了一連串的愛國運動。

三月二日（星期六）下午，在紐約華埠「拉特傑斯社區中心」舉行的「南海諸島主權問題報告會」，也是屬於這類的愛國運動。當天，來自各地但以紐約地區爲主的華僑濟濟一堂，使得「報告會」的進行非常圓滿。坐在台上的有三位主講人：唐德剛教授、伍承祖教授和程陶教授，及五位主席：梅子強先生、陳立家先生、曹耀琛教授、鍾玲教授和鄧澤民先生。他們的配合及報告，可以說是歷來集會中最精彩的一次了。而台下的聽眾把一個本來不大的會場擠得滿滿的。他們的情緒高昂、態度認真，盡量地使意見與經驗互相交流。

「報告會」由陳立家宣佈開始。繼之梅先生說明這次集會的意義。他說：最近在中國南海地區發生了兩件事，第一件是西貢當局派兵侵略我國的西沙群島，被祖國的強大軍民打得落花流水。第二件是西貢當局不知反悔，再度出兵侵入我國的南沙群島，而駐守南沙的國民黨軍隊，不但不加以抵抗，反而任其占領幾個小島。前者使得我們華僑興奮，而後者卻使得我們華僑氣憤。他又說：今天這個會是由紐約區及其附近地區的中國學人、學生及華僑共同參加的。我們希望能通過這個會促成一個共同的意志和行動：看看誰在愛國？誰在賣國？誰在保衛領土？誰把領土拱手送人？誰是朋友？誰是敵人？

隨後由鍾教授介紹三位主講人。第一位主講人是唐德剛教授。他從歷史上看，南海諸島毫無疑問都是中國的。他說：早在二千多年前，秦始皇廢封建設郡縣時，越南到順化之地即闢為中國的一郡，叫做「象郡」（後來改爲交趾）。當時中國已發明指南針，可以航海，所以南海諸島很早即爲國人所發現，所利用。他又說：南海諸島是整個邊疆問題的一部分，並非單獨事件。近百年來原爲秋海棠葉形的中國地圖，被列強蠶食，中國實在受盡了欺侮。現在祖國強大起來，當然要竭力地保衛領土主權的完整。許多有關領土的糾紛就這樣地發生了。

唐教授鄭重地指出：過去做帝國主義殖民地的國家，現在冀圖承繼它們以前「帝國」主人的「遺產」，所以才有一九六二年的中、印邊界戰爭，以及現在的中、越南海之戰。他說：解決此類領土紛爭的途徑大概有二，即：文的解決——循外交途徑；和武的解決——憑軍事力量。所謂「文打官司武打架」。他又聽說「近百年來，由於中國人總是自己打自己，所以才予外人以有乘之機。如果大家團結一致，誰敢欺侮我們！？」

唐教授最後希望中國人不分左右，大家團結起來，一致對外，最後的勝利一定是屬於我們的。

第二位主講人是伍承祖教授。他認爲南海諸島的主權根本不成問題；它們都是中國的，他希望藉此機會給大家介紹南海諸島的地理情況、資源和政治條件。

在自然地理方面，他說：南海諸島都是海底火山產生的珊瑚蟲，經過長期的堆積而形成的。藏在水面之下的稱「暗礁」；出現在水面之上的陸地稱「沙洲」；突出水面很高的稱「島」。南沙群島除去幾個大島之外，其他的大都是暗礁，還有一大片是屬於「危險區」。

在資源方面，伍教授說：南海諸島盛產魚、蝦和螃蟹等漁產品，燕窩、西洋菜及鷓鴣菜等食補品，以及可以做肥料的鳥糞。最近二十幾年來，聯合國進行全球資源調查，發現中國大陸棚下石油儲量極豐（據初步估計，它已超過了阿拉伯人控制下的波斯灣海底藏油）。他說：這次的世界性的「能源危機」，充分地顯露一個國家經濟的發展，不在於工業化的快慢，而在於資源的有無。伍教授預測這次西貢當局侵犯中國南海諸島，背後一定有「他」人支持，否則西貢當局是不敢公然與中國挑釁的。

在政治條件方面，伍教授強調中國與南洋各國的關係。他說：中國政府對外是不稱霸。中國在經濟上需要南海諸島。這些島嶼本來就是屬於我們的，中國向南洋各國移民有一千八百多萬。不論在政治上、經濟上、民族文化上，中國都與他們有密切的關係。中國可以利用南海諸島的資源，幫助南洋諸國的經濟發展。伍教授最後非常肯定地說：「中國的外患在西北，遠景在南邊。」

第三位主講人是程陶教授。他是一九六〇年在紐約哥倫比亞大學獲得國際法博士；現任新澤西春頓州立大學政治學教授。

他說：「南海諸島主權問題牽涉到兩個部門的國際法：一、海洋法有關大陸棚主權問題部門；二、領土獲得部分。」

關於大陸棚主權問題，他說：一九四八年美國總統曾經宣佈所有美國沿海海底淺地，都屬於美國，其他國家不得侵占。一九五八年，在日內瓦召開的國際海洋會議承認任何國家都可以主張大陸棚是它的領土一部分。（程陶教授附帶提到在今年（一九七四年）六月至八月間，將在委內瑞拉舉行世界第三次海洋法會議，預料對大陸棚主權問題有新的規定和解釋。）

在領土獲取法方面，程陶教授說有兩種情況可以獲取土地：第一是「搶」，即武力奪取，這是最壞的辦法；第二是「先占領」。從「先占領」的法理來看，南沙群島的主權，他說：中國的證據與理由要遠比菲律賓及南越西貢當局所提出的充足得多。以菲律賓而言，它的最大理由就是在一八八〇年時，一位菲律賓籍教授發現了南沙群島，還有就是南沙群島距離菲律賓很近。

而南越西貢當局則僅聲稱：在一八一六年時，越南王曾經占領過其間一、兩個小島，後來卻自動撤退。以後法國人在十九世紀末葉併吞越南。法人曾於一九三二年占領過幾個島。現在的南越西貢當局就是要根據過去法國的侵略行動，承繼南海諸島的主權。

程教授說：中國方面的證據與理由拿出來同它們的相比，它們的證據馬上就變成了廢紙，不足爲憑。接著，他就把宋朝以後的中國對於南海諸島有領土主權的證據一條一條地列舉出來。其中最重要的有下面幾條：

一、明初鄭和下西洋，前後共七次，即：從成祖永樂三年（一四〇五年）到宣宗宣德七年（一四三二年）都經過南海諸島（西沙群島一組島嶼稱永樂群島，另一組稱宣德群島即爲最佳證明）。這都是有史書記載證明的。

二、中國歷代移民到東南亞各地達一千八百多萬人，他們大部分都經過南海諸島，並利用這些海島作爲航海的幫助。

三、中國漁民經常到此捕魚，並且居住。這是在國際法上對於領土主權要求最有效力的證明。

四、過去中國的廣東巡撫曾到過西沙、南沙巡視；這是中國對於南海諸島實施行政權的最有力的證明。

五、一九二七年法國佔過西沙，中國抗議，法國撤退。這在國際法上是很有意義的。

六、一九五二年日本在《舊金山和約》中放棄台灣、澎湖、西沙、南沙的主權，中國收復台灣及南海諸島。

程教授最後說：中國的證據和條件比菲律賓和南越西貢當局所提出的更加重要，更加有力；中國根據這些證據可以「打倒」它們！

在三位主講人報告之後，大會即進行討論。聽眾發言極爲踴躍，有的盛讚祖國劍及履及，雷霆萬鈞地捍衛西沙群島的卓越戰績；有的呼籲台北當局挺起脊樑，鼓起勇氣，驅逐入侵南沙的西貢軍隊；有的譏諷國民黨又要重蹈過去「先安內，後攘外」的覆轍。其中只有一位是爲台灣當局的進退兩難的處境加以辯護。總之，大多數的發言都誠懇地希望這次的南海諸島的主權糾紛，能夠引導全體中國人（包括大陸、台灣和海外）團結起來，一致對外。

在回答聽眾問題時，鄧澤民先生曾慷慨激昂地說：中國政府一定要保衛領土主權的完整。我們海外華人決定以全力支援中國政府這樣做。對於台北當局，我們要施以壓力，促其立即驅逐入侵南沙群島的南越西貢軍隊。

大會最後由紐約市立大學亨特學院的曹耀琛教授做總結。他說：第一、他本人是既不左，也不右，而是「後」；既然愛國不分先後，那麼他是願意跟在各位前輩後面走。第二、這次大會的召開完全基於愛國。

我們希望大家在美國不分左右先後，一致對外，共禦強權。第三、南海諸島不論就歷史、地理及國際法上來看，都是毫無疑問地屬於中國的。中國人從來不去侵占別人的土地，但也決不容許別人侵占我們的土地。我們中國人在美國不僅是「寄人籬下」，而且也是「寄人籬外」。所以大家應該團結起來，爭取權益，與祖國人民聲息相通，這樣生活才有意義。

（《橋刊》，一九七四年三月）

【附錄】

南海諸島之主權

程陶（《石溪通訊》編輯部　整理）

【原編者按】三月二日紐約地區舉辦了一個「南海諸島主權問題報告討論會」。會中由 *1.* 紐約市立學院歷史系教授唐德剛，*2.* 紐約亨特學院地理系教授伍承祖和 *3.* 新澤西州州立大學（Trenton）的政治學教授程陶分別從歷史、地理和國際法的觀點，來分析南海諸島主權的歸屬。

這是編者根據一位在場聽衆的筆記，整理出了其中程陶先生報告部分的摘要。

南海諸島涉及的國際法有二：

一、海洋法部門（與大陸棚的主權有關）。

二、領土獲取權部門。

關於一、海洋法

大陸棚爲大陸邊緣在水面下的土地。它的成因是由於大陸上的泥土沖積而成。一九四八年美總統對世界宣佈，所有美國沿海的資源歸美國所有，外國人不許開採。一九五八年國際海洋法在日內瓦簽訂，其中有一條是關於大陸棚的，承認所有國家都可以宣稱所連接的大陸棚爲其所有。不過有兩個問題沒有解決：

1. 究竟大陸棚伸延多遠？許多國家認爲沒有限制，有的說應限制。

2. 假如有小島在大陸棚上，其上沒有人住，也沒有資源，它應該屬於誰？有人認爲小島和大陸棚的歸屬一致，但未有定論。今年六月至八月，將有世界性第三次海洋會議在委內瑞拉召開，希望能解決這些問題。

關於二、領土獲取權

領土之獲得大致上有兩個方法。例如一個國家可以用強占的辦法，或者先占的辦法獲取土地，先占法曾有三次的演變。從十五世紀哥倫布到美洲，西洋諸國強奪殖民地到十九世紀初爲第一時期，從十九世紀初到一九二八年爲第二個時期，從一九二八年到現在是第三個時期。各時期的規定皆不相同。

在第一個時期，任何一國，在無主的地方，放上些標誌，就有領土獲取權。在第二個時期，規定要有更有效的證明，例如⑴有居民在上面居住，⑵有國家的機構在上面（很明顯，這些規定只適合於較大的地方，太小而且無人居住的地方不適用）。

現在，再談談菲律賓、南越及中國對南海諸島主權各持的理由。

1. 菲律賓所持的理由：一八八〇年，菲律賓一名教授發現了南沙群島中的幾個小島，而且這幾個小島距離菲律賓很近。

2. 南越所持的理由：

(1) 一八六一年，越南王曾占領了南沙中的一、兩個小島，在一八三〇年左右因國內動亂、自動撤離。

(2) 法國在十九世紀末併吞越南，而一九三二年法國人曾占了南沙中的若干小島。南越則依此認爲有繼承的權利。

3. 中國的理由：

(1) 從一四〇四年到一四三三年，鄭和海軍下西洋，就到過這些地方。從那時起，有很多人先後到過南海諸島，也有很多書籍記載那些地方。

(2) 中國移民在東南亞有一千九百多萬人，中國人是最早、也是最經常利用這些島嶼作爲航海之助的（在國際法上，利用與不利用那些地方，對主權很有關係。但如何利用才算有效，則無明確規定）。

(3) 是中國漁民打漁、落腳之地，在國際法上這是有效的證據。

(4) 清代，廣東巡撫經常到南沙、西沙諸島巡察。這是行政權實施的有效證明。

(5) 一九二七年法國曾占領西沙，中國提出抗議，法國即退出。這在國際法上也是很有意義的。

(6) 一九五二年，日本在《舊金山和約》的第二條中，宣佈放棄對台灣、澎湖、南沙及西沙的主權。

我們可以從國際判例上看看誰最有理。

1.英、法兩國曾打官司，以爭取英倫海峽中的幾個小島，國際法庭判決屬於英國。理由是：在一三六〇年英國海軍最強大，不可能不利用那些小島。既然那些小島在那時候已屬於英國，現在更不容爭辯了。

以下是一九二八至一九三三年的一些判例：

2.法國與墨西哥爭奪東太平洋上的一個小島（距墨西哥七〇〇哩，上面不可住人，只有鳥糞）。法國人曾經想到島上插上法國旗，但是船無法靠岸，只好到夏威夷登報，宣稱法國有主權。這案子後來由意大利國王判決屬於法國。理由是，這是不可住人的小島，看到就可以了，不必要放上標誌。

3.丹麥與挪威爭奪格陵蘭，在十八世紀，已有人到過格陵蘭。但是天氣太寒冷，無法居住。丹麥立法說，格陵蘭是它的。自一九三二年起，丹麥與別國訂條約時，都加上一條「承認丹麥擁有格陵蘭的主權」，國際法庭於一九三三年判決屬於丹麥。理由是，氣候太壞，不適於住人，有了空洞的條文也就夠了。

因此，中國的理由比較起來，更充分。但是有一點必須注意，某些國家，當他們不具備國際法上的規定條件時，便用一些空洞的名詞來混淆視聽。例如在以上的判例中，法院判決說丹麥有「占有的意圖」（intention to occupy），所以應該屬於丹麥。日本人對於釣魚台也是一再強調他們have the intention to occupy。

我們應該提出有力的證據，駁倒這些空洞的名詞。

（《石溪通訊》，一九七四年三月）

二、「南海諸島主權問題報告會」前後

魏兆歆

隨著西、南沙群島的領土主權紛爭，海內外中國人又再度掀起了關心國土的熱潮，一個號稱「左中右」三結合的「南海諸島主權問題報告會」於三月二日下午在紐約華埠附近的麥迪臣街二百號的Rutger's Community Center匆促開幕。經過近四個小時的專題報告和自由討論，在對中國錦繡山河的認識上及對一個共同問題的態度上，與會的二百五十幾位人士彼此之間，又多了一層了解。

在召開報告大會以前，籌備會的工作人員曾一再強調三種基本精神：一、要共同對外，二、民族情感，和三、教育華僑。共同對外是說把槍口指向意欲染指中國領土的外國政府和民間油商集團。這個口號的提出，一方面是汲取了保釣運動後左右派大分家的慘痛教訓，當初大概是沒有「共同對外」。另一個原因是覺得國共問題是個內政問題，不管將來誰統一了誰，都可以從長計議，眼前外敵當前，不妨先攘外而後安內。第二點強調民族情感，在這次報告會中再提出來，只是舊事重提，因爲在前一陣子「和平統一運動」中，已有人倡導過，當時的反應並不熱烈。最後教育華僑，卻是這次報告會的主要工作重點之一。希望藉這次領土事件，喚起華僑對祖國領土的關懷，進而團結一致，在美國社會裡爭取應有的權利和地位。除了以上三個基本精神外，籌備會負責人士又一再說明，在討論問題時一定要客觀，要就事論事。精神和觀念都很不錯，問題就在是否心裡真正都這麼去做。

報告會請到了唐德剛、伍承祖和程陶三位教授分別以「從歷史觀點談南海諸島的主權問題」、「南海諸島的地理條件」和「在領土獲取法中的主權歸屬問題」爲題發表演講。三位主講人引經據典，各以不同的角度和理據說明了南海諸島屬於中國領土的當然性，在結語時，彼此也都說出中國人團結的重要性。報告會在尙稱和諧的氣氛中結束。雖然有少數幾位有心人士借題發揮，可是並沒有激起聽眾的共鳴。經過「保釣運動」的洗禮，大家成熟多了，也冷靜多了。罵罵國民黨的陳腔濫調已成了耳邊風。

在名義上，這次報告會是由政治立場不同的左、中、右聯合發起籌辦，實際上是三缺一，從頭到尾完全是由左、中人士推動，右派除了少數以個人身份參加報告會外，連個象徵性的代表都沒有。在成份上，雖然想盡量爭取華僑參加座談討論，可是百分之九十以上的與會人士還是不折不扣的留學生。在將近二百五十位聽眾中，華僑屈指可數，大概不會超過二十位。留學生中，大半以上又都是保釣急前鋒，好多位都還是當年的風雲人物，大名叮叮噹噹，見了面都挺面熟的。

既然是三結合，又是與國土有關的集會，《旅美學訊》愛國有責，自不甘落後，特地快馬加鞭，連夜趕工，以恭逢其盛。但當《學訊》在會場出現時，氣氛有點不自然，工作人員始而一驚，繼而商討，後而默然，准將《學訊》置於會場之另一角，避與《群報》並排，以免「左右難分」。五分鐘過後，又覺不妥，不是要結合嗎?怎麼又分門立戶起來了?豈不是搬石頭砸自己的腳。突然來了兩個好手，霍地把擺滿《學訊》的桌子抬起，搬到了會場後頭的正中央，與《華美日報》同桌，與《群報》成九十度而立（原來是負一百八十度）。小動作，大改變，如果以後再有什麼三結合的場合，不要那麼劃清界線，把九十度變成零度，不更省事多了，多加一張桌子，怪麻煩的。

海外年青朋友對國是的探討，已由情緒上強烈的發洩，轉變爲理性的冷靜思考和分析。這是一種很好的現象，也是一種良性進步。中國的未來前途，需要所有中國人，尤其是知識份子來共同開創，少數人的武斷教條咒語，根本無濟於事，要解決問題，就要有探討問題的誠意和容納異己的胸懷。真理越辯越明，真金越煉越亮，對中國的問題越客觀，研究分析也就越對中國將來發展有幫助。

留學生的政治意識形態，又將接受一次不大不小的衝擊，希望我們能在一連串的考驗中壯大成長，以期中國的再統一，在我們這一代建設性的共同努力下早日實現。

（《七十年代》，一九七四年五月）

三、南海諸島主權問題報告討論會

炎華

今年三月二日在紐約市舉行的「南海諸島主權問題報告討論會」，是保衛釣魚台運動以來，海外華人關心祖國問題的又一表現。

這次會議約有三百人參加，會中以報告爲主，討論輔之。主講人是紐約市立學院的唐德剛教授，紐約市亨特學院的伍承祖教授和新澤西州立大學的程陶教授，他們分別從歷史的、地理的和國際法的觀點，來看南海諸島的主權問題。他們的出發點雖不同，但結論一致，那便是：南海諸島爲中國的神聖領土，無庸置辯。

會議由梅子強、曹耀琛、陳立家、鍾玲及鄧澤民等五人所組成之主席團主持，下午二時半開會至六時結束，地點是紐約華埠附近之Rutgers' Community Center（200 Madison St.）。

參加這次會議的有左、中、右各派人士，但據我個人概略的估計，以左派及中間人士居多。值得一提的是：自由討論時，會中的火藥氣味並不濃厚，相當的符合了大會的基本精神——團結對外、保衛國土。儘管有少數人在發言時，對台北當局的「不抵抗主義」表示不滿，也有更少數的人在發言時，爲台北當局作委婉的辯護，但是大家都很理智，都能克制，我認爲這是這次會議最成功的地方。

從另一方面來看，這次會議在某些地方又使我們與會者有點失望。前已說過，這次會議是以報告爲主。但在三位主講人之中，除了程陶教授的報告內容充實，舉例詳盡之外，其他兩位主講人雖然是學問好、口才佳，但在報告內容方面似乎是準備不夠充分，與我們預期的相差很遠。舉辦這樣的一次會議並不容易，籌備的人花了很多的心血，參加的人懷了滿腔的熱忱，而主講人正是會議中的靈魂。今後希望如有類似的會議，希望主講人能夠尊重聽眾，也尊重自己。

儘管我個人對這次的會議有毀有譽，但我的總結論是：這類會議是有意義的，是值得經常舉行的。保釣運動喚醒了留美華人的政治意識，我覺得，我們該學習，該了解的東西實在太多了。隨便舉幾個例子吧：中蘇邊界問題、中印邊界問題、中國海疆問題、大陸批林批孔問題、台灣的經濟問題、和談問題、統一問題、美國對華政策的問題……這些問題對一個熱愛祖國的海外華人（不論其政治立場爲何）來說，都是極有意義的。古人說：「獨樂樂，不如眾樂樂」，我可以引伸爲「獨學樂，不如眾學樂」，「獨學」者，個人閉門研究之謂也；「眾學」者開會集體討論之謂也。

也許有些「實用派」的朋友會問：這樣開開會，擺擺龍門陣，究竟有啥「用處」？我的回答是：不了解一個女孩子而去愛她，這是假愛；同理，對祖國不了解，而去愛她，這份愛也是經不起考驗的。了解一個女孩要靠單獨的約會，了解祖國要靠單獨的研究和集體的討論。開會的「效用」爲何，可以思過半矣！

（《橋刊》，一九七四年三月）

四、堅決保衛南海諸島！

——紐約保衛釣魚台行動委員會聲明

親愛的同胞：

一月十五日以來，西貢阮文紹集團侵犯我國西沙群島被擊退後，二月一日，又派兵登陸我國南沙群島的南子諸島，妨害我漁民作業，並非法在島上設立所謂「主權碑」，悍然對中國人民進行新的軍事挑釁，侵犯我領土主權的完整。這是釣魚台事件後，外國勢力又一次強占我領土的嚴重事件。

位於海南島東南和正南方的東沙、西沙、中沙、南沙群島和釣魚台列島一樣，長期以來就是中國的神聖領土，是廣西、廣東、福建、台灣沿海漁民棲息作業的地區。其主權的歸屬，無論就地理、歷史的記載，按法理的根據，都是無可爭辯的。

陷於內外交困的阮文紹集團，在國內實行反人民的法西斯統治，遭到越南南方廣大人民日益強烈的不滿和反封，處境空前孤立。它一再破壞關於越南和平的巴黎協議，遭到國際上的廣泛強烈譴責。西貢當局為了擺脫它內部的嚴重危機，轉移國際的視線，破壞中越人民的友誼，以支撐其搖搖欲墜的局面，妄圖尋找藉口，採取煽動反華、侵犯我國神聖領土的罪惡行動。在西貢傀儡集團最近接連侵犯我國西沙、南沙群島的時候，蘇聯把軍艦開到南中國海游弋，美國派駐西貢的所謂「觀察員」被我國在西沙群島俘獲，國際石油壟斷資本及其喉舌，最近以來一直叫嚷要共同開發南中國海海底石油資源，這些難道是偶然的嗎？西貢當局對我國領土主權如此肆意侵犯，對我國人民一再進行新的軍事挑釁，激起了我廣大海內外同胞的強烈譴責和堅決反對。西貢當局如果一意孤行，必將受到中國人民的嚴厲懲罰。

保衛釣魚台，保衛南海諸島是每一個中國人的神聖責任。一月十九日我國軍民英勇擊退了入侵的西貢軍，充分地發揮了「人不犯我，我不犯人，人若犯我，我必犯人」的一貫方針，得到了海內外愛國同胞的一致支持。令人憤怒的是：當我國軍民在爲保衛神聖的領土而浴血奮戰時，台北當局的喉舌竟出現「毛機昨炸西沙群島，登陸攻佔南越陣地」及「毛越衝突，原因未明」等喪心病狂的賣國言論。再當西貢當局轉而入侵尚在國民黨軍隊駐防的南沙群島時，台北當局罔顧海內外同胞愛國衛土的高漲情緒，坐視西貢軍侵占南沙，全無行動。甚至公然宣稱：「我們會盡力避免與南越開戰，我們不希望與南越兄弟作戰」，並命令駐在南沙的軍隊「假如中共軍隊企圖登陸，一律開槍射殺；但假如入侵的是南越軍隊，便試圖說服他們離開」。這又一次暴露了台北當局與敵稱兄道弟，仇視本國同胞的一貫行徑。這種勇於內戰怯於禦外的例子，自抗日戰爭以來，層出不窮。如果台北當局膽敢把南沙群島斷送，中國人民絕不饒恕！

同胞們，百年來的歷史教育了我們什麼？

人民的團結，國家的統一，是維護領土完整的有力保障。保衛釣魚台，保衛南沙群島和國家的統一是分不開的。我們呼籲海內外中國同胞團結一致，行動起來，堅決保衛南沙群島！

反對任何賣國行動與言論！

爲中國統一而奮鬥！

（紐約衛釣魚台行動委員會，一九七四年二月二十四日）

告同胞書

〔洛杉磯〕

親愛的同胞：

根據各方史地資料，西沙、南沙群島自古就是中國的領土。這次西沙、南沙事件從種種跡象可看出並非偶發的，美國報紙多採西貢發佈的消息，頗多偏護與歪曲事實。

阮文紹政府之所以製造這次事件的原因是：一、爲了搞大選，開拓疆域，樹立聲威，將人民的不滿和反抗轉移到激起民族主義和反華方面去，以收人心，二、垂涎中國南海一帶的石油寶藏。（西貢當局在去年七月已將其沿海的福綏省外海中的油權出讓給了四個西方石油公司，到了去年九月，西貢當局發表聲明，將中國南沙群島劃歸南越福綏省管轄。）

以美國爲首的國際石油壟斷資本集團一直叫嚷要「共同開發」中國沿海一帶海底的石油資源。美國國防部所屬「駐越大使館」的「觀察員」與西貢侵略軍一起在我領土上被俘。美國許可西貢以大量「美援」武器、戰艦、軍機對我國領土侵略，西沙戰後又迅速地增補西貢所損失的艦隻。

今天，外國勢力支持西貢政府，利用國共對峙的矛盾，打死我漁民。據西貢官方消息，西貢軍侵西沙戰敗後，一面重新對西沙群島採軍事包圍態勢；另一方面則轉向國民政府駐守的南沙群島，一連登陸了好幾個島，撕毀了青天白日旗，樹立起六尺高的標誌，巡行穿越整個南沙地區，昭示西貢「國旗」；最近西貢當局又揚言奪取西沙、南沙，「不惜與其盟友（指國民政府與菲律賓政府）一戰」，得寸進尺，倚強欺弱，蠻橫放恣到了極點。是可忍，孰不可忍？

百年來，中華民族領土主權飽受蠶食鯨吞，今天，在美、蘇兩超級大國的強權霸道下，我們的領土、主權仍然面臨著無情的挑戰。我們的心情是無比沉重的，我們呼籲在美的中國同胞，本著自己是一個堂堂正正的中國人，不分右、中、左、大家團結起來，一致對外。我們不能再沉默了！

我們建議每個同學會和華僑組織開會討論這事件，擬定具體行動方式，以表示在美中國同胞的立場。讓我們共同「喚起民眾」，抗議當局縱容侵略的行爲，堅決保衛西沙、南沙群島！

洛杉磯地區一些華僑學校學生已成立保衛西沙、南沙群島委員會，請各地華人組織、同學會速與本會聯絡，以採一致行動。

（洛杉磯《西沙南沙衝突專輯》，一九七四年四月）

〔中西部〕

一、美國中西部各校的保衛西南沙活動

自從一九七四年三月中芝大中國同學會將部分「西、南沙事件」的資料分寄到各地中國同學會以來，先後有好幾家學校熱烈響應，茲列舉如下：

一、內布拉斯加大學中國學生會在一九七四年四月五日向台北政府發出了一封公開信，同時向南越和菲律賓政府發出了抗議書。這幾封信和芝大給他們的信及其他一些有關「南沙群島事件」的資料都刊登在四月份的「內大月刊」上。

二、西雅圖的華盛頓大學中國同學會已經召開了座談會，並發佈了公開聲明。

三、聖路易的華盛頓大學中國同學會發行的四月份的《同學通訊》，作了詳細的介紹和評論西、南沙事件。

四、肯薩斯大學中國同學會已召開了一次討論會，討論西、南沙事件。

五、麥迪臣的威斯康辛大學中國同學會於三月三十一日召開了「西、南沙討論會」，並發行了「西、南沙事件剪報」。

六、西北大學中國同學會於四月下旬召開了一次「西、南沙事件討論會」。

七、明尼蘇達大學複印了《西南沙事件快報》。

八、芝加哥的羅斯福大學中國同學會與「留學生評論」及「反共愛國聯盟」於五月十八日緊急召開了「西南沙事件討論會」。

九、田納西大學中國同學會來信響應保衛南沙群島的行動，並將資料轉寄到VANDERBILT和PEABODY大學。

十、加拿大多倫多大學中國同學會於五月四日舉行座談會，並將「西、南沙事件」在加拿大同學聯會上提出。

十一、加拿大雷城莎省大學的《莽原月刊》，印行了《西、南沙事件資料選輯》。

（芝加哥《中西部保衛南沙委員會特刊》，一九七四年五月）

二、美國中西部的保衛西南沙運動

—讀者

編輯先生：

想在這裡告訴你一點有關中西部的西南沙運動的發展。

芝大中國同學會首先於三月二日舉行一西南沙座談會。會上，因有人十分怕事，盡量想避免用中國同學會名義作進一步行動，以致引起各人的不滿；於是，各人情緒更加高漲，會後即選出十人工作小組負責進一步工作。這小組在兩星期內起草了一份公開信，及準備了其他有關資料，在三月十六日的中國同學會特別大會中提出，卒通過一份公開信及抗議書。另再重組工作小組，負責和各地聯絡等等事宜。

這工作小組開了多次會議，花了不少時間把各種文件寄往美國的數百所大學中國同學會、台灣的官員、各地報館等等，並等候回音。在美國，也有部分華文報紙把我們的文件及消息轉載。但向美國報紙發的澄清輿論的信件，卻得不到很大反應。在大學方面，內布加斯加州（林肯市）則以我們的公開信爲藍本，另寫了份公開信，是用中國同學會名義的。西雅圖則有同學在熱切推行此事。西北大學本來不大肯，但經不起各同學的要求，他們那裡形勢已相當好了。還有很多和我們有聯絡的中西部學校，都已採取了相應行動，但在前些時，還未能團結起來。有鑑及此，我們便在兩星期前的星期六請了附近不少同學來討論此事，當場並有七人加入工作小組（即由十人變爲十七人），這十七人便組成一個個的一人至數人的小團體，和各校聯絡；更有不少人在上週末駕車到中西部的學校去和當地人士討論，強化那裡的基層意識，支持當地團體搞些座談會之類的活動，以介紹這事件的前因後果。

五月三日星期五，我們召開了一次會議。因爲有了前兩週的工作成果，很多學校都有代表來參加討論行動計畫（大約有七十人左右到會）。大家擠在一小房間裡，開會不久氣氛便非常激烈。有位國民黨「觀察員」在各人情緒最熱烈的時候竟說十分口渴，要求暫停一會去買汽水，但各人都堅持談下去。結果，又多了十一人參加了工作小組（至低限度有七間學校的人在），並決定了在五月十八日星期六上午八時半在芝加哥的鬧市舉行遊行示威，對象是國民政府領事館及西貢、菲律賓有關機構。另又有以芝大公開信爲藍本，修正了一些字眼，在示威當日應用。會後，二十八人工作小組（中西部保衛南沙行動小組）立時召開會議，詳細商量示威及進一步事宜。情形如何，以後才知。相信到時自會有人專文報導。希望貴刊能支持這裡的行動。

芝加哥一讀者　一九七四年五月五日

（《七十年代》，一九七四年六月）

三、中西部保衛南沙運動經過

菲、越侵略我國領土南沙群島時，一開始便受到我國海外同胞的密切注意。在二月間，美國各地區及社團組織便已紛紛在各刊物中，強烈聲討侵略者的罪行，發出了整個運動的第一砲。一些較容易接觸到歷史資料的同學更是花了不少時間，對南沙的中國主權搜集了確鑿的證據。

在中西部較有規模的保衛南沙行動是在芝加哥大學開始的，芝大中國同學會，因接到同學廣泛要求，特於三月二日舉行了一次西南沙座談會。當日會場中座無虛席，除了芝大同學外，更有來自多間大學及社團組織的人士來參加。會中先由同學對西南沙的地理、歷史、時事作出報告，繼而由各與會者熱烈參加討論。因為領土被侵占是任何一個有血性的中國人所不能容忍的，所以討論開始不久後，各人的情緒便極度高漲，紛紛要求同學會採取進一步行動。會後，大多數同學仍不願離去，有十人即被當場選出來負責草擬致國民政府公開信，對菲、越抗議書等事項；有數十位同學更聯合簽名要求同學會盡快召開一緊急大會，以通過各項同學會在此事應採的行動。

大家所要求的大會在三月十六日如期舉行，會中經過熱烈的討論後，卒以全票對零票通過以同學會名義發出上述的公開信及抗議書，充分反映出同學會對領土問題的關心。在會議結束前，大會正式選定十人負責追蹤公開信及抗議書所引起的反應，並聯絡各地人士共同採取進一步行動。

與此同時，很多組織都早已行動起來，保衛南沙也漸成一運動。芝大的十人工作小組在很短的時間內，便發出了數百份有關資料，寄到世界各地的學生團體、政府機構及刊物出版社處去。令人鼓舞的是，在美國及香港很多雜誌報刊都很快便把致國民政府的公開信刊登出來，各地學生組織更是紛紛來信，表示此一運動並不是在芝加哥孤立地進行著的，大家早已採取了很多行動云云。

因爲知道了各地都對保衛南沙十分熱心，芝大工作小組特於四月二十日邀請附近一些大學的同學來參加會議。經過了熱烈的討論後大家達成了以下較具體的工作方案：一、有多位各校同學加入了芝大原來的工作小組，共同組成一擴大的委員會，以爲保衛南沙而共同努力。二、很多同學自願在短期內到各校聯絡，以引起對南沙的更大關心及行動。三、各黨各派人士應在此國土被侵占之時，團結一致，槍口向外。(4)決定在五月三日晚召開會議，以研究下一步該做的事情。至此保沙運動已漸入第二階段，各校已不再是各自孤軍作戰，大家都已團結起來，一起行動。

五月三日的會議有著很大的重要性，當晚七、八十位來自十間大學的同學，包括「反共愛國聯盟」在內的社會人士，濟濟一堂，討論了很多問題。由於大家都覺得公開信發表後，仍未見國民政府有任何反應，而西貢政權又在南沙加強軍事設施，實行久佔，故有人提議大家應舉行一次示威遊行，以督促國民政府立即保衛南沙，並強烈抗議菲、越當局的無理侵略。這提議當場即被熱烈通過，有二十八人自願組成一個「中西部保衛南沙工作小組」（後更名爲「中西部保衛南沙委員會」）負責各項事宜。

委員會成員及其他熱心同學迅速地展開了各項示威的籌備工作，充分地說明了中國人民是可以團結起來，爲著同一保土衛國目標而奮鬥的。在以後的兩個星期內，除了在五月十一及十七日開了兩次工作檢討會外，其他各地的熱心同學，更爲了籌備工作而聚會了很多次。在各界的反應方面，委員會收到了不少表示支持的信件、電報、長途電話等。又「反共愛國聯盟」及另外兩個組織，在我們示威的同時，在領事館同一大樓內舉行了一次座談會，並成立了一個「愛國保土委員會」。

轟轟烈烈的五．一八示威後，當天下午即舉行檢討會議，決定編印報告及特刊，以供各地同胞參考。當時又有很多新同學加入了委員會，表示不達到保衛南沙目的便絕不罷休。另又決定在六月十五日舉行──中西部保衛南沙大會，歡迎各界人士參加。

三個多月來，我們都能以團結對外爲基本原則。若有任何人中傷我們的宗旨，那便必然會引起廣大同胞的反對，而自陷絕境的。

（芝加哥《中西部保衛南沙委員會特刊》，一九七四年五月）

四、中西部示威大遊行

1. 遊行經過

中西部保衛南沙委員會

爲了保衛中國西沙群島的領土和主權，中西部保衛南沙委員會於一九七四年五月十八日（星期六）在芝加哥舉行和平示威遊行。當天上午八時半在芝加哥市中心之Civic Center Plaza集合，參加示威的有留學生、教授、華僑和菲律賓及美國友好人士等共約二百多人。這時開始下雨，示威者有秩序地在雨中列隊集合。示威前，先宣讀各地拍來表示支持這次行動的電報，並演說西沙、南沙群島與中國的歷史淵源，及能源與國際關係。九時半遊行隊伍，出發前往國府駐芝加哥總領事館，力促國府立即採取有效行動。沿路高喊口號，並散發傳單。

九時五十五分，五名代表入見歐陽璜總領事，並邀請正在總領事館所在樓宇的二樓進行緊急召集的西南沙事件討論會之「反共愛國聯盟」、「羅斯福大學同學會」、《留學生評論》之同學及其他有關人士，一同前往菲律賓領事館抗議。但該討論會之參與者，以做「學術研討」及「欣賞電影」爲理由而拒絕。在代表進入領事館期間，雨越下越大，遊行同學衣履盡濕，然毫無避雨之意。大家屹立雨中，聆聽演講，等候代表回音。先後由一位美國朋友譴責西貢政府侵占中國領土的行動，並由他人講述西貢侵略南沙的經過，更高呼口號，呼籲國府採取行動。同時並在隊伍前，擊碎阮文紹的畫像。十時五十五分，進入領事館的代表才出來，並報告會見的經過（詳情見後文）。遊行隊伍聽後，群情憤慨，有幾位同學，怒火難抑，以致與站在屋簷下，及大廈玻璃門後幾位不明來歷、黃皮膚而操英文人士相罵起來，糾察及時維持秩序，並領導隊伍往菲律賓領事館抗議。途經State Street，我們高呼口號，引起不少美國人士注意，數千份傳單，迅即發完。

抵達菲律賓領事館後，三位代表進入遞交抗議書，但菲領事館雖於事前接獲通知，然未留專人接書。代表只好將副本貼在辦事處門口，正本改在五月二十日，再當面遞交。在菲律賓領事館前，先由一位中國同學講述，西南沙爲中國領土的歷史證據，繼而由一位菲律賓朋友發表演說，強烈譴責菲政府侵占南沙以及超級大國助紂爲虐。

遊行於十二時二十分左右，在慷慨激昂的口號中結束。

2. 遊行手冊

中西部保衛南沙委員會

這次遊行是經芝加哥警察局批准之和平示威，是由中西部保衛南沙委員會發起。

時　間：一九七四年五月十八日（星期六）上午八點半

地　點：CIVIC CENTER PLAZA, CHICAGO DOWNTOWN

宗　旨：保衛中國南沙群島的領土和主權

遊行目標：1.抗議西貢政權（在芝加哥駐有官方代表）。

2.抗議菲律賓政府。

3.力促國民政府立即採取行動，趕走西貢和菲律賓侵略者。

4.糾正美國新聞界對西南沙事件偏袒西貢的報導。

宣　言：1.促請國民政府驅逐所有入侵我國疆土的外國強盜。

2.抗議西貢、菲律賓的無恥侵略和歪曲宣傳。

3.明白昭告全世界人們西貢、菲律賓侵奪南沙真相。

4.促請維護真理正義的新聞界和友邦人士共同起來制裁西貢、菲律賓的無恥侵略行徑。

爲了保護參加示威者的安全與符合團結保土的原則，大家遊行時遵守下列規則：

1.絕對服從工作人員指示（配有黃色臂章者），盡量與警察合作。

2.所有旗幟、標語、傳單及一切宣傳品，均由中西部保衛南沙委員會大會統一分發。大會不發任何國旗。
3.任何私自製造之旗幟、標語、傳單及一切宣傳品，均嚴禁在遊行隊伍中出現。
4.參加示威者嚴禁與任何旁觀者爭吵和衝突。
5.當有新聞記者訪問時，不得擅自發言，務請轉告糾察，請發言人回答。
6.禁止唱歌和禁止呼喊遊行手冊所列出以外之口號。
7.未經容許，嚴禁私自照相。
違反上述規則任何一條者，立即驅逐出示威隊伍。

中文口號、標語

(1)中國人民團結起來！
(2)保衛南沙、保衛領土！
(3)打倒西貢侵略者！
(4)打倒菲律賓侵略者！
(5)粉碎國際陰謀！
(6)國民政府行動起來！
(7)請國民政府表明立場！
(8)西貢滾出去！

英文口號、標語

(1) ALL CHINESE UNITE AND FIGHT！

(2) DOWN WITH SAIGON INVADERS！

(3) DOWN WITH PHILIPPINE INVADERS！

(4) NAN-SHA, NAN-SHA, CHINESE LAND！

(5) SAIGON INVADERS, OUT YOU GO！

(6) PHILIPPINE INVADERS, OUT YOU GO！

(7) VIETNAMESE PEOPLE, UNITE WITH US！

(8) PHILIPPINE PEOPLE, UNITE WITH US！

(9) FIGHT FOR JUSTICE, FIGHT FOR PEACE！

(10) SAIGON INVADES' CHINESE ISLANDS！

(11) PHILIPPINE INVADES CHINESE ISLANDS！

(12) NAN-SHA, NAN-SHA, OUR LAND！

3.誓詞、宣言

(1)遊行誓詞

一九七四

中西部保衛南沙委員會

各位同胞、各位同學：

今年（一九七四年）一月十九日南越總統阮文紹派軍侵占我國西沙群島，被擊退之後不思覺悟，竟於二月一日轉而派軍侵占我國南沙群島，並且建築防禦工事，做長期竊據之打算。在這個事件的同時，菲律賓也聲稱擁有我國南沙群島的主權，並已占領其中三個島嶼達一年之久。今天擺在我們面前的事實是，南沙群島已被人擅自瓜分，而持有該群島真正主權的我國尚沒有任何收復失土的行動；甚而部分的同胞，也沒有體會到這種領土被瓜分的恥辱。今天我們抱著國家興亡，匹夫有責的明訓，我們要以行動來爭是非、爭原則、爭取國家的尊嚴；我們要使人知道有骨氣的中國人絕不能任人輕侮，中華民族的領土與主權，更絕不容任何人竊據！

南沙群島是我國領土的一部分，從歷史上可以找到許多不用爭議的事實。由於氣候地理上的因素，數千年來，中華民族的發展一向是由北向南不斷的遷移，不斷的開拓。大約早在二千多年以前，中華民族的發展已到達了東南沿海，從那時開始中國人就憑仗著航海技術的發明，以及羅盤針的導航，開始了海外拓殖的時代。也就是從那時開始，南海諸島一直爲中國人所發現，所使用，每當中國在政治上產生了內鬨，產生了動亂，產生了戰爭，就有大批大批的官宦與士民爲了避禍，遷往海外，遷往南洋，以及南海各島。現在我們隨便舉出一些例證，就能了解到先民對南海諸島的開發與經營史跡。

大約民國初年，在南海諸島的景宏島上，曾發現有一塊漢朝的石碑，在西沙的甘泉島上曾有一座唐朝的廟宇。目前這些歷史的遺跡雖然已被侵略者蓄意的搗毀，但是在史冊與典籍中，仍可找出更多不用置辯的鐵證！在公元一千二百九十二年，《元史》中記載有元世祖用兵爪哇，「大軍會泉州，過七洲洋，萬里石塘，歷交趾、占城界」。所謂的萬里石塘就是今日的西沙與南沙，在一千三百九十四年元朝《島夷志略》一書說的很明白，「石塘之骨，由潮州而生，迤邐如長蛇，橫亙海中越海諸國，俗云萬里石塘……其地脈歷歷可考，一脈至勃泥及古里地悶，一脈至西洋崑崙之地。」因此我們可以明確的得知，所謂萬里石塘的地理位置根本就是西沙與南沙。

宋朝也有許多關於萬里石塘的記述，及至明朝鄭和在一千四百零二年到一千四百三十三年之間，七次下南洋，更遍歷諸島，在《鄭和航海圖》中明確的劃有西沙與南沙的位置圖。

及至清朝，中國遷居南洋的有一千八百餘萬。斯時，南海諸島上佈滿了中國的人民。在十九世紀英國出版的一本地理書《中國海之航行史》曾有詳細的記述有關在南沙群島上，中國人的生活與居住情形。那時滿清的廣東巡撫常到南沙各島巡視，因此在一千八百八十七年《中法越南續議界務專條》第三款中明白規定，西沙與南沙群島屬中國管轄。

由於上述的歷史事實與越、菲兩國對南海諸島的主權所提出的證據和理由比較，就知彼等的證據理由簡直是一文不值。據西貢自供，一千八百零二年才開始有越南漁民到達西沙，在一千八百一十六年越南王才侵入西沙中一、二小島，一千八百三十四年越南第一張地圖上才畫有近似南沙的島嶼。菲律賓則謂一千八百八十年一位菲籍教授發現南沙群島。由這些證據可以知道中國人發現使用經營南沙群島比之菲、越早了數千百年。南沙群島是我們的！

最後我們要闡明的是，中華民族屹立生存五千餘年，在五千年中，曾經無數次面臨異族的挑戰與侵略。

但是每當國家主權遭受侵奪，每當國家領土遭受侵占之時，我全國上下，基於民族意識與愛國精神的發揚，無不激發起熱血澎湃，慷慨激昂，一致對外的民族大義；無不以浴血奮戰，有我無敵的果敢行動，痛擊入侵的異族，粉碎一切的侵略，表現出中華民族不容輕侮，至大至剛的國格。今天南沙群島雖暫時落入異族之手，但是從中華民族堅決勇敢，剛毅無儔的歷史背景，我們相信失土必復，侵略必敗！

(2)捍衛中國南沙群島宣言

中國的南沙是一群散佈在南中國海的美麗島嶼，那兒有詩情畫意的熱帶景致，那兒有取之不竭的資源寶藏；那兒有中國漁民在辛勤作業，那兒更佈滿了數百年來中國先民先賢胼手胝足、開拓墾荒的壯烈史蹟。然而不久前，菲律賓無理的竊據了其中部分島嶼，西貢政權不但肆無忌憚地強占了數個島嶼，同時還恬不知恥地欺騙世人，妄稱擁有全部南沙群島的主權。這種強盜的侵占行爲，豈是任何一個有血性、顧正義、愛國家的中華兒女所能坐視不顧的!?

近百年來，由於滿清的腐敗無能，軍閥的割據賣國，使國家遭受列強的侵略欺侮，使國土遭受強占分割，使同胞遭受迫害屠殺，使資源遭受囊括掠奪。這些血淋淋的史實，讓所有中國人了解和領悟到唯有團結，才有力量；唯有積極果敢的行動，才能擊退無恥的侵略者。同胞們！中國的領土再不容被侵略，中國的主權再不能被蹂躪，中國的資源再不能被掠奪。讓我們緊密地團結起來，爲爭國格、爲保疆土而努力！，在此我們要：

1.促請國民政府驅逐所有入侵我國疆土的外國強盜。
2.抗議西貢、菲律賓的無恥侵略和歪曲宣傳。
3.明白昭告全世界人們西貢、菲律賓侵奪南沙的真相。
4.促請維護真理正義的新聞界和友邦人士共同起來制裁西貢、菲律賓的無恥侵略行徑。

我們更呼籲所有的中國同胞本著對民族的熱忱，對同胞的愛心，共同參加此次示威保土的聖舉。現在，就讓我們將保土衛民的神聖火炬點燃，爲爭國格、爭正義譜寫光明的一頁。

中西部保衛南沙委員會
一九七四年五月十八日
（芝加哥《中西部保衛南沙委員會特刊》，一九七四年五月）

(3)致國民政府公開信

南越當局於一九七四年一月底入侵我國領土南沙群島，並口發狂言，對我國做出挑戰姿態。菲律賓當局以爲有機可乘，亦妄將南沙群島部分島嶼列入其版圖。海內外同胞聞之無不憤怒萬分！

我們深信在國土完整的大前提下，任何政府都有責任撇開其他問題，保衛疆土。作爲中國國民，我們力促政府以具體行動粉碎南越及菲律賓政府的卑鄙侵略行爲。

一、通牒南越及菲律賓立即撤出南沙群島一切侵略人員和設施，否則斷絕友好關係，並採取有效軍事行動，一切後果由對方負責。

二、立即停止對南越軍事、經濟援助。

三、立即發出官方聲明，澄清任何由中、菲、越共同享有南沙主權的傳聞。

四、《中央日報》合眾社電，南越曾向友方與敵方提出警告，爲了取得南沙群島的完全控制，南越政府不惜一戰，而《星島日報》合眾社電，「一名中華民國官員說，他們駐在南沙的軍隊接獲命令，假如中共軍隊企圖登陸，一律開槍射殺，但假如入侵的是南越軍隊，便試圖說服他們離開，盡量減少雙方的傷亡。」我們要求政府澄清此事，並對入侵我國領土南沙任何島嶼的外國勢力，皆予以迎頭痛擊。

中西部保衛南沙委員會

一九七四年五月十八日

（芝加哥《中西部保衛南沙委員會特刊》，一九七四年五月）

(4)在國民政府領事大廈門前之演講詞

（一）各位同學：

我們今天這麼多中國人聚在一起，其中一個目的是要抗議南越政權對我國領土南沙的侵略。

阮文紹政權在國際陰謀的主使下，在今年（一九七四）二月初發兵登陸，並侵占了南沙群島嶼，侵犯了我國的主權和領土完整。

帝國主義從清末以來一直侵略中國，想達到他們瓜分中國的夢想。這次他們主使他們的傀儡南越政權，企圖染指中國的天然資源。阮文紹政權也想在侵略中國的行動上撈上一筆，達到他們苟延殘喘的目的。南越人民外受帝國主義、內受南越腐敗政權的雙重壓迫，一定反對帝國主義，反對南越政權，站在中國人民的一邊反對剝奪，反對侵略。

我們海外的中國華僑和留學生，負起了伸張國際正義，保衛中國的主權和領土完整的任務。我們強烈譴責西貢政府對我國的侵略行為，我們要昭告全世界，南沙群島是中國的。我們號召所有的中國人，團結起來，把南越侵略者驅逐出去。讓我們高呼：

打倒南越侵略者！

南越軍隊滾出去！

全中國人民團結起來！

（二）各位同學：

我們剛才聽了南越和菲律賓對我國領土南沙群島的無理侵略霸佔，都非常憤怒，可是光是憤怒是沒有用的，只有具體行動，才能保衛南沙。現在讓我們來看看我們能做些什麼？我們能督促政府做些什麼？

首先，我們都知道政府是人民的公僕，是替全體國民處理國家事務的機構，政府有義務抵抗外來的侵略，替全國國民保衛國家領土主權的完整，國民則有義務督促政府盡到它的責任；也就是說，在任何時候、任何國家，領土主權的喪失是政府和國民雙方面的過錯，是政府和國民雙方面都沒有盡到責任的結果。每當我們想到我國在十九世紀被列強強占的香港、九龍、西伯利亞、上海、武漢的租界，東北的煤礦、鐵礦、以及在列強手中的海關、鐵路，我們都會很痛心的責備清廷的昏庸。事實上，同樣應該受到責備的，還有我們那些作為老百姓的祖父母和曾祖父母，如果他們也像我們今天一樣的憂國憂民，盡到了做國民的責任，中國是不會喪失那麼許多領土、主權的，清廷也更不會受到那麼多的譴責。今天南沙群島的情勢很危急，它的好些個島嶼被外國軍隊霸佔著，我們已經暫時喪失了主權，眼看著它就要變成外國的領土。我們是中國的國民，我們不願我們的子孫對我們說：「南沙是你們弄丟的。」我們更不願成為清廷第二，受到千秋萬世中國人的唾棄。因此，為了中國領土、主權的完整，為了將來在歷史上的地位，也為了盡我們自己的責任，我們今天一同來到這裡。我們的行動是完全出於善意的，我們絕對不想為難政府。

很不幸的，我們的國家今天處於分裂的狀態，在對內的許多政策上，雙方採取的是勢不兩立的態度。將來有一天當中國重新統一的時候，這些內政上的衝突將煙消雲散，到時候從帕米爾到台灣，從黑龍江、新疆、香港、廣東到喜馬拉雅山間的廣大疆域，仍舊是我們每一個中國人的家鄉。可是領土主權的問題，就完全是另外一回事了，這是一個中國和外國之間的問題，要比內政問題複雜，長遠很多，一個國家和外國簽訂的條約不能因為政府的變遷而一筆勾銷；同樣的，一個國家丟掉了的領土主權也不會因為改朝換代而可以輕易收復。《中央日報》上說：「今天若有一片土一寸地落於異國之手，儘管將來物換星移，這片土地要再要回來就難了。」中國今天的分裂已經是很痛苦的了，我們千萬不能讓外國利用我們的痛苦，搶奪我們的領土，侵占我們的主權，造成鷸蚌相爭，漁翁得利的不幸局面。因此我們非常誠懇的請求國民政府在面臨外國侵略者的野心的時候，能以保衛疆土為重，槍口對外，不要因為內爭，而喪失國土。

基於以上的立場，我們要求國民政府明確地回答我們幾個問題：

一、爲什麼在西貢軍隊侵略南沙群島上的島嶼時，我們雖有五百大軍駐在太平島上，卻不動一兵一卒，眼睜睜看著國土被侵略者強占？

二、爲什麼自從西貢侵略南沙島嶼以來，國民政府不把詳細情況公開向國人報告？我們要知道到底有多少島嶼已被無理強占？是哪些島嶼？南越在這些島嶼上已進行了些什麼工程建設？

三、爲什麼《中央日報》上一面登著要堅決保衛南沙的宣言，國民政府又一面不斷地向西貢供給軍事、經濟上的援助呢？自從西貢侵略了我們的南沙島嶼後，從《中央日報》上還不斷看到這樣的消息：*1.*國府曾贈送四百萬元的農具給西貢；*2.*送兩萬部書給西貢；*3.*把西貢駐台北代辦升任爲大使；*4.*仍不斷地派工程隊、農技團、軍事顧問團、醫療及電力等團體到西貢去。而西貢的反應又是怎樣呢？從《中央日報》、《聯合報》的報導得知：西貢燒毀國府送去的蔬菜，停演國府派去的海家班與雜技班。

同學們，我們應不應該督促政府立刻停止這種有辱國格的行爲？我們應不應該要求國民政府立刻停止任何對西貢的經濟、軍事的援助？我們能允許把國民血汗的努力用來幫助侵略者，侵略我們自己的國土嗎？我們的愛國心、民族自尊心，能允許這樣的做法嗎？

四、菲律賓自一九五五年侵占南沙島嶼以來，今年（一九七四）宣稱已佔了五個島嶼，國民政府從一九五五年就說要循外交途徑解決，到底做了沒有？爲什麼到今天反而喪失了更多的國土呢？我們要求國民政府把對菲律賓的交涉，詳細公告國人。最後請同學們和我一起喊口號：

*1.*保衛南沙，保衛領土！

*2.*打倒西貢侵略者！

*3.*打倒菲律賓侵略者！

4. 國民政府行動起來！
5. 中國人民團結起來！

（芝加哥《中西部保衛南沙委員會特刊》，一九七四年五月）

(5) 各地來電

示威遊行前後，我們收到全美各地同胞、同學們的電報、電話及來信，紛紛對我們這次行動表示全力支持，使我們更加鼓舞，足見愛國行動決不會是孤立的。以下的電文都在遊行出發前向示威隊伍宣讀，更激發起同學們團結一致，誓保南沙：

敬愛的同胞們：

我們要向你們致以最崇高的敬意！因爲你們吹響了第一聲號角——第一聲留美同胞們以示威行動來保衛我國領土南沙群島的號角！

西貢政權和菲律賓政府，目前趁著我國分裂的當兒，卑鄙無恥地侵占了南沙的一些島嶼，並企圖瓜分整個南沙群島的主權和資源，這是任何有血性的中華兒女所能坐視的嗎？不！絕不！我們堅決支持你們的示威遊行，支持你們五月十八日整個遊行的目標：強烈抗議西貢政權和菲律賓政府的挑釁和侵略行爲！促請國民政府驅逐所有入侵我國疆土的外國強盜！號召新聞界和正義感的人共同來制裁侵略者！呼籲所有的同胞們緊密地團結起來，爲爭國格，保疆土而努力！

在你們遊行的時候，我們雖然不能在你們的隊伍裡，但我們的呼聲和怒吼是跟你們在一起的！這裡，我們募集了兩百八十元寄給你們，以表示我們對你們的經濟支援。

團結就是力量，讓我們團結起來，爲保衛南沙群島而共同奮鬥！此致

中西部保沙委員會及全體示威的同胞們

匹茨堡堅決保衛南沙群島的一群留學生　敬上

愛國的同胞們：

我們華盛頓地區中國朋友們，對中西部發起的保衛南沙群島的愛國運動，表示崇高的敬意及熱烈的支持。這次西貢政權和菲律賓政府侵犯我國南沙群島，是對所有中國人民的一個嚴重的挑釁行爲，維護中國領土主權的完整是每一個中國人的神聖任務。同胞們！我們一定要團結起來，對侵略我國領土的野心家發出正義的怒吼！我們的愛國行爲，也決不止於這次的遊行，我們一定要繼續下去！不達到目的——收復南沙群島，決不罷休！

同胞們！讓我們共同高呼！

中國人民團結起來！保衛南沙！保衛領土！

親愛的兄弟姐妹們：

今天我們懷著沉重的心情，來到這裡與大家在一起，什麼事情使我們在今天連在一起呢？爲的就是我們南海的領土被野心的西貢政權、菲律賓政權侵占了。

兄弟姐妹們！團結起來！堅決支持今天大會一切的正義要求！行動起來！打倒西貢侵略者！打倒菲律賓侵略者！

堪薩斯大學一群中國同學

致中西部保衛南沙委員會：

我們對於你們這次舉行遊行示威全力支持。

哈佛大學亞洲電影協會

全體愛國同胞們：

我們堅決支持一起保衛中國領土的行動，謹祝示威遊行勝利成功！

紐約愛國學生和僑胞

敬愛的同胞們：

我們堅決支持你們的愛國的行動！

洛杉磯西沙南沙委員會

（芝加哥《中西部保衛南沙委員會特刊》，一九七四年五月）

⑹會見歐陽領事記錄

一九七四年五月十八日中西部保衛南沙委員會代表五人在國民政府駐芝加哥總領事館與歐陽璜總領事會見，談話約一小時。在座尚有朱副領事、趙副領事、中央社記者冷若水、及身份不明人士二人。領事館用了四個麥克風與兩部錄音機錄下了全部談話。代表首先宣讀中西部保衛南沙委員會致國民政府公開信。才讀了一段，歐陽即打岔，他從書桌上拿出一本紅色《貴賓簿》請代表們簽名及留下地址。代表們正告他這封公開信是很嚴肅的事，請他好好聽完。

讀完信，代表們交給他公開信正本轉台北國民政府，一副本轉華盛頓大使館，及另一副本留給芝加哥總領事館。歐陽答應轉交，但指出公開信用詞不當，是給國民政府而非中華民國政府，他說國民政府是訓政時期的稱呼。代表們剛開始解釋，被歐陽打岔說：「我知道，你們的理由我都知道，你們不用說了。」代表們堅持向他說明白：「我們曾經多次開會討論此事，結論是：中華民國是外國對我們的稱呼，我們是國民，對政府當然稱國民政府，而且我們在小學、中學唸的課本裡都說首都南京是國民政府所在地，所以國民政府這稱呼是很恰當的。」

接著，歐陽開始向代表們訓話，好像準備要送走代表們。代表們對他說大家還有問題要問，能否請他到樓下，直接向大家回答，歐陽一口拒絕。代表們則退一步請他就地回答，他還是不肯，說這是他的地方，代表們只是客人，不能要他回答問題。代表們則表示這些問題都是中西部保衛南沙委員會屢次開會，大家提出來，感到十分關心的，因爲我們的消息來源只是報紙，而報紙的報導又不詳盡不正確，互相衝突。同學們關心領土主權，因此非常焦急，希望能了解事實真相。

身份不明人士甲立刻說：「領事館整天忙著辦簽證和商務，怎麼知道南沙的事，而且總領事的消息來源也無非是報紙。歐陽自己也說，他只是個小領事，怎麼能回答這些問題。」最後代表們對總領事說：「這些問題是一定要問的，你能答多少就答多少。」另外還聲明，保衛領土主權是政府和國民雙方面的責任，今天二百多人到領事館遊行的主要目的，是盡到做國民的責任，督促政府保衛領土主權，大家沒有意思爲難政府，也不想爲難領事館。

以下是就代表們記憶所及和當時所做筆記的談話內容。「代」是代表們的任何一位，「領」是歐陽瓚、朱是朱副領事，擔任歐陽的記錄是記者冷若水。甲、乙是身份不明人士甲乙二人，趙副領事始終手持一麥克風，站在代表們旁邊未發一言。

代：目前南沙的好些島嶼被西貢和菲律賓侵占，他們……

領：我拜讀過你關於西南沙的大作，寫得很好。

代：（不知所云）我們今天是代表中西部保衛南沙委員會全體同學來的，我們是代表大家說話。目前南沙的好些島嶼被西貢和菲律賓侵占，他們各占了多少島嶼？

領：你們是學生，你們應該知道，我要反問你們這些問題。

代：目前南沙的好些島嶼被西貢和菲律賓侵占，他們各占了多少島嶼？

領：（惱羞成怒）你們這些小學生怎麼可以考問我?!

代：總領事，請你看清楚，我們都是大人，不是小學生。

領：你們是用考小學生的態度來考我，這是不可以的。我是你們的家長，我的孩子在你們學校唸書，你們不可以這樣對我。（按：五名代表來自三間不同的學校、一個研究機構和一個商業機構。）

代：西貢和菲律賓各佔了哪些島嶼？
領：很重要。
代：他們有多少駐軍？
領：很重要。
代：目前他們已經在島上有些什麼設施？已經建了什麼防禦工事？因爲這和將來收復失土有關，所以大家都非常關心。
領：很重要。
代：西貢軍侵占南沙島嶼時，爲何太平島五百駐軍不動一兵一卒，眼睜睜看著國土被侵？
領：對！對！（對正在筆記對話的朱）記下來！
代：二月十五日《中央日報》報導，國防部軍事發言人李長浩說：「南沙群島為我國領土，我軍派有部隊駐守島上，二十餘年來，我海軍艦艇在台澎與該地區往返活動，亦從未間斷。」爲什麼這些巡邏南沙海域的海軍艦艇不阻止西貢軍登陸南子島等島嶼？
領：對！對！記下來。
代：如果政府有任何原因，不便採取軍事行動……
甲：（以教訓口吻）有邦交的國家不能隨便採取軍事行動，你們要多研究外交！
代：在不能用軍事行動的情形下，我們相信政府一定會採取外交途徑。依外交慣例，當一個國家的領土被有邦交的國家占領時，或者會召回大使、公使，僅留下低級外交官，或者就算是不召回外交人員，也萬萬沒有升對方外交人員官級的道理。可是最近在西貢軍侵占南沙島嶼的時候，我們居然讓西貢駐台代辦阮文瑞升為大使，這是什麼道理？

領：（對朱）注意，注意。

代：我們還從《中央日報》上見到這樣的消息：1.國民政府贈送四百萬元的農具給西貢；2.送兩萬部書給西貢；3.繼續派遣兩醫療隊幫助西貢重建；4.協助西貢建立如出口加工區；5.正在協助西貢開發湄公河三角洲；6.農業技術團人員協助當地政府大力發展農村經濟。這是不是就是所謂的外交途徑？

領：（無言以對）

代：這是我們在西貢侵略我們時的友好行為，可是西貢對我們的反應是什麼呢？西貢燒毀了兩車我們送去的蔬菜，西貢的議員在國會提議取消和台北的姐妹市關係，最近我們派去的兩個特技團和一個雜耍團被西貢停演，我們認為這都是有辱國格的行為。

領：對！對！

代：自一九五五年以來，菲律賓就對南沙有侵略企圖，可能自一九五六年，也可能……

領：啊，你們對歷史研究得很清楚啊！你是唸歷史的？

代：我不是唸歷史的。菲律賓如果不是自一九五六年，起碼自一九七一年起占領了南沙的幾個島嶼……

領：不只自一九五五年，一百多年來，我們的領土一直有糾紛。

代：最近更變本加厲，多占了幾個島。在這麼長的時間裡，我們究竟有些什麼循外交途徑的行動，結果如何？為什麼不把詳情向國人公開？

領：這個跟釣魚台一樣，政府做了很多事都沒有講！

甲：釣魚台是不是中國領土？你們爲什麼不談？

乙：你們爲什麼不去日本領事館遊行？

代：（對乙）我們今天是代表中西部保衛南沙委員會來的，現在外面下著大雨，兩百多位同學在淋著，請你不要扯到題外去。

代：南沙包括幾十個島嶼，是不是這幾十個島嶼都是我們的領土？還是只有駐了國軍的島嶼才是我們的領土？

領：南沙全部都是中國領土，東沙、西沙、中沙，也都是中國領土。

代：蔣經國在今年三月初接見美國時代週刊社記者，對話登在三月五日的《中央日報》上。蔣院長在答覆有關南沙問題時說：「目前南沙群島之重要島嶼有我國部隊長年駐守，我們決心盡力防衛這些島嶼。我必須指出，凡有我中華民國武裝部隊駐防之地，國軍守土有責，不容置疑。」這段話的意思很含混，是不是說國軍只保衛他們駐軍的島嶼？其他沒有駐軍的南沙島嶼就不保衛了？

領：都保衛，都保衛。

代：國軍在太平島上有駐軍，在南子島上沒有，最近西貢軍登陸南子島，國軍就沒有保衛，這使同學們很擔心。能否請蔣院長澄清此事？

代：菲律賓政府最近向國民政府致照會，提出正式抗議。這照會是由菲外長羅慕洛簽署的。羅慕洛一向是我們的好朋友……

領：國際上是沒有什麼好朋友，沒有什麼道義的。

代：對，所以我們一定要靠自己。這個照會要我們撤出駐在南沙的駐軍；主張把南沙群島主權問題提交聯合國或盟國處理。

領：聯合國是靠不住的。

代：對，聯合國對我們並不好。在照會裡，他們又列舉了五個菲律賓命名的海島，指明爲菲律賓所占有，並宣稱五島不屬南沙群島。此外，最近菲總統執行秘書梅爾可說：「菲律賓在南沙附近的自由地保有航海及氣象站。」政府對這照會是怎樣答覆的？請公開。

代：聯合國亞洲及遠東區製圖會議第四屆會議，一九六四年在馬尼拉召開；第五屆一九六七年在澳洲召開；第六屆一九七〇年在德黑蘭召開。在這幾次會議中，一再有外國代表團提議國際合作勘測南中國海。

領：這包不包括釣魚台？

代：（大吃一驚）釣魚台在東海，在台灣的東北方，南沙是在南海，在台灣的西南方！

領：（無言以對）

代：我們想要知道，目前有沒有任何國際組織在南沙附近海域探測？菲律賓代表在以上所提一九六四年的會議上說：「巴拉旺以西部分中國南海海域……之所以未經完全勘測，或由於經費無著，或由於技術不足，或由於本區域不屬於任何一個國家……」同學們不清楚這件事下文如何了，因此非常關心。

領：好！好！謝謝你還關心啦！

代：來自菲律賓的消息說，西貢最近在其占領的南沙島嶼附近建立了水上機場，供直升機升降，運輸補給。又據美國方面的報導，西貢在三月初開始在其占領的島嶼上建築工事，打算長駐。政府打算如何處置？

領：（邊聽邊在書桌上翻一堆紀念章）

代：據來自西貢的消息說，南越士兵曾經扯下南沙一島嶼上的中國國旗，當時曾有兩艘驅逐艦在旁觀看，但是沒有採取行動。這如果是謠言，請澄清。否則的話，國旗是國家的象徵，國軍怎麼可以讓外國人任意侮辱我們的國旗？政府對兩艘驅逐艦的負責人是不是應該懲罰？

領：啊，說到國旗，讓我送你們幾面。（遞了幾面貼在汽車玻璃上用的國旗給代表們，有的接了，有的謝絕了。）

代：最近日本對國民政府不友好，政府因此斷絕了中日航線。我們爲什麼不用斷絕中日航線的強硬態度來對付西貢和菲律賓的侵略行爲？

領：你們很關心中日航線，你們贊成斷絕中日航線，是不是？

代：對，我們認爲政府這件事做得很對。

領：（對朱）這點很重要，他們支持斷絕中日航線。記下來。

代：西貢駐美大使館最近到處散發所謂的 FACT SHEET（概況介紹），連芝加哥大學的圖書館都收到了。這FACT SHEET歪曲事實，聲稱南沙是他們的領土，混淆視聽，影響國際輿論，我們帶來一份給你做參考。我們要求我們大使館也到處散發FACT SHEET，向美國各界說明南沙是我國領土，被西貢、菲律賓侵略，以正視聽。

領：好！好！我們會轉交。

代：因爲同學們非常關心以上的問題，希望政府儘快答覆，譬如說三個星期內。

領：你們要政府做事，怎可以限定時間？如果我答應了你們，而政府辦不到，我這總領事就保不住了！

代：我們希望政府在《中央日報》上答覆我們的問題，如果有困難，譬如說篇幅不夠，也可以直接答覆中西部保衛南沙委員會。

領：你們挑星期六遊行是故意和我們爲難，人家菲律賓領事館星期六又不上班。

代：我們挑星期六遊行完全是因爲大家平時要上學上班，只有星期六有空。菲律賓領事館我們已經通知過了，請他們今天留人在辦公室，至於他們到底留不留人，不是我們能力所及。我們再要強調一次，保衛領土主權是政府和國民雙方面的責任，否則將來我們的子孫會對我們說：「南沙是你們弄丟的！」

領：那你趕快去結婚，就有子孫了！

代：（目瞪口呆）

最後中央社記者問代表們對釣魚台的意見，代表們說：「我們今天是代表中西部保衛南沙委員會來的，目的是保衛南沙群島，我們在屢次大會上從沒有討論過釣魚台的問題，因此無法代表保衛南沙委員會和你談釣魚台的問題。」

臨走總領事給了代表三大信封的雜誌，說是「答案都在裡面了」。回來後，我們細細翻閱了這些《勝利之光》、《今日郵政》、《中華民國台灣觀光快訊》等等，沒有找到關於南沙的消息，不禁很失望。

代表們出了總領事辦公室，經過外面的辦公室時，注意到有一名芝加哥警員在。至於好些其他領事館人員（或是到領事館辦事的人？我們不清楚）冷言冷語在旁邊說：「你們爲什麼不去保衛釣魚台？」、「釣魚台還沒有保住，怎麼又來保衛南沙？」等等。

遊行隊伍開始在Civic Center Plaza集合時，有位中年美國人對著大家照相，並對糾察人員十分蠻橫。此人自稱是World Wide Photo的照相人員，後來還跟著隊伍到領事館，又大模大樣的跟著代表們走進總領事辦公室。總領事還對他說：「等一下再照。」我們出來時，沒有再見到這人。

剛才那兩位一直坐在總領事辦公室身份不明的人士和我們一起坐電梯下樓。我們邀請他們一起到菲律賓領事館示威，他們不肯，一個說他還要上班，有位代表立即答以很多參加遊行的同學原來也要打工，是特地請假來參加這次愛國行動的。他答以：「打工不要緊，上班就不同了。」另一位不肯去的理由是，他的太太和孩子在樓下等他。這兩人在會談剛開始時，曾和代表中的兩人交談數語，一個說他是學生，一個說他姓張，住在印地安那州，是來領事館辦護照的，並掏出一張綠色的IDENTIFICATION CARD給我們看。還說他是在IUPUI（INDIANA, UNIV-PURDUE UNIV, INDIANAPOLIS）教書的。

在我們遊行的同時，羅斯福大學中國同學會、美中區反共愛國聯盟及留學生評論社在總領事館同一大廈的二樓舉行座談會，討論南沙問題。我們當場邀請他們化學術討論爲愛國的具體行動，一起去菲律賓領事館示威，他們沒有接受。

（芝加哥《中西部保衛南沙委員會特刊》，一九七四年五月）

(7)遊行示威雜感

a.示威前後側記

小蝴蝶

「我們可能又多一天國恥日了」，「爲什麼現在還有人敢侵略中國領土」，大家都激動地討論南沙問題。「其實也不用那麼大驚小怪，南沙不是有國軍駐守嗎？他們一定會打走那些菲、越軍隊的」，我很自信的說。「打什麼！別人在一些島上公然扯下一些青天白日滿地紅，也不見國軍開火。」立刻有人反駁：「不見得吧！那可能是謠言。」「是不是謠言，沒有人知道，但別人占了我們的島不走卻是事實，連侵略者也未遭抵抗，扯下旗子，竟有這種事！」我遂無言以對，但心中卻壓著老大的疑問：爲什麼國軍沒有抵抗？

同學會已代表我們發出了公開信及抗議書。大家都很焦急的等待著國軍擊退侵略者。在午飯時，下課後，在晚上閒談時，話題總是轉到南沙去。「爲什麼還沒有消息？」「我們可以做什麼？」「聽說各地僑胞紛紛組織起來，舉辦了很多座談會，發出了很多公開信，對保衛領土都十分熱心。」「最近同學會收到很多信，表示支持我們的行動」，「我們都是愛國的，大家應團結一起」，「政府反映民意，爲什麼不快採取行動？」……大家都在說著，在等著。

我懷著興奮的心情，參加了一次各校同學的大會。看到這麼多同胞都在討論我們應有的行動，不禁心裡有了個結論：中國人民是愛國的，沒有人能阻止我們保土衛國。

沒有參加這類會議經驗的我，只能坐在一旁靜靜觀察。有幾位年紀較大的社會人士也是靜靜的坐著，很少說話，旁邊朋友告訴我，他們都是「反愛會」方面請來的。後來他們中有人說口很渴，要人替他買汽水，又說一會兒要乘飛機回紐約去。不禁恍然：原來他們都是政府派來養尊處優慣了的官員。這正表示政府很注意我們的行動，他們若能傳達我們的意見，把侵略者打退，那會多麼好！在討論激烈的時候，他們悄悄的離開了。

可是在場群眾卻毫無退意，大家越談越起勁。有一位同學站起來慷慨陳詞，表示願意當一名志願軍，去南沙打走侵略者，如雷的掌聲立即充滿了會場。我呆了一呆之後，只能在掌聲中表示出對那份愛國熱忱的無比敬意。很快地，大家都認爲應當行動起來，「去示威！」有人喊了出來。爲什麼不去示威，我們要全世界知道，中國人民是有骨氣的。

朋友們都在奔走，有人連夜寫報告，有人打長途電話約朋友來示威，更有人趕製標語旗幟。我一無所長，眼巴巴的見到別人做這做那，十分慚愧。但工作總是有的，我也擔起了些可以勝任的跑腿工作，能夠做一點事，很是快樂。見到這麼多同胞團結在一起，更是自豪；有中國人民在，侵略者哪能得逞！

五月十七日晚，不少遠地的朋友都來了，有些在我家借宿，大家在激烈的談論南沙，很晚才睡。我更是整夜也不能入睡。是的，快可以參加光榮的示威遊行，怎能入睡？

一清早大家便趕到了Civic Center，說我們早，原來有人更早，他們已在開始工作了。人越來越多，一面面小旗子揚了起來，有從Madison來的，有從Kansas來的，更有從東岸來的……，遙遠的路程，嚇不倒中國同胞，我們要團結在一起，打倒侵略者！

示威開始了，各人站在微雨中，聆聽著一篇篇動人心弦的演講。當工作人員宣讀出各地支持我們的來信來電時，掌聲登時震撼著整座Civic Center；我們並不是孤立的，各地同胞均同一心，保土衛國，絕不後人。

長長的示威隊伍開始走了，大家一邊走一邊喊口號：「中國人民團結起來！」，「保衛南沙，保衛領土！」，「打倒西貢侵略者！」……，在群情的鼓動下，我也不知哪來的力量，把口號喊得震天價響。但是若和怒潮般的整個隊伍巨大的聲響相比起來，便又顯得微不足道了。團結就是力量，就是這股聲音，便足夠侵略者聞之喪膽了。

大家在國民政府領事館前聚集了，這麼多從遠地來的，從芝加哥來的，冒著風雨，心裡都只懷著一個念頭：保衛南沙，保衛領土。「國民政府行動起來！」、「國民政府表明立場！」一句句的口號，充滿了多少決心，多少熱情！聽到了如此感人的聲音，任何有責任感的政府，都不會坐視不顧的。

代表上了領事館之後，便有同學出來做演講，當說到「我們不願我們的子孫對我們說：『南沙是你們弄丟的』」，大家都激動起來了，自己的眼睛也濕了，不知是淚水還是雨水。望了望周遭的同胞們，眼前又登時一亮，看啊！人人臉上的表情是那麼堅定；愛國心、正義感、被侮辱感，都在眼神中散射了出來。

又一講者說話了，他是美國友人，用著低沉冷靜的聲音，告訴了大家，支持我們的行動。登時博得熱烈的掌聲。正義是沒有國界的，我們爲正義和平而奮鬥，必然得到國際友人的支持！

雨在下著，我們在等著領事下來，公開回答問題。據說，領事館的大廈內，正有些「中國人」在喝著咖啡，座談著「愛國」問題，等會兒還有電影娛樂。我摸摸外衣，都濕透了，記得衣服是赴美前，媽媽一針一線親手做的，還曾不斷的告誡我，要小心身體，不要著涼。芝城的春天氣溫也不見得高，可是和大家在一起保土衛國，心卻是暖烘烘的，究竟覺不覺得冷，也不知道。

然而，我終於發抖了。代表們出來，報告了和領事會談的經過，當知道領事毫無誠意回答我們那些任何政府官員都有責任回答的急迫問題時，心裡登時涼了起來：通過這樣的政府保衛領土究竟有沒有希望？又當知道領事館中竟有人說出「釣魚台還沒有保住，怎麼又來保衛南沙？」的賣國言論時，一陣陣的失望，憤怒更是湧上心頭，不禁氣得發起抖來，「釣魚台是我們的」，「釣魚台沒有丟」，「我們要保衛南沙！」一陣陣嘹亮激烈的口號傳到了耳邊，心裡登時升起了一個大問號：我們爲什麼會在這裡？政府爲什麼不去保衛領土，還要我們拋開書本去保土？政府是由哪一群混帳傢伙組成的？

領事館門口站著幾個貌似「中國人」而來歷不明的彪形大漢，我們離開時曾邀請他們一同去向菲律賓領事館示威，豈料竟遭他們操著並不流利的英語對我們說：「Get Out！」等等侮辱字句，致使險些兒引起部分憤怒同學要懲戒他們。據說示威工作人員，已把這些大漢拍照下來作爲記錄。提議：工作人員應展開調查，以明瞭他們的真正國籍，並採取適當相應行動。

隊伍邁著大步，經過了芝城市中心。嘹亮的口號引起了無數美國人民的圍觀。當他們讀到我們傳單，看到我們壯大的遊行隊伍時，很多人臉上都露出了欽敬的表情。是的，有著民族自尊心的中國人民是會被全世界人民所尊敬的。只是，有些走狗賣國賊卻在丟盡我們的國格，絕不能放過他們！

在菲律賓領事館前，有一位菲律賓友人向我們發表演說，指出侵略南沙的罪行是馬可仕個人政權的決定，並不代表菲律賓人民。他最後並用英文喊出了「越南人民萬歲！」「菲律賓人民萬歲！」「美國人民萬歲！」「中國人民萬歲！」等口號，大家對他這種見義勇爲的行動，都十分感激，紛紛有人私自向他道謝！

菲領事不敢見我們，被我們在其館前貼滿了抗議書。西貢政權無機構在芝城，但我們早已將一阮文紹像，經踐踏後棄在路旁污水中了。示威到此結束。

最近見到一份刊物，把這次愛國示威打爲「統戰工具」，據說熱烈支持示威的都叫「毛蟲」，其目的爲打擊政府。照此定義，我尚不知自己是不是「毛蟲」，因爲我和其他示威者一樣是想保衛南沙的，若政府真的去保衛，我們自然便沒有理由成爲「毛蟲」，但若不保衛，便真的會有大批「毛蟲」出現了。不過據此定義，「毛蟲」都是有保土衛國的愛國心的，他們終要變成美麗的蝴蝶，不似一些人像蚊子般的吸了人血之後，仍在嗡嗡亂叫，還永遠都是「蒼蠅般的思想，往垃圾堆裡爬」。

（芝加哥《中西部保衛南沙委員會特刊》，一九七四年五月）

b. 安娜堡同學參加保沙示威雜感

自今年（一九七四年）二月以來，南越和菲律賓兩國多次侵犯我國南沙群島，並強占了幾個島嶼。消息傳來，無不令我們憤慨；除了心中對侵略者懷恨之外，我們一再注意著作爲國民公僕的政府，在這緊要關頭是如何以實際行動負起保國衛土的責任來。然而，數月以來，政府並無擊退來犯敵人，收復失地；相反地，一次又一次地供應南越政府一切可以援助的物資和人力，這究竟是什麼一回事呢？

就在這個時刻，中西部保衛南沙群島委員會成立了。它的成立反映出不止我們安娜堡的同學密切注意自己領土主權的命運，更反映出廣大的愛國同胞的心是一致的，大家對政府遲不表明立場，不行動起來而逐漸認爲有必要促督政府了。於是五月十八日，我們安娜堡七位同學與中西部兩百多名同學和同胞聚集芝加哥，一道參加了示威遊行，促請政府行動起來，表明立場，並向侵略國政府發出強烈抗議，從而爲保衛南沙群島的愛國運動，展開了新的一頁史章。

我們懷著無比激動的心情行進在芝城的街道上，不止是爲了我們團結愛國的決心，也是向持有正義感的友邦人士闡明事實，駁斥歪曲的報導；更向侵略者表明我們定要收復失地，不容許他們任意侵占我們的領土與主權。

示威一開始，天就下起雨來。然而我們每一顆火熱的心，並沒有被風雨的吹浸而冷卻下來；我們更加意識到在敵人面前，只有團結起來，堅強起來，才能戰勝他們。

中華民國駐芝城總領事館的大樓近了，我們的心潮更加洶湧澎湃！想到無數先烈爲國洒熱血，我們只是在風雨中籲請政府行動保土，這又算得了什麼呢？

在掌聲與口號聲中，我們派出了代表去見歐陽璜總領事，又在風雨與口號聲中迎回了代表們。代表報告了與歐陽領事談話的經過，本來已經激動的我們，聽了報告可真沸騰到了極點。且聽聽堂堂中華民國政府的代表是如何地回覆同學們的。聽了代表的責問，他只會口口聲聲叫他的秘書「記下來！很重要！」絲毫沒有回答一個問題。當代表追詢時，他竟以「家長」姿態企圖壓制代表的提問；最後竟恬不知恥地說，他不能隨便回答問題，否則要丟官了。我們怎能不氣憤？如此一個顢頇無能的領事實在是個敗類。我們要問：難道官位比領土和尊嚴還重要嗎？同學們怎能不罵這種官員「飯桶」、「惡棍」呢?!

順便值得一提的一件事是：正當遊行示威進行的時候，一群反共愛國聯盟的人士就在領事館的二樓上召開「緊急座談會議」。於是遊行隊伍立刻籲請這些中國人同大家一道前往菲律賓領事館向菲政府示威抗議，我們所得的回答是，這群人正在進行一個學術討論會，下午還要欣賞電影。請注意：國土喪失了，主權被踐踏了，我們的反共愛國的朋友們竟有心思繼續學術討論會，更有欣賞電影的時間。不僅僅如此，有的還站在領事館大樓的大門屋簷下面微笑，身若局外人，看熱鬧似的觀看激昂憤怒的我們，我們不禁要問其愛國之心何在？

此外，三日之後，即五月二十一日，政府機關報《中央日報》刊載了一則新聞：五月十八日中西部約一百名愛國青年在芝城聚會，顯示他們剛發起的保土運動，就被「親匪份子」所利用了。我們覺得有必要澄清事實，有必要駁斥這一單方面的歪曲報導。我們不能接受反共愛國同盟這種無賴的指控；這次保土示威純是同學們發自良心的行動，並無黨派主使，然而反共愛國的朋友們竟然居心誣衊我們這種神聖的保土運動。我們要問問反共愛國聯盟的人們：既然你們在樓上召開的是保衛領土完整的討論會，爲何不邀請在外面冒雨遊行的中國同胞們一道參加？我們希望反共愛國聯盟在這保土愛國運動剛剛開始的時候，不要有意或無意的破壞了運動；希望你們能本著團結、民主的精神加入這項神聖的愛國運動；希望你們不要再有意無意地向別人拋帽子。

這次保土示威並不是孤立的，行動開始前，委員會收到了各地發來的支持電報，這足夠證明了全美愛國的同胞們是何等地關懷這一行動；他們和示威的同胞一樣，是要求政府立即行動起來，並強烈抗議菲、越兩國政府的侵略行爲。

我們要向全世界聲明：中國的土地是不能任人宰割的；中國的人民是不能任人侮辱的。我們中華民族將以自己不可動搖的決心，誓死保衛南沙，保衛南海，保衛我們偉大民族的尊嚴！

一九七四年五月二十四日　於安娜堡

（芝加哥《中西部保衛南沙委員會特刊》，一九七四年五月）

第七節　保沙運動存在的問題與希望

一、保沙運動中的白色恐怖

陳建瑞

大學畢業，服完兵役之後，有幸能夠在民國五十八年（一九六九年）秋來美繼續學業。臨出國前，在國立藝術館的留學生講習會上，第三天的講習將近結束之前，台上忽然宣佈，解散後所有的黨員同學留下，其他的離開會場。接著，台上的一位先生告訴我們所有的黨員同學兩件事情。

一、出國後要求大家按時向海外黨部報到。

二、這位先生告訴我們，海外黨部僅是聯誼性質，不收黨費，逢年過節請大家吃飯。每年雖然有一兩次小組會議，也只是爲了大家能夠聚聚，談談打工經驗，吐吐苦水。

其實說起來，我來到芝加哥後的第一年，確實也是如此。在第一次的小組會議上，那時的黨部負責人因爲他拿的是交換護照，已經期滿，他便在該次小組會議中與大家談談他如何拜訪移民局官員，如何申請永久居留的經驗。大家都能夠盡歡而散。

可惜好景不長，一年以後就發生了釣魚台事件。我始終認爲，保釣運動是失敗的，因爲保釣運動演變到後來，根本不像是在保衛釣魚台，而完全變成爲少數政治野心份子利用來製造是非，以遂其個人政治野心的工具。那時我還住在芝大的國際學舍，那段時期，信箱裡所收到的郵件特別多。各式各樣的匿名信，有黨部搞的，有左派搞的，有台獨份子搞的。此外，還有各家各派所辦的刊物。

就一個黨員所看到的，以後黨部開會大家就都不來參加了，每次都只有五、六人出席。曾經有一次會後，黨部負責人顏先生私下找我，談及他希望能多了解同學間的情形，現在大部分黨員都不肯來開會了，肯來開會的又多跟其他同學沒有來往；只有我和其他芝大的同學比較熟悉，因此他打算有天到國際學舍來找我談談，希望能多了解一些其他同學間的情形。只是後來他並沒有來。

不久之後，大約是民國六十年（一九七一年）夏天的某一天，我收到了一封給黨員同學的匿名信，信中對黨內其他兩位同學，陳林和夏元生兩人，做了一番攻擊。收到這份匿名信的第二天晚上，素來極少來往的邵玉銘同學第一次到國際學舍來找我。

那一晚，邵玉銘和我一直長談到半夜。他告訴我黨部新近調來了一位顧先生，他對處理釣運的作法，如何如何地不對。告訴我顧如何地和陳林與夏元生兩人吵架，又告訴我顏先生正強烈地向台北中央方面反應，要求把顧先生調走。接著，邵玉銘要我加入顏先生這一邊鬥顧先生那一邊，給了我顏先生的電話號碼，要我打電話給顏先生。

事情更妙的是，過了沒幾天，校園中碰見陳林。他告訴我那封匿名信是邵玉銘寫的。又告訴我自從那封匿名信出現了以後，他和夏元生兩人就輪流整日跟蹤邵玉銘，邵玉銘早上幾點出門，幾點到了哪裡，幾時回家，他們都弄得清清楚楚。邵玉銘有一天晚上來找我，他們也跟蹤到了。他們發現，自從這封匿名信出現了以後，邵玉銘活動頻繁，整天跑來跑去。

兩邊我都沒管他，顏先生的電話我也沒打。

後來，陳林當了小組長，初時，黨部有事情，陳林總來找我。兩位黨員同學因為參加了釣運，黨部要他們各繳一份報告書，陳林找我向他們催討。一位同學被另一位素不相識、只見過一面的人打了一個小報告，陳林找我向他提出警告，說是：「黨部決定殺雞儆猴，打算把這位同學開除黨籍。」黨部要開小組會議，陳林把許多不肯出席會議的同學的開會通知交給我，要我說服他們來開會。開會的前一天，陳林又來找我，要我出來競選芝大的中國同學會長。後來，那次小組會議是歷來出席最多的一次，大部分都去了。怎麼說都不肯去的同學，我則把當初邵玉銘找我加入他們這一邊鬥那一邊時，給我的電話號碼給他，叫他打個電話向顏先生請假。

民國六十年十二月三日晚上大約十二點鐘，我從學校回到國際學舍。陳林已經等在我的房間門口，還沒進門就說：「奉顏先生之命，來找你談一談。」接著說：「我相信你以後還是要回台灣的，如此對你以後的前途有影響。」「黨部以前對你的印象一直很好，以後可就要看你的表現了。」……等等。問清楚了到底什麼事情，原來是，根據邵玉銘、朱詩蘋、郭仁孚三個人的報告，說是我講了一句話：「林良盈被陳林利用。」

林良盈是芝大一位同學，那時對籌辦「反共愛國會議」頗熱心。

事情真是奇怪的很，這三人與我平日素無來往，尤其是其中竟然還有邵玉銘，此兄全部我只跟他談過一次話，就是顧先生被調回去之前找我加入這一邊鬥那一邊，要我打電話給顏先生。如今顧先生才剛被調回去沒多久，前後不過才三、四個月，他怎麼又製造出來了這麼一個小報告?

第二天，我先找到了朱詩蘋，朱詩蘋答以他根本與我沒見過面，怎麼會曉得我講了什麼話，沒有打我小報告這回事。這時，邵玉銘過來了，我又問他這件事情，他口才極好，跟我談了大約一個小時，說了很多，大概歸爲三點：*1.*他沒有打小報告。*2.*以後陳林若是再來找我，就告訴他我沒有講這句就完了，不要再多理他。3.黨部方面，他幫我去跟顏先生講講，一定沒事。

當天晚上回國際學舍，獲知陳林找我，要我打電話給他。接通了電話以後，陳林第一句話是：「陳建瑞，你簡直是在借刀殺人。」第二句話是：「你若是跟我搗蛋，最後倒楣的只有你自己。」接著他說：「下午朱詩蘋和邵玉銘兩人都分別打了電話給我。」

到底怎麼回事，其中內情，百思不得其解。

之後，大約在民國六十一（一九七二）年二月間，陳林找我，說他想借份《釣魚台快訊》看看。後來我把我所收到的各家各派所有的刊物和匿名信全部都給他了。當初他說是兩個星期之內歸還，後來他一拖再拖；可是他雖然拖，卻從沒有說不還，一直到當年年底他回台灣之前兩星期我還在國際學舍見到他，那時他還告訴我說在他離開之前一定還我。

民國六十二（一九七三）年一月七日晚上，陳林找我，告訴我兩件事情。

一、陳林拿了這一堆匿名信和刊物，在黨部說是他把我的這一堆東西「沒收」來了。如今，陳林已經離開美國回台去了，他也把這一堆匿名信等都帶回了台灣。

二、那時我正準備暑期回台灣一趟。陳林說他認爲陳林會把這些東西帶回台灣打小報告立功，提醒我夏天回台灣時小心一點，最好能夠不回去的話，盡量不要回去，以免碰上什麼三長兩短。

這件事情，我後來想了好久一直想不透。所有的刊物、匿名信等，收到的人甚至於根本不知道是誰寄給他的；尤其是其中大部分匿名信根本是黨部搞的，黨部寫了匿名信寄給同學，陳林又向我把匿名信借去打小報告邀功，甚至於還威脅到我最好台灣不要回去，天下哪有這種事情。

百思之餘，前後發出兩封掛號信寄到台灣向陳林詢問這件事情，皆石沉大海。一直到陳林又回到芝加哥之後才曉得原來這兩封信都被台灣警備總部扣了，警備總部且曾把陳林找去問話，詳情不知。

陳林又回到芝加哥之後，我再向他詢問這件事情，後來要回來了其中的一小部分。而所有的《芝加哥釣魚台快訊》及一大堆匿名信等據他說是弄丟了。究竟真實情形如何？不清楚。

終於講完了自己以往的經驗，以下就想談談我所想到的一些。

一、今後的保沙運動，我極不贊成大家在美國搞示威，搞遊行。我感覺到，在美國搞示威遊行，只是給了一些人借機製造是非的材料，而對於真正的保沙、保土，毫無俾益。台灣和美國相隔如此遙遠，政府當局對這裡保沙運動的了解，就只有靠「報告」。而這些「報告」的準確性究竟如何？

我認爲，我們應該把今天的保沙，直接帶回台灣去。暑期將屆，即將有大批的學生回台省親，而他們在台灣期間，也將有機會參加台灣各單位舉辦的座談會、參觀團等等。在這些場合，都可以直接地向政府有關單位表達海外國人對南沙問題的重視，並敦促政府採取保沙的實際行動。

我在一次保沙討論會中，曾經提出了這個意見。有幾位香港來的同學問我，這樣做會不會害了他們？其實我覺得，若說是害了一些人，在美國搞示威，搞遊行更是害人。最近一期《留學生評論》出現的第二天，我在校園中碰見倪慧如，她說她將把已經訂好的回台省親飛機票退掉，台灣不回去了。這不就是遊行示威害了她！

此外，我更認爲，我們應該與即將被邀請回台灣參加國家經濟建設會議的學人們取得聯繫。請他們把海外國人對南沙問題的關懷帶回去，請他們在會議中也多敦促政府採取保沙的實際行動。

在一次保沙討論會中，有位同學提出了他的看法。他認爲政府也許實際上已經把入侵的敵人趕出南沙，而只是爲了某種理由不便公開發表，在座同學多表不相信而爭論不已。其實這種爭論永遠沒有結果，我們爲什麼不與即將參加經濟建設會議的學人們取得聯繫，請他們在會議結束的參觀節目中，參觀訪問南沙諸群島，然後再把他們所看到的帶給海外關心南沙的國人們。

二、最近在芝大校園中，先是有林孝信母親病故，不敢回台奔喪，接著有陳仲瑄爲了即將回台灣省親，擔心在台期間會有麻煩而退出了保沙工作小組，接著再有倪慧如在看到了《留學生評論》之後，要退飛機票取消回台省親之行。他們這三人都有一項共同之點，就是他們雖然都不相信他們回台灣會「歸於失蹤」，都認爲他們回去之後都還可以活著回來；可是，他們三個人都擔心，他們在台灣期間可能被「約談」。不但給自己帶來了麻煩，並且給家裡帶來恐懼和困擾。

同學之間又有各種奇奇怪怪的說法，諸如：「回台灣要坐包機，不要坐班機」，「要坐外國航空公司的飛機，不要坐中華航空公司的飛機」等等。他們說，包機的這個「包」字，就是「包去包回」的意思。

究竟有沒有這種事，我主張這類事情大家不要在私底下談，而要把它拿出來公開地談。因爲若是大家都在私底下一個個地傳，各種謠言就產生了。我希望同學間若是有人確實知道這類的消息，比方說，若是有人確實知道真有某某人坐中華航空公司的飛機而歸於失蹤了，我希望他能把這些消息公開提出來讓大家知道。反過來說，假如這些傳聞純係謠言，我則認爲，有關單位，比方說中華航空公司，對該項傳聞應予澄清。我有時甚至認爲，該項澄清將是該公司爭取顧客最有效的廣告。

三、希望不要有人利用這次保沙運動，製造是非，作爲派系鬥爭的工具。我對於中國人與中國人之間搞派系一點，極感厭惡。

有一件事在此順便一提。不久之前，當我向陳林詢問有關匿名信等之下落時，陳林提及：他說他非常獲得中央黨部的信任，甚至於曾經要請他當中央委員。只是，軍方的人要整他。在此，他又對我做了一番說明，說是軍方這一系統，就是昔日的軍統局。他接著又把軍方所以要整他，解釋成因爲他在王昇將軍面前講錯話了。

希望不要再發生類似昔日邵玉銘和陳林間的情形。

四、最近兩、三年來，各家各派的刊物，如雨後春筍，一天比一天多，這是一個好現象。只是我主張，其中的文章，應盡量以真實姓名發表。實在是因爲匿名信收得太多了，後來又因爲把收到的匿名信借給了陳林而惹來了一大堆麻煩。因此，對於所有匿名的東西，我怕了！

寫到這裡，忽然想起了一件事情：記得大約是在民國六十年（一九七一年）的夏、秋之間的某一天，我收到了一本第一期《留學生評論》，打開來看看，內容還不錯（早期的《留學生評論》內容不錯，可惜最近退步了）。想看看是哪裡編的，找遍了封面封底找不到通訊地址，從封面上的郵戳，知道是從印第安那州的拉法耶脫（LAFAYETTE）寄出的，當時便猜測是一群普渡大學的同學編的。後來，聽同學們說，這《留學生評論》第一期只有芝加哥的人收到了，其他地方皆未嘗發現。越想越奇，於是我便在過後不久的黨部小組會議上提出來。當時我說，我最近又收到了一份匿名信，叫做《留學生評論》第一期，這份刊物雖然是帶到老遠的地方投郵的，可是大家都曉得一定又是芝加哥的人搞的。我想不通爲什麼我們今天辦一份反共刊物，還要弄得這麼鬼鬼祟祟？當時聽得在座的《留學生評論》編輯人大吃一驚。從此以後，《留學生評論》上才開始有了通訊地址，並且也不再開幾小時車子，把《留學生評論》帶到老遠的地方郵寄，而就近在芝加哥當地投郵。

真是今非昔比，在以前，還有小組會議可以發表發表意見。黨部最後的一次小組會議是在民國六十二年（一九七三年）一月初陳林臨走的前一個晚上。在那次小組會議上，少數幾個參加會議的同學在會場與陳林大吵大鬧，彼此互相拍桌子、摔椅子。此後，便不曾再開過會了，陳林當了黨部負責人之後，更不曾收到黨部任何一張通知。是黨部小組關門了嗎？只好在此借《保沙快訊》一角，寄望《留學生評論》能夠更求進步。

五、我最近發現有些同學，一收到各家各派寄來的刊物，第一件事就是把上面的收件人，也就是自己的姓名地址撕掉。又，芝大最近有位同學，決定暑期回台一趟，對他暑期將回來一事極其守密，每次提醒我千萬不要把他要回去這件事告訴任何人，以免惹來麻煩。有許多人，比我當初是要聰明多了。

編輯《保沙特刊》的同學，要我寫一篇感想，拉拉雜雜地寫了這許多。

民國六十三（一九七四）年五月三十日

（芝加哥《中西部保衛南沙委員會特刊》，一九七四年五月）

二、印大保沙運動的障礙

谷谷（印大）

自從西南沙事件在今年（一九七四年）二月發生起，儘管在印大校園中有部分同學一直不斷地試著用各種辦法，介紹事件的始末，刊登有關西南沙的地理、歷史資料，評述政府處理事件的方法，舉辦座談會……等，皆在引起同學們的注意與關懷，但無可諱言地，印大中國同學的反應是冷淡的。到現在爲止，一個由印大中國同學組織的保沙運動委員會尚未成立，更不用說大家對這個事件採取什麼具體的行動了。不久以前，印大中國研究社舉辦由鄧嗣禹教授講演的「中國南海諸島的主權問題」的演講會，參加者只有二十人左右；這反映了印大的中國同學連認識史實、研討真相的興趣也沒有，更遑論其他的具體反應了。反觀印大中國同學的課餘活動，卻不是這樣的。眾所週知，印大中國同學對參加舞會是很感興趣的；一個大吃大喝的除夕新年大餐會，是可以吸引百分之七十的人到場的。似乎中國同學除了吃喝玩樂以外，其他的都提不起勁。中國同學們真的這麼糟嗎？

有一個時期，我也是這麼想的：「大概印大的中國人是我看到最糟糕的。」但經過一段時間的觀察和其他同學的交談，我覺得這一判斷是輕率的。印大的中國同學雖然不是挺優秀，但還不至於把國家領土主權的觀念完全拋棄，更不至於說完全沉溺於吃喝玩樂上。之所以對西南沙事件反應冷淡，基本上實在是有一些障礙存在。這些障礙有一部分是來自外在的因素，有一些起自個人心理上、思想上和認識上的。這些障礙如果不經除去，那麼不要說大家要對西南沙保衛運動望而卻步，即便是中國同學間的互信互賴也根本無法建立。我說這話絕非危言聳聽，事實上，自從西南沙事件以後，同學間的距離是越來越大；我個人就聽到不止一件大家爲討論問題而弄得不歡而散的事情。

障礙是在那裡？只要是關係到人的事情的障礙，其實是由人造成的。有的是刻意經心造成的，有的則是不知不覺大家在認識上不小心而形成的。因此，去除障礙的辦法，就仍然還需靠人的努力。不過，不是靠一個人、兩個人的努力，而是靠大家的努力。

也許有人要問：爲什麼要去除這些障礙呢？讓它在那邊，聽其自然，讓它自生自滅不是很好嗎？人爲的結果，從來不會自滅。非但不會自滅，它還會氾濫、糜爛，最後腐蝕到每一個人。比方說社會上的貧窮問題，它從來就不會自滅，只有人爲經常不斷的努力，才有機會把它根除。當然，我說要根除保沙運動的障礙，我自然是肯定了「我們應該保衛領土」的想法。如果有人認爲根本不用我們操心，保衛領土干我屁事，那麼他希望障礙自生，而且生生不已，那也是很自然的事。這樣的朋友，我們也不用苛責他，他只是沒有國家民族意識而已。他需要的是教育（不是教科書上的教育！）。他需要的是自我教育，如果他不趕緊教會自己這方面的認識，那麼將來的社會大學會告訴他：沒有國家民族意識的人，只是一條直立的兩足動物而已。而終其一生，大概也只得討人家的一口剩菜剩飯罷了。倘若這樣的人說，我這樣也活得好好的，那我們也不要爲他操心了。這樣的人已完全不動心了；對於不動心的聖人，我們還能說什麼？

好了，回過頭來講我們的障礙。在下面，我把我所知道的、想到的、以及感覺到的一些障礙，一一分析出來。我一定有不少錯誤的地方，但願意寫出來跟大家談談，希望不久能引出一些你的看法、想法。

（一）

印大中國同學多半來自台灣和香港。這兩個地區的正規學生有一個共同特點：很會啃書，但對社會缺少關心與認識，對政治冷感。在香港、在台灣要受大學的教育是件不太簡單的事情。先不要說那筆龐大的學雜費，單是要踏進大學之門，便要經過多少的關卡。大家都是在升學競爭的情況下，要努力啃書本，通過無數大大小小的考試。在這種情況下要培養起對社會的關心與了解，是一件不太可能的事情；我是說要多數的正規學生關心與了解社會是很難的一件事。對自己所處的社會欠缺了解與關心，國家民族的意識也很難深刻地印刻在腦海中。主要地，社會是跟國家民族意識連在一起的，缺乏對自己社會上的正確認識與注意，國家民族意識也就很淡薄了。香港、台灣崇洋的風尙其實是很自然的。在台灣，至少在形式上與教科書上，民族精神教育是一再強調著；而中國歷史、地理、三民主義的東西是大家反覆研讀的。台灣教育當局最不能明白的是爲什麼這些東西一再強調，但民族精神並沒有提高？正規學生爲什麼民族氣節越來越少？原因之一是，這樣的教育並沒有把學生拉下來和生活結合，沒有把它同現實的社會連繫起來。因此，沒有什麼根！大家只把這些東西看成是幾門要對付的功課，背它、讀它，考完了也就忘掉了。

香港的情形更糟，一個由洋人統治的社會，根本上希望正規學生們忘掉自己是中國人。我知道在香港有些高中是連中國近代史也完全不教的。幾個在香港講民族文化的儒家，香港社會對他們是一個「不存在」，根本沒有注意到香港的實際情況，幾十年來就只會「尙友古人」，他們也無法教導多數的科班學生什麼國家民族意識。

升學主義下的學生，很自然地產生「只有讀書是正經」，「其他都是旁騖」的觀念。因此，對於關係到人的最大的問題的政治問題，也就異常淡漠。在台灣大家都盡量避開政治，覺得政治很不好弄。有一句話說：「政治是玩命的。」有的同學在政治上積極一些，大家私下的批評總是：那小子想當官。有的人在見解上比較特別一點，大家覺得他又在跟政府作對了。香港、台灣的同學在這種情況下，很容易地走上下面一些觀念中去：「政治是專家的事情，我不懂，不必多問」、「政治是很可怕的，很骯髒的，我最好遠遠地躲開」、「政治太複雜了，我沒有時間去過問。」……等等。

隨著留學而來的是：因爲跟外國人接觸，自己的民族國家意識不得不升起；因爲世事時局的變化，自己發現原來一個人不得不認識政治，因爲政治關係你自己的生命計畫，而且一天天刺激並影響到你的生活。在這種情況下，要擺脫自己是中國人的身份是徒勞的；想要遠離政治的努力，實在是不智的駝鳥辦法。在這種情況下，就該試圖努力去了解、認識，應該去反省並檢討，應該去試探與驗證。在今天，一個不去了解政治的學者，依愛因斯坦的話來講，只是一隻訓練有素的狗而已。認識到自己思想上的殘廢，正確的處理辦法是再重組自己，而不是一味撫慰自己的殘肢，用欺騙的方法來尋求慰藉。我們都知道二次大戰中，德國人中瘋狂地支持希特拉的是許多訓練有素的專家學人，最後要等待到戰後才由德國的學者紛紛寫什麼「德國人的罪」之類的懺悔錄。這都是徒勞了，再也挽回不了無辜者的生命了。老實講，今天在這個世界上大概最重要的莫過於認識政治，進而爲正確的政治認識奮鬥。

當然，什麼是正確的政治認識？這個問題我答不上來。但可以肯定的說的是，如果你不試著去探索，則你永遠不曉得什麼是正確的答案；如果你存心淡漠到底，我懷疑你到底可以走多遠，到底你可以心安理得到怎樣的地步。

誠然，有了國家民族的意識，有了對政治的關心，有的時候實在是一件痛苦的負荷。但這種負荷是要承擔起來的，做一個完整的人，做一個對自己不自欺的人，活在這樣一個動亂的世界，痛苦是自然的，沒有痛苦感覺，大概只能叫做機器人，不能叫做「人」吧。再想想，你已經比其他人幸運得多，爬上了高等教育的梯子，你已不必太過憂慮自己會不會受飢寒的打擊，不必太過憂慮自己會不會要在生存線上掙扎。

你讀了書，就得明理；有了理就該化爲道德的勇氣，爲更好的世界而努力。小一點的範圍講，就該爲你自己的國家民族達到更好的情況而努力。

（二）

關於西南沙事件，基本上印大同學大概都有這樣一個認識：南沙在主權上是我國的領土，現在南越、菲律賓先後占領了我們的十數個島嶼，這是南越、菲律賓對我國的入侵行爲。大家對於越、菲的侵略行爲非常憤慨。兩個腐敗不堪的政府，利用他們自己國內的愛國情緒，藉著大國的默許與庇護，竟然趁我邊防的遙遠、守備的疏忽，大舉侵襲，接連占領我國領土，這是向中國挑戰！向全體的中國人挑戰！這是所有有國家民族意識的中國同胞不能容忍的！上面的一點基本認識以及憤慨、羞辱的反應，我想印大的中國同學是有的。問題是大家沒有決心來探討下一步要做些什麼，因此一般講來，大家也只停留在這種狀態下。

中國政治的死結在現階段中，主要的是：一個中國、兩個政府的問題。在許多「根本主義者」（fundamentalists）看來，任何討論到現階段的中國政治問題，最後一定會牽涉什麼是你個人認爲的比較好的中國應走的道路，因此一定要你劃出一個分明的界限：到底那一個政府是在領導著中國走向較好的道路上去。這種根本主義，在某些關節上也許有它的道理；但不是在任何情況下，都要把它拿出來嚇人。在人生問題上，漢姆列特是一個根本主義者，他不問枝枝節節的問題，他問的是到底是一個人該活著，還是該自殺的問題。人也許在他的旅途中該有一段漢姆列特期吧？但我們也要明白在人生中犯錯誤最大、最多的，恐怕也是漢姆列特之類的人。政治上的根本主義使人最容易墮入懷疑主義與無爲主義的路上去。舉一個現成的例子：一個根本主義者，眼看著他自己的國家在進行一場不義的戰爭，他非常憤慨，他快要行動了，但根本主義的幽靈在他腦袋中幌動：我該批評我自己的政府嗎？是誰授權給我可以肆意地攻擊那些忙得昏頭轉向的政府官員呢？我怎麼知道我的行動不犯錯誤？我該跟著群眾一起參加反戰示威嗎？真理會在群眾手中嗎？……這個根本主義者一輩子只好「根本、根本地」下去，歷史的轟轟烈烈的篇章一頁頁的由其他人寫下來，有錯誤、也有正確的，但根本主義者不與焉！我講的也許與保沙不直接關聯，但其中的道理是相通的。

有很多同學受到政治根本主義的影響；因此即便在認識到南沙事件的嚴重性以後，就裹足不前了。「怎麼前進得了呢？我還沒有徹底了解中國當前的政治。」

我對目前的兩個政府也欠缺明確而深刻的理解，我也沒有找到最後可以衡量兩個政府的尺度；談到中國的方向，我根本一點概念也沒有。在這種情況下，我如果要做什麼，其實所做的一定也就是將來要叫我後悔的事情。「這個我不幹！我不能幹！」類似這樣的想法相信多少有一些同學在心裡咕嚕過；類似這樣的講法，同學間也彼此交換過、批評過。但這是中了根本主義的思想陷阱，實在不是一下就爬得出來。

我承認根本主義在某些終極意義上，有它的價值，但在西南沙事件的問題上，其嚴重性並不要逼得你把根本的答案交出來。套一句最近流行，但我認爲並不很恰當的話，在西南沙問題上，並不需要你去認同那個政府。基本上，它也並不要求你弄通中國該走的大方向問題。在這個問題上，只是一個簡單的答案：無論中國的大方向往哪裡走，無論它在哪個政府帶領下向前邁進，最低度的一個要求是領土不隨便讓人侵犯。任何一個有國家民族的意識的中國人，都有權利要求政府（不論它是在那種情況下的政府）爲捍衛自己的領土而奮鬥；相對地，如果政府因了這種努力而要求中國人做些什麼，根本主義也有責任來貢獻一份力量。這樣的問題扯不上什麼根本主義，如果有人要拿根本主義來說服我們不行不動，那他不是頭腦糊塗，便是存心破壞中國人的國家民族意識，藉此以達到他私心的願求。我們要謹防這一點！我們也要時常明白這點，不要被根本主義的大帽子罩得直不起腰板來。

（三）

在西南沙事件上，中共在西沙趕走了南越的入侵軍隊，但台北政府管轄的南沙島嶼卻先後被南越、菲律賓佔去十數個島嶼。很自然地中國大陸贏得海外中國人的一些讚許，台灣就遭到一些指責。保衛南沙的運動便基本上成了督促台北採取有效行動的一項運動。有的人因爲想到了這個，便又踟躕不前了。特別是台灣來的同學，覺得這還得了，豈不是要和政府作對？

「督促」與「作對」是兩個完全含意不同的字詞，「督促」是國人表達自己意見的意思；當國人知道政府處置南沙問題表現不當，中國人有權利要求那個政府改善它的處置辦法。「作對」是另外一個意思，「作對」的基本想法是要去推倒一個政府。這兩個字詞含意有極大的不同。但因爲台灣同學對政治上毫無經驗，以致於把兩者相混。「督促」是國人最基本的一項權利，如果你輕易放棄它，那麼你只好逐步地做一個任人宰割的綿羊。舉一個膚淺的例子，如果一個政府規定「從今天起每人每餐只能吃一個饅頭」，你明明知道這一規定不合理，但因爲怕與政府「作對」，那麼你只好認命；但假如你覺得自己應該有權利督促政府，那你就可以以各種方式表達你不同的意見。

事實上，迄至目前爲止，保衛南沙運動有哪一點是故意與台北政府作對的呢？在保衛南沙運動上，最大的高潮也許就是今年五月十八日中西部同學們在芝加哥領事館前的請願，以及芝城示威大遊行。請願最大要求之一只是要求政府解釋南沙問題的處置方法，遊行標語中最激烈的也只是要政府拿出行動來。印大的同學們，迄至目前爲止，從來沒有大夥兒坐下來談談如何爲捍衛南沙而努力的問題（我是指全體同學性的集會），怎麼就扯到同台北政府作對的念頭上去了？大家的神經不是太過敏了嗎？上學期中國同學會幹事會議否決了在大會上提出討論南沙的議案，一部份熱心的同學又以簽名方式爭取到多數同學要求開會的意願。但到了正式集會，卻又人數不足，最根本的原因就是害怕自己被打成「跟台灣政府作對的份子」。大家實在太過慮了。人民請願、督促政府的權利是清清楚楚載在《中華民國憲法》上的。有什麼好害怕的？何況我們離開具體的行動還遠得很。我們還沒有坐下來討論，我們還沒有成立保沙大會，我們根本上連第一步的工作都沒有做到！但敵人卻在南沙島嶼上住下來了，而且在他們國內向他們的人民大肆宣揚自己的成績了！除此之外，他們在國際上到處散佈自己收回失土！

我們不該做些什麼嗎？我們真的一點事情都做不到嗎？捍衛南沙的主要目的主要是針對我們的敵人。如果爲保南沙，要進而督促政府，要干涉職業從政人員的一貫作業方式，我們最終目的也是要對付我們的敵人——你的、我的以及政府的。

（四）

有人覺得我們這些學生，即便是搞好了保沙運動，但終究沒有太大的效果。要把敵人趕跑，勢必要用武力，但台北政府處在目前的情況下是無法用兵的。這個是大家都明白的。不過，大家沒有細想：除了用兵、斷交等辦法外，難道沒有其他一些辦法對付敵人嗎？我們顯然還可以依樣葫蘆地昭告全世界各國，用 fact sheet（概況介紹）說明南沙是中國領土!?在台的政府顯然地可以讓台灣的居民徹底明白越、菲不義的行動，可預期一種澎湃的反越反菲運動是會興起的；而這個運動正是一項武器，可以用來與越、菲對抗。

顯然地台灣還可以在援助南越上施一下壓力……實際的效果是沒有人可以預料的。

南沙被占島嶼也許一時收不回來，我們的一些行動卻把南越、菲律賓的入侵史實清楚地記載下來，這對國人的教育意義有多大！

你看！像現在這樣，一點南沙的消息都不見刊載在報刊上，好像什麼事情也沒發生過一樣，我們要向下一代的國人如何交代？

寫到這裡文章也夠長了，我想大家一定能舉一反三，因此我也不必把我想到、看到、感覺到的全部寫下來。有些事情在此值得一提的，我便長話短說。印大中一直有人傳聞說，有人在暗中警告人不要管南沙，有人在暗中破壞保沙運動；這也只是傳聞而已。但如果真有其事，對付暗鬼最好的辦法就是把它放在亮處來，把私人警告公開成爲新聞，把暗鬼的真正身份揭露出來。——但我衷心希望的是，這些只是傳聞而已，經過百幾十年的痛苦，中國人早已嚐夠了侵略的滋味，相信大家在反侵略上是站在同一條線上的。如果有人真要搗鬼，那麼我們何必要把它算成一個中國人。

另外一種顧慮是，如果說參加保沙運動，會不會讓洋人覺得自己只是鬧什麼玩意的。這雖是幼稚的想法，但卻是真有人惶恐地擔心這個。對這點，我有兩個意見：一是我們爲維護自己的國土而奮鬥，跟他們並不相干；二是真正爲自己國家民族而努力的行爲，只有贏得尊敬而不是屈辱。

（印大布城通訊編輯組，《中西部保沙通訊》第三期，一九七四年十一月）

三、天亮之前

馮漢樞

黎明前應該是漫漫長夜裡最黑暗的一刻，但是我們總得有堅定的信心與忍耐力去等待將快來臨的曙光。

當古老閉關自守的中國大門給洋槍大砲闖開以來，隨著的百年歷史是一頁頁慘不忍睹的血淚篇章。中國的革命雖然成功了，二十五年來中國亦已初步建成一個繁榮的社會主義國家，但是我們的國家仍然是處於分裂的狀態，而正因爲這種狀態，給予死不甘心的帝國主義者一個最後趁火打劫的機會。他們是不會也不願意放過利用這個機會來重溫他們當年瓜分中國的美夢。此無他，中國的錦繡河山對他們而言，實是具有莫大的誘惑力。二十多年來，從抗美援朝的戰爭、中印之戰、珍寶島事件，以至釣魚台和最近的西南沙，我們清楚地看到世界上的列強和他們的傀儡們是毫不放鬆，不斷地製造機會來重溫他們的舊夢。身在海外的我們，今天面對南越小丑侵犯我國的南沙的這個時候，又該怎麼辦呢？又該作如何的想法呢？在堪（薩斯）大的整個保沙運動可能是整個美國的保沙運動的一個縮影，從這個縮影，我看到了一些現象：保沙的工作似乎是推展不起來啦，這樣一個愛國運動沒有能夠得到大多數的同學支持和響應啦，原來熱心的同學好像也冷卻下來啦；一大堆迷惘，一大堆猜疑，隨著下來是一堆散漫或是一大堆熱情而無用武之地。據說總的原因是爲了三年前的釣運使一批「真正的」愛國同學今天「迷途覺醒」，發現了他們當年被人利用作爲「統戰」的工具。所以今天面對南沙事件，思前想後，便不得不顧慮，不得不徘徊三思啦。好得很，當年的熱血被人一統戰便全光啦。難道這批愛國者的聰明智慧還不足以使他們在不受別人「統戰」之下，而進行保土愛國運動嗎？又難道一旦參加愛國的行動便會被別人「統戰」，而使愛國熱血一掃而光嗎？盼望，深切的盼望這批「愛國者」，能領導我們參加一個確確實實能保衛南沙，而又免於「統戰」瘟疫的愛國運動，則我們幸甚，中國幸甚。

其次是聽說感情也是一個使保沙工作推展不起來的重要因素。同學之間感情不夠、了解不夠，要一起去保土愛國那真是難上加難。看樣子，今天要保沙，在咱們的堪大就只得弄好大家的感情。把從香港來的同學，把從台灣來的同學互相之間的感情先搞通；大家先多了解清楚，消除誤會與隔膜，否則一定是一盤散沙，要保沙那真是談何容易。看樣子，如果這個「感情」邏輯真是保沙的金科玉律的話，那非得讓在堪大的恩愛夫妻們先打頭陣不可。而這個邏輯再推下去，不禁使我聯想到當年抗日的烈士同胞們非得是人人相交數十載不可。果若是，那也算是一個人間奇聞。

再把「統戰」與「感情」這兩個妙不可言的活法寶連起來，不難使人發現兩者之間原是一唱一和，構成一個首尾呼應的「真理」；原因很簡單，蓋大家感情不夠，自然是認識不深，因此彼此的身世也無由得知。所以一旦一起去愛國保沙，被「統戰」報銷光那所剩無幾的「愛國熱血」的或然率就會高達百分之九十，危險，果然是驚險萬狀。是不是就因爲這個「真理」，使很多同學懸崖勒馬，在保沙運動前低首徘徊呢？我沒有做過統計，故而不敢妄猜。但爲此如能救人一命，則勝造七級浮屠，善哉，善哉。偉哉此「真理」耶！庶子安敢不肅然起敬。

同學們！今天南越的侵略軍依然滯留在我們南沙數小島上。假以時日，敵人的氣焰是會越來越囂張了，今天我們真的是要一致拿出行動了。我們要的是愛國家、愛民族的感情，不是愛一黨一派的感情；我們要的是團結，一切可以團結的力量。我們雖然身在海外，但是身爲一個中國人，我想我們總不應該推卻這一份時代賦予我們的責任；苟安雖然可以偷生一時，但歷史的車輪是會替我們留下一道可恥的痕跡的。

面對今天中國分裂對峙的政治局面，確是產生了很多實際的困難，使我們部分的同學之間距離很遠。我不知道到什麼時候中國人才能共同攜手為中國的未來而奮鬥？但今天我知道，縱使我們在海外的力量是如何的棉薄，而保衛南沙卻是刻不容緩的。現實與理想不斷的衝突確使人苦惱，而在天亮之前寫這篇文章更易使人神傷，但畢竟天總是會亮的。

（堪薩斯大學《保沙專刊》，一九七四年十一月）

四、一個香港中國學生看保沙運動

松花江

當保沙運動在堪大中國同學間展開的時候，不少香港同學也像來自其他地區的中國學生一樣，在愛國不甘後人，祖國神聖領土不容侵犯的大原則下，踴躍地參加這愛國的行列。可是，經過幾個月來的運動開展，大家都似乎沉寂了下來，是因爲大家只有一時熱血，只有五分鐘的熱度嗎？是因爲保沙運動只能空喊口號，不能作出實際有效的行動嗎？當我們看清楚事實時，發覺答案是否定的，那麼問題究竟在哪裡呢？

不要小看我們一分一點的力量，不要輕視我們一點一滴的行動，只要我們能夠團結起來，我們便有最大的力量。歷史不是給我們很好的教訓嗎？百多年來，帝國主義者一次又一次地侵略我們，屈辱我們，視中國人爲一盤散沙，以爲我們沒有力量可以欺侮。但中國人終於能夠醒覺起來，站立起來，一次又一次地驅逐了侵略者，教訓了那些毒蛇猛獸。這都是中國人團結的力量；可是也不要以爲侵略者的野心會就此消失，只要我們一天還是要鬧分裂，一天還是兄弟鬩牆，各類大小侵略者還是會隨時出現，今天西南沙群島事件便是一個明證。作爲一個海外中國人，當我們回首神州，展望國是時，都不能不爲祖國的分裂，同胞的自我相殘而痛心。可是，今天我們暫居在海外，在那麼一個校園的小圈子內，還是不能避免思想的分歧，就是當大家面對祖國領土被侵，正是大家都應該拋棄成見，共同爲國家貢獻一點一滴的力量時，竟然亦有部分同學不肯放棄猜疑的態度，加深大家內部矛盾和爭執。保沙運動由開始至今，一直都是內部的爭論多於對外的行動，分歧多於做團結。當然，大家都是相信這部分同學不是不愛國，不是不關心祖國的領土完整；只是他們的派系集團觀念，終究是比國家的團結爲重要。香港同學之投入這個運動，這不是因爲大家基於政治理想，而是香港同學大多也是以國家尊嚴，民族團結，重於派系成見。也許這會遭到部分同學評爲在外邊看國家，香港同學沒有立場。這是絕對錯誤的，我相信在愛國的問題上，香港同學的立場是最穩的，在殖民地政府的統治下，在海外飄泊中，使我們更了解民族團結、國家尊嚴的重要。我們今天能夠無愧地自稱爲一個中國人，不再拖著辮子，見著侵略者稱洋奴，蒙上東亞病夫之恥辱，乃是因爲在往日萬千的愛國烈士，在我們民族淪亡的危機下，奉獻他們的熱血，拋擲他們的頭顱，對侵略者、剝削者作出神聖的鬥爭，而換取回來的。這不只是什麼派系的功勞，而是國民的覺醒和愛國的熱誠。我們認知的中國是那居住著我們七億同胞和我們祖先數千年來艱苦奮鬥創造出來的中國，而不是那一個黨派，那一塊山頭所能代表的；我們的家鄉都是在祖國每一寸山河上，我們的感情在祖國每一片土地上。中國屬於我們每一個中國人，我們每一個中國人也屬於中國，我們不願，更不要見到因爲派系山頭的紛爭，而放棄國家利益和民族尊嚴；否則我們便會辜負了萬千愛國志士爲我們的犧牲，我們也愧對革命先烈。

今日在保沙的問題上，不少同學愛用保釣運動作援例，說這又是「那一方」的陰謀、「統戰」，伎倆重施，用來打擊政府的威信等。所以爲防被「利用」，不要做那個，不可作那些等等。就是不少同學爲著避免內部分歧起見，只有一再妥協，盡量避免破壞團結，而被指爲那一方的同學也只有三緘其口了，以免留下弄陰謀的口實了，所以保沙運動也只有一天一天的萎縮下來。

記得釣運也曾在香港展開，那時大家要喊愛國口號，要上街示威，便會遭到棒子當頭，隨時會身繫囹圄，可是大家都沒有倒下去；相反地，大家更能團結一致，堅定鬥志，各人都可以拋下派系思想的成見，意識形態的分歧，而共同爲國家出一點一滴的力量。於是更多的青年醒覺了，不再受到奴化，更進一步心向祖國，放眼世界。可是也不見得他們都受到「那一派」的唆使和利用，他們也沒有打擊到那一個黨派政府的威信。相反地，我們今日身處國外，民族的感情和團結應該來得更深刻才是。然而，思想派系的分歧倒還比外敵當前，爲正義而團結來得重要，意識形態和階段矛盾今後在我國人民中還會鬥爭下去。可是在海外同胞中間，當大家看到祖國領土遭到無理侵略，當大家再重溫過去血淚的教訓，我們還會看到什麼尖銳的意識矛盾，會比我們民族的生存和團結來得更重要。

愛國的熱情每一分鐘都在我們血液裡燃燒，這是不會有一天冷下來的，讓我們這一盤散沙，團結起來，築成我們堅固的長城。讓我們的熱血凝固成鋼鐵的力量，叫那些大小侵略者不要再流我們中國人的血，不要覬覦我們錦繡的國土；讓我們把槍口對外，用正義的力量和反侵略的意志把他們徹底埋葬。

（堪薩斯大學《保沙專刊》，一九七四年十一月）

五、從香港到芝加哥

葉思業

香港，有人稱它爲東方之珠，有人稱它是購買者的天堂，有人稱它是冒險家的樂園，也有人稱它是萬惡者的深淵、苦難者的地獄，更有人稱它爲自由世界的第一線。儘管香港被人冠以千奇百怪的外號，但對於一個生於斯而長於斯的我，它只不過是一個平凡得可以的地方，一塊我生活了二十年的土地。也許在這裡每天所發生的光怪陸離的社會新聞會使你們震驚，但對於老香港的我們卻是司空見慣，不屑一顧的平凡事。有人問我：「香港日後的前途會如何？」對於這類問題，對不起，我不知道，因爲爸媽從來不講，老師從來不教，朋友們也從來不提。反正是誰愛管這些閒事就是吃飽無事做，正應了「天下本無事，庸人自擾之」這句老話。況且，我跟上萬的中學生一樣，早上擠巴士（公共汽車）上課，下午回家做功課，晚上聽聽唱片，看看電視。不然三五死黨上街逛逛，看看電影，開開舞會，打球，旅行，約會等等。反正發洩精力的好去處多得很，單是要追上天天都在變的新潮已經來不及，我又何來多餘的時間和精力去管每天都在香港發生的社會大事，更遑論什麼國際局勢了。

也許有人看到這裡，會罵我是典型的慘綠少年。朋友，你且不要自鳴得意，自鳴清高。我們大家都很明白，一層層考試換來之文憑到底值多少錢？如果你硬要跟我講在求學時代，學問應如金字塔，要能博大要能高，我會大笑回答：「今朝有酒今朝醉，明日愁來明日當。」總之，香港是個花花世界，人是現實得可怕，金錢的萬能誰也不會懷疑。生長在這地方的我，當然是要適者生存，反正連香港政府都帶頭主辦新潮舞會，那我去參加舞會，追新潮，交女朋友又有什麼不對？當然在學校裡，有另外一班死讀書的蛀書蟲，每天在高談理想、抱負。我想是人各有志，反正青年人都是充滿熱情，只是每人發洩的方法不同而已。如果你罵我糊塗、渾噩……今天我也得坦白承認我是有點糊里糊塗的過了二十年，對於香港發生的很多事，諸如：治安為何這樣壞？交通為何這樣糟？青少年之出路問題等等，以及這些天天都見到的問題，我都只啞口無言，無辭以對。朋友，我都在香港活了二十年啦！為什麼我會這樣？為什麼我的朋友也跟我一樣？

至於身為中國人的我，對於中國的近代史，中國的統一、回歸、認同、共產黨、國民黨，這些大道理、大問題，我都是模模糊糊，也不會白費心機去理會。反正政治這些東西都是見不得光的勾當，更何況是事不關己，何必費心。於是中學一畢業，隨著留美的熱潮，便離開了家，來到這個黃金國度，準備鍍一層金，日後回港好好的撈他一把。

行裝甫卸，旅途的勞頓還未完全復原，我便被同房邀請去聽座談會，聽說是由保釣會的同學舉辦的。我抱著初到貴境的心情參加，去的還有許多從香港和台灣來的同學，人數約三十名左右。雖然演講者起勁地講，不厭其詳的說道理，熱情地解釋他們的觀點，可是他們講的道理對我來說是陌生的，冗長的演說，夾雜著一大堆的新名詞、新消息，例如中國在各方面的新建設等。再加上不大懂國語，一個鐘頭，我（相信與其他新來的同學在內）已經是不勝其煩，想溜之大吉，又不好意思，只好呆坐那裡發悶。好不容易等到散會，真不禁長呼一口氣，下次再也不敢領教了！如是者在這裡不知不覺過了三年，在這段日子裡，我終於逐漸了解到這裡中國人圈子的狀況。撇開政治不談，這裡同學的感情是蠻融洽的。每年中國同學會主辦的聚餐會，大家濟濟一堂，分工合作，確是有意思得很；可是一談到政治，馬上左、中、右三足鼎立，旗幟分別。我本人對政治可說得上是毫無興趣，正好來個不聞不問，我行我素。雖然如此，但三年來我總是多多少少聽進去一點，看了一點報章雜誌的報導，增廣了我那微薄的知識。可是，左傾同學們的所作所爲，熱情是有餘，但是總給我一個過份激烈的感覺，心中老是覺得他們在費時費力，荒費學業。也許是他們太孤立起來，也許是我（或我們）太排斥他們了，也許這個世界本來就是公說公有理，婆說婆有理。總之，真理不是一天可以找出來的。正如人說：「路本來是沒有的，但人走多了，便成路了。」在這種情形下，保持觀望的態度（有人美稱爲「客觀」與「中立」）等待明天，反正天天都有明天，而我相信明天總是美好的。

對於我這個對中國地理從沒好好唸過的人來說，南沙、西沙、中沙、東沙等群島這些地理名詞還是幾個月前才第一次聽到。從美國的報章、電視新聞及雜誌和這裡一些同學的口中知道中共政府在西沙群島與南越政府發生武裝衝突，最後南越軍隊從西沙被驅逐出去。對我而言，跟其他很多中國同學一樣，剛開始也只不過視此事爲一般新聞而已。但是，在一些熱心的同學向我報導後，對於身爲中國人一份子的我而言（雖然我的民族意識並不很高），看到中共把侵略者驅逐出去，總覺得是件好事。可是事隔數天，南越政府居然轉移陣地，霸佔了南沙群島的幾個小島。這個時候，我實在有點惘惘然：爲何一個小小的南越政府竟敢一再侵犯中國的領土呢？所以當有些同學找我簽名提議中國同學會召開一個座談會，跟大家講講西南沙的事件發展，我想這是很有意思的事，便樂意自動去多找一些同學來簽名，希望大家都能對這件事有更多的認識。直至中國同學會召開南海諸島的座談會，我才第一次學到一點關於南海諸島的地理、歷史、及一些國際法的證據，才知道那裡豐富的資源是南越政府垂涎三尺的原因。那次座談會的氣氛很好，雖然平時左右壁壘分明的同學，在那天晚上對此事都很關心，大家都似乎是同意希望中國同學會成立一個保沙小組，而且當場就有七、八個同學熱心自動地參加臨時起草委員會，準備寫好草案送給中國同學會參考。回去後我滿懷興奮地去找有關西、南沙事件多方面的資料來看。

可惜的是，在中國同學會大會那天，在選擇正、副會長後，便有很多同學離場，只剩下寥寥可數的人參加討論中國同學會是否應該成立保沙小組。結果是二十多票對十幾票反對成立保沙小組。而最使我莫名其妙的是一星期前還在座談會熱情洋溢說要去保衛國土的某些同學，贊成把成立保沙小組之事交由中國同學會去處理，而在今天卻反對它成立。這是爲了什麼？我們在害怕什麼？中國同學會是這裡所有中國人的代表，而今天爲什麼大家要這樣的畏首畏尾去請我們的代表，做點合乎國家、民族利益的事？我開始覺得後悔我從前的冷漠態度，而今天事情發生時，我好像什麼都不懂，只有難過與憤怒。大會過後的第二天早上，我卻收到一份由一群熱心的中國同學署名的通知單，呼籲大家在那個星期週末到一宿舍去開會，討論另外成立一個保沙小組。這信確寫得文情並茂，憤慨激昂，所以那天晚上到會同學多約七十名，而在會上激烈的辯論，衝動的言詞交替不絕，全場秩序也是十分混亂，而我那時的表現也是衝動激烈，幾至無法控制。事後冷靜下來，想想大概開罪了不少同學。儘管如此，保沙小組終於誕生了，而大家也同意再次要求中國同學會重新考慮它的加入，成爲中國同學會屬下的一部分。長話短說，幾經困難、折衷、解釋與大家互相的忍讓，保沙小組最後成功地歸於中國同學會之下。對我來說，這是一件對的事情。中國同學會是最恰當來代表這裡的中國同學愛國家、愛民族的情緒表現的地方。

長途跋涉來到芝加哥參加遊行，對我還是第一遭。雖然是稍微疲乏，但卻很興奮，見到二百多位從不同的地方來到這裡示威的中國同學。那天，雨下得很大，但大家的豪情並沒有被傾盆大雨所淋滅。我們到了中華民國駐芝加哥領事館請願，督促政府切實執行保土之責（詳情見芝加哥大學出版的專刊），我們到了菲律賓的領事館，雖然享以閉門羹，但我們仍然在它門前示威約一小時才散隊。大雨中我揮動雙臂，高呼口號，聲音開始變啞。可是我仍然奮力嘶叫……無數的傳單從我們的手中交到旁觀的美國人手裡。我相信裡面一定有正義的美國人支持我們。我不知道我哪裡來這麼多的精力，哪裡來這麼大的聲音，但熾熱的內心卻不斷在催促我，讓我把一直隱藏在心底裡的愛國情懷任情的奔放。

悠長的暑假把我的衝動平復下來，但我知道保沙工作才是剛開始，因爲今天侵略者的軍隊仍然霸佔著我們的土地。雖然我體會到我個人的力量是很渺小的，但是，同學們，讓我們拋除更多的成見，換取更多更廣的信心，讓我們愛國的情操緊緊地趕走我們內心的自私，貢獻出一點我們的時間，一點我們的金錢，一點我們的熱情……讓這些精神與物質交織成一股海外的力量。保衛南沙！保衛釣魚台！保衛一切屬於中國神聖的領土！

從香港到芝加哥，我走了漫長的路途，過了漫長的歲月。覺今是而昨非，知迷途其未遠——因爲今天，而正是從今天起，我才知道自己是一個堂堂正正的中國人！我深信，只要有更多的時間，更大的耐心，將會有越來越多的中國同學從這次的西、南沙事件，進而體認到重新認識自己、自己的國家、自己生存的世界！

（堪薩斯大學《保沙專刊》，一九七四年十一月）

【第五章】

悼念周恩來總理和毛澤東主席

章上　高山仰止：悼念周恩來總理

第一節　別了，一代偉人！

一、美東各界追悼周恩來總理大會

《美洲華僑日報》

中國人民偉大的領導人、傑出的革命家周恩來總理逝世的噩耗震撼了全世界各國人民，為了深切的哀悼這位人民英雄，美東各界人士於一九七六年一月十八日在華埠附近合作禮堂舉行了周恩來總理追悼會。一千四百多名來自各方面各階層的僑胞、台灣同胞、美國人士，帶著極其沉痛的心情參加了悲慟莊重的追悼儀式。

禮堂外寒風凜冽，但擋不著要向周總理致以崇高敬意的弔唁人潮。參加追悼會的群眾來自四面八方，包括有專程包車而來的外地僑胞和留學生團體、餐館工人、華埠車衣廠工人、洗衣館工人、專業技工、中小學生，還有各界知名人士、教授、學者、醫生、律師、作家、藝人等。他們都穿著樸素深色的服裝，臉容莊重，有些還忍著要奪眶而出的眼淚，在緬懷追思的哀樂中，絡繹不絕地列隊步入禮堂。

禮堂中的佈置莊嚴肅穆，堂前台上垂著黑色布幔。在「周恩來總理追悼大會」的黑色橫額下，高懸著周總理的遺像，下面周圍擺放了翠綠柏葉和盛放的鮮花。台前兩邊分懸輓聯，輓聯上寫著：「革命爲人民求解放，盡瘁忘身，不恤憂勞終一世。運籌爲舉世拓新機，折衝樽俎，長留功業在人間。」

追悼會在莊嚴隆重的氣氛中開始，全體各界人士肅立向周總理遺像默哀三分鐘。

追悼儀式由繆雲台先生主持。首先，楊振寧先生用中、英語致悼詞，內容深刻，令人潸然淚下。接著，林達光先生介紹了周恩來總理一生光輝革命的事迹。他指出周總理在中國不同的歷史時期爲中國人民作出了巨大的貢獻，周總理的鞠躬盡瘁、爲人民服務的革命精神令人敬仰。韓丁先生繼而講述周恩來總理給予他難忘的深刻印象。他說，周總理的一生，對中國人民、美國人民和世界人民都作出不可磨滅的貢獻。周總理的逝世使美國人民失去一位親愛的朋友。杜波依斯夫人也以極爲激動情深的言語讚頌了周總理一生光榮突出的事迹，甚爲感人。黃于燕先生代表台灣同胞的無比關懷，並指出要學習周總理的革命精神，緊密地團結起來，爲解放台灣、統一中國作出應有貢獻。

追悼大會接著放映了關於周總理生平事迹的幻燈片。群眾看見幻燈片中周總理遺照的言談風貌和他那不屈不朽的英雄神采，都不禁沉痛飲泣。

大會在宣讀致北京周恩來總理治喪委員會唁電後，宣佈追悼儀式結束。然後弔唁的群眾繞過禮堂前面向周總理遺像致敬，許多人在遺像前鞠躬後都忍不著悲切地流淚。一位美國友人說：「周恩來總理的一生是不斷革命的一生，他的精神永垂不朽。」周總理一生心力交瘁，都是爲爭取中國和全人類的幸福和進步，毫無保留地貢獻了自己的畢生精力，他的偉大革命精神爲世界人類樹立了光輝的典範。一位老華僑說：「周恩來總理的逝世，我們僑胞都感到心如刀割，悲痛萬分，周總理一生爲人民服務，功績偉大。今天中國強大，華僑揚眉吐氣，周恩來曾作出的偉大貢獻是永遠不可磨滅的，他將永遠活在我們心中。」

當天出席的還有來自美國各大中英文報章雜誌的記者和NBC電視台，當晚電視台曾選播追悼大會中的實況。各報章雜誌通訊社亦紛紛報導是日情況。

追悼會雖然是結束了，但周恩來總理英雄的形象卻深切地銘刻在人們的心裡。正如追悼會上曾指出的，我們要化悲痛爲力量，努力學習周總理的革命精神和高尚品質，在解放台灣、統一中國、反對世界霸權和爭取世界人類的進步和幸福，作出應有的貢獻。

（《美洲華僑日報》，一九七六年一月二十一日）

二、美東區周恩來追悼大會

《橋》刊記者

在嚴峻寒風的吹刮下，兩千餘中、美人士在一日十八日下午參加了美東各界聯合舉辦的周恩來總理追悼會，地點在華埠附近的合作大禮堂。

早在追悼會開始以前，來自各方的中、美人士已魚貫入場，在臂帶黑紗的工作人員引導下就座，大會開始時寬敞的合作大禮堂已坐滿了人，後來的數百位人士則沿禮堂四週環立。參加人士以紐約華僑佔半數以上，其他爲來自美東各地區的華人，包括芝加哥、費城、波士頓、華盛頓等地。

禮堂前端的舞台正中懸著周恩來總理巨型遺像，台上擺滿各界致送的花圈，舞台兩端掛著一幅輓聯，右邊寫著「革命爲人民求解放，盡瘁忘身，不恤憂勞終一世」，左邊寫著「運籌爲舉世拓新機，折衝樽俎，長留功業在人間」。舞台前方四週用黑紗遮蓋著。

追悼會開始首先由全體起立向周恩來總理遺像默哀三分鐘，然後主持人前「政治協商會」委員，今年八十二歲的繆雲台先生致詞，他追悼周恩來的逝世是爲世人所惋惜的。接著他介紹曾得諾貝爾獎金的物理學家楊振寧致悼詞。

楊振寧教授以沉痛平穩的口氣悼念周恩來逝世，不但是中國人民的損失，也是世界所有維護正義人士的巨大損失。他引用毛澤東主席所寫〈爲人民服務〉裡的一段話：「人總是要死的，但死的意義有不同。……為人民利益而死，就比泰山還重，替法西斯賣力，替剝削人民和壓迫人民的人去死，就比鴻毛還輕。」用這段話來比喻周恩來的偉大，「就在他的無私的、堅強的、始終不渝的爲人民服務的精神。」

楊振寧稱讚周恩來總理自中華人民共和國成立以來至今，「不但對中國的建設作出了巨大的貢獻，而且在國際外交上作了許多意義重大、影響深遠的工作。」他舉出一九五五年萬隆會議上提出的國際外交五原則，和近年來反對國際霸權的觀念爲證明。楊振寧總結時說，周恩來一生的歷史，就是新中國的孕育的歷史，就是新中國的誕生的歷史，就是新中國的成長的歷史。

加拿大麥基大學（McGill Univ.）亞洲研究中心主任林達光，美中人民友好協會主席韓丁（William Hinton），和已故黑人民權運動領袖遺孀杜博女士（Shirley Abraham DuBois），分別介紹周恩來總理生平事迹。林達光教授認爲周恩來的逝世是「在進步人類的前鋒留下一個巨大的空位，「他的生平是爲人民而活的，最後爲人民而死的」，「他的生平就是中國革命的戰鬥歷史，勝利的歷史」。韓丁將中、美兩國關係的改進歸功於周恩來，沒有他協助制定的原則和目標的基礎，兩國之間的關係是不可能展開的。

杜博女士以激動的聲音和悲痛的語氣追述周恩來總理的生平。這位已故黑人民權運動的遺孀，本人也是一位民權運動的前鋒，她推崇周恩來爲二十世紀一位不屈、有遠見的政治家。杜博女士回憶是在萬隆會議上，周恩來總理鼓舞起第三世界人民的團結，爲爭取獨立、自由而鬥爭，是他表現給第三世界人民他們可以互助，將國家建立起來。杜博說：「我們敬愛他，因爲他關心我們所受的痛苦，我們對他的逝世感到非常的哀痛。」她這一篇感人肺腑的歌頌，感動了全場人士，許多人的眼淚情不自禁的奪眶而出。

接著一位台灣省籍人士代表黃于燕以激動的語氣，敘述他與周恩來總理的兩次談話，和他感到周恩來對台灣同胞的關懷。然後主持人繆雲台先生回憶周恩來生前向他談起對海外華人的關懷，他說周恩來希望海外同胞以及加入當地國籍的人，要盡公民的責任，要加入當地社會工作。沒有入籍的人也應在他工作崗位上盡力，要注意當地的情形，了解當地的法律。在外國有了成就也等於中國的成就，他鼓勵學科技的人留在外國深造，因爲中國現在科技上的設備和發展還不到很進步的階段。並希望海外華人回國參觀，並把所看到的錯誤的地方，指出來給當地的人。

追悼會準備了一套長約十五分鐘的幻燈片，介紹周恩來生平事跡，從他年輕時在法國留學的照片，一直到逝世前的數十長照片，一張張的在銀幕上呈現出來，配合著簡短的解釋，深深勾起在場人士對這位中國革命領袖無限的懷念。

追悼會結束後，全場人士極有秩序地排成一行從周恩來總理遺像前走過，向這位受人尊敬的中國政府領導人作最後致敬。許多人停下來向遺像三鞠躬才繼續前進，也有一些人眼裡含著淚水邁著沉重的腳步步出會場，所有的人似乎都懷著一種失落的感覺走向歸程。

（《橋刊》，一九七六年一月／二月合刊）

三、人類歷史上的一位巨人

楊振寧

周恩來總理和我們永別了。

周總理的逝世是中國人民的巨大損失，也是世界所有維護正義的人的巨大損失。在悲痛之中，讓我們來重讀《毛澤東選集》中一篇文章裡的幾句意義深長的話：

「人總是要死的，但死的意義有不同。中國古時候有個文學家叫做司馬遷的說過：『人固有一死，或重於泰山，或輕於鴻毛。』為人民利益而死，就比泰山還重；替法西斯賣力，替剝削人民和壓迫人民的人去死，就比鴻毛還輕。」

這幾句話是一九四四年九月八日寫的，在一篇叫做〈爲人民服務〉的文章裡面。

我們相信周總理的偉大就在他的無私的、堅強的、始終不渝的爲人民服務的精神。

周總理出生在一八九八年的舊中國。

那是一個半封建、半殖民地的社會。用魯迅的話，那是一個吃人的社會。

中國人民被封建主義壓迫得透不過氣來。

中國人民在帝國主義侵略之下，在中國自己的土地上不能有自己作主的機會。

周總理從青年時代就獻身於反對封建主義、反對帝國主義的革命活動。他積極參加了一九一九年的五四運動。在法國和德國勤工儉學的時期，他於一九二二年加入了新成立的中國共產黨。回國以後參加了北伐戰爭。一九二七年他是上海工人武裝起義的主要指導人。他領導了南昌起義。他是江西紅軍根據地的主要領導人之一。他參加了歷史性的二萬五千里長征。他參加了抗日戰爭和戰後全國解放戰爭的工作。一九四九年毛澤東主席宣佈中華人民共和國成立。毛主席說：「中國人民站起來了！」任何有血有肉的中國人都會了解這句話的歷史性的意義。

周總理從中華人民共和國成立以來，一直擔任總理的職位，到今天計二十六年。在這二十六年之間，他不但領導了中國政府的行政，而且在國際外交上做了許多意義重大、影響深遠的工作。我們在這裡只簡要的提到兩點：第一是一九五五年在萬隆會議上他所提出的國際外交五原則的基本觀念；第二是近年來周總理在毛主席指導下所堅持的反對國際霸權的觀念。我們毫無疑問地相信這兩項基本觀念在未來的四分之一世紀中會被更多的國家所採用，因爲它們是符合正義的，因爲它們是符合世界絕大多數人民的利益的。一九七二年的《中美聯合公報》採用了這兩個觀念就因爲它們符合中美兩國人民的利益，符合亞洲人民的利益，符合世界人民的利益。

周總理逝世於一九七六年一月八日，在新中國的首都。他貢獻了他的一生，無私地爲人民服務。

我們可以說：

這一個偉人的一生的歷史，
就是新中國的孕育的歷史，
就是新中國的誕生的歷史，
就是新中國的成長的歷史。

他是中國人民的英雄。
遵照周總理的遺囑，他的骨灰將被撒在中國的山川土地上。
他的身體將永遠散佈在一個偉大的國家的每一個角落。
他的精神將滋長在一個偉大的民族的精神裡面，是這個民族的永恆的榜樣。

（《七十年代》，一九七六年三月）

四、周總理光輝的革命事跡

林達光

今天，我們懷著最沉痛的心情，悼念現代歷史上偉大的革命政治家周恩來總理。

周總理的逝世對中國人民和世界人民，都是一項巨大的損失。他的去世使人類失去了一位不可多得的，爭取自由的先鋒人物。他全心全意地爲人民服務。

周恩來總理的死比泰山還重

毛主席說：「人總是要死的；但死的意義有不同。中國古時候有個文學家叫做司馬遷的說過：『人固有一死，或重於泰山，或輕於鴻毛。』為人民利益而死，就比泰山還重；替法西斯賣力，替剝削人民和壓迫人民的人去死，就比鴻毛還輕。」

周總理的七十八年是爲人民而活的，最後是爲人民而死的。他的逝世確比泰山還重。

周總理一生是中國近代史的縮影

周恩來的一生就是中國人民近代革命史的一個縮影。它的生命跨過了二十世紀的頭八十年，也就是中國人民爲粉碎舊秩序的枷鎖，建設新社會而進行偉大鬥爭的年代。

周恩來生於一八九八年，就是康有爲戊戌變法失敗的那一年。當年，舊中國最後一個王朝搖搖欲墜。革命力量到處風起雲湧；中國在沸騰，舊中國正在死亡，新中國還待誕生。一個長期、艱巨甚至痛苦的變革正在開始。

十九世紀末，長期以來飽受苦難的中國人民已經拿起了武器。他們爲終止封建主義和帝國主義——國內外的掠奪者——劫掠、吸吮和肢解中國而進行慷慨激昂的鬥爭。一九〇〇年偉大的義和團運動就是這個革命浪潮的英勇表現。在以後的半個世紀中，各種力量積極崛起，都想用各自的不同辦法爲中國尋出路。例如康有爲、梁啓超等提出保皇變法、君主憲政；偉大的革命者孫中山等推翻了封建王朝，建立中國第一個民國；屬於舊世界的損人利己的陰謀家、見財起心的軍閥如袁世凱等，他們污辱了中國的土地，破滅了人民的希望；以蔣介石爲代表的半封建、半資產階級的力量企圖扼殺洶湧澎湃的人民革命。還有就是頂天立地的人物毛澤東和中國共產黨，他們最後領導工、農和全體中國人民，粉碎了壓迫人的舊社會，建立了解放了的新中國。在毛澤東的領導下，中國人民今天正在中華人民共和國繼續進行這項英勇的革命變革。他們的鬥爭的目的是將中國建立成更高形式的人類社會——合作的、有生產力的、強大的社會。在人類歷史的長期發展中，這個變革可以說是人類文明在政治、經濟、社會和文化上的根本變革。

這就是周恩來活動和工作期間的人類變革的整個概況。偉大的歷史鬥爭湧現出偉大的革命者，中國的現代革命塑造和磨煉了周恩來，而周恩來則強烈地影響了中國的革命。

青年的周恩來投身反帝、反封建鬥爭

青年的周恩來一早就投身於他所熱愛的人民的鬥爭。他在天津南開中學就讀的時候，就熱情地呼籲他的同學爲建設一個沒有外國統治的團結、現代化的中國而鬥爭。後來，他投身於反對帝國主義和封建主義的歷史性鬥爭——五四運動，一個成爲了歷史里程碑的運動。這是由於一九一九年，戰後帝國主義企圖將德國在中國山東省的租界，轉手交給另一個帝國主義國家日本這項不正義的交易激發而起的。這個時候，十月革命的勝利已開始啓發了許多中國愛國青年走解放中國的新的道路。一九二〇年至一九二四年間，周恩來到歐洲勤工儉學，在法國和德國讀書。他是中國學生和工人之間的一個活躍的領導人，積極地在他們當中宣傳馬克思主義。一九二二年，他參加了中國共產黨，擔任中國共產主義青年團旅歐總支部書記。他回國的時候，恰巧是中國共產黨和孫中山所領導的國民黨成立了第一次統一戰線。翌年，孫中山逝世。周恩來在中國共產黨和國民革命軍中擔任了領導職位。他是黃埔軍校的政治部主任，這間學校的學生後來都是國民革命的骨幹。一九二六至二七年，這個軍隊成功地進行了反北洋軍閥的北伐戰爭——周恩來在北伐戰爭中起了重要的作用。

一九二六年冬，他到上海黨中央工作。他組織和領導了一九二七年上海工人武裝起義，使上海擺脫了軍閥的統治，獲得解放。後來於一九二七年四月十二日，蔣介石發動血腥政變，無情鎮壓工人。政變使中國重新陷入內戰狀態。爲了挽救他能夠集合的力量以繼續革命，周恩來和朱德等帶領三萬名士兵起義。他們成爲了新生的紅軍的核心。這是著名的一九二七年的八一南昌起義。

此後，他在上海進行黨的地下革命工作，擔任過中共中央組織部部長等職。一九三一年十二月，他進入由毛澤東領導的江西中央革命根據地，在政府和紅軍中擔任領導職位，他是中央革命軍事委員會副主席。

到了氣壯山河的長征的時候，毛澤東的路線和政策已經一再獲得事實證明是正確的。一九三五年一月，在長征途中，紅軍在遵義舉行了一次歷史性會議，確立了毛澤東在全黨的領導地位。會議以後，在毛主席的領導下，他繼續擔任中央革命軍事委員會副主席，參與紅軍勝利完成著名的長征的組織和領導工作。最後在中國北部建立了以延安爲中心的基地。

抗日戰爭時期周恩來英勇領導統一戰線工作

一九三六年十二月西安事變發生，蔣介石被他自己的將軍逮捕。周恩來代表中國共產黨飛去西安阻止蔣介石被殺，強迫他停止內戰，迫使他接受成立抗日民族統一戰線。在抗日戰爭時期，他在國民黨統治區英勇地進行統一戰線工作。在相當長的時期，他留在重慶，長期受到國民黨軍隊的威脅和監視。可是，在這段時間內，他臨危不懼，堅定不移地公開對國民黨的消極抗戰、積極反共的政策，進行英勇的鬥爭。

抗日戰爭結束後，周恩來陪同毛主席到重慶與國民黨進行四十天的談判，目的是避免重燃內戰的戰火。談判商定的「雙十協定」，呼籲召開一個政治協商及和平重建會議；可是，內戰卻代之而發生了。一九四六年，周恩來回到延安。一九四七年三月，國民黨大舉進攻陝甘寧邊區。周恩來跟隨毛主席留在陝北，參與人民解放戰爭的領導工作。在毛澤東卓越的指揮下，這次戰爭三年便取得勝利，比預期的早得多。

他為新中國的外交內政取得巨大成就

中華人民共和國成立後，中國開始進行社會主義改革和發展。自這時候開始，二十七年來，直至逝世為止，周恩來一直擔任總理。他曾兼任外交部長，在軍委會、中國人民政治協商會議，全國人民代表大會擔任要職。自從一九二七年以後，他是中國共產黨政治局委員，逝世時他是黨的副主席。

因此，周恩來在過去四分之一世紀以來，指導和協調中華人民共和國錯綜複雜的外交內政所取得的巨大成就，是無法估量的。

周恩來以毛主席的思想、長遠戰略戰術、政策方針和指示為基礎，組織了社會主義改革和發展中國的經濟。他在毛主席領導的一系列越來越深入、越來越廣泛的群眾運動中發揮了主要的作用。這些運動改變了中國的精神面貌。這些運動，如文化大革命、批林批孔，提高了全國人民的政治覺悟、戰略思想、分析能力和革命熱情，鞏固了無產階級領導，推動了人類解放的事業。在這方面，周恩來在同心協力建設強大的、現代化的社會主義強國的原則基礎上，團結各方面的力量——工農、知識份子和藝術家、甚至是民族資產階級，起了特別重要的作用。

在外交事務上，他堅決執行毛澤東的革命路線。他堅信中國人民的朋友遍及全球，他向所有人民伸出了友誼、平等、合作之手，他大大地提高了中國在世界上的地位。他十分關懷世界各地的華裔人民。他一向設法改善他們的地位，並同時鼓勵他們成爲所在地的有用公民，同當地公民建立友好合作的關係。在萬隆會議和以後的會議中，他在促進第三世界的獨立、團結和合作上發揮了關鍵的作用。他認爲美國人民是偉大的人民，衷心誠懇地設法同美國建立正常關係。這是一九七二年中美兩國簽署的《中美聯合公報》所明定的政策方向。

他立場堅定，一生為人民事業進行反帝反修的英勇鬥爭

他一向進行堅定不屈、有原則立場的鬥爭。他從來不是庸俗的「實用主義者」，他是一個懂得運用辯證法的人，能夠靈活運用戰略戰術，從不放棄原則。他是帝國主義——不管是老牌帝國主義還是以「社會主義」爲招牌的新帝國主義——的死敵。當形勢需要時，根據基本的原則，他毫不猶豫地同蘇修破裂。他與機會主義者劉少奇非常不同，劉少奇在一九六〇年仍然順從勃列日涅夫的驕橫傲慢，口口聲聲說「中國需要蘇聯，蘇聯需要中國——我們不會分裂。」

周恩來是一個堅定不畏縮的、高瞻遠矚的領導人。他爲勞動人民的專業獻出了一生，他的無產階級立場從未動搖過。在鬥爭中，他站在群眾前面，但不會脫離群眾。他既不落於群眾的後面，也不會使群眾遠遠落後於他。他相信人，不是物。由於他在領導中國革命時堅決執行毛澤東的路線，反對使革命遭受重大損失的右或極左路線，因此他多年以來受到人民的敬仰和愛戴。但他深切知道，人不犯錯誤是不可能的。他不僅嚴格要求自己，自我批評，也耐心細緻地幫助別人糾正錯誤，重新爲人民服務。他曾對我說：人是不會不犯錯誤的，始終他總會發病的，問題是作好預防性的保健工作；當錯誤發生時，要醫治病人，而不是把人治死。

周恩來總理永遠活在人民的心中

他一身兼有革命的堅定性和革命的熱情。魯迅對革命者曾寫過下面兩句著名的概括的話：

「橫眉冷對千夫指
俯首甘為孺子牛」

周恩來就是魯迅這兩句話的具體體現。

有時候，第二句話是難以實行的，正如在文化大革命的時候。但周恩來光榮地通過了一切考驗。

周恩來是一位英明的領導人，因爲他卓越地掌握了客觀現實的規律。他知識淵博，對西方歷史和中國歷史瞭如指掌，能夠透過事實看清歷史變革的基本動力。他學習毛主席的榜樣，善於「總結經驗」，從成功和失敗中汲取教訓。在培養新的一代革命者中，他以身作則，誨人不倦，從不訴之於命令主義或強迫壓制。他機智地執行原則，協助建立「三結合」領導班子，使老中青三代能互相學習彼此的智慧、經驗、忠誠和創造的熱誠。

毛澤東制定了中國革命和發展的基本策略和長遠的外交政策，這些政策反映出中國人民的利益和看法，為全體中國人民所支持。周恩來和毛澤東一樣，希望看到不僅是幾千幹部，或者是幾百萬幹部，而是全體中國人民都成為頭腦清醒、警惕性強的革命接班人，讓他們在參加工作、辯論和鬥爭中受到鍛鍊。如果這個希望獲得實現，中國領導人的繼承問題便基本上不會影響這些重要的戰略戰術和政策的貫徹執行。這就是中國人民的力量和前途所在。這就是周恩來留給中國人民的不可磨滅的貢獻。

中國人民偉大的革命戰士周恩來總理永遠活在我們心中！讓我們團結起來，為各國人民的團結而奮鬥！為各國人民的鬥爭的勝利而奮鬥！

（《美洲華僑日報》，一九七六年一月二十一日）

五、韓丁致悼詞

《美洲華僑日報》

美中人民友好協會全國委員會主席韓丁講述「周恩來總理生平事跡」的內容，約分三個部分：

一、周總理的一生，對中國人民、美國人民和全世界人民都作出不可磨滅的貢獻。

二、周總理的一生，是戰鬥的一生，是堅持繼續革命的一生。

三、周總理有著謙虛謹慎、平易近人、對人民極端熱忱的優良作風。

韓丁首先說：「他是代表美中人民友好協會講話的」。他說，多數的美國人長時期以來，都認識到與中國關係正常化是符合美國人民利益的。」

他指出，中國人民能堅強的站立和壯大起來，對美國人民來說，不是壞事，是好事。

他肯定地說，中國的和平共處五項原則和反霸權原則是符合世界廣大人民利益的，也同樣是符合美國人民的利益。

韓丁指出，周總理對促進美中兩國關係的貢獻，從深度和長遠來看，是完全符合美國人民利益的。

他說：「要總結周恩來總理一生的功業，是一件十分困難的事。他的事跡，是世界上任何傑出的作家都無法創作的。」

他又說：「周總理貫徹執行毛主席的政策，使其實現。」

韓丁指出，周總理過去一直處理中國的外交問題，所以他的名字，在中國以外的地方，都是人所共知的。

他憶述說，一九四五年，他在重慶第一次與周總理會晤。當時，周總理是中共駐重慶辦事處的負責人，雖然身在國民黨特務重重包圍的恐怖統治下，周總理還是堅持執行任務，與敵人作最頑強的鬥爭。

他又說，第二次與周總理會晤的時間，則是一九七一年在北京。他說，周總理花了不少時間，與美國各階層人士會談，充實他自己對美國人生活的了解。

韓丁說，周總理爲人和藹，平易近人而富於幽默感。他的精力充沛，頭腦敏銳。他對事物的發展瞭如指掌，因此也就能夠當機立斷，採取行動。對於錯誤，周總理是一位勇於改過，有「政治勇氣」的政治家。

最後，韓丁說：「周總理的逝世，使中國人民失去一位卓越的領導人，美國人民失去一位親愛的朋友。」

（《美洲華僑日報》，一九七六年一月二十一日）

六、杜波依斯夫人致悼詞

杜波依斯夫人

我深切感謝你們讓我榮幸地參加敬愛的周恩來總理追悼大會。現在，全世界都承認他是二十世紀最堅強不屈和眼光遠大的政治家。周恩來有罕見的才智，他是一位將智慧用於行動的知識份子；他足智多謀、敏銳、堅強、知識淵博，在這個競爭性的世界中，周恩來到處都會出人頭地。但他選擇了他要走的道路——在學生時代，他就獻身於革命，參加了爲解放被壓迫的、苦難的中國人民的鬥爭。他團結了許多同學，帶領他們到天津的街上去，面對頑固反動派的槍枝和刺刀，進行針鋒相對的鬥爭。就在這次很久以前的鬥爭中，他結識了革命的鄧穎超女士。後來她成爲了周恩來的愛人兼同志，與他一起經歷了所有動亂的年代，與他一起跟隨毛主席長征——也就是改變了四分之一世界的面目的英勇的紅軍長征。

我們哀悼這位偉人的逝世。他的逝世是一項巨大的損失。他心裡面有我們，他了解我們，這是偉人的博大胸懷。這句話，是我特別爲第三世界各民族：黑人、棕色人、黃種人、勞動人民和最悲痛地被剝削、侮辱和掠奪的人民而說的。

我們敬愛他，因爲他首先愛我們，關懷我們。他向我們指出一個被壓迫、被看輕的民族怎樣取得了解放，怎樣靠自己的力量，不靠「外援」，克服了種種困難。

在一九七四年十月中國國慶第二十五週年的前夕，周恩來預感到他快要離開中國人民和中國的朋友，因而作出了準備。當時，他離開了醫院，穩健地步入人民大會堂。群眾給予他長時間的如雷的掌聲和熱烈的歡呼。他神采奕奕地站在台上，用堅定的語調在酒會上致歡迎詞。他歡呼中華人民共和國成立二十五週年，他頌揚中國革命的領導人，向英勇不屈、不怕犧牲的中國人民致敬。然後，他眼望前方，談述將來，說理想的目標還沒有達成，中國人民還需要團結起來，繼續努力。他指出，牢記偉大領袖毛主席的教導，任何困難都可以克服。在人民大會堂裡，他高昂的聲音迴盪著：「毛主席萬歲！中華人民共和國萬歲！」

後來，我們同他及鄧穎超爲中國國慶乾杯，爲世界更光明的前途乾杯。

我現在知道，那天晚上他臉上親切和藹的微笑表示了他了解並同情我們今天要爲他流下眼淚。他爲了開闢前進的道路，忘我地工作，到死方止。今天，他積極參與締造的偉大的國家表揚他永垂不朽。他的骨灰將撒在九億景仰他的英勇人民的土地上，他們保證「繼續」革命。我們懷念他，最好的辦法就是加倍努力，爲人民服務，實現他所展望的更好的世界，學習他堅強勇敢。

第三世界的人民啊，擦掉眼中的淚水，當你們看到東方升起了紅太陽，仰望吧，歡樂吧！

（《美洲華僑日報》，一九七六年一月二十一日）

七、憶述周總理對台灣同胞的關懷

黃于燕

各位朋友：

今天我們以極其沉痛的心情在這裡追悼我們最敬愛的總理。總理逝世，全中國人民痛失一位偉大的領導人，偉大的革命戰士。我們台灣同胞更痛傷我們損失了一位極爲關心我們的總理。他的逝世不僅是我國人民巨大的損失，對於國際反帝、反殖、反霸的事業也都是巨大的損失；對我們台灣省的解放、祖國的統一事業更是莫大的損失。

總理長期以來深切關懷還未得到解放的台灣省人民。居住在祖國各地的台灣省同胞和台灣島內以及旅居海外的台灣省同胞，都深深地感到總理親切關懷的溫暖。我們旅居在美國的台灣省同胞，更是深爲榮幸地多次獲得總理的接見和親切的教導。

記得一九七二年我自己回國參觀時，我們團也很榮幸地得到總理的接見。那時他已經知道患了絕症，但仍然堅持著繁重的工作，在百忙中仍然要抽出五個小時來接見我們，那是多麼意義深長的一次座談啊！大部分時間我們都是圍繞在台灣問題上談，總理是那麼誠懇親切，就像我們家長一樣和我們談家事。他對台灣情形是那麼熟悉，對台灣同胞是那麼關懷，我們感到無比的幸福，無比的溫暖。對解放台灣、統一祖國，他的意志是鋼鐵般的堅定，我們有說不出的感動，我們更是感到有無比的信心。總理諄諄地教導我們，解放台灣是包括台灣人民在內的全中國人民的殷切願望；唯有全國統一，台灣才有出路，台灣同胞才能真正當家作主。

最後，我們表示感謝他對我們家鄉解放事業的偉大貢獻。他立即懇切溫和地指出這是全中國人民的努力和毛主席、黨中央領導大家努力的成果。他還嚴厲地要求自己說：「我做的還不夠，離主席的教導還有很大的距離。」這樣謙虛，嚴於律己，這麼偉大的總理！

總理對當年沒有把蔣幫那一小撮民族敗類全部殲滅於祖國大陸上，使得台灣同胞在蔣幫統治下受迫害、受剝削幾十年，表示對台灣同胞的無限歉意。我們一代又一代的台灣同胞，無不勇於和全國的同胞團結在一起，爲全國的革命事業一同努力。我們深深地銘記周總理的話：台灣一定要解放，祖國一定要統一。這是莊嚴的宣示，這是堅決親切的保證。今天國內社會主義建設蒸蒸日上，國際上反帝、反修、反霸的形勢一片大好，台灣島內外的同胞日益覺醒、日益團結進步。在這祖國即將統一的時刻，最敬愛的周總理和我們永別了！我們感到無限的悲痛！

我們在這裡沉痛哀悼周總理，哀傷總理不能親見台灣解放的完成。我們要化悲傷爲力量！我們要學習總理無私的光輝榜樣。

我們要學習他全心全意爲人民服務的高尚品質，無時不關懷還在島內受壓迫和剝削的台灣同胞。

我們要學習他的革命毅力，與疾病鬥爭，病中仍堅持學習馬列毛主席著作。

我們要學習他對敵鬥爭的堅定性，奮不顧身，機智勇敢，堅定沉著，充滿必勝的信心。

我們要學習他無產階級的革命精神，顧全大局，遵守紀律，嚴於律己，善於團結。

我們要更緊密地團結，要進步，要爲解放台灣、統一祖國做出我們應有的貢獻！

（《美洲華僑日報》，一九七六年一月二十一日）

【附錄】

1. 美東地區周恩來總理追悼會致北京周恩來總理治喪委員會唁電

周恩來總理治喪委員會：

周恩來總理於一九七六年一月八日和我們永別了。爲爭取中國和全人類的進步，他毫無保留地貢獻了自己畢生的精力，樹立了無私的光輝榜樣。

周總理是新中國的誕生與建設的主要領導人之一，對二十世紀世界歷史作出了不朽的貢獻。衷心尊敬和愛戴周總理的人士遍及全球。

我們以極其沉重的心情向中國政府、中國人民表示我們對周總理至高的敬意和永遠的懷念，並特別向周夫人鄧穎超委員，表示我們最誠摯的慰唁。

周恩來總理追悼會美東各界聯合籌備會

一九七六年一月十四日

繆雲台、楊振寧、林達光、黃于燕、梅子強、丁邇遹、王浩、牛滿江、方日滿、方君壁、任之恭、任積龍、何炳棣、李北業、李幼鄰、李振翩、李筱梅、李惠英、李顧鴻、杜文榮、余東周、吳仙標、吳青、林家翹、林綠、林聰、於梨華、周承緒、周彼人、金茜琳、袁曉園、孫至鋭、殷志鵬、梅翠容、陳金堅、陳宗達、陳濟明、陳競傑、張捷遷、程及、程明怡、葉南、潘乃剛、劉仁塘、劉北賢、黎文英、黎法興、蔣彝、龍繩德、謝定裕、韓湘眉

WILLIAM HINTON, NANCY OWENS, HELEN ROSEN, PETER GILMARTIN, MARGARET WHITMAN, NORMAN CHANCE, HUGH DEANE, KATHY CHANBERLAIN, CHARLES J. COE, ESTHER GOLLOBIN, SUSAN WARREN

（美東各界聯合籌備會，《周恩來總理追悼會專刊》，一九七六年一月十八日）

2. 美國台灣同胞致中國國務院唁電

中共中央、中國人大常委會、中國國務院並周恩來總理治喪委員會：

獲悉最敬愛的周恩來總理逝世，我們心中感到萬分的悲痛。

周恩來總理是中國人民偉大的無產階級革命家，是黨和國家久經考驗的卓越領導人。周恩來總理在毛主席領導下為建黨、建軍、建國，為貫徹毛主席的無產階級革命路線，英勇鬥爭，鞠躬盡瘁，無私地貢獻了自己的一生；建立了不朽的功勳，樹立了全心全意地為人民服務的最光輝的典範，受到包括台灣省人民在內的全國人民的衷心愛戴和尊敬。

周總理是國際主義運動的傑出戰士，他為國際反帝、反殖、反霸的事業創造了嶄新的局面，帶來了一片大好形勢，贏得了全世界人民，特別是第三世界人民的熱烈愛戴和敬仰。

周恩來總理長期以來深切關懷還未獲得解放的台灣省人民。居住在祖國各地的台灣省同胞和旅居在海外的台灣省同胞，都深深地感到周總理親切關懷的溫暖。我們旅居在美國的台灣省同胞，很榮幸的多次獲得周總理的接見和親切教導。我們無時不銘記住周總理的話：台灣省是一定要解放的，祖國是一定會統一的。這是多麼莊嚴的宣誓！是多麼堅決、親切的保證！我們台灣同胞熱愛祖國，嚮往祖國，台灣同胞只有回到祖國的懷抱，才有光明的前途。在這祖國即將統一的時刻，最敬愛的周總理和我們永別了！我們感到無限的悲痛！

周總理的逝世是全中國人民、全世界人民無可彌補的巨大損失。周總理的一生，是爲共產主義事業光輝戰鬥的一生，是堅持繼續革命的一生。我們哀悼周恩來總理的逝世，決心化悲痛爲力量。我們要學習周恩來總理的無產階級革命精神和高尙革命品質。我們決心在毛主席爲首的黨中央領導下，參加無數革命先進的行列，同全國人民團結一致，爲繼承周總理遺志，爲解放台灣、統一祖國的崇高目標而努力；爲把我國建設成爲社會主義的現代化強國，爲全人類的解放而奮鬥。

謹此電唁並向鄧穎超委員致以我們最誠摯的慰唁。

旅居美國各地愛國台灣同胞

一九七六年一月十四日

（美東各界聯合籌備會，《周恩來總理追悼會專刊》，一九七六年一月十八日）

第二節　我們的好總理

一、華埠僑胞痛失總理

《美洲華僑日報》

周恩來總理逝世的消息，震動了整個華埠，僑胞紛紛打電話給本報（《美洲華僑日報》）記者詢問有關消息，他們對於周總理的逝世，甚爲悲痛。大家都認爲這是中國的巨大損失，對周總理爲中國作出的偉大貢獻深表敬佩。其中一位僑胞羅白興說：「周恩來先生爲中國革命事業奔走一生，真是一個大公無私的人，本人十分敬佩。」

本報上期第一版以大部分篇幅刊登了周恩來總理逝世的重要消息，因爲僑胞十分關心這個消息，因此本報銷售一空，結果再次另行增印一次。此事反映出廣大僑胞對周恩來總理深有感情，也說明僑胞對祖國的熱愛。

本報記者爲周恩來總理逝世走訪了一些僑界人士，在訪問的人士當中沒有不對周恩來總理的逝世表示哀悼的；對他爲國家、爲人民努力工作，貢獻一生深表敬佩。僑胞陳先生強調說：「中國今天在國際上有這樣崇高的威望；中國在社會主義革命和社會主義建設中取得了偉大的成就，周恩來總理都做出了重要的貢獻，功不可滅。」另一位僑胞李先生表示：「周總理逝世，不但是中國人民的損失，而且也是世界人民的損失。」又一位張先生說：「周總理在中國新民主主義革命時期、反對帝國主義、反對封建主義、反對官僚四大家族買辦主義和在社會主義時期反對修正主義的鬥爭中，作出了卓越的貢獻。我對他萬分敬仰，對他的逝世表示哀痛。」一位台灣同胞指出：「我們要化悲痛爲力量，團結一致，早日爲解放台灣、統一祖國而奮鬥。我們要認真學習周恩來總理堅毅不拔的革命精神！一心一意地爲人民服務。」另一位台灣省籍的女同胞說：「聽到周恩來總理逝世的消息，內心的悲痛，無以言喻。周總理一生爲中國革命和建設作出了卓越的貢獻，同時也爲台灣的解放事業開闢了光明的前景。」又一位台籍青年同胞說：「在追懷周總理偉大的革命典範時，同時學習他爲人民埋頭苦幹的精神，我希望海峽兩岸，海內海外的同胞，共同努力，使台灣早日獲得解放。」

紐約中國常駐聯合國代表團發出弔唁通知後，僑胞紛紛定製花圈，因此華埠一些花店，對承做花圈忙個不停。足證僑胞對周總理的敬愛之情。

（《美洲華僑日報》，一九七六年一月二十一日）

二、華僑社會同感悲痛

《美洲華僑日報》

一月八日周恩來總理逝世，噩訊傳來，紐約市愛國華僑無不深深感到無比悲傷，對這位中國當代偉大政治家的逝世，大家都覺得是一種無可補償的損失。

此地各電視台和新聞報章，皆以顯著地位和篇幅來報導評述周總理的一生和成就。華埠內，除了一兩間靠爲國民黨賣命爲生的報紙外，其他各大小報章都正面報導周總理的逝世消息，並詳細轉載了一些有關周總理生平的事迹。華埠內的進步報紙如《美洲華僑日報》和《華報周刊》，都在首頁以最顯著的篇幅追悼周總理，獲得僑界支持，報紙銷路爲之遽增。

華僑社會裡，不論其政治立場，各界對周總理的一生都有肯定的報導和評述。甚至一位在國民黨津貼報館內工作的朋友說：「我們雖然立場不同，甚至站在敵對的立場，但我跟你說一句：我個人對周恩來爲國爲民和超卓的辦事能力是敬仰不已的。」另外一位新移民表示：「周恩來總理把中國弄好弄強大，我生爲中國人，就要對他敬佩，管它什麼政治不政治。」還有一位正在求學的年青人對周總理逝世也發表了一些意見，他說：「這就是周恩來總理偉大的地方，連敵人也要尊敬他。這種偉大的人格，不是值得我們衷心敬仰嗎？」

華埠一般華僑對周總理的生平歷史知道的不太詳細，但他們是知道周總理一生執行革命路線的外交和內政政策，將祖國帶上初步繁榮的康莊大道。老華僑對周總理特別有一種親切的感覺，他們認爲在過去的日子裡，祖國人民吃沒得吃，穿也沒得穿，到處受地主、惡霸和國民黨財團、官吏的壓迫剝削，今天祖國人民卻當家作主，生活安定，不愁衣食，他們因此非常興奮。老華僑在美國幾十年，關懷祖國的心一直沒有改變，其中一位說：「在以前的日子裡，我常常翻報紙，希望看到多一些關於祖國的新聞，但這裡的報紙卻嚴格封鎖有關祖國正面的消息，刊登的都是那些三句不離本行的反華反共八股。最近這幾年，情形改變了，我逐漸有機會認識祖國偉大的成就。周總理使祖國在外交上常站主動地位，今天中國已成世界強國，在國際地位上，一天比一天提高，這點周總理的功勞是不可磨滅的。」

在衣廠裡，車衣的華婦對周總理逝世的反應亦相當強烈，她們關心祖國實在不比別人差。其中有一位中年華婦，非常懷念周總理，她說：「我還沒有出來香港前，曾在廣州聽過周恩來總理本人的演說，他溫文有禮，說起話來講道理，叫人非常心服。今天他逝世了，以七十八歲的高齡來說，本來可說是件很自然的事，但是周總理是位偉人，一旦永別，心中實在叫人很難過！很難過！」旁邊另外一位華婦跟著說：「我聽別人說，周總理五十年如一日，從來沒有一天休過假，這種爲國家的態度真叫人敬佩！」

自周恩來總理逝世消息傳開之後，華僑至今不斷談論他的一生和繼承人的問題。一般認爲中國社會已有了穩定的制度，並不會因爲個人的去留存亡而有很大的影響，何況周總理生前早已爲培養接班人做好了準備。此外，華僑社會對中國統一問題特別關注，一位從台灣來的移民表示：「周總理逝世雖是不可避免的事，但他所代表的那種精神和人格，卻是每一個中國人心中仰慕的。他逝世後，國家並不是沒有了領導人，但這幾十年來，他在處理國家事務上的穩健作風，在廣大海外華人心中已產生了一定的信念，所以噩訊傳來，一下子就有非常強烈的失落感，不過這只是暫時性的。」他跟著又說：「我想周總理的逝世並不會在基本原則上影響國策，特別在中美關係和統一祖國方面；因這兩個問題的關鍵不在周總理個人本身，而是在解放台灣事業上面，這多多少少跟國際形勢及台灣人民和中國外交政策有較密切的關係。」

西方社會對周恩來總理評價很高，會不會因此間接影響一些海外華人的看法呢？一位從香港來的大學生表示：「我想這種影響固然存在，但應該不會是最主要的因素吧！就以我個人來說，我對西方因周恩來在政壇上的穩健又正確的作風，而稱他為『不倒翁』和『自甘第二，讓首位於毛主席』等別有用心的看法，一直覺得很討厭。他們就只懂得從個人來看一個國家團體，這在美國社會裡面也許有相當多的事實根據，但在今天中國的社會裡，這種『主觀』的分析是絕對站不住腳的。所以我從沒受過他們對周恩來評價的影響。」華僑社會或許會受西方輿論影響較大，一位在華埠咖啡室工作的移民說：「你們看，兩個美國總統都要去訪問中國，周總理逝世後，尼克松和基辛格對他頌讚不已，周總理的確是一位世界偉人。」

今次周恩來總理逝世後，紐約市華人社會的激動反應，表示華僑對新中國二十多年來的成就，不但有了正確的認識，更有正確的態度。國民黨尾巴報到處製造和損害周總理和祖國的輿論，已經給廣大的僑界看破了、揭穿了，再也收不到任何效果了。

一位餐館老板在被問及是否出席追悼會時回答：「我當然去！周總理是中國歷史上最偉大的政治家之一，他和毛主席領導全國人民，在二十多年的時間內，將祖國從一窮二白的地步，建設成一個社會主義強國。我今年年初回國，看到國內一片朝氣，萬象更新，我還留了一個半月；差不多每天都流淚幾次，看到年老的被照顧，年青的有工作，年幼的不斷學習，國家在建設上一日千里，農業和工業更突飛猛進，我很激動。」他對其他伙計說：「誰說我們中國人不行？在正確的社會制度和英明的領導下，中國站起來了。我很榮幸做一個中國人的僑民。」

（《美洲華僑日報》，一九七六年一月二十一日）

三、學者、名流、僑領感言

星期四下午四點左右聽到周總理逝世的消息，好像被人當頭一擊似的，那種痛心真比死了親人還厲害。他雖然去世了，但他的精神，他的偉大的爲革命而犧牲一切的事迹，是會世世代代留傳下去的。

——於梨華

同事們用莊嚴而帶慰藉的語調向我報導周總理逝世的消息。我們身居海外的中國人，親身感覺到周總理對中國、對這個世界的重量。外國人的重視和稱讚，更加深我們的景仰與驕傲；外國人的惋惜和關懷，更增加我們難已的沉痛。

——孫至銳

周恩來總理是我們僅次於毛主席的偉大領袖，也是世界人民景仰的偉大革命家。

在他五十多年的革命實踐中，周恩來總理堅持不斷工作，不斷革命，不斷學習，不斷改造。這種崇高的革命品質和堅定的革命精神，是我們每一個幹革命的人應該學習的。

——梅子強

周總理和魯迅一樣爲中國和全人類戰鬥到最後一口氣，重病中依然在一天中做出二十年的工作。他多年不懈的努力培養成極高貴的品質，徹底超越了所有個人利害得失的意念，完全掌握了全部局勢的重點；在毛主席領導下，對中國和全世界作了大量不朽的貢獻。希望更多的人盡力學習周總理無私的精神。

——王浩

（美東各界聯合籌備會，《周恩來總理追悼會專刊》，一九七六年一月十八日）

四、憶周恩來總理

——黃維幸、方君璧、譚若思在波士頓周恩來總理紀念會上的講話

【原編者按】一九七六年一月十七日，美國波士頓各界在麻省理工學院舉行了周恩來總理紀念會。這裡選刊出三位與周恩來總理見過面的人士在會上的發言。黃維幸先生原籍台北，在台灣時是彭明敏的學生。方君璧女士是著名畫家，在黃埔軍校時認識周恩來。方女士的丈夫曾仲鳴生前為汪精衛的親信。譚若思（Ross Terrill，或譯羅斯．特里爾）先生是哈佛大學教授，專門研究中國問題。他們三人背景各異，可說是代表了追憶周恩來總理的三個不同的角度。

1. 周恩來總理談台灣問題

黃維幸

我是台灣台北人。一九七三年，我與內人到中國大陸訪問的時候，周恩來總理在百忙之中，抽出他極寶貴的時間，與我們討論台灣問題。我本來不準備把周總理接見我們的事拿來公開談，但是他已經去世了。

我想以一個從台灣來美國留學的人，尤其是以一個到一九七三年才有機會到中國大陸的台灣人的立場，來談談對他的印象和感受，作爲對這一位偉大的政治家的一個小小紀念。

周恩來談台灣問題

我們是在六月間在人民大會堂見到周總理的。談話由閒話家常開始，總理先問了一些家裡的情形，然後又談了許多美國的事情。在問答之中，我可以聽出周總理對於美國的事情是非常清楚的。他特別提到開展中美關係和擴大文化交流對中國的好處。然後，話題就轉到台灣問題上，他用了很多時間問到台灣各方面的情形。其實在很多方面，周總理對台灣內部的了解，比我這個一向好像很關心台灣問題的人還要深入。在很多地方，與其說是周總理問我們的看法，還不如說是考驗我們對台灣內部了解的程度。

周總理談到解放台灣的步驟和緩急的問題，他認爲解放台灣是一件還需要艱苦奮鬥的事情。日本已經承認台灣是中國的一部分，但是美國只承認了一半，還有蘇聯這一關。在外交上的鬥爭是非常艱巨的。他提到解放台灣是中國的內政問題。他從來沒有說過只用和平解放的方法，而不用武力解放的方法，他只說過儘量用和平解放的方法。

他又提到外資繼續流入台灣的情形。他認爲不能用經濟封鎖的方法來製造革命，使台灣人民受苦，他說革命是不能製造的。要解放台灣，除了外交上的配合，還要看台灣人民本身的覺悟程度的高低。他認爲台灣如果要解放，一定要配合中國的力量跟台灣人民島內的力量，裡應外合才容易成功。關於解放後的做法，他認爲基本上還是一個資產階級民主革命的階段，因此所有的措施還是一種緩進的方式。他提到上海工商業社會主義改造的過程，用了定股定息的辦法保障資本家的利益。

他還提到台獨的問題。他認為台獨的發生是可以理解的，但是台灣要達到真正的獨立是不可能的。過去祖國沒有充分注意到台灣的問題，台獨的發生也難怪。但是要分別兩種台獨：一種是有帝國主義為背景的台獨，一種是好心腸的只為反蔣的台獨。反蔣我們是舉雙手贊成的。

對周恩來的三點印象

周恩來總理給我的第一個印象，是一個平易近人、和藹可親的長者。周總理穿著非常樸素，與一般幹部和外交人員的衣著並沒有兩樣。他的談吐溫文爾雅，雖然談的是國家大事和世界局勢，也給人一種閒話家常的感覺。他雖然以一國總理之尊，對待一個以個人身份到大陸訪問研究的我，討論問題也是誠誠懇懇。遇到看法有出入的時候，他也很在意你的觀點，耐心地解釋他的看法。由於我是在台灣長大的，第一次到大陸訪問，有些地方，他還顯得特別關照、特別週到。我從來沒有把這件事看成對我個人的殊遇，所有到中國大陸訪問的台灣人，只要周總理有空，不管人數多少，他總是抽空接見，為解放台灣做最精緻的工作。與他談話，你會覺得他是在做事，不是在做官。

周恩來總理給我的第二個印象，是一個思路敏銳、辯才無礙的外交官。周總理見我的時候，已經是七十五歲高齡了，但是思路的清晰，比起稍年輕的人只有過之而無不及。對不同論點的反應，也是非常迅速敏捷，分析也是清晰徹底。他之所以能夠贏得各國外交官的尊敬，絕非偶然。

周恩來總理給我的第三個印象，是個見識廣博、慎思審問的政治家。他能夠天南地北無所不談，但是分析問題總是抓住全面，面面顧到。這就是為什麼儘管以他的敏銳，卻沒有給人一種只具有精靈的小聰明的感覺。我們由他一生閱歷之廣，就可想像到他那種基於實踐經驗的見識有多麼深厚。但是他卻給我一個常作自我剖析的印象，而沒有自認爲見得多和不會犯錯誤的自滿。他在談話中提到他在年輕時犯過錯誤，提到他從前沒有接觸到從台灣來的人，對台灣人民的了解也不夠深入；也提到對解放台灣的工作還做得不夠等等。他也給我一個注意傾聽不同的意見和反覆思考的印象。

周恩來總理給我的另一個印象，是一個穩健踏實、無私忘我的革命家。我們從他對解放台灣的步驟，以及解放後改造台灣社會經濟制度的提法，可以看出他的看法是紮紮實實地建立在客觀的基礎上，而不是夸夸而談，不務實際地提出許多不可能、注定要失敗的辦法。他這種精於考慮各種力量的對比，和毫不好高騖遠的態度，是一種只有從一輩子革命的無數成功與失敗中，才能錘煉出來的修養。

周恩來總理在與我們談話的時候，已經是一九七三年的夏天了。那時候他已確知患了癌症，我們當然是不知道。談到深夜的時候，醫務人員還拿藥給周總理服用，可是他還一直談到深夜一點才結束。據說接下去他還要工作。事實上，他在臨終之前，還在繼續工作。他去世以後留下了什麼呢？他沒有留下瑞士銀行的存款，沒有巴西的農場，沒有北美洲的不動產，也沒有圓山飯店。他只留下一生爲廣大被壓迫人民奮鬥的光輝榜樣，只留下願意看到中國在二十世紀內成爲不稱霸的、爲人類謀福利的、現代化社會主義強國的一個希望，只留下願意看到台灣廣大勞動人民早日能夠當家作主的願望。斯人已逝，周總理作爲革命家，真是爲廣大人民貢獻了他畢生的精力。我只能用諸葛武侯「鞠躬盡瘁，死而後已」八個字描繪他偉大的風格於萬一。

2. 對周恩來總理會見的追憶

方君壁

我近來腦子空空的，不知道說些什麼才好。今天在這樣一個難過的場合裡，就更加講不出來。不過既然大家要我來，那我就勉爲其難吧。我同周總理是在法國同時留學的，可惜那個時候我們沒有機會見面。我頭一次認識他是在黃埔軍官學校。那是國共合作的時候，蔣介石當校長，他是政治委員會副主任。那時候我見過他兩、三面，之後，我又去了法國，那就沒有機會再見了。

一直到一九七二年九月底，我隨著一隊華僑回到祖國去參觀及慶祝國慶。十月六日那天，晚上十點鐘左右，我們被帶往人民大會堂，排隊進去，到了一個廳，原來我們是來參加周總理召開的座談會的。

那天另外有一隊從日本來的華僑，所以共有五十人左右。周總理一個個的介紹、問話，他對每個一人都問得很詳細。輪到我的時候，他還問我：「你現在還繪畫嗎？」我問答說：「畫呀。」他繼續說：「你記得嗎？我們在廣州的時候見過的呀。」那已是五十多年前的事了，他還記得，我那時實在驚訝，他的記憶力實在是強呀！他還記得徐悲鴻曾經是我巴黎時候的同學，另外又關切地問我：「在廣州時，有沒有去看黃花崗七十二烈士的墳墓呀？現在保存得很好。」他記得我哥哥是在當時犧牲葬在那裡的。

後來，他與其他人談起台灣問題。他希望海外僑胞多研究有關解放台灣的問題，周總理的意思是：台灣不應獨立，也不能成爲瑞士式的「和平土地」，況且今日瑞士也不見得是安全地帶了。之後有人問到爲什麼不要求日本賠款，他回答說，不要日本賠款，是因爲不願日本人民負擔過重。正如毛主席所說的，賠款實在是要不得的，自有歷史以來，我們已吃盡了賠款的虧，所以我們這次不要日本賠款，是要免了日本人民的痛苦。我們應該自力更生，努力幫助其他落後的國家和未解放的民族。跟著有人問起留學生同國服務的問題，周總理回答說，最好等幾年作準備，那時會有比較妥善的安排。在國外已有工作的，還是繼續留在那裡，但在國外如沒有工作而又想回來的，則國家亦可以安排。國家本來是一窮二白，現在物質上比外國還是比不上的。

總理講話的態度是很溫和、親切的，不過他的立場卻是很堅定的，令人很難忘記。我想他跟著毛主席幾十年，在黨和社會主義那種陶養和訓練下，才會有這種感人的態度。

我們看見中國改變那麼大，沒有偷，沒有搶，不像外國那樣，只是個人主義，很是高興。總理聽到後，絕不覺得驕傲，反而說：我們還差得遠呢！還要努力爭取進步，而且要幫助其他落後的國家和未解放的民族。這是我們革命的希望，也是我們革命的目的。

講到那時候，已是半夜三點多鐘了，我們已座談了四個多鐘頭，在座有些人已熬不住，而他老人家還是精神奕奕的，一點倦意都沒有。想不到在我回美三年多後，他就去世了。這不但是我們中國的大損失，是我們人民的大損失，而且也是世界落後的國家和未解放民族的大損失。

3. 憶一位世界上最偉大的政治家

譚若思（Ross Terrill）

【原編著按】本文據當日譚若思教授以普通話演講的錄音整理，經其本人過目。譚教授並表示對於陳荔荔教授協助準備中文講稿，深為感謝。

朋友們，今天晚上我能參加這個紀念會，覺得很光榮。我認爲這個紀念會很重要。美國報紙跟電視節目等都曾討論過：「周恩來逝世對美國的國際關係有什麼影響？」提出這個問題是有理由的，可是這個問題只牽涉到周總理事業的一方面。

我們今晚的目的，是要追憶周總理的成就；周總理的成就，基本上來說，就是中國革命的成就。這個題目是一個很廣泛的題目，我的看法很有限：我的看法只是一個局外人和一個外國人的看法。

我在一九七一年見過周總理。那個時期是一個很有意思的時期，在中美關係上，在林彪問題上，在中澳關係上，那個時期都有很重要的發展；另外，那個時期也是周恩來總理開始生病的時候。

一九七一年六月，中國人民外交學會邀請澳大利亞工黨領導人惠特拉姆（Gough Whitlam）到中國去訪問；同時，中國在加拿大的大使館也歡迎我去訪問中國，他們並且建議我比惠特拉姆早幾個星期去。

對周恩來總理的印象

我是在人民大會堂的一間小房間裡見到周總理的。

周總理身材很小，可是在任何場合裡，所有人的注意力都集中在他身上。他的目光很銳利，可是有時候，他的鋼鐵似的眼睛卻充滿了笑意。他的嘴在臉上的位置很低，不說話的時候嘴唇有時好像繃得很緊。這一點使我覺得他當時可能非常忙，所受的事務壓力極大。在灰色的中山裝上，周總理帶了一個「爲人民服務」的徽章。

他的態度有時候比較嚴肅，可是他很容易接受新的看法和意見，使人覺得他平易近人。

周總理謝謝我幫助建立中國政府跟澳大利亞工黨的聯繫，他管我叫「澳大利亞赴中國代表團的先鋒」。他還謝謝我幫助中國政府更進一步的了解美國情況。「我沒去過美國，」他說，「現在你這個住在美國的澳大利亞人給了我們很多從前我們沒有的關於美國的材料與知識。」

我覺得周總理這種由私人公民取得材料及當眾感謝這個私人公民，很可以表現他的坦白作風，也很可以表現他所領導的政府的作風。這種作風跟不少別的政府依靠「公共關係」（public relations）的作風，有很大的不同。

他問我，我這點兒中文是在哪兒學的。我說，在美國。他笑得很開心，說：「這倒真有意思，在美國學中文！」

周總理囑我好好地閱讀報紙上跟雜誌上關於中國共產黨建黨五十周年的社論。幾個月以後——就是說，我們知道林彪死了以後——我才發現爲什麼周總理對我如此建議。他大概希望我能注意這些社論常提到的「黨要指揮軍隊」這一點。他跟我談話的時候，正是他跟林彪鬥爭的時候。

他跟我談話的那天晚上，我又參加了他和惠特拉姆在人民大會堂舉行的會談。外交部長姬鵬飛和對外貿易部長白相國也在場。那時，姬先生和白先生已經跟澳大利亞訪問團商談過了。

周總理手裡沒有筆記，可是他提出了姬先生、白先生跟澳大利亞訪問團討論中所包括的所有重要事項。周總理處處以事實做出發點，從來不發表沒有事實做根據的意見。他那晚還提出了很多有關歷史潮流的觀念。這一點，一般的忙碌的政客是做不到的。惠特拉姆問他問題，他都回答了。意見不同的地方，他並沒有掩飾過去。有時候，他急著用英文說：「No, No, No」可是，他所注意的是大的、重要的、雙方同意的地方，而不是小的、不重要的、不同意的地方。

周總理說話有時候很直爽。那天晚上會談結束的時候，他跟惠特拉姆說：「你們工黨在下次競選的時候一定要勝利。勝利以後，一定要實現你現在的各種諾言。一個政治家跟一個政黨一定得把他們的諾言具體實現出來。」

一九七二年十二月，惠特拉姆果然當選爲澳大利亞總理。中國跟澳大利亞立刻建立邦交。周總理那晚對中澳關係所作的諾言也完全實現了。由此，我們可以看得出來，中國政府人員對周總理多麼尊敬。

周恩來的三個優點

周總理訓練和指導了很多政府人員。這些人員尊敬他是因爲他完全大公無私，他把所有的力量都貢獻給中國和中國共產黨；在我們所處的水門時期，這種大公無私的精神非常傑出。

就是在中國，這種精神也很傑出。中國共產黨也不時有自私的人出現。大家記得，一九六七年七月，文化大革命高潮的時候，周總理坐飛機到武漢去，飛機到了武漢的時候，他差一點就被抓起來。

大公無私的精神，使周總理什麼都不怕。他身臨過最大的危險，他受過批評，他也失望過，可是他從不提這些事，他也從不因之感到自悲。

毛主席在〈紀念白求恩〉那篇文章裡，談到國際主義精神。這種精神在目前生活很不容易表現，周總理就是能夠表現這種精神的一個代表。

在北京住的外國人，有幾個跟我提到一九七四年召開的外國專家會議，周總理曾在那次會議上演講。他對外國專家們所做的工作表示謝意，他爲了文革時對外國專家所犯的錯誤道歉。他再次肯定社會主義是一個國際目標，種族和國家的區別，會因爲社會主義的實現而消失。

在中國政治方面，周總理使各種不同的集團跟各種不同的看法保持平衡。他有極大的耐心，別人會用行政壓力解決的問題，他用勸導的方法解決。這一點使中國社會所有的人都愛戴他。

一九七三年，我在杭州的時候，有人告訴我在靈隱寺鬧文革的故事。兩個紅衛兵團體在這個西湖山上古寺的院子裡起衝突。大家都同意用「毀滅舊世界」這個口號，可是大學的紅衛兵覺得這種鬥爭只應該是政治上的鬥爭，而中學的紅衛兵卻覺得他們應該把這座廟真正的毀掉。最後，雙方同意打電報給周總理，周總理覺得應該怎樣辦，他們便怎麼辦。

大家都知道，中國的知識份子、政府人員和重視經濟發展的人士，都敬佩周總理。由以上這個故事，我們更可以看出，連極端的紅衛兵也都敬佩他、信任他。

我剛才已經提過，周總理一方面要求很嚴格，可是又很能接受別人的意見。他有鋼鐵般的堅固，也有楊柳般的柔軟。這是他的秘密：他相信國際主義，但他卻決不是只注意外表而不注意內容的人。他善於協調，可是他並不是沒有自己的立場。

只有在你自己有堅定的立場的時候，只有在你有文化自信心的時候，只有在你什麼都不怕的時候，你才能在民族革命中做一個國際主義者，在共產黨裡做一個協調者。這是周總理的特長。

對台灣問題，周總理說在時間和方法上可以再作考慮，可是他絕對堅持台灣是中國的一部分。對帝國主義，他當初以爲是最有侵略野心的國家，卻並不是他最後認爲是最有侵略野心的國家；他對有些帝國主義的看法改變了，可是他對帝國主義是使世界大亂的最主要原因這個看法絕對沒有改變。

另外一個觀念他也從未改變過，那就是中國必須支持世界上中小國家的獨立。

在今晚這麼動人的紀念會上，我只提出了周總理傑出事業上的三個優點：他的社會主義國際主義，他的不犧牲原則的協調能力，和他大公無私的精神。

無疑的，周總理使所有的中國人覺得驕傲。以我的眼光來看，我覺得他是世界歷史上最偉大的政治家之一。他對中國的貢獻給予我們大家不少鼓勵和啓發。

（《七十年代》，一九七六年四月）

五、追悼周總理　學習周總理

李振翩

周總理去世，世界各國，都一致哀悼他，並讚揚他對世界的貢獻。周總理的偉大，是舉世公認的，用不著我來說。我要提出的，是我們應該學習周總理爲人民服務的精神。周總理的一生，可以供我們學習的地方很多，我只舉一個或兩個例子來說明。

我於一九七三年七月二十九日晉見周總理，他給我講了一些萬里長征的故事。現把我記得的，寫一些在下面。

當紅軍抵達遵義時，設在貴陽的敵人總指揮部決定要全部消滅紅軍。當時敵人兵多，武器精良，紅軍情況頗爲危急。毛主席決定設計騙敵，假裝反攻湖南。敵果中計，集重兵於湘黔邊境，要待紅軍來時，一舉而消滅之。待敵人佈置差不多完畢了，毛主席半夜下令「急行軍」，西往雲南。敵人發覺上了當，要派兵追趕，時間相差十天，已追不上了。紅軍打到雲南北部時，先鋒離昆明僅三十華里。敵將薛岳，集中軍隊，死守昆明。毛主席又於半夜下令急行軍北入四川。要渡江，便一舉擊潰防守渡口的敵人。當薛岳追兵的先鋒到達毛主席原駐地時，毛主席已離開三天了。

這些故事，是周總理告訴我的。後來我又從他處，得到一些消息，知道策劃的是毛主席，輔助毛主席執行這個計畫的，主要是周總理。當時執行這個計畫，是千難萬難的事。

又有一個朋友，告訴我一個建國時期的故事。幾年以前，毛主席決定要建築成昆鐵路。國務院設計了一個方案，有一位同志，極力反對這個方案所定的鐵路線，雙方爭辯得很厲害。後來周總理和一些人，親自到四川、雲南交界處，看了一看。回來之後，周總理便採納那位反對者所建議的路線，這就是現在築成的成昆鐵路。

國家要建設，便需要大量的人才。周總理愛護人才，無微不至。國務院人才濟濟，在中國歷史上，沒有前例。在這裡，我也可以講一個小故事。

周總理在長征時，便得了疝氣（小腹下穿洞，腸子流出），後來從延安到重慶時，疝氣還是很嚴重。他到中央醫院去看病，外科醫生王某和一個青年醫生替他動手術。周總理常常歡迎那個青年醫生（此人現在美國）於晚間到他房內去談天。有一次他似乎說延安正需要你這樣有志的青年。那個青年醫生，很受感動，便決定到延安去。可是沒有成功。

還有一個小故事。我在南京時，周總理在南京和馬歇爾將軍談判。我常常和他們兩人晤談。那是三十年前的事。在那時，馬對我表示，他很欽佩周總理。我那時又認識一個青年，他在清華大學物理系讀書，和楊振寧先生同班。他白天睡覺，晚上出門。有一次他說要出門旅行，從此一去不復返。後來才知道他跟著周總理到延安去了。我一九七三年晉見周總理時，發現他站在周總理後面。周總理還指著他對我和我太太笑了笑，並說，謝謝你們，掩護了他。

一九七三年，我到延安時，有人告訴我，當胡宗南進攻延安時，延安的軍政人員都撤退了，只有一個人還在山洞房內，那就是毛主席。周總理便去同他說，敵人很近了，應該走了。於是他們倆，最後離開延安。

一九七五年六月二十六日，我在北海晉見周總理。他沒有從前那樣活動，但是和悅可親的態度，還是一樣。我們——周總理、王海容、朱傳賢、唐聞生和我，同吃荔枝。荔枝有兩種，黑葉和糯米糍，我分不清楚。周總理挑選一些糯米糍給我吃，並問我，您太太好嗎？爲什麼不同你一道來。在那時，我不知道他得了癌病，並到了最後的階段。現在想來，他體內一定有很痛苦的地方，可是他一點也沒有表現出來。

所以我說，周總理艱苦卓絕、謙虛友愛、鞠躬盡瘁、爲國服務的偉大精神，是值得我們學習的。

（《七十年代》，一九七六年三月）

六、從周恩來的一生所想到的

余從哲

雨花石

記得在一九六五年的夏天，筆者到江南一帶旅行。有一天，同朋友一起到南京的梅園新村參觀。梅園新村，是一九四六年到一九四八年中共代表團在南京的辦事處。那個年代，國共在打內戰，但一方面又斷斷續續地進行著談判。中共既在戰場上反擊國民黨的進攻，又接受調解，不放棄公正的和平，並以此來聯結所有反內戰、反獨裁的國民黨統治區的民主力量。周恩來，就在一九四六年一月到十一月的差不多整整一年的時間內，和鄧穎超一起住在梅園，領導著中共代表團工作。周氏的住處，是梅園三十號。事隔差不多二十年以後，梅園三十號的接待人員，一個很年輕的女孩子，向我們講述周恩來在那兒生活的故事。她指著臥室的棉被說：「這床棉被就是當年總理蓋的，他一直用了差不多二十年。經我們一再要求，去年他才答應把它送給我們陳列。總理的生活是一貫艱苦樸素的。一床棉被用十幾年，甚至一雙皮鞋也穿十幾年，因為他除了會客穿皮鞋之外，平時都只是穿布鞋的。」這個女孩子還提到，周氏夫婦在南京的時候，鄧穎超最喜歡雨花石。在他們的客廳裡，經常有一個小瓷碗，裡面用水供養著色彩絢爛的雨花石。當時，這廳子裡的常客之一是郭沫若，他曾為此題詩，結尾的兩句是：

「雨花石的鮮明、爽朗、堅定、忘我；

正象徵著主人的精神。」

又過去十年了。今年一月，正是周恩來以中共代表團團長的身份到南京同國民黨進行談判的整整三十週年，而周恩來也就在這時候因病停止了呼吸。

幾乎全世界的人民，絕大多數的國家領導人或政治領袖，所有較爲負責任的國際輿論，對周恩來的逝世都同聲悲悼，眾口一詞地讚揚他的一生。一切同周恩來有過接觸的人士，都對他留有良好印象。任何對國際政治、對人類歷史、對現實世界稍有認識的人，都對周恩來懷有敬意。其中一些政治領袖稱讚他，並不一定是他們個人對周氏有特殊好感，而是因爲他們知道他們所統治的人民對周恩來懷有深厚的敬意，因此不得不在這方面反映人民的意願，至少是不違背人民的意願。例如，台灣的官報言論，就有只反對中共政策、不反對個人的事實上是讚揚周氏的言論。此外，周恩來一貫執行「支持被壓迫民族、被壓迫人民的正義鬥爭」的外交路線，一些面臨被壓迫人民的反抗的政權，它的政治領袖顯然不會喜歡周恩來，但他們仍在談話中不得不對他讚揚備至。這是在實際上不得不反映了人民意願的表現。

當然，在一片悲悼和稱讚聲中，不同的人所選取的角度也不同。大多數言論能把周恩來放在現代中國和世界的歷史當中，從他所從事過的所有活動，去評價他所作的貢獻；但也有少數的言論，把周恩來抽離了他從事活動的歷史舞台，甚至抽離了他所經歷過的事件，抽離了他從事的工作，孤立地去評價他個人的才能、品格、道德、智慧等等；更有的言論，把周恩來同他畢生所從事的事業和所追求的理想對立起來，通過否定他的專業、否定他的理想、否定與他共同奮鬥的伙伴，來肯定他的個人。在後兩種言論中，周恩來雖被推崇，但實際上被塑造成像中國古代的諸葛亮、美國近代的羅斯福那樣的人物。

事實是最重要的，任何美麗動人的言詞都無法抹掉事實。周恩來的一生，提供什麼事實給我們去認識呢？

歷史舞台

周恩來一生的活動，同中國共產黨的歷史密切不可分。他在一九一九年參加五四運動前後，就讀了《共產黨宣言》等馬克思、恩格斯著作。一九二〇年，他在當年的中國共產主義者所組織的勤工儉學計畫中到了法國。一九二二年，周恩來在法國成立了共產主義青年團，其後又加入了一年前在上海成立的中國共產黨。兩年後，他回到中國，從此以後，他一直在中國共產黨裡面擔任重要職務。在一九二四至二七年的第一次國共合作期間，他一方面以中共黨員的身份參加國民黨，擔任黃埔軍校政治部主任，一方面是中共兩廣區委員長，在兩廣地區發展黨組織。一九二六年他到上海黨中央工作，領導一九二七年上海工人武裝起義。國共分裂後，周恩來曾在白色恐怖下，在上海擔任中共中央組織部部長。其後在江西根據地時期、在長征時期、在延安時期，共產黨的活動同周恩來的活動幾乎是不可分的。在中共建國後，周恩來是執政黨領導人之一，由黨提名去擔任政府的領導工作，又多次代表中國共產黨與其他國家的共黨會談。特別是蘇共蛻變後，周恩來更多次以中共代表的身份，同蘇共及其他國家親蘇共黨的領導人展開面對面的鬥爭，保衛中國共產黨的獨立性。

周恩來一生中的最重要事蹟之一，就是他在一九二七年參與領導的八一南昌起義，建立了中共早期的一部分軍隊。長征期間，他是紅一方面軍的政治委員。其後在相當長的時期內，周恩來都參與中共軍委的領導工作。即使在中共建國後，他除了黨政要務之外，也一度擔任過中共軍委副主席的職務。在中國現代歷史舞台上，周恩來的重要貢獻之一，就是建設和發展中共的軍隊。

創建中華人民共和國，無疑是中國歷史上的一大轉折點。在這一過程中，周恩來的貢獻也是顯著的。

他在抗日戰爭後的一兩年，先在國民黨統治區爲共產黨工作，一方面通過同國民黨談判，揭露蔣介石假和平、真內戰的面目，一方面聯絡各民主黨派、民主人士，爭取人們的同情與支持，贏得了民心民意。一九四七年周恩來又到陝北，同毛澤東一起參與同國民黨戰爭的領導工作。在戰爭取得勝利後，於中共建國時又主持制訂「共同綱領」，作爲國家憲法的雛型；更組織政務院，建立起領導五億人民、管理九百多萬方公里土地的行政系統。

在周恩來畢生所從事的活動中，有相當多的部分是致力於中華民族的團結和中國的統一。在第一次國共合作時期，他是一個活躍的角色。在民族危機迫在眉睫的一九三六年十二月，他代表中共與被逮捕的蔣介石談判，迫蔣停止內戰，和平解決了西安事變，促成了抗日民族統一戰線。抗戰期間，他又作爲中共中央的代表，駐在國民黨政府的陪都重慶，同消極抗戰、積極反共的國民黨政策鬥爭。抗戰勝利後，他又跟隨毛澤東一起在重慶同國民黨談判，爭取實現國內的和平；其後又到南京繼續三人小組（國、共與美國）的和談，盡了最大的努力而國民黨仍然堅持向共區進攻。這時周氏的努力已贏得了全國人民的同情，國民黨失盡民心，失敗是意料中的事了。

中共建國後，周恩來擔任中國人民政治協商會議第一屆的副主席和第二、第三屆的主席，長期團結各民主黨派、各階層民主愛國人士，包括愛國資本家、舊國民黨人員和舊知識份子，同他們一起協商政務，促進無產階級專政下中國各族人民和各階層人士的大團結；並長期重視對台灣的工作，多次表達和談的願望。近年來更多次會見回國訪問的台籍人士，了解台灣人民的想法，致力於中國統一的事業。所有這些，從中共的角度來看，就是「統一戰線」的工作；從民族的角度來看，就是促進中華民族大團結的工作。

在中共建國二十六年來，周恩來擔任內政外交的繁重任務。在內政方面，他在經濟建設和社會革命中都擔任十分重要的角色。二十六年來，他參與制訂多次的經濟發展計畫（五年計畫），並多次在人民代表大會、黨代表大會提出報告。在一九五九年至一九六一年的三年經濟困難時期，他領導進行糧食、日用品供應的調配工作，使中國雖遇到歷史上罕見的連續的自然災害而仍然沒有一個人餓死。長期以來，在他的公開的或私底下的談話中，都經常提到要把中國建設成一個現代化的強國。去年（一九七二）一月，他在四屆人大更提出了經濟建設的兩步設想：一九八〇年建立完整的工業體系；本世紀內實現全面的現代化。在中國大陸旅行，在許多地方都可以見到周恩來曾經前往巡視、爲某一項經濟建設的成就打氣的痕跡。例如在新安江水電站，就掛有他爲這水電站落成的題字。

在社會革命方面，他一直參與領導歷次運動的進展，關心著社會的進步，警惕著中國社會走上資本主義道路，或者回復到半封建、半殖民地的地位。一九五七年他在對下鄉知識青年的談話中，就勉勵他們要長期自覺勞動，不要抱著「下鄉鍍金」的思想。在文化大革命期間，他的功績更爲突出。文革開始時，劉少奇派工作組到清華大學，挑動去鬥爭學生群眾，更迫使許多學生、幹部去「閉門思過」，毛澤東就派周恩來到清華，親自主持萬人大會，爲被打成反革命的那些人平反。當時的紅衛兵任彥生憶述了這一個感人的場面：「總理說：我很痛心！爲什麼不去向黨內的走資派鬥爭，而去鬥爭群眾？總理說：我不解決這個問題我不走。那天天下大雨，幾萬人開大會，總理就在雨下面也不打傘。總理說：你們紅衛兵要經風雨、見世面，我也要經風雨、見世面。我們就說，總理不打傘我們就不開會。群眾很激動，大家感到，總理這樣來支持我們，我們確實應該把文化大革命好好搞下去。」至於文革後期，周恩來對於在各地建立革命委員會、穩定大局、促進安定團結，更是做了大量的工作，發揮重大的作用。

在外交方面，周恩來的貢獻更爲顯著，也是世界各國較爲熟悉的。但是，許多人談到他的外交成就時，都只是突出同美國和解這方面。事實上，周氏在從事二十多年的中共的外交活動中，最著重推進的就是同第三世界國家的關係。五〇年代的亞非會議，六〇年代周恩來對亞非十多個國家的訪問，長期以來對一些未能擺脫外來勢力的經濟控制的國家的援助，對朝鮮和越南的無償支援，都說明周恩來執行的是毛澤東的革命外交路線。所以他的外交舞台主要在第三世界，目的在加強第三世界的反帝、反霸團結，促成第三世界興起的形勢，結束一兩個超級大國說了就算的國際格局。在這些活動中，「和平共處五項原則」、「求同存異精神」、「外援八原則」等等，都爲舉世所稱道。

在同蘇聯的關係中，特別是中蘇發生分歧之後的談判中，與其說是尋求和解，毋寧說是面對面的尖銳鬥爭。一九六一年蘇共二十二次代表大會上，赫魯曉夫發表了攻擊阿爾巴尼亞的講話，講話完後，全場鼓掌，而在主席台上就有一個人神情嚴肅，沒有鼓掌，這個人就是周恩來。周恩來並在接著的發言中，指出在一個國家的黨代會上對另一個國家的黨進行攻擊，是「不鄭重」的態度，這樣做只能使「親者痛，仇者快」。會沒有開完，周恩來就提前回國了。這件事充分表現周恩來的反修正主義的原則性。據傳說在這次會議期間中的一個酒會中，赫魯曉夫曾以挑戰的口吻對周恩來說：「我與你有一個共同點，就是我們兩人都是總理；但又有一個不同點，就是我是礦工出身，而你是資產階級出身。」周恩來立即回答說：「我與你還有一個共同點，就是我們都背叛了自己原來的階級。」

以上簡述的，是在中國現代歷史上周恩來所從事的六個方面的活動，概括起來說是：建黨、建軍、建國、統一戰線、新中國的社會革命和經濟建設、外交。這六個方面都同樣重要，儘管在不同的時期，周恩來的活動範圍可能會較偏多於某一方面。但總的來說，周恩來的赫赫功績是與歷史同在，不可抹殺的。

理想和不朽

縱觀周恩來的一生，僅就上面舉出的一鱗半爪，就使人不禁驚異於一個人怎麼可能做這麼多的事。當然，他的能力是超卓的。但更重要的，是他在從事這些活動當中，通常是在毛澤東的領導下，代表中國共產黨去進行的。他執行中共黨的路線、方針、政策，他的活動往往不是他個人的活動，而是中國共產黨在現代中國歷史上的活動。同一件事，除了他之外，還有許多人一起工作。而他所做的一切，或則是由中共中央所制訂的，或則是得到「中共黨內支持的，並且是得到廣大人民群眾擁護的。當然，他在決策過程中也起了重大作用。但是，不可想像，如果沒有毛澤東的領導，沒有黨的決定和支持，周恩來怎樣去解決西安事變；也不能想像，如果不是中共中央和國務院的決定及支持，周恩來怎樣可以進行外交談判，怎樣提供對坦贊鐵路的援助。

因此，在中共發出的訃告和鄧小平所致的悼詞中，對周恩來的評價是這樣的四句：「中國共產黨的優秀黨員」、「偉大的無產階級革命家」、「傑出的共產主義戰士」、「中國人民久經考驗的卓越的黨和國家領導人」。歷史證明，周恩來當此而無愧。他是執行中共黨綱、嚴守黨紀、忠於馬列主義和毛澤東思想的。他畢生所作所爲，都是在共產主義這一理想的推動下去從事的。無論在國內事務還是在國外事務中，他對任何事情的考慮，都以中國人民和世界人民的利益爲出發點，都以無產階級的目前利益和長遠利益相結合爲原則；即以內外談判爲例，他有靈活性，但更爲人稱道的是原則性，從不肯爲了狹隘的政黨利益犧牲民族原則（像蔣介石犧牲外蒙古那樣），也從不肯爲了狹隘的民族利益犧牲共產主義事業的原則。他又是久經考驗的：無論是槍林彈雨的戰爭，特務包圍下的地下活動，在敵人威脅下進行的談判，他都經歷過，而且抱著必勝的信心，堅定沉著地奮鬥；在中共建國以後，在勝利面前他也能保持艱苦樸素的生活作風，抗拒腐蝕，證明真金不怕火，的確經得起考驗。

就周恩來的個人品德方面，他的人格高尚也是極爲少見的。鄧小平在悼詞中稱讚他英勇鬥爭，鞠躬盡瘁，擔負重任，勤勤懇懇，任勞任怨，且不知疲倦，無私忘我；對敵堅定，奮不顧身，機智勇敢，堅定沉著；光明磊落，顧全大局，遵守紀律，維護團結；聯繫群眾，對人熱忱，滿腔熱情，謙虛謹慎，平易近人；以身作則，艱苦摸索，堅韌不拔。幾乎最好的美德都表現在他身上。這些褒頌之詞不但不使人有所懷疑，而且幾乎每一個讚美的詞語都可以爲它找到事實的註腳。

據說，周恩來每逢參加一些大會議，他總是千方百計同普通代表接觸，連吃飯的時候，他也不在專爲首長而設的小飯堂用飯，而總是在普通代表的大飯堂用飯。他吃飯時，一定把碗裡每一粒飯都吃乾淨，還要用茶水在碗裡淘淘，把茶水喝掉。這是他已經成爲習慣的節儉美德。

筆者的一位朋友，父親是清末民初的書法家。在抗戰期間，這位朋友在一個盛大的招待會中，偶爾有人介紹她認識了周恩來。當周恩來知道她是某人之女，因爲戰爭關係，父親遺墨已一張不存時，就說：「我還有你父親的一幅字。過兩天送去給你吧。」剛說完，周恩來就被其他人拉開了。招待會過後，這位朋友自已也沒有把這件事當真。誰知過了一個星期，有人送來了她父親的一幅字，並附有周恩來的一張便條，大意是說因爲事忙，這幅字遲了幾天才送給她，感到抱歉，云云。這件事使筆者的這位朋友十分感動。從這件事，可以見到周恩來的平易近人和重言諾。在國際關係方面，重言諾已成爲中國外交的一個特點了。

抗日戰爭期間，周恩來作爲共產黨的代表，長期駐在國民黨政府所在地的重慶。一九四一年一月，在江南的新四軍九千多人，在皖南被國民黨軍隊八萬多人伏擊，激戰八晝夜，除千餘人突圍外，大部分犧牲，軍長葉挺被俘，副軍長項英犧牲。此即震驚中外的「皖南事變」。事變發生後，重慶《新華日報》準備了一篇系統的報導，但國民黨的新聞檢查機關不准其刊登。報上就留下了一塊半版大的空白。周恩來悲憤交集，就親筆寫了〈爲江南死國難者誌哀〉四句，曰：

「千古奇冤，江南一葉，同室操戈，相煎何急？」

《新華日報》「將周恩來的題詞製版刊在那一大塊空白上。題詞的時間是「一月十七日夜」。到報紙印出後，國民黨又不准發行，並派出大批特務，分頭攔截。周恩來聞訊，立即趕到報館，親自拿了報紙到街上去叫賣，報社人員也跟著這樣做，終於衝破了封鎖，使報紙到達讀者手中。

據說在六〇年代的時候，有一次，周恩來訪問越南，在參觀中見到了一間廟，名叫「二徵廟」。他問胡志明這「二徵廟」是什麼意思，胡志明就說，這「二徵廟」是紀念古代兩位越南女英雄的，這兩個人在中國的東漢時代，因抗拒中國的馬援將軍的入侵而犧牲。周恩來聞言，即對胡志明表示歉意，並說中國的一些歷史書仍把馬援遠征交趾（安南）給予正面的評價，這是十分錯誤的。周氏當即向「二徵廟」獻花圈致敬。

一九七一年四月，美國乒乓球隊戲劇性地被邀請訪問北京。這就是導致尼克遜總統訪問中國的「乒乓外交」。當時，美國乒乓球員中有一位長髮披肩的「嬉皮士」問周恩來對美國嬉皮士運動的想法。周恩來表示，也許今天世界上的年輕人都對現狀感到不滿，他們嘗試各種活動，應該容許他們以不同的途徑探求真理。因此，周恩來說，他了解青年人的想法，他自己年輕時也是這樣。接著，他又勉勵這位青年人說，一個人如果發現自己的做法不是全然正確，他就應該懂得如何去改弦易轍。「最後，你的想法必須和大多數人達成一致。」

以上所說的幾個小故事，只能反映周恩來個人品德的一些小小的側面。但即從這些小事也可以看到，能夠使他個人品德如此突出的，必然有一個強大的動力。是什麼使他堅持同群眾聯繫？是什麼使他保持艱苦樸素的生活作風？是什麼使他當年奮不顧身地上街派報？是什麼使他在七十多歲時還顯得那麼年輕，能充分了解年輕人的想法，滿腔熱情地去啓發年輕人探求真理？

這強大的動力必須從他的生活目標去尋求答案。如果沒有一個遠大的理想目標，一個人可以做到這樣地無私、這樣地忘我、這樣地鞠躬盡瘁、死而後已嗎？

就以統一戰線來說，如果不是認識到這遠大的理想，必須聯結其他階層的人士，聯結世上所有被壓迫民族、被壓迫人民，共同奮鬥，才可以實現的話，一個人能有這樣的胸襟、度量，求同存異地團結一切可以團結的力量嗎？

一個只有民族立場，而沒有國際主義精神的人，會爲自己民族在古代的侵略行爲感到歉意嗎？不論你是否喜歡共產主義，周恩來的一生，的確如鄧小平所說的，「是爲共產主義事業光輝戰鬥的一生，是堅持繼續革命的一生。」而決不是爲了個人地位，爲了名垂青史，或者只是如諸葛亮那樣爲了蜀國能戰勝魏吳、如華盛頓那樣爲美國的獨立而奮鬥的一生；儘管諸葛亮、華盛頓有歷史的侷限，對他們也應有正面的評價，但周恩來終生爲之奮鬥的理想卻更加遠大，簡直不可比擬。

古往今來，多少人追求不朽！但可惜人生有限，儘管現代科學可以把屍體保存，而畢竟生命是消逝了。目光極其遠大的人，雖然知道理想尚遙遠，道路也漫長，但他既然確信這理想是正確的、美好的，他就以一個實行家的態度，盡其生命所可以貢獻的一切。到了晚年，他的經歷已極爲豐富，而他的神態仍使人感覺到他是如此的純潔，就像是一個滿懷理想的青年人一樣。他是一個徹底的唯物主義者，他不相信生命的不朽，但他確信他的事業後繼有人。在盡其所有之後，他留下遺言，要把他的屍體化爲灰燼，並把骨灰撒在他的祖國的江河裡和土地上；他在這片土地上出生，他啜飲這裡的江河水長大，今天，他回到江河土地中去了。

他似乎從來沒有想到過自己的重要，他也從不追求自己的不朽。他自自然然地做著爲實現他的理想所該做的一切。結果，他的名字將永垂不朽！

（《七十年代》，一九七六年二月）

七、遙念周總理

李惠英

周總理與世長辭了。

噩耗傳到紐約的時候，已在一月八日黃昏以後，當時我還在收聽紐約市廣播電台的新聞。猛然聽說周總理死了，頓時心驚肉跳，五內俱焚，一個人在屋子裡邊打轉，真正不知應如何自處。

事實上不止是我，許多聽到這項消息的人，很顯然地，都已方寸大亂。華僑們漏夜互相走告，美國朋友在電話上飲泣，大家都亟欲知道本市的追悼會將在什麼時候舉行。

人人惋惜

各電台依然不斷地重複報導這條新聞。電視台且停止原來正在上映的節目，而改映周總理生前的幾段新聞影片。一張在先一天晚飯前後上市的紐約時報，今晚只得按後發行了。因爲這條消息太重要，報館還得派人訪問福特、基辛格等要人，請他們對周氏的逝世加以評述。

次日，各家報紙無不以周總理的逝世排作頭條新聞。此時，全城的人都已獲悉這項噩耗。人人感到震驚，人人爲此惋惜。許多人難過得絕食一天。早報更是弄到供不應求。

聯合國作了一件安慰人心的壯舉，華爾德海姆秘書長下令懸半旗向周總理致哀。安全理事會揭幕之前大家也先起立默哀，然後開會。大家都讚譽周總理爲國際上傑出的政治家，大家都稱頌他對世界和平所作的貢獻。

拍電北京

我於九日應邀走訪美中人民友好協會紐約市分會。才一進門，猛地裡便見到新掛起的周總理的遺像。灰白色的織錦照片，襯托在一張框著黑邊的白紙上，情景份外悽愴！

中國的好朋友愛絲特·戈洛賓走來和我招呼。她拉著我的手，大家心頭都有千言萬語，此時卻無法出聲，惟有相對無言，默默垂淚。

良久，我問她該會對周總理的去世有何表示，她說：全國協會除已拍電北京致哀外，還托人代送花圈。至於本分會呢，也已去電北京，不過花圈將就近送至中國常駐聯合國代表團總部，因爲該團將設靈堂追悼。

擺滿花圈

回到家裡，收到我國駐聯合國代表團一封信。慘白的信封框著黑邊，雖然明知道這是怎麼一回事，仍禁不住觸目驚心，萬分悲痛！

由來信獲知，代表團的弔唁儀式一共舉行兩天，即本月十四日和十五日。每天上午十時起，至下午四時止。弔唁的地方就在代表團辦公大廈的大廳裡。

記得去年十·一國慶在此舉行晚宴時，當時估計可容八百多人的大廳，今天卻密密麻麻擺滿了各方送來的花圈。大廳裡擺不下的，又一層一層的密排在外廳。許多花圈都寫著「最崇敬的周恩來總理永垂不朽」。更多的花圈卻在周恩來總理之上，加上「英勇卓越的領導人」，「傑出的無產階級革命家」，「黨和國家忠誠的革命戰士」……等字樣。

沉痛哀悼

由外廳進靈堂的門上，扯起了巨幅黑色橫額，其上用斗大的白字寫著：「極其沉痛追悼周恩來同志逝世」。

靈堂正中掛著周總理的遺像，遺像上方也有一幅黑色橫額；上面用白字寫著「沉痛哀悼周恩來總理」。遺像左右又各懸黑色大幅直條，左邊寫的是：「中國人民偉大的無產階級革命家，傑出的共產主義戰士周恩來永垂不朽」。右邊一幅是：「周恩來同志的一生，是共產主義事業光輝戰鬥的一生，是堅持繼續革命的一生。」

十點不到，黃華大使和該團的負責人便已在靈堂恭候前來弔唁的人士。黃夫人和另一部分負責人卻在外廳擔任迎接。

時間一到，弔祭的人便一批一批的、絡繹不絕地趕來。其中有各國駐聯合國代表團的代表，有各國使節，各國友人，美中關係委員會的代表，各團體代表……而來得最多的，依然是華僑和美國朋友。

在那極沉痛、悲傷、肅穆、寂靜的場合裡，人們清晰地聽到不斷的唏噓和哭泣之聲。更有華僑跪倒靈堂，失聲痛哭的……。他們都在哀悼這位英勇卓越的領導人，這位傑出的無產階級革命家，這位黨和國家忠誠的革命戰士的逝世。

一九七六年一月十五於紐約

（美東各界聯合籌備會，《周恩來總理追悼會專刊》，一九七六年一月十八日）

八、敬悼周恩來先生

朱養民

任何人自出娘胎獲得新生的一剎間起，他或她同時也用了一張與生俱來的單程船票，搭上向死亡之途前進的「時間巨輪」。加之這艘巨輪上有定向的自動裝置，它是決不會迷失方向誤入歧途的。儘管自古到今有不少的人幻想從這艘「時間巨輪」中半途跳出，來一個長生不老，截至目前爲止，卻沒有一個人如願以償，此所謂「山中常有千年樹，世上來尋百歲人」是也。如果世界上有什麼真理可以用「絕對」二字來形容的話，這個真理就是有生必有死。一個人對人生有了「生寄死歸」的認知，對於任何非親非故的人的死亡，是很難激起感情上的反應的。假定有的話，那就是例外，而我對周總理去世所產生的感情上的激動，就是常情之外的例外。

人是很奇怪的，我在海外過了近三十年的流浪生活，既不是他的同志，也未做過他的部屬，可是在一月九日我自收音機中聽到他去世的消息時，我感到非常的悲痛：我爲國家失去了他的領導而感到悲痛，我爲國內同胞失去了他的愛護而感到悲痛；再當我從電視中看見許多同胞揮淚向他的遺體告別而想到這些同胞流淚時的心情，我更是萬分悲戚。中國及中國同胞該多麼希望他能爲國家及人民再辛苦五年或十年。——一個只知爲國家製造分裂的蔣介石不也活了八十九年嗎？由於這點無名的沉痛，當我於一月十五日清晨去中國駐美聯絡處對他遺像俯首默哀之際，我感到三分鐘的時間太短；當我一月二十五日在美京僑胞爲他舉行紀念會上敬致悼詞之時，也因時間有限而感到言不盡意。在這裡我要以一個學習革命的讀書人的身份，以一些回憶，幾項比較，對於這位革命先進的讀書人，再度表示一次虔誠的哀思及崇高的敬意。

這些回憶是有一次我去找周先生卻未見到，有一次卻做了他幾分鐘的嚮導。未見到他的一次是抗戰初期（一九三七年底或三八年初），我剛從湖北省立武昌高中畢業。當時在武昌有一個八路軍辦事處，他常去那兒辦公，許多外省流亡到武漢的青年及本省準流亡青年想去陝北進抗日軍政大學的，都要親到辦事處辦理手續領取必要證件等。同時周先生也會對申請人個別談話——大約等於面試吧，以作最後的決定。我有位同班同學是在前幾天辦好了手續的，並示我有周先生簽名的介紹信件，因之，我也想去探詢一下。不料我到辦事處向傳達人員詢問周先生時，據告知他因事暫離武漢，不知何時回來，結果我算是白跑了一次。在這兒我要說明的，當時我想去陝北，並非由於我思想前進而是環境使然。當時武漢雖未淪陷，從整個戰局惡化的情形看，已是時間問題，一些家境較好的同學，早已同家人先去宜昌再上重慶作升學的準備了。我家中既窮，又以眼睛太近視，許多戰地政工團體不要我報名投考，真是有求學無路、報國無門之感。陝北之於武漢雖不及重慶更爲「後方」，至少比整天遭空襲的武漢要「後方」一點，更何況那兒還有一所「抗日軍政大學」？我是抱著入「大學」的心情想去陝北的。

現在再談談爲周先生做了幾分鐘嚮導的經過。一九四五年八月，八年的對日血戰，終於勝利結束。那時我不僅在中央政校讀了四年「大學」，還以通過高等考試的方式進入了當時外交部禮賓司作了一名「荐任科員」。所謂禮賓司者，洋雜務司也，業務之一就是爲蔣介石招待洋人時建議菜單，送發請柬及安排席次等等。一九四五年的勝利酒會（九月五日？），是在重慶儲奇門軍委會大禮堂舉行的一次大酒會，我也就奉命參加「打雜」。我的任務是掌管中國客人的簽名簿。我之所以不去掌管外國客人的簽名簿，因爲在舉行酒會的前幾天，重慶《大公報》有一篇〈歡迎中共領袖來渝商討和平統一〉的社論，我想他們也會被邀請參加。酒會時間好像是下午四至七時，果然在酒會正式開始半小時之前，來了三位與眾不同的客人，穿的是藍布中山裝，舊黑皮鞋，都未戴帽子，一位是今天的毛主席，一位是今年一月八日去世的周總理，另一位身材與周總理相仿但當時我卻叫不出名字（後來他簽了名後才知道是王若飛）。於是我馬上打開簽名簿說：「歡迎，歡迎，毛先生，周先生，請簽名。」首先毛主席提起筆來龍飛鳳舞簽了毛澤東三個字，其次是周總理，最後是王若飛。簽完之後，周總理就說：「現在客人尚未到，你可不可以帶我們參觀一下？」他當時也許以為我是軍委會的職員，其實我也是第一次來此，根本摸不清門路，於是我馬上說：「可以，可以」，將簽名簿放在桌子上，就帶著他們三位向後院走。當時的後院看起來頗有點荒蕪冷靜，周總理問道：「為什麼許多房屋都是空的？」我支吾其詞的說：「許多原來在此辦公的人已搬走了。」走了幾分鐘後，他又問我是不是在軍委會工作，我告訴他我是由外交部派來臨時幫忙的。我們從後院走回來時，等著簽名的客人已很多了，他們向我說了一聲謝謝就向舉行酒會的大廳走去，而我又回復做招待客人簽名的工作了。

對於周總理只有這麼一面之緣。就個人關係言，他對我既未「施教」，又未「賜恩」，如何會對他產生如此虔誠的敬佩呢？反之，蔣介石倒是對我不知「訓誨」了多少，又要我們之一的我不要忘了「黨」的大恩，而我卻對他很難發生敬意呢？我敬佩周總理，因為在我的心目中，他是一位不要偉大的偉大的革命家，他是一位不求不朽的不朽的愛國志士，他為人治事是光明磊落，大公無私。在待人方面，他以身作則，對己從嚴，對人從寬，一切以團結為先；在治事方面，他任勞任怨，有過不諉，有功不居，事事以大局為重。他負責國家實際政務二十幾年，從來未想到為自己出風頭，自以為聖明天聽是「上智」，其他同事或部下都是「下愚」；從來是爲事擇人而無壟斷國權的私心，也從來未見他利用權勢以求私利。更可貴的是，他能做得到的才希望並勸勉旁人去做，絕不以自己也做不到的道德教條，不近人情地命令旁人做聖人。可以說有史以來，他是一位罕有的了解人情的政治家。這種平易近人、不求偉大與不朽的精神，是可以贏得任何有正直感的人的敬佩的。

再反觀一下去年「崩殂」的蔣介石吧，他一生所追求的似乎只有偉大與不朽的光榮，一點做人的謙虛都沒有。他本是軍人，而在思想上他老是要爲世界留下救世的理想與反共的南針；他自以爲聖明天聰，全世界只有他一人懂得「反共」，全中國只有他一人夠資格繼承什麼中國的傳統文化。生前固令代筆人爲他寫出一大堆的哲學體系或嘉言類抄，強令他統治下的人民唸得頭昏腦脹不知所云，死後還要留下什麼「堅守民主陣營」及「光復大陸國土」的遺訓令在台同胞「矢勤矢勇、毋怠毋忽」。好像全世界沒有他偉大思想的存在，就會回復到中古黑暗時代似的。談到對人方面，他一生以至聖先師自居，對同事也好，對下屬也好，要敬之訓之，要旁人苦修做聖人讓他來「爲天地立心、爲生民立命、爲往聖繼絕學、爲萬世開太平」。從不知道「下愚」之中也多「上智」之輩，是一樣能夠有腦筋的。他統治台灣二十幾年，每天都想將台灣變成一個聖人島，滿街走的都是聖人，殊不知在這個物質文明的世界要人民做精神文明的聖人，是等於開倒車的。假定有一天寶島果真變成了聖島，一千六百萬同胞都成了聖人，試問還要政府幹什麼？還要軍警憲幹什麼？更還要總統幹什麼？當人人都是聖人時，又何來偉大與不朽的領袖？再談到治事方面，他更是言行不一：譬如他生時口叫民主與法制，死時又要人民「堅守民主陣營」，乍看起來，他豈不既崇尚民主又奉行法制嗎？事實上他仍不過是中國數千年來帝王專政傳襲的產物，以個人的喜怒好惡當作法律的標準，用朝三暮四的「手令」代替正式的法律，從來沒有法律之前人人平等的觀念。又如他一生高叫「天下爲公」，而國權黨權卻私相授受非親莫傳；他提倡賞罰分明，事實上有功則歸諸領袖的英明指導，有過則推到旁人的冥頑不靈。——自他當權到崩殂，除了兒子以外，沒有一個、也容不下一個可以與他共事的人，不充分是他狂傲固執的明證嗎？

我的一些回憶說明我爲周恩來總理的敬佩，完全是基於他掌政時鞠躬盡瘁爲國家人民服務的辛苦；我的幾點比較說明我對蔣介石的定論，也完全出自他當權時忙忙碌碌爲個人偉大與不朽的經營。我是沒有任何成見與恩怨作媒介的。誠然，古往今來就一個人對社會及人類的貢獻言，是有偉大與不朽的評價的，可是他是否真的偉大與不朽，要出自人們內心根據客觀事實對他所作的評價。多留幾部前後矛盾的著作，多塑幾個多采多姿的偶像，多建幾所美侖美奐的廟堂，與這個人在人們內心評價的高低是沒有任何關係的。一個越不偉大越不不朽的人，才越需要以點線式的具體的裝飾來反映他偉大與不朽的存在；反之，一個真正偉大與不朽的人，他卻讓旁人以良知來審度他在世時的功過。蔣介石去世了，他後人所忙的，是大辦封建的喪事，發動盲目的歌頌，製造人爲的悲戚，更怕在台同胞由於失去明燈無法舉步，還留下一篇要人奉守的遺訓。

周總理去世了，葬儀簡單肅穆，人們在他遺體前想到他二十幾年任勞任怨、爲國家人民做事的苦況，情不自禁地流下了感佩的眼淚。他沒有留下什麼遺訓，他知道每一代的中國人都有集體的智慧引導他們走這一代應走的路；從未懷有一個人真可以「爲天地立心，爲生民立命，爲往聖繼絕學，爲萬世開太平」的狂想。他是留下了遺言的，他最後的遺言是要同志們將他的骨灰撒在祖國的山河，做到來自自然去至自然的無我最高境界。他的偉大是從未想到自己的偉大；他的不朽是從未追求自己的不朽。幾千年來，像他這樣能任勞任怨忘我無私，只知平平實實貢獻自己的政治家，實在是太少太少了！

周恩來先生是去世了，可是「周恩來」三個字卻是與祖國的山河永遠同在的。今後要去憑弔他的人，用不著去找他的墳墓獻花圈，因爲在祖國河山任何一塊地方，都可對他的生平加以懷念與哀思。末了，我再以沉痛的心情，對周先生忘我的精神，廣闊的胸襟，表示崇高的敬意！

（《七十年代》，一九七六年四月）

九、敬悼周恩來先生

姚立民

一九七六年一月八日下午四時，我正伏在辦公桌上聚精會神地搞「系統分析」，朋友的電話帶來了一個不幸的消息：周恩來先生因癌症不治，與世長辭。我聽了以後，悵然良久，若有所失。眼睛望著那些分析圖表，卻一個字也看不進去。於是，我走上三樓的期刊閱覽室，順手拿起一本雜誌，隨便找了一張椅子坐下，用雜誌遮住面孔，藉著這片刻的寧靜，追憶一下周恩來先生偉大的生平。

在我腦海中一幕幕浮現的是：周恩來先生少年時代在法、德等國的集合同志、號召革命；在黃埔軍校任政治部主任時的雄姿英發；八一南昌起義時的石破天驚；二萬五千里長征時的堅苦卓絕；西安事變時的調停有方；重慶、南京國共談判時期的不卑不亢、不屈不撓；一九四九年建國後的總攬行政、宵旰辛勞；一九五四年日內瓦會議上的折衝樽俎；一九五五年萬隆會議上的領袖群倫；文化大革命後秩序的重建和生產的恢復；一九七一年四月執行毛澤東先生的決定，以乒乓外交出奇制勝，以及隨之而來的中美關係的解凍；第三世界的大結合；和平共處五原則在國際政壇上的大放光芒；晚年時期的不眠不休、力疾從公；一九七二年自知患絕症後的從容鎮定、妥善安排國務……

想著想著，也不知道時間過去了多久，直至下班時間已到，圖書管理員提醒我離開。

周恩來先生對世界、對中國的卓越貢獻，自有中外的歷史家來評述；周先生多姿多姿的、極不平凡的一生，自有傳記文學家來介紹。我對周先生所知有限，在這篇短文裡，只能簡述一些個人對周先生的最敬佩之處，藉以表達對周先生的深切悼念。

從國家民族的觀點出發，周先生最使我敬佩的第一點是：一九三六年十二月西安事變時的調停有方。當時國內外的情勢是：外有強鄰日本虎視眈眈，擇機而噬；內則國家瀕臨分裂邊緣，全面混戰可能爆發。周先生擔任調停的任務，難得之處有二：就主觀願望而言，自國民黨「清黨」大屠殺（一九二七年）、及五次「圍剿」迫使共產黨二萬五千里長征（一九三四—一九三五年）以來，國共兩黨之間勢如水火，積怨太深，此次蔣介石先生既遭軟禁，對共產黨來說，真是天從人願，洩恨有日；而周先生等共產黨人，以國家民族前途爲念，以「團結一致、槍口對外」爲念，竟然對蔣先生以德報怨，化敵爲友，如此寬大的胸襟，此爲難得者一。就客觀情勢而言，周先生調停的對象，一方面是志切抗日、熱血沸騰的張學良和楊虎城，另一方面是多方顧忌、剛愎而固執的蔣介石。如何使張、楊答應放人，如何使老蔣答應抗日，都不是一件簡單的事。周先生圓滿地達成了這項艱巨的任務，如此高明的手腕，此爲難得者二。

周先生最使我敬佩的第二點是：文化大革命（一九六五—一九六八年）後期，他在毛澤東先生領導下，於驚濤駭浪中緊握舵盤，把定方向，使全國的秩序迅速重建，生產迅速恢復。

周先生最使我敬佩的第三點是在外交方面的輝煌成就。西安事變和國共談判時期，周先生已經充分地展露了他的政治才華和在折衝樽俎方面的卓越能力。解放以後，他任總理兼外交部長，在外交方面建樹極多，特別是在日內瓦會議和亞非萬隆會議上的優異表現。亞非國家在印尼萬隆所舉行的會議，開第三世界大團結的先聲。周先生在當時所提出的「和平共處五原則」（一、相互尊重領土與主權之完整；二、互不侵犯；三、互不干涉內政；四、平等互利；五、和平共處），到今天仍然受到世界各國的重視。

一九七一年的乒乓外交，展開了中美關係的新頁。這項外交政策的制訂人是毛澤東先生；周恩來先生則是這項政策的實際執行者，他縱橫捭闔，運用之妙，存乎一心，無怪乎那位一心嚮往梅特涅和俾斯麥的美國國務卿基辛格先生，曾由衷佩服地說：「周恩來先生是當代最偉大的政治家。」

周先生最使我佩服的第四點是對國家大公無私的襟懷以及與人和衷共濟的氣度。眾所週知，周先生的政治才華，不僅表現在對外的談判和交涉，同樣也表現在對內的協調歧見和排難解紛。其所以能夠如此，是因爲他大公無私，不培植私人勢力，一心只是爲國盡勞，爲民服務。他的傑出的才華，既令人佩服；他的無私的胸襟，更受人尊敬。

寫到這裡，筆者有一個很深的感觸。有位詩人說過：「江山代有才人出」。這話一點不錯。打開中國歷史一看，真是時時有人才，處處有人才，誠所謂「十步之內，必有芳草」。問題是：個別人才雖多，但人才能夠風雲際會、團結在一起共同開創大事業的，在歷史上卻是屈指可數。主要原因之一，是「一山難容二（多）虎」。大家同是人才，你不服我，我不服你，既不能令，又不受命。輕則各行其是，力量分散，結果一事無成；重則明爭暗鬥，力量抵銷，結果兩敗俱傷。一事無成也好，兩敗俱傷也好，對他們個人、對國家民族來說，都是一件大不幸的事。現在來看毛澤東先生和周恩來先生，他們兩位都是現代史上第一流的人才。在遵義會議（一九三五年一月長征途中）之前，他們之間也曾有過歧見；但是，自遵義會議到現在的整整四十年之間，他們兩位始終和衷共濟，合作無間。毛先生特別長於理論、組織和軍事，周先生特別長於行政和外交；前者是政策的制訂人，後者是政策的執行者。兩位在一起，配合得真是天衣無縫，爲新中國的成立和建設，作出了極大的貢獻。

說周先生公而忘私，還有一個極好的例證：自一九七二年起他已自知患有不治的癌症，將不久於人世，而他並不向病魔屈服，竟然夜以繼日地、幾乎不眠不休地處理要公和會見外賓。這種精神，實在令人油然生敬！我所看到的海外華人對周先生的追悼詞中，很多人不約而同地引用了諸葛亮的「鞠躬盡瘁」來形容周先生的謀國之忠。這項引用非常恰當，需要說明的是：諸葛亮的鞠躬盡瘁，只是爲了報答劉備個人的三顧草廬之情；周恩來先生的鞠躬盡瘁，是爲了中國八億人民的付託之重！

作爲一個關懷祖國的美國華人，筆者於悼念周先生之餘，並竭誠地期望周先生的接班人，努力不懈，達成周先生生前的一些心願，以慰周先生的在天之靈。

（《七十年代》，一九七六年三月）

十、深切悼念周恩來總理的逝世

陳恒次

就像中國各省的人民一樣，絕大部分的台灣同胞，不論是生活在島內或海外，都很敬愛周恩來總理。記得當年在台灣，人們談論國事時常會提到周總理的名字。雖然台灣的人們，對於周總理的生平並不清楚，然而對於他的才能與對國家的貢獻皆懷有崇高的敬意。

一九七一年秋天，我和數名熱心國事的留學生回到祖國大陸，做了為期兩個月的參觀旅行，就在十一月十七日的晚上，周恩來總理在人民大會堂接見了我們五名留學生。當天晚上與周總理前後六小時的談話，使我們留下極為深刻的印象。他身為八億中國人民的領導人，而他的言談是如此的平易近人。從他的談話中，我深深地感到，他不但真誠地熱愛祖國、熱愛中國人民，掌握了複雜的國內社會主義建設的進程，而且對於整個國際形勢有精闢的了解。

令我印象最深別的是，周總理對台灣同胞的關懷。那天晚上的談話，一大部分的時間花在與台灣問題有關的話題上面。當我們談到台灣省的現況時，總理一再問及台灣的勞動人民及中下層公務人員的生活情況。我可以從這點看出，祖國政府堅持解放台灣、統一祖國的政策，是為了我家鄉廣大人民的利益。記得當我向周總理說：台灣人民反對國民黨的統治，可是不少海外台省籍人士因為不了解祖國，因而害怕中國統一後，台灣同胞會繼續被壓迫。周總理答稱，大陸各省在解放以後，已掃除了蔣幫統治時各種壓迫人民的政策與做法，怎麼會在台灣解放後，反而來壓迫台灣同胞呢。他的這個簡短樸實的答覆，實在勝過千言萬語。從總理的這句話，我了解到這樣的一個鐵的事實：無數的證據說明了，中國共產黨領導下的中國政府是一個為人民利益奮鬥的政權。今日祖國大陸上已不存在民族壓迫、地域及省籍壓迫，廣大人民已是當家作主，這就是祖國統一後，台灣同胞不再被欺負的最好保證。

如今，周總理已不幸去世。當周總理逝世的消息傳到美國的第二天，我遇到一位剛由台灣來的老鄉親。當我們談到周總理去世的事情時，這位老鄉親很是難過，他一再的說：「周恩來是一位偉大的人物，去世很可惜。」我相信，廣大的台灣同胞與祖國各省人民一樣，對於周總理的逝世，都深深感到難過與悲傷。

我們深深悼念一代偉大，一位偉大的無產階級革命家周恩來總理的去世。

（美東各界聯合籌備會，《周恩來總理追悼會專刊》，一九七六年一月十八日）

十一、悼念周總理

林綠

聽到周恩來總理逝世消息後，心情很沉重，很悲哀。這是中國一個很大的損失！從芝加哥到紐約來參加追悼會，希望大家化悲痛爲力量，團結一切可以團結的力量，爲祖國的早日統一而奮鬥。

周總理生前對台灣同胞很關心，我們海外的許多台灣同胞回去的時候，他很親切地接待了大家。這次在黨和國家的安排和周總理的照顧下，我們台灣同胞有機會回去參加第三屆全運會，感受到祖國人民對台灣同胞的骨肉情誼，同時也對台灣解放感到無比的信心。

我是一個高山族同胞，熱愛祖國、熱愛我的鄉親，很希望台灣早日投入祖國的懷抱。周總理生前關懷台灣同胞、關心台灣解放，他將永存在我們心中；他對解放台灣的願望，我們將努力去實現！

（美東各界聯合籌備會，《周恩來總理追悼會專刊》，一九七六年一月十八日）

十二、悼念周總理二三事

范光煥

身爲台灣同胞，對周總理的印象特別深刻，對總理的懷念也特別深切，對總理的去世更是哀痛。

第一次見到總理是在一九七三年秋天，我第一次回國參觀訪問的時候。那時周總理接見由海外回國訪問的僑胞團，時間是在晚上十點鐘。當我們一行人到達人民大會堂時，周總理已經在大廳等候我們，他親切地與每一個人握手。總理看起來身體與精神都非常好，臉上毫無倦容。之後，他親自點名與每一個人作了小小的交談，談話內容包括甚廣，而且有問必答。談到台灣問題時，在座的三位台籍同胞問題特別多，總理的解釋及回答都非常誠懇、詳細及深入。總理對台灣的關心，不僅表現在台灣問題上，還在接見所有海外回國訪問的台胞們（在一九七二年以前總理身體還好時，他幾乎親自接見所有由海外回國訪問的台灣同胞），而主要的是總理作爲一個國家的領導人，能誠懇地接受台籍同胞所提的各種意見，只要這種意見是合情合理，並對祖國的統一和台灣的解放有幫助。

記得第一次交談時，我們提出的幾點意見都被接受了而且實現了。現簡述於下：

一、人民大會堂台灣廳的設立：在一九七二年的人民大會堂裡，有全國各省所設的廳，但還沒有台灣廳，我們覺得應該早日設一個台灣廳，果然不久台灣廳就正式設立了。而且總理很關心台灣廳的佈置，親自徵求大家的意見。

二、保留黨及全國人大中台籍代表的名額：我們建議保留幾個台籍名額，等台灣解放後就可正式補上，結果是不但名額保留了，而事實上是有十幾名台籍共產黨員在一九七三年八月被選做代表，參加全國共產黨十中全會，而且有二位被選爲中央委員。在一九七五年一月舉行的第四屆全國人民代表大會中有十二個台籍代表，並有二個台籍代表被選爲人大常委。

第二次見到總理是在一九七三年秋天，那時第一屆亞非拉乒乓球賽在北京舉行，旅日、旅美及旅西德的台灣省籍同胞組團參加比賽。

在首都體育館的開幕典禮中，黨中央及政府的領導人除了毛主席外全都出席觀禮。當台灣同胞球員代表行經主席台前時，總理特別向代表們招手及鼓掌。在主席台上的總理，看起來比一九七二年清瘦些，但精神仍很好。

在整個開幕典禮及節目表演中，每隔一段時間就有服務同志送水及藥給總理服用。我們因此了解到總理是帶病在辦公，心理又難受又感動。等幾天的比賽節目結束後，總理又抽空在人民大會堂與各國的球員們留影紀念。當總理及中央領導人步入會場時，受到各國球員們熱烈鼓掌歡迎。周總理特別走到台胞團團長前，伸手擁抱團長，並表示他很高興台灣同胞能回國參加比賽。總理對台灣同胞的關懷使大家非常激動。

回想近幾年來，總理在百忙及身體不適期間，陸陸續續接見了不少海外回國訪問的僑胞及台灣同胞，給大家在精神上的鼓舞是筆墨所不能形容的。總理對海外僑胞的團結及愛國的認識，有直接的影響。今天，在哀悼總理之際，我們誓把悲痛化成力量，爲早日實現祖國的統一、台灣的解放而努力！

（美東各界聯合籌備會，《周恩來總理追悼會專刊》，一九七六年一月十八日）

十三、敬悼周恩來

吳言

中國國務院總理周恩來先生於元月八日上午九時因癌症逝世於北京，無論是周先生的朋友或敵人，都會感到這是中國及全世界的莫大損失。

周先生的去世並不使人感到突然，因爲周先生患有癌病的消息已謠傳甚久，周先生在過去兩年來便一直住在醫院中。

我是一個與周先生信仰不盡相同的美籍華人，但對於周先生堅定的信仰，不移的志氣，純潔的愛國熱忱，不計個人名位的胸襟，冒險犯難的勇敢，折衝樽俎的才能，懷有至高的景仰，在周先生去世之時，不能自已地寫出此文以表我對此一巨人的哀悼。

在近代中國史上，我認爲有四個人的生死影響了整個中國的命運：孫中山與宋教仁兩位先生的去世太早，致使國民革命變質，蔣中正先生的去世太遲，致使國民黨在大陸上一敗塗地，而周先生的每歷危險而倖存，則是今日祖國能成爲世界強國的主因。而周先生個人的信仰更是近五十年來國共消長的契機。假若周先生也像戴傳賢、陳公博及周佛海等共產黨員一樣，放棄了共產主義而投入國民黨，國民黨也許今日仍統治著大陸，而周先生在國民黨內的地位也許不會比他在共產黨內的地位爲低。所以我一直認爲周先生實在是左右中國近代五十年的真正主角。

周先生早年曾留學日本及法國，但周先生並沒有爲了個人攻讀學位，因爲在國外更能了解祖國的情況，而激起他回國革命的熱誠，使今日在美國的留學人汗顏無已。

因爲他認爲三民主義對於中國的改革，不及社會主義來得徹底，因之終身奉行社會主義至死不渝。假如他革命的目的只在求取個人的名位，以他二十七歲英年便當上了黃埔軍校政治部副主任，只要他願意放棄共產主義，他不難在國民黨內出人頭地。但是他爲了他的信仰，放棄了高官厚祿而出生入死與國民黨鬥爭。他的這種抱負與毅力，在五千年中國歷史中，是無人能出其右的。

因爲周先生虛懷若谷的胸襟，從來不自我標榜及表功，他對於社會主義理論是否有重大的貢獻，世人似乎不太知道，但在對社會主義的實踐上，可以說是首屈一指的。

在共產黨成立特務組織之初，周先生曾主辦過特務訓練班，因之有人恭維周先生是中共特務的創始人；中國紅軍在建立之初期，周先生是中共軍委會的副主任委員，以及在中共初創時期，周先生便一直負責軍政部門的工作。所以許多人認爲周先生是紅軍之父。毫無疑問，特務與紅軍是今日強大祖國的安定力量，周先生對此兩股力量的建立，皆有鉅大的貢獻。

周先生對於社會主義祖國建設過程中另一偉大的貢獻則是能夠建立一有效而獨立的行政系統。自一九四九年中共在北京建立政權以來，周先生便一直是中國國務院的總理，因爲革命形勢的需要，中國一直在進行著激烈的思想教育及再教育，社會也在不斷的改造及再改造。爲了使中國伐毛滌骨，整個國家經過了無數的狂濤巨浪。但整個國家的行政，在周先生領導之下，仍然能夠有效的運行，實是曠古空前的奇蹟。

周先生一直是中共外交的執行人，他靈活的手腕，堅定的信心，不屈不撓的意志往往能在絕望中找出生路。當年中共退至延安時，如果不是周先生說服張學良及楊虎城團結抗日，中共也許便沒有今天。在一九四九年中共立國之後，在國際上遭受到民主國家的孤立，幸有周先生領導終能在險惡的情勢下而日益茁壯。今日祖國不稱霸，不做超級大國的外交政策更是周先生偉大抱負的表現。

周先生出身在中國傳統式的書香門第，他溫文儒雅的風度，謙沖為懷的胸襟，以及待人接物的忠信不渝，是我國君子的典型風範，尤其對他愛人的堅貞不渝更是令人敬佩。因為中共的領導人，許多是法國留學生，免不了沾染上一些法國浪漫的氣息，致被國民黨攻擊為「一杯水主義」。今日祖國能回頭走向比較保守的家庭制度，周先生個人的身教想必是一主要因素。

周先生自英年投身革命直至離開人世，五十年間未曾略事休息，無日不在為國為民賣命操勞，在一九七二年獲知已害上不治的癌症後，仍然辛勤工作至死方休。他無懼死亡，鞠躬盡瘁的精神令人感泣。我深深感到，如果國家政治已上軌道，一切制度皆已確立，周先生應該可以早將國家重擔放下，至少在獲知已得癌症後可以不再操心國事。但是國家對周先生的需要迫使他至死仍然不能卸責。國家何幸能有周先生的領導，周先生何不幸，國家未能給予周先生一分一秒的安寧。

周先生死了，國家建設的重擔落在繼起者的身上，我虔誠的希望周先生的接班人能夠效法周先生無我為國的精神，腳踏實地，勿尚空談，忠實執行周先生訂下的建國藍圖，將中國建設成一個現代化的社會主義國家，這樣才能不負周先生一生的奮鬥及期望。

（《橋刊》，一九七六年一月／二月合刊）

第三節　詩詞輓聯

一、詩詞

1.卜算子

毛澤東

悼念總理

沉雷九霄炸
夜雨漫天灑
巨星殞落大樹傾
悲咽掩萬家

滿腔殷紅血
哭摧神州花
山川競彩人卻逝
英明壯中華

（《七十年代》，一九七七年一月）

2. 憶秦娥

毛澤東

悼周恩來

山河咽
拭淚無語心欲裂
心欲裂
頓摧棟樑
痛失人傑

江山如畫憶丹心
宏圖遺志永不滅
永不滅
新苗茁壯
勢與天接

（《七十年代》，一九七七年一月）

3. 哭總理

朱德

山巍巍兮水瀾瀾
淚灑南天兮哭恩來
當年奮圖志天涯

柏林邂逅意相諧
勃勃英姿輝滿身
娓娓雄談服眾懷
誓將熱血灑國土
雄心直欲挽狂瀾
北伐軍裡君勁健
南昌起義展英才
長征緊跟毛主席
明星煒月照人寰
暴日寇華群眾起
西安和解統戰開
開國豐功不自居
辛勤日月苦安排
文化革命討劉林
驅蔣登臨萬國台
國事未竟君竟逝
舉國悲痛失棟材
骨灰灑向江湖地
松柏自有萬人栽
哭君淚盡情難盡
一瓣心花獻靈台

（《七十年代》，一九七七年一月）

4. 悼念周恩來總理

葉劍英

偉人長睡
巨星半天墜
哀樂低迴
靈車隊
百里眾相隨
雲帳鉛灰
天路迤逶
不見總理歸
足頓胸捶
肝裂心碎
淚紛飛
建黨勛奇著
創軍業殊偉
二萬五千里
征戰披甲盔
破重圍
重慶不懼臨危
陝北大軍指揮
蕩滌污穢

大河上下盡朝暉
萬隆大會立新規
赴蘇門修魁
針鋒相對
真理高奏凱歌回
斥劉林魅鬼
江山色不褪
反霸連五洲
驅蔣復席位
四海震神威
運幄帷
端平一碗水
安定團結國生輝
不辭勞累
談笑諧詼
獻畢生精力
鞠躬盡瘁
青史永垂
三拜長跪
心往神追
痛憶教誨

學品德高貴
奮臂遺志遂

（《七十年代》，一九七七年一月）

5. 敬輓周總理

郭沫若

革命前驅輔弼才，巨星隱翳五洲哀。
奔騰淚浪滔滔湧，吊唁人濤滾滾來。
盛德在民長不沒，豐功垂世久彌恢。
忠誠與日同輝耀，天不能死地難埋。

6. 哀悼周總理（註一）

劉大傑

一

訃告傳來不敢看，赤星飛殞碧雲端。
人民不問青和老，齊向京華把淚彈。

二

五十年來百戰身，鞠躬盡瘁為人民。
忠於主席忠於黨，開國元勳第二人。

三

國際風雲變幻多，反修反帝戰妖魔。
運籌帷幄回春手，贏得英名舉世歌。

四

幾度光榮接笑顏，循循善誘話千般。
心長語重頻回首，最是難忘「過五關」。（註二）

五

紅旗半下悼英雄，百世流芳建大功。
風景宛然人不在，幾回垂首拜青松。

一九七六年一月十二日作

註釋：

註一：敬愛的周總理逝世，全國人民都感到無比悲痛。上海某報社約我寫哀悼周總理的詩，我寫了這五首。後來他們不肯登，並有傳聞，說我在詩中把周總理歌頌得太過份了。我當時感到氣憤，於去年四月，把這些詩寄給了毛主席，毛主席回了信。現在知道：「四人幫」搞陰謀詭計，瘋狂反對周總理。周總理逝世後，「四人幫」不許報刊登載紀念周總理的詩文，真是罪該萬死。

註二：我多次見到周總理，他非常關心知識份子的改造問題。他曾教導我們，老年知識份子的改造，特別要注意「過五關」。五關就是，政治關、思想關、生活關、家族關、社會關。

7. 沁園春

梁秩風

周總理興邦偉業，萬古雲霄，金劍斂芒，八方同悼。因賦此詩略表景仰之忱。

霹靂驚絃，鶴空華表，哀感填膺。正江山如畫，氣沖霄漢，光輝九派，屹立崢嶸。萬乘同心，雄姿英發，矯矯鵾鵬震漢聲。乍依黯，遽蘭摧玉折，損煞長城。英明。俊秀豪情。抱許國丹心歷此生。念壯懷激烈，長征萬里，餐風茹雪，百戰身經。重整金甌，鞠躬盡瘁，扭轉乾坤願始平。含笑去，賸千秋遺範，萬古長青。

（寄自加拿大）

（《七十年代》，一九七六年四月）

8. 屹立在歷史的峰巔——悼念周恩來總理

洪荒

一

在中國，在一月，
在一九七六年。
為什麼山嶽俯首，
　江河嗚咽，
　風雲色變？

　　沉重的哀樂，
在長空反覆迴旋。
告訴人們——
中國失去了一根砥柱，
世界失去了一位巨人，
無產者失去了一個中堅！

無限的悲痛積壓在心間，
無盡的思念化作了淚泉。
　　在十里長街上，
　　在千里朔風前，
長長的長長的隊伍，
等待著靈車出現；
要見敬愛的周總理，
　　最後一眼！
望著你鬢邊的白髮，
　　瘦削的容顏，
心中洶湧著萬語千言，
哀思飄游到很遠很遠……
從旅歐支部的燈光，

　到北伐戰爭的硝煙；
從南昌起義的紅旗，
　到長征路上的火焰；
楊家嶺的窯洞，
華清池的溫泉，
曾家岩的青松
梅園的窗簾……
哪一處沒有你
　火熱的語言
　　激勵著千百萬人
　　　堅定信念；
哪一刻沒有你
　卓越的遠見，
　　催動著革命洪流
　　　滾滾向前！
在礦山巷道裡，
　探索新的礦源；
在公社大地上
　巡視豐收的麥田；
風塵僕僕，去三大洲，
　把人民心意相連；

風度翩翩，在大會堂，
　擺開迎賓的國宴……
更難忘，文化大革命。
　波翻浪捲，
你和毛主席一道
　把穩航線。
為大聯合操心，
給革委會賀電，
多少個夜晚啊，
　你通宵不眠！
想著中國的前途，
　把重擔挑在雙肩；
為了人民的幸福，
　將一生完全奉獻！

可是，為什麼
　不准把你懷念？
為什麼啊
　給人心套上鎖鏈？
中國的上空，
　翻捲著濃黑的雲煙；

陰暗的角落，
　散佈著惡毒的流言……

二

在中國，在清明，
在一九七六年。
在天安門廣場上，
發生了怎樣的事件？
人民英雄紀念碑下，
擺開了隆重的祭奠——
　堆積如山的花圈，
　深切悼念的輓聯，
　聲討奸邪的檄文，
　心血凝結的詩篇……
高誦這悼詞吧！
是中國共產黨員，
　鋼鐵的誓言；
是工農兵學商們，
　誠摯的心願。
反覆地看啊，
　白髮蒼蒼的老人

　　淚水模糊了雙眼；
不停地抄啊，
　掛著紅領巾的孩子
　　把愛憎刻在心間！
誰能阻擋人民的意志？
花山人海廣闊無邊——
　頂著磐石般的重壓，
　迎著四人幫的刀尖，
天安門廣場上，
是何等悲壯的場面！
白色恐怖罩下來；
　「這是反革命事件！」
「莫須有」罪名滿天飛，
　製造了多少沉冤！
而人民沒有低頭，
鋼刀砍不斷思念。
　藏住珍貴的照片；
埋下戰鬥的詩篇。
　同深深的仇恨一起。
人們在盼望啊——

雲開霧散見青天；
人們在盼望啊——
磨亮了正義的長劍！

三

在中國，在十月，
在一九七六年。
革命，又經歷一次
嚴峻的考驗！
喪心病狂的野心家，
露出了猙獰嘴臉；
要攫取黨政軍大權……
但是，一聲霹靂，
使他們原形畢現；
女皇夢，變天計，
都化作落葉片片！
被歪曲的事實要扭正，
被顛倒的歷史要還原。

在勝利的歡呼中，
唱一曲深情的「綉金匾」，
對周總理的哀思啊，
再次牽動人們的心弦……
在中國啊，在今天，
在巍巍的天安門前。
雨後的陽光分外明亮，
濾過的空氣特別新鮮。
還是這個廣場，
人海裡浪花飛濺——
更多的花圈，
　更長的詩篇，
　　更高的敬意，
　　　更深的懷念！
敬愛的周總理啊，
你該笑慰九天……
誰說你沒有子嗣？
　你的後代萬萬千千；
誰說你沒有遺囑？

請看四個現代化的心願；
誰說你沒有墓地？
神州何處不安眠；
誰說你沒有碑石？
你光輝的形象，
永留在人心間；
是一座不朽的豐碑，
屹立在歷史的峰巔！

一九七八年一月八日

（《盤古》，一九七八年三月）

9. 永遠年輕的老人

舒巷城

那些黑夜啊那些白天
曾有多少失眠的眼睛流淚
在北京的英雄紀念碑前
斯人一去
長安街在寒冷中哭泣
揚子江啊也禁不住嗚咽

在人們心裡衝擊的如潮的哀思
從中國傳到海外
直到地球的另一面——
在仍是風雨如晦的人間裡
他的死
豈僅是黎明前的一顆星星
殞落於天邊

他去了，他去了
但在人類歷史的銀河上
將永遠留下啊
他的充滿熱力的
光輝的七十八年
他的一生
是波瀾壯闊的一生
是為中國
　和世界人民
　嘔心瀝血的一生

在舊世紀的莽莽叢林中
他曾披荊斬棘

歷盡艱辛
在白色的風雪下
他青松挺立
豪氣干雲
啊，二萬五千里的風塵過後
他帶者另一次長征的萬里風塵

人們不會忘記
那時候啊那時候
他在北京的笑容
他在萬隆的聲音
他在日內瓦的風采
他對中國與世界前途的信心
　以及他的勤勞、謙遜
他的品格、胸襟……

千百年後
人們將一樣談起
在一個風雷激盪的時代裡
他曾怎樣隨同另一位巨人
並肩作戰啊扭轉乾坤

他曾怎樣和勞動人民在一起
推動著歷史的巨輪
在時間的前面飛奔……

是的，江水滔滔
千百年後
人們將一樣談起啊
這位可敬可愛的
永遠年輕的老人

（《七十年代》，一九七六年三月）

10. 無題

吳明

巍巍的山岳，
風雨中屹立不搖的山岳，
當萬家燈火，
人們都安息了，
你仍然屹立在蜜也似的黑暗中，
慈祥地俯視著廣袤的大地，
俯視著大地上的一切，

悲、喜、哀、樂，屬於許許多多的人們的，
都撫慰在你的胸懷之中了。

滾滾的大河，
日夜地滾滾東去的大河，
當萬家燈火，
人們都安息了，
你仍然流動在蜜也似的黑暗中，
滋潤地灌溉著兩岸的土地，
灌溉著岸上的一切，
悲、喜、哀、樂，屬於許許多多的人們的，
都沖洗在你的胸懷之中了。

浩瀚的海洋，
奔騰中不讓細流的海洋，
當萬家燈火，
人們都安息了，
你仍然呼喚在蜜也似的黑暗中，
寬宏地容納著流來的江河，
容納著江河中的一切，
悲、喜、哀、樂，屬於許許多多的人們的，

都消解在你的胸懷之中了。

今夜，
當萬家燈火，
人們卻不能安息了，
他們望著劃過天邊的殞星，
想起了那海洋的浩瀚，
　那高山的崔巍，
和那滾滾東去，不再復返的──
那麼久以來，
滋潤著兩岸的大河。

（美東各界聯合籌備會《周恩來總理追悼會專刊》，一九七六年一月十八日）

11. 悼念偉大的革命戰士

華欣

放下電話，
心往下沉。
一句話凍結在心上。

他說：
「周總理去世了，
真叫人難過。」

難過，是的，難過，
淚在臉上，也在心上，
是哭不盡的悲傷。
窗外風雪呼嘯，
報喪的人一般
敲著每一扇緊閉的門窗。

今夜有許多人不能成眠。
外面風雪正大
一片白茫茫。
我們內心的哀歌與天地交響
悲悼您——
一位偉大的革命戰士的死亡。

死亡對你絕不是終止。
就像那長征的腳步聲，
不僅在歷史裡迴響。

到今天，
仍然在耳畔激勵我們奮發向上。

今夜！
今夜怎麼也不能成眠，
淚流在臉上，
淚流在心裡。
外面風雪正大，
一片白茫茫。

我們內心的哀歌與天地交響，
悲悼你——
一位偉大的革命戰士的死亡。

（美東各界聯合籌備會，《周恩來總理追悼會專刊》，一九七六年一月十八日）

12. 巨星殞落

適民

巨星殞落，
山川失色，

英雄長逝，
淚灑六合……

壯麗一生，
獻給人民，
毫不利已，
全心為國！

主席戰友，
百姓知心，
久經考驗，
偉大戰士！

萬里征途，
不斷奔赴，
天下為懷，
瀟灑磊落！

戰爭年月，
出生入死，
勝利時代，

保持本色！

馬列學生，
從不曠課，
革命路上，
永不停步！

巨星殞落，
江河失色，
總理長辭，
鉛壓心窩……

誓把悲痛，
化為力量，
宏偉理想，
定要實現！

一九七六年一月九日

（美東各界聯合籌備會，《周恩來總理追悼會專刊》，一九七六年一月十八日）

二、輓聯

革命為人民求解放，盡瘁忘身，
不恤憂勞終一世。
長留功業在人間，
運籌為舉世拓新機，折衝樽俎。

葉嘉瑩

五十餘年獻身革命，建黨、建軍、建國、建新社會，志切國家統一富強，
夙夜辛勤，鞠躬盡瘁
巨星殞落，薄海同悲
幾千萬里激發人心，反修、反殖、反霸、反舊秩序，力求世界繁榮進步。

葉　南
袁曉園　敬輓

有堅強鬥志能談能戰，雲龍風虎，閻闔間際會逢時，
根除千載沉疴，開中華新運
洗淨百年國恥，導世界洪流
是傑出人才允文允武，捭闔縱橫，議壇上指揮若定。

姚立民　敬輓

求世界和平共處、折衝樽俎，談笑運籌、指揮若定，
中外欽遲吾總理
古今罕有此完人
為人民幸福前途、建設國家，鞠躬盡瘁、典範長存。

趙龍　敬輓

（美東各界聯合籌備會，《周恩來總理追悼會專刊》，一九七六年一月十八日）

第四節　舉世同悲

一、國際組織

1. 聯合國秘書長瓦爾德海姆

主席先生（安全理事會），我要同你一樣衷心哀悼中華人民共和國國務院總理周恩來先生的逝世。我已經向中華人民共和國政府表示了我的慰問和哀悼。

周恩來先生的逝世不僅是中國人民的巨大損失，也是全世界的巨大損失。他對中國的發展和中國與國際大家庭的關係上都發揮了歷史性的作用。他是中國人民愛戴的卓越領導人，他的智慧和政治家風度有口皆碑、遠超出中國國界之外。他在促成各國之間較好的瞭解和促進國際和平方面的影響，更是特別重要。

周恩來先生的性格和人品，受到所有有幸同他會面的人的無限仰慕和尊敬。我永遠記得，他接待我訪問中國時的熱誠有禮。他世界事務的深刻瞭解和對聯合國的敏銳洞達的認識，也使我印象深刻。

我要再一次向中國代表，並通過他向中國政府，表達我對全世界和中國政府與人民同樣蒙受的巨大損失的慰問和哀悼的心情。

（美東各界聯合籌備會，《周恩來總理追悼大會專刊》，一九七六年一月十八日）

2. 聯合國安全理事會主席薩利姆

「中華人民共和國周恩來總理的逝世使國際大家庭失去了一位偉人。他不但像中國正式訃告所說『是黨和國家久經考驗的領導人』，而且他的影響之深遠已超出中國國界之外。本世紀沒有幾個人像他一樣在世界舞台上留下了這麼不可磨滅的足跡。」

「一九四九年中華人民共和國成立以來周恩來就是中國的總理，他是一位富於理想、修養深厚的人。他一身兼具革命家和行政領導人的美質，並且做到了實現造福人民的理想。他才智機敏、記憶力驚人、言談精闢、才多識廣，使每一位有幸同他徹夜長談的外賓都保留了深刻的印象。他對事與人都有獨到的認識，他有工作和領導的卓越才能、並且對他認為最符合中國利益的政治目標信守不渝。他是毛澤東主席長征時期和後來建設國家時期的伙伴，發揮了獨一無二的作用。他以代表中國參加會談交涉而聞名於世，就在今天我們最清楚的記得、一九五四年他在日內瓦和一九五五年他在萬隆的風彩。聯合國對他並不陌生，歷任秘書長都知道他的智慧，都曾領受教益。我們當然知道中國現在在這個組織中所發揮的作用，這是他（周恩來總理）的國際政策所造成的積極可喜的成果。我相信作為聯合國會員國的代表，我們都同中國政府和人民一樣，感受到巨大的損失。」

「我要代表安全理事會各理事國，懇請中國大使在這個悲傷沉痛的時刻，向中國政府和人民轉達我們最深切的哀悼。我個人也要說幾句話。我曾榮幸地在中華人民共和國充任我國駐在這個偉大國家的大使，因此我有理由對周恩來總理的逝世感到個人的損失。在大家同感悲傷的時候，他的熱忱、他的關切歷歷如在目前，更加深了我的沉痛心情。」

「現在請安理會各位代表起立、默悼一分鐘。」

各位代表起立默悼一分鐘。

3. 歐洲共同市場主席奧托利

歐洲共同市場委員會今天就周恩來總理逝世向中國領導人毛澤東主席表示對周總理逝世的深切哀悼。委員會主席奧托利在唁電中說，鑑於周總理和你的密切關係，我的同事和我本人，爲失去這位傑出的政治家，希望向你和中國人民表示深切慰問。這位傑出的政治家，與中國和世界歷史永遠聯繫在一起。

奧托利打給中國人民代表大會常務委員會委員長朱德的電報中說：「我們向這位傑出的人致敬，並且分擔中國政府和人民的悲傷。」

二、第一和第二世界政要

1. 美國

尼克松

美國前總統尼克松八日說：「周恩來的功勳是，他協助結束了黑暗時代。」尼克松說：「這位中國領袖的去世，令我感到非常悲哀。在二十世紀中，只有屈指可數的人，趕得上周恩來總理對世界歷史所發生的影響。」

「在我過去二十五年間有幸能結識的上百個政府首腦中，沒有一個人能在敏銳的才智、哲學性的雄才偉略和經驗豐富的學問上能超越他的，這使他成爲一個偉大的領導人。」

從尼克松的卡莎太平洋別墅發出的唁電中說：「很大部分因爲毛主席和周總理的對歷史的眼光卓見，中華人民共和國和美利堅合衆國能在一九七二年冬天得以相聚，結束一代的對立，而開始我們兩國之間談判和和解的一個時期。」

基辛格

美國國務卿基辛格八日晚上發表聲明說：「聽到周恩來總理去世的消息，我非常悲哀。中華人民共和國失去了一位偉大的領袖，全世界失去了當代一位傑出的政治家。」

當中美兩國開始建立，然後發展出一種新的關係，來取代存在了多年的懷疑與敵意的時候，我很榮幸地同他談過很多次話。他對他本國利益的竭精盡慮，他對世界事務的深刻理解，和他所兼具的知識份子的敏銳和引人的風采的這種稀有的質素，留給我非常深刻的印象。

美國保證在周恩來總理協助建立的原則和目標的基礎上，繼續發展美國同中華人民共和國的關係。

2.英國

英國共產黨（馬克思列寧主義）中央委員會主席伯奇一月八日致電中國共產黨中央委員會，對周恩來同志逝世表示沉痛哀悼。電報說：英國共產黨（馬克思列寧主義）中央委員會沉痛哀悼周恩來同志的逝世。這對全世界人民是多麼重大的損失！

周恩來同志是當代共產主義運動的最高體現。在他偉大的一生和工作中，馬克思主義者的智慧、爲社會主義事業鞠躬盡瘁的精神和高尚的品德，達到了最完美的境地。

他在漫長而艱苦的革命戰爭歲月裡對中國革命的領導，同他在一九四九年以後的工作兩相媲美。中國人民建設社會主義和反對帝國主義、修正主義鬥爭的輝煌勝利，是在他擔任中華人民共和國總理和中國共產黨副主席之一的卓越的領導下取得的。

周恩來同志的業績將繼續是所有爲反對壓迫和剝削而鬥爭的人們的鼓舞力量。他的名字將受到當代和世世代代國際無產階級的尊敬。

3. 法國

法國馬克斯列寧主義共產黨中央委員會書記在唁電中說，法國馬克斯列寧主義共產黨中央委員會獲悉中國共產黨中央委員會副主席、中華人民共和國國務院總理周恩來同志逝世，至爲哀痛。這不僅是中國共產黨和中國人民的不可估量的損失，而且是國際共產主義運動和全世界各國人民的不可估量的損失。

周恩來同志忠於黨、忠於人民、忠於馬克斯列寧主義事業和無產階級國際主義事業，爲貫徹執行毛主席的無產階級革命路線，無私地貢獻出了自己畢生的精力。周恩來同志在中國人民爭取民族解放，建立無產階級專政和建設社會主義的鬥爭中，早期就爲共產主義事業進行了不屈不撓的鬥爭，爲深入進行革命，鞠躬盡瘁，對中國共產黨和中國人民所從事的偉大鬥爭，對無產階級文化大革命和批林批孔運動，對反對帝國主義、社會帝國主義和現代修正主義的鬥爭，都作出了輝煌的貢獻。

周恩來同志對他曾經旅居過的我國十分瞭解，他讚揚法國工人階級和法國人民的鬥爭傳統。儘管修正主義份子竭力誣衊偉大的紅色中國，法國工人階級和法國人民對中華人民共和國的光輝成就，對毛主席領導下的中國共產黨一貫遵循的革命路線日益感到高興和關心。因此，周恩來同志的逝世，使法國無產階級和法國人民感到深切哀痛。

4. 德國

德國共產黨中央政治局常委會霍伊勒、霍勒曼、胡特、澤姆勒在電報中說，周恩來同志逝世，使我們萬分悲痛，請接受我們深切的哀悼。他的逝世使你們黨和中國人民，世界各國工人階級、各國人民和國際共產主義運動失去了一位卓越的領導人和導師。

周恩來同志爲世界革命的利益奮鬥終身。他是一位偉大的共產主義戰士和久經考驗的無產階級革命家，在毛澤東同志的領導下，他在創建中國共產黨，奪取中國革命的勝利，建設社會主義的事業中，在偉大的無產階級文化大革命，批林批孔運動，鞏固無產階級專政和反對修正主義和社會帝國主義的鬥爭中做出了不可磨滅的貢獻。

國際共產主義運動和世界各國人民感謝他在反對帝國主義、殖民主義和兩位超級大國的霸權主義的鬥爭中所作的重大貢獻。

周恩來同志將永遠活在我國人民、我國工人階級和它的共產黨的心中。我們將仿效他的革命榜樣，在我們爲實現獨立、統一和社會主義德國而進行的鬥爭中穩步前進。我們將以他的精神去進行戰鬥，以他的精神去爭取勝利。

5. 澳洲

澳洲總理馬爾科姆．弗雷澤形容中國總理周恩來是當代的傑出人物之一。

弗雷澤說，周總理願意坦率地與到訪的政府領袖及其他重要人物討論他的國家的地位。

他說：「周總理作爲一位政治家和當代的重要人物，將永垂史冊。長期以來，他爲他的國家鞠躬盡瘁。」

澳洲前總理惠特拉姆今天說，中國總理周恩來逝世，使現代世界歷史上，失去了一位巨人。惠特拉姆在一次聲明中說，他和毛澤東主席體現和表達了中國人民爭取民族統一和國際尊嚴的願望。

惠特拉姆說，半個世紀以來，他站在他的國家事務的中心，是他的國家對世界的主要發言人和講解者。他是恢復世界四分之一的人在國際社會中的適當地位的締造者。惠特拉姆說，如果現在世界各國能更好地了解中國和中國人民，這主要是因爲這位卓越的人物。

6. 日本

自民黨書記長中曾根代表自民黨發表聲明，對周恩來總理逝世表示深切哀悼。聲明說，雖然周總理逝世了，日本仍然堅決繼續同中國發展友好關係。日本更將積極地以最快的速度簽署《日中和平友好條約》。

日本前首相田中說：「我想日本和中國之間外交關係正常化是日、中兩國人民最快樂的事情。」他說：「周總理對日本整個戰前、戰時和戰後時期都很熟識，他很了解日本。失去這位偉大的朋友是日本以及日本人民的一大損失。」

日本首相三木武夫一月九日發表聲明，悼念周恩來總理逝世。聲明全文如下：

今晨得悉中華人民共和國總理周恩來閣下逝世，本人感到深切震動和悲痛。

周恩來總理不僅是中國的偉大領袖，而且是世界的傑出政治家之一。他的逝世，實在是中國和整個世界的重大損失。我回憶起一九七二年四月，即中日關係正常化之前我對中國的訪問。我在周恩來總理的誠意邀請下訪問了中國，親自有機會與周總理進行長時間的、認真的會談，討論我們兩國關係正常化的方法和途徑，從而為我們兩國的永久友好關係奠定基礎。這次會面，在我腦海中仍記憶猶新，清清楚楚。我對周恩來總理的英明才智，以及他對未來許多代的中日關係發展事業所表現的全心全意的熱忱，留下了深刻的印象。

社會黨委員長成田知已說：「獲悉周總理去世深感悲痛，周總理是卓越的革命政治家，他在世的偉業將永垂不朽。日本社會黨決根據周恩來總理的遺志爲早日締結日中和平友好條約而努力。」

公明黨委員長竹入義勝說：「周總理的去世就像是巨星墜落一樣，日中和平友好條約未能於周恩來總理生前締結，實在是一件遺憾的事。民社黨委員長春日一幸則說：周恩來總理畢生從事中國革命經歷許多艱難，終於完成大志。對這位偉大領導者充滿熱情的生涯，衷心表示敬意。」

三、美國和日本的輿論界

1.美國

《紐約時報》

周恩來是二十世紀具有遠見的政治家之一。如果一九四〇年代末期到一九六〇年代中期的短兵相接的冷戰階段如今已成往事，一部分要歸功於這位偉大的中國領袖……。

在一九六〇年代初期，周恩來是中國敢於反抗蘇聯的壓力，使北京採取一種真正獨立政策的中國領袖中的中心人物。隨後，他同毛澤東一起，成了修復破裂已久的中、美關係的關鍵人物。自從一九七一年，在那次有歷史意義的會晤中，周恩來同基辛格第一次見面並握手以後，世界局面就完全改變了；那次會晤，打開了中華人民共和國和美國之間取得新的和更好的——如果還不完全是坦誠的——了解的道路。

在一九二〇年代以來意義比較廣泛的中國歷史中，周恩來是僅次於毛主席的一位偉人。本世紀初期中國備受欺凌，這對他初期的事業發生了強烈的影響。爲了恢復中國的尊嚴和強大，周恩來和毛澤東都採用了一九一七以後蘇俄革命的範例，信奉了馬克斯主義的思想和用語。……

周恩來是一位組織家、宣傳家、行政首長和談判者、軍事領袖、調解人，在中國成爲世界政治強國的曲折過程中，沒有一個重要的角色，周恩來沒有擔任過，而且幾乎每次都是成功的。

《時代週刊》

亨利・基辛格一度把他譽爲「當代最偉大的政治家」。說實在的，二十世紀很少有人像周恩來，塑造了中國的革命，改變了國際政治的形態，四分之一個世紀中，周恩來是中國政府機構的監督人。作爲在毛主席領導下中國主要的外交決策人，他爲北京制訂了在兩個超級大國之間不偏不倚的路線，從而創造了一個新的世界權力和影響力的中心。他態度溫和，觀察敏銳，而且耐力過人，他以梅特涅的手腕和不同尋常的才幹，推動著中國的事業。上個星期，周恩來以癌症去世，享年七十八歲，留下來的是成就過人的一個革命者、軍人和世界人口最多的一個國家的行政首長的一生。

《新聞週刊》

周恩來在戰後的紀錄，除了毛澤東以外，其他的中國政治領袖是無法與他比擬的。自從中共於一九四九年接掌中國以來，他就擔任總理，而且在大部分這段時間中兼任外交部長，他塑造了一個政府，並訂出了它的大部分外交政策。他有一心一意從事革命的那種人的熱情，並有幹練的政治家所具備的堅強毅力和實事求是的精神，在毛澤東所主張的不斷革命的理想同維持一個有效的機構來管理中國這個巨大的人口眾多的國家之間，他找到了一個均衡。

……

周恩來對這些工作是勝任愉快的。他是一個知識份子，也是一個實事求是的人；他舉止文雅，態度引人，作事講求方法而又有勇氣，正如一個崇拜他的人一度說過的：「周恩來只要看你一眼，就使你歸心了，或者使你心軟下來。」

……

在他一生的最後幾年身體轉壞以前，周恩來表現出無限的精力，他一早就開始工作，一直工作到下半夜。他監督二十六個政府部門的工作，出席官方的聚會，同時和工人、農民、學生和黨員幹部一起討論甚至最細微的問題。以上種種，使周恩來成了一位精明幹練的外交家，中國有名的談判者，和手腕最高明的政治家。

《華盛頓郵報》

「中國的周恩來總理是全世界最充滿活力和最多才多藝的領袖之一。」從本世紀第二十年起，他就是一個革命的學生，開始了他的事業，他為中國的共產主義運動服務將近兩個世代，所擔任的工作有組織者、將軍、外交家、經濟主持人和政府首腦。

《基督教科學箴言報》

「周恩來在混亂中給中國以安定，在分裂中給中國以調和。」

「當初周恩來所以起而反抗……也是受了使許多中國青年知識份子發生轉變的民族意識的影響。他們強烈不滿中國在外國人手中所遭受的屈辱，周恩來這些人為了恢復中國的榮譽，為了克服它的弱點，在馬克斯主義中找到了答案。」

（美東各界聯合籌備會，《周恩來總理追悼會專刊》，一九七六年一月十八日）

2. 日本

日本對周恩來總理的哀悼

明滔

一月九日，日本各電視台從早到晚不斷地播送著周總理逝世的悲痛消息，報導總理一生的光輝事蹟，其中特別著重中日友好的歷史。各電視台還邀請了見過總理的各界人士，發表對他的哀悼心情。

松山芭蕾舞團負責人松山女士沉痛地說：「見到周總理，好像見到自己的父親。」

自民黨國會議員田川誠一先生回憶起他初次見到周總理時有些畏懼，隨後就感到他是非常的和藹親切。田川先生說，我們日本人給周總理寵壞了，一有什麼事立刻想到有周總理在，現在他老人家離開了我們。言下流露出對失去一位可信賴的長者的哀悼和不安。

主持這一節目的日本第六電視台的新聞報導員說，他從未見過這麼多的反應，也從未見過有人受到過這麼多的讚揚。

日本人民是一個重感情、重禮儀的民族。一月九日，幾乎所有電視台的新聞報導員都是表情沉重、嚴肅的。出席發言者，即使是平素持有不同看法的，也表現得慎重嚴謹。

當天各報也都以顯著位置和很大篇幅刊登哀悼文章、談話和總理的多幅照片。有一幅是周總理在中日建交的文件上簽字後，站在人民大會堂裡，雙手穩貼胸前安詳慈愛地微笑。另外還有好幾幅是周總理爲了世界和平、多年來風塵僕僕奔波於國際間的珍貴留影。有的報紙刊出了周總理在日本留學時的相片，還請周總理當年住過的房子的房東講述對周總理的回憶，和出示他至今仍珍藏著的當年周總理簽了名的名片。

自一月九日以來，東京的中國駐日大使館前的弔唁者終日絡繹不絕，這也是新聞報導的重點。遠在北京的中國人民的悲痛表情、北京市容，直到瞻仰總理遺容的情形，日本也都一一報導了。各國的悼文哀詞，日本報紙也有譯載。

連日來許多的追悼弔唁文章中，不少是圍繞這樣的問題：突然失去了這樣深切理解日本的周總理後，今後中日關係將如何進展？不只一家報紙對於沒有讓周總理他老人家看到他所期待的中日友好和平條約的締結，表示歉意，而表示希望現在能早日促之實現。

一張銷路很廣的報紙《日本經濟新聞》在一月十日發表了題爲〈周總理以後的中國與日中關係的課題〉的社論，文章以綿密嚴謹的筆法追悼總理逝世的同時，並鄭重地向讀者介紹總理的一生：「從新中國成立後，總理肩負了四分之一世紀的重任；總理在二次大戰後在國際政治上留下了巨大的足跡。從亞洲現代史的角度看來，作為中國革命領導者的周總理經歷了半個世紀風霜。在這一意義上，隨同毛澤東主席奮鬥的周總理的一生，其本身就是一部中國革命史。日本由於一衣帶水的地理條件，通過二千年的交流和往來，受到中國文化的影響。明治以來的侵華活動所造成的損害，戰後長期未加處理，直到一九七二年恢復邦交時，才由中國自己提出放棄對日賠償的要求。在周總理逝世的此時，使人又想起了日本與中國以及亞洲的關係。」文章末了說：「中美關係正常化已不遠了。在全世界都明確地拒絕新霸權登場之時，承認反霸這一立場是表示日本決心不再重犯過去的錯誤。留學過日本、對日本同情、對日本國民感情有理解並親自恢復了日中邦交的周總理，未能乘在世之日，締結日中和平友好條約，這件事情固然令人痛惜，同時更懇切期待這一緊急課題盡早完成。」

《讀賣新聞》一月十四日讀者來信欄刊出了一位六十五歲的日本家庭婦女澤雅子對總理的哀悼：

「從新聞報導得知周恩來先生逝世的消息，這是意料中的事，但使我感到深深的悲哀與寂寞。」

「我之祈禱周總理健康長壽，是由於確信他的存在對於世界和平和亞洲的安泰，是不可少的。尤其是期待經他的力量與台灣和解融合。」

「我們上了歲數的、從大正時代（一九一二——二六年）在（中國）大陸住過的人，詳盡地看到過中國最最苦難的日子。那時期，在他堅持不懈的活動中，多少次經歷了生與死的險境。一生七十餘年的生涯，為了愛國，不屈不撓貫徹到底的事蹟，實在令人驚嘆。」

「前年，田中首相訪華的時候，我們聽到了像年青人那樣的聲音，他所有的舉止與動作表現了他的誠實品格，昔日雍雅端莊的容貌增加了年輪，使人深深感觸到豪邁的知己之情而喜悅。原來他那時已經是患病之身，我知道之後，更加感到悲惜。」

「東西方歷史上有不少光輝的英雄形象，但像他這樣為八億人民貢獻出全副身心的卓越政治家是罕見的。我衷心為周總理的冥福祈禱。」

直到二月中，日本各地仍在沉痛地追悼周總理的逝世。各地日中友協（正統）分會、各地華僑社團、各縣知事聯合會，有的人數上千。二月十日在日比谷大會堂舉行日本國民追悼周恩來總理大會，主持者有十五個團體：日中友好協會（正統）、日本國際貿易促進協會、日中文化交流協會等。當天，黑田壽男、西園寺公一、中島健藏、藤山愛一郎、岡崎嘉平太等在會上致悼詞。日本首相三木武夫亦有出席。

此外，由日本人士主持、有中國人士參加的集會上，每次開始時，主持者都以沉痛心情先爲周總理的逝世表示哀痛。在日本團體每年年初舉行的新年會上，日中友協（正統）會長黑田壽男先生首先沉痛地說：

這是新年會，但大家都由於失去敬愛的周總理而沒有過新年的心情……。像這樣的情況，在東京都日中友協（正統）的新年會，和在日本宗教者的新年懇談會上都是一樣。

日本友人在歡迎中國訪日代表團時，都這樣表示：他們看到中國友人，無法不勾起悼念周總理的悲痛心情。在迎接中國乒乓球代表團時，西園寺公一先生在講話中，竟忍不住痛哭失聲。

還有，學習中國話、放映中國電影、積極從事日中友好運動的民間學校如「日中學院」和「現代中國電影上映會」等由青年人主辦的團體，也都是極悲痛地放映北京市民最後瞻仰周總理遺體的紀錄片，這一影片已被預約定了每日在各處上演的日程，直至三月中旬。

（《七十年代》，一九七六年二月）

四、各國知名人士、學者、專家

1.知名人士談周恩來

《七十年代》編輯部

格林（英國作家）

（在國慶招待會上，）我站在周恩來附近。我看到一個女服務員捧著一大盤子飲品走過來，請總理用一些。他們兩人十分隨便和自然地站在一塊聊天。女孩子的臉上沒有一絲害羞或者奴相。當然，尊敬是有的；但是，我感到，這種尊敬是來自雙方的。（一九六〇年）

周恩來，似乎是不會老的（他現在已經是六十多了），衣冠楚楚，和藹可親，毫不拘束，穿的是灰色的中國式上衣與褲子。我凝視著這個人，他的手勢與他的表情中迅速的變化迷住了我。特別多變化的表情——時而冷嘲，時而詼諧，時而對蒙哥馬利（英國元帥，當時是周恩來的主客。）的一些評論表現得瞬即警覺與注意。

從這樣一張臉上能看到什麼呢？當然是頑強，動人的幽默，最敏銳的智慧。一個全力以赴的人，在他內蘊當中沒有任何不一致的地方；但同時，或許是，又能夠站在旁邊，冷靜地觀察，置身事外似的深思。（一九六〇年）

斯諾（已故美國作家，《西行漫記》作者）

同周恩來談話的時候，我曾經極有趣味地研究他，因爲他在中國，像其他許多紅軍領袖一樣，也是一個傳奇人物。他是一個瘦個子，中等的身材，細小而結實的骨格，富於熱情的又大又深的眼睛，儘管有長而黑的鬍鬚，外表上仍舊不脫孩子氣。他的某種動人的吸引力，似乎是由個人的魅力和指揮若定的信心交織而成的。（一九三七年）

他（周恩來）凝視著湖的遠方，若有所思地說：「對於我們來說，最陰暗的日子是二十四年前的長征時期——尤其是通過西藏附近大草原的時候。那時我們的處境危急到了極點。不但沒有東西吃，連水都喝不到。但是我們拚著活了下來，並且贏得了勝利。」

我那時想，和當年長征比較起來，對周來說，情況應該是蒸蒸日上，越變越好。我說：「你現在一定會覺得繼續存在的國家問題要比較容易解決的吧。」

「容易！這些問題沒有一點是容易的。」周恩來略帶不耐地回答說：「千萬不要告訴別人我說過我們這裡有什麼事是容易做的。十年以前，全中國又開始了第二次長征，我們不過是邁了第一步而已——只是第一步。」（擇自EDGAR SNOW, RED CHINA TODAY, 1961）

周顯然是世界上最富有談判才能的人之一。英俊及放射著磁力的周現年七十三歲，從不感到疲倦。通過「談判」，周度過了他在文革中最危險的時刻。在一九六七年八月間，素被青年敬仰的周恩來，被爲數五十萬的極「左」派紅衛兵，在人民大會堂他辦公的地方圍困著。這群紅衛兵的帶頭者（後來因反革命而被逮捕了），要攫取中央委員會的檔案——甚至想攫住周恩來本人。通過與各小組紅衛兵夜以繼日的講話說理，周漸漸地說服了群眾（周在與我談話時仍是這樣稱呼他們的）。

據說，基辛格在他待在北京的不到四十九小時的時間內花了二十個小時同這位總理進行會談。這不是什麼不尋常的事情。我同總理進行了幾次談話，其中有一次，從晚上吃晚飯的時候一直繼續到第二天早上六點鐘。我已經精疲力盡了，而他看起來仍舊精力旺盛。

我嘟囔著說：「我得讓你睡一會兒了。」

他把頭往後一仰，笑著說：「我已經睡完了。現在我要工作了。」他在晚飯之前打個盹就算是夜間休息了。

周告訴我說，他在十年中度過一次假期——因病休息了一週。

周在溫文的態度下含有一股堅強及明察秋毫的氣質；他是決策大師，把政策執行得無微不至。周很快抓住事物的要點而拋開不實際的，在沒有十拿九穩的情形下決不孤注一擲。

我在與中國兩個偉人的談話中，通常是周細緻地問答了主要的問題，而毛則發揚了廣闊和辯證的觀點。周參加無數的宴會，而且看起來是興緻盎然的；毛則討厭宴席，喜歡人數少的聚會。周是很懂得吃的，但自奉甚儉；毛喜歡簡單的、辣的湖南吃法。兩人都只喝少量的酒。雖然表現的形式不同，兩人都是自律甚嚴的。（一九七一年）

吉廷斯（英國記者）

周瘦瘦的面孔，濃黑的眉毛，令人望而生畏，但也有富於人情味的東西，他同人緊緊握手，經常流露著微笑，對很熟的人保持著長時間的熱誠的記憶。來自國外的敬佩他的許多外交官和新聞記者及中國的千百萬人將懷念他。（一九七六年）

尼克遜（美國前總統）

二十世紀只有少數人比得上周總理對世界歷史的影響。在過去二十五年裡我有幸會見過的一百多位政府首腦中，沒有一個人在敏銳的才智、哲理的通達和閱歷帶來的智慧方面超過他，這些使他成爲一位偉大的領導人。

在我訪問中華人民共和國期間，周總理在一次祝酒時說：「人民的力量是強大的，不管歷史的發展會有什麼曲折反覆，世界的總的趨勢肯定是走向光明，而不是走向黑暗。」周總理的遺產是他幫助結束了黑暗。（一九七六年）

惠特拉姆（澳大利亞前總理）

我兩次訪問過他（周恩來）的國家，第二次是作爲總理去的，同他討論達二十個小時。我對他的魅力、慈愛、精力和遠見，有深刻印象。這是一個胸懷全世界的遠見，在這個世界裡中國既不要統治別人，也不要受人統治。（一九七六年）

威爾遜（英國首相）

我們發現他是一個極之使人印象深刻的人物。中等身材，穿著一襲灰色外交制服。在與我們的所有交往中，他表示得徹底友善和熱情。他的神色多變化而富表情——絕沒有我們所可能預期的無動於衷的表現。（一九五四年）

蒙哥馬利（第二次世界大戰的英軍統帥）

他是一位思路敏捷而條理分明的思想家，口齒又伶俐，有著極富吸引力的性格與恰如其分的幽默感……我是這樣喜歡他，以致我曾邀請他到英格蘭來與我同住。（一九六〇年）

赫魯曉夫（已故蘇聯總理）

斯大林尊敬他。我們都認為他是一個聰明、靈活、追得上時代的、我們可以明智地同他商談的人。（一九七〇年）

瓦爾德海姆（聯合國秘書長）

我將永遠不會忘記他在我訪問中國時所給予的熱情友好的歡迎。在我們長時間和廣泛的交談中，他對國際問題的深刻了解和對聯合國的特殊興趣，給我留下了深深的印象。（一九七六年）

埃切維里亞（墨西哥總統）

一九七三年四月，我對貴國（指中國）進行國事訪問時，我得以親身感受到他那種高瞻遠矚的政治家的氣質，和全心全意獻身公職的品德。（一九七六年）

索爾茲伯里（美國記者）

一九五四年，周恩來參加日內瓦會議回國途中，途經莫斯科。蘇共政治局招待他，周恩來用英語向米高揚祝酒。米高揚透過翻譯員說：「周，你爲什麼不說俄文呢？你很熟識我們的語言嘛。」

周恩來冷冷地回答說：「注意，米高揚，現在是該你學講中文了。我畢竟已學會了講俄文。」

米高揚答道：「中文是一種很難學的語言。」

周恩來反駁說：「絕不比俄文難。明早到我們的大使館來，我們很願意教你學中文。」

卡岡諾維奇插嘴，以俄文說了一句很無禮的話。但是，周恩來仍然以英語回答說：「你們是找不到藉口的。」

恩古瓦比（剛果總統）

一九七三年，當我對貴國（指中國）進行訪問時，我看到他不僅是一位十分關心剛果革命的發展的卓越對話者，而且是一位具有許多優秀品質的同志，他的談話將永遠成爲使我得到有益的啓發的源泉。（一九七六年）

廷德曼斯（比利時首相）

他的沉著、他的幽默感、他的才智，都給我留下很深的印象。這是一位偉大的人物，在一個半小時裡我有機會見到了他。他對我談到了歐洲與蘇聯的關係，他也對我談到了大陸中國和蘇聯的關係。在談到蘇聯時，他對我談到了阿登納回憶錄。他對我說，在這本書中，阿登納說，在他會見赫魯曉夫時，俄國人對他談到了共同對付黃禍的行動。

他說，看！在中國和蘇聯之間還存在著正式友好關係的時候還在談黃禍。由於有這樣的活躍的思想，我承認，他給我留下了很深刻的印象。（一九七六年）

儒爾蓋（法共馬列總書記）

與二十世紀的偉人之一周恩來會晤是一種特權，一九七〇年初，我同另外幾個法國共產主義戰士一起享有了這種特權。在觀看一次現代革命京戲時，我們碰到了周恩來副主席。在休息時，我們的代表團在一間大休息廳裡被介紹給周恩來，我們都對周恩來的儉樸印象非常深刻。他對我們說了幾句法語，立刻就使我們感到輕鬆了。接著他通過翻譯，對我們說：「現在，我們老了，我們將消失，要由年青人接過火炬繼續革命鬥爭。」在以後的幾分鐘裡，他同我們交談了法國共產黨的修正主義蛻變。

一九七一年九月，我們進行了第二次會晤。在幾小時裡，我們不僅談到了政治，也談到了他在法國時的情況，那是老早以前的事了。當我們告訴他法國報紙對他在雷諾工廠的情況所作的一些轟動一時的透露時，他放開嗓子大笑起來。他夫人也在場，對這些追憶也笑了。那時他氣色很好，非常輕鬆。我們知道，那時，就像在無產階級文化大革命中一樣，他一天工作十八到二十個小時，實際上只是在清晨五、六點鐘左右睡覺。在這次談話中，他表現出對歐洲和兩個超級大國的各種問題了解得非常全面和深刻，並提出了一種以此爲基礎的政治性論據。我們從二十二點談到凌晨三點鐘才離去。

最後，我們進行了第三次會晤，這是在一九七三年，時間更短一些，我激動地回憶起的正是這一次會晤。這一次，我們發現周恩來有點瘦了，面容更疲倦了，在他莊嚴的臉上出現了老年斑。在他眼裡還保持著我們在前兩次會晤中已經注意到的充滿非凡活力的目光。從那時起，肯定病情損害了周恩來的健康，但是他還是盡一切努力進行工作，因此他接待了我們。他給我們這種榮幸，不僅因爲我們是共產黨人，而且因爲我們是法國人，因爲他說，我們是歷史上第一個無產階級專政的國家、巴黎公社的國家的代表。

儉樸，謙虛，能夠迅速而少有地分清會談的主要問題；不知疲倦，同樣意識到他將離去，但完全相信

青年一代。周恩來給我們的印象就是這樣。（一九七六年）

雅納科維奇（南斯拉夫女記者）

我們圍著坐在沙發上，成一個半圓形，每個人身邊是一個小茶几。茶水已擺好，總理說中文，石同志翻譯。周恩來說，他聽說我是一個老戰士，他認爲，我的身體不錯。他問我參加戰爭時多大年紀，我告訴他以後，他說，他見過許多這樣的婦女。

我請翻譯告訴總理，他在我國和全世界都是一個傳奇式的人物，能有機會同他談話深感榮幸；總理那麼忙，還抽空接見我，我很感謝。

周恩來問答說：「我是一個普通的人。」

（以下談話內容，從略）

我本來想說在大廳內向中國總理告別，但客氣的周恩來把我送到門口，他曾在那裡迎接我。我向他告別，熱烈感謝他的好客、誠摯和坦率，這只有像周恩來這樣傳奇式的偉大人物才具備這樣的特徵。

夜幕已經降臨，但人們告訴我，他還沒吃午飯。在談話過程中，女服務員幾次進來，一再提醒周吃午飯。但他在同我告別後又走進另一間大廳，那裡朝鮮新聞代表團已經等了他好久。精力充沛和不知疲倦的周每天就是這樣生活的。（一九七三年）

後藤基夫（日本《朝日新聞》總編輯）

周總理予人的印象是老了一些。但是從他對國內領導工作這樣細緻繁忙，在基辛格訪華以及聯合國恢復了中國代表權等一系列激盪著歷史的重大事件中，連休息的時間也沒有；這樣埋頭的工作看來，又顯示出他有意料不到的精力和健康，完全看不出周總理是七十三歲的人。

在大家談論時，周總理不時用日語講：「請吧」、「是嗎」，親自請我們用茶和點心。日中雙方出席的人員互相交談，會談氣氛的熱烈令人難以忘懷，使人感到中國國家領導人真正在進行「群眾的會見」。

最近一段期間，同周總理會見的日本的一些電影和戲劇人士、名演員等都談到周總理的事情。是的，他可以說是一個在演出活的世界史的名演員，這是他同人民群眾一起戰鬥，從四十年的革命經驗中鍛煉出來，絲毫沒有做作的作風。這次歷時兩個多小時的會見，似乎一瞬之間就過去了。（一九七一年）

卡羅爾（法國記者）

我在我們的三次長談中有機會證實這一點：首先是一九六三年在阿爾及爾，其次是在北京，一九六五年和一九七一年我在中國度過的六個月中。他善於在這些會見中使談話輕鬆愉快，談話時而被笑聲打斷，時而插進一些小故事。他從來不使用模稜兩可的外交辭令。「中國共產黨要這樣。」「黨將這樣做。」他表達的方式使人對他作決定的權力之大沒有任何懷疑。然而，周恩來在談到更加理論性的問題時，或在加重他的講話的份量時，總是提到中國共產黨主席的名字，他常常用這種嚴肅的說法：「毛澤東主席親自指示我們」或「毛澤東主席教導我們」。

……

他鐵一般堅定地相信世界革命，相信中國在本世紀末會成爲一個強大的、現代化的社會主義國家。爲此，他滿懷信心地和非常謙虛地跟隨他的主席和朋友毛澤東到底。……（一九七六年）

修斯多夫（四〇年代美國駐華外交官）

周恩來是一位十分有教養的人物，他溫文爾雅，心地坦誠，注意禮儀，但又和藹可親；他了解中國以外的世界，但並不畏懼；在行使他的巨大的權力時，我認爲他一般是穩健的。

我雖然不能妄稱非常了解他，但是在一九四五年有一段時間我作爲美國觀察組成員駐在延安，因而有機會正式地和非正式地會見他，同他談話。我對他的記憶和印象仍歷歷如在目前。

那時是一九四五年的頭幾個月。

上午的陽光把房間照得很明亮，但是很冷。周先生穿著延安的冬季制服，就是不分男女分發的那種半軍裝式的藍色棉衣和棉褲。雖然棉制服使得每個人都顯得臃腫，但是周先生卻顯得整齊，甚至是優雅。那時他大約四十七歲，是風華正茂的時候。那時他已是一位富有經驗和才智的革命家，也是一位老練的外交家。

他向我講了一些延安的游擊隊在華北日本佔領的前沿地區的情況和他們促使日本農民出身的士兵投降的策略，當談話轉向一般性話題時，他略微推測了一下將來的情況。他們是走過了一條艱苦的道路，不遠萬里來到延安的，事情尚未結束。但是他們確信，未來將會證明他們的方針是正確的，他們不辭辛勞地進行長征是值得的。最終他們將從蔣先生手裡，從日本人手裡，從帝國主義的資本主義魔爪中奪得中國。這一切，他都是滿懷信心地說的。周先生絲毫沒有重要人物的那種優越感，他從不使人感到侷促不安。（一九七六年）

（《七十年代》，一九七六年二月）

2. 前法國駐華大使心目中的周總理

我在中國住了六年，對周恩來先生最深刻的印象，就是一切都少不了他。這位革命家、一九三七年工人起義的戰士、長征的元老、農民軍隊的戰士、部長、最後做了總理的老先生，夜以繼日地把自己獻給中國的行政事務、經濟、外交……從不疲倦，他曾經向我解釋說：「工作使人有勁、使人健康。」

我與周總理有多次討論問題的機會，他說話中肯、坦率，發問一針見血，並忠誠地接受別人的意見與批評。與周恩來談話實在是一種精神享受。

周先生除了精力過人之外，智慧也是非比尋常，所有與周先生交談過的人，都知道他的眼光是多麼的敏銳，有誰去過中國而對他不佩服得五體投地的呢？

記得在一九五四年日內瓦會議上，周恩來在人群中發現杜勒斯，就大方地走過去打算與他握手，誰知杜勒斯掉頭就走，一點風度與禮貌都沒有。周恩來穿的雖然樸素，但一舉一動卻高尚得多。

令我最感動的一次，是一九七四年中國二十五週年國慶的時候，周恩來帶病赴宴，他一跨入會堂頓時滿座風生、掌聲如雷。在他致詞的時候，他那炯炯的目光，那強有力的聲音，博得滿堂熱情洋溢的反應。中國人民對這位先生深切的愛戴，實非筆墨所能形容。

中國站起來了，再也不會倒下去；中國人民是世界上警惕性最高的人民，再也不會沉睡不醒。中國的社會主義不模仿任何形式，自己不斷摸索，不斷前進。中國剛失去的人是位「完人」……他艱苦、有意識的一生，不只是中國的榜樣，全世界，尤其是有志氣、貧苦的人民，無不哀痛這位謙虛、偉大的朋友的去世。

（法國《世界報》，一九七六年一月十日）

3.悔不聽周恩來之言

安德森（Jack Anderson）
惠敦（Les Whitten）

三十年前美國沒有人重視周恩來所講的話，這件事可真是一個悲慘的錯誤；這個錯誤使得以後美國付出了數十億美元及成千上萬人的性命。

以我個人的意見看來，如果當時美國重視了周恩來所講的話，那麼，朝鮮與越南這兩場慘酷的戰爭是可以避免發生的。

在二次大戰結束後的那一段重要的時期，大多數美國人只重視蔣介石的話。當時美國駐重慶的大使館把蔣介石當作中國未來的希望。每當他召開記者招待會時，美國記者真是蜂擁而上。

那時，我是駐華的美國記者中資歷最淺的一個，所以我才被指定去採訪周恩來。我在一個黏土上鋪滿了鵝卵石的小巷子的盡頭找到了他，他住在一座陳舊房屋的樓下。這就是中國共產黨當時駐重慶辦事處的辦公室，也是他們的宿舍。

窗子是用黃色紙糊上的，上面滿是油膩，使屋內留下了些菜飯的餘味。進門之前，我要從門上的一個小孔小聲道出我的姓名。但是，還是瞞不了人的，因爲蔣介石的秘密警察就住在樓上。

我經常到那裡去採訪新聞。我私下在周的寢室裡訪問他，有時和他一邊吃著薄餅春卷，一邊採訪。

在當時，美國有一句政治名言說，蘇聯共產黨與中國共產黨是不可分離的一個整體。但是周在那個時期就肯定地對我說，如果中國有朝一日是在中國共產黨的控制下，中國願意和美國保持友好關係。

周當時還爭辯說，當時蔣介石之在中國得勢，完全是依賴美國大力的扶持。這在當時的重慶，確實是證據確鑿的一件事。同時，更明顯的事是，蔣介石的政權真是腐敗到透頂。

現在回顧起來，當時蔣政權在中國大陸的崩潰真是一件無法避免的事。可是我必須承認，當時的我，並沒有像現在看得這樣清楚。但是，在當時美國駐華大使館裡，已經有些先天下而憂的外交人員，他們已經預測到了將要來臨的事。

在他們的外交文件中，他們極力反駁「中共是受克里姆林宮控制」的這種無稽之談。同時，他們也警告美國當局：如果中國一旦發生內戰，蔣介石是打不過中共的。

但蔣介石當時對美國的外交政策具有非凡的影響力；他一手抓住上億的美援，而另一裡手卻將上百萬的美金用來賄賂美國的一些政客、商人與說客。

這些傢伙組織了一個很有影響力的團體，這就是當時所謂的「中國游說團」（China Lobby）。這群呱呱亂叫的蔣介石支持者，在當時的華盛頓很成功地製造出一種政治氣氛，那就是「如果誰敢批評蔣介石，誰就是背叛美國。」

試舉一例，這個「中國游說團」就是當時麥卡錫參議員迫害時期的幕後支持者。麥卡錫當時對準了那些曾經警告過美國「蔣介石會失去中國」的外交人員們大加迫害，指摘他們是共產黨的同情者，他們後來終於一個接一個地被外交機構撤了職。

而同時蔣介石呢，在二次世界大戰結束到他在中國大陸被擊敗這段時期中，卻獲得了二十億美元的經濟援助與信用貸款，另外還加上十億美元的軍援，其中包括各種武器與彈藥。

他越是能夠濫用美國國庫的資金，他就越可以運動「中國游說團」那些政客與商人，設法幫他弄到更多的援助。每當這種賄賂的事情惡性地循環一次，我們這些付稅人的口袋就更虧空一些。

當美國傾注大量金錢到中國去扶持蔣介石的同時，而值得特別一提的是，當時蘇聯卻正在中國東北地區大肆囊括，將那些可以增強毛澤東力量的物資與設備洗劫一空。雖然蔣介石當時獲得了美國驚人數目的援助，然而他的政權在中國卻日漸潰敗。

終於在一九四九年的四月，當毛澤東的百萬雄師橫渡了揚子江以後，蔣便倉皇而逃地去台灣避難了。而當時美國這群「中國游說團」的說客們卻群起咆哮，大叫大嚷地說，美國之所以失去中國是因爲美國沒有給予蔣介石足夠的援助。而客觀的事實，卻是蔣介石失去了中國的政權，而超過了三十億的美援也付諸東流。有一句名言說，「不記取歷史教訓者，必重蹈覆轍！」而二十年之後，美國又以上億的美元扶持了一個阿斗型的腐敗獨裁者。

用最低的估計，美國至少也傾入了一千四百三十億美元到那個叫做「越南」的森林地帶。而蘇聯與中國卻只給了（與美國）敵對的共產黨五十三億美元的經濟援助與三十九億五千萬美元的軍援而已。換而言之，美國在越南的花費超過了蘇聯與中國在越南花費的十五倍。但是，最驚人的卻是血債而非金錢。據我們所知道的是，沒有一個蘇聯兵或者是中國兵爲北越作戰，但是美國人爲南越作戰而死的有五萬六千二百二十六人，傷病的有十五萬三千六百五十四人。雖然付出了這麼驚人的代價，到頭來仍舊是美國的傀儡失去了戰爭，而上億的美援，又再度付諸東流！

韓戰與越戰所消耗的人力物力是十分驚人的。如果當年華盛頓方面對周恩來的話能夠傾耳而聽的話，那麼這可怕的損失是可避免的。現在周恩來已與世長辭了，而華盛頓在這遲遲關頭才開始傾聽！

（一月二十日於華盛頓）巴人譯

（《七十年代》，一九七六年四月）

4.我對周總理的懷念

韓倞（Carmelita Hinton）

（一九七六年一月二十五日在華盛頓「周恩來同志追悼會」上的講詞）

今天大家在這裡追悼周恩來總理，心情都是很沉重的。作爲一個在新中國出生、成長的美國人，周總理的逝世對我更有著一種特殊的意味。雖然來到美國已經四年，但是真正能夠牽動我的心、能夠引起最深沉、最激烈的感觸的，仍是在中國發生的事情，周總理和我們永別了。中國人民失去了一位久經考驗，深受愛戴的領導人；全世界人民失去了一位真摯的朋友；對於我個人來說，則永遠失去了自己心目中一位最尊敬而又十分親切的長輩。

中國有一句老話講：「時勢造英雄」，偉大的時代孕育了偉大的人物。周總理在世的七十多年，正是中國歷史翻天覆地的巨變時代，中國人民爲了推翻幾千年封建勢力的重壓，擺脫帝國主義的控制和剝削，進行了長期的、艱苦卓絕的鬥爭。毛主席、周總理以及無數優秀的革命領導者正是在這種人民前仆後繼的偉大革命運動中湧現出來的。

西方評論家們喜歡把周總理描繪成一個「善於生存」的人，把他的一生歸結爲機智靈活，看風使舵，這完全是庸人之見。機智靈活自然是革命者保全自己戰勝敵人所必須的品質，沒有這樣的領導人，革命就不可能勝利。但是在重大的原則問題上，周總理從來都是不讓步的，在中國革命幾次重要的轉折關頭，周總理和毛主席一起，採取新的策略，反對了各種錯誤傾向；甚至在大多數人不理解的情況下，仍堅持原則，進行耐心的說服教育工作。可以說，周總理在他的一生中許多時候都是毫不畏懼地開著頂風船前進的。

在民主革命勝利後的社會主義革命和社會建設時期，周總理更是夜以繼日地忘我工作。他實踐了毛主席關於中國革命勝利只是萬里長征走完了第一步的教導，從不滿足已有的成績，而是不斷解決新的問題，提出新的目標。他的工作不只限於對重大問題的指導，而是深入細緻地解決具體問題，落實到具體的人身上，在人民群眾中產生了深刻的影響。

周總理一生的事跡數不勝數，剛才許多發言的人已經作了全面的介紹。我不再重複。至於周總理的平易近人的作風，艱苦樸素的生活，他如何與群眾同甘共苦的小故事，更是在中國人民中廣泛流傳，不必多說。我想在這裡提一提的，是給我印象最深的幾件小事體現了在我看來一個領導人身上最值得敬佩的品質，這就是周總理不斷革命的精神、謙虛和自我批評的精神。

周總理在一九五三年親自到我中學時期的母校一〇一中與師生談話的情形在一屆又一屆學生中傳頌，雖然我在這以後九年才到一〇一，印象卻是很深刻的。我的母校有著一段不平凡的歷史，在戰火紛飛的革命年代裡，許多革命者的少年兒女隨軍轉戰南北，生活很不安定，又沒有學習環境。爲了使革命後代更好地擔負起將來建設新中國的任務，晉察冀邊區中學於一九四六年在張家口成立。由於內戰爆發，學校幾次遷移，師生在極端艱苦的情況下堅持學習。最後隨人民解放軍進入北京城。而後又在西郊圓明園的廢墟上自己動手建校園、開闢農場。全國解放以後熱氣騰騰的新時代開始了，就是在這個時候周總理來到學校，他仔細地詢問大家學習和生活的情況，爲師生們白手起家建學校而感到高興。大家談到學校艱苦樸素、熱愛勞動的光榮傳統、談到戰爭年代中老校友們與人民血肉相連的關係。周總理特別強調了和人民群眾打成一片的重要，並且指出：成立專門的革命幹部子弟學校是戰爭年代的需要，而今天的和平環境裡這種需要已經過時。如果繼續辦這種學校，勢必脫離群眾，搞成特權。他指示學校要成爲一所普通的中學，要向工農群眾的子女開大門。他不斷的叮囑大家千萬不能躺在父兄的革命功勞上洋洋自得，而要嚴格要求自己，虛心向人民群眾學習，努力成爲人民的勤務員。這些語重心長的話，不正體現出周總理熱愛人民的真摯感情，體現出他爲防止革命政權的腐化而堅決反對任何特權的不斷革命精神嗎？

周總理的這種精神又表現在他對待工作中的缺點，對待批評的態度上，真可說是「聞過則喜」。在文化大革命開始的時侯，一些長期在北京工作的美國人，寫了一張大字報，批評對外籍工作人員的待遇上只講照顧物質生活的傾向，提出應當允許外國人與中國人民打成一片。那年的國慶節，我的姑父被邀請在天安門城樓上參加夜晚的慶祝活動。周總理過來一一和外國朋友握手，在和我姑父握手後剛走過不遠，一個中國幹部告訴他說剛才那位就是大字報的作者之一。周總理連忙轉過身來，又一次緊緊地握住我姑父的手，搖了又搖，很真誠地連聲說：「意見提得很好，提得好，感謝你們給我們幫了大忙。」

最使我感動的是，當一九七一年夏天周總理在百忙中抽出時間來接見我們全家的時候，一開始就問：「你們參觀了不少地方，做了很多調查研究，農村裡面許多落後的方面你們調查了沒有？」說著自己舉了一個例子，問我們知道不知道。我父親說沒有調查這些，周總理很風趣地略帶批評的口吻說：「不行，調查不仔細嘛！」我因爲領教過一些「聞過則怒」的，便說：「誰去調查那個呀！一會兒人家會說你別有用心。」周總理理聽了，很爽朗地大笑道：「啊呀，你這就太敏感了。」接著，從改變舊的習慣勢力的艱苦性、中國革命的長期性開始，對解放以來的中國社會情況進行了一番極其生動而又深刻的分析。我一邊聽，一邊不由地想到，只有襟懷坦白，全心全意地爲人民著想的領導人才能如此誠懇地主動要求人們不但要看中國的優點，而且要看中國的缺點。因爲這裡絕無他的私利，他不用掩飾什麼，也不怕失掉什麼，他知道中國的落後面是由不合理的舊制度造成的，並不是新中國的恥辱。他的目的除了徹底揭露這些東西，力爭改變這些東西以外還能有什麼呢？

正在想著，周總理又接著話題親切地對我說：「你是年青人，是新生力量，我對你抱希望。年青人朝氣蓬勃，是未來的希望。可是也不是沒有缺點，那是不可能的。我犯的錯誤比你多，我犯過路線錯誤，你就沒犯過。可能將來也不犯，那就更好；犯了也不要緊，只要能面對事實，面對錯誤，改正錯誤。這算是臨別贈言吧。」像周總理這樣身經百戰，飽經風霜的長輩居然對我這個沒經過事的孩子說出：「我犯的錯誤比你多，我犯過路線錯誤，你就沒犯過」，這種幽默與謙虛，在我心中留下了不可磨滅的印記。總理的臨別贈言成了最珍貴的紀念，它將永遠鼓舞著我鬥爭的勇氣。

我在新中國長大，那裡有我最熟悉的人民，有我最親密的朋友，而在美國又有我無數的親人、有我新建立的友誼。處在這樣的地位，美中兩國人民之間的理解和友誼自然是我所特別關心的事情。周總理在這方面是有特殊的貢獻的。當美國政府不得不面對現實，改變孤立中國的政策時，許多舊日對中國友好的美國人開始重訪中國，其他各界美國人士也陸續開始與中國接觸。中美關係掀起了嶄新的一頁。在那些日子裡總理不顧疲勞，親自接見了無數來訪的美國人，與他們坦率地交換意見，討論中美關係和世界大事。有時甚至談上一個通宵。在我參加過的其中一次談話中，周總理還請了許多不同職業的中國人一起來談。他對美國社會各方面細節的情況表現出濃厚的興趣。他善於提問題，更善於聽別人講話。無拘無束的氣氛使人感到不是被「大人物」接見，而是在和一位知識淵博、思維敏捷的朋友討論問題。總理的這些談話為美中人民互相了解播下了新種子，舖出了新的路，是會使每一個參與者永生難忘的。

周總理為世界人民做出了巨大的貢獻，他的逝世在各國人民心目中引起了深切的悲痛。在我們全家前往華盛頓中國駐美聯絡處弔唁周總理時，門口有兩位記者攔住我們問長問短。當聽我說是特地從費城前來弔唁周總理時，他很感嘆的說：「又是一些專門趕來追悼周總理的，真沒想到，有那麼多的人跑這麼遠的路專爲這個趕來。費城還算是近的，我們剛才還碰見紐約來的，波士頓來的，南部來的，我們看到大廳裡面還有從中西部不知名的小鎮送來的花圈……」

在北京，人民對周總理的懷念更是動人。我從中國的來信中知道由於靈堂容不下成千上萬的弔唁的人們，許多人便自然地在天安門廣場中央的人民英雄紀念碑前開追悼會，獻花圈，以致紀念碑下龐大的底座全部被花園覆蓋，成了一座由蒼松翠柏、金花銀花堆成的小山。人們還把親手做的小白花一朵朵地繫在人民英雄紀念碑的後面幾百米長的柏樹牆上，遠遠看去就像落上了一層白雪。周恩來總理是會永遠活在人民心裡的！

今天我們回憶周總理，一方面是爲失掉這樣一位偉大的領導者而哀悼；但更重要的，我們應該繼承周總理的遺志，特別是學習他謙虛、謹慎、實事求是、不斷革命的精神。我們要進一步加深美中兩國人民的了解和友誼，爲建立一個沒有剝削壓迫，全世界各民族人民平等相處的世界而鬥爭。

美中兩國人民友誼萬歲！

周恩來總理永垂不朽！

（《海內外》，一九七二年三／四月）

五、第三世界永遠的朋友

柬埔寨

民主柬埔寨國家元首、柬埔寨民族統一陣線主席西哈努克親王和夫人、賓努親王和夫人、政府副首相喬森潘、宋成等一月十日下午到中國駐柬大使館弔唁周恩來總理逝世，並獻了花圈。

西哈努克親王對中國駐柬埔寨大使孫浩說，民主柬埔寨全國人民對敬愛的周恩來總理的逝世表示最沉痛的哀悼。周恩來總理閣下在毛主席領導下，在民族民主革命、社會主義革命和在建設中爲中國共產黨、中國人民和中華人民共和國作出了巨大的貢獻；他是傑出的英雄和政治家，同第三世界人民一起爲自由、民主、和平、正義和進步的共同理想而鬥爭，堅決反對帝國主義、殖民主義、種族主義和猶太復國主義。他是柬埔寨人民最親密的戰友和偉大的朋友，爲柬埔寨人民的偉大勝利作出了歷史性的貢獻。他將永遠活在第三世界人民、世界人民特別是柬埔寨人民的心裡。

【附錄】一位巨人──西哈努克論周恩來

西哈努克

我在一九五五年四月的萬隆會議上第一次會到周恩來，這是「一見鍾情」的友誼。我對於戴高樂將軍曾是如此，我後來對於毛澤東也是如此。我只是對這三位巨人如此！他們之間有什麼共同點吸引了我呢？

他們的泱泱風度及對弱小者的尊重；尊重小國，尊重小國的領導人。這三個人都對於民族和個人尊嚴有著高度評價，而且都是尊重別人的愛國主義的愛國者。兩位中國領導人和戴高樂的背景和意識形態並不相同，我卻發現了這些共同之處。後來我聽說，這兩位中國領導人對於戴高樂極為尊重，我並不覺得詫異。

我在萬隆與周恩來見面之前，曾經向我們參加一九五四年日內瓦會議的代表團打聽他的為人。「一個非常惹人好感的人物，」他們告訴我說。「他懂得如何解釋事情，懂得怎樣提出觀點。他說，他只需要與柬埔寨的友誼，只要我們保持獨立，在中國來說，那就足夠了。他說，可是不要再落到帝國主義的手裡。如果你們保持獨立，我們會支持你們，我們能成為朋友。」那是一個相當右傾的代表團，包括桑·薩利、泰潘（當時是外交部長，後來轉任金邊市長）以及類似他們的人，所以他們又加上一句：「當然，他是一名共產黨員，所以要當心。他既然那麼有吸引力，就更加危險。」

我與周恩來第一次見面時，發現他為人明朗、友好，非常直率。他的作風完全沒有高人一等那樣的氣息，但是我還是感覺到面對的是一位「巨人」。他的坦誠、謙虛的風度，與一些小人物穿著美帝國主義大皮靴在周圍踏來踏去的神氣，完全成為對比。他馬上就我的中立立場向我祝賀，並且說道，中國將永遠支持我們的獨立和中立。我們馬上就談得很是投機，在萬隆會議建立起來的友誼，後來就必然會得到發展和加強。周恩來邀請我訪問北京，我第二年就去訪問了，這個行動，使得自由世界，尤其是美國和我的緊鄰國家，為之目瞪口呆。

（摘自《西哈努克回憶錄》）

巴拿馬

巴拿馬內政和司法部長卡多·阿隆索·羅德里格斯一月九日對新華社記者表示了對周恩來總理逝世的深切哀悼。他說：「我以巴拿馬政府的名義，向中國政府和人民表示對周恩來總理逝世的最深切的哀悼。我們對他的逝世表示悲痛，因爲，我們感謝他對我們事業的支持，他是各國人民的事業的一個偉大戰士。」

菲律賓

菲律賓總統費迪南德·馬科斯在電報中稱讚周總理是「代表發展中國家的始終不懈的努力」。他說，周總理是一位卓越的人物，國際社會對他都表示哀悼。

作爲革命者和調停者，他是變革與穩定兼而有之的力量。他是他的國家的戰士和建造人……全世界都熟悉他作爲外交家和談判者的本領，他的容忍與禮儀、他的智力的敏銳以及他的見識的淵博，國際社會永遠不會忘記他。

朝鮮

朝鮮民主主義人民共和國主席金日成稱讚周總理作爲朝鮮人民的同志，作出了不朽的貢獻；並在唁電中稱讚周總理是中國黨和國家一位久經考驗的卓越的領導人，是一位傑出的革命家，是國際共產主義運動中一位出色的人物。

北越

北越主席孫德勝、勞動黨書記黎筍、國會主席長征和總理范文同在聯合唁電中說：周恩來同志是傑出的共產主義戰士，中國人民的優秀兒子，黨和國家的最傑出領袖之一，同時又是越南人民偉大和親密的朋友。

尼泊爾

尼泊爾首相吉里在唁電中說，周總理是尼泊爾的一位偉大朋友，周總理的去世使全世界失去了一位傑出的政治家，「我們尼泊爾以非常感激的心情回憶他對尼泊爾的熱烈和最友好的感情，以及他在加強兩國的熱誠關係中扮演的角色。」

新加坡

新加坡總理李光耀稱讚中國已故總理周恩來爲「世界上卓越的國家領導人」，並說他的逝世，使中國失去了「一位偉大的領袖。」世界失去了一位卓越的政治家。

孟加拉

孟加拉國總統阿布·薩達特·賽葉姆星期五說，中國總理周恩來逝世，使世界損失了「一位傑出的政治家」。他對亞非團結事業的貢獻，將繼續鼓舞各地熱愛和平的人士。

所有孟加拉國報章，均以頭條報導周總理逝世的消息，賽葉姆總統並下令全國下半旗。

泰國

泰國政府說，中國總理周恩來逝世，使亞洲損失了一位偉大的政治家，世界損失了一位偉大政治家，而這位政治家又是中國的英雄。

柬埔寨解放後，周總理支持柬埔寨成爲泰國的朋友。我相信中國對泰國的政策不會改變，而泰國對中國的政策也不會改變。

曼谷《新中原報》九日第一版以頭條橫貫全欄標題報導「周恩來總理昨天上午十時逝世、噩耗驚傳／全世界人士咸表哀悼。」同時刊登周總理遺像，下面橫題標出「周恩來總理永垂不朽」，並取消套紅誌哀。

斯里蘭卡

斯里蘭卡政府宣佈全國爲中國總理周恩來逝世哀悼三天。

政府發言人說，周總理的葬禮日將是公衆假期。

較早時，全國已下半旗誌哀。

斯里蘭卡總理西麗瑪沃．班達拉奈克星期五發表聲明說，她對周總理逝世，感到一種個人損失感。

班達拉奈克夫人說，斯裡蘭卡損失了一位「永恆的和真誠的朋友」。

班達拉奈克夫人說：已故總理是一位傑出的政治家和最卓越的世界人物；特別是對於發展中世界，他一直是一位真誠的知心朋友。她對在殖民統治下的國家的解放的支持，一直是這些國家努力克服外國統治的極大鼓舞源泉。他密切關心這些國家的經濟發展，作爲鞏固和促進它們已取得的獨立的途徑，也是眾所周知的。

巴基斯坦

巴基斯坦總理布托在弔唁簿上寫道：「你們知道，這是我們的巨大損失。」

布托總理說，周恩來總理是一位偉大的政治領導人，他在世界事務中留下了偉大的業績，並且對建立新中國作出了巨大的貢獻。「他在世界名人中是非常傑出的。」「我們不能忘記他在增進你們國家和我的國家之間很密切的關係中所作出的巨大貢獻。」

墨西哥

墨西哥總統埃切維里亞在唁電中說，周總理是「世界和平的卓越戰士、新中國社會的偉大創建人之一」。墨西哥人民深切悲痛失去一位經常用他的國家的力量和道義力量來支持第三世界人民事業的領導人。唁電說，周總理的逝世，是「中華人民共和國和世界和平事業的損失」。

巴勒斯坦

巴勒斯坦解放組織領導人亞西爾·阿拉法特致唁電給毛澤東主席，形容周恩來總理是「巴勒斯坦人民的忠實朋友」。

羅馬尼亞

羅馬尼亞齊奧塞斯庫總統稱周總理為「光輝的革命者」、「國際共產主義運動的卓越戰士」，他讚譽了周總理在發展與羅馬尼亞關係中所作出的貢獻，以及他在「對剝削和壓迫戰鬥中的無私、堅定的崇高典範」。

贊比亞

贊比亞聯合民族獨立黨總書記受卡翁達總統的委託，代表贊比亞政府和人民對周恩來總理逝世，表示深切哀悼。他說：「周總理是一位偉人，一位偉大的領導人。他不僅為中國人民服務，也為全世界所有人民和全人類服務。我們應該學習他為人民服務的崇高精神。」

圭亞那

圭亞那總理伯納姆：我對周恩來總理一生的革命成就印象深刻，對於他的革命熱情、他的熱心和誠意，甚為欽佩。

周總理的逝世不僅是中國人民的一大損失，也是進步世界的人民，特別是第三世界的一大損失。

緬甸

緬甸共產黨中央委員會主席德欽巴登頂，在唁電中說：周恩來同志雖然逝世了，但是他的政治思想、精神和作風是不會消失的，它將永遠銘記在我們的心坎中。周恩來同志永遠是我們緬甸共產黨黨員學習的榜樣。

印度尼西亞

印度尼西亞共產黨中央代表團團長阿吉托羅普在唁電中說：我們深信，我們大家一定能夠用最大的精力，認真學習周恩來同志的高尚精神，以化悲痛爲巨大的力量，來完成黨的光榮任務和共產主義的崇高事業。

北加里曼丹

唁函說：周恩來同志和我們永別了！我們北加里曼丹共產黨和革命人民要化悲痛爲力量，要學習他的無產階級革命精神和高尚品質，全心全意爲人民服務，把畢生精力獻給無產階級革命事業。

（美東各界聯合籌備會，《周恩來總理追悼會專刊》，一九七六年一月十八日）

章下　海樣深邃：悼念毛澤東主席

第一節　別了，一代偉人！

一、美東華僑各界、國際人士悼念毛澤東主席

《美洲華僑日報》

美東各界人士懷著嚴肅、沉痛的心情，於九月十九日在紐約市亨特學院大禮堂舉行了追悼大會。參加追悼大會的約有二千五百人，包括華僑、台籍同胞、留學生、美國各界人士及第三世界人民。他們要表示對毛主席懷有無比的崇敬，對毛主席的逝世感到無限的哀痛。

正午十二時，參加追悼大會的各界人士把華埠老年僑胞載到會場。稍後，人群如潮水湧到會場，秩序井然地在大門外分左右列成兩排隊伍，長達整個街口。大門上方懸掛「毛澤東主席追悼大會」字樣的黑紗，在微風中輕輕飄動。每個人胸前配掛黑紗，面色沉重，表露濃厚的哀思。大門內置有兩列長桌，人們以哀痛的心情簽名致哀。

會場的佈置莊嚴肅穆，台上黑綢紗幕上高懸「毛澤東主席追悼大會」的中英文銀字橫幅，其下懸有披黑紗球的巨幅毛主席遺像，兩旁是各界致送的花圈，台前放置著二十盆淺黃色菊花。與毛主席遺像遙遙相對的二樓圍欄上，掛有「毛澤東主席永垂不朽」和「毛澤東思想永放光芒」的中英文標語。

一時，追悼會開始。全體追悼者肅立默哀，悲壯的哀樂在會場中迴盪，不少人熱淚盈眶。

大會主席王浩教授宣讀追悼詞。他沉痛地說，毛主席的逝世，「對人類解放事業是不可估量的損失，我們今天以極端沉痛的心情，在這裡悼念他。」追悼詞讚頌毛主席領導中國人民發展統一戰線，用人民戰爭推翻了帝國主義、封建主義和官僚資本主義的反動統治，實現了中國人民一百多年來獨立自主的願望，爲被壓迫民族和被壓迫人民的解放事業，開闢了一條新的道路。新中國成立後，毛主席帶領中國投入社會主義建設和不斷地廢除私有財產的鬥爭。

王浩教授宣讀的大會追悼詞強調，毛主席領導中國共產黨和人民反對蘇聯修正主義的鬥爭，給世界革命人民指明了鬥爭的方向。毛主席的革命外交路線和政策，加強了中國人民和第三世界人民的戰鬥團結，指出被壓迫民族和被壓迫人民的解放鬥爭是推動世界前進的火車頭，毛主席總結世界革命運動和中國歷史的經驗，發展出指導中國革命和世界人民解放事業的理論，豐富了馬克思主義的寶庫。

最後，大會追悼詞呼籲大家學習毛澤東思想，改造世界觀；對人類前途具有信心；以正確的立場、優良的作風、實事求是的精神，爲被壓迫者的解放事業而奮戰終身；致力於解放台灣、統一中國和促進美中人民友誼的發展。

結語說：「『天若有情天亦老，人間正道是滄桑。』讓我們把我們的淚水，化為滌蕩世界上污穢塵埃的傾盆大雨；讓我們把我們的悲痛，凝成繼承毛主席遺志的鋼鐵力量。」

在場的追悼者無不被這篇讚頌毛主席豐功偉績，爲人類解放事業而奮戰終身的追悼詞所感動。他們凝視著毛主席的遺像，對這位永別了的中國人民的解放者、當代國際共產主義運動的最偉大戰士，更熱愛和敬佩了。他的思想永遠是初升的旭日，給世界人類帶來了希望，使人們在黑暗中看到了光明，在戰鬥中充滿了力量。

楊振寧教授在追悼會上以毛主席寫的〈答李淑一〉、〈長征〉、〈送瘟神〉三首詩詞讚頌毛主席的偉大。他說，毛主席年輕時已投身革命事業，他的一家是光榮革命的一家，妻兒兄弟妹都爲革命捐軀。「我失驕楊君失柳」的詩句，說明毛主席是一個感情豐富，充滿革命浪漫主義的人。〈長征〉詩裡的「更喜岷山千里雪，三軍過後盡開顏」說明毛主席是一個在艱難的道路上，看到了革命美麗遠景的革命樂觀主義者。毛主席是新中國的創建者，是中國的明燈。毛澤東思想以馬克思主義爲基礎，發揮了群眾力量，使中國在各條生產戰線上有輝煌的成就。最後他推崇毛主席是人類歷史上的巨人。

贊比亞駐聯合國代表齊巴先生說，毛主席的一生爲中國人民和人類而貢獻自己，是光輝的典範。在他的領導下，中國獲得新的和具有目標的團結，與世界上大多數國家，特別是第三世界國家和人民進行合作。齊巴先生說，中國人民援助贊比亞建築的鐵路是這方面的例子。世界將永不忘記毛主席卓絕的思想和服務。

在場的第三世界人民，對贊比亞代表的頌語，深有感受。一位非洲的追悼者會後說：「毛澤東主席的革命外交路線給我們很大的鼓舞。中國在第三世界國家和人民中有今日這樣崇高的聲望，因爲中國有了毛主席的革命外交路線。」

美國友人蘇珊．沃倫以「世界人民大團結」爲題在大會上說，毛主席相信和實踐「人民，只有人民，才是創造世界歷史的動力」這句話。中國有富於革命經驗，具有深厚理論知識的人民，作爲高舉毛澤東思想的接班人。沃倫女士在悼念毛主席時，指出中美兩國人民之間的聯繫，正如毛主席說，是存在而可以發展成爲緊密的友誼的。毛主席的教導照亮了前進的道路，他將永遠活在人們心裡。

沃倫女士感情深厚的悼詞，一句一句地打進在場的每一個人的心裡，特別是致力於發展中美人民友誼的人士，更是眼眶閃著淚光。毛主席寬闊的胸懷、遠大的眼光、對世界人民的信賴，使他們深爲感動。有一個年逾六十、雙鬢銀白的美國人，頻頻用手帕拭抹流下的熱淚。

「我們華僑在這裡的地位空前提高，是誰賜給我們的呢？是毛主席。如果不是毛主席將一生的精力領導中國革命，把一窮二白的舊中國，建設成爲初步繁榮昌盛的新中國，我相信，我們華僑直至現在還是海外的孤兒。」這是華僑代陳金堅先生在追悼大會上的一段講話。

他的聲音微抖，顯示出心裡的激動。他的話對在場的華僑來說，都非常熟悉，因爲這正是在他們心裡埋藏已久的心聲。「我們和毛主席永別了，毛澤東思想永留存在人間！」哀痛、豪邁、響亮的聲音，在會場中激起了陣陣回音，是悲壯、惋惜的感情，卻又是二千多名追悼者和所有僑胞的慰語！

「毛主席非常關懷台灣省同胞，他一向把台灣省人民的解放事業看作是與整個中國人民解放事業不可分割的一環。」台灣籍同胞潘家牛在追悼會上說。台灣省人民的鬥爭，就是中國共產黨的鬥爭。台灣問題是中國的內政問題，「美國人總是要走的，不走是不行的。」潘家牛以堅決的聲音說：「包括台灣省人民在內的勇敢的八億中國人民，一定會繼承偉大領袖毛主席的遺志，去完成解放台灣、統一中國的大業。」

這是八億中國人民的誓言。「過去，中國人民在毛主席的領導下，衝破重重黑暗，迎來了光明。在毛澤東思想的照耀下，我們一定會解放台灣，也一定能解放台灣！」一位台籍同胞會後說。

（《美洲華僑日報》，一九七六年一月二十二日）

《美洲華僑日報》

二、無限悲痛　無限崇敬

——記美東各界人士追悼毛主席的感受

九月九日，中國人民偉大的領袖和導師毛主席與世長辭了。

哀思，如億萬縷，何止繫住中國人民的心；讚頌，似千層浪，從中國內外五洲四海世界人民的口中洶湧而發。

我們華僑對毛主席的逝世感到無限的悲痛，對毛主席一生爲中國人民和世界人民的解放事業鞠躬盡瘁，一直戰鬥到生命的最後一息，更加表示無限的崇敬。

九月十九日美東各界華僑和美國友人二千五百多人在亨特大學舉行了追悼會。記者在會前和會後採訪了僑胞的感受。

一位華僑女青年說：「毛主席的逝世在華埠引起很大的反應。很多人哀悼毛主席，爲中國失去偉大的領袖感到悲傷。」

在華埠開商店的程先生這樣說：「華埠社會有個特徵，就是一般人不輕易表露自己的感情。這是因爲長期寄人籬下，受到各種壓迫、限制而造成的。所以，大多數華僑雖然心中熱愛祖國，平常並不表現出來。但是這次毛主席逝世許多人都忍不住了，公開表達悲悼之情。今天的追悼會有許多華僑來參加就是一個證明。」

在追悼會上代表華僑演講的陳金堅先生，最近生病住在醫院，今天是爲了追悼主席，特地從醫院出來參加，而且代表華僑講話。會後他又回到醫院去了。他認爲華僑很早就受到主席思想的影響，在抗日時就體會到主席的偉大，決心追隨主席。現在主席逝世了，他認爲大家今後更要把主席的思想發揚光大。

王浩教授在追悼會後對記者說：「我在追悼會上宣讀的追悼詞，是許多人共同寫出來的；許多年輕的朋友爲了一個共同的理想，在我那裡徹夜工作，因爲這是一件莊嚴的事。」他說：「有些人惡意說偉大領袖去世了，中國繼承人會發生問題，海外華人愛國心會受到影響。這種說法都是不正確的；毛主席雖然去世了，毛主席思想的繼承人有億萬，國家新的領導人也一定會出來。華僑愛國之情是在對國內事物的接觸中產生並且持續下來，決不會因爲老一輩的領導人逝世而沖淡。」

楊振寧教授說：「我有幸會見過毛主席一次，在那次九十分鐘的會談中，我對毛主席多了些了解：他既是西方所謂「Great intellectual」，又是人民的偉大領袖。這樣的組合是很少有的。我想，這就是毛主席所以偉大的基本道理。」

台籍同胞潘家牛先生說：「今天在台上雖然是我一個人講演，但是我的講演稿卻是許多朋友在一起，共同寫出來的。在寫演講稿時，我們碰到最大的困難是，主席的一生對中國、對世界被壓迫人類的貢獻太大了，我們無法用文字與語言來表達。」他說：「除了許多朋友和我一同寫講稿，還有許多朋友向我建議。總的說來，大家希望表達的有兩點：一是我們台灣同胞對主席的敬愛；一是我們台灣同胞的心意：那就是要認真學習主席的思想，團結一起，致力於台灣解放、中國統一的革命工作。」

（《美洲華僑日報》，一九七六年九月二十二日）

三、人類歷史上的一位巨人

楊振寧

二十世紀初年的中國社會是一個在封建主義和帝國主義層層壓榨下的暗無天日的社會，是一個農村整體破產，工業被帝國主義全盤剝削控制的社會。用魯迅的話說，是一個人吃人的社會。面對著這些壓榨，中國人民作了數不盡的英勇反抗。要了解那時候的歷史，讓我們來讀《湖南農民運動考察報告》中的敏銳的預言。那是毛主席於一九二七年初寫的：

「很短的時間內，將有幾萬萬農民從中國中部、南部和北部各省起來，其勢如暴風驟雨，迅猛異常，無論怎麼大的力量都將壓抑不住。他們將衝決一切束縛他們的羅網，朝著解放的路上迅跑。一切帝國主義、軍閥、貪官污吏、土豪劣紳，都將被他們葬入墳墓。一切革命的黨派、革命的同志，都將在他們面前受他們的檢驗而決定棄取。站在他們的前頭領導他們呢？還是站在他們的後頭指手劃脚地批評他們呢？還是站在他們的對面反對他們呢？每個中國人對於這三項都有選擇的自由……。」

年輕的毛澤東選擇了第一條道路。他挺身站在中國農民的前頭做革命的帶路人。

革命的道路是艱難的。一九三五年毛主席的詩是這樣地描述了二萬五千里的長征：「紅軍不怕遠征難，萬水千山只等閑。五嶺逶迤騰細浪，烏蒙磅礴走泥丸。金沙水拍雲崖暖，大渡橋橫鐵索寒。更喜岷山千里雪，三軍過後盡開顏。」

革命的犧牲是巨大的。毛主席自己的一家就爲了革命事業犧牲了六個親人；他的愛人楊開慧、弟弟毛澤民和毛澤覃、堂妹毛澤建、兒子毛岸英和侄子毛楚雄，都爲革命犧牲了生命。楊開慧是一九三〇年被蔣介石的爪牙在長沙識字嶺處刑而死的，死的時候才二十九歲。二十七年以後毛主席寫了一首詞來紀念她，題目是〈答李淑一〉。李淑一是楊開慧的同學，她自己的愛人柳直荀於一九二三年加入了中國共產黨，在一九三二年在湖北洪湖戰役中犧牲。毛主席的詞是這樣的：

「我失驕楊君失柳，楊柳輕颺直上重霄九。問訊吳剛何所有，吳剛捧出桂花酒。寂寞嫦娥舒廣袖，萬里長空且為忠魂舞。忽報人間曾伏虎，淚飛頓作傾盆雨。」

詞的第一句用「驕楊」而不用「嬌楊」，這是何等氣概，何等感情！「忽報人間曾伏虎，淚飛頓作傾盆雨。」這又是何等幻想！這首〈蝶戀花〉我想是世界文學史裡面愛情詩篇中感情最豐富的文章！

革命的成果是輝煌的。把一個山窮水盡的、喪失了自信心的國家變成一個自足自信的、有理想的、前途光明的國家，這是怎樣的一個天翻地覆的變化！要描述這個變化，我們可以列舉今天中國年產三千萬噸鋼、八千萬噸石油的數據；可以列舉衛星上天、斷肢再植的科技發展；可以列舉中國人民的新的精神面貌，或者中國社會的種種有遠見的制度。可是我想最能道出中國的巨大的變化的還是詩人的描述：

「綠水青山枉自多，華佗無奈小蟲何！千村薜荔人遺矢，萬戶蕭疏鬼唱歌。坐地日行八萬里，巡天遙看一千河。牛郎欲問瘟神事，一樣悲歡逐逝波。」

「春風楊柳萬千條，六億神州盡舜堯。紅雨隨心翻作浪，青山著意化為橋。天連五嶺銀鋤落，地動三河鐵臂搖。借問瘟君欲何往，紙船明燭照天燒。」

這是毛主席一九五八年所寫的兩首〈送瘟神〉。

在艱難的道路上，在巨大的犧牲中，在取得輝煌的成果的每一個過程裡面，帶路的是毛主席；在半個世紀的時間裡，他是中國的明燈，是中國的舵手。

什麼是毛主席的領導的理論基礎？是馬克思主義和毛澤東思想。毛主席是中國最早的馬克思主義者之一，他於一九二一年在上海參加了中國共產黨第一次全國代表大會。在以後的五十多年的時間裡面，通過他的著作、他的演講，通過他所領導的中國共產黨的行動與文件，毛主席對馬克思主義的理論發展有了決定性的影響。他總結了國際共產主義運動中的革命實踐；他提出了在生產資料所有制的社會主義改造基本完成以後，階級仍然存在的論斷；他創建了「繼續革命」的理論；他分析與暴露了現代修正主義的本色。中華人民共和國最近的公報說：「毛澤東主席是當代最偉大的馬克思主義者」。我想這是世界絕大多數的人民都會同意的評價。這是歷史的事實。

毛澤東思想裡面一個基本觀念是群眾路線。什麼叫做群眾路線呢？就是要站在被壓迫的群眾的一邊，就是要堅信群眾的無比的龐大力量，就是要「從群眾中來，到群眾中去」。毛主席說：「人民，只有人民，才是創造世界歷史的動力。」

「群眾是真正的英雄。」

「我們應該走到群眾中間去，向群眾學習，把他們的經驗綜合起來，成為更好的有條理的道理和辦法」。

毛澤東思想在中國的成就給了已工業化的國家的人民重要的啓示，它引起了對於傳統的價值觀念和對於人的意志的力量的重新估價，它產生了新的社會觀和人生觀。

毛澤東思想對於第三世界的人民的意識有尤其重大的影響。

「小國可以戰勝大國，弱國可以戰勝強國。」

「哪裡有壓迫，那裡就有反抗。」

它產生了新的世界觀。
毛主席誕生於一八九三年，逝世於一九七六年。
他對中國人民的革命建設的領導，對世界人民思想意識的啓示，是不朽的偉大貢獻。
他是人類歷史上的一位巨人！

（《七十年代》，一九七六年十一月）

四、美中人民友誼的方向

蘇珊·沃倫

【原編者按】蘇珊·沃倫是美中人民友好協會的創辦人之一，也是《中國在聯合國裡的聲音》一書的作者。）

美籍朋友們、美國朋友們，我們今天來這裡，就是作爲這個世界人民大團結的一部份，向我們最熱愛和最崇敬的毛澤東主席致哀和致敬，因爲我們是相信「人民與人民之間友誼」的人。

毛主席相信「人民，只有人民，才是創造世界歷史的動力。」

他說，世間一切事物中，「人是最可寶貴的」。他還說：「群眾是真正的英雄……不了解這一點，就不能得到起碼的知識。」

他對一般人民有無限的信心；所以當我們讀到一些「評論家」、「分析家」、「政治算命家」一再重複地說：「毛主席逝世了，沒有留下指定的繼承人。」我們說，先生們，你們又錯了。

千百萬久經鍛煉、富於革命經驗、具有深厚理論知識的中國人民，就是高舉毛澤東思想的革命接班人。

福特總統在給華國鋒總理的唁電中說：「讓我們重申——美國決心在《中美聯合公報》的基礎上，完成中美關係正常化。這才是恰當的祭禮，也是有益於兩國人民的。」

「假如這是對兩國人民有益的——我相信絕大多數的美國人都這麼想——那麼，我們就應該做到。」

毛主席在一九四九年說：「中美兩國人民間的某些聯繫是存在的，經過兩國人民的努力，這種聯繫，將來可能發展到『極親密的友誼的』那種程度。」

聯繫的確存在的，友誼是有一段歷史。從斯諾到斯特朗、到史沫特萊、到卡爾遜，還有許多別的人都去過延安。卡爾遜說過：我的父親是傳教士，他逢星期天都講教義，不過真理這回事，我只在延安看到它得到實現。

毛主席爲中國人民及全世界被壓迫人民服務終生，直到最後一息，他的死是最重的。我們的損失和悲痛是無法估量的。

可是他並未把我們留在黑暗之中。他的一生、他光輝的成就，特別是他的教導，已經放出了偉大的光芒，照亮了前進的道路——燃點了受苦的人們心中的希望，嚮往一個免於剝削、免於苦難的未來。也告訴了全世界的人，激起新的信心，投入解放的鬥爭。

（《美洲華僑日報》，一九七六年九月二十二日）

五、毛澤東思想永留人間

陳金堅（紐約華僑衣館聯合會主席）

各位僑胞、各位朋友：

我們都以最悲痛沉重的心情悼念世界人民偉大領袖毛主席。毛主席逝世，不只是中國人民無可彌補的損失，也是我們僑胞最大的損失。

近百年來，中國人民慘受帝國主義、封建主義、官僚資本主義三座大山，重重壓在頭上透不過氣來。國弱民貧，民不聊生，這是舊中國當時普遍的現象。沿海幾省，如廣東、福建等省人民，爲著生存，迫不得已，別父母，拋妻子，冒著生命危險，飄洋過海，來到美國西岸，在種族主義的鞭壓下，開礦山，築鐵路，胼手胝足，過著牛馬的生活。待開礦以機器代替人力了，鐵路築成了，我們的華僑都被裁撤了。生活發生極大的徬徨。幸得我們先僑感受過中國悠久文化的薰陶，善於適應環境，在人地生疏，言語不通的惡劣情況下，選擇最低下的職業，爲人洗衣服——開洗衣館，以爲餬口之計。不料到了三十年代，當美國經濟恐慌期間，我們華僑在這裡做最低下的洗衣業都受限制了。

以紐約來講，市政府創立新例，凡從業洗衣館的人，必須領取牌照方能營業，同時還規定是美國籍民，才有領取牌照的資格。那時有幾個是華僑是籍民呢？這一招，不是要把我們華僑趕盡殺絕嗎？當時業衣館的僑胞，都人人自危，不知所措。有識之士，如尙健在的劉克勉、伍玉書等老先生，號召衣館僑胞團結起來，於是就成立「紐約華僑衣館聯合會」來反抗市政府歧視華人的律例。經過艱苦的鬥爭，才爭取到領牌照無須一定是籍民。換句話說，不是籍民亦可以領取牌照。

因爲這一鬥爭，可以說勝利了一半。然而種族歧視，仍然根深蒂固，鄙視侮辱的表情常顯露在種族主義者的臉上，稍有民族意識和自尊心的僑胞都很難受。

一九四九年，中華人民共和國成立了，毛主席登上天安門，莊嚴宣佈：「中國人站起來了！」如晴天霹靂，又如巨人怒吼，使帝國主義聞聲震驚！經過朝鮮戰爭之後，中國人民志願軍粉碎了狂妄自大的麥克阿瑟將軍「打過鴨綠江，才回來吃火鷄」的軍事計劃。中國人民給帝國主義者予致命的打擊，因此種族主義者對我們華僑的態度就轉了一百八十度了，稱呼我們的華僑，都不像從前一樣，通通叫「差李」了；含有極大侮辱性的稱謂CHINAMAN亦改稱CHINESE了。一九七二年，中國恢復在聯合國的地位以後，華僑在這裡的地位更空前提高。

我們華僑在這裡的地位空前提高，是誰賜給我們呢？是毛主席。如果不是毛主席將一生的精力領導中國革命，把一窮二白的舊中國，建設成爲初步繁榮昌盛的新中國，我相信，我們華僑直至現在還是海外的孤兒。

毛主席一向都很關懷我們僑胞，一九四九年十月一日，毛主席在中華人民共和國成立時給僑胞題詞說：僑胞們團結起來，擁護祖國的革命，改善自己的地位。從這題詞中，我們就知道毛主席怎樣教導我們，關心我們和愛護我們了。

毛主席已於九月九日與我們長辭了。中國有句古語說：「人生必有一死，死有重於泰山，或輕於鴻毛！」毛主席的死比泰山還重。因毛主席不僅創建新中國，解放了世界四分之一人民，而且還爲全世界被壓迫人民作出很大的貢獻。

我們和毛主席永別了，毛澤東思想永遠留在人間。

（《美洲華僑日報》，一九七六年九月二十二日）

六、繼承毛主席的遺志統一中國

潘家牛

各位朋友，各位同胞：

我們今天以十二萬分悲痛的心情來哀悼毛澤東主席的逝世。

毛主席是中華人民共和國的締造者，毛主席是我國各族各地人民敬愛的偉大領袖，毛主席是國際無產階級和被壓迫民族、被壓迫人民的偉大導師。毛主席無私地把他的一生獻給中國人民的解放事業。他以正確的革命路線領導中國人民，消滅帝國主義、封建主義、官僚資本主義等反動統治的壓迫，建立了今天初步繁榮昌盛的社會主義新中國。

毛主席非常關懷台灣省，他一向把台灣省人民的解放事業看作整個中國人民解放事業不可分割的一環。早在三十年前，當台灣省人民「二・二八」起義向蔣幫進行武裝鬥爭的時候，遠在陝西省、由毛主席領導的中共中央，就馬上通過廣播和報紙，給台灣省人民的起義以熱情的支持和聲援；並鼓勵著說，台灣省人民的鬥爭就是中國共產黨的鬥爭，台灣省人民的勝利就是中國共產黨的勝利，要以解放區軍民的奮鬥來幫助台灣省人民的鬥爭；並且指示了鬥爭的方向和方法，將中國共產黨的無數寶貴經驗貢獻給台灣省同胞。即使是在中國革命很困難的時期，毛主席也把台灣省人民的鬥爭看作整個中國人民的鬥爭中極爲重要的一部分，對台灣省人給予絕大的愛護。

中華人民共和國建立後，毛主席就提出了「我們一定要解放台灣」的戰鬥號召。一九五〇年，朝鮮戰爭爆發，美國便公開武裝侵略我國不可分割的神聖領土台灣省，阻礙我們國家的統一。毛主席在一九五〇年六月二十八日人民政府委員會第八次會議上表示，中國政府要進行準備，趕走帝國主義以解放台灣。

毛主席親自主持、起草了一九五八年十月六日以中華人民共和國國防部長名義發表的〈告台灣同胞書〉，義正辭嚴地指出，台灣問題完全是中國的內政問題，是中國解放戰爭的延續；至於美國侵佔台澎於台灣海峽的事實，是中美兩國間的問題，應當由中美兩國政府舉行談判來解決。並表示堅定的決心說，「美國人總是要走的，不走是不行的。」

毛主席的這個決心就是中國政府在處理台灣問題上分寸不能退讓的一貫原則。從華沙中美會談開始，爲了實現這個原則，毛主席親身領導了一系列的外交佈署，爲台灣省的解放創造了有力的國際條件。

整個台灣省的歷史，就是反帝國主義入侵的歷史。很早很早，當我們還是小孩的時候，在台灣省各地都會聽見「紅毛人」、「紅毛港」這些名詞。所謂紅毛人，就是到我們鄉土來的西洋人。因爲他們身上長有紅毛，顯然跟我們不同。紅毛港就是這些紅毛人進出的海港，他們佔據了主要港口，美其名爲通商，而行掠奪之實。台灣省人民是抵制過這些紅毛人在我們的鄉土上橫行霸道的，是曾經用堅決的鬥爭打擊過紅毛人要把紅毛港的範圍擴大的企圖的。而包括台灣省人民在內的英雄的中國人民，終於把最後一個紅毛人集團——荷蘭人——趕走了。

五十年的日本帝國主義殖民統治，給台灣省人民的反帝運動染上了社會主義革命的色彩。一九二八年，在中國共產黨的影響下以及台灣省籍中國共產黨員的主要推動下，台灣省的反日本帝國主義殖民統治的運動蓬勃發展。經過幾代，一直受著帝國主義者欺壓的台灣省人民，由他們本身長期受到的體驗，很清楚地知道只有在毛主席革命路線指引下，台灣省人民才能完成他們反對帝國主義的歷史任務，把自己從長期的壓迫與剝削中解放出來。

一九四九年十月一日毛主席在天安門上，向全世界莊嚴地宣告，「中國人民站起來了！」但是我們不能忘記，到現在，還有一千六百萬中國人民沒有得到解放，到現在還有幾個帝國主義國家在中國不可分割的神聖領土——台灣省——欺壓人民，從經濟上榨取台灣省人民的血汗，從人權上凌辱台灣省人民人格的尊嚴。還有那個超級大國，從軍事上無理佔據著中國的神聖領土——台灣省，妨礙著我們國家的統一。

早在一九四八年，毛主席就向全世界鄭重地宣告，中國人民是勇敢的，中國共產黨也是勇敢的，我們一定要解放全國。台灣是中國不可分割的一省，團結在中共黨中央周圍的包括台灣省人民在內的，勇敢的八億中國人民，一定會繼承偉大領袖毛主席的遺志，去完成解放台灣、統一中國的大業。

毛主席已與我們長辭了，毛主席的逝世是全世界人民不可估量的損失。在這裡悼念偉大的領袖、偉大的導師毛主席的同時，我們發誓要化悲痛爲力量，繼承他的遺志，永遠遵照毛主席指示的鬥爭方向，去爲台灣省的解放、中國的統一、人類歷史的前進而奮鬥。

（《美洲華僑日報》，一九七六年九月二十二日）

七、旅美愛國台灣省同胞唁電

北　京
中華人民共和國全國人民代表大會常務委員會
中華人民共和國國務院：

中國人民的偉大領袖、國際無產階級和被壓迫民族被壓迫人民的偉大導師毛澤東主席不幸逝世。噩耗傳來，我們旅居美國的台灣省同胞感到極大的悲痛，謹此電唁，表示深切哀悼。

毛主席是中國共產黨、中國人民解放軍、中華人民共和國的締造者和英明領袖，是當代最偉大的馬克思主義者，繼承、捍衛和發展了馬列主義。毛主席根據馬列主義的普遍真理和革命具體實踐相結合的原則，在國內新民主主義革命時期，英明正確地領導我國人民推翻了三座大山的壓迫，解放了祖國大陸，締造了獨立自主的新中國；在毛主席規定的革命總路線和總政策的指引下，在短短的時間內把一窮二白的舊中國建設成了初步繁榮昌盛的社會主義新中國；在社會主義革命時期，毛主席總結了國際共產主義運動正反兩面的經驗，明確指出：在社會主義革命時期，還存在著階級和階級鬥爭，提出了在無產階級專政下繼續革命的偉大理論；毛主席發動領導的文化大革命鞏固了無產階級專政。毛主席本著國際主義的無私精神和無產階級的雄偉氣魄，在全世界人民反殖、反帝、反霸的正義事業中爲被壓迫的人民、被壓迫的民族、被壓迫的國家指明了正確的鬥爭方向。毛主席的革命外交路線團結了第三世界國家和人民，打擊並孤立了兩霸，從而挫敗了帝國主義長期霸佔我國台灣省的企圖，爲解放台灣、統一祖國，創造了具體的有利條件。

最敬愛的毛主席極爲關懷台灣省人民的解放。毛主席向世界莊嚴宣告：中國人民是勇敢的，中國共產黨也是勇敢的，他們一定要解放全中國。這是鐵的誓言，也是苦難深重的台灣人民一定會獲得解放的最有力的保證！我們台灣同胞熱愛毛主席，熱愛祖國，嚮往祖國，台灣同胞只有回到祖國的懷抱，才有光明的前途。在這祖國即將統一的時刻，我們熱愛的偉大領袖毛主席卻與我們永別了！我們怎麼不感到最深切的悲痛！

毛主席的逝世是包括台灣人民在內的全中國人民的巨大損失。我們一定要化悲痛爲力量，我們一定要遵照毛主席所指引的方向繼續前進，爲解放台灣統一祖國、爲把我國建設成爲強大的社會主義國家、爲全世界人類的解放而奮鬥到底！

在美愛國台灣同胞

（《美洲華僑日報》，一九七六年九月二十二日）

第二節　我們的好主席

一、華僑中國代表團內沉痛哀悼

連日來，懷著極其悲痛的心情往中國代表團悼念毛主席的各界華僑人潮絡繹不絕。他們之中有僑團領袖、知名人士、留學生及僑社各行各業工人大眾，包括餐館打雜、車衣女工、雜貨店員、海員、老華僑、新移民、家庭主婦、青年、少女、甚至小朋友等。

一位自少就離開家鄉海南島的退休老華僑說了一句話：「沒有毛主席，中國也就沒有今天的成就。」崇正會會長黎法興先生在十五日下午親手持著花圈到代表團弔唁，他對著毛主席的遺像頻頻拭淚，他說：「幾千年來就只有毛主席能成功地真正做到人人豐衣足食，廣大勞動人民起來當家作主人。」

華埠一對夫婦去弔唁時表示：「毛主席給中國人民帶來了自信心和進取心，完全不像過去舊社會的那些奴相。他的逝世是中國人民和海外華僑的極大損失。」

有一位五十多歲的海員，在瞻仰遺像的時候忍不住哭出聲來，他走出了靈堂後仍不斷在拭淚，他對記者說：「沒有毛主席，中國那裡還有國家，那裡還有今天。我是在舊社會出生，兩位親姐妹都被外國人蹂躪犧牲了，我到海外來當海員，仍是到處受人踢屁股。今天我們有原子彈，衛星上天，毛主席爲我們出了一口氣。現在他逝世了，我怎能不悲痛。」

華埠一個愛國僑團的代表在弔唁時向記者表示：

我們全體會員，當聽到我們敬愛的偉大領袖毛主席不幸逝世消息之後，心裡感到無限的悲痛！回憶舊社會，暗無天日，民不聊生，抽壯丁，債務迫得我們走投無路，故只得離鄉別井到美國，過著風雨異鄉人的生涯。由於當時黑暗政府的軟弱無能，華僑在外受著欺凌，猶如無母的孤兒，只得「日作牛馬夜流淚，萬般痛楚暗自憐」。

是毛主席他老人家領導著工農紅軍鬧革命，進行了史無前例的二萬五千里長征，在「遵義會議」是他老人家確定了正確的革命航向。從此，中國的革命從勝利走向勝利，推翻了三座大山，成立了中華人民共和國。自中華人民共和國成立以來，是他老人家領導著全國人民進行了社會主義革命和建設。在短短的建國二十多年來，祖國各方面建設都取得了輝煌的成就，特別由於毛主席的革命外交路線取得了偉大的勝利；從此，華僑隨著祖國的國際威望提高，地位也就大大地提高，我們的朋友遍天下，這都是毛主席他老人家所建下不可磨滅的豐功偉績。

今天，我們懷著萬分悲痛的心情悼念他，並學習他老人家的偉大思想，熱愛我們的社會主義祖國。

一個體格碩健的中年男子，穿著捲袖的白襯衫，黑色西裤，還結了黑色的蝴蝶結，看起來像是一名剛卸下了制服外套便匆匆忙忙趕去弔唁的餐館工人。他含著眼淚踉踉蹌蹌地走進靈堂，看見毛主席的遺像，便身不由己的連哭帶跪伏在地上，連連叩頭不已，表達他對毛主席逝世的悲痛。開始時，他還極力抑制住不要哭出聲來，但到最後，終於忍不住如泉湧的淚，抽搐地嗚咽著，俯在地上。代表團守靈的同志們連忙走上前攙扶他，也忍不住淚珠從雙頰上滾下來。後來，黃大使夫人也過來了，她把他攙扶起來，握著他的手說：「毛主席雖然逝世了，但他仍將永遠活在我們的心裡。」

星期四下午五時後，一位被雨水淋得全身濕透的中年婦人，氣喘喘地走進代表團，她第一句話就說：「我迷路了，找了一個多鐘頭，我來遲了，請你們不要見怪，讓我到裡面弔唁毛主席，好嗎？」在守靈的代表團同志攙扶下，她拖著沉重的脚步走進靈堂，在毛主席的遺像前，在莊嚴肅穆的哀樂聲中，她失聲痛哭起來，無法抑制自己的哀痛。在靈堂的每一個人見到她這種哀痛的情景，淚水不期然地湧了出來。記者後來訪問這位連自己地址也不會寫的人，她說：「我是一個失業的車衣工人，幾年前從香港來到這裡。爲了生活，我去過大埠，到處流浪，到處找不到工做。我年紀已經這麼大了，沒有什麼可求，唯一使我慶幸的是，祖國一天比一天強大。我聽到毛主席逝世的消息後，心裡很難過。我好不容易從兒子那裡知道代表團的地址，所以來這裡向主席的遺像鞠幾個躬，表示我一點點的心意。」

有悠久的愛國歷史的華僑衣館聯合會的元老們，頭髮雖已斑白，有些人還要持杖代步，也帶了花圈到代表團弔唁毛主席。他們對記者說：「毛主席的思想早在幾十年前已深入僑社勞苦大眾的心裡。抗日時期，他呼籲僑胞們團結起來，擁護祖國的革命，改善自己的地位，我們衣聯會當時只用了兩個星期的時間便籌足了款項買一輛救護車送給毛主席的真正抗日的八路軍。今日中國強大，華僑地位提高，完全是因爲毛主席的領導英明。他的功績和思想將永遠活在我們海外華僑的心裡。」

昨天，外面下著毛毛細雨。在接近黃昏的時候，有二十多個小孩子，年紀都在十歲以下，有些看來只像是幼稚班的兒童，由他們的家長和老師陪同，列隊往代表團，向毛主席致敬。爲首的一位小朋友將一束鮮花獻在毛主席的遺像前。他們恭恭敬敬地默哀，有的還哭了起來。孩子們知道，毛主席生前非常關懷小朋友，如今他老人家去世了，他的思想將長留人間，鼓舞著孩子在大風大浪中接受鍛鍊，接受考驗，好好地成長起來。

僑界各階層、社團各行業人士都參加了哀悼。衣聯會元老伍玉書等、前中華公所主席梅子強、《美洲華僑日報》社長李顧鴻夫婦和全體工作人員、崇正會主席黎法興及廣大僑界都參加哀悼和獻送了花圈。梅子強先生說：「要是沒有毛主席的英明領導，中國就不會有今天，我們華僑也不會有今天。毛主席雖然逝世了，但由毛澤東思想孕育出來的革命接班人，一定能繼承他的遺志，解放台灣、統一中國，爲建設社會主義新中國和爲世界人民作出更大貢獻。中國人民世世代代不會忘記毛主席，我們華僑也永遠難忘毛主席。」

在哀悼行列中的華僑，不少人手捧花圈緩緩前行。有一個老華僑，雙手捧著白花圈，頻頻用衣袖抹擦眼中淚水。在人群中的小孩子，黯然地跟著家人移步。人們在哀樂聲中，把花圈放在毛主席的遺像下，靜靜默哀，雙淚直垂，低首鞠躬，對毛主席無限敬愛，心裡有無限的悲傷。有僑胞離開靈堂時，不由自己，痛哭起來。

參加追悼的僑胞一致表示：「要是沒有毛主席的英明領導，中國就不會有今天，我們世世代代永遠不會忘記中國曾經有過毛主席這樣偉大的人物。」一個眼裡閃著淚光的華僑說：「毛主席逝世是全人類的重大損失，但毛主席的理想會在世界實現。」僑胞們知道有毛主席，就有新中國，有毛澤東思想，親愛的祖國就會永遠前進。

一群又一群的台灣省籍同胞和留學生，帶著沉痛的心情前往哀悼。他們身穿黑色衣服，有的胸前配著白花，悽惻之情，令人同哀。二位中年台灣省籍同胞抬著「最敬愛的毛主席，您永遠指引我們前進。旅美台灣省同胞敬輓」的花圈，後面跟著大群台省籍人士和一個個致力於解放台灣、統一祖國的單位的代表及他們獻送的花圈，沉痛靜默地步入靈堂，輕輕把花圈放置在毛主席遺像前面，向一生熱愛、關懷台灣省人民和致力於解放事業的偉大領袖導師致哀。默哀時有人開始抽泣，有人悲傷失聲痛哭，在場的人無不被這場面所感動。

一位台籍女同胞在門外說：「如果台灣島內人民知道毛主席關懷我們台灣同胞，也一定會像我們一樣感到悲痛。」「化悲痛爲力量，致力於解放台灣、統一祖國，是我在哀悼時立下的誓言。」另一位台胞緊握一個哀悼者的手說。

（《美洲華僑日報》，一九七六年九月二十二日）

二、華埠和各界華人、華僑沉痛悼念毛主席

《美洲華僑日報》

毛澤東主席於九月九日逝世。消息傳來，紐約華僑社會一片哀痛聲，為中國失去英明導師感到無限悲傷。一位趕著上班的衣廠女工，聽到毛主席逝世的噩耗，搖頭歎道：「我上星期才和我先生說起，希望毛主席再多活三年五年；雖然人畢竟要死，但他是一位偉人，我們總是希望他再多活幾年。」

華僑社會除了一小撮頑固反動份子及靠國民黨為生的「僑領」，不能不搬出他們那套陳腔濫調之外，絕大多數僑胞的眼睛是雪亮的，他們很清楚地知道，誰是為了國家，誰是為了自己；誰是為了人民，誰是為了個人。

蔡伯來了美國三十多年，去年曾回國一次，他驚悉毛主席逝世的消息後說：「這是中國人民和我們華僑的巨大損失，毛主席是全球公認的偉人。為什麼他是偉人？因為在他領導之下，我們中國人民自力更生，有飛機、戰艦等現代國防設備，更有人造地球衛星、原子彈，不用再怕外國人欺侮；我們華僑的地位也提高了，再也沒有人敢凌辱我們。」

當天中午出的華僑報紙，均以最顯目的版面，報導毛主席去世的消息。《美洲華僑日報》出版號外，以第一版整頁刊登毛主席遺像。不少僑胞的店舖和報攤，都將這張照片懸掛出來，以表敬意和哀悼。

一位報攤小販劉先生表示：「我不是共產黨，也不是國民黨，我算是中立派，但我是中國人。我覺得

毛澤東主席對中國有極大的功勞，特別是在建設和國防方面，將我們中國改造成世界強國，不再怕世界上強國的侵略和欺侮；在世界上見義勇爲，主持正義，爲全世界所敬仰，你說這不是偉大嗎？」

譚先生每天早晨往華埠哥倫布公園打太極。他對毛主席的逝世噩耗有很多感想，他說，「毛主席是一位偉大的領袖，他去世的消息傳到華埠時，每個人都悲傷。今天中國的八億人口，人人吃得飽，住得安寧，這都是毛主席的恩惠。毛澤東思想更傳播全球，世界各地都受他的感染，要自力更生，爲人民服務。他真是中國有史以來最傑出的偉人。在美國的唐人，可能仍有一小部分的人尚未清楚，仍然對毛主席誤解，但我相信只要他們有機會回去新中國看看，比較一下以前在國民黨統治下的殘暴剝削，和今天人民當家作主的情形，他們一定會改變的。」

另外一位坐在譚先生旁邊的梅伯接著說：「毛主席真是一位偉大的歷史人物，在他八十多年的人生中，他將整個中國歷史扭轉過來，也將全世界人類歷史扭轉過來。他去世了，全世界的人都流淚悲傷，我也覺得悲哀。但我認爲不應該流淚，我們中國尚未統一，台灣、香港、澳門仍是殖民地，尤其是台灣，國民黨仍和美國統治階級勾結，繼續搗亂。我們新中國一定要統一，台灣一定要解放！」梅伯今年七十八歲，身體非常健康，去年曾回國一次，在國內暢遊了近兩個月。

年輕人對毛主席逝世的消息的反應更加強烈。一位曾在華埠工作多年，一直非常熱心進步事業的朋友表示：「毛主席去世，舉世悲痛。他的一生，就是一部階級鬥爭的歷史，永遠站在廣大群眾的一面，和反動勢力鬥爭。他的思想，他的策略，他的成就，將永遠銘刻在我們的心裡，也將成爲全世界無產階級的典範。」

一位在華埠執業多年的美國朋友認爲毛主席的一生作出了巨大的貢獻，不但直接改造了中國，也影響了世界革命事業。他說：「這個社會，是一個自私自利的個人主義社會，每個人包括所謂政界知名人物，都相當短視，只曉得爲自己或自己地區爭取利益，完全忽視整體的利益。大家之間一天到晚就爲了這些利益衝突，爭得頭破血流，正好中了統治階級的惡毒陰謀，毛主席提出一種新的世界觀，教導我們向全面看，爲整體著想。這種思想是一種偉大的思想。」

毛主席逝世的消息從九月九日清晨起便給整個華埠罩上了一層哀痛的氣氛。一大清早，許多僑胞讀者紛紛打電話或親自到報館來，心情悲痛，有些還語聲啜泣的哽咽，要求知道新華社消息公佈的中共中央、人大常委會、國務院、中央軍委會訃告的內容及北京和中國常駐聯合國代表團悼念毛主席的弔唁詳情。

在華埠街外和室內，僑胞們都懷著無限哀切的心情，或翻閱中西報章，或圍集在收音機或電視機旁邊，留心收聽有關毛主席逝世的新聞報導。

本報特別出版號外，刊登了僑胞讀者迫切希望知道的消息和毛主席的遺像。紐約市西人電視台和廣播電台也打電話來本報及到華埠幾家愛國商店去訪問。華埠立新書店在橱窗內放置了毛主席遺像，供奉鮮花，並且在四周陳列了毛主席的詩詞墨跡和以世界各種文字出版的毛主席的光輝著作版本，不少僑胞聚在該店門前致哀。僑胞們懷著悲痛的心情向花舖訂購了花圈，有些自動配帶黑紗；此外，還有不少愛國僑胞爲表示對毛主席的敬仰和悲痛，也自動要求在華埠舉行追悼會，並且開始了初步的籌備工作。

一位住在長島的華僑陳宗達，特別於昨日打長途電話給本報，表達他對毛主席的逝世感到比喪失了自己的父親還更加悲痛。他說，由於毛主席的英明領導，中國已經從一窮二白的舊中國變成了初步繁榮昌盛的新中國，我們海外華僑的地位也因而空前提高，這是我們在這裡華僑最敬服而不忘的。他並要求本報代他訂購花圈，寫上他自撰的輓聯：「魂見列寧滿功行，力衛中華高德望」等句。

本報記者訪問了不少住在華埠的僑胞。紐約愛國華僑，前任中華公所主席梅子強先生說：「毛主席的逝世，是中國各族人民的極大損失，也同時是海外華僑的極大損失。我們在聽到這個不幸的消息後，心情非常悲痛。」他說：「毛主席爲中國和世界人民的進步事業，鞠躬盡瘁。現時中國已經成爲初步繁榮昌盛的新社會，各條戰線上的新生事物不斷湧現，欣欣向榮。」

美國華人名小說家於梨華說：「毛主席是個劃時代的革命家、思想家。他雖然去世了，但是他偉大的思想是會永遠永遠流傳下去的！」

科學家金祖怡教授說：「一九七五年我回國有這些感想。在中國，我所見到的科學家都對毛主席有由心中發出的尊敬。沒有毛主席，中國的科技就不會發展到今天的地步。只有社會主義才有這種成就，這不是我一個人的看法，我的外國朋友包括一位諾貝爾獎得主德國人也有這樣的反應。」

物理學家孫至銳教授說：「把全生的精力貢獻出來了，把八萬萬的中國人都站起來了，把乾坤都扭轉了。他去了，毛主席！何人能夠不悲傷！」

（《美洲華僑日報》，一九七六年九月二十二日）

【附錄】

1. 九月二十日的晚上

方人遹

那晚微雨，紐約州立大學奧伯尼分校的校園已有秋意。不亮的路燈下，細雨斜斜地閃過，落在濕冷的地上。地面上腳步聲直響到學生活動中心。那兒，大門進去，是一幅大白布，寫著：中華人民共和國偉大領袖及導師毛澤東主席追悼大會，在二樓大禮堂舉行。

禮堂的台正中，是張巨大的毛主席的像：世界上每個角落的人都熟悉，而在八億的中國人民心中永遠引發崇敬及愛戴的感情的臉。巨像下側兩個花圈，潔白豐盛的大理菊，代表悼念會主辦各個團體、團體裡每個人對這位獻畢生於革命、再革命的巨人的尊敬。台前兩旁的石柱上，貼著「爲中華盡瘁，爲天下引憂，天若有情，何能不哭?爲人民服務，爲階級鬥爭，人間正道，眾志成城」白紙黑字的對聯。

誰寫的?誰呢?但那是無關緊要的，要緊的是寫的人所表達的感情；他的，及千千萬萬其他的人的。人，陸陸續續的進來了，一對年老的中國夫婦。他先凝視著毛主席的照片，再喃喃地默誦石柱上的對聯，再俯首垂眉，在壓制著悲痛吧?!年輕的學生們，三三兩兩，一反平日拖著後跟走路的懶散，莊重地走進禮堂，莊重地坐下。沒多久，擺了兩百多張座位的禮堂幾乎滿了。讓舉辦單位驚訝的是只有極少數是中國人!自毛主席一九四九年十月一日在天安門上宣佈「中國人站起來了!」之後的二十七年裡，在美國的中國人——尤其是進入了美國白領階級的中國人，才逐漸得到「中國人」應得的尊敬。對於他們事業或學業上成就的重視是個別的，但對他們、一個整體的，中國人的尊敬，則是確是在毛主席的領導下全中國人民建立了自尊、自力更生、及自強後的成果。即使僅僅爲此，僅僅爲了這一點因他而重獲的民族自尊心，他們也該來向這位把畢生貢獻給革命的巨人致最後的敬禮啊！

會場裡有悄悄的傳說；蔣幫的特務早已做了工作，學生怕在台的家屬遭殃，不敢來；住家的呢？有的與在台的特權階級有密切的關係，不願來；有的，長年的在這個弱肉強食的環境裡掙扎。除了關心他們的升級、加薪、購屋、換車、「北京樓」的大廚換了人，「湖南園」的辣味很道地，再也沒有精力及時間及心緒去關心「別的人」、「別的事了」。他們不來，是他們不敢來，另外一種不敢；不敢揭開自己塵封了多年的辨白是非的良知，不敢在這個被全世界公認是二十世紀的巨人的悼念會裡，展現他們的淡漠，及靈魂的麻痺。

雄壯的「東方紅」之後，紀念會開始，司儀莊穆而簡短地說明它的意義，即介紹各參與團體的代表：新中國學習小組的、美中友協的、州大奧伯尼分校中文研究組的，北區黑人拉丁美洲人（在美）政治決策委員會的、獨一神教社會任務理事會的、共誼會服務和平委員會的、呼聲會（十月聯盟會）的、革命共產聯合（馬列毛）會的、泛拉美協會的、國際婦女和平自由聯盟會的、以及詹姆斯、康納雷愛爾蘭共和組織會的。新中國學習小組的代表帶著激情講述毛主席對八億中國同胞的重大意義；美中友協代表則冷靜而正確地分析中美過去的關係，及未來的發展；其他的團體代表都簡短而真摯地表達了毛主席在世時對第三世界、發展中的國家、被剝削的各種人民的重大影響，及他去世所引起的悲痛。

長窗外，是雨聲；禮堂裡，是這些來自世界各地、原是彼此陌生，因爲毛主席而使他們坐在一起、團結在一起的各色人種：白、黑、黃。沒有哭聲，只有顫抖的、咬緊下唇的表情；沒有淚，無聲的淚已變爲無形的力量，由各個代表口中表達：我們要遵照他的指示，繼續他的路線。

禮堂裡靜了下來，窗外的雨聲忽地也聽不見了，因爲有人在講台上朗誦毛主席一九三五年寫的〈崑崙山〉以及一九六五年五月所寫的〈水調歌頭〉。他不僅是個革命家、思想家、戰略家，他更是個詩人，這是參與紀念會的人都知道的。然而當「安得倚天抽寶劍，把汝裁為三截」及「可上九天攬月，可下五洋捉鱉，談笑凱歌還。世上無難事，只要肯登攀。」被高聲朗誦出來之後，禮堂裡的人們又一次暗嘆這位巨人的胸襟，他的無畏氣概，他的豪情，以及他的永遠往前的信心。

燈光熄了，但在他巨像前側的銀幕上，一張張放出他爲革命而活的一生：童年的韶山，韶山之外的滿目瘡痍的江山、人們饑餓的臉上那雙絕望的眼睛，「清黨」期間上海街頭的無首之屍、井岡山、中日戰爭時期一片焦土前的一個無家的幼童、長征、假和談、真內戰、延安的生活，延安的精神面貌、一九四九年十月一日的天安門上、修路、造橋、治水、築堤，農工、與兵在一起的生活寫照、與紅衛兵席地而坐、會見接踵而來的世界各國元首，在那間大家都已熟悉了的書房裡，他伸出友誼的手、寬恕的手、容忍的手等。

最後是那張他安息了的照片，他平臥著，蓋著鐵錘與鐮刀的黨旗。「起來，團結更大的力量」的歌聲由禮堂的四周響起，來悼念他的人們肅然站立，默然向他道別，移向門口。他們帶著悲痛來悼念他，他們帶著「起來，團結更大的力量」的信心離去。

雨已經停了，地還沒有全乾。大家叮嚀著：小心走。有人回答：沒關係，很亮。抬頭一看，隱隱約約，無數星光。

紐約上州奧伯尼九月二十四夜三時

（《七十年代》，一九七六年十一月）

2. 我們的感受

俞映 等

（一）

一九七六年將會是我們難忘的一年。一月八日周恩來總理去世以來，接著七月六日朱德委員長去世，九月九日毛澤東主席又離我們而去。在他們而言，既對人類革命事業作了一番轟轟烈烈的大貢獻，又得享高齡，真可以說是度過了無可遺憾的一生。但是，他們三人的逝世都使我們感到極其強烈的衝擊，又都各有不同的感受。

從電視新聞看到周恩來總理的噩耗時，一陣波濤洶湧似的悲痛之情便排山倒海地襲來，眼淚奪眶而出；而在以後的幾天，每一次接觸到報導的消息時，也仍會情不自禁地掉下眼淚來，好像喪失了一個自己十份親近的長輩一樣。朱委員長逝世帶來的是靜靜的卻深切的哀思，以及對他在幹上了輝煌事業後，仍始終保持著那平易近人的風格的回憶。

但這次最初從電視看到毛主席逝世的消息時，我竟沒有一滴眼淚，只有一陣昏眩，甚至近乎麻木到不知身在何處的感覺。這一年來毛主席身體日漸虛弱的情況雖然是有目共睹，但他一直和八億中國人民同在一起的事實，卻是在日常生活中更深切感覺到的。所以我一時不能接這個噩耗，腦袋裡只是一片空白；然後這空白一直擴大、膨脹、加重，甚至在我心中穿了一個大洞之後，還繼續增大到無以復加的地步。不記得什麼時候，我才清醒過來，也不記得什麼時候，我才開始感到悲痛；而一直伴著這悲痛的，是失去了一個偉大導師後的失落感。

我記得有人說過，周總理和朱委員長都是爲人民所愛戴，而毛主席更是被人民所敬仰的。在我現在執筆寫這篇感想，覺得自己可以比較冷靜下來時，感到用這兩句話來分析我在毛主席去世後，那種徬徨的心情，是最貼切不過的。（俞映）

（二）

放學回家途中，碰見某君，他劈頭第一句說：「阿國，你知道嗎？毛澤東死了！」我大吃一驚，不敢相信。再三問他是否真實，希望他是在跟我開玩笑。可是，我失望了……

一直以來，毛主席是我心中的太陽。他不是神，可是，他比神對這世界更有貢獻。細想一下，多少弱小國家在他的精神鼓舞下，挺起了脊樑；細想一下，多少貧窮國家，在他的感召下，開始走上自力更生、欣欣向榮的道路；細想一下，多年積弱的祖國，在他的帶領下，蓬勃生長；細想一下，解放以前的辛酸血淚史，在他的雨露滋潤下，得以申訴，百年的恥辱，得以洗刷一清。這一切一切，都將記載在歷史上，永垂不朽！

他去了，離開我們去了！可是，他的精神卻沒有死去；千千萬萬的中國同胞，在悲哀沉痛中，重申了向他學習，實踐他理想的決心。一個人能夠做到受千萬人愛戴的話，那麼可以說死而無憾了。

對於毛主席的逝世，我實在是很痛心，萬分悲哀。悲哉，主席！痛哉，主席！惜哉，主席！何日重見慈顏？但是，徒然悲痛又有何用處呢？化悲痛爲力量！（國民）

（三）

毛主席逝世的消息傳到綺色佳以後，康大的愛國同胞，抱著萬分悲痛的心情，積極籌備追悼會，發揚自力更生的精神，克服種種困難，終於用具體行動，表示出大家對毛主席的哀思，又一次做到了「化悲痛爲力量」。

九月十八日在康乃爾大學舉行的追悼會上，來自不同階層的各國人民，代表著不同的組織或團體，從不同的觀點和立場出發，表示了他們對毛主席的尊崇和敬愛。這一切，對於關心祖國的海外中國人來說，本來都是意料中的事；可是親自看見了、聽到了，還是會很自然地想起毛主席在一九四九年建國時，向全世界宣告的那一句話：「中國人民站起來了！」在短短二十七個年頭裡，在毛主席的領導下，中國人民已經從「東亞病夫」型的「一盤散沙」團結成有高度社會主義覺悟、戰無不勝的工農聯盟，在鋪滿陽光的大道上，走到了社會主義建設的最前列。身爲一個中國人，想到這一點，又怎麼不以「中國出了一個毛澤東」而自豪、自勉呢？（更生）

（四）

追悼會的最後時刻，是向毛主席的遺像致敬。我一個人坐在後排，哭了，而且久久不能抑止。在追悼會上難過地哭泣是件平常的事，但是我哭的卻不只是難過，主要的是沉重和一種與朋友間互相激勵的感覺。對我這樣的海外留學生來說，「毛主席」這三個字與其說是代表毛澤東這個人，還不如說是代表他領導下中國共產黨正確的政策，和在他的思想激發下全中國人民的鬥志。我有信心在他死後，正確的政策和鬥志一定會繼續下去，所以我倒不太難過。但是，當我看到一群有著共同理想的朋友幾天幾夜不睡覺，爲著追悼會忙碌，在追悼會上大家又同以無聲的哭泣來表示他們對理想的堅定決心時，我哭了；我覺得，我的心和他們連在一起。（勞亦昂）

（五）

追悼會結束後，又恢復日常的生活了。

記得毛主席逝世後跟著來的一個多星期，我們都忙於追悼會的籌備工作，雖然未到廢寢忘食的地步，但每一個人都盡了很大的力量。

這十天內，我學到了很多東西。在製作有關毛主席生平幻燈片的過程中，有機會重溫中國近代史還在其次，最重要的是體會到勞動快樂的真諦，以及有目的地生活的那種充實感。

我對前途滿懷信心！八億的中國人民，已經認定歷史潮流，繼續向前邁進！（俞映）

（《水牛》，一九七六年十月）

三、名人、專家、學者悼念毛主席

1. 李振翩先生話當年

《美洲華僑日報》

《華盛頓郵報》記者昨天訪問了毛主席青年時代的朋友李振翩先生。李先生是一位退休的醫生，住在華盛頓附近的阿靈頓地區。

李醫生夫婦在一九七三年隨同一個美國醫學團重訪離別了二十多年的故鄉，在北京得到毛主席的會見。

李醫生在毛主席成爲共產主義者前就認識他了，他們兩人曾試圖在故鄉湖南組織學生運動。

李醫生說：「當時中國的情況很壞，很難找到工作，千百萬的人民沒有飯吃。當時的官僚只會榨取人民的金錢，視人民如草芥。學生們一心要救國，毛主席搞學生運動。後來，主席在師範學校畢業後從北京回到了湖南。在許多朋友的眼中，他好像是一位十足的中國學者，言行講話都很有禮貌。但是，大家從來都沒有想到，他也是一位好戰士。」

「中國就是他的生命。爲中國服務是他首要的工作。他是無私的。」

毛主席和他周圍的朋友成立了「新民協會」，討論國家大事。主席後來又辦了一份《湘江評論》的週報。所有的年輕作家中，主席對一位十六歲的陳姓青年特別關懷，他非常喜歡他，深受他的文章所感動，並幫助他寫作。有一天，陳因爲患天花死去，我將這個消息告訴了主席，他很悲傷。第二天，主席爲紀念這位青年將他的詩貼在我們會議室的牆上。

不久以後，李醫生決定棄政從醫。在一九四九年解放以前，李醫生來到美國進行研究工作。一九七二年，北京派了一隊醫學代表團到華盛頓，其中一名成員告訴李醫生毛主席請他到中國訪問。

（《美洲華僑日報》，一九七六年九月二十二日）

2. 毛主席一生，深、大、遠

繆雲台（一九四六年政治協商會議無黨籍代表）

毛主席是我最敬佩的人，他一生的革命事業可以用三個字來包括：就是深、大、遠。

先談深，他認爲中國的革命基礎在農村。曾經在廣州成立了農民講習所，當時並不爲其他革命者所重視。在到延安之前，他曾經和農民生活在一起，對於農民、一般無產者以及都市買辦階級等的情形都有清楚的認識。他甚至對外國的社會情形，也有具體的了解。這是他對人類社會進行深入調查研究的成果。

至於大，他是一個從大處著眼的人，他看的問題是全面性的。這完全是爲了大多數人的利益，爲了人民的利益。〈沁園春〉這首詞就能表現他那種廣闊的胸襟、豪邁的氣概。日後的大躍進、大批修、文化大革命、大批孔，都是從大處著眼的偉大革命運動。他是一個看清了時代、了解群眾的偉人。

談遠，在論《新民主主義》中，毛主席曾提出社會主義制度的建立並不是革命的成功，而是共產主義革命的一個階段。社會主義的過程是很長遠的，共產主義世界的路程也是很遠的。必須要不斷地革命才能達到。毛主席十分有信心：共產主義社會必能在人口衆多的中國實現，做成一個榜樣。

毛主席是大公無私的，所以他能一往直前。他對於事務看得又深又大又遠，所以他能取得一個又一個的勝利。這也就是爲什麼毛主席對人類歷史的貢獻，在中外歷史上是罕見的。

（《美洲華僑日報》，一九七六年九月二十二日）

3. 遠大的眼光，剛毅的魄力

林家翹（麻省理工學院教授）

毛主席逝世，世界各國領袖和評論家發言都一致推崇他爲這一世紀的偉大人物，對全世界有極巨大的影響。我今年在祖國參觀革命聖地長沙、韶山、延安時，深深的感到他早年就是極爲特出的人物，具有遠大的眼光，剛毅的魄力，敢作敢爲，不怕犧牲，一定要貫徹他的革命主張。在延安時代的巨著，尤其能代表他的思想和精神。「獨立自主，自力更生，艱苦奮鬥，勤儉建國」，不是空口號，而是在延安時親自體驗出來的實踐方針與辦法。後來全靠這種精神發動全國人民力量闖過重重難關，才有今日的輝煌成就。現在全人民豐衣足食，工業可以自立，不必依賴外援，真不是我們當年可以想像得到的。

我們希望祖國人民在這種基礎上，繼續努力建設，走上光明的前途。

（《美洲華僑日報》，一九七六年九月二十二日）

4. 向前邁進

任之恭（約翰霍布金斯大學）

毛主席是中國歷史上最偉大的一位革命家，也是世界上罕有的社會革命思想家。我對於他的思想最佩服的一部分是：他不認爲政治和軍事的改變是革命大業的成功，他確認提高階級鬥爭爲主的社會運動，發揮群眾力量，才是長遠的革命運動。所以毛主席竭力提倡文化大革命、反走資運動的根本的社會革命；以鍛鍊人民艱苦奮鬥的力量，他明知這樣的大業需要全國人民同心協力，經過很長久時間才能成功。他自己也爲了達成這種偉業戰鬥到生命的最後一息。

現在主席與我們永別了，但是他的精神依然與我們同在。我們全體應該遵循主席的精神和遺教，抓住毛澤東思想，繼續革命建設事業，使國家和人民追隨毛主席指示的途徑向前邁進。

（《美洲華僑日報》，一九七六年九月二十二日）

5. 導師的範式

丁一（謝定裕）

毛澤東主席逝世了，中國人民失去了偉大的導師；但是導師的範式是一直會活在中國人民的心中，一直會活在世界上進步的人們的心中。

下列四方面突出了毛主席革命的、奮鬥的、多彩多姿的、一直在前進的一生：

一、他善於掌握矛盾。他能從千頭萬緒、錯綜複雜中理出主要矛盾，揭示鬥爭綱領。五十多年來他所領導的艱難曲折的奮鬥，就是「矛盾論」最好的註腳。

二、他注重實踐。是從實踐中，他獲得了智慧與勇敢；是從實踐中，他不斷改造自己，不斷前進。連帶相關的是，他注重調查研究。我們都記得：「沒有調查，沒有發言權」。

三、他堅持階級鬥爭。他指出，階級鬥爭並未因社會主義的建立而消失，反而更複雜了。他指出資產階級就在共產黨內，而且黨內的走資派還在走。他的一生就是鬥爭的一生，因爲「不鬥爭就不能進步」。

四、他走群眾路線。他信任群眾，依靠群眾；只有他，才敢發動群眾沖刷自己一手建立起來的黨。他了解真正的民主。

一些當年革命的伙伴，就因爲不能體認這些方面，尤其是後兩點，不能與他一齊前進，落隊了。終於由革命者轉變成爲革命的對象。這有其必然性，但也值得我們深深警惕。

今天，我們的悲痛是深沉的。我們肩上的擔子是沉重的；但是典範在前，我們對未來是有信心的，我們的前途是光明的。

（《美洲華僑日報》，一九七六年九月二十二日）

6. 哀悼偉大的導師

朱養民

中國人民敬愛的偉大導師毛主席與世長辭了。自本月九日清晨由廣播中驚悉這一不幸的消息起，內心一直異常沉痛。尤其從電視中看到國內同胞們痛哭流涕向他遺體致敬的情況，更引起了我無限的傷感。我是一個出自「城市貧民」階級的知識份子，離國之時，女兒尚是幼嬰，弟妹也未成年；二十幾年以來，新中國如沒有毛主席的領導，他們那有機會長大，受教育而能在今天對國家有所貢獻！再想想離國之時，國內有數億貧苦無告、飽受各種迫害的同胞，沒有主席的領導，他們能有機會翻身作爲新中國的主人嗎？他生時以一身熱力輻射全球，死後以一生功績感動人心，大哉中華，偉哉毛主席！

毛主席去世爲什麼引起了全民的悲痛？看吧：「人民，只有人民，才是創造世界歷史的動力」，「國家機關必須依靠人民群眾，國家機關的工作人員，必須為人民服務」，「我們一切工作幹部，不論職位高低，都是人民的勤務員」，「我們的責任，是向人民負責」……這些忠言警語，無一不是向中國人民提示：在社會主義制度下的新中國，他們再也不是統治階級壓迫下的子民。在中國歷史上，有幾個政治領袖曾如此重視人民？愛護人民？飲水思源，毛主席是歷史上第一位爲解放人民思想、提高人民地位而畢生革命的領袖與導師，他的去世又怎麼不引起人民衷心的悲痛？

中國人民和全世界苦難人民的導師已與世長辭了。誠如主席在世時所言：「人總是要死的，但死的意義有不同……為人民利益而死，就比泰山還重。」毛主席爲中國人民的利益無私地貢獻了他整個的生命，在中國人民心中他是永遠活著的；他不僅留下了永垂不朽的革命事業，也留下了以「爲人民服務」爲最後目的的毛澤東思想作爲今後中國人團結建國的指針。中華民族是一個有志氣的民族，必會在他去世後加倍努力，完成他崇高的革命理想！

（《美洲華僑日報》，一九七六年九月二十二日）

7. 把帝國主義掃出中華大地

——深切悼念一代偉人毛澤東

中一（葉先揚）

（一）「中國人民站起來了」

毛澤東是一位歷史人物，因此必須放在歷史的框架裡來看，從中國近代史、世界近代史的背景來思考毛澤東的一生作爲才合宜，也才有意義。

從世界近代史和中國近代史來看，毛澤東的一生是爲中國革命、世界革命而奉獻的一生。對中華民族本身而言，其中最重要的大事有二：

一、「**把帝國主義勢力掃出中華大地之外，這裡面包括了強迫美軍自中國領土台灣撤出。**」

眾所周知，自鴉片戰爭以來，一百多年內，眾多的優秀中華兒女拋頭顱、灑熱血，爲的是要砍斷帝國主義綁在中華民族身上的鎖鏈，而直到一九四九年新中國的成立，基本上完成了這一目標。歷史事實雄辯地指出：新民主主義革命的勝利改變了東方和世界的形勢，新中國的成立，標示著中國人民站起來了！事實上，今日中國不但在東亞發揮重大的穩定作用，也在全球和平的事業上獻出一份力量。

二、「將中華民族近百年來在戰場上失去的民族尊嚴和信心，從戰場上恢復回來。」

眾所周知，在經過百多年帝國主義任意侵占搶奪的中華大地，早已是民不聊生的次殖民地。孫中山的革命又被軍閥混戰而破壞，帝國主義透過軍閥爲其代理人，在祖國大地上遍燃烽火。後來加上抗日戰爭，和國共內戰，中華大地上可以說是一片焦土，毫無建設可言。在這樣的一片廢墟上，新中國剛建立，正要安心搞經濟建設時，美國不甘心失去在中國的重大戰略利益而悍然發動韓戰，以當時的世界獨一無二之超級強國，向新中國挑釁、作戰。一窮二白的新中國在毛澤東的領導之下，被迫作戰，以無比艱苦卓絕的毅力和決心，在韓戰戰場上奪回了中華民族的尊嚴；以鮮血的事實，向帝國主義宣告，中華民族是不可再任意欺侮的！後來世界局勢起變化，美、蘇兩大超強帝國分別向中國施壓。在這樣嚴峻的形勢之下，毛澤東和中國共產黨再一次在這極爲重大的關鍵問題上，站穩立場，爲了維護中華民族長遠利益，以世紀的眼光，全球戰略的宏觀角度，不惜承擔暫時的民族犧牲，向南北兩端來的帝國主義霸權應戰。歷史再一次雄辯地證明，當帝國霸權主義者向中華民族施壓時，只有依靠群眾，發揮全民力量，就必然爭取到民族利益的維護和民族信心的恢復。今天或許可以這樣說：也就是由於韓戰和越戰，使美國當政者真正領悟到中國是不可忽視的力量；也只有在這樣的基礎上，才能讓中華兒女一雪被帝國主義戰敗的國恥，重建民族自尊心和自信心。

（二）「人貴有自知之明」

毛澤東是根據怎樣的獨特才能而領導中共完成了這兩件大事的呢？筆者以爲，毛澤東一生既是革命家、軍事家、詩人、哲學家，又是一位獨特的政治家，毛澤東本人最大的特點有二：

一、「自力更生」

西方研究中國問題的學者，有人指出國共鬥爭是一個農民的兒子打敗一個鹽商的兒子。毛澤東一生信奉自力更生的原則，這正是植根於深厚的中華文化精華而孕育出的治國、治軍、治事原則。只有對自己民族的潛力、特性有徹底的了解，才能建立對自己的信心，才能產生志氣。只有靠自己血汗耕耘，才能有好收穫。這種存在於廣大中國農民身上的高貴品質，就是依靠自己，自力更生；推而言之就是「人貴有自知之明」，所以毛澤東說：「誰是我們的敵人，誰是我們的朋友，這個問題是革命的首要問題」。中國百年國難，民族自信心受到重創；尤以知識份子，更爲嚴重。自喪失對民族自信，變爲崇洋媚外，更挾洋自重，反過來卑視自己的同胞，甚至比外國人還更仇視自己的民族！這也可以看出毛澤東要求知識份子自我反省，向工農兵學習的道理。廣大中國農民相對而言，受西方帝國主義思潮的衝擊較少，淳樸憨厚的民風，是值得一般知識份子學習的。

二、「站在大多數人利益的一邊」

毛澤東在中國革命的問題上面，是以工農聯盟，依靠發動億萬農民，當佔中國大多數的農民爲了維護自己利益而參加了革命之後，自然就以農村包圍城市而奪取政權。在世界革命的問題上面，是以聯合全世界被壓迫民族，共同努力改善自己的地位，這就是聯合第三世界國家共同反帝、反殖、反霸。進一步看，「站在大多數人利益的一邊」，正是少數服從多數的一個民主原則，而且進一步就是「在戰略上蔑視敵人，在戰術上重視敵人」的人民戰爭軍事思想。然而，更進一步去思考不難發現「站在大多數人利益的一邊」這一原則，不正是自己利益包括在集體利益之中，個人利益服從於民族利益之下的原則嗎？毛澤東領導中國革命，獻上了自己妻子、兒子、兄弟的生命；爲了求得中華民族更進一步的解放，爲了世界上其他兄弟民族的解放事業，他真正無私地做了榜樣，也因此贏得了中華民族和全世界受壓迫民族的普遍景仰！這不就是中華文化中「聖人不積，既以爲人己愈有，既以與人己愈多」的精深哲理嗎？由此也可理解到毛澤東堅決援助第三世界國家、支持第三世界國家正義鬥爭的理念！

(三)認清帝國主義的兩面手法

毛澤東的寶貴思想、革命精神對今天和未來的中華民族及全世界人類有何意義？有自信才不諱言自己的不足和缺失，才會謙虛謹慎、戒驕戒躁，才願意吸收世界各國長處而不崇洋媚外。最重要的是：唯有堅持自力更生精神，才不會閉關自守，才不會盲目崇洋，才能夠認清帝國主義的兩面手法。這在改革開放的道路上是極爲珍貴的傳家寶。必須指出，在美、英、法、日這些發達國家很容易看到資本主義的繁榮面，要仔細觀察並且長期生活在其中，才能發現其剝削面貌；所以，要避免片面性地看今日的世界，到第三世界國家多看看，可知其血汗勞動成果被剝削之情形了！

更進一步來說，當中華民族的選手拿游泳金牌、長跑金牌、打破世界紀錄時，西方媒體就報導中國選手可能用禁藥。因爲游泳比賽一直是西方人的獨霸局面，而西方運動專家一再指出亞洲人不適合長跑運動，所以當中國人出成績時，就認爲是意外，甚至違法。這種心態之下產生的輿論是不足爲奇的；可是其間接目的卻是挫傷中華兒女對自己的信心，不相信自己也能做的和先進國家一樣好，甚至更好！體育如是，工業產品如是，教育學生如是，科學如是，一切文化都如是。由此不難了解爲什麼港督要單獨搞民主選舉，因爲中國「不懂」民主。由此觀之，自力更生，自信自強的精神在改革開放之中就更爲突出了！

傾聽底層人民的心聲。毛澤東站在中華民族大多數人利益的一邊，掃除帝國主義在中國的勢力，當然影響到依靠帝國主義勢力的一批華人之利益；不幸的是，這批帝國主義利益的代理人不可能正確評論毛澤東和中共，依靠帝國主義的中國反共份子，也不願講毛澤東的功績，反而以反共爲名專門宣傳，甚至造謠來丑化毛澤東。受毛澤東恩惠最多的是中國廣大農民，但他們不善於提筆爲文，不善於製造輿論。廣大的中國人民，今天自動自發的掛毛澤東相片，就已說明了歷史事實。當然毛澤東不是神；對一個幾億人口的中國而言，他不可能讓全部的人都滿意；一個政策就算沒有決策失誤，也沒有執行偏差，從中央到地方以後，就算照顧到百分之九十五的人，那沒被照顧到的百分之五，以中國而言，略算一下也有幾千萬人！何況人類歷史上自古至今，還沒有任何一個當政者能夠聲稱其施政能決策無誤，執行沒有偏差，又能使百分之九十五的人滿意呢！

今天我們悼念毛澤東，必須認識到他是一個偉大的歷史人物，他完成了他的歷史任務。當然，我們不可能要求一個歷史人物完成一切事功。而且中華民族近百多年之衰弱，是我們祖宗的失誤，如今是我們及我們後世子孫還債的一個歷史必然過程，想躲也躲不掉。「華人與狗，不得入內」的牌子，當年掛在上海外灘公園門口，經過幾代人的努力，到了毛澤東時代以中國革命的勝利而徹底拆除了！然而，必須看到，「華人與狗，不得入內」的這塊牌子，今天仍掛在帝國主義者的心中。例如：他們可以發展傳統及核子武器，並且可以大量外銷世界各地包括中國領土台灣在內，說這都是維護世界和平穩定之必需；而中國要發展即使是比美國落後的自衛性武器，就說有危險，就說是威脅，影響世界和平。這類論調，充斥於西方的主流傳播媒體之中，天天教育著他們的人民，配合電影、電視等文藝製作，華人形象之扭曲等等，我們可以說：種族歧視一日不除，帝國主義欺侮弱小的行為就一日不止。海內外炎黃子孫，只有自立自強，團結起來，振興中華，才能免於被別人歧視和欺侮的命運！

（《海峽評論》，一九九四年一月）

8. 世界偉人

趙鍾蓀

九月十日早晨去買麵包，麵包師傅走出烤房說：「你知道了吧？毛主席逝世了！真是一位偉大的革命領袖，中國人敬愛他，他的言語思想和實踐也充實了我們。我們也仰望他很久了！」

我與這位在溫哥華的捷克移民每週總要見幾次面，除去談談天氣旅行和他的烤麵包做點心的技術之外，從來沒談過政治問題。像這樣的朋友，我有不少。可是這兩天，他們都先開口了，表示懷念毛主席，敬佩毛主席！和關懷中國的前途。

下面就記錄幾段他們說過的話：

「幾年前在英國時，我就敬佩毛主席，他說無產階級專政，革命鬥爭不息。這真是站在勞動人民的立場，徹底的革命。」由英國移民來的木工師傅說。

「第一次聽中國人說：全世界人民友誼萬歲。我就領悟到全世界人民都是一家人，都具備有一個共同的立場，都應該彼此同情，增進友誼。因爲人民都是被統治者。毛主席領導中國人民實踐革命，他也是一個偉大的思想家。」

「毛主席的逝世也是亞洲安定的損失；不過毛主席的思想已經教育了中國人民，成爲世界上政治水平最高最普及的社會。人民政治水平提高，可以決定一個國家的前途。毛主席的思想將會永垂不朽。」一位日文教授說。

一位老僑胞九月十日早晨徒步由家裡出發，十一點多才走到溫哥華領事館的館舍，已經有很多僑胞在毛主席的遺像前，默悼了三分鐘，深深地三鞠躬。眼睛流著淚水，悲傷的不能說出一句話，都沉重的走回去了！

（《美洲華僑日報》，一九七六年九月二十二日）

四、詩詞輓聯

1. 輓詩二首

趙樸初

忽播哀音振八方
人間方望晚晴長
悲逾失父嗟無怙
杞不憂天賴有綱
永耀寰瀛垂訓誨
群遵正道是滄桑
亂云揮手從容渡
萬古崑崙聳鬱蒼

當年立志拔三山
終見神州奮翮翰
更遣風雷驅鬼蜮
普教天地為回旋
人心早有豐碑在
真理爭從寶藏探
滿月中天瞻聖處

遺言永憶勖登攀

一九七六年九月九日（中國新聞社供稿）

（《文匯報》，一九七六年九月十六日）

2. 輓聯

井岡山建軍，遵義縣會議，經二萬五千里長征。
闢地開天，救危立國，功略駕漢武秦皇而上。
著作等身，聲名蓋世，思想如高山偉嶽長存。
沁園春述志，念奴嬌問鳥，歷八十有二年歲月。

葉嘉瑩敬輓

（《美洲華僑日報》，一九七六年九月二十二日）

3. 爲歷史哭

志誠

當我決定去祭奠您之前，
曾有一度遲疑。
因為我並不是您的信徒，

對於您的思想和方法有許多懷疑；
我生在中國，
卻長大在一個詛咒您的社會裡！
可是啊！
我讀過一點中國歷史，
對於兩三百年來國家所受的委屈，
和人民所受的痛苦，
從小就積壓在心裡。
來到外國，親眼看到一些事實：
我親見您在兩個超級大國的封鎖迫害下艱苦奮鬥，
我親見您把破落的山河一塊塊改造，
我親見您那石破天驚的一舉打破了核子列強的壟斷，
我親見世界各地傳播您的啟示！
今天，西方新聞界，用最大、最長和最醒目的篇幅，
來報導您的動績。
他們說您：
論革命事業和思想上的影響在人類歷史上無人能比！
但是，
這並不是我要來追悼您的主要原因。

我走向您的祭堂，
一路上懷著滿肚子中國近代史上的屈辱，
那已使我啜泣，
等我看到您的遺像時，
我看到了我們那錦綉的河山大地，
我看到了那些健壯純樸但意氣風發的八億同胞，
我也看到了聯合國會場上面對一百多個國家，
時而侃侃而談，時而嘻笑怒罵的中國代表！
我再也忍不住了，
在您的靈前，我為歷史而哭泣！

一九七六年九月十一日於巴黎

（《七十年代》，一九七六年十一月）

4. 悼念偉大的革命詩人毛澤東

秦松

偉大的革命導師啊！人民的革命詩人
你去了
你安詳的躺著　如

你生前的堅毅　在
通向人類未來的歷史上　在
中國人民最悲傷的時刻　也是
中國人民最堅強的時刻　致崇高的
敬禮！向你悼別　白花黑紗戎裝的我們
向你悼別　踏著你的革命道路
接過從你點燃的火炬　我們
出發！我們前進！前進！

九月九日零時十分　人類史上
最悲傷也最堅強的時刻
人民的革命導師啊！偉大的革命詩人
你去了
不是山的崩塌　不是路的盡頭
是一座山的永恒升起
是一條路的無限伸長

人民的革命導師啊！偉大的革命詩人
你安詳的躺著　如

你生前的堅毅　在
金葵　麥穗　玉米和文冠果的花簇中
人民環繞著　松柏　長青樹和萬年輕
環繞著　環繞著　哀念著　哀念著
偉大的革命導師啊！人民的革命詩人
你的思想在中國的大地上落實
你的精神在人民的心中開花
在擁抱你為你擁抱過鼓舞過的地球上
你是中國　中國的風貌　中國的心和路
中國的過去　現在和未來的精神泉源

新中國的新生從你那兒來
人民的新生從你那兒來
從你那兒來　從你那兒來
新中國的力量從你那兒來
人民的力量從你那兒來
從你那兒來　在你那兒結合
老中青的工農兵和紅小兵們
高舉著紅旗從你那兒來

把古老的地球推動　把藍世界翻新
從翻身的新中國　從不可戰勝的
毛澤東的革命思想　文化大革命的戰場
恒向無限時間到無數群眾
放眼世界　人民的戰鬥呼聲：
反修　反帝　反霸……

一九七六年九月十五日紐約
(《美洲華僑日報》，一九七六年九月二十二日)

5. 人民英雄

麥鼓風

是您
　燃起了革命的熊熊烈火
　照亮了勞動人民的心情
是您
　揮動那戰無不勝的巨斧
　砸碎受壓迫者的千年枷鎖
　打破了黑暗的腐朽地獄

喚來了春色滿人間
劃出了新世界的彩虹
是您
如一輪新日
耀目　耀目　輝煌
又如涓涓長水
長流　長流
一絲絲　一縷縷
深入人心
是您
每句話
都是狠刺敵人的武器
又是向人民情深款款的導言
誰敢向時間挑戰
是您
千軍萬馬
一揮手
推動了歷史的巨輪

粉碎了反動勢力的瘋狂進攻

誰敢與天公試比高
是您
很早就為天下不平
寫下了驚天動地的大字報

是您
像巨人
世界大事在您指掌中
您的心永遠燃著一團火
要把千萬年的冰河融凍

是您　毛主席
人民的英雄
億億萬萬人民為您揮淚成河
億億萬萬人民沿著您的步伐緊趨
億億萬萬人民向您誓言
一句　一句又一句

響徹雲宇
向您誓言
親愛的毛主席
您遠瞻的世界必定實現
五洲紅旗將迎風飛展
各地紅花必定開遍
到那時
人民英雄
億億萬萬……
個個向您致敬！

（美東各界聯合籌備會，《毛澤東主席追悼會大會專刊》，一九七六年九月十九日）

6. 記籌備追悼會

遊子

刀子、剪子、縐紙、長青的枝葉
滿桌飛揚
朵朵白花在姑娘們手中開放
一個花瓣是一片心香

每一份凝重寄放在一片綠色上
姑娘們要做最純最美的花環
放在毛主席的遺像前
毛主席啊，您知道
海外姑娘們的哀傷
跟偉大祖國的
一樣重，一樣深，一樣長

梯子、架子、綢帶、廣播器
小伙子們在布置會場
喇叭的聲音夠不夠響？
燈光是不是有點太強？
毛主席的綉像在當中掛好
讓他老人家的容顏照射四方
毛主席啊，您知道
海外小伙子的哀傷
跟偉大祖國的
一樣重，一樣深，一樣長

軟片、毛筆、紙張、幻燈機
青年們在漏夜奔忙
他們把滿懷的悲傷寫進海報
他們把毛主席一生的畫面
安排在紙上
他們把毛主席的成就放進錄音帶
字字鏗鏘
毛主席啊，您知道
在這遠離祖國的地方
青年們的哀傷
跟偉大祖國的
一樣重，一樣深，一樣長

毛主席，您活著
給我們指引了金光大道
您睡下了
又留給後人無邊的影響——
全世界都把中國
從新估量

何處是人類應走的方向？
看，毛澤東已把中國照亮

我們這小城的一群人
圍繞著您的綉像
我們是多麼驕傲
我們又是多麼哀傷
我們來自中國
我們的呼吸和脈搏
和著祖國的節拍
我們要把淚水、汗水和力量
匯入毛澤東思想的長河
湧向前方

（《水牛》，一九七六年十月）

第三節　國際組織悼念毛主席

一、聯合國

1. 秘書長瓦爾德海姆

聯合國秘書長庫爾特・瓦爾德海姆九月九日打電報給中華人民共和國國務院總理華國鋒，哀悼毛澤東主席逝世，唁電全文如下：

「獲悉毛澤東主席逝世，極感悲痛。他爲建設新中國貢獻出了他的一生。他實現理想的勇氣和決心將繼續鼓舞以後的世世代代，定將使他在中國人民的歷史中佔有獨一無二的地位。」

「五十多年來，他的全心全意的領導，使他贏得中國人民的愛戴和舉世的景仰。他不屈不撓地尋求更好的國際諒解和世界和平將永誌人心。在他的領導下，中國在聯合國同其他國家一起協助爲全人類創造一個更美好的世界。在完成這項任務的過程中，世界現在已經得不到毛主席無比明智和幹練的指引了。」

「在這個非常悲痛的時刻，我希望向閣下並通過你向中國政府和人民表示我衷心的慰問和悼念。」

2.安全理事會主席基希亞和全體成員國

聯合國安全理事會於九月十日召開第一九五五次會議，討論「越南社會主義共和國申請加入聯合國爲會員國」的問題。由於偉大領袖毛主席在九月九日逝世，這次會議變成了悼念毛主席的一次會議。這是聯合國安全理事會第一次以整次會議來悼念一個國家領導人的逝世。會議開始時，安理會主席阿拉伯利比亞共和國代表基希亞首先致悼詞，然後要求爲毛主席的逝世悼念一分鐘，隨後秘書長發表悼詞。以下是安理會主席和其他理事國代表的悼詞摘要：

★主席說：中國人民喪失了他們的偉大領袖毛澤東主席，全世界同中國人民一樣感到悲傷，因爲他真正是我們這個時代的巨人。我們知道中國人民深深敬愛毛主席，作爲一個領袖，他的勇氣和決心、遠見和不懈的精神使中國恢復了統一，重新取得了國際大家庭裡偉大、光榮的一員的正當地位。

毛主席使中國人民有了目的和建立在平等基礎上的自尊、自力更生的精神和對一個更美好的世界的信心。他是個革命領袖、思想家、政治家、詩人和軍人，他在所有這些領域的成就體現了全人類的理想。他在領導中國沿著前所未有的路程朝向偉大的目標前進時，不但塑造了中國的命運，也改變了世界歷史的進程。我們每個人都知道毛主席的歷史性作用使聯合國有了變化。我們每個人都非常直接地感受到他的一生和他留下的遺產給我們的衝擊。

毛主席非凡成就的秘訣就在於他堅信人類的創造力可以使它實現最艱巨的目標，只要它意志堅定、有勇氣和決心。他的美妙詩詞中有一句說：

「世上無難事，只要肯登攀。」

當我們同中國人民一同哀悼毛主席的逝世時，我們從這種思想裡獲得鼓舞和啓發。全世界必須接受他的勸導，攀登高峰，實現聯合國的目標。

我要代表安全理事會理事國，請中國大使向中國政府、黨和人民轉達我們最深切的哀悼。

★巴基斯坦代表阿洪德說：毛澤東主席的思想和哲學塑造了並改變了我們時代的歷史，影響了世界許多地方的億萬人民。毛主席的一生生動地體現了他所堅持和爭取的原則。他的行動啓發並鼓動了全世界人民。他的言行在他在世時已成爲傳奇。

他的鬥爭並沒有在一九四九年十月勝利創建中華人民共和國時終止。他從解放戰士變爲建設國家的人。在毛主席的領導和鼓舞下，中國擺脫了長期的苦難，成爲世界上公認的偉大而有影響力的國家。

對巴基斯坦人民來說，毛主席是偉大真誠的朋友，他們以悲傷沉痛的心情哀悼他的逝世，但也知道他的思想將繼續指引各國人民和各民族的命運，並且深信他親自奠定的我們兩國人民的友誼將繼續加深、不斷加強，既有利於兩國人民又有利於亞洲的和平與安定。

★法國代表勒孔特說：毛主席不常離開中國，可是他所完成的事業卻超過了中國的國界。我們認識到他所完成的巨大工作，基於對個人的深切尊重和對歷史的相同看法，我們同他和中國的領袖們建立了關係。

法國和法國人民將永遠懷念毛主席，並且在中國爲實現一個締造者的理想而作的努力和未來事業上將仍舊是中國的朋友。

★英國代表默里說：毛主席是人類的巨人。他是政治家、政治哲學家、軍事戰略家、詩人——他的成就是令人歎爲觀止的。中國的重生是對他在半個多世紀以來卓越領導的永久紀念。他的影響遠超過中國的國界，在人們的記憶中，他無疑將是世界上著名的偉大政治家。

★美國代表貝內特說：我們將記得，毛主席是一位第一流的世界領袖，一位高瞻遠矚的人，他十分關心加強中美之間的關係——這一重大發展有利於世界和平，並符合創造一個較安全的世界的長期利益。

★瑞典代表呂德貝克說：瑞典首相奧洛夫·帕爾梅先生代表瑞典人民和政府發表了以下的聲明：

「毛澤東主席的逝世使世界歷史失去了一位偉大的領袖。他的名字和一生的工作將永遠同中國人民的解放鬥爭連在一起。在他的領導下，中國從殖民主義和封建主義的水深火熱中站立起來。毛澤東的影響不只限於中國，他的關於人類意志的力量可改造我們的生存條件的思想，深切地影響了全世界的人民。」

★日本代表金沢正雄說：毛主席成功地對中國進行了革命改造，鞏固了中國在世界上的傑出地位。這將永留史冊，受人景仰。他的逝世的確是世界一大損失，也是在地理上、歷史上和文化上最接近中國的鄰國日本的一大損失。

★坦桑尼亞代表薩利姆說：毛主席確實是當代，以至古往今來一位最偉大的領袖，這位偉大領袖的逝世的確是全世界的損失。

我國人民和政府哀悼毛主席的逝世，感到是我們自己的損失，因爲毛主席大大地啓發了我國人民。他是一位有多方面成就的領袖，既是偉大的革命家，舉世聞名的政治家，又是詩人和哲學家。他是對所有爲自由、尊嚴和正義而奮鬥的人有最大影響的領袖，昨天我在非殖民化委員會會議悼念毛主席時說過：

「他是二十世紀一位最偉大的革命家。他全心全意地爭取人民群眾和各民族的自由，對全世界民族解放的鬥爭起了最偉大的鼓舞人心的影響。他的教導遠遠超越了中國的國界，指引著、鼓舞著世界上無數鬥爭中的人民。」

★意大利代表卡瓦利埃里說：毛主席是一位歷史性的領袖、一位有世界性地位的政壇巨人。他在有生之年給他的國家建立了新秩序和團結，並留下了他的學說，現在他悄然逝去了。意大利代表團完全能體會到中國人民的感覺，深深瞭解此時此際悲痛的心情。毛主席的生平事跡比以前更要屬於世界歷史了。

★圭亞那代表團的傑克遜先生說：我們圭亞那人，對毛主席的逝世感到震驚，這件事使我們感到深切的悲痛。他的去世對整個人類是巨大損失。毛澤東主席是令人感奮的領袖，是不屈的鬥士，是出色的政治家和偉大的導師。他是一位真正的革命家。

毛主席已離我們而去了，但他的獻身精神、他的種種成就和他的著作將與我們同在。這些顯赫不朽的事業會鼓舞著我們重新奉獻出我們的一切力量，建成一個自由、和平與平等居於無上地位的世界，一個再也沒有剝削、不人道和不平等關係的世界。

★貝寧代表翁加沃說：毛主席畢生致力於全世界被壓迫人民的事業。他的哲學和正確的革命分析給爭取和平、正義，反對外國帝國主義及其形形色色的威脅的人民留下了不可磨滅的深遠影響。

毛主席不但是新中國的偉大領袖，同時更是第三世界的重要領袖，因爲他的見解極爲正確。

★巴拿馬代表伊婁加說：毛主席不但是中國人民也是所有爲解放而奮鬥的人民群眾的偉大領袖。他在鬥爭過程中常用〈愚公移山〉的故事來鼓勵人民。他說，「古代有一位老人，住在華北，名叫北山愚公。他的家門南面有兩座大山擋住他家的出路，一座叫做太行山，一座叫做王屋山。愚公下決心率領他的兒子們要用鋤頭挖去這兩座大山。有一個老頭子名叫智叟的看了發笑，說是你們這樣幹未免太愚蠢了，你們父子數人要挖掉這兩座大山是完全不可能的。愚公回答說：我死了以後有我的兒子，兒子死了，又有孫子，子子孫孫是沒有窮盡的。這兩座山雖然很高，卻是不會再增高了，挖一點就會少一點，為什麼挖不平呢？愚公批駁了智叟的錯誤思想，毫不動搖，每天挖山不止。這件事感動了上帝，他就派了兩個神仙下凡，把兩座山背走了。現在也有兩座壓在中國人民頭上的大山，一座叫做帝國主義，一座叫做封建主義。中國共產黨早就下了決心，要挖掉這兩座山。我們一定要堅持下去，一定要不斷地工作。我們也會感動上帝的。這個上帝不是別人，就是全中國的人民大眾。全國人民大眾一齊起來和我們一道挖這兩座山，有什麼挖不平呢？」

在座各位都知道歷史證明了毛澤東主席是對的。正是他的詩詞和成就充分顯示出毛立席這種不可思議的信念，以及他對人民必得解放的意志的信心。我們可以說，他將永遠活在人們心中，他將繼續鼓舞中國人民、鼓舞中國的政治家、鼓舞世界上其他的民族。

二、海法全體會議

第三次聯合國海洋法會議第五期會議九月十三日舉行了一整天的會議，悼念中國人民敬愛的領袖毛澤東主席。會上六十四個國家的代表，代表世界各洲各國家集團和各國發了言。海洋法會議在這一天停止了其他一切活動。

會議主席阿梅拉辛格（斯里蘭卡）首先發言。他說，毛澤東主席是二十世紀最英雄的人物。他向敵人極大優勢的力量進行了史詩般的鬥爭，解放了中國，使她不再遭受殖民主義的凌辱。憑著他的大無畏的勇氣、堅忍的毅力和對人民的信任，他統一了中國，給予中國人民一個真正為人民謀幸福的穩定政府。毛主席出生為農民，有哲學家的品質和領袖天賦，更有革命家的堅定信念。他為人民建立了真正符合他們基本需要的社會經濟制度，這使他永遠活在中國人民的心中。中國人民可以引以自豪的是毛主席不只是歷史的一部分，他就是歷史本身。

接著，聯合國秘書長的特別代表蘇萊塔宣讀了秘書長的唁文。唁文說，毛主席是一位高瞻遠矚、英勇果決的領袖，他喚起中國人民，而他自己畢生致力於把中國建設成一個強大的現代化國家。毛主席作為政治家和政治思想家的影響贏得了全世界人民的尊敬，他的卓越貢獻將繼續影響世世代代的中國和其他各國的人民。

以下是一些代表的發言摘要：

毛里求斯（代表非洲國家集團）

毛澤東主席不只鑄造了中國的命運，而且，許多被壓迫人民的命運的改變也要歸功於他。非洲人民對他極爲敬佩，因爲他支持了許多正義事業，他的領導才能和政治思想，對中國和世界歷史都作出了巨大的貢獻。他的一生、教導和語錄，是全世界爭取自由的人民取之不盡的知識和啓示泉源。

伊拉克（代表亞洲國家）

毛主席是一個深知人民願望和需要的詩人和哲學家，他畢生致力於人民的事業。所有爭取自由、反殖、反剝削的人將永遠懷念他。

薩爾瓦多（代表拉丁美洲國家）

毛澤東主席是中國人民心中的父親、朋友和領導人。在他的領導下，中國實現了和平統一、取得了進展，社會的面貌也徹底改變了。他團結了人民，把一窮二白的中國建設爲科技先進的國家；因此，他不只是歷史的一部分，而且也創造了歷史。

冰島（代表西歐國家）

毛澤東主席是中國和世界歷史上的巨人，他的努力、眼光和遠見鼓舞了世界上許許多多人。他的逝世留下了一個不可填補的空缺。

埃及（代表阿拉伯集團二十一個國家）

毛澤東主席的逝世是世界上愛好和平自由的人民的損失，他謙虛謹慎，以身作則，把政治思想同實踐相結合，爲和平、自由、獨立、尊嚴、社會正義、反帝、反壓迫而努力；被壓迫的人民，永遠不會忘記友好的中國人民對阿拉伯人民的事業，以及對第三世界人民爭取自由獨立和進步的支持。我們尊敬和欽佩毛主席，他的思想、哲學和教導一定會永遠鼓舞我們和後人去爭取自由、獨立和進步。

荷蘭（代表歐洲經濟共同體九國）

中國現在在國際社會上所佔的地位受到毛主席的深刻影響，他使中國從外國統治和內戰中獲得解放。就是不同意社會主義理想的人也會承認毛主席是一個歷史性人物；甚至在毛主席死後，他的精神還會隨著他的著作永垂不朽。

挪威（代表北歐國家集團）

極少政治領袖能夠像毛主席一樣在歷史上留下這麼深刻的影響。中國人民已經站立起來，充滿信心和自豪。全世界都對中國在毛主席領導下所取得的成就表示極爲欽佩和崇敬。

馬來西亞（代表東南亞國家聯盟）

毛主席一生致力於建設新中國，他把中國改造成一個現代化、有組織和自力更生的國家。今天的中華人民共和國，堪稱是毛主席一生努力的最恰當的見證；但毛主席絕不只是中國的領袖，世界社會將因爲他幫助建立一個和平正義終將勝利和普及的新的世界秩序而紀念他。今天，毛主席雖然已不在了，但他的思想仍將繼續與我們同在。

喀麥隆聯合共和國

毛主席的一生體現了一切爲基本自由和人類尊嚴而鬥爭的人的理想。他的經歷和思想使他成爲人類大家庭中，獻身於爭取崇高的普遍理想的積極表率。歲月和疾病可以奪走一個支持改變外國統治和帝國主義舊秩序的戰士；可是，誰也不能熄滅這位偉人點燃的熊熊烈火。他的遺志將鼓舞著他的同志。

馬達加斯加

我無法找到適當的語言來表達我們的感情。毛主席高瞻遠矚，在歷史上佔有崇高的地位。他對人類社會的階級關係和國家與國家之間的關係的分析，不僅推動了中國的改革，而且也推動了世界的改革。中國和第三世界國家人民深深領受這位偉大領袖的恩惠。毛主席將永遠活在人們心中。

馬耳他

毛主席的逝世是中國和全世界人民的一大損失。他的意義深遠的思想和著作將繼續鼓舞人心。他是中國人民和亞洲所有被壓迫人民的父親、哲學家和導師。他積極支持馬耳他人民的獨立，他是馬耳他人民真正的朋友。

非洲統一組織

毛主席不只屬於中國、他也屬於第三世界。毛主席是偉人的永恒象徵。他改造了人類貧窮的狀況，並決心建立一個正義、自由的世界。毛主席是非洲革命者的榜樣、鼓舞的泉源。他大力推動了被壓迫人民的鬥爭。毛主席領導的長征，首先是亞洲，後來是第三世界，最後是全世界發生重大變革的起點。

剛果

毛主席堅決支持第三世界的正義事業和民族解放鬥爭，喚起被奴役的人民爭取獨立，使中國革命成爲世界革命的一個主要因素。我們確信，他將像永不熄滅的光芒，啓發和嘉惠各地人民。

阿爾及利亞

毛主席發掘了中國的潛力，激起了她的幹勁，領導她成爲偉大的國家。全世界人民都曾在，並繼續在中國的革命中得到精神的鼓舞。

巴勒斯坦解放組織

毛主席在世界歷史上留下了不可磨滅的功績，他是進步力量和愛好自由力量的先驅者。毛主席讚揚了巴勒斯坦人民反對帝國主義、外國佔領和種族主義的革命，並支持世界各地的民族解放運動事業。

圭亞那

毛主席將一生獻給了他的人民，他要使中國從外國壓迫中解放出來的決心鼓舞著許許多多國家。這些國家打破了殖民主義束縛、現在正爲將來開闢新的道路。中國與許多國家的友誼，中國對許多國家的援助不僅僅是歷史上的記錄，更是她的領導人的成就。

肯尼亞

毛主席是任何時代的最偉大政治家之一，他始終支持正義、民族解放、和平和全人類平等的理想。反抗壓迫的人將永遠繼承他所代表的理想。

贊比亞

毛主席是一位偉大的革命領袖，他在生時就成了傳奇人物。毛主席和中國人民始終是贊比亞和南部非洲的被壓迫兄弟的可靠支持者。

加拿大

中國失去了一位偉大的領袖、世界失去了一位非常傑出的政治家。很少有一個人不僅對他自己的國家、而且對整個世界都有這麼大的影響。

坦桑尼亞

中國人民是坦桑尼亞人民的親密朋友。今天中國人民失去了一位偉大領袖，坦桑尼亞人民要和他們同樣感傷。毛澤東主席的名字象徵著被壓迫人民的共同戰鬥和力量。中國雖然並不富有、但卻十分慷慨；她在盡力協助各國人民反對殖民主義、種族主義和外國統治、壓迫作鬥爭。毛主席畢生致力於把中國建設成爲自由、正義和尊嚴的國家，他也同樣地教育了其他國家和人民。我們確信由他啓發的自由、獨立、解放鬥爭將一直延續到贏得這一切的最後勝利的日子。

新西蘭

毛主席對中國所產生的影響，在中國的悠久歷史上，只有極少數領袖才能比擬。即使是那些與他持不同意見的人也必須對毛主席作爲中國人民的領袖而表示欽佩。

烏干達

把毛澤東主席所開始的長征繼續下去，就是我們所能向他表達的最高敬意了。烏干達和第三世界將繼續反對不正義、剝削、種族主義、種族歧視等罪惡，從而使毛主席永垂不朽，因爲他一生就在爲此奮鬥。他一直戰鬥到生命的最後一息，我們也應當如此。

莫桑比克

毛主席是從事人民解放鬥爭，從事反殖、反帝、反各種形式壓迫的人民的同志。這就是莫桑比克解放陣線、莫桑比克政府和人民所認識的毛主席。主席的逝世也是那些正在進行反剝削、反壓迫的人民的損失。人都有一死，但歷史的規律告訴我們，真正的革命者是死不了的。我們的鬥爭必將繼續，來紀念這位偉大領袖。

乍得

乍得全國，爲把一生貢獻給被壓迫人民的毛澤東主席哀悼三天。

斯里蘭卡

在我們重新覺醒的年代裡，我們找不到一個國家會比毛澤東主席所締造和改革的國家更能了解我們、更支持我們。中國是世界窮人的朋友。

沙特阿拉伯

只要人的心臟還在跳動，只要人的腦筋還能思想，對毛澤東的記憶就將永存。他是他的人民所認爲最忘我的僕人。他應該是一切願意犧牲自己、讓別人在和平中茁壯成長的人的「光輝榜樣」。

埃塞俄比亞

毛主席是埃塞俄比亞偉大的朋友，在激烈的戰鬥生活中，他仍然找到時間去關切研究第二次世界大戰中埃塞俄比亞反對法西斯勢力的游擊戰鬥。在哀悼毛主席時，我們將從他遺留給我們的偉大思想和成就取得力量和鼓舞。

泛非大會

代表非洲解放運動，對毛澤東主席的逝世表示深切的慰問。毛主席的思想照亮了我們非洲擺脫外國統治和剝削的艱巨鬥爭。中國人民一向貫徹執行毛主席國際無產階級的正確路線，他們與我們一起推動了納米比亞、津巴布韋人民武裝鬥爭的勝利，以及阿扎尼亞人民的起義。毛主席一生無私地獻身於中國人民的解放鬥爭，並且也指導了國際無產階級的鬥爭。因此，他不僅恢復了中國人民的自由和尊嚴，而且也領導中國和中國人民、使他們受到全世界各族人民的尊敬和愛戴。他的每一句話，都是反殖反帝的致命武器。我們心中最熟記的一句語錄就是：「國家要獨立、民族要解放、人民要革命」。這句話，將因爲亞非拉英勇的民族解放鬥爭、世界進步力量爲消滅人剝削人的集體鬥爭，而永垂不朽。

（美東各界聯合籌備會，《毛澤東主席追悼會專刊》，一九七六年九月十九日）

三、非殖民化委員會

主席薩利姆

聯合國給予殖民地國家和人民獨立宣言執行情況特別委員會第一〇五三次會議追悼了毛澤東主席。委員會主席坦桑尼亞代表薩利姆在發言中說，毛澤東主席是二十世紀最偉大的革命家之一，他全心全意地爭取廣大群眾和各國人民的自由，對全世界民族解放的鬥爭起了最大的和最鼓舞人心的影響。他的教導超越了中國的國界，指引和鼓舞著世界無數鬥爭中的民族。

薩利姆說，毛主席出身寒微，領導他的同僚搞革命，反對對中國的壓迫，反對帝國主義的枷鎖。這場鬥爭終於使中國人民取得了光輝的勝利，使中國成爲了我們大家特別是仍在帝國主義枷鎖下的被壓迫民族學習的榜樣。

毛主席從中國共產黨一九二一年成立以來就是其中一位最偉大的領袖。一九二七年，他領導中國人民進行武裝鬥爭，解放自己的國家。一九三四和一九三五年，他領導了史詩般的長征，反敗爲勝，導致中華人民共和國的創立。

薩利姆繼續說，在毛主席的領導下，中國從一個一窮二白、人民深受軍閥掠奪和壓迫的國家轉變爲最有希望、最進步的國家。在他的引導下，中國成爲了制定各國和平共處原則的主要力量。

毛澤東主席不僅是中國人民的偉大領袖，他的言行和著作具有世界性的重要意義。他的著作，特別是《論持久戰》這篇文章鼓舞世界各地人民進行爲了擺脫外國統治，爭取解放和獨立的鬥爭。

全世界，不僅是不結盟國家，都會爲失去這位偉大的世界領袖而感到深切的悲痛；因爲，毛主席是當代甚至是歷史上其中一個最偉大的人物。

薩利姆說，毛主席是中華人民共和國的締造者、中國共產黨的主席，當代團結中國人民最卓越的政治人物，也是一個偉大的哲學家、作家和詩人。毛主席以他極大的努力和出色的領導在人類歷史上留下不可磨滅的功勳，指引著後代前進的方向。在他短短的一生中，他深刻地改變了世界輿論對殖民主義、帝國主義和外國統治的認識。

薩利姆發言後，委員會全體代表肅立靜默一分鐘。

（美東各界聯合籌備會，《毛澤東主席追悼會專刊》，一九七六年九月十九日）

第四節　舉世同悲

一、舉世哀悼毛主席逝世

《文匯報》

新華社記者九月十四日報導：中國人民敬愛的偉大領袖、國際無產階級和被壓迫民族被壓迫人民的偉大導師毛澤東主席的逝世，立即在全世界人民中引起了深切的悲痛，在國際上引起了十分廣泛和強烈的震動。

九月九日，毛澤東主席逝世的不幸消息震撼了全球，從太平洋、印度洋到大西洋；從亞非拉到大洋洲、歐洲和北美洲，不同膚色、不同民族、不同國籍、不同階層的人民，對毛澤東主席的逝世表示深切的悲痛和悼念。許多國家的領導人和知名人士，紛紛為悼念毛澤東主席發表談話、聲明，發出唁電；許多國家的政府，把毛主席逝世當作國哀，決定舉行全國悼念活動；許多會議，一國的或國際的，臨時中斷了既定的議事日程，哀悼毛主席逝世；許多電台和電視台，中斷了正常的節目，許多報紙和通訊社，壓下了其他的新聞，為毛主席逝世的新聞報導讓路；連續地、突出地、大量地報導我國和世界各國的哀悼和弔唁活動，並且發表和轉播了大量讚揚毛主席和介紹毛主席革命事蹟的評論和文章。其反應之強烈，階層之廣泛，規模之宏大，在世界上是罕見的。毛主席為中國人民的革命事業、全世界被壓迫民族和被壓迫人民的解放事業和共產主義事業立下了豐功偉績，贏得了全世界革命人民衷心的熱愛和無限的崇敬。

為了表示對毛主席逝世的沉痛哀悼，許多國家的政府，決定全國下半旗致哀或舉行悼念活動。據不完全統計，已經有朝鮮、阿爾巴尼亞、柬埔寨、越南、巴基斯坦、斯里蘭卡、孟加拉國、印度、敍利亞、阿拉伯也門共和國、埃及、坦桑尼亞、突尼斯、剛果、加蓬、塞拉利昂、加納、貝寧、赤道幾內亞、扎伊爾、蘇丹、馬里、索馬里、乍得、幾內亞、幾內亞比紹、肯尼亞、委內瑞拉和阿根廷等約三十個國家宣布全國下半旗致哀；其中朝鮮、斯里蘭卡、坦桑尼亞、塞拉利昂哀期長達九天。

為了對毛主席的逝世表示衷心的哀悼，許多國家的政界人士、著名人士和各階層的勞動人民，當獲悉毛主席逝世的消息後，絡繹不絕地到我國駐各國大使館弔唁，並送了花圈、花束；他們接連不斷地打來慰問的電話。唁電、唁函像雪片般送到中國大使館，發往中國的首都北京。截至九月十四日止，已有近一百二十個國家的國家元首和政府首腦向我國首都發出了悼念毛澤東主席逝世的唁電或唁函；已有七十五個馬列主義政黨和組織向中共中央發出了唁電或唁函；已有六十多個國的國家元首和政府首腦到我駐各國使館去弔唁。

許多國際機構和國際會議上都開展了哀悼毛主席逝世的活動。九日，聯合國下半旗致哀；聯合國安理會十日開會時，安理會主席致悼詞，聯合國秘書長瓦爾德海姆和與會各國代表都發表講話，表示哀悼。

連日來，各國通訊社都迅速、大量地報導了毛主席逝世的消息和各國人士對毛主席的讚揚和評價。同樣，連日來全世界各國的電台、電視台和報紙都大量報導有關毛主席的消息，高度讚揚毛主席以畢生精力為中國人民和全世界人民立下的豐功偉績。

全世界各國革命人民都為毛澤東主席的逝世沉浸在悲痛之中。他們追念毛主席光輝的革命活動，重溫毛主席的教導，從中汲取力量和信心，為爭取自身的解放而奮勇前進！

（《文匯報》，一九七六年九月十六日）

二、五洲悲悼、四海含哀

《台聲》編輯部

毛主席與世長辭的噩耗一發佈，不僅中華大地、八億神州到處沉浸在無盡的哀思裡，整個世界，從亞洲、非洲到拉丁美洲；從北美、歐洲到大洋洲，也無處不表現出深切的悲痛與悼念。

正在紐約舉行的第三次聯合國海洋法會議，有一百五十多個國家與民族解放組織代表參加，是一個比擁有一百四十二個會員國的聯合國更具有代表性的世界性會議，因此許多國家要求利用這個場合來共同悼念毛主席。九月十三日，海洋法會議爲悼念毛主席的逝世而召開了一整天的全體特別會議。來自五大洲，代表世界各國家集團和地區的六十多位代表在會上發了言，一致讚揚毛主席的光輝思想和偉大業績。

全世界一百五十多個國家和地區，有一百二十多個國家的政府向北京發了唁電，其中包括一些與我國還沒有邦交的國家。有三十多個國家的政府還決定全國進行爲期一天到七天的哀悼活動，以表達對毛主席的崇敬心情。

非官方的悼念活動和儀式更是遍及全球。

在毛主席逝世的當晚，西德的一些革命青年和勞動群眾就分別在幾個城市舉行火炬遊行。他們高舉火把，抬著用黑紗和鮮花簇圍著的毛主席遺像，穿過市區，緩步前進。一幅幅大標語上寫著：「我們要化悲痛爲力量！」一張張有毛主席遺像的傳單上印著：「光榮永遠屬於毛澤東同志！」「馬克思主義、列寧主義、毛澤東思想萬歲！」

巴黎的幾十位青年，走到中國大使館門前，高舉著毛主席的巨幅遺像，在兩旁肅立默哀了好幾個鐘頭。

九月十二日，一萬多名巴黎市民舉行追悼毛主席的集會和遊行，參加的有工人、農民、學生、教師和其他勞動人民。遊行的隊伍高舉框以黑邊的毛主席遺像、紅旗和橫幅，從「共和國廣場」走到「巴黎公社社員之牆」，在那裡舉行了追悼會。

埃塞俄比亞的首都亞的斯亞貝巴在九月十二日舉行遊行，紀念埃塞俄比亞革命日兩周年。參加遊行的有十多萬群眾，有的舉著毛主席遺像，有的高舉著標語牌：「毛主席雖然逝世了，但他的業績永世長存！」「毛主席仍然激勵著我們！」

秘魯首都利馬的約亞契卡尼劇團在九月十日的演出開始之前，全體演員列隊登上舞台，捧著毛主席遺像，舉著一面紅旗，一位演員向觀眾朗讀了紀念毛主席的長篇悼詞，然後全場觀眾起立默哀三分鐘。

剛果首都布拉柴維爾約五、六千名群眾，九月十三日上午抬著毛主席遺像，走到中國大使館對毛主席的逝世表示沉痛的哀悼。

一位牙買加黑人農民從百里以外的農村趕到中國駐牙買加大使館，他帶來一束新鮮野花放在毛主席遺像前，怎樣也抑制不住悲痛的感情，以致痛哭在地。

這些動人的事情說明了毛主席在世界各地具有崇高的聲望，他得到各國人民的衷心敬仰和愛戴。爲什麼毛主席在世界各國人民的心目中有這樣崇高的地位呢？就是因爲毛澤東思想指導和鼓舞了世界各地的革命人民，因爲在毛主席指引下的中國革命外交路線真正和全世界被壓迫民族和被壓迫人民站在一起，促進了人類進步事業的蓬勃發展，推動了歷史的前進。

加納工會大會總書記伊西富率各行業工會代表十人到中國大使館弔唁時說，毛主席的教導一直鼓舞著我們以及整個非洲戰鬥的工人。當初毛主席提出帝國主義是紙老虎的論斷時，還有人不理解，以後大家才認識到這論斷是正確的；人民的力量和智慧，可以戰勝一切強大的敵人。

巴勒斯坦游擊隊的一位領導成員回憶說：「十年前，毛澤東主席就教導我們，巴勒斯坦革命的道路是漫長的、艱巨的，但是要堅持下去。毛主席的教導將永遠鼓舞我們前進。」一位巴勒斯坦游擊隊員說：「我們從毛主席的著作裡，找到了『槍杆子裡出政權』的偉大真理，於是我們拿起了槍，進行戰鬥。」

阿扎尼亞泛非主義者大會的一位領導人指出：南非人民只有進行人民戰爭，才能取得解放。他在悼念毛主席逝世的唁電中說：「雖然毛主席逝世了，但是他的偉大思想現在和將來仍然是革命者的燈塔和指南，也是反對修正主義和超級大國霸權的正確武器。」

民主柬埔寨政府的新聞和宣傳部長符寧說：「毛澤東主席的一生是革命的一生。柬埔寨人民永遠不會忘記，正當我們在叢林中與敵人進行英勇鬥爭的艱苦時刻，毛主席發表了著名的『五・二十』聲明，正確地指出『弱國能夠打敗強國，小國能夠打敗大國』，給了我國人民極大的鼓舞。」社會事務部長英蒂麗曾兩次獲得毛主席接見，她說：「毛主席的名字象徵著崇高的國際主義精神」。

中國堅決執行毛主席的革命外交路線，在全世界，特別是在廣大的亞非拉第三世界國家，締結了無數人民之間的革命友誼。

在坦贊鐵路工地上，許多坦贊工人都會用斯瓦希利語和漢語唱《東方紅》。有一位名叫阿布達拉的老工人非常認真地學唱這首歌，他請翻譯把中文歌詞標上斯瓦希利文，反複念唱和學習。他說：「我不是簡單地學一支歌曲，我是全心全意地歌頌毛主席。毛主席對我們坦桑尼亞人民的情誼是一千支歌也頌揚不完的」。

在坦桑尼亞，中國醫療隊到農村巡回醫療，把醫藥送上門，親自到患者家裡去看病。坦桑尼亞人民看到中國醫務人員真心誠意爲他們服務的精神都十分感動。在穆索馬一個偏僻小山村的一位七十多歲的非洲老人激動地說：「謝謝毛主席爲我們非洲人民派來了好醫生」。

中國派往援助剛果建設聯合紡織廠的工人，爲了使工廠早日爲剛果人民服務，常常犧牲休息時間，在假日加班加點，甚至帶病堅持工作。這種毫不利己、專門利人的精神，使剛果工人深受感動。他們說：「我們從中國工程技術人員對待困難的堅定勇敢和生活作風的艱苦樸素中，看到了毛澤東思想的威力。哪裡最危險、最髒、最累，中國工程技術人員就在哪裡出現。他們忘我地勞動，甚至準備爲剛果人民的事業，不惜犧牲個人的一切。這些用毛澤東思想武裝起來的當代英雄人物，使我們永遠難忘。」

在尼泊爾工作的中國專家爲了減少尼泊爾人民的負擔和保持艱苦樸素的傳統，一直住在自己搭起的帳篷裡，自己做飯、洗衣、種菜、養豬、孵豆芽、磨豆腐。他們同當地的民工一樣，徒步上工，日日夜夜地勞動。當地人民說：「毛主席教導出來的專家都是好樣的。」他們說，美、蘇兩國的專家來尼泊爾工作時，都是先建築自己住的洋房，買汽車，坐飛機勘察公路路線。中國專家同那些人完全不同，他們同我們工人沒有差別。一位司機深有感受地說：「毛主席時刻關心著全世界人民。毛主席教育人民，世界人民都是平等的。我熱愛毛主席。」

毛主席雖然逝世了，毛澤東思想和毛主席的革命外交路線將永遠指引世界各國的革命人民奮勇前進。

（《台聲》，一九七六年十一月）

三、國際外交官員和各國人民在紐約中國代表團表達哀思

《美洲華僑日報》

為深切追悼毛主席，中國常駐聯合國代表團於九月十三日至十八日接受各界人士的弔唁。每日有數以百計的各國常駐聯合國代表、美國人士、第三世界人民，前往參加追悼。

聯合國秘書長庫爾特·瓦爾德姆、朝鮮、阿爾巴尼亞、羅馬尼亞及許多第二第三世界國家的代表，都前往中國常駐聯合國代表團，表示哀悼。美國常駐聯合國代表斯克蘭頓也參加了追悼。毛主席的革命外交路線，號召被壓迫國家、民族團結起來，把反霸、反帝、反殖的正義鬥爭進行到底；拆穿了社會帝國主義的欺騙性；指出了國家要獨立、民族要解放、人民要革命是不可抗拒的歷史潮流；提出了以獨立自主、自力更生的方針建設國家的重要性。毛主席的逝世，對被壓迫的第三世界國家和人民，是非常巨大的損失。

十五日下午，在中國常駐聯合國代表團門前，列隊等候參加追悼的人士超過二百人。許多人手上拿著花圈。每一個人都面色沉重，很多人臂上纏上黑紗。有人不斷抽泣，頻頻用雙手掩臉；有人凝視半懸的五星紅旗，淚流滿頰；有人仰對天空，盈淚滿眶。他們的心情是何等的悲痛。他們悼念偉大的毛主席為中國人民和世界被壓迫民族、被壓迫人民，鞠躬盡瘁奮戰終身，立下了不朽的勳業。現在，毛主席與他們永別了。

過路的美國人目睹深切哀悼毛主席的場面，十分感動。一位年近六十的婦女說：「我從未見過一位政治領袖的逝世引起這樣的反應，不只中國人如此，許多美國人也如此。」有一位中年婦女問悼念的人：「追

悼的日期什麼時候結束?我是要去追悼的。」

弔唁的靈堂設在一樓的大廳，佈置莊嚴肅穆。堂中央懸掛了毛主席的遺像，兩旁披著黑紗捆成的黑球，下端供著滿盛開的黃花，兩側置有青松翠柏。正方黑帷幔寫著「悲痛哀悼毛主席」，兩側分別掛著「偉大的、光榮的、正確的中國共產黨萬歲！」和「戰無不勝的馬克思主義列寧主義和毛澤東思想萬歲！」字句。靈堂的入口處寫著「偉大的領袖和導師毛主席永垂不朽！」靈堂內外放滿了中外人士獻送的花圈。

一個美國計程車司機說：「我深切哀悼毛主席，他的一生爲勞動人民服務。他領導中國人民教導世界無產階級反修防修，他永遠活在我的心裡。」

美國各界人士都獻送了花圈。美國友人蘇珊·沃倫獻送的花圈上寫著：「我爲敬愛的毛主席的逝世而深感哀痛，他的一生和工作，他的名字和教導永垂不朽」。美中友協人士海倫·羅森寫著：「哀悼偉大的領袖和導師毛澤東主席，他的思想將繼續鼓勵我們發揚『肯登攀』的精神」。此外，許多進步組織、社團、商號、學校及各階層人士獻送花圈，以表哀悼。

一些美國青年，手裡拿著毛主席著作，莊嚴地向主席遺像致敬。

一位衣著樸素的美國少女雙目含淚，在靈堂內默默地凝視著毛主席的遺像，面色沈重，木然地站在主席像前良久。最後禮貌地向代表團守靈同志輕輕地講了幾句話，像要求什麼似的，然後見他舉步上前，小心翼翼地摘下供奉在主席遺像前的一朵黃花，憂戚地步出了靈堂。

美國友好人士表示：「決心用執行毛主席革命路線的實際行動悼念毛主席」；「全世界將永遠銘記毛主席的豐功偉績，今後不會再有毛主席這樣偉大的領袖」；「相信英勇不屈的中國人一定能把毛主席所領導過的社會主義革命進行到底，永保中國鮮紅顏色。」

一些美國進步人士在唁函、花圈題詞中指出，或口頭表示說：「毛主席逝世使我們失去了一位偉人，但我們將繼續鬥爭下去」；「美國勞動人民為毛主席的逝世感到悲痛，美國總有一天會在毛澤東思想指引下，取得革命勝利」；「毛主席將永遠活在美國人民心中」；「毛主席光輝的一生為各族受苦受難人民帶來了希望。我們要加倍努力，投入解放人類的鬥爭，這是對毛主席最好的悼念。」

前往參加追悼的第三世界人民很多。兩名因在中美洲某國參加革命運動而被放逐來美，遭遇家散人亡、流浪異國的人，在進靈堂前，熱淚已經奪眶而出。其中一人後來步出大門後說：「毛主席是我們革命的導師，他的思想是我們革命的指南針，我們的前途是光明的；毛主席逝世了，但他的光芒永遠照亮我們被壓迫人民革命的路程。」他身旁的朋友說：「我們的遭遇，叫我們更熱愛和敬仰毛主席，無數革命的人民將踏著毛主席走過的道路前進。」有二個二十來歲的年輕黑人女子致默哀後，高舉握著的拳頭，向著毛主席致革命的敬禮。越是被壓迫的人民，對毛主席的逝世，越感到哀痛，他們將心裡的哀痛化成力量，讓眼裡的淚水化作勇氣，為解放事業而奮鬥。

（《美洲華僑日報》，一九七六年九月十四日）

四、第一和第二世界的政要、名流、媒體的哀思和緬懷

〔美國〕

政要名流

1. 前總統尼克松、總統福特和國務卿基辛格

美東各界聯合籌備會

美國前任總統尼克松說，毛澤東主席是舉世無雙的人物，他長遠的眼光開展美國和中國新的關係。

尼克松九月九日在聖克里門蒂寓所中發表談話：「毛澤東主席長征的一生，八十二歲逝世而告結束。他是一個有無限魄力和思想意志的人，他工作到生命最後時日。

作爲代表兩個完全不同世界觀和不同觀點的領袖，我們一九七二年在北京會晤，彼此認識。在這會見中，中、美關係已成爲我們兩國彼此利益所缺少不了的。

給我印象尤深的是，他不單只深切了解他本國人民的各種問題，而且還明白世界局勢各種客觀現實情況。其後我們所建立的新關係是對他那方面長遠眼光的頌讚。

在今年二月二十三日我們最後一次會晤他時，他重申這種先見。我深信，不論誰人繼承毛主席，將會

繼續努力，走向改善中華人民共和國和美利堅合眾國之間關係的這一目標，出力爲太平洋和全世界，建立一個和平結構。

毛澤東是一代偉大革命領袖，舉世無雙人物。他是一個貢獻了終生、實事求是的共產黨員，他而且還是一個深入中國人民歷史的詩人。

若干年前，他寫了一首詩：「天地轉，光陰迫，一萬年太久，只爭朝夕。」

歷史學家將會就他的一生以及他對中國人民以及全世界所產生影響，作出評價。毫無疑問，爲了他所見及的理想，爲了他那麼堅信的各種原則，他作出他的只爭朝夕的努力了。

美國福特總統稱讚已故中國領袖毛澤東主席是一位傑出、偉大而有眼光的人物。他的逝世，是使人悲痛的。他說：「毛主席是中國近代史上的一位偉大人物，他是一位以行動來建設他的國家的領袖。他對歷史的影響將超越中國國界。美國將不會忘記：中國在毛主席領導下和美國一起結束了整代的敵視態度，建立和促進了兩國之間新的關係。我十分有信心，在毛主席的幫助下中華人民共和國和美國已朝著改善關係的趨勢發展，這對世界和平與安定將有積極的貢獻。」

國務卿基辛格說：中國共產黨主席毛澤東是「偉大的巨人」。

他說：「我認爲他是偉大的巨人，他所帶來的轉變，比當代任何人都大。」

他形容毛主席是一個傑出的人，他的行動「帶來很大的成就」。

他又說：毛主席有「堅強的性格」，說話「有綜合性和啓發性」。

（美東各界聯合籌備會，《毛澤東主席追悼會專刊》，一九七六年九月十九日）

2.毛主席高瞻遠矚

謝偉思

【原編者按】一九三三年到一九四五年，謝偉思被美國國務院派駐中國工作十二年，他現在是美國伯克萊加利福尼亞大學的講師。一九七一年，謝偉思曾再度訪問中國。

一九四四年，當我頭一次會見毛澤東主席時，他五十一歲。在那四個月中，我經常見到他，肯定每個星期兩三次。算一算，包括正式的會見和輕鬆的私人談話，小組討論，共同進餐，看戲和別的文娛活動，聽他作報告，以至溫暖的夏天星期六晚上在一個果園泥地上舉行的晚會，總共大約有五十次吧！

我當時是約瑟夫·史迪威中將的工作人員，是第一個訪問延安的美軍觀察團的成員，我們到延安去，跟共產黨領導建立直接的接觸。

我的任務是把毛主席和共產黨的其他領導人的演講詞和他們的觀點滙報上去。毛主席這人看來是慈祥的，他的態度，他給人的印象，他平日的談吐等等，看來都和其他報導的不一樣，並且大部份被當時的報導所略去。但是，毛澤東主席不是人們能夠忘卻的人！

毛主席是更爲活躍的，他的談話常常有生動的譬喻，有中國傳統的諷刺語言，尖銳的驚人的聲明。很少有什麼話題是他不感到興趣的，他博覽群書，知識淵博，幾乎很少有什麼事情是他不知道的。

我想，這是很正常的，他看來經常都引導著每一次的談話。有時候，你感到好像被訪問的不是他，而是你！而這是在非常好的情況下進行的，他並不壟斷談話，不強加於人，你也不覺得被壓服。事實上，在小組討論的時候，他經常小心在意地使每一個出席的人都有機會發言，表達自己的意見。毛主席常常在大家講完之後，總結會議的精神；我看到，他的總結總是權威地公正的、完整的，而又簡潔明瞭的。

在共產黨領導人中，彼此的關係是愉快融洽的，這使得我們中那些接觸過重慶政府領導人蔣介石的人，看見蔣在他的下屬中製造的那種緊張氣氛的人感到驚異。

在那一批長征老同志中，沒有人阿諛奉承，沒有人肅立聽訓，而是一種和諧的互相討論，有時彼此用一些共同經歷過的過去事件互相開玩笑。他們甚至願意公開表明不同的意見——雖然在外國客人跟前決不表露對基本政策的任何分歧。

制訂政策的問題佔去了毛主席大部分的時間和思想：在日本防線後的游擊區爭取農民支持的政策；使用獲得農民支持的力量，在不可避免的即將到來的鬥爭中反對蔣介石一黨獨裁專政的政策；爭取美國在中國內爭中採取公平或中立態度的政策，等等。

以上這些題目，它的各個方面，是毛主席願意討論的。細節，日常事務，行政管理，他留給別人去談。有能力的助手，舉例說，像周恩來先生和朱德元帥，不受到忽略。

當我要求取得比他感興趣的或他認爲他能供給的更多的詳情時，他經常都介紹我去找其他的領導人。這種願意共同承担責任，以及他明顯地信任和依靠同事們，跟我在重慶（對蔣集團）的觀察獲得的印象恰成尖銳對比。

由於我們這個團是一個軍事性質的團，我們的任務是估計在抗日戰爭中共產黨軍隊的實力，因此我們的首次見面涉及建立滙報制度和程序等。共產黨人知道我是一個平民，既要向史迪威中將報告，也要向國務院報告。

在早期的會晤中，有一次毛主席在會後半笑著對我說，他想我必定希望跟他談話，而他也希望與我交談。但他認爲如果大家先熟絡了，而美國人又先看看一些共產黨的東西，這樣才來討論，對大家將會更有益。

大約一個月後，我就獲毛主席邀請，與他首次作單獨的會談。我們的會談除了因晚餐中斷一會外，連續進行了八小時。晚餐時，毛主席的妻子江青也加入會談。這次會談已奠下基礎，以後的會談比不上這次那麼長。

這次會談給我最深刻的印象，是毛主席那特有的有力量的冷靜神態，而這不是矯裝出來的。他對共產黨和他的事業會取得最終勝利這一點，抱有絕對的信心。這種信心和他們當時在延安所處的實際情況構成一個極強烈的對比。我們美國人要經過一段時期才能適應這種信心，更要花另一段長時期才最後得出結論：毛主席的信心是對的。

當我在一九七一年重訪中國時，最引人注目的，是毛主席一九四四年在延安的講話中所反覆強調的題目，至今仍然充沛有活力。

他說：黨一定要爲人民服務，並接受人民的批評（像文革時一樣）。知識份子必須學點體力勞動，教育必須聯繫實際，不能過於理論化；中國只能靠自力更生來發展自己；農民具有很大的創造力，一旦發動起來他們是能夠取得很大的成就；中國不應懼怕任何危險或困難；人民的精神力量比機器更重要；只要有耐性並持之以恆，什麼事都是可以辦到的。

毛主席時刻強調，我們是中國人，我們願與其他國家發展友好關係，但我們不接受任何人的指揮。我們將永遠制定自己的政策，根據中國的實際情況來推行馬克思主義。

當然，毛主席還未完成他一生爲之而奮鬥的事業。但又有誰能在一生的時間中取得比他更大的成就？中國已在世界上站立起來了，國家的面貌已改變了。她的人民正通過悠長的、仍未結束的革命，正在塑造一個新的、平等的社會，而這個社會已爲廣大人民帶來一種有爲感、自信心、安全和幸福，而這一切都是大多數人從未夢想過的。

我曾問很多中國共產黨朋友們，毛主席爲什麼能戰勝他的很多敵人，成爲眾所公認的領袖。他們的答案都是一致的，歸根到底：「他高瞻遠矚」。

（《新晚報》，一九七六年九月十一日）

3. 痛悼毛主席逝世

韓丁

【原編者按】美中人民友好協會主席威廉·韓丁今晨七時三十分在美國費城接受本港商業電台記者長途電話訪問。當回答問及他對毛澤東主席逝世有何感想時，他表示毛澤東主席的逝世對整個世界是一項無可補償的損失，他對此一消息感到非常震驚。他表示，不僅在中國範圍內，甚至在世界範圍內，毛澤東主席是沒有人及得上的。

問：毛澤東主席在中國現代歷史上和世界現代歷史上作出什麼偉大成就？

答：毛澤東主席最偉大的成就是他不僅創造了中國革命，而且最主要的是將中國革命延長至現在。他表示，發起一個革命容易，但要把它延長下去是非常困難的，但毛澤東主席完成了。這個成就不但對中國來說具有極重要的意義，甚至在世界範圍內，毛澤東主席的路線也爲世界指引了一條光明道路。

問：究竟毛澤東主席用什麼方法使中國革命能夠延續到今天？

答：毛澤東主席常常指出，中國革命必須繼續進行下去。世界上任何發展，包括生產發展，必須有賴社會的改變才能完成。就中國革命來說，解放戰爭是一階段，土地改革又是另一階段，經濟體系改變是一階段；在目前來說，就在文化上、意識形態上的改變又是另一階段。毛澤東主席最偉大的成就是在每一階段進行當中，就指出下一階段應幹些什麼。他相信，中國人民必定會沿著毛澤東主席的路線繼續前進。

問：毛澤東主席逝世是否會影響美中改善關係方面？

答：毛澤東主席逝世並不會影響兩國關係的好轉，因爲中國政府歷來對於改善關係的立場非常明確，現在最主要要看美國方面如何。目前美國政府已看出中美兩國改善關係似乎有急切需要。

（韓丁一九四五年曾三次會見毛澤東主席。）

問：你與毛澤東主席三次會面，哪一次最有紀念意義？

答：最有紀念意義的一次是一九四五年在重慶，當時毛澤東主席由延安前往重慶與蔣介石進行和平談判。就在他離開重慶返回延安的前一夜，我有機會與毛澤東主席一起談話。在那天晚上，毛澤東主席以非常關切的態度表示，和談已經破裂，中國內戰無可避免。毛澤東主席當時又表示，對於美國政府的態度非常關注。

最後韓丁表示，當他回憶和毛澤東主席會面的經過，更加爲毛澤東主席的逝世感到哀痛。

（《新晚報》，一九七六年九月十日）

媒體

1.《紐約時報》

十日社論天稱頌毛澤東是二十世紀最卓越的領袖之一。該報說，西方多年來對他一直估計過低，特別是美國。

該報在頭條社論中說：「毛澤東在歷史的位置是確定的，當書寫我們時代的英雄史冊時，他將是這個激烈的、革命世紀裡的最卓越的人物之一。」

《紐約時報》說，當毛主席在舞台出現的時候，中國正處於水深火熱之中。

「今天，中國在超過四分之一世紀的毛氏的統治下，已經成長起來，成為大國之一了。在北京的指揮下，她的近八億人民建立了一種新的團結和一種新的力量，使他們成為世界政治中一個前所未有的重要因素。」

「假如中國的聲音今天在世界會議上獲得人們尊敬地傾聽，那主要是毛在一九四九年解放中國大陸後所完成的改造的成果。」

該報又說：「西方——特別是美國——多年來一直未有意識到毛氏的地位和潛力的全部重要性。」

2.《華盛頓郵報》

九月十日社論說，把中國從外國侵略者和影響之中解救出來；他領導社會與政治革命，使共產黨在這個世界上人口最多的國家取得政權；他領導工業革命，把這塊人所共知的落後土地推進入核子時代。在二十世紀內，沒有一位人物能比這位專心一致而又多才多藝的人物，在長期內有更廣泛和更深遠的影響。

作爲一位詩人、革命戰略家、政治組織家、理論家、戰士和外交家、國家的創建者及人民的改造者，毛澤東踏上了巨大的舞台。在歷史的時刻到來時，他展現了有力的理想——中國的復興——集結了巨大的力量和團結了一個偉大的人民的力量。不管怎樣，他創造了一個新中國，從而也改變了世界。

他有農民一般的對生命意義的深刻認識，他有知識份子的將理想變成現實的熱望，他有革命者進行鬥爭和暴力行動的心理準備，他更有愛國者對祖國大地的強烈熱愛。他以最有力的形式，結合了當代兩種基本的力量；共產主義和民族主義，而在中國培育他們，鞭策他們；他不僅改變了他的國家，而且最後教導了人類，其數量遠遠超過歷史上任何其他政治領袖所教導過的人民。

3.《波士頓環球報》

「事實是，毛澤東比起當代其他著名的領袖來，他擁有一種非常不同尋常的地位；不單是因為他領導了一個運動，將腐敗、動亂和充斥著暴力的一堆東西拼成了一個國家，而是因為毛澤東成了全世界億萬人民的一個象徵；象徵著有可能取得社會改革，取得經濟和政治進步，使被剝削者獲得尊嚴。」

4.美國各大電視台

毛澤東主席九日在北京逝世的消息公佈後，美國的電視台和廣播電台就很嚴肅地開始不停轉播。就在九日早晨八時的新聞報告裡，一部份電視台已把毛主席的生平片段轉播，並同時訪問一些研究中國的學者。這樣的繼續轉播直到深夜，數個主要的電視台更在晚上抽調一個小時的節目，臨時轉播了毛主席的生平特輯和指出了他如何改變中國人民的命運。

一位電視台的評論員說，毛主席的逝世震動整個中國和世界，任何一位世界領袖的逝世都不會有這樣的影響。

各大電視台和廣播電台也訪問了美國人民對此的感想。WBAI電台當晚也請了美中友協創辦人之一的蘇珊·沃倫朗誦毛主席詩詞。紐約市第五號電視台記者跑到第五大道的「中國書刊社」實地採訪，記者並當場念了「爲人民服務」的片段，拍了一些有關毛主席著作的鏡頭。

紐約市各大報章，更先後以頭版和巨大的篇幅，及時地報導了這件事情和反應。

〔歐洲〕

1. 英國

政要

(1)卡拉漢首相

「中國今天在世界上的地位，永遠標誌著毛主席獨一無二的成就。毛主席終身全心全意地爲他的國家和中國人民服務。他的影響遠遠越過中國的國界。他作爲一位世界知名的偉大政治家，將永遠被人懷念。」

(2)不停頓的革命家

英國前首相希斯

當我一九七四年六月在北京第一次會見毛澤東的時候，我一下子就同他交上了朋友。

他是一位非常令人愉快的人，和藹可親，平易近人。

他的熱情歡迎使我毫不拘束，他不僅了解我的航海經歷和音樂愛好，而且還了解我向他介紹的我的一行中的每一個成員。

在其後的會談中，雙方都開了許多玩笑。總之，同他談話既使人感到愉快，又使人感到興奮。

那一次，以及去年九月的那一次，我們都是在他的書房裡會見的。那是一間陳設簡樸的房間，周圍擺滿了書和他伏案批閱的文件。

談話是從不停頓的，因爲他的兩名譯員幾乎是在同聲翻譯。我之所以提到他個人的生活方式，是因爲，毫無疑問，億萬中國人民感到，他同他們過著同樣的日常生活。

他們對他的忠心正是由此產生的。

從我同他進行過的兩次長談中，我感到他對中國的內部問題和世界局勢是持現實態度的；和我與之進行過討論或談判的許多世界性人物不同，他的看法極爲明確，表達看法也直截了當。

他從不生硬地頂回我問的問題，也不迴避任何問題。如果我問他一個他不想談及的問題，他就很客氣地告訴我他不想談。

我們討論的每一個問題，我覺得他都是表達了一種經過深思熟慮和與同事們進行磋商之後產生的看法。這種把每個問題都討論透徹直到取得一致的過程意味著，中國領導人在討論中表現了一種別的國家少有的做法上的一致。

對於中國國內問題，毛澤東所關心的是確保八億人能有飯吃，不擔心挨餓，並使他們的住房、醫療和受教育的條件得以改善。

這些都是基本生活需要，但是他非常清楚地知道，能否取得成功——實際上是政權能否延續下去——取決於能否比在他所廢除的封建主義制度下更好地滿足這些需要。

可是他對這一點也是抱現實態度的。一年前，我周遊了那個國家——先是到西部，然後到南方接近緬甸邊界的地方，最後是到東海岸——以後，把我在北京以外的地方看到的情況告訴了他。

他說，我們有了進步，但是事實是，這種進步太慢了。我們總得想辦法讓這種進步更快一些。

他總是從世界戰略的角度跟我談話。任何問題都不能只從本身的角度去考慮；每個問題都必須通盤考慮。

在他的世界戰略的見解中，他贊成有一個強大的統一的歐洲，這顯然是因爲這是符合中國利益的，但也因爲他不希望看到蘇聯的影響擴大到我們歐洲。

他在許多方面稱讚英國人。我上次見到他時他說，如果發生衝突，當然英國人會再次堅持到底的。

他很高興的是，在我當首相的時候，我們同中華人民共和國建立了正式外交關係，也很高興我使英國參加了歐洲共同體。

他還認爲保守黨政府對蘇聯是堅定的。

自從中華人民共和國一九四九年成立以來，毛澤東一直處在一切事務的中心。億萬中國人從來不知道有什麼別的人處在這樣的地位。

他和周恩來在同一年去世，必將在全中國留下深切的若有所失之感。

然而與此同時，必將有強大的力量爭取保持他親自以巨大的努力所建立起來的團結。

（《文匯報》，一九七六年九月十九日）

媒體

路透社

毛澤東是把中國改變，把世界震撼的偉大共產主義革命的鼓動者。他激烈的信仰原則，產生了一種使西方迷惑、有時甚至震驚，但使中國興奮的新思想。不滿足、不妥協的毛主席，團結了中國大陸的八億人民，使他們投入不斷革命中。在這一進程中，「沉睡巨人」的中國連古老的根源也被搖醒，發展爲一個以艱苦路線組織起來的強大國家，現代世界第一次聽到她的聲音。

在西方，知毛氏最深的美國作家斯諾給他的論斷可能最簡潔——「理想家、戰士、政治家、思想家、詩人、革命家、破壞（舊世界）者及建設（新社會）……」

2. 法國

政要

總統德斯坦說：「毛主席的逝世，使世界思想界失去了一盞明燈。毛主席從中國人民群眾中來，把中國從過去的屈辱中解放出來，恢復她在歷史上公認的中心地位。他的逝世使我們失去一位極爲特出的政治家、思想家和實踐家。他的重要業績和敢作敢爲的才華，對中國和世界命運造成的影響比任何人都大。」

法國前總理佩雷菲特說：「最後一個歷史巨人去世了。毛主席使歷史上最偉大的民族恢復了尊嚴，他鏟除了封建主義及一百一十年來任人宰割的恥辱，重建了中國。他打破了沉重的枷鎖，同落後思想進行鬥爭，使中國現代化。他是唯一把人民從最低地位提高到最高地位的領導人。」

媒體和民眾

⑴ 法新社

當代很少領袖像毛澤東那樣了解其人民的需要和困難。毛氏生於一八九三年，爲湖南一農民之子。在他領導下，中國正如他所篤力要求的那樣，「站起來了」，中國不再是飢餓、洪水、疾病、天災四種幽靈苦苦糾纏的「東亞病夫」了。

農業擴展了，現代工藝——包括核武器和人造衛星——亦掌握了。民生水準逐步上升，中國具備了成爲世界大國的潛能。

毛氏以其魁梧體格、廣闊額堂及著名的領痣，成爲世界上最爲人認識的領袖之一。對中國人而言，他是偉大的領袖，又是偉大的導師。他以小學教員始，又以教導人類四分之一人口一整套新的道德及價值準則而終。他的主要教誨是「自力更生」及「爲人民服務」。他說，知識來自實踐，理論應與實踐相結合。

「像一切革命者一樣，毛澤東每當他認為必要時就毫無顧忌地粉碎那些障礙。他還有偉大的、在很早就預見到社會主義制度裡有『官僚主義傾向』的危險，並以罕見的毅力與之鬥爭的才能。」

(2)《世界報》

(3)巴黎市民集會遊行追悼毛主席

一萬多名巴黎市民在九月十二日舉行了一次追悼毛主席的集會和遊行。當天下午三時，工人、農民、學生、教師和其他勞動人民，其中包括許多婦女，從「共和國廣場」開始緩慢沉默的遊行。沉痛的遊行群眾胸前掛著素花，手中高舉框以黑邊的毛主席遺像、紅旗和橫幅。隊伍最前面是一個大花圈，上書「致與最偉大的馬克思列寧主義者——毛澤東同志！」。大橫幅上寫著：「國際無產階級的偉大導師毛澤東同志永垂不朽！」、「社會主義中國萬歲！」、「現代的馬克思列寧主義——毛澤東思想萬歲！」

下午四時，遊行隊伍到達「巴黎公社社員之牆」，在那裡舉行了追悼會。遊行群眾在毛主席的遺像前默哀，向毛主席致敬。法國馬列主義共產黨和法國革命共產黨（馬列主義）的代表分別讀了兩黨致中國共產黨中央委員會的唁電，並代表兩黨獻以花圈。人們在弔唁書上簽名和致頌詞，並向毛澤東主席遺像獻上鮮花，以表達他們對主席的熱愛。

3.西德

政要

西德總統謝爾說：毛主席爲二十世紀作出了決定性的貢獻，他是「我們時代的一位偉大人物」。

西德前總理勃蘭特讚賞已故毛澤東主席是歷史性人物。毛澤東主席領導他的國家擺脫了貧窮落後的經濟情況，並使中國成爲世界政治舞台上一個具影響力的因素。

媒體

德新社評論

「中國的變化將永遠同毛澤東的名字不可分割地聯繫在一起。在新中國，人民公社真的移了山，迄今認爲不可馴服的河流被馴服了，沙漠得到了灌溉，海上鑽井並從海裡取得了石油。從雷達到運載火箭，從原子彈到衛星返回，這一切，都是人民共和國靠自己一步一步取得的。」

4. 瑞士

毛澤東思想豐富了全人類

——韓素音在瑞京追悼會上致悼詞

《美洲華僑日報》歐洲通訊員卞新岩

（一九七六年九月十五日（星期三）下午八時正，瑞中友協在瑞士首都伯爾尼為中國人民的偉大領袖和導師毛主席舉行了追悼會。會上，名女作家韓素音女士以法文致了悼詞。）

今天，我們聚集在這裡，追悼一位具有不朽功業的偉人。這位偉人豐富了全人類，充實了全世界的寶庫，他的功業並不因為他的逝世而結束。他是真正的不朽，他促使我們繼續去行動、去思考。

毛澤東思想是豐富了全人類的。他的功績和事業不僅屬於中國人和亞洲人，而且也屬於全世界所有的人。只聽聽這幾天人們的說話，就證明了世界上有多少百萬的人們正在追憶著毛主席，追憶著他傑出的一生和他光輝的事業。我很感動，看到瑞士的電視和無線電台都以極其鄭重嚴肅的態度播放了毛主席的生平，敘述了毛主席如何把自己的一生貢獻給了自己的人民，以及全世界的人民。

有很長一段時間，他的豐功偉業，他造福全人類的豐功偉業，沒有很多人知道。原因是有人不但要把中國人，而且也要把其他國家的人們長久保持在剝削、受苦和飢餓無知的境地。將來也還會有人要想方設法地造謠誣衊，隱蔽事實。但是毛主席在一首詞裡就說過：「小小環球，有幾個蒼蠅碰壁。……螞蟻緣槐誇大國，蚍蜉撼樹談何易。」將來的事實將充份證明，即使我們今天的追悼也不能真正描述他的貢獻；毛澤東已經打開了通往未來的大門，人們將能夠認清事實，拒絕奴役，並將充分發揮自己的智慧和積極性。他已爲世界的和平和我們大家的幸福做好了工作。

毛澤東於一八九三年出生在韶山一個農民家庭。他從六歲開始就做農活。在他幼年時期，每個月可以吃到一個蛋。那時候中國人民的苦難是觸目驚心的。毛澤東童年時期的中國可說是江河日下，所有的殖民主義者都無情地剝削著這個國家。物質上的破壞，每年造成了幾百萬的餓殍。

今天的中國人民終於享有了安全和富足，但是人們卻記不起了，中國人民受苦受餓而死的日子是在短短二十多年才結束的，是因爲有了毛澤東和他領導之下的中國革命才告終的。

一個國家遭受了物質的破壞，就會有精神的破壞。古老中國文化的價值觀念被殖民主義和剝削搞得殘敗無存，中國革命後才又重建了古老的中國文化，並且去蕪存菁，恢復了它應有的光輝。

在毛澤東的青年時期，中國人民過的是絕望的日子，他們只能眼睜睜地看著自己的國家飽受掠奪和破壞，又長期經歷著殖民帝國不斷蓄意挑起的戰爭。毛澤東始終忘不了自己人民所經歷的深重災難。他漫長的一生中，從來沒有背棄過這些人。他全心全意地、竭盡所能地爲他們服務了一輩子，對他來說，「爲人民服務」是一句神聖的誓言，是一個莊嚴的任務。他的青年時代就是在尋找一條如何爲中國人民求得解放的道路中度過了。

在我研究毛澤東青年時代的時候，給我印象最深刻的就是他的勇氣和一貫的正直，這些品質使得他拋棄了一切個人名利的考慮。他一直很窮，穿很壞的衣服。他曾在一間洗染店工作，每天搬運十二個小時沉重的衣物來換取一天的口糧。但這樣只有更堅定了他爲中國人民找出路的熱望。他徒步到中國各地奔走，在田裡工作，同時熟悉情況。他為工廠的工人辦夜校。當時的工人一年三百六十二天，每天十四小時，在這樣的剝削之下也還只能免於餓死。他創立了「新民學會」，又辦了一份報。他很重視這種活動，一生始終不懈地努力工作著。直到他逝世前的幾天，他仍在孜孜不倦地工作、學習、思考。

中國人的革命爆發了。一九一九年，中國發生了青年運動。毛澤東也參加了，而且始終堅持到整個運動結束。一九二一年，在那改變一切、改造一切的偉大的中國革命到來的前夕，毛澤東創建了中國共產黨。革命是由千萬人的犧牲和異乎尋常的勇氣來完成的。要不是在漫長的歲月裡，毛澤東不斷發展了思想、方法和政治路線來轉敗為勝、逢兇化吉的話，革命也可能失敗。

由於在共產黨內也不是每個人都有著相同水平的，黨內就有了，將來也還會有機會主義者、懶漢懦夫、野心家和叛徒。從中國革命一開始動搖帝國主義和國內反動派的枷鎖起，領導上的錯誤就表現出來了。有人認為，停止鬥爭，放棄工農，並和由外國武裝的軍事獨裁家取得妥協，共產黨就能得救。那時毛澤東就寫下了他第一篇對革命的分析。因為他曾到農民中去過，他親眼見過農民是多麼願意鬥爭，把壓在他們肩上的沉重枷鎖甩掉。但是沒有人聽他的話，農民和工人的武裝被解除了，無恥的屠殺隨即開始了。血流成河，死了至少一百萬人，包括許多飽受污辱而死的婦女在內。革命好像是被鎮壓了，什麼都完了……。

但是革命沒有完，它再生了，多虧了毛澤東。從此以後毛澤東，還有周恩來，就堅持了武裝鬥爭，因為這是革命成功的唯一手段。然後毛澤東發動了卓越的十月秋收起義，他帶領八百個人，一部分是工人，其餘都是農民，上了井岡山，創建了第一個紅色根據地。此後，革命發展了，紅色根據地也成倍增加。但這些都是在農村，而不是在城市。毛澤東以他卓越的才幹，創建了一支專事解放的軍隊——紅軍。顯得很諷刺的是，這八百人所面對的卻是一個兵力強大，受到外國資本大力支持、武裝到了牙齒，處心積慮地要摧毀毛澤東和紅色根據地的獨裁家。這個獨裁家，就是蔣介石。雖然他拼命屠殺，對紅色根據地發動了多次圍攻，卻沒有能消滅它們。又一次，在共產黨的領導中出現了不懂得鬥爭的人。另有一些人，則由於自私，由於並非爲了人民而是爲了自己的利益，而熱衷於妥協。結果幾乎斷送了中國的革命。這就開始了一九三四年的長征。長征是因失敗而開始的，但到了一九三五年一月，在遵義，毛澤東終於在革命隊伍的擁護下取得了長征的領導權之後，長征開始走向了勝利。從此，長征不再是逃亡，而變成了一個長途的爲革命播種的工作。它到處播下解放的思想，沿途改造了一切長征隊伍曾經接觸過的人。長征是一篇雄偉的史詩。毛澤東在長征中更表現了偉大的軍事才幹、政治遠見和他對革命與路線的認識；只有革命才能夠救中國。

一九三五年，長征隊伍抵達中國西北的延安。日本覬覦中國，想把中國變成它的殖民地。在歐洲，戰爭正在醞釀，但歐洲的人們卻還沉浸在謊言和迷夢之中。在慕尼黑有綏靖政策，滿口說和的人正是爲了備戰。美國人和歐洲人以爲他們可以和日本達成諒解，分割中國。

毛澤東擊敗了這種陰謀。他以無可比擬的威勢，迫使蔣介石接受了抗日統一戰線。毛之所以能這樣做，自然是因爲他有堅持反侵略的全中國人民和他站在一起。從那以後，中國的國家要獨立和人民要革命的鬥爭便合而爲一了。正如毛澤東所說過的：沒有自己的國家就不能有實現社會主義的地方。

在以後的幾年裡，毛澤東所創建的紅軍打擊著日軍。毛發明了人民戰爭，所有男女老幼都積極自願地動員起來，打擊敵人。這幾年中，他寫，他工作，他寫下了卓越的論文。今天，這些論文正到處受到學習，作爲全世界軍事學校的教材。他還寫作了別樣的文章：馬克思主義的哲學論文。他看得這樣深入，對世界有著如此的洞察，他爲所有革命中的問題指明了解決的途徑。這些著作就是引導革命走向勝利的毛澤東思想。

一九四五年，第二次世界大戰結束了。但是在中國，反對獨裁者蔣介石的鬥爭正在開始。美國人支持蔣介石，給他武器來消滅共產主義，但主要的是想把中國變成爲美國的殖民地。蔣得不到人民的支持；決定戰爭勝利的不是武器，而是人的精神。短短的三年間，蔣介石被逐出了中國大陸。毛澤東宣布：中國人民站起來了，沒有人再能欺侮我們了。

一九四九年只是一個新的長征的起點。正如毛澤東所說的，一切都沒有結束。正相反，革命必須繼續下去，奪取政權只是第一步。中國還是一堆廢墟，片瓦無存。敵人們認爲毛澤東永遠沒有再造中國的可能，但毛澤東相信人民，人民也相信毛澤東。這種信念在以後的二十多年中處處表露無遺。

要建設一個獨立的社會主義現代強國，要做的事很多啊，百廢待興。當時的中國真是一窮二白，貧窮落後。全虧了毛澤東，全虧了他的思想和遠見，他的毫不妥協，始終親自參加具體實踐，才有了今天。新中國不是依靠少數精幹份子，或下下條子，或是殘酷地迫使廣大的中國人民作出非常的犧牲而建設成功的。正相反，它所依靠的是中國人民自動自發、熱火朝天的的積極性和天才創造力；它所依靠的是在改天換地的同時，建立了原來等於沒有的工業，大步推進了農業。這一切消滅了飢餓；衛生條件和教育的改善整個地改變了中國人民，同時又大幅度地提高了人民的生活水平。

有一件事是西方人始終不能理解的，那就是：怎麼可能在提高人民生活水平的同時，還找得到足夠的資本來建立工業和改造農業的基本設施呢？答案就在於一九五八年大躍進所反映的那種思想。大躍進沒有搞糟，它打了一個大勝仗。今日中國的強大就是因爲有了大躍進那種自力更生，敢想、敢幹、敢說，打倒官僚主義和一切迷信禁忌，充分發揮勞動人民天才創造性的精神。毛澤東天才地說過：天才是沒有的；沒有人生來就是天才，高人一等；群眾和勞動人民才是真正的英雄，而自以爲精明的人反倒是幼稚可笑的。中國人民果然創造了奇蹟；中國人民發揮主觀能動性，改造了自己。說人不能改變，這是嚴重的悲觀病，等於是說人不可能變成爲人。在人類漫長的進化過程中，人已經改造了自己。比起原始動物時期來，人和人的意識已經跨出了很大的一步。中國的革命也是主觀能動性的巨大成果，這又要歸功於毛澤東。革命還在深入，它利用這個由毛澤東一手締造成功的新制度改造了中國的大地，改造了人，並改造了革命自身。這就是文化大革命。

文化大革命是在毛主席的鼓勵下開始，在毛主席的領導下進行的。文化大革命絕不是什麼不可收拾的亂局，它不但是必要的，更是十分可佩的。毛澤東爲了使中國不致於變成像蘇聯那樣的暴政，竟放手打破了黨和國家的全部組織。文化大革命是毛主席反修鬥爭的一部分，爲的是中國不致像蘇聯那樣變成一個新的帝國主義，至今威脅著世界上所有的國家，尤其是西歐國家的人民。

有些無知的人還在奢談「黃禍」。禍，的確是有的，但這個迫在眉睫的禍卻是白得厲害。他們殊不知毛澤東、他的路線、和中國至今的所作所爲，正都是爲了使中國不致於墮落成爲新帝國主義，保證中國永遠不稱霸，不像兩個超級大國那樣爲爭霸而擴軍備戰。毛澤東說過，中國永遠不做超級大國，所有國家和民族一律平等。

由於毛澤東並不希望中國跟美蘇兩個自命強大的國家去搞軍備競賽，中國的現代化也就不是那種不惜代價，剝削本國人民，進而剝削別國人民的作法。他要建設一個真正平等的社會，真正的社會主義；講人道，慷慨，而沒有別處慣見的那種醜惡作風。在毛澤東領導下，中國人民積極參與建設，要把中國建成一個在各方面都高尚正直的國家。這一點，是使世界各國稱羨不止的。中國是一個偉大的道德典範，是一個真正能夠開創新天地，改造世界，改造人類的典範。

對全世界千千萬萬的人們來說，毛澤東所代表的不是那種只懂殺人的自以爲強大，也不是核彈，更不是那兩個自命的強國爲了爭相統治世界、奴役人民所挑起的種種戰爭；毛澤東所代表的是全人類的真正解放。

有人說，現在毛澤東已經去世了，中國內部一定會有鬥爭，中國要後退了。在中國，內部的鬥爭是始終存在的，那就是關於走什麼路線，實行什麼政策的大辯論。但這種鬥爭正表現了生命力，正表現了中國共產黨不是什麼獨裁暴君的政治工具；相反的，由於毛澤東主席的努力，中國人民正享受著最大的自由。他們可以推翻任何幹部，不論他地位有多高，只要他領導得不好，只要他的作爲危害到中國革命的繼續前進。

中國的革命必須也必定要繼續，那麼就始終必定會有辯論和鬥爭，就像一九二一年中國共產黨成立的第一天所開始的那樣。這應該只會鼓舞了中國所有的朋友，因爲只有在這樣持續不斷的鬥爭中，思想才能有發展，人民才能完全地參與國家的重大決策。而這，才是真正的民主。

毛澤東主席不是神，他自己就要打倒個人崇拜，不但要在中國打倒，而且要在全世界都打倒。毛澤東堅持天下沒有絕頂的天才，沒有超人。他過去是，現在仍舊不過是一個人。但這個人的心是緊緊連繫著勞動人民的心的，這個人對敵人始終是寬大的，他始終給他們改正錯誤，甚至恢復權位，走上正路的機會。這個人始終傾聽別人的意見，從來不仗勢凌人。他曾經掌握大權，但他並不願拿權勢來壯大自己，而是要把權力交給他的接班人。他的接班人就是中國人民，他們將因爲認識到自己責任的重大而鼓舞萬分；他的接班人就是各地的青年們，他們要建造一個更加美好的世界；他的接班人就是那些老而彌堅，心中年輕的老人；是所有那些誠實正直，主持正義，主張世界上不分男女，一律平等的人。

今天的中國是鞏固的，繁榮的；但更重要的是，她是和平的。全世界的眼睛都看著中國，因爲中國是全世界和平的保障。第三世界，發展中國家，已經從中國得到了慷慨的援助，不是那種出賣給他們軍火的援助，不是那種在交易中剝奪了他們平等地位的援助，也不是那種使他們永世擺脫不了苦難的援助，而是一種真正的援助，一種使他們能夠自力更生恢復自信的援助；歐洲的國家則以一種充滿希望的心情注視著中國，它們希望中國繼續強大；因爲它們知道，否則的話，明天，它們自己將被奴役。

毛主席去世了。但是他的精神，他對我們大家的教導，是不朽的。毛主席是個謙虛的人，他對自己的人民充滿著信心。他熱愛友誼，但憎惡一切形式的殘酷。所有和他接近過的人都被他善良的本質和他散發出來的光芒所感動。

在今後悲痛的日子裡，中國人民將加倍努力地工作和建設。因爲他們知道，真正的悲痛應化爲巨大的力量，使全世界和全世界人民真正在和平幸福中團聚的日子更早一天到來。

毛澤東主席永垂不朽！

（《華僑日報》，一九七六年九月二十九日）

5. 希臘

總理卡拉曼里斯說：「毛主席的事業不只改變了他的偉大國家的歷史，而且也改變了全球的勢力均衡。他的事業對於未來人類的影響將難於估量。」

〔澳大利亞〕

1. 馬爾科姆·弗雷澤總理和前總理惠特拉姆

總理馬爾科姆·弗雷澤說：「毛澤東主席逝世，使世界歷史上一位傑出人物離開了舞台。」他說，「毛主席是這個飽受侵略和戰爭蹂躪的世界上人口最多的國家進行重建的策劃人和鼓舞的泉源。今年六月我訪問中國時，毛主席身體有病，未能與他見面，使我極爲遺憾。但是，我所看到的新中國就是他不朽的業績。在毛主席的領導和鼓舞下，中國恢復了自尊和在國際上的影響力。新中國就是對毛主席的永恒的紀念。」

澳大利亞反對黨領袖、前任總理惠特拉姆說，沒有像他一樣同一個現代國家的發展及其人民的理想和抱負如此牢不可破地聯在一起。

2. 工黨副領袖托馬士·尤倫（Tom Uren）在國會上的唁辭

毛澤東是一個偉大的領袖，一個卓越的革命思想家，一個偉大的軍事策略家，一個傑出的愛國者，一個學者和一個詩人。但最重要的，他是人民中間的一份子。

半世紀以來，毛在自己國家的歷史和發展中，佔著重要地位。他領導中國從一九二〇年代政治上和經濟上的衰敗，通過發展時期的低潮和高潮，成爲了今天繁榮昌盛、富有自信和受到國際間尊重的國家。

對於中國人民來說，毛不單祇受到尊敬，他還受到愛戴。當中國人民爲毛澤東逝世感到悲痛時，我們的心也靠到了他們的一邊。

作爲一位革命思想家，毛對革命的理論和實踐作出了傑出的貢獻。他對中國所處環境的深刻分析，使他認識到人民群衆（在中國是農民）所應當扮演的主要角色。他把民族解放的道路和社會革命的目標結合起來，推翻了中國的統治階級。他發展了革命的不斷性的觀念；在文化大革命中，他提醒了中國革命，以至於一切社會革命有關新的統治派系或階層再次出現的危險。

毛是一位愛國者，也是人民中間的一份子。他對中國人民能夠克服面對的重重障礙，成功地進行革命滿懷信心。毛說：「人民的意志是一枚精神上的炸彈。」這個堅定的信念爲中國的革命歷程和全世界從毛澤東那裡承繼過來的革命理論打上了不可磨滅的印記。

毛爲革命和新中國所制定的策略，同樣是基於一種有關人本性的信念，而那個信念跟我們社會內佔著主導地位的一套是十分不同的。在毛眼中，人民基本上並不自私自利；如果他們表現成那個樣子，祇能歸咎於統治階級佔優勢意識形態的影響。他相信通過說服和樹立典範，通過樹立正確的意識形態，人民的態度可以改變過來；他們會拋棄自私的觀念，爲全人民的利益而全心全意地投入建設新中國的艱苦鬥爭中。結果，中國已經採取了一種逐步擯棄物質刺激的步驟，轉爲著重於思想上的促進了。人民並不爲增加自己的物質收入或是爲擺脫經濟上的不安定而工作。我親眼見過不少中國人爲了整個社會的利益而愉快地做本份工作的例子。

毛強調中國的經濟需要自力更生。經過超過一世紀殖民主義勢力的剝削和在蘇聯手下造成的經濟混亂，中國經濟現在已經走上了自力更生的道路。世界上沒有任何其他國家能夠在全球性經濟波動中受到這麼少的影響；沒有第二個第三世界國家能夠對先進的工業經濟體系會有更少的倚賴，或是爲它的全體人民帶來更大的繁榮。

現時，西方報章有關毛繼承人的猜度，充其量祇能顯示出他們對毛澤東的重要性缺乏總的認識。很多西方評論家企圖削弱毛的形象，把他貶低為隨隨便便的一個政治領袖；但是，毛的生命和思想的重要性，遠不止此，他是新世界的巨人。中國人民承受了他的工作成果；他們接受了他的理論，以便在將來的一段長時間內指引革命航向。無疑地，在中國不斷革命的過程中還會出現鬥爭。這是毛所預見到的；人民也預見到了。這緊密地聯繫於他們對變化及進步在本質上的理解。但是，從我到中國的旅行中，特別是數月前的第二次造訪，使我完全相信，對於中國人民來說，沒有一項鬥爭會是過份的，大多數人民的意願將絕無疑問地會贏得勝利。

無論在什麼地方，毛澤東思想對於感受到統治階級或外國支配者把權威強加諸人民頭上的各階層人民是十分重要的。他的思想指導了中國革命凡五十年，它將要長久地活在新中國以後的成就裡，它們將會是塑造一切人類未來社會的明燈。（純譯）

（《廣角鏡》，一九七六年十月）

〔日本〕

三木武夫首相和大藏相大平正芳

日本三木武夫首相對中國共產黨毛澤東主席逝世，表示「深深的哀悼」。

毛主席是中華人民共和國的締造者，不僅是中國人民的偉大領袖，而且是世界的偉大政治家，他留下了歷史性的豐功偉績。

在中日關係正常化之際，我對毛主席的指導深爲尊重。

在中日關係如我們所目睹的正在發展的時刻，我們卻喪失掉這位偉大領導人，這是極大的遺憾。我們決心加倍努力，在《中日聯合聲明》精神的基礎上，發展我們兩國之間萬古常青的睦鄰友好關係。

大藏相大平正芳說：「毛主席是舉世無雙的、最偉大的思想家、戰略家。同時，他實在又是一個天衣無縫、無所不知、具有極之敏銳思想的人，並富有幽默感，因而使人有一種溫暖的感覺。」

五、第三世界國家元首、政府首腦

〔亞洲〕

朝鮮

毛澤東同志的一生和他所歷經的所有鬥爭道路，是一個獻身於爭取中國人民革命事業、世界被壓迫民族和被壓迫人民的解放事業，以及國際共產主義事業勝利的無產階級革命者的生動榜樣。

毛澤東同志高舉無產階級國際主義的旗幟，積極地支持和鼓勵了其它國家人民反對帝國主義、殖民主義，爭取自由、解放、民族獨立和社會主義的革命鬥爭。

毛澤東同志是朝鮮人民最親密的戰友，每當情況困難的時候，他都全心全意地支持我們，把朝鮮人民的革命鬥爭當作中國人民自己的鬥爭，與我們同甘苦、共患難。

在朝鮮人民艱苦抗擊美帝武裝侵略者的祖國解放戰爭中，毛澤東同志發起了抗美援朝運動，挫敗了國內外敵人的各種阻撓陰謀，用鮮血支援了我國人民的正義鬥爭。

毛澤東同志對於加強朝中兩黨兩國人民之間的偉大友誼和戰鬥團結做出了卓越的貢獻，他的不朽勳業將永遠留在朝鮮人民的心裡。

柬埔寨

民主柬埔寨國家主席團的電文如下：

毛澤東主席閣下把自己畢生的精力和智慧，全部貢獻給了中國人民的民族解放事業，貢獻給了全世界被壓迫民族和被壓迫人民的解放事業，貢獻給了社會主義和共產主義。他對全世界各民族和人民的解放事業、對無產階級專政以及共產主義的事業，作出了具有巨大歷史和國際意義的貢獻。

因此，毛澤東主席不僅贏得中國人民而且還贏得全世界愛好和平和正義的人民的衷心熱愛和無限崇敬。

我們永遠不會忘記，毛澤東主席對我們柬埔寨的革命和柬埔寨人民所表示的最深厚的感情和最崇高的國際主義精神。我們衷心地對毛澤東主席革命的一生所樹立的寶貴典範，以及其崇高的革命品質，表示無限的崇敬。我們懷著最深厚的、兄弟般的革命感情和最沉痛的心情，向毛澤東主席的英魂鞠躬致敬。

越南

越南勞動黨中央委員會、越南國會常務委員會和政府會議的電文說：

中國人民以他們革命事業的輝煌成就，已對全世界人民為爭取和平、民族獨立、民主和社會主義而進行的鬥爭作出了重要貢獻，並由此不斷提高了中華人民共和國的國際地位。

在中國和越南人民的長期革命過程中，毛澤東主席和中國共產黨同胡志明主席和越南勞動黨共同努力，發展了中國和越南人民間的偉大友誼和戰鬥團結；這種關係不斷得到培育，越來越發揚光大，正如已故的胡志明主席所說：「越中情誼深，同志加兄弟。」

越南人民將永遠銘記敬愛的毛主席振奮人心的話：「七億中國人民是越南人民的堅強後盾，遼闊的中國領土是越南人民的可靠後方。」越南人民深深感激已故的毛主席、中國共產黨、政府和兄弟人民給予我們革命事業的巨大和寶貴的支持和援助。

越南勞動黨、越南社會主義共和國政府和越南人民，遵循敬愛的胡志明主席的遺囑，決心付出全部力量培育越南和中國人民之間的偉大友誼，使之萬古長青和世世代代牢不可破。

巴基斯坦

總理布托的唁電說：「毛澤東主席閣下的大名和不可磨滅的業績已深深地載入了史冊，他的不朽思想和豐功偉績將永遠活在人類的記憶中，他的思想和遠見將支持和鼓舞未來的世世代代。在毛澤東主席的領導和指引下，中華人民共和國發展成為一個偉大而強盛的社會主義國家，堅持國際關係的最高原則，在世界上爭取一個公正的政治、社會和經濟秩序。他同時也是一個劃時代的世界革命運動的締造者，這個運動在世界被壓迫人民的心中重新燃起了爭取沒有剝削和苦痛的美好將來的希望。他的不朽典範和見解將繼續指引中國人民取得更大的勝利和成就，指導全世界人民以新的希望和熱情，進行從壓迫和統治下最後獲得解放的鬥爭。巴基斯坦人民將永遠懷念毛澤東主席這位真誠的朋友，他了解他們的希望和意願，在他們面臨考驗和困難的時刻堅定地支持他們。我們將永遠記得他是中巴友誼的締造者，他的偉大人格將永遠是我們力量的泉源。」

總理布托在獲悉毛主席逝世的消息後說：「毛主席是革命的兒子，他的名字將永遠成為全世界貧窮、受壓迫人民的偉大正義事業的同義字。他是震動世界的光輝新秩序的至高無上的締造者。」他又說：「毛澤東是千百年一出的人物，他是巨人中的巨人，歷史在他面前顯得黯然失色。」

《東方報》

「毛主席不但使中國獲得了新生命，而且教會整個第三世界懂得了新的生活道路。毛主席的思想照亮了東南亞、非洲和拉丁美洲人民鬥爭的道路；教會了小國站起來堅決戰鬥，喚起了他們捍衛自己的權利的覺悟，使他們看到『依靠自力更生能幹出什麼樣的事情來』。」

孟加拉國

總統賽義姆的唁電說：「毛澤東主席在孟加拉人民的心目中將永遠受到尊崇和敬仰。作為一個歷史上的卓越革命領袖，一個維護被壓迫被欺凌者利益的戰士，一個群眾的組織者，很少人能同他相提並論。他的思想和成就在歷史上奠定了獨特的地位，他的典範將不斷激勵鼓舞著全世界同壓迫剝削勢力進行著鬥爭的人民。他的自力更生和為人民服務的哲學，將永遠是指導孟加拉和其他各國人民的燈塔。」

斯里蘭卡

高伯拉瓦總統的唁電說：「毛主席是一位劃時代的領袖，他在世時，就已經是一位傳奇的人物。毛主席的一生，鼓舞了也集中體現了中國的革命。對爭取自由和獨立的第三世界人民來說，他也是力量和援助的忠實可靠泉源。」總理西麗瑪沃．班達拉奈克夫人的唁電說：

毛主席是人類歷史上最偉大的領導人之一。他對人類進步事業所作的巨大而不朽的貢獻，不僅將爲中國而且將爲全世界的世世代代所銘記。

他是現代中國的締造者，他也是為實現發展中國人民的希望和理想而奮鬥的忠實戰士。

毛主席是斯里蘭卡的一位偉大和真摯的朋友。斯里蘭卡人民將永遠以感激的心情銘記他對我國進步和幸福的深切關懷。我在兩次訪華時都榮幸地會見了他，這兩次會見給我留下了最親切的回憶。

新加坡

總理李光耀十日在給中國的唁電中說：「毛澤東主席是這個世界的一個巨人，他改變了中國，從而改變了亞洲和世界事態發展的過程。」

當毛澤東主席逝世的消息發表以後，各報館和通訊社都擠滿了人群，他們都想知道毛澤東主席逝世的消息是不是真的。

各晚報都在第一版以通欄標題報導毛主席逝世的消息，並刊登了這位偉大領袖的巨幅照片。

毛主席逝世的消息已成爲談話的主題。在那裡，許多老一輩的華人（他們之中大部分由中國以移民身份來到這裡），他們對於中國的事務仍然懷有深厚的感情。

泰國

《新中原報》說：「毛澤東主席的光輝名字，永遠代表著革命鬥爭，破舊立新的偉大事業，代表著社會主義新中國的建立和發展；毛澤東主席的光輝思想，已武裝著新中國的革命人民，同時亦武裝了全世界被壓迫剝削、正在爭取獨立自主的廣大人民！使大家站穩立場，堅持鬥爭，反帝反霸，把革命事業進行到底。」

《曼谷郵報》說：「凡在社會不公平，經濟不平等，人剝削人，赤貧的地方，毛澤東思想就會興起。」

菲律賓

總統馬科斯說：「毛澤東主席的逝世，標誌著二十世紀最後一位偉人逝世。個人和國家可能根據他們的政治立場不同而對他有不同的看法，但誰也不會否認他的不朽功績。他是人民的領袖，歷史的推動者。他是屬於整個時代的。他使中國成為一個獨立自主的偉大國家，他英明、勇敢和自我犧牲的地領導中國，使中國奠定了在世界民族之林的地位。世界許多小國能與中國保持平等的友好關係，是毛澤東主席在謀求世界和平方面的貢獻之一。」

〔歐洲〕

羅馬尼亞

羅馬尼亞共產黨總書記、羅馬尼亞社會主義共和國總統的電文如下：

毛澤東同志領導了中國人民革命，取得了偉大的勝利。這個革命是人類歷史上一件具有歷史性意義的大事，深刻地影響了各國人民擺脫外國統治、實現民族獨立和更好生活的鬥爭。

中華人民共和國在反對帝國主義、新老殖民主義的鬥爭中證明了她是當代一股強大的力量。她對全世界的革命性的變革過程、民族和社會解放事業和促進和平及社會主義事業，都做出了重大貢獻。

〔中東〕

巴勒斯坦解放組織

巴勒斯坦解放組織執行委員會主席的電文說：「我們阿拉伯巴勒斯坦人民對偉大的領袖毛主席極為敬仰和崇敬，從我們的革命和正義事業一開始他就站在我們一邊。應當指出，中華人民共和國成立時就採取了這一友好的革命立場。毛主席給予從那時開始進行的革命建設工作以最大的關懷，從而為革命鬥爭，為全世界各國人民的鬥爭，提供了極為巨大的支援。」

巴勒斯坦人民及其革命戰士一直把毛主席看作是堅決有力地支持他們革命鬥爭的偉大親密朋友。

科威特

《科威特時報》登載了一首題爲〈燦爛的紅太陽〉的詩。作者反映了世界廣大人民對毛主席的崇敬和哀思，他深情地寫道：

「偉大的毛澤東，本世紀的偉人！……世界將懷念你，您完成的艱巨事業永遠不會被忘卻，您將永遠活在各國人民的心中！」

〔非洲〕

突尼斯

總統布爾吉巴唁電說：「毛澤東具有戰士的活力和人格，也具有政治領袖的勇氣和智慧。他成功地領導中華民族贏得了最難能可貴的勝利，恢復了他在世界上的正當地位。毛澤東的名字將在歷史上與以下似乎不可能成功的偉大事業聯在一起：不懼萬水千山和艱難險阻跨越中國的長征；他從貧苦、饑荒和社會禍害中解救出來的廣大中國人民所取得的進步；建立起來一個面向努力、進步和正義的新中國社會。毛澤東的中國在歷史上將成為一個民族以紀律、勞動和該民族獨有的資源克服了落後狀態的模範。這是毛澤東主席在戰友們的幫助下所創造的一種新的人道主義。」

烏干達

總統阿明元帥的唁電說：「全世界的自由戰士，特別是非洲的自由戰士，將永遠記得毛澤東在他們反對帝國主義和殖民主義的鬥爭中，一直給予他們巨大的鼓舞，也給予他們道義上和物質上始終不懈的支持。」

扎伊爾

蒙博托總統說，他對於毛澤東主席的敏捷思想和巨大睿智留下深刻的印象，並且沒有忘記毛澤東主席最關心的是仍然處於殖民主義和種族主義桎梏下的人民的自由。他預料，「毛澤東主席這位偉大思想家的理想，將長久地繼續影響世世代代。」

阿爾及利亞

阿爾及利亞民主人民共和國革命委員會主席胡阿里·布邁丁的電文說：「我們對中國的偉大舵手的崇敬是無法用言語來表達的。他的業績將永耀史冊。他的思想，在他逝世之後將繼續指導中國的世世代代。他為第三世界樹立了榜樣。我們深信偉大的中華民族必定會克服這個嚴峻的考驗，從中取得勇氣和鼓舞來繼續開展他們去世了的領袖的偉大事業。」

坦桑尼亞

《自由報》說：「毛主席對世界的貢獻比任何別的人都大。在他的領導下，中華人民共和國給予全世界被壓迫人民道義和物質的援助，幫助他們從奴役的枷鎖下解放出來，對世界上許多人說來，毛主席的名字就意味著解放。」

剛果

總統恩古瓦比的唁電說：「對剛果和世界的革命者來說，毛澤東主席將永遠是一個革命的形象和不朽的象徵。毛澤東主席的思想將永遠留傳下去，幫助我們的革命行動。剛果人民現在是，將來永遠也是中國人民的朋友。我們之間的關係已超越了普通合作關係的範圍，而達到團結戰鬥的革命友誼的階段。」

毛里塔尼亞

毛里塔尼亞總統達達赫的唁電說：「毛澤東主席是當代一位最偉大的天才政治家，是各個時代人民解放事業的一位最偉大的締造者。我曾兩次榮幸地受到這位逝世的傑出人物的接見，體會到他對我國人民，對同我們一樣為正義、進步與和平而鬥爭的各國人民，懷有十分熱烈的友好盛情並始終不渝地給予聲援。因此，我本人更加感到這是全人類的巨大損失。」

埃塞俄比亞

埃塞俄比亞臨時軍事行政委員會主席特費里·本蒂的唁電說：「毛主席這樣偉大的領袖永遠也不會死去，因為他的豐功偉績將與世長存。毛主席經過漫長的征途之後可以安息了，全世界的革命人民，特別是中國人民，將把他升起的解放旗幟舉得更高。」

博茨瓦納

總統雷茨·卡馬的唁電說：「毛主席不但是偉大的領袖和政治家，而且在世時也是全世界受踐踏人民群眾的最大希望。他不但是當代最偉大的革命者，而且在暴政和不正義比比皆是的世界裡也是個代表和平的人，他的去世是世界愛好自由和平人民的巨大損失。像所有偉人一樣，毛主席的名字和教導將在史冊上永垂不朽，因為在他安息後，他的精神將繼續啟發鼓舞我們。」

馬里

國家元首特拉奧雷的唁電說：「在他英明的領導下，中華人民共和國對所有第三世界國家、所有與中國有共同認識的各國人民，奉行了符合萬隆會議崇高原則和無產階級國際主義原則的和平和真誠友誼的政策。

雖然毛主席離開我們了，可是他的成就、原則和政治家風度將是未來世世代代力量的泉源。像一顆巨星，毛澤東主席的光輝將照明整個世紀。」

《WEST AFRICA》說：「對於多數非洲人來講，毛澤東領導的中國是一個對他們具有吸引力的反抗帝國主義國家。

中國雖然相當強大，卻不像自稱反帝的霸權國蘇聯那樣始終包藏著帝國主義野心。並且中國曾經身受西方帝國主義之害，這是蘇聯所沒法聲稱的。另外，毛相信，同時他也證明了，農民是可以成為革命的基礎的，對非洲國家而言，這顯然是一較能引起他們共鳴的良師益友。」

〔拉丁美洲〕

圭亞那

圭亞那總理伯納姆的唁電說：「中國是在毛主席的革命領導下誕生和建造起來的。由於他的智慧和指引，中國完全消除了飢餓、疾病，變成了社會主義社會，他的英雄範例和他的思想是啟示的泉源，並將繼續鼓舞被奴役人民、大城市悽慘貧民窟中的人民、種族隔離罪惡統治下或陷入帝國主義重圍之中的人民。在哀悼他逝世的同時，我們確信，他的教導不但不會消逝，反而會成為未來人們的行動綱領。」

特立尼達和多巴哥

總理埃里克．威廉斯的唁電說：「毛澤東主席逝世，中國人民及全世界人民失去了一位偉大的政治家和哲學家。他是位有遠見、能吃苦耐勞、有難得才華的領導人；這一切使他喚起了中國人民，也喚起了中國國界以外的人民。他改變了人類歷史的道路，使人類——特別是第三世界人民——的前途美好進步。」

六、馬列政黨

錫蘭共產黨

毛澤東主席是解放了世界四分之一人口的、漫長和曲折的中國革命的締造者和領袖。毛澤東同志是最偉大的詩人、哲學家和軍事戰略家。他反對邪惡的現代修正主義理論，是馬克思列寧主義純潔性的偉大捍衛者，是最受尊敬的國際革命運動領袖。沒有任何人曾經像毛澤東同志那樣對全世界千百萬人民發生過如此深遠的影響。

緬甸共產黨

毛澤東同志以無產階級的膽略，在國際共產主義運動中發動了批判以蘇修叛徒集團爲首的現代修正主義的偉大鬥爭，從而爲反修防修、鞏固無產階級專政、防止資本主義復辟，作出了巨大的貢獻。他堅持無產階級國際主義原則，無私地、全面地援助各國的革命運動，爲世界無產階級革命事業作出了巨大的貢獻，促進了各國人民的反帝反霸事業。

毛澤東同志是當代最偉大的馬克思主義者，他把馬克思列寧主義的普遍真理同革命的具體實踐相結合，總結了國際共產主義和無產階級專政的歷史經驗，繼承了馬克思列寧主義，捍衛了馬克思列寧主義的純潔性，並以毛澤東思想發展了馬克思列寧主義。

日本工人黨

毛澤東同志是罕見的無產階級革命家，是當代最傑出的馬克思主義者，他在領導中國人民和世界人民走向共產主義這一人類歷史的事業中，留下了永不磨滅的功績。革命的日本人民特別不能忘懷的是，毛澤東同志一貫深切地關懷日本人民，支持和勉勵日本人民的鬥爭。毛澤東同志是革命的日本人民最熱愛、最尊敬的導師。

澳大利亞共產黨

毛主席是一切被壓迫人民和勞動人民的燈塔；一切革命人民從他的著作、他的業績和榜樣中受到極大的鼓舞。毛主席向閹割共產主義靈魂的修正主義進行了鬥爭，他及時地分析了蘇聯修正主義集團對共產主義的背叛，揭示了蘇聯社會帝國主義的形成及其對世界的威脅。他作爲中國和世界最偉大的無產階級革命家和最偉大的無產階級國際主義者的業績將與世長存。

北加里曼丹共產黨

毛澤東主席是世界無產階級和革命人民無限崇敬和衷心愛戴的偉大領袖和導師，是當代最偉大的馬克思主義者。

在社會主義革命時期，毛澤東主席高瞻遠矚，在國際共產主義運動史上第一次提出了在無產階級專政條件下繼續革命的理論和措施。

毛澤東主席不僅在理論上回答了如何反修防修的問題，而且在實踐上，以無產階級革命家非凡的膽略和反潮流的精神，率領中國共產黨同全世界一切真正的馬克思列寧主義政黨和組織一起，團結一切可以團結的力量，針鋒相對地和以蘇修叛徒集團為中心的現代修正主義進行了毫不妥協的鬥爭，把國際共產主義運動推向一個新階段，大大地促進了世界人民反帝反霸的事業，推動了人類歷史的進程。

法國馬克思列寧主義共產黨

毛主席是當代最偉大的馬克思列寧主義者。

毛澤東同志通過揭露現代修正主義特別是蘇聯帝國主義的霸權主義活動，用馬克思列寧主義的觀點，教育了全世界的共產黨人和各國人民。

法國的共產黨人、工人階級和人民群眾學習了毛主席關於敢於造反、敢於鬥爭和敢於勝利的教導。由一千多萬學生和工人參加的法國一九六八年五／六月偉大的群眾運動所具有的許多特點表明，毛主席闡述的思想深入到了廣大法國人民階層的心中。

在法國——正如在中華人民共和國一樣，共產黨人和勞動者在黨的領導下將學習馬克思、恩格斯、列寧、斯大林和毛澤東的著作，正確地繼續進行鬥爭，反對壟斷資產階級，反對現代修正主義，反對兩個超級大國的霸權主義活動，特別是反對俄國社會帝國主義這個歐洲當前最危險的超級大國。

奧地利革命工人聯合會（馬列）

毛澤東同志向全世界億萬被壓迫的勞動人民群眾指出通向人類光明的未來的道路。我們將化悲痛爲力量，堅定不移地繼續進行反對帝國主義、霸權主義和資本主義的鬥爭；奧地利工人、勞動農民和全體勞動人民將遵循毛澤東的馬克思列寧主義思想，爲自己和全人類的解放並爲反對由於超級大國爭奪而日益迫近的世界大戰而鬥爭。

瑞典共產黨

毛澤東主席始終領導了反對赫魯曉夫現代修正主義和蘇聯社會帝國主義的鬥爭，毛澤東主席領導下的中國共產黨人對蘇聯領導人的背叛企圖進行了一貫的不調和的鬥爭；蘇聯領導人把他們的法西斯社會說成是「社會主義」社會，把他們的帝國主義政策說成是「無產階級國際主義」。中國共產黨人一貫支持國家要獨立、民族要解放和人民要革命的鬥爭，因而他們對世界革命鬥爭作出了不可估量的貢獻。

毛澤東主席對馬克思列寧主義的進一步發展指引著全世界的共產黨人和共產黨；因此，在我們這個時代裡，沒有別的人能像毛澤東主席那樣鼓舞著無產階級的解放鬥爭和社會主義革命。

我們瑞典共產黨是在反對現代修正主義的鬥爭中創建的；我們一向熱望，現在仍然熱望把我們的黨牢固地建立在科學社會主義和毛澤東主席進一步發展了的馬克思列寧主義的基礎上。

挪威工人共產黨（馬列）

挪威的無產階級革命政黨工人共產黨（馬列）把自己的存在歸功於毛澤東同志；在挪威，修正主義的毒素深深侵入了共產主義運動。但是，當時挪威共產主義者自己未能總結出錯誤的所在，未能批判現代修正主義和改組挪威的共產主義運動。正是國際共產主義反對現代修正主義的鬥爭，尤其是毛澤東同志領導中國共產黨所進行的鬥爭，使我們能夠明確地認識到我們應當作些什麼，並勝利地解決建立我們這個新黨的任務。

【第六章】

鈞統運走向低潮

第一節　釣魚台風雲再起

何名

一、釣魚台風雲

沉寂了一個相當長的時間之後，釣魚台又起了風雲。不是在華盛頓，不是在倫敦，不是在香港，不是在台北，這次的保衛釣魚台運動就發生在釣魚台群島的現場。

一九七八年四月十二日開始，一百多艘中共武裝漁船到了釣魚台海域作業。日本巡邏艇前去監視，並以華語廣播，叫中共漁船離開「日本領海」。中共武裝漁船卸去砲衣，與日本巡邏艇對峙，中共漁民並手持一塊黑板，上寫著：「釣魚島是中華人民共和國領土!!」雙方對峙了五天。中共漁船於十六日一度離去，十七日又回到釣魚台海域。至本文執筆時止，中共漁船仍在該區徘徊。漁船最多時增至近二百艘，漁民總有數千人了。從人數方面來說，也可以說是一次規模最大的保釣示威運動。

在外交活動方面，日本分別在東京和北京向中共提出抗議照會，均被中共駁回。中共方面重申，「中國外交部已於一九七一年十二月三十日發表一項聲明，肯定地表明了中國對於釣魚島和其他鄰近小島所擁有的領土主權。日本沒有理由抗議中國漁民在中國領海作業。」

釣魚台事件發生在中日正要恢復談判拖延已久的簽訂中日友好和平條約的時候，是特別耐人尋味的。

日本外相園田表示，「如果中國認為這種展示實力的行動，能促進日中和約的交涉，那是對日本國民巨大的錯誤認識。日中和約的會談將受到這事件的影響。」

但中共卻指出這次事件與日中和約談判無關，中共副總理耿飈表示，這是一次「偶然事件」，「中國政府沒有介入」，「暫時以不再提起此事較爲明智」。

這次的釣魚台風雲，同中日談判和約是否有關呢？日本外相認爲這是中共爲促進和約交涉而採取的行動，即認爲是有關的；中共方面則認爲是「偶然事件」，是無關的。

究竟有關還是無關，主要是看中日和約在談判中或擬訂的條款中，有沒有涉及釣魚台的領土主權問題。很明顯，從過去幾年雙方所透露的和約交涉情況來看，爭持的焦點是在是否把「反霸權」的條款寫入和約的正文，以及對「反霸權」的理解如何。從未有過任何關於在領土問題上爭持的透露。因此，中共一百多艘武裝漁船在釣魚台海域向日本海軍示威，是不可能促進中日和約談判的。有無這次的事件，與日本是否同意「反霸權」，表面上不發生任何聯繫。

然而，日本政界中的一些鷹派人物，卻認爲中日和約的簽訂應同時解決領土爭執問題，實際上是以領土問題來阻撓和約的簽訂。日本當權派可能以此爲藉口，要求中日和約承認目前兩國領土不存在爭議地區，因而達到對釣魚台群島的事實上的占領。

中共方面，則不急於解決釣魚台的領土主權問題。因爲中共的石油資源豐富，目前既無能力也無必要去開採釣魚台的石油，更未需要對這幾個小島作事實上的占領。中共的態度是：把這個問題擱置起來。但是，領土主權卻是不容侵犯的，因此日本要與韓國、美國聯合在這裡開採石油卻一再受到中共的嚴詞制止，而使到聯合開採無法實行。中共表示最近的釣魚台事件與條約談判無關，意即不準備在條約談判中涉及這問題，總之大家不談，維持釣魚台群島大家都動不得的現狀。

但鑑於日本有人要求政府在條約談判中解決這問題，因此中共的漁民就作出了表達自己意向的行動。釣魚台事件表明中國人民決不容許領土被侵占，日本不可能指望中共會在條約談判中放棄釣魚台的主權。數以百計的漁船、數以千計的漁民，以行動，以手上的標語，表明了意向。這一歷史的鏡頭已被攝下，並刊於世界各報章上。中共當局是不可能從這一立場後退的了。

和約談判會否受影響呢？中共說同和約談判無關，意思是和約談判本來就不要、不應該談這問題；但是，這並非意味著對和約談判沒有影響。影響可能有不同的兩種：一，日本鷹派利用這事件大做文章，使日中和約談判繼續因日本方面的原因而受到阻撓；二，日本認識到中共不可能在領土問題上讓步，在和約談判中也就不提這問題，讓它繼續擱置。日本外相表示這事件不能促進和約的交涉，而中共方面則強調這事件與和約無關，各有理由，實際上是都已看到這件事的可能影響了。

（《七十年代》，一九七八年五月）

二、釣魚台的怒吼

楊帆

從今年（一九七八）四月十二日至二十二日的十天之內，釣魚台海面風起雲湧，一個新的釣魚台運動又在醞釀著。這次的釣魚台風波，對關心國是，熱愛國家的海內外中國人而言，具有多重的意義：第一，它暴露出帝國主義者對中國疆土窺伺的野心；第二，它反映出中共及國府兩方面對國家主權的態度；第三，它具體的顯示給青年們看，在國家內亂未息之時，會遭遇到的什麼問題。爲了讓關心此事的人，有個客觀的了解，本文先就此一事件的發展做個紀事性的綜合報導。

★四月十三日，日本政府召見中共駐日大使館一等祕書宋文，抗議中共漁船「侵入釣魚台領海」。據紐約《星島日報》稱，中共漁船數十艘在釣魚台海面作業，日方出動一架反潛飛機及六艘砲艦驅逐中國漁船，得不到效果。宋文當場拒絕接受日方的抗議照會，稱該島爲中國領土，日方無權干涉。

★四月十四日，日本駐北京大使館向中國外交部亞洲副司長王曉雲遞交外交抗議。王氏拒絕此項照會，並稱中國外交部已於一九七一年十二月三十日發表聲明，確認釣魚台列島爲中國領土。同日，駐日大使館再兩次拒絕日方照會。

★四月十五日，日本官方稱中國在釣魚台附近捕魚之漁船，繼續不顧日軍方警告，在該地作業。中國漁船三分之二以上佩有機槍，日本砲艇不敢用武力驅逐。漁民們並舉出字牌，上寫釣魚台是中國領土，我們有權在此作業。

★四月十六日，中國漁船一度離開釣魚台海面。自民黨總務長中曾根稱，日本應修改憲法，以便擴軍及可向外宣戰。

★四月十七日，中國漁船百餘艘又開到釣魚台海面。國民黨在紐約辦的《世界日報》附和台灣《中央日報》，宣稱：「釣魚台風雲變色，中共以漁船示威，配備機槍標語鼓棹而入，日本抗議無效，朝野驚慌憂慮。」按《中央日報》及《世界日報》之說法，釣魚台應屬日本，而大陸漁船侵入日本領海，引起糾紛。

★四月十八日，日方宣佈中共漁船仍在釣魚台海面。日外相園田直稱日方將循外交途徑解決此一問題。紐約《星島日報》、《華美日報》、《美洲華僑日報》一致譴責國民黨《世界日報》的賣國論調。

★四月十九日，釣魚台海面中共漁船已增至二百艘，日方派出所有的大型炮艇，但仍不敢以武力對付漁船。日本青嵐會糾合軍國主義份子在中國駐日大使館前示威。

★四月二十日，台北《中央日報》突然發出前後矛盾的論調，稱中共已「兩次出賣了釣魚台」，並謂釣魚台事件爲中共向日本施加壓力，以求儘速簽訂中日和約。

★四月二十一日，中國亞洲司副司長王曉雲接見日本大使館官員，指出：

*1.*中國漁船一向在釣魚台附近作業，此次日方突然出動軍機炮艇干涉，必爲一「偶然事件」。

*2.*中國政府與日方的外交關係，一向是從「較大的觀點」來採取步驟。在一九七二年中日建交時，曾協議將釣魚台爭執擱置到中日和約簽署後才進行討論。目前中國政府仍採取同一看法。

*3.*中國對釣魚台主權立場未改變。

★四月二十二日，日本外相園田直稱，將不再在釣魚台問題上做文章。他說在考慮了中國方面的反應及日本民間的多方面反應後，決定不再就此問題爭執。《星島日報》稱此舉爲「日方的退卻」。

★四月二十七日，紐約《星島日報》譴責國民黨的《世界日報》刪改合眾國際社的電文，企圖散播中共出賣的釣魚台的言論。《世界日報》將合眾社電文中「中國堅持這些島嶼（釣魚台）屬於中國」一段刪改，並將園田直所稱「考慮了日本民間的反應及中國的反應」一段中的「日本民間反應」字樣刪除，以製造出園田直不再爲釣魚台爭執，乃是因「考慮了中國的反應」。並由此段刪改過的電訊，進而推論中共已出賣釣魚台的結論。

★五月五日，《中央日報》宣佈國府當局已在紐約地區成立「防衛釣魚台委員會」，並指控中共出賣釣魚台。

總括此次釣魚台事件，可以看出一些有意思的疑點：

第一，中共官方稱大陸漁民一向在釣魚台海面作業。如果中共方面所說不實，就表示中共方面是企圖在釣魚台引起爭端，向日本就中日和約的緩延施加壓力。這個論調，是台北官方及國民黨在美喉舌所持的論點。反之，如果中共漁民確實一向在釣魚台海面作業，日方以往從不惹事，但到最近卻以軍艦飛機來干涉，那就表示此事是日方有人故意挑起事端，以破壞中日和約的簽訂。這種說法，是中共對此事件的解釋。這就是以中共副總理耿飆對日本國會議員訪華團所說此一事件乃「偶發事件」的原因。（按台北《中央日報》及《世界日報》均以斷章取義的手法，將此「偶發事件」一詞抽出，硬指耿飆此語即是「出賣釣魚台」）。

根據上面的兩個假設，不是中共就是日本在借釣魚台來製造風波。但根據許多跡象來看，惹事的確是日本軍方，尤其是日本自民黨右翼的軍國主義組織青嵐會。關於這點，可以幾方面加以證實：

1. 日本方面始終沒有正式否認中共所稱：大陸漁民一向在釣魚台附近作業一事。

2. 三月二十二日，日本青嵐會在大會上就中日建交一事，向自民黨提出四點總結，即：⑴確保台灣的地位；⑵確立日本對中日和約中「反霸」一條的態度；⑶確認中（共）與蘇俄友好條約在實質上的消失；⑷確認釣魚台爲日本領土。

從上面所提的兩點看來，由於中日和約即將締結，日本右翼組織大爲不滿，紛紛要求在簽約之前，自中共方面討回一點便宜。如果在中日和約締結後，才循談判方式解決釣魚台的歸屬問題，日方可能沒有好處可佔。因此，在目前利用和約的簽訂爲餌，在釣魚台上先下手，造成既成事實，以後就不必和中共談判了。青嵐會和自民黨內其他右翼小派系，是目前日本福田政權的主要支柱。福田爲了應付此一方面軍國主義者，並試探中國方面的反應，於是才冒險惹了一把火。但在見中共態度強硬，日本民間反應也不好（如公明黨及日本社會黨均指斥福田政權的政策），因此匆匆找了個下台階，偃鼓息兵。

第二，釣魚台事件顯示出台灣官方的曖昧態度。釣魚台是台灣國民黨的一個「隱痛」。這個原屬宜蘭縣管轄的島嶼，在一九七〇年時，因日本企圖占領該島，而引發了海內外華人的一致抗議，演變成「釣魚台運動」。該運動也是國府占領台灣三十年來唯一的學生運動。但當時國府爲爭取日本在聯合國的反中共票，及得到日本的投資及貿易利益，因此在台灣及美國強力壓制釣魚台運動，充分暴露了國府的本質。

今年的這次釣魚台事件，對國府也是個燙手山芋。惹起這一事端的青嵐會軍國主義派，是國府在日本的最可靠的主子（像自民黨總務長中曾根就不時訪問台灣。青嵐會系統的產經企業所發行的《產經新聞》，就是獨家登出「蔣介石秘錄」者。）國府在這事件發生後，不但沒有採取積極行動，捍衛宜蘭縣的轄區，反而處處歪曲事實。這點，連台北發行的一些刊物都忍不住指出：進行侵略釣魚台勾當的，都是日本的「台灣之友」，台灣政府將何地自容！紐約《星島日報》更拆穿了國府的把戲，指責國府：「存心誣蔑中共，全無民族之憂」，並且「爲了證明中共喪權，《世界日報》編出了無頭消息」等。

由於一九七〇年的慘痛經驗，國府當局在台灣報紙上，儘量不提此一紛爭，以免引起青年學生的愛國熱忱。國府除了片段的、前後矛盾的一下說中共「侵略日本」，製造事端，一下又說中共兩度出賣釣魚台之外，唯一做的是在五月四日，在紐約炮製了一個「防衛釣魚台委員會」。如果國府真有保衛釣魚台的決心，那爲什麼不在台灣就近派艦保護，或讓台灣的青年就近組織此類的委員會，而要到萬里之外的紐約來搞？司馬昭之心，路人皆知。國府當局還該對此加以解釋，並澄清他們與青嵐會之間的默契，才會使此一事件大白於天下。

第三，從最近一些跡象看來，這次釣魚台事件並不是一個孤立的事件，而是國際反華集團在蘇俄策動之下的一次大規模行動。這個行動由蘇共總理布涅茲列夫在三月底到西伯利亞中蘇邊界考察開始。在布氏停留期間，四月十二日發生了釣魚台事件，四月十八日中國與越南邊界爆發了全面戰爭。五月初，蘇俄駐西伯利亞部隊渡過烏蘇里江，侵入中國境內達兩英里。這一連串的事端，都正好在布某到中國邊界視察之間發生，就不由令人懷疑這許多事件之間的關係。一種可能的推測，是蘇俄因見中國四人幫之亂稍定，華、鄧兩人甫掌大權，因此要試探中國方面的態度及反應，才支使了一班嘍囉們來鬧事。很明顯的是這些國際反華集團的陰謀並未得逞。釣魚台海上日本半途而退，蘇俄入侵部隊也大概未佔到便宜，而在衝突後兩日，正式向中國方面道歉。

對於這種涉及國家主權、民族尊嚴的事件，海外華人及學生都應團結起來，督促本國政府堅定立場，保衛疆土；尤其不可爲了邀功圖利，昧了良知，顛倒是非，混淆他人視聽。在團結保土的大前提下，捐棄成見，一致協力。並對於保土不力的政黨，應有批評的勇氣，才不失爲一個有血性的中國人！

（《台中港》，一九七八年五月）

【附錄】

中國漁船在釣魚台海域捕魚是偶發事件

《美洲華僑日報》

據法新社北京二十一日電稱，中國告訴日本，最近在釣魚台島嶼發生的事情是「偶發事件」。消息來源是「靈通的外交界消息」。中國當局由外交部亞洲司副司長王曉雲向日本駐北京的參贊道野傳達了這項消息。據來自日本方面的消息稱，「偶發事件」是中國方面了解了情況之後的結果。

上週，中國副總理耿飆與訪華的日本社民聯代表團團長田英夫會晤時，據說也曾提及「釣魚台事件」是「偶發事件」。田英夫返抵東京，在議會講話時指出，中國認爲漁船在釣魚台水域捕魚，並非侵入日本領海。這是他與耿飆談話後的報告。

法新社北京二十一日電報導，王曉雲與日本駐華大使館的官員就日本方面的「抗議」會談了一個小時。當日本大使館上週五提出「抗議」時，被拒絕了。但王曉雲強調，中國漁船上週在釣魚台水域捕魚，並不是「特別事件」。

法新社稱：同一消息來源透露，王曉雲對日本外交官員說，多年來，中國漁船都在該處地區捕魚，漁船的數目不定。日本「抗議」中國漁船在釣魚台水域捕魚。

法新社報導又稱，王曉雲說，爲了「兩國友好關係這個較大的觀點，中國已經採取所需要的步驟」。一九七二年，中國與日本有了一項諒解，雙方都應把歷史造成的領土爭執事件暫時擱置，先行建立外交關係，並以七二年發表的聯合聲明爲基礎，進一步締結中日和平友好條約。中國現時所採取的態度，與過去多年來並無改變。即是，中國堅持釣魚台島嶼是中國領土，這是國家主權問題，可以與締結中日和約分開來談。這是中國過去多年來的一貫的觀點和態度。國家領土主權絕不放棄，既然現在日本政府自稱釣魚台是「日本領土」，可以將來解決。

法新社消息稱，據說日本外交官員認爲這是中國方面的「最後」答覆。

法新社稱，中國副總理耿飆先前曾以「偶發事件」來說明這次「事件」。當時，耿飆在北京會見日本社民聯訪華代表團。

法新社同日報導，在此間（北京）的日本界認爲，中國對釣魚台島嶼的領土主權立場，並沒有更改。

法新社又稱，當日本提出「抗議」的時候，中國重申一九七一年外交部的聲明。該聲明嚴正指出，釣魚台等島嶼自古以來是中國領土的一部分。法新社稱，此間外交界人士指出，中國強調考慮兩國總的友好關係。

法新社指出，「釣魚台事件」發生在中日兩國步向締結和平友好條約的時候。中國對日本福田政府遲遲未決定締結中日和約，而多次表示「不耐煩」。

（《美洲華僑日報》，一九七八年四月二十四日）

三、釣魚台事件的台前幕後

齊辛

釣魚台問題和中日關係

前記：本文所引述的所有日文資料，是由明滔先生繙譯整理的；其他未經發表的事實資料，則是由兩位不願公開姓名的日本朋友和一位旅日華僑所提供的，特此說明。

背景

釣魚台列嶼位於台灣島的東北方的海上，明、清時代中國和日本都有文獻和地點記載著這些小島是台灣的附屬島嶼。一八九五年中日甲午戰爭後，日本根據《馬關條約》，占領了台灣、澎湖及「所有附屬各島嶼」。第二次大戰後，日本根據波茨坦公告承認了中國對台灣的主權，但卻把釣魚台列嶼作為琉球的附屬島嶼交給美國管轄。一九六八年，聯合國亞洲經濟發展委員會發表調查報告，證明了釣魚台所在的東海大陸架有石油資源。這以後，台灣當局、日本當局和中共當局都聲稱對釣魚台擁有領土主權。海外中國留學生和知識份子，香港和台灣的大學生，分別掀起了規模頗大的保衛釣魚台運動。一九七一年底，美、日兩國國會先後通過了《歸還沖繩》的協定，而把釣魚台劃入「歸還區域」。一九七一年十二月三十日，中共外交部發表「嚴正聲明」，指出，「釣魚島、黃尾嶼、赤尾嶼、南小島、北小島等島嶼是台灣的附屬島嶼。它們和台灣一樣，自古以來就是中國領土不可分割的一部分。美日兩國政府在『歸還』沖繩協定中，把我國釣魚島等島嶼列入『歸還區域』，完全是非法的，這絲毫不能改變中華人民共和國對釣魚島等島嶼的領土主權。中國人民一定要解放台灣！中國人民也一定要收復釣魚島等台灣的附屬島嶼！」

中共的聲明除了說明釣魚等島屬中國領土之外，還說明了釣魚等島是台灣的附屬島嶼。聲明的最後兩句話也顯示了，台灣附屬島嶼釣魚等島的收復，將在解決台灣本島的同時或以後，而不會提早解決。

一九七二年五月十五日，《歸還沖繩》協定正式生效，日本利用這一協定將釣魚台劃入日本的「防空識別圈」。

一九七二年九月，田中訪華，中日發表聯合聲明。聲明沒有提到釣魚台的領土主權問題。據報導，會談時雙方同意擱置領土問題。（根據日本「現代亞洲」五月一日報導；另外，耿飇四月十五日會見日本訪華團時也有類似談話。）

中日建交後，雙方關係的進展緩慢。中日和約談判長期停滯不前。這和日本的親蘇派、親韓派、特別是親台派的活動有關。一九七三年七月，日本自民黨的一部分議員成立了親台、韓的右翼組織——「青嵐會」。這一組織的支持者，是通過對台、韓的貿易和投資而獲得利益的日本部分財界人士。「青嵐會」反對促進日中友好，主張發展「日華關係」。（在日本，一般來說，「中」是指中共，「華」是指台灣。）主張修改憲法，擴充軍備，在國內加強警察統治，在國外「建立亞洲——大洋洲圈」。在這一組織的推動下，一系列同台灣加強聯繫的機構，如「亞東交流協會」、「日華協會」、「日華關係議員懇談會」、「日華觀光協會」、「日華民族文化協會」等，紛紛成立。日本和台灣的貿易和交流更形密切。一九七三年青嵐會成立時，當時的財政大臣福田糾夫（現任首相）和通產相中曾根康弘（佐藤政府時的防衛廳長官、現任自民黨總務會長）都送了花籃表示支持。

一九七六年十二月，福田任日本首相。他的支持者也是親台、韓的財界。到了去年十一月，福田改組內閣，大大增強親台、韓派在自民黨和內閣中的實力。計二十一名閣員中，「日華關係議員懇談會」的會員佔了九人；二十一名閣員再加上自民黨內總裁以下的四個最主要成員（副總裁、總務會長、政調會長、幹事長），即共二十五名掌權人物當中，「日韓議員連盟」的成員佔十九人。作爲內閣重要成員的官房長官安倍晉太郎，是著名的親台派、前首相岸信介的女婿。這樣，基本上確定了福田內閣的親台、韓的色彩。

去年六月，福田政府採取延長本屆國會的手法，使「日韓共同開發大陸架協定」在日本國會「自然通過」，並於六月九日生效。爲此，中共外交部提出嚴重抗議，指出日本、南韓把中國領土的延伸部分劃入共同開發區，是對中國主權的嚴重侵犯。

與此同時，由於中共的政局趨於穩定，發展對日貿易的前景美好，使中日和約談判也從長期停頓中露出了曙光。去年下半年開始談判，並於今年二月十六日簽署的中日長期貿易協定，是中日有史以來最大數額的易貨協定。根據協定，中日雙方從一九七八年至一九八五年的貿易額，在正規範圍之外，至少雙方還要各供貨一百億美元，即總額達二百億美元。中共向日本提供的貨物有百分之九十是石油，而用長期付款的辦法購入大量的日本設備，其中包括大型的煉鋼廠。日本外相園田表示，長期貿易協定爲中日和約奠基鋪路。

中日關係的氣氛，在日本財界和國民中有較大改善。園田外相已初步決定，在今年五月中旬以前訪問北京，談判中日和約的簽訂。

另一方面，爲阻止中日和約的簽訂，日本的親蘇派和親台、韓派又有了合作的跡象。

據日本出版的《亞洲經濟旬報》一九七八年四月下旬號報導，從去年七月起，蘇聯駐日大使館人員就同日本的親台、韓派頻頻聯絡。在莫斯科和東京定期分別召開「日蘇專家會議」和「日蘇討論會」，日方參加者幾乎是是親台、韓派。（例如末次一郎、久住忠男、小谷秀二郎等，就都是「日華民族文化協會」的中心人物。）又在今年二月二十七日，蘇聯駐日大使館一等秘書蕭連柯應日本「輿論綜合研究所」的邀請，作了一次以「蘇聯的亞洲政策」爲題的演講。而這個研究所的主持人藤田義郎也是人所共知的親台派。

此外，近半年來，日本國內社會不穩定，成田機場事件，春季罷工問題，加上生活困難，大學畢業生找不到工作的很多，在這種情勢下，同蘇聯、台灣做生意，「國益」第一的情緒，也相當普遍。（日本對台貿易去年出超達十五億美元，從短期利益來看，對台貿易的利益高於對中共貿易。）再加上欺軟怕硬的心理，覺得中共被四幫搞糟了，元氣難復，蘇聯則更有實力而可畏。因此，在近期《讀賣新聞》舉辦的民意測驗中，三十歲以下的日本青年對中、蘇的感情是各佔一半；這比之過去對中國的感情遠超過對蘇聯的，有了較大的改變。

中日關係在發展；親蘇派和親台、韓派在加緊活動；福田內閣有較濃的親台、韓派的色彩；日本國內的危機、人心不安，提供了製造狹隘民族主義的土壤……。所有這些，構成了釣魚台事件的複雜背景。

事件發生前的一些活動

中日雙方一九七二年同意擱置的釣魚台主權問題，是誰又挑起來的呢？日本方面說是由於中共漁船先闖進釣魚台海域。在探究這件事的真相之前，有必要先看看事件發生前日本一些政界人物的活動。

以下資料均取自今年以來日本報章的公開報導。

一月六日——十二日，福田的親信倉石忠雄訪台，與蔣經國會晤。一月，日本外務省制訂了以「關於尖閣列島」（按，即釣魚台）爲題的資料，明載「尖閣列島」自甲午戰後的明治二十八年（一八九五年），

「正式編入我國領土，屬沖繩縣」。

二月二十日——二十二日，國會中屬福田派的青嵐會發言人玉置和郎訪台。

三月十三日，玉置和郎對日本參議院議長提出了「有關尖閣列島歸屬」的資料。其後，即再次提出了「尖閣列島是我國固有領土」的「政府見解」。

三月二十五日，福田在家中接待了日本親台派組織「亞洲問題研究所」的首腦灘尾弘吉，以及其他反對締結日中和約的要員町村金吾、藤尾正行、玉置和郎等，進行了「懇談」。

三月下旬，在東京的南韓要員向報界透露：「日中和約大概要到九月吧；尖閣列島是個問題」。

三月三十日，日本參議院的政策審議會上，一些議員提出，「如果不把尖閣列島的歸屬搞清楚，將來後患無窮」；對此，園田外相表示「尖閣列島」「毋庸置疑是日本的領土」。

四月一日，在日本虎之門的日消會館召開「要求慎重交涉日中條約國民大會」，會上提出「友好條約的締結，應該慎重研究」的主張。

四月三日——十日，「中華民國總統府軍事顧問」何應欽訪日，與岸信介、灘尾弘吉、船田中（自民黨副總裁）會晤；七日，在石井光次郎夫婦的結婚慶典上與福田握手歡談。

四月四日，何應欽在自民黨本部召開的「日華關係議員懇談會」（灘尾弘吉任會長）演說，表示「應進一步加強保證東北亞洲的中華民國、日本、韓國這三個國家的共同安全」。

四月四日——五日，以灘尾弘吉爲團長，率領自民黨、民社黨議員三十三人訪台，參加蔣介石忌辰典禮，在台北發表了反對締結日中和約的言論。

四月六日，自民黨總務長中曾根康弘在自民黨本部發表談話，提出中日雙方關於「尖閣列島」的分歧，要「搞清楚」。

四月六日，訪台歸來的屬青嵐會的自民黨議員向報界透露：「四月中旬將發生有意思的事。」

四月七日，自民黨的外交調查會、外交部會的共同會議上，青嵐會發言人玉置和郎說，「霸權、尖閣列島、台灣、蘇聯等等問題，在電視上公開討論就好了。」議員佐藤信二（前首相佐藤榮作之子）問：「（日中條約）談判再開的時候，尖閣列島的問題仍是一張白紙嗎？」外務省亞洲局長中江回答：「是白紙。」議員濱田幸一說：「萬一中國要用武力解放台灣，台灣有靠近蘇聯的可能性。把台灣問題擱置不談而締結日中條約是危險的。」

在同一天的會議上，藤尾正行發佈由「亞洲問題研究所」編成的《環繞日中和平友好條約的討論過的論點記錄》，其中第七項提出：「關於尖閣列島，政府對於使它成為實際上的日本領土，採取了什麼具體措施？」

四月七日，日本不顧中共過去兩次抗議，在眾議院通過了《關於實行日韓大陸架協定的特別措施法》，並提交參議院進行審議。

四月十一日，青嵐會頭目之一、農林省大臣中川一郎訪蘇談判日蘇漁業問題。

以上所列，是釣魚台事件發生前，日本當局和親台、韓派、反對日中締約派的公開的活動。在這些公開活動中，已表露出要用釣魚台問題來阻止日中締約談判的意圖了。是否有把這意圖變爲行動的幕後計劃在推進中呢？訪台的青嵐會議員所說的「四月中旬將發生有意思的事」是指什麼呢？這是十分耐人尋味的。

事件的真相

根據日本和外電的報導，釣魚台事件發生的經過是：四月十二日，有一百艘左右的中國漁船進入釣魚台海域（僅僅進入十二浬之內），日本認爲這是「侵犯」了日本的領海，於是派出了軍艦和飛機監視，並用擴音器以華語警告中共漁船，勸喻離去；中共漁船面對日本軍艦，亦以機鎗相向，並在小黑板上寫著：「釣魚台是中華人民共和國領土！」「我們有權在這裡作業和捕魚！」等等。雙方對峙了約一星期。其間，日本向中共抗議，中共駁回。接著，耿飇、王曉雲、廖承志相繼對日本訪華團發表了關於釣魚台事件的和解性的談話，中共漁船也駛離了釣魚台海域。但是，日本輿論則對中共「入侵」大肆抨擊，氣焰甚盛。日本右翼的宣傳汽車在中共使館附近叫囂了三天。在日本右派的煽動下，社會上一時瀰漫了反華情緒。據一些旅日華人反映，在地下火車上說中文，都會遭周圍的人白眼；上街買東西，各小店都不愛理。

四月十四日，自民黨召開總務會議，玉置和郎說：「關於締結條約的談判，應在將尖閣列島的歸屬明確決定後才進行。」總務會長中曾根康弘說，「要採取十全措施以確立對尖閣列島的有效占領，不能讓中國造成既成事實。」

四月十五日，自民黨國防部會決議，向政府提出：「期待政府為了我國威信，和保衛主權，以果斷的決心，無遺憾地採取必要措施。」「尖閣列島問題，在任何情況下，都不應成為日中條約問題的交易材料。」

四月十六日，中曾根發表復活軍國主義的演說：「裝備了機鎗的中國方面，如果在尖閣列島登陸，（憲法規定）沒有交戰權的我國，必須保衛本國的重要領土。為使我國擁有交戰權，有盡速修改憲法的必要。」

在這種反華的氣氛中，日中條約談判就被拖延下來了。

中共的百艘漁船爲什麼會闖入釣魚台海域？事件剛發生時，輿論界和一般人都相信是一個有計劃的行動，目的是爲了中日和約談判向日本展示實力。漁船既有百艘之多，又配有機鎗，加上徘徊釣魚台附近達一星期之久，以中共的政治制度，這一行動若不是當局的有計劃安排，是不大可能的。但是，中共方面一再說這是「偶然事件」；而且中共外交事務歷來慎重，對邊界問題更是一向採取忍耐態度，盡量避免衝突發生，這次怎會一改常態，主動挑起事件呢？

四月二十一日，日本《東京新聞》刊登了一篇訪問長崎漁船「瀨戶丸」的船長戶摩勝的報導，爲這次事件提供了重要線索。

據戶摩勝透露，「瀨戶丸」於三月十二日從長崎港出發，十三日南下時，在沖繩北方的農業漁區與近百艘中國漁船相遇，這以後，中國漁船在「瀨戶丸」的北側，一起捕了十天魚。到三月二十五日，「瀨戶丸」南下，移動到「尖閣群島」海域，中國漁船也一起南下，中國漁船停留在釣魚島周圍。

同一篇報導又引述日本水產公司的有關人士的意見，證實往年也有中共漁船到釣魚台附近捕漁：「大約有八十艘中國漁船去年同期（四月上旬）在釣魚島以西捕魚」。「瀨戶丸」和長崎的拖網漁業有關人士都認爲，造成日本軍艦與中國漁船對峙是「偶發」事件。其根據，除了指出中國漁船隊追捕魚群南下這一事實之外，還列舉以下幾點：一，迄今爲止，常常同中國漁船相遇，一部分漁船上配備機鎗，這在漁民看來是「常識」；二，以前，日本漁船同中國漁船經常發生小糾紛，而每次都通過在紙上寫字——「筆談」來謀求思想交流，像這次中國漁船進入釣魚台海域的情況並不希奇；三，在釣魚台海域，日本漁船、台灣漁船同中國漁船的捕魚配合得很好，不存在任何緊張關係。

這篇報導提供的事實說明：一，中共漁船並不是從大陸直接駛往釣魚台海域進行示威的有計劃的行動，而是至少在沖繩以北捕魚十天以後，爲追捕魚群而進入釣魚台海域，而且早在事件發生前半個月（三月二十五日）已在這個海域了；二，配機鎗是「常識」；三，往年中共漁船也會在這個季節到這一帶捕魚，從未受日本軍艦的監視、警告，也未與日漁民發生大的糾紛；而這次進入釣魚台海域，其實也不是十分接近釣魚島，即據日本沖繩海上保安本部的說法，中國漁船是在釣魚島西北十六至二十九公里，即剛剛越入十二浬；四，是日本軍艦和飛機進行監視、警告，中國漁民才以機鎗相向，並在黑板上寫出維護主權的字樣的。

從三月二十五日中共漁船已在釣魚台海域停留，四月六日日本親台派表示「四月中旬將發生有意思的事」，以至四月十二日這件對於反對日中締約派「有意思的事」的終於發生，其間是否蘊藏著一個蓄意破壞日中締約的陰謀呢？

除上述的事實之外，還有一些待證實的補充事實：一，據日本《現代亞洲》報導，在四月十日，即事件發生前兩天，台灣國民黨的軍艦從花蓮港出動，向停留在釣魚台海域的百艘中共漁船挑釁；二，據一位日本友人提供的消息說，大約在四月十一、二日間，也有少量中共漁船從福建、浙江沿岸開出，駛往釣魚台海域，與停留該區的百艘中共漁船共同行動；三，一位友人提供一張傳單，係以「中國國民黨革命委員會部分委員」的名義所寫的《關於中日問題的聲明》，提供「堅決主張釣魚台列島是中國固有領土的一部分」，「反對外國政府和人民擅自在該列島地區進行生產、建設及其他活動」；提出琉球群島「有史以來它就屬於中國所有」，「堅決主張收回琉球群島」；提出「關於戰爭賠償問題」，「要求日本國付出應有的賠償」，支持反霸權條款和締結中日和約。這張傳單還指出，「中國某些黨派」與日本國的談判意見，「有的部分與我黨的意見有嚴重的矛盾」，要求「日本國政府與任何中國黨政團體簽訂任何條約的時候都應當尊重我們的主張，否則一律無效。」

這張傳單不可能是在中國大陸的中國國民黨革命委員會（即「民革」）所撰，這一點是十分明顯的。

因爲民革的人多已很老了，不會有這樣的活動能力，也不會用這種手段。這張傳單用了「釣魚台列島」的名稱（中國大陸一向稱爲「釣魚島」），提出了與中共歷來主張相反的要求收回琉球和要求戰爭賠償的主張，提出了對正在同日本談判的「中國某些黨派」（實即指共產黨）的批評，顯示出這張傳單很可能是國民黨所僞造的。它或者由國民黨特務在中國大陸沿海的漁區散發，或者利用漁民在海上向中共漁船散發，以挑動中國漁民的民族主義情緒。四月十一、二日閩、浙沿海的漁船出動是否受到這一類的挑動？台灣花蓮港的軍艦出動是否整個陰謀行動的一部分？目的何在？這些都是值得研究的問題。

中共的反應

中共對這次釣魚台事件的反應，是頗引起海外一些輿論非議的，也給一些有民族感的華人帶來困惑。一些報紙和通訊社所報導的事實是：中共漁船有計劃地去釣魚台海域示威，而最後卻在日本的抗議、恫嚇和以日中和約相要挾之下退卻、示弱了。最使人困惑的是事發後三天耿飈的談話。外電只報導他說這是「偶然事件」和要「調查」的簡短的話。而根據日本時事社四月十五日從北京發出的電訊，耿飈談話中關於釣魚台事件的詳細內容是這樣的（以下譯自時事社的原文）：

「耿副總理講話的主要內容如下：

「一，完全是偶然事件。在日本，好像有人上了蘇聯挑撥的當，認為是中國有計劃搞的。我們也要調查一下具體情況。今天在這裡說清楚，這絕對不是故意的，也不是有計劃搞的。難道日本政府想利用這個問題把締結條約拖下去嗎？福田首相說得多，做得少。

「二，中國認為這個島是中國的領土，日本認為是日本的領土。而且雙方都同意暫時把它掛起來。這個島從地圖上看起來是很小的。這件小事情，與其現在提出來討論，不如留待將來解決為好。中國不想在這件事情上惹起麻煩。比這個小島更重要的，在那附近就連台灣這麼個大島還沒有解決呢。在問題沒弄清楚以前，日本方面就大吵大嚷，這是根本不必要的，和條約毫無關係。

「三，沒有過份的要求。反霸權這個問題，中國也並不是指著誰。坦率地說，就是束縛中國和日本。中國自己不謀求霸權就可以使日本朋友放心，而中國也希望日本不要到大陸來謀求霸權。如果說，和別的國家有關係，那就是假如別的國家在這個地區謀求霸權，就反對它。

「四，蘇聯為什麼反對日中條約，我們締結了條約，蘇聯就拿不出日蘇睦鄰合作條約來了。這個條約對日本是很嚴苛的。日中條約寫上霸權條款，美國也不反對。」

另外，據《每日新聞》四月二十八日刊登的發自北京的消息，廖承志與日本訪客談到釣魚島事件時，他的談話如下（以下是《每日新聞》的原文）：「廖會長說：『為了今後不再在釣魚島發生糾紛，我們決定中國漁船不靠近該島。』同時，廖會長說，這樣做並不是中國放棄釣魚島的領有權。但中國方面採取停止漁船接近尖閣列島的措施，這表示了（中國方面）對長遠的日中友好早日締結日中和平友好條約的強烈熱情，引人注目。……中國方面不把尖閣問題作為締結日中條約的障礙的態度，……並不關係到中國放棄領有權和默認日本方面在尖閣列島自由行動，這是一個早晚必須同日本政府之間解決的問題。」

中共漁船可以不靠近釣魚台海域捕魚，但是中共卻不容許日本在這一區進行開發。五月十日，中共副外長韓念龍約見日本大使佐藤正二，就日本政府把「日韓大陸架協定的特別措施法」提交日本國會通過，「表示強烈抗議」，聲稱「日本政府必須立即停止侵犯中國主權、損害中日關係的行為，否則，必須對此產生的一切後果負完全責任。」

中共的反應，一是肯定釣魚等島是中國的領土，是台灣省的附屬島嶼；在台灣問題未解決之前，中共不可能對這些島嶼實行有效的占領；因此，中共在目前只抓住「開發」的問題，而對領土問題仍根據一九七二年的協議，願意繼續擱置。二是從中日友好的長遠觀點出發，和不讓日本親台派利用釣魚台事件，中共採取了抑制的和解的態度。中日友好，長期貿易，和締結和約，是現實；而釣魚台問題，如果制止了日本進行開發，則還不是現實的。三是譴責日本一些利用這事件大吵大嚷的人，質問日本政府是否想利用這事件拖延締結條約，指出有些人上了蘇聯挑撥的當。

與耿飈會見的日本社會民主連合代表團團長田英夫事後表示，日本已於一九七二年日中建交時同意擱置「尖閣列島」的問題，現在又把這問題拉回到一九七二年以前的情形，這種做法將使日本在國際上失去信用。

結束語

釣魚台事件發生後，日本有的輿論指責中共漁船進入釣魚台海域，是「叫醒了已經睡著的孩子」，使「雙方同意擱置領土問題的立場崩潰」。

日本《現代亞洲》半月刊指出，「這次『事件』明顯地是日方以破壞日中和平友好條約的締結為目的；故意引起的。」「叫醒了已經睡著的孩子的，絕不是中國方面，而是日本方面。」

通過上述的經緯來看，雖未有確鑿的證據，但已有相當多的事實使人懷疑：整個釣魚台事件實在是蘇聯、台灣和日本執政黨中的親蘇派、親台派所精心部署的一個大陰謀！

（《七十年代，一九七八年六月》）

四、釣魚台，新風雲

《新土》資料室

美聯社東京一九七八年四月十二日電：日本海上保安廳說，一百艘中國大陸的漁船今天不理會日本三艘巡邏艇的一再警告，繼續進入釣魚台列島的水域。其中只有十二艘在捕魚，其他則在海面巡邏。當日本巡邏艇命令漁船退出時，我大陸漁民用白紙板寫上大黑字說：「這是中國的領海，我們有權在此停留、航行及作業，你們日本人無權干涉。」迄當晚，仍有十餘艘經常輪流進入一百浬線內。日本內閣官房長官安倍晉太郎說：「如果判定是侵犯領海，日本政府將考慮正式對中共抗議。」

十三日國府外交部發表聲明，重申「釣魚台列嶼係中華民國領土之一部分，中華民國擁有釣魚台列嶼之主權，不容置疑。……任何方面所採取之任何舉措絕不影響中華民國對釣魚台列嶼之主權。」

同日，日本首相福田對記者表示，我大陸漁船集結在釣魚台附近，可能會對雙方恢復締結「和約」的談判，產生不利影響。安倍晉太郎也表示，此事正好發生在締結「和約」的準備工作即將完成之際，實屬遺憾。又說，日本可能對那些「惡意侵犯日本領海」的漁船，採取扣押的行動。據日本外務省發言人說，一〇八艘我大陸漁船十三日仍停留原海域，並有三十二艘在上午進入日本所謂「十二浬領海之內」。另據日本共同社發自北京的報導說，中共外交部發言人對釣魚台事拒作評論，僅對日本人說：「我將注意你的問題。」

據東京的報導說，釣魚台列島地區十四日的情勢益形緊張，大約一百四十艘我大陸漁船將其機槍對準企圖接近我們的一艘日本海上保安廳巡邏艇。該廳已增派七艘巡邏艇前往該水域，另派三架飛機巡邏。該水域現有五艘日本巡邏艇。同（十四）日，日「大使館」向中共外交部亞洲司副司長王曉雲提抗議照會被拒，理由是，釣魚台列島屬於中國。

十五日，合眾國際社東京電：面色鐵青的福田說：「自我執政以來，……我一直努力要恢復日中（共）和平友好條約的談判。……這件事是不幸的，但我將竭盡所能，說服漁船離開日本的領海。」安倍說，到今晨，仍有三十三艘漁船逗留在釣魚台水域內，其中有些裝有機關槍。消息人士說，日本海上保安廳已派出最大巡邏艇到釣魚台水域加強監視力量。同日路透社電，日本政府領袖聲稱，日本必須加強控制引起爭議的釣魚台列島，日本認爲這是日本的「領土」。日本內閣秘書長說：「日本不會擱置釣魚台」，共同社北京電，中央「副總理」耿飈告訴日本國會議員訪問團說，釣魚台事件是一項偶發事件，中共將調查事件真相。

合眾國際社十六日電：大約一百四十艘我大陸漁船已於今天退出日本所謂之「領海」，日本有十艘巡邏艇仍停留該水域。南斯拉夫坦加格新聞社說，中共不願擴大它和日本就釣魚台群島引起的爭執。耿飈告訴日本國會議員說，中共準備恢復締約談判，並表示中共歡迎日本外相訪問北京。

路透社十七日電：一百四十艘漁船仍在釣魚台西北約十七至十二浬處徘徊。至晚七時，其中二十艘再度駛入十二浬內。日外務省說，如果這些漁船真如中共所說進入釣魚台是偶然的事，則應全部離開。中共「使館」參事蕭向前十六日告訴日外務省，這次事件純屬意外，和雙方擬議的締約無關。在香港，十七日有數棟建築物中出現譴責日本對釣魚台主權要求的大標語，其中還寫著「打倒福田政府」。

十七日日本《世界日報》透露，一九七二年日中發表共同聲明時，曾交換一「密約」謂擱置釣魚台問題而締結和約。又說，中共外交部亞洲司副司長王曉雲曾說：「關於這問題（釣魚台），我方一向堅守雙方都不提及的原則。」

路透社十八日電：我大陸漁船四十艘今天再度進入釣魚台列島周圍十二浬海面，但下午又全部離開。日外相園田表示，此與中共稱這些事件純屬偶發之說相矛盾；如果這些漁船繼續在該海面進出，將會發生新的問題。日運輸大臣福永說，這些漁船是故意「侵入日本領海」。

十九日中央社電，日本使館官員昨晚及今晨二度要求與中共當局會談釣魚台事件，但中共迄中午仍未予答覆。我大陸漁船昨晚已從一四〇艘增至二百艘，仍群集釣魚台海面。日本的所謂「消息人士」說，總數約三千名的漁民實際上是中共海軍所僞裝。路透電說，今天許多穿了軍服的日本人群集在中共駐日使館前呼喊口號，抗議中共漁船在釣魚台海面出現。

十九日，所謂「沖繩縣幹部會」要求日本政府在釣魚台列島設立氣象觀測所、燈塔、緊急避難港、展望台等觀光設施及直昇機場，俾使領有權明確化。

二十日，我大陸漁船二百艘仍停留釣魚台列島附近海面，據日本第十一管區海上保安部的「尖閣諸島領海侵犯警備本部」說，這些漁船並無返航的跡象。又據監視的日本巡邏艇長說，漁船乘員除漁民外，尚有身著工人服及中學生模樣的青年。同日下午，香港華人代表數人向日本總領事館抗議日本海軍侵入我國的釣魚台海域。日本高級官員和三十三家漁業公司要求占領釣魚台。

據路透社二十一日北京電：消息靈通人士透露，中共「外交部」形容在釣魚台水域漁船和日本的爭執純係「意外事件」；並說，中共亞洲司副司長王曉雲再對日本「公使」堂脇說，中共已就中共與日本友誼的廣泛利益，採取必要措施。

二十二日，法新社東京電：二百艘我大陸漁船仍停泊釣魚台西北二至五十公里海面。王曉雲告日本駐華大使館官員說，最近在釣魚台發生的事情是偶發事件。

二十七日廖承志告日人，今後將不再接近釣魚島等問題地區。

二十八日，日人潛入釣島插日本國旗，豎牌謂「尖閣列島是日本固有領土」。

五月九日：日本《世界日報》報導：日本記者團於八日乘防衛廳警備本部YS11型飛機巡視釣魚島。日本漁船已復歸釣魚島。

（《新土》，一九七八年七月）

五、釣魚台事件在留美華人中的反應

張華

最近一連串釣魚台事件的發展，引起了留美中國人對中日關係的關注。開始時，中國漁船在釣魚台海域捕魚，並且抬出標語牌之舉相當令人興奮；牌上寫的「釣魚島是中華人民共和國的領土！」「我們有權在這裡作業和捕漁！」等字樣，更是觸動了海外中國人愛民族愛國土的心情。

釣魚台事件隨後的發展，以及中國副總理耿飈對日本訪問團的談話，卻引起留美中國人不同的反應，大致可歸爲以下三種：

一、有人認爲應以中日和約爲重，釣魚台可以暫時不談，因爲中共歷來對領土的爭議（包括中印、中蘇的邊界問題），都是以談判爲原則，一向不以武力作爲解決領土紛爭的手段，非到最後關頭是不會訴諸武力的。目前以反蘇爲當務之急，應該重視主要矛盾，聯日反蘇，早日簽訂中日和約。

二、另有些人則認爲，耿飈的談話是日本人斷章取義，而全部談話內容中國官方並未公佈，以不該急著下結論。至於中日和約，能簽最好，不簽也不致於危害大局；最重要的是必須堅持國格，繼續談判，徹底解決釣魚台的主權問題，至少可以將釣魚台劃分爲爭議區，中日雙方皆不占領，中國漁船可以退出，而日本砲艇也必須退出。在這個基礎上簽訂中日和約，共同反霸。

三、第三種意見是認爲耿飈失言失職，外交辭令不當，予日本以可乘之機拿「偶發事件」一詞大做文章。這種意見認爲日本人在外交上的不守信用、沒有原則是其一貫作風；遠者如偷襲珍珠港之舉：一邊假作謀求和平的懇談，一邊以迅雷不及掩耳之舉偷襲，攻擊之後再宣戰；日本當年對中國東北、華北的巧取豪奪則更是毫無外交原則的行爲。近者如日本對中國台灣省以及東南亞各地的經濟侵略爲例，可見本從來都不是以道義爲重的，況且中國若是在釣魚台事件忍讓的情況下簽訂中日和約，和約中的反霸條款就變成毫無意義了，因爲日本在釣魚台事件上的做法本身就是典型的霸權主義；「和約」、「反霸」云云，豈不成了諷刺的空話?!持此種看法的人認爲中國不僅應在釣魚台事件上堅持原則，並且應該要求日本對當年的侵華行爲作至少象徵性的賠償。

持有不同看法的人士，在美國中文報章上有一連串的討論，見仁見智；而事件的全盤真相及影響，大概還得幾年後、甚至幾十年後才能蓋棺論定，除非中國官方能有直接、明白的告示和解譯。不過從這次事件的短期影響來看，一些最近在美國華人圈中發生的較直接的反應倒是值得提出來談談。

在日本開始抗議中國「武裝漁船」出現釣魚台海域時，美國各地早年參加保釣的華人團體，曾在美國的中文報章上刊登巨幅廣告，呼籲海外華人共同保釣，抗議日本無理舉動；並且計劃在日本首相福田訪美時舉行遊行示威，重申中國人保衛釣魚台的決心。這些廣告再度引起了許多華人對保釣的注意。可是計劃中的遊行不久就擱置不議了，這顯然是保釣人士中對進一步行動有不同看法所致。

不同的看法中，較極端的例子之一，表現在一份紐約中文報紙頭版刊登的方塊文章。一篇署名「畢鋒」的評論文章，以〈「偶發事件」用得好用得妙〉爲題，對中國官方的「偶發事件」用詞及做法，作了完全的肯定看法。這篇文章引起了各方的爭議，一部分來自對「偶發事件」一詞的原文和上下文以及前因後果的真相尙有存疑的人士。另一方面，則有姚立民等人提出討論，認爲日本這種做法，極不符合「反霸」原則；縱使這次釣魚台事件幕後有國民黨與蘇聯的陰謀，中國也應堅持「反霸」立場到底；惟其有親蘇派和蘇聯在搗鬼，中國更該毫不示弱。

至於國民黨方面，對這次釣魚台的事件也有一些「活動」。雖然釣魚台是屬於中國台灣省的一部分，但國民黨政府從來沒有過保衛釣魚台的行動，七年多前如此，這一次也不例外。先是對台灣島內封鎖中國漁民保衛釣魚台的消息，繼而不准台灣漁船接近釣魚台與大陸漁民共同保釣。至於在海外，蔣家在美的宣傳喉舌如《世界日報》，先是在事件初發時作局外人狀，說「釣魚台風雲變色，中共漁船鼓棹而入，日本抗議無效，朝野驚惶憂慮」；待中共漁船退出釣魚台海域之後，便大放厥詞，宣稱中共耍「放棄釣魚台」云云，同時大造對日本有利的言論，與台灣島內一些大報一致地在新聞報導中插進「中共入侵日本領海」之類的字眼。

更進一步地，蔣家在美的一些人士，以「極左」的面目出現，在華盛頓的華埠街上貼出標語，內容有「堅決擁護華主席、葉副主席的革命外交路線」、「金猴奮起千鈞棒，砸爛四人幫餘孽耿飈的狗頭」等等。最近在紐約反對蔣經國「扮皇帝」的遊行之前和當時，蔣家也遣人在華埠張貼名爲保釣、實爲反華的標語。國民黨當然沒有任何保釣的活動，只求在情勢尚未明朗化時，趁機搞些混淆視聽、破壞海外華人團結的舉動。

六月號的《七十年代》中，齊辛先生爲釣魚台事件提供了更新的資料，對「偶發事件」的前因後果有了進一步的解釋分析；雖然有一定程度的說服力，但是事實的真相，在中國政府沒有正式說明之前，仍然是存疑的。

這一次中共在釣魚台事件上的做法雖然引起不少爭議，但是相信歷史將會是最好的見證。中日和約目前仍然擱置著，釣魚台的歸屬也仍在中日兩方的「爭議」範圍之內。釣魚台並沒有落入日本手中。更重要的，這次事件基本上並沒有影響留美華人對中國走向「大治」的信心。最近中國一連串對華僑政策的改進和落實，對越南華僑的妥善安置等，都一再顯示了中國政府在打倒四人幫以後的新作風、新氣象。海外華人對中國政府的向心力仍然最在日漸加強的。

（《七十年代》，一九七八年七月）

六、釣魚台事件

——北京東京條約的序幕

Daniel Tretiak（直君　譯）

一九七八年四月下旬，八十多艘中共漁船，其中至少有半數經過武裝，有的還配備著機槍，突然朝台灣東北方的釣魚台駛去，弄得中日對峙關係到了接近攤牌的程度。日本政府一時手足無措，同時在兩週內，親中共的自民黨與其它黨派議員都無法爲中共的行爲辯解。然而就在釣魚台事件平息了兩個半月之後，中日重新舉行談判，八月十二日那一天，雙方在北平簽署了一項和平及友好條約。當初究竟是什麼因素使他們必須重開談判？是在什麼情況下觸發了釣魚台事件？撇開那事件無庸置疑的重要性來看，究竟又是什麼樣的利益把雙方帶回談判桌上？

除了這項條約長遠的歷史性意義外，它的簽訂對東亞這兩個宿仇間，以及他們與其他國家間的未來關係上有著極不尋常的意義，尤其是他們跟蘇俄之間的關係，這乃因爲條約中有「反霸」條款。中日和平及友好條約是中共於一九七〇年代初發展出來的全面外交政策中的一部份，即聯合附近以及世界各地的強國以減輕蘇俄對他們的威脅。雖然中共很難「利用」日本對抗蘇俄，此項條約卻至少會減低日本將來壓迫中國的機會。對日本而言，簽約可說是日本在使得它與中共、蘇俄、美國的關係更加穩固的多種努力中，成功而重要的一次。此外也爲中日經濟合作創造了更好的條件。

日本的動機

福田遭到國內各反對黨以及自民黨要員迫他簽約的沉重壓力，可是支持蘇俄和台灣的兩派對條約則持

「謹慎」（也就是基本上反對）的態度，甚至在一九七七年底時，福田本人還對這項和約持喜惡參半的態度。儘管如此，福田在自民黨內的劣勢顯然亟需簽約後帶來的那種更廣泛的支持。因此只好放棄他個人的嫌厭態度。沒有和約，黨內支持他的人會減少，有了和約，他在民間的聲望和他的自民黨員心目中的地位都會昇高。

此外，日本商業界也積極支持這項和約，他們大都認定二月間與中共簽訂的長期雙邊貿易協定（一九七八——一九八五），將會因和約的簽署而得到更好的結果。和約當然會把雙邊貿易額帶到貿易協定中所約定的兩百億美金以上。（許多外國商人以為，日本不管有沒有和約，他們在中國大陸的一份市場都會擴大。）雖然日本必須估量到和約簽訂後蘇俄可能產生的敵意，不過日本確信日俄關係惡化以後，蘇俄遭到的損失會比日本更多。日本已大力協助探勘並開發蘇俄的遠東地區和西伯利亞，如果蘇俄獨力進行，對它無疑會是項沉重的負擔。蘇俄也很難以日本接受的那種條件去找另外一個國家來取代日本。再說，只要日本與蘇俄之間存在著未解決的領土問題，蘇俄的影響力便要弱得多。日本要求討論他們對北海道北方四小島的主權問題，被蘇俄置之不理。蘇俄如果稍稍接受日本對那些島嶼的主權聲明，就會得到更多的利益。蘇俄不理日本的聲明，中共卻不斷支持日本擁有那些小島的主權的說法。

美國的支持抵消了蘇俄的敵意。五月初，美國暗示日本，它將默默支持日本簽訂和約。美國應福田首相之請（當時福田在華府）而給予這項保證，以減輕自民黨內部支持台灣、韓國及美國的議員的壓力。美國在五月底表示的支持，更進一步向中共證明，美國對它是個越來越友好的國家。不過美國的保證支持是日本主動要求的，不是一般觀察家所說，是美國對日本巧施壓力所致。美國由於保證支持，還從條約的簽訂中得著好處，甚至這還可能成了蘇俄的「損失」。

東亞國際局勢的發展對日本有利。四月初，當談判基本上破裂時，中共的越南問題並沒有像同年七月十八日中日開始最後一次談判時那麼嚴重。那時，中共不僅要確實得到國際間的外交勝利，而如果日本要求不太過份的話，中共也想早日締約以平衡越南的壓力。換句話說，到了七月底或八月初，中共的態度要比同年二四月時稍微軟化一點。這並不因爲中日間有任何關係重大的事情，而是因爲蘇俄越南由南北側來的鉗形攻勢威脅到中共的安全。

最後從條約的簽署也可看出日本在國際上的自恃和談判技巧，只是這些常遭到外間忽視而已。日本經過激烈談判，並在條約的措詞方面發揮了相當的影響力以後與中共締約。這個除了經濟獨立，並且還不斷強調要在國際間政治上獨立的日本，經由這項和約的簽訂，顯示它不會慴服於蘇俄，也不會簽訂一項完全由中共起草的條約。總之，日本已堅守住它在國際上的立場和尊嚴。

中共的動機

中共要訂這個條約的理由也反映出中共內外關係的錯綜複雜。從一九七七年到一九七八年，中共領導階層一直在爭權奪位，一直在辯論各種問題．目前鄧小平與華國鋒的不和到了什麼程度，外界並不清楚，那段時間內，就外交事務的處理與發表談話紀錄方面來看，鄧似乎比華活躍。從幾次訪問談話中，可以看出鄧期望與日本締約，起初是爲了在跟日本接觸中可能得到的利益，漸漸的他可能也感到中共極需跟日本締約，以對付蘇越鉗形戰略不斷帶來的威脅。鄧的態度於一九七八年間有顯著的轉變，他對福田及其前任首相三木那種幾近譴責的態度，到了簽約前夕，據報他已會就釣魚台及中蘇聯防條約問題對園田外相發表溫和的聲明了。鄧比任何中共其他高級官員更公開表示他急於要和日本締約。

拿中共在國際上的立場來看，這項條約不僅會使亞洲國家注意到它對蘇俄的疑忌，同時還可以得到日本對中共立場的明確支持。日本最後表示的支持程度雖然不盡令中共滿意，不過那已足可激起蘇俄的忿怒了。

這項和約除了弄得蘇俄灰頭土臉以外，更確定中共在東北亞地區的政治和領土權益。有關南北韓問題，有關中日韓皆稱對其擁有主權之富藏石油的領海問題，中共都要樹立他們想達成的目標，並且明白表示他們絕對有權過問這類問題。中共能使日本簽約，已確定了它在東北亞發言的資格和權力，東北亞一直是中共外交政策中所關注的一個重要地區。

我們不能小看中共要在至少平等的條件下與日本簽約的意義。雙方長年的敵對和衝突帶給中國人錐心的痛苦，帶給日本人深深的遺憾。雖然有些中國人會羨慕日本的經濟成就，並指望日本為中共的發展計劃提供主要的技術，可是中國人對日本和日本人仍然存有很深的疑忌和忿恨。那些以為中共無需簽訂此約的人忽略了這樣的一件事實，即能弄得日本簽約，本身就是一件扳回中華民族尊嚴的大事。

這項條約顯示出中共其他外交政策上的多重目的：要有效而成功的與日本一類的強國打交道；要對日本在東南亞地區的經濟與政治擴張保持一定的遏阻作用；要在國際上扮演積極的角色；並要加強它對日本主要盟邦美國的那種非正式的然而卻日形重要的關係。

有些觀察家已經預料將來會出現中共、日本、美國的三國同盟。較為可能出現的恐怕是中共、日本、美國之間成立一種關係不很密切的「原始同盟」。儘管三國間隨時可能會有重大歧異出現，各國仍會審慎調整彼此關係，以便把三國納入一種關係不甚密切的同盟中去。中共可能藉著跟日本締結那種在有關中共切身問題方面不頂有利於自己的條約，而向美國暗示，現在是對台灣問題尋求緩和餘地的時候了。（中共與利比亞建立外交關係看來似乎與此無關，然而卻預示中共可能會在八月份作一點「讓步」）〔原文第十註解引一九七八年八月十日香港報紙：中共在一九七八年八月九日與利比亞建立外交關係，利比亞既沒有宣稱中共是「中國唯一合法政府」，也沒有跟中華民國斷交，這樣的遺漏在以前是不會有的。〕如果我們不看中共的越南問題，中共簽約即表示它一心希望亞洲和平。

第一次談判——一九七七年十一月到一九七八年四月

經過事先宣佈要舉行談判後幾個月，雙方才於一九七八年二月十七日在北京開始非正式的和約談判。（一九七五年曾試圖舉行談判，因中共拒絕日本的建議而告擱淺。）中共的談判代表是外交部副部長韓念龍，日本代表是駐北京大使佐藤正二。談判於二、三月中時斷時續進行，致使日本最高決策層意見紛歧，中共方面也越來越覺懊惱。這回談判終於在四月中旬發生釣魚台事件後中止。

撇開釣魚台事件不談，幾次的談判並沒得到具體的結果。日方不願接受中共提出的那種強烈的，絕不模稜兩可而又顯然在反蘇反霸的條款。同樣中共也不願接受日本為了緩和條約中的反蘇氣勢而提出的相反意見。中共想維持條約中的那種氣勢而使日本更加支持它在亞洲的反蘇政策。相對的，日本因為在中共與蘇俄間維持中立關係得著不少好處，自然不急於顯出一種跟中共站在一塊兒反蘇的樣子。

至少在中共一些領導人看來，日本是故意拖延談判，日本各反對黨及自民黨中贊成和約的議員也與中共持一樣的看法。固然日本首相行動緩慢，小心從事，卻堅決要在實際展開談判以前先使自民黨員一致贊助這項和約，這時自然就還談不到簽約了。福田可能一面在閃躲一面又在尋求支持者，這兩項行動並非毫不相干。福田的反對者不斷指出他那種近乎猶疑的態度，他的支持者則把這說成是在找尋更多的贊助者。

從政府官員與頑固的自民黨議員舉行的一次會議中，可以看出福田遭到多大的反對力量。自民黨員藤尾正行於三月三十日那天要求自民黨內就和約問題舉行一次徹底討論。與會者要討論的包括有台灣問題，蘇俄的反應及其他外交政策問題，許多與會者要求小心進行談判，公然對和約表示疑慮（實際就是反對）。

有跡象顯示中共領導階層間對於如何應付日本的拖延，存著不同意見。最明顯的是不耐煩的態度以及對那個不肯簽約的日本政府的批評。鄧小平幾次露出急於簽約的想法，他以爲日本這樣做該不會有什麼困難。因此在三月二十六日會晤日本社會黨新主席飛鳥田一雄的時候，鄧小平毫不顧惜福田的立場表示：「就從政治的和長期的觀點來看吧，中日和平友好條約應該是很容易達成的。」不過從日本《京都新聞》報導的鄧小平談話中，我們還可以看到他在其他方面的顧慮：（一）「和約能否簽訂，現在全要看福田首相的決定了」；（二）「日本政府正在把和約問題弄得更複雜」；（三）「他隨時可以代表華國鋒到東京簽約。」

相對於鄧小平的急躁，中共主要幾位日本問題專家之一的廖承志就表現出中共外交上比較難捉摸的一面。四月四日，他對日本「各界」贊成和約的自民黨代表發表談話時，很有耐性的表示了他對和約所持的看法：「如果日本政府四月不做決定，我們可以等到五月，如果五月或六月不做決定，我們可以等到秋天，而如果秋天仍無法做成決定，我們還可以等到明年。」他又表示（跟鄧一樣）「無法理解福田首相為什麼還沒有做成決定。」

因此廖在基本政策上的立場與鄧並無差異（鄧的立場曾在四月四日前後接見日本其他代表時表現出來），廖似乎較爲注意日本能夠採取的步驟，而在四月間，中共方面好像只有少數人持他這樣的態度，這由以後發生的事可以看得出來。幾乎在廖發表談話的同時，日本國內政治動向似乎是要終止一切認真而一直在進行著的條約談判了。（原註十五：園田為了加速談判進度而訂的訪問北京計劃，已於四月五日擱延下來。）

釣魚台事件的原因與影響

自民黨中反對和約的議員抓住釣魚台的問題向日本政府提出許多問題，似乎想盡最後的一切努力來阻撓和約的簽訂。三月二十三日，日本政府發言人答覆反對和約的自民黨議員玉置和郎質詢時說：「日本擁有中國東海上（釣魚台）列島的主權，我們不認為有必要與任何國家討論它的主權問題。日本政府將不理會中共對那些島嶼所做的聲明。」三月二十六日的《每日新聞》報導，保守的青嵐會領袖，產業大臣中川一郎主張日本必須在和約談判中提出釣魚台的問題。四月七日，園田外相與反對和約的一百名自民黨議員舉行會議，觸發了釣魚台事件，即反對和約的自民黨員刻意指出，釣魚台問題必須被視做和約談判中的一部份加以處理。

無疑的，中共一直在極度審慎的態度下，密切注意這些情勢的發展。四月七日的提案刺激中共發出反應。到那時止，雙方都盡量避免在談判中提起釣魚台問題。一旦這個問題由日本攤開了，繼而又做了四月七日的提案，中共便無法不聞不問的讓這件事過去就算了。關於中共內部領導階層對這個問題的爭論，我們雖然知道不多，然而像鄧小平這樣沒耐性的人，都因未曾提出這個問題而遭到一些比他更「激進」的官員們的批評，從這一點我們可以推想出爭論激烈的情況了。既然問題已經提出來了，中共（尤其是鄧小平）當然保有決定如何處理它的權利，要不就只有暗中表示讓步。把這個問題擱起來，雙方可以很快的在四月中簽約；既然提出來了，雙方都得加以處理。四月十三日，中共針對日本耍的釣魚台把戲採取行動，派出大隊漁船到台灣東北方的釣魚台列島去，表示根本不把福田和日本政府放在眼裡。船隊不斷圍著那些小島打轉，船上揮動不已的標語，堅稱釣魚台列島是中國的領土。由於至少有半數的漁船和船員配有武裝，因此可說是相當不友善的對抗行動了。第一回和約談判便戛然終止了。

漁船多來自福州、上海、青島——有的情報來源還說其中有天津和廣東的漁船，由此可見這些船隻顯然是受中共人民解放軍軍部指揮的，再不就是得到了中共政治局的首肯。這些船隻並未遭到日本的軍事挑釁，雖然日本口口聲聲把釣魚台說成是他們的。

這件事發生後不久，中共「副總理」耿飈（一位外交事務專家）接見了日本社會民主黨領袖田英夫率領的一個國會代表團。雖然中共的報總僅報導有這麼一回事，而日本和香港的左派報紙卻登載了耿飈的談話。四月十四日的這件工作顯然不易處理，然而耿飈卻處理得非常老練。據報他對福田說：「這次『事件』（指中國漁船圍繞釣魚台）是個意外。」接著又說他們一定要調查。耿飈表示中國漁船那時正好「在小島附近追逐魚群」，他說這顯然不是「有意而精心設計過的」意外事件。日本政府正在「利用這次事件拖延日中和約的簽訂……。我們現在別再爭論那個島嶼的問題了，將來我們一定會解決那個問題的！」

耿飈當然知道這次事件是個精心設計的「意外」。他卻還要日本人別在談判中提釣魚台的問題，免得使這早已不易進行的談判再橫生枝節。

釣魚台問題是由日本提起的。固然中共的反擊不免過份一點，不過由此我們也可以了解，中共以為除了單純的口頭反應以外，他們還得有具體行動，在日本政府不能把這個問題擺平而弄得中共難堪時，以此行動向日本政府表示他們的不悅。中共的外交人員還不致蠢到說中國漁船侵犯了那些被日本說成是日本的島嶼，尤其是當日本幾乎所有的主要政治團體——在全國少有的一次一致對付有關中共問題的行動中——

全力支持日本政府抗議中共的行動時，中共更不致於這樣做了。

這次事件過後，福田顯然有兩條路可走。第一，他可以費煞心思的利用中共海軍出現在釣魚台附近（這些船隻斷斷續續的在那兒停留了兩個星期）這件事，激發日本人的民族感情。第二，他仍可努力爭取贊助和約的人，和約的簽訂比要煽動民族感情的政治把戲更能鞏固他在自民黨內的權力基礎。福田目前和將來都需要自民黨內贊成簽約的議員們的支持，以保持他在自民黨內的領導地位。因此，在這次事件剛發生的時候，福田和園田除了對中共的行動和解釋表示不滿以外，並沒有利用日本人的民族情感的企圖，也沒有發表尖銳聲明加深中共對日本的敵意。他們反而不斷設法把釣魚台事件限制在一定範圍內，這樣也可以消除中共對福田缺乏締約誠意的懷疑。

這次事件發生後，福田首相與園田外相提出了他們基本對策的大綱；福田「指示內閣各部長謹慎將事（即沒得到他的允許，誰也不准公開談論這件事）」，園田則「再度強調外務省要把這次事件與締約談判分別處理」（即情況許可的話，日本要把這回事先擱到一邊）。這樣的處置並不是說園田就不批評中共的行動了，這種批評倒可使他和福田首相控制住整個局面。因此園田外相四月十六日告訴國會說：「他對中共就中國漁船侵犯日本釣魚台列島所提出的解釋感到遺憾。」

雖然中國漁船已經離開釣魚台週圍十二海里的領海區，四月十七日那天，「仍然有一百四十艘左右的中國漁船停留在釣魚台列島之釣魚島東北三十至三十八公里的海面上，即在日本領海以外。……」可是第二天，據報又有十艘中國漁船回到了日本領海內，迫使園田在向議會中一個委員會報告時指出，釣魚台問題也許必須在和約簽訂以前解決。不過他也的確表示過，解決釣魚台事件「並非締約的先決條件。」反對這項和約的自民黨議員仍感到有勝利的希望。這次事件一發生後，他們馬上爭論道「日本不該一面爲了締約而舉行談判，一面又把釣魚台列島的問題擱到一邊。」自民黨右派的攻擊無法動搖園田的強大影響力，因此即使贊成這項和約的議員一方面也在譴責此次事件時，他方面還是堅決支持這項和約。因此福田才能宣稱釣魚台事件已成過去。中共的說詞雖然不很有說服力，倒也給雙方相當的「面子」，使雙方都滿意。中共表示「要調查這次事件，並答應在調查結束後把結果告訴日本。」日本儘管有頗具影響力的自民黨幹事長中曾根康弘「建議……釣魚台列島……應該放到」締約談判中去，園田則一再表明「他個人希望把釣魚台事件和締約分清楚，好重開締約談判。」（中曾根的說法顯然代表反對和約一派的中堅人物對和約的看法；這種觀點沒有得勢，如果得勢，福田、園田和大平的前途可能就很暗淡了。）

這次意外事件在福田欣然接受廖承志的聲明後越發平靜下來，廖承志聲稱中共會「阻止中國漁船在釣台附近跟別人衝突。」園田也否決了內閣官房長官安倍晉太郎所建議的一項在釣魚台造颱風避難所的計劃，這項措施很可能再度引起中共強烈而不利的反應。園田的反應顯示贊成這項和約者的勢力已足可使他們逐步的進行談判，儘管如此，安倍會有這提議就表示自民黨內仍有分裂存在。

於是贊成和約的議員獲勝，日本並未對中共採取類似的軍事行動，只仍不時派飛機飛越釣魚台上空，以強調釣魚台是他們的。到四月底，園田宣佈他本人對這次事件的結果感到滿意。然而事件發生後的近兩個月內，中日停止了接觸。釣魚台事件暫時削弱了日本贊成和約者的勢力，增長了反對和約者的氣燄，並引起亞洲各地的注意。

蘇俄當然不放過中共這次的越軌行動，很想利用此事破壞中日締約談判。以前都是中共不斷批評蘇俄從二次世界大戰以來，霸占日本北海道北方的四個島嶼，如今蘇俄把這一形勢改變了過來。據《新時代》報導：

日本前內閣大臣山中貞則要求政府解釋，政府為何坐視中共干涉內政。他以為中共一直在對日本施壓力，要日本照中共所提條款簽署和約。

然而中共沒有一點減低壓力的意思。道理極簡單，日本許多政客的聲望，早因反蘇運動和同意在和約中加上「霸權」條款而受到影響。因此，如報上所說，中共決定要繼續對他們施壓力（經由釣魚台事件）……。日本政府官員對這種行徑一直很納悶，中共呼籲反對「霸權」，自己卻不折不扣的依據那個原則製訂政策。

釣魚台事件引起亞洲及太平洋一帶地區的不安，為什麼中共選擇用武力來表示他們不喜歡日本拖延締約談判。亞洲國家除了感到困惑以外，大半對這次事件的反應是說中共做得過份一點，並使他們懷疑中共對日本這個強國的和平意圖，進而也懷疑中共對於亞洲弱小的非共產國家的和平意圖，而中共已在努力改善他們和這些國家的關係了（釣魚台事件發生前幾個星期，鄧小平訪問了緬甸和尼泊爾，李先念訪問了菲律賓和孟加拉，另外泰國總理克里安薩並到北平訪問）。釣魚台事件「不符」中共最近外交政策的方式，不過它畢竟發生了，並引起注意。

鄧小平和其他中共官員早已不滿日本為簽約的事再三躊躇。當日本反對和約的議員把釣魚台問題弄到締約談判中來以後，顯然他們必得向日本政府表示他們的不悅。表示的時間和方式要看中共東海岸主要的指揮官們是否支持而定。鄧小平以中共解放軍總參謀長的身份可以而也確實調度了駐在釣魚台附近的中共海軍。（鄧小平的行動可能一方面是他自己的意思，他方面可能也得到同樣對日本感到不安之地方頭目的鼓勵。）鄧小平這種激進的外交方式，不過用來刺激日本人早日進行決定性的談判，並非要與日本形成不可收拾的衝突局面。

動機是夠明顯的了，可是所用的手段幾乎造成相反的結果。固然仍有很多人繼續支持這項和約，日本政界卻無論各派，一致譴責這次事件。當我們往下談到中日繼續完成締約談判時，我們不禁要問：釣魚台事件是幾乎要破壞了在一九七八年締約的一點希望呢？還是一個確實有利於談判的近似衝突事件，靠它「打通頻道」，再把談判雙方進一步拉在一塊兒，正如後來情況發展的那個樣子呢？

第二次談判——一九七八年七月至八月

一旦中共和日本把釣魚台事件擱開，雙方便小心翼翼的重新開始進行締約談判。不管一些反對黨對他太急於簽約的批評，福田花了五月一個月的時間，仍舊得到自民黨內部相當的支持，使他得以展開行動。不過一直到了六月，中共官員還懷疑他的動機和誠意。黃華可能於五月底在聯合國跟園田達成重行談判的協議；雖然兩人沒有正式會談，這項協議的確跨出了下一回合談判的第一步。由於韓念龍害病，正式談判拖到一九七八年七月十八日才開始。（原註四十一：中共和西方消息來源都肯定韓念龍是真的病了；不過他也可以拿生病做正當理由，讓日人久等，他則好有時間去處理越南華僑問題。……）

因爲雙方對反霸條款的措詞不能達成協議，談判的進展又緩慢下來。日本希望這項措詞不是針對「特定的第三國」，這樣便消除了反蘇的一面，而中共堅持絕對要譴責霸權主義（即指蘇俄）。這個措詞問題在八月初獲得解決，日本提出一個折衷用語：把「特定的第三國」改成「任何一個第三國」。此外，日本爲了多少安撫蘇俄一下，並設法在和約中加了一條：「本和約不影響任一締約國與第三國之間的關係。」

園田外相八月八日到北平（京）作成最後協議，他花了短暫時間，親自參加了幾次會談，明白表示日本不以爲反霸條款就是反俄，只是在約束中共和日本不要有稱霸的行徑。他還特意提醒中共領導人不要「以批評日本一位政治領袖的方式來干涉日本內政。『如果日本這樣對待你們，你們作何感想？』」然後與華國鋒和鄧小平會面，並在八月十二日簽署和約；與鄧小平會面時，據報園田就釣魚台和廢止中俄同盟條約的問題得到鄧的「滿意答覆」。

這樣終於結束了一九七五年就開始了的談判。中共的對日關係得著更穩固的政治基礎，並在反對俄霸方面得著日本實際的支持。日本除了獲得前述的政治利益外，經團連的領袖更表示「和約的簽署顯示中日兩國人民一心要建立彼此真摯而持久的友誼和繁榮。」這不過是日本企業界的美麗說詞，他們只想順利的和中共進行巨額貿易罷了。

總結釣魚台事件

釣魚台事件對中日實際簽約到底有多大的影響？它只不過遷延了和約簽訂的時間呢；還是因此得到一些進展，如果不是這次有意的衝突，根本就不可能得到的進展呢？在討論釣魚台事件的有限篇幅內，我很難把第一個問題說清楚。所以我勢必要仔細看看第二個問題。

釣魚台事件雖然不曾導致中日的直接衝突，不過它卻有可能引起中日的衝突和對峙。由日本的角度來看，有幾個原因使他們在對中共的關係上得著好處。第一、日本再度明確表示釣魚台是他們的領土，而實際上（如果不是法理上），中共除了讓步，承認日本在那兒的地位以外，別無選擇。第二、日本政府，尤其福田與園田在緊要關頭時的行動，顯示日本在跟中共打交道時固然會有點驕傲，可是他們還不致妄自尊大，也不致卑顏屈膝。在日本看來，釣魚台本來就是他們的，儘管中共用「漁船外交」，他們也不會犧牲釣魚台去交換一個中共比他們更急於要訂的和約。第三、日本對釣魚台事件採取一種堅定卻並非不可緩和的態度，不僅是對中共上了具體的一課，也間接的給蘇俄上了一課。或許很久以後有這麼一天，當日本與蘇俄談判締約時，蘇俄占領日本北方小島的行徑，即使不會遭到日本人的軍事挑戰，也會遭到日本人在法理上的挑戰。蘇俄應該切記這次日本與中共的談判方式。第四、這次事件經由兩方面加強了日本對中共的影響力。（一）中共再兇，他們的一些日本友人還是把這次行動引起的反效果告訴他們；爲了維持友好，中共得很巧妙的表示他們在注意日本的反應；（二）中共態度變得更緩和了。我們無法看出越南問題對中共在七月十八日至八月二十二日間的談判有多大影響；不過我們似乎可以這樣說，中共抨擊越南背後受到蘇俄指使，當越南跟它搗蛋時，中共方面自然不願在這樣一個瞬息萬變的國際政治局勢中跟日本過於對立，因而才會對日本做一點並非全無意義的讓步，俾在八月簽署和約。

如果說日本從對峙中得著好處，那麼中共當然也得著好處了。第一、雖然釣魚台本身對中共來說可能並不很重要，然而考慮到其他還在爭議中的領土時，中共便不能不對這已被提出的問題做點表示了。國家尊嚴更不允許他們不做一點反應。

第二、就算中共是要稍稍展示武力，它到底還是集結了多過要稍稍展示武力的兵力。也許中共要藉此做成具體教訓，除了做給日本人，並在跟韓國有關事務方面做給韓國人看以外，還爲了要在南中國海的島嶼爭執中做給越南和其他國家看看。中共知道它可能爲了釣魚台的關係而影響到一項重要國際條約的成敗，而另外更重要的一點卻是，讓日本、韓國和越南了解中共對領土主權的聲明是說得到就做得到的。第三、中共無形中在他們的勁敵蘇俄幫助下，把日本跟他們的關係拉得更近，當然還不致於太靠近就是了。尤其在釣魚台事件發生以後，照理蘇俄應該想盡辦法來討好日本，何況美國國內還有日益增長的反蘇氣氛呢。然而就在中共利用釣魚台事件增強它在亞洲的地位時，蘇俄仍然沒有利用這次機會。

中日和約本來可能在一九七八年年中簽訂的，可是由於日本的步調似乎太慢，再加上四月發生的釣魚台事件，迫使中日雙方先澄清彼此的目標和立場。因此到了八月簽約時，雙方對於彼此可以達成協議和不可以達成協議的部份都有了充份的了解，如果沒有釣魚台衝突，簡直就不可能有這種了解。（原作者DANIEL TRETIAK是加拿大多倫多約克大學副教授，也是香港大學亞洲研究所副研究員。）

譯後：原文中幾乎全照日人用語，把釣魚台（Tiao-yü-t'ai）稱做尖閣島（Senkaku）。作者曾在附註中說明這是他個人的偏好，並沒有意思肯定釣魚台是誰的領土。然而細讀全文，不難看出作者多少有點站在日人立場說話。照史書上記載，我國明朝時代就以釣魚台稱呼那群列島了，它不是日本領土，中共也沒有資格說放棄釣魚台的話。釣魚台是中國的領土，今天除了國賊漢奸，沒有一個中國人會把自己的土地賣給日本人，沒有一個中國人會忘記日本軍閥的武士刀在中國大地上寫下的一頁血跡斑斑的歷史！

（《中華雜誌》，一九七九年七月）

【附錄】

1.日本政黨製造新釣魚台事件

《美洲華僑日報》

日本自民黨內部份親蘇親蔣政客向福田政府施加壓力，製造「釣魚台事件」，企圖破壞中日和約的締結以來，日本政界已興起了另一股力量，對抗親蘇、親蔣的自民黨議員。近日來，日本政界不滿自民黨內有人向福田施加壓力，製造事端，他們並要求日本政府盡早締結中日和約。日本政界激起了一場針鋒相對的大辯論。

《朝日新聞》十九日在第二版報導，自民黨內有人製造「釣魚台事件」的目的，與自民黨內的派系鬥爭有關，特別是與自民黨內選舉總裁有關。福田首相的「慎重派」企圖借此事件阻撓「促進派」的領袖大平正芳幹事長問鼎下屆總裁的行動。據熟悉日本政局人士透露，福田本人在自民黨內並無穩定而強大的力量支持，他被推出來當首相，是黨內的暫時妥協。

福田自知地位不穩，非倚攏保守勢力不可。而所謂「慎重派」是指反對早日締結中日和約的集團，促進派則代表希望盡早締結和約的政治力量。大平正芳是前外相，在政界有很高聲望。

據《朝日新聞》稱，公明黨書記長矢野主張日本政府把和約和領土分開，反對自民黨內部份政客硬要先解決其所謂釣魚台「主權問題」。據《每日新聞》——九日稱，在日本政界頗具影響力的公明黨矢野書記者於十八日在日本議會舉行記者招待會，當時矢野說：如果中國說今次的事件是「偶發的」，日本政府就應該把它當作偶發來處理。他繼而指出，發生今次事件，原因在日本政府態度不好，才造成這種情況。

矢野指出，福田對和約表現猶疑不決是事件的遠因。

矢野三月中前往中國訪問時，福田曾托他轉達一封信給中國的領導人。信中表示「決定以誠意早日締結中日和約」。他在記者招待會上稱，從最近一連串發生的事件看來，首相是否真心，我實在懷疑。他又強調說，這事件關係外交，要採取對外負責的措施。

《朝日新聞》十九日報導，數日前訪華返日的日本社民聯的田英夫十八日應議會外務委員會的邀請前往發言。田英夫於十五日在北京與中國副總理耿飈會晤時，曾就中日和約和最近發生的「釣魚台事件」進行了談話。據說耿飆當時曾指出發生這樣的事是偶然的，田英夫在議會外務委員基於耿飈的講話而發言說：一、必須了解中國方面並不認爲這事件是中國侵犯日本領海。二、日本過去採取「不觸及該島嶼問題和不去提」的態度，現在也不應改變過去這種態度；三、日本不應該在釣魚台島嶼上蓋屋、住人，不應做出改變過去情況的事．田英夫同時表示，中國以事實證明這個事件是偶發的。他強調說：必須記得，如果把事情鬧大，結果對誰最有利？他警告日本政府說，千萬不可以拿這件事作爲拖延締結中日和約的藉口，日本必須早日簽訂和約。

（《美洲華僑日報》，一九七八年四月二十四日）

2. 日本右派對釣魚台的帝國主義言論

許智　譯

在外交部分別就日本在釣魚台列島（即日本所謂「尖閣列島」）設置直升機場並進行探測及日中共同開發釣魚台海底石油兩事發表聲明之後，日本自稱所謂「親華」的帝國主義派刊物之一——《世界日報》——也分別發表了兩篇措詞極具侵略性的社論。茲摘譯其要點供大家參考。

盡速確立領土保全政策（六月二十三日刊出）

對於在日、中間已成問題的日本固有領土「尖閣列島」，日前，日本政府進行了調查活動。但是，一遭到中國方面抗議，立即結束撤回，此事再度使國民認識到政府對領土問題基本態度的軟弱程度，並釀成了不信任感的結果。

對於像我國這種領土狹窄、各種天然資源也等於一無所有的國家而言，不僅政府，而且所有政黨都應銘記，儘管面積狹小，但這所有群島、島及岩礁的歸屬，是死活問題，是日本國民不可分割的貴重財產。

這裡，希望政府當局確立對此等島嶼之領有權與領海權，並早日確定基本政策明示海外諸國，同時，提出二、三點意見。

第一，儘管它是一般的岩礁，但由於周圍的領海十二浬，所以可擁有的海域及海底面積將有一五五〇平方公里，何況在設定二百浬專屬捕魚區時，有四十三萬平方公里的廣大海域，將置於管轄權下。它一旦適用於日本周圍所有幾近五千個島嶼，將有想像之外的廣大水域和海底，成為日本國民固有的財產有利用的可能。

現在雖然利用價值確實很低，但到二十一世紀，這些將因新技術而有利用的可能，並成爲貴重的民族財產。換言之，它將成爲供應海浪發電、從海提取核融合物質、鈾物質、各種金屬的工廠設施的基地。以此爲中心的國際管理，將來必成問題。爲了確保也稱得上無盡藏的這些潛在天然資源，從今起必須就領土主張、實效統治加以明確化。

第二，對已確認、未確認之所有群島、島、岩礁，早日完成實地調查，並設置測點標幟。爲此，應正式決定五年計畫等，進行有計畫的作業。

第三，爲此，必須儘速通過特別預算及成立機構。視狀況，必須創設新組織以保全並監視領土。像北方領土及竹島那些已被他國占領或實效統治的情形，以日本這種愛好和平的國家已沒有對抗手段。問題發生之後，才來對症下藥所需要的費用和國民的損失都很大。因此，平日就應預先把對事前已確定的領土的基本方針，具體地宣告內外。

第四，在那些小島也必要構築廣泛的自然、科學環境探測系統，俾採取有效手段保全國民安全和生命。以上的努力決不會遭致外國的非難。因爲對日本固有領土採取這些和平手段的積極態度，正可以加強日本愛好和平的國家立場，使外國理解日本確定的基本姿勢，而防範領土紛爭於未然。毋寧是政府的消極態度及怠慢，才會造成對外國的誘惑及其誤算。尖閣列島就是明顯的例子。

現在政府與各政黨在政治、外交方面應展開的基本方針如下：

一、從已完成科學、技術調查的島嶼開始，漸次通告所有國家該等島嶼爲日本固有領土，且全黨應一致通過領有之決議或予立法化。

二、像尖閣列島那種存在著對立的情形，最急切的莫過於先行完成實效統治，並盡可能予以利用。海上保安廳和其他官廳人員，以及漁民、學者、學生等民間人士皆應整備支援體制以有利於漁撈、學術調查或渡假之頻繁利用。

三、對立國若有所抗議，應以對話展開交涉，努力使其接受日本領有之正當性。

最重要的第四，對方若有所行動，企圖以武力來解決時，我國對軍事威脅及侵略應採取絲毫不讓步和不妥協的態度，同時應採取和平攻勢，即使訴諸國際機關和國際輿論，也要斷然保全日本的固有領土。日本民族應顯示除自衛情況之外決不行使軍事手段，但對軍事威脅及侵略也決不讓步的基本態度。

我們決不允許政府以輕率的妥協喪失民族遺產的領土，而對進行此種妥協的政黨，國民斷不予支持。

過於輕率的合作開發尖閣大陸棚（七月十三日刊出）

十日的內閣會議，政府大體了解日中合作開發尖閣群島周圍大陸棚的石油，並指示與中國進行外交折衝。

就此一關係我國固有之領土權，且對確保我國將來石油資源安全有重大影響、關係生死的重大問題，我們對政府選擇如此輕率的做法，不能不強烈促請重新考慮。這是因為尖閣群島及其周圍十二浬以內，皆我國之領土、領海，此在國際法上已毫無疑問。中國之領有權主張是明顯的不當。

日本政府一貫採的正式立場，是尖閣諸島是日本固有領土，現在在我國實效統治之下，所以日中間不存在領土問題。但一九七二年日中建交時，擱開尖閣的領有權，是真正領有權者我國的重大讓步。但此點在去年締結日中和約過程中已獲改善。中共對我國抗議中國漁船侵犯領海乙事，保證「絕不再犯」，即間接承認日本的領海，因此，也意味著間接承認尖閣群島是日本的領土。

因此，日本正因判斷中共對於我國對尖閣群島實施實效統治並無任何障礙，才答應日中和約的締結。日本今後仍應在此理解上，確實強化對尖閣群島及其周圍領海，進而對其外側大陸棚的實效統治。

但此次內閣會議對日中合作開發的構想表示了解，令人殊覺遺憾。尖閣屬日本領土，其明確性，即使訴諸國際司法裁判，也必然勝訴，但偏說要和尚未正式取消對尖閣主張不當領有權的中國合作開發石油，這是我國承認中國對尖閣群島的領有權主張有若干妥當性，此種態度絕對不能贊成。

中國從黃海到東海有廣大的大陸棚，有可能蘊藏石油的地方，不知有多少，他並沒有必要連我國這一點點大陸棚也要吞下去。

尖閣群島對日本之所以貴重，是因為它在日本的主權權利下，能滿足目前石油供應來源。關於開發尖閣周圍大陸棚的石油，其所以必要與中國交涉者，並非合作開發，而是在於中國沿岸的大陸棚與尖閣群島的大陸棚相連的情況下，日中境界線究應如何劃分的問題。

但談到大陸棚境界線的確定，由於中國並未正式撤回其對尖閣群島領有權的主張，不能進行交涉，所以才選擇不談領土問題，而談合作開發特定海域的大陸棚的輕率作法。

從選擇這種輕率作法的人們的態度加以推斷，可能是由日本提供大部分資金，獲得的石油一半歸中國（由日本收買）。這樣的話，就是把原來屬於日本的東西貢給中國，對此我們完全不能支持。

我們建議，政府應堅持尖閣群島本來就是日本固有領土這一事實，若日中間大陸棚境界線不能獲得確定，至少應將靠近尖閣群島這邊的海域大陸棚，當做日本的大陸棚單獨開始開發。為了保護固有領土權和伴隨而來的經濟利益，這種毅然的態度才是必要的。我們願促政府猛省，改變關於開發尖閣群島大陸棚的輕率態度。（譯者按，日外務首腦於七月十一日晨確認，日中徹底推進合作開發釣魚島周圍海域石油資源的構想的方針，同時表示，合作開發區域將限於「尖閣的領海範圍以外」，即合作開發區域不包括釣魚台群島周圍十二浬以內的海域。）

（《中華雜誌》，一九七九年九月）

第二節　人各有志——激情之後

趙迅如

一、保釣英雄今何在？

——評張系國小說《昨日之怒》

七〇年代初期的保衛釣魚台運動過去了七、八年，不少當年參加過釣運或沾過點邊兒的人，往往低吟：「保釣英雄今何在？」當年的風流人物，讓茫茫的人海吞噬了嗎？這大概就是張系國的想法。

「這幾年來，作者心中有一個結，那就是釣魚台，而寫《紅孩兒》與《昨日之怒》是張系國用來exorcise這個心結知性活動的具體表現。」這是張系國的朋友劉紹銘說的。

林海音在《昨日之怒》的序言中也說：「霜降（最後一章的題名）之後，斯人的心情，頗見憔悴，幾次的來信，也有透露。」

「冠蓋滿京華，斯人獨憔悴。」斯人張系國，他這部小說反映出來的，並非只有他一人獨憔悴，作者隱隱然告訴讀者：真正憑著一腔熱血參加過保釣的人，如今都失落了，憔悴了。

小雪的旋律

小說分爲五章：〈小雪〉、〈驚蟄〉、〈芒種〉、〈秋分〉、〈霜降〉。如果按照季節順序，〈小雪〉

理應放在最末一章，作者並不如此，是因爲「小雪」在「霜降」之後，已經入冬了，春的驚蟄，夏之芒種，已成過去。秋分霜降之後，飛雪飄零，作者擸取這個意象以抒「昨日之怒」的唏噓。因此，小說從一開始，也許自覺地或不自覺地，引領讀者投進「釣運」不過是一場憤怒之夢的情緒。

這種釣運凋零的感覺，先有一脈伏筆。本書借以叙事的「線人」陳澤雄因處理商務和表妹王亞南的婚姻問題來到美國，在落日的時候，與舊同學金理和重逢。金理和參加過保釣，拿得了博士學位，眼前人卻是一副「英雄老去」的模樣。中國是他唯一的愛，而釣魚是他消磨時間唯一的方法。姜太公釣魚，志不在魚；金理和釣魚，志在愛國。昔日愛國的激情，化作今天精緻的消磨。陳澤雄，這個循規蹈矩的老實人，在這次交談中，才知道有釣魚台這麼一回事，也從金理和口中，知道表妹夫葛日新是個保釣英雄——比金理和還要英雄。

陳澤雄見到葛日新時的季節，正是下著小雪的天氣。

「問題在那裡呢？」陳澤雄問葛日新：「對不起，我也許不該這樣問。但我實在不太瞭解，爲什麼許多海外留學生關心台灣的，像你這樣，竟不肯回去，寧可在這裡賣……賣包子。」

葛日新很激動，在房間裡踱來踱去說：

「我的朋友裡也有不少學人型的人物，時常回台灣去當顧問或講學。國家花費那麼多錢，讓他們蜻蜓點水似的跑來跑去，真是天地良心！他們花的都是台灣納稅人的血汗錢，喫的酒席都是民脂民膏。他們這麼做，正因爲他們並不真正關心台灣，只是找機會多佔點便宜。我能夠這麼做嗎？你愛的人不爭氣，你會恨他，正因爲你太愛他。假如我完全不關心台灣，反而可以安心回去當歸國學人，大吃大喝，你明白嗎？」

葛日新從牆上撕下了一首詩給陳澤雄看，其中一段：

「遙遠美麗的土地，沉入記憶苦澀的一角
怒吼聲亦已遠去，如一張老舊沙啞的唱片
昨日之愛，昨日之怒均已忘卻」

這裡點出了主題，整部小說，即迴盪著此曲旋律。

陳澤雄跟著葛日新去找表妹王亞南。她在加州大學的留學生聚會上擔任放映幻燈片的講解員。熱烈的場面過後，陳澤雄卻聽到這樣的對話：

「亞男，我老早就告訴過你，我們的路不好走。別人辱罵我們，取笑我們，把我們當瘋子，當神經病者，給我們戴種種帽子。以前我給妳分析過這些問題，我們一定要忍耐得住寂寞，承受得住打擊，堅持下去。」

「但是你也必須面對現實。你看今天，我們花費了那麼多精神，籌備了那麼久，結果呢？來的就是那幾張熟面孔。別的人你罵他朽木也好，懦夫也好，他就是不來。日新，你必須明白，現在大家不像保釣運動的時候那樣熱心了；海外的中國人從來就不太團結，不關心政治。保釣是千載難逢的一次。現在大家又都回復到從前的老樣子，對政治漠不關心。你喊破了嗓子也沒用。這樣的客觀環境，我們稍微注意自己的生活，又有什麼錯？」

「保釣是千載難逢的一次」，像長空一樣的彗星，剎那間，隕落於茫茫寂靜的廣宇。

突破牢籠

在〈驚蟄〉一章中，陳澤雄又見到了葛日新的老同學施平。作者首先倒敘了葛、施等人在台灣唸大學時的思想情況。背景是台灣大學。這幾個同學所受的影響有兩類：

其一是實證邏輯的影響，書中的應教授便是殷教授的諧音。殷海光和《文星》雜誌在六〇年代中後期遭受到台灣當局的元老派打擊。殷海光患了胃癌，死前一刻仍遭到特務的監視。殷海光和《文星》所代表的是繼承胡適的「西化派」，當時他們嚷著要國民黨的元老「交棒子」。「西化派」，其實還是「美化派」。美國政府控制台灣有著兩手的準備。一手是官方的國民黨，一手是民間的思想集團或政治集團，製造出來的矛盾就可以收到對國民黨種種制衡之效，萬一國民黨不行，「換馬」就有了幾件。這種現象，不獨台灣如此，在全世界接受美援的國家和地區都是如此。而當年由「搶捧子」發展至「李敖事件」時，就有不少跡象顯示，李敖跟在台代表美國的某些方面是有著某些關係的。同時，也正是因爲這個矛盾，受「西化派」影響的知識份子，多少總會看到國民黨的黑暗面。一旦他們脫離了台灣的閉塞環境就會更清楚地認識台北當局，甚至進一步認識到背後的美國政府。

葛日新就是這方面的代表人物，在他尚未離開台灣之前，作者賦予了他思想轉變的條件：葛日新在南港中央研究所，爬上胡適的銅像，摟著他的肩膊拍照。葛日新的腋下常夾著殷海光翻譯、《文星》出版的海耶克那本《到奴役之路》。葛日新經常參加殷海光家庭式的討論會。在求取真理方面，葛日新是個滿溢豪情的勇士。

此外，作者又塑造了另一個典型——胡偉康。他是富家子弟，靈魂徜徉於沙特、卡繆的迷宮，腦細胞老是震盪著「存在本身就是最大的負擔」，「我每一刻都不知道下一刻怎樣活下去」，「我們都被投入了這個世界」等奇妙的音符，還會無緣無故苦惱萬分地說：「你們都不能了解我！」他想搬出富有的家門，過獨立的生活，父母說什麼也不願意。於是雙方妥協，胡偉康住到花園後園丁用的小屋裡。那裡，他擁有一套音響效果絕佳的電唱機，百多張原版古典唱片；那裡，他當起哲學研究社社長，咀嚼「一切都是荒謬」的「苦汁」。

台灣的客觀社會存在，確實使高級知識份子與現實社會的關係，築下種種有形無形的封鎖。然而，有一道大門是敞開的。那就是反映西方社會在沒落中的文明，而產生的「合理化」、學術性的詮釋，或者是消極性逃避、無可奈何的學說。胡偉唐是屬於後者。他根據沙特、卡繆的學說，去塑造一個「台灣社會」，鑲篏出一個「荒謬世界」，把青春和精力傾注在不滿「現實」的發洩，從而把一個「我」字塑造成桀傲不群，遺世獨立的樣子。他天天呼吸著空氣，卻又分秒不息地跟空氣打架。雖然是打架找錯了對象，但卻培養出跟空氣打架的慣性，一旦弄清打架的對象是在人間而不在虛無的廣宇，便具有了轉變的條件。

於是，這兩類知識份子來到了美國，看到了美國青年反越戰示威運動，受到了衝擊。所謂驚蟄，那就是冬天藏伏的動物，到了大地回春，便紛紛醒覺。三、四月份，作者爲這兩類知識份子安排了見面和聚會。葛日新對他的同學說：

「難道我們這一代的心都死了嗎？難道我們什麼都不能做，只能安心在外國流浪一輩子？我不相信！只要給我們一個機會，我們一定可以證明，我們這一代的青年並不是冷血動物。」

胡偉康也變了。但他的變化僅止於：「在台灣連碗都沒有洗過的哲學家，出來也要動手洗碗。」他覺得美國沒有多少人懂得哲學，而嬉皮士跟空氣打架的方式跟他的理論不一樣，他認爲他們很幼稚。在胡偉康沒機會弄清楚打架的對象前，作者安排他去了歐洲，因此著墨不多。

不過，作者卻爲葛日新，施平等人提供了機會。

昨日之怒

芒種是節氣的名稱，相當於陽曆六月六日或七日，是下雨的季節。

葛日新爲著妻子王亞南，跟她前夫洪顯祖的訴訟走進了法院。法院外雷雨交加，葛日新便在這種氣氛中想起轟轟烈烈的華盛頓大示威。

「人們一堆堆聚攏來，認識的人眉開眼笑的互相招呼，不認識的人也一下就成了朋友。大家的心情似乎都特別好，祇要是黃面孔的同胞，他不管認不認得，都感到非常親切，不認得就對他微笑。」

「釣魚台，我們的！釣魚台，我們的！」

「隆隆的雷聲，似乎在重覆著記憶裡的吶喊。窗外的雨，下得更猛，雷聲夾著雨聲，使葛日新聽不清楚王亞南和法官的對話。……」

葛日新在隆隆雷聲中，浸沉於「昨日之怒」。然而，今天呢？

「再有一次群眾運動的話……。」

芒種之後，是等待著顆顆抽芽結子。

可是，作者沒有給予讀者這種希望，而是淡淡的哀愁，逐漸的幻滅。

芒種之後，便是秋分。在楓林葉落時，陳澤祖隨著自稱是釣運的「中間派」林欣，來到當年安娜堡開國是大會的地方。林說：

「開始時我們邀請的各討論小組主持人，各派人物都有。五月間各地舉辦五四運動紀念會時，大家所談的都是如何塑造一個新五四運動。我們籌辦國是大會，本來想繼續深入討論這些問題。但尼克森宣佈訪問大陸後，情勢急轉直下，許多人一下子向左轉，原先並沒有參加運動的人物，突然紛紛冒了出來。這時就有人對國是大會的方向提出意見。討論小組主持人比較偏向右派的，都被換了下來。開會前我發覺情形不妙，拚命阻止他們把群眾運動硬向左拉，結果被批判成搞分離主義。到開會時，左派控制會場的行動太明顯了。祇要和他們意見不合的，都沒有發言的機會。有人氣不過，硬要站出來發言，就被會場的糾察制止。會議開到第二天早上，右派想要搶麥格風發言，沒有成功，一怒之下集體退出會場。右派一旦退出，剩下的中間派就成爲被打擊的對象。……會場形成一面倒的趨勢。」

這裡，作者暗示釣運所以消散的原因，是左派的責任。參加過釣運的「中間派」林欣這樣看，沾過邊的大學教授也如此認爲。〈秋分〉一章主要是寫已入中年的教授吳寒山。從小說的完整性來看，篇幅未免太多，但如果考慮到作者對於「昨日之怒」作爲主題的經營，卻又不覺多餘。圍繞在吳寒山身邊的人物，也沾過釣運的邊，簽過名，捐助錢，結果是，他們認爲：

「保衛釣魚台運動本身不了了之，只便宜了一批左派，拿保衛釣魚台運動當做進身階，一個個到北京朝聖去。我想起來就生氣！我是再也不會上當了。」「至於尼克森訪問大陸後，紛紛跟著左轉的一批所謂海外學人，他們才是真正的投機份子。……他們從前回台灣是歸國學人，被人捧到天上。現在回大陸又是學人，也被人捧到天上。這些人是永遠不會吃虧的。……」

這樣，「秋分」告訴讀者的是：釣運本來是愛國的，由於左派鬧派性，便分裂得七零八落；不少投機的海外學人都趁機撈了油水。

楓林本來是如火似的怒放，到了秋天，「只有車輪輾過時，地面上褐色的積葉才再度飄舞到空中，又緩緩的落下。安娜堡的確已是深秋了。」

對於吳寒山等人，所謂釣運的「凋零」，感受還沒有那麼深。他們還是依舊生活，或者把更多心思放在做生意、置產設籍上面。像吳寒山，七年之癢耐不住，追追女學生，調劑調劑生活。釣運爲他們漫一漫心湖，轉瞬又平靜了。

楓林葉落秋霜降。霜降在葛日新、施平、王亞南等直接參加過保釣的人的心上。最末一章，這一個最有理想的英雄卻跟現實「妥協」了，這才是最令人可悲的。

葛日新雖然想去找事做，卻突然在美國撞車死了。新寡的王亞南、在華埠搞過報紙的施平都要回到台灣定居了。

故事完了，會賺得不少人的唏噓。

今日之惑

故事在霜降之後結束。林海音和劉紹銘寫於書首的序言，也是集中在〈霜降〉所引起的唏噓——釣運雖然熱情可嘉，但卻被人利用了。劉紹銘更進一步暗示釣運搞得有點多餘：「遊行與示威自然是『群眾』愛國情緒的表現與發洩，但若無國家以更實際的行動支持，美國政府和日本政府絕不會因這幾千個手無寸鐵的中國人的吵吵鬧鬧而改變初衷，把釣魚台歸還中國。」

這裡有個問題，劉紹銘所指的「國家」，是抽象的國家，還是具體的國家？如果是具體的國家，是以台灣當局還是以北京政府爲代表？如果是以台灣當局爲代表，而釣運又是在此影響下而產生，劉紹銘會不會說後來的釣運是受了「左派」利用？

有一個共同認可的基礎：釣運是自發性的愛國運動，左轉或右轉是後來的事。後來的轉變，牽涉到認識和派性的問題。最初的認識是無分彼此——釣魚台是中國的領土。而釣魚台是在台北當局的轄區範圍，人們的眼睛當然就集中於看台北當局的態度，結果是令人失望的，例如民間的「國旗」插到釣魚台上，給日本人撕下來，居然不了了之。眼看在國民黨的手上，釣魚台是完蛋的了，如此，人們的視線，自然會轉了方向。

就在釣運前一、兩年，中蘇邊界發生了珍寶島事件。那是一次兵戎相見的事件，對手是比日本強大得多的蘇聯，然而，珍寶島是保住了。再追溯過去中共抵抗侵略的歷史——韓戰（麥克阿瑟要在中國丟原子彈，要打過鴨綠江）、中印邊境糾紛，中共都有著不令人失望的紀錄。再讀讀現代史，國民黨所代表的政權，每一次都是與愛國運動的示威請願相對抗的，每一次都將愛國行爲污蔑成被野心份子利用。抗戰前南京的珍珠橋畔，就有不少愛國青年要求抗日，而死於國民黨軍隊的機槍子彈。這樣的情況，人們把保土衛國的希望寄託於那一方面，答案不是很明顯的嗎？能不能說，中共的民族立場利用了保釣青年？

劉紹銘說：「北京在未與日本搭上時，來勢洶洶，一旦與日本談上條件，釣魚台忽然變成一塊無足輕重的『小地方』。」劉紹銘忘記了他所認同的台灣當局，而怪責起中共丟了釣魚台。但究竟釣魚台有沒有丟了？

中共與日本談條件，不用日本賠償，理由是那些賠償最後還是轉嫁於日本人民身上；大而擴之，更爲了反霸。這跟國民黨在戰後的「以德報怨」有根本上的區別，國民黨甚至保護了戰犯東條英機，招待岡村寧次到台灣，準備訓練國軍反攻大陸。這是在抗日時期「曲線救國」的公開延續。一邊是爲了反對當前世界最危險的霸權國而免掉賠償，一邊是爲了內戰而對侵略者「以德報怨」，本質上是否相同呢？如果從國民黨「以德報怨」的角度去理解中共的「免掉賠償」，那當然會像劉紹銘所說，「都會……弄得莫名其妙」的。

究竟釣魚台有沒有丟了？中共有沒有因反霸而丟了釣魚台？一九七一年十二月，中共的聲明證明中國政府沒有因反霸而丟了釣魚台。釣魚台至今還是一個「爭議區」。但如果沒有中共一九七一年十二月的聲明，釣魚台今天誰屬呢？釣魚台本來在台灣當局轄區範圍，如果因爲中共當局「越俎代庖」發表了聲明而保住了釣魚台，因而產生了怨氣，真地站在民族主義立場來看，那又何必呢？

事實上，從保釣運動到現在，人們已習慣地把保土衛國的希望寄託在中共身上。最近，日本右派挑起「新釣魚台事件」，人們只會根據外電報導關於中共「偶然事件」這句話，怪責中共態度軟弱，對國民黨則不撰一辭，這顯示了要台灣當局擔負起保衛釣魚台的責任，早已不入於人們考慮之列。但即使外電如此報導，釣魚台還是「爭議區」，釣魚台並沒有丟掉，要說是「保釣份子」，因此頓失所「據」，未免牽強，也使明白來龍去脈的人，「唏嘘」不起來的。

早在一九七二年二月尼克森訪華以前，保釣份子當中，曾因爲認識不同而孕育出不同的派系。認識到上述來龍去脈的，都會有不同程度的左轉，認識不到的，也會不同程度的「忠於」已有的政治立場。這樣，派性便會越演越烈，尼克森訪問大陸是爲促成左派大量湧現和派性日益激烈創造了條件。

如此，釣運轉化成「統運」，也是必然的趨勢。最初，是愛一個民族主義的中國，後來發展實行社會主義的中國才能使中華民族有前途，才產生認同社會主義中國的運動，才有「統一祖國」的運動。

張系國借自稱「中間派」的林欣說，國是大會突然湧出了大量的所謂左派，是有著這樣的背景的。由於認識不同而產生派性，特別在高級知識份子當中，表現出來的相互排斥更見鮮明。因排斥而產生出來的不合理現象，又會加深了派性的發展。《昨日之怨》是反映到這些不合理現象的，但是不公平的。假如忽視了在美國的國民黨，從一開始便僱有流氓打手搗亂、恐嚇、職業學生的特務行徑，而把釣運的分裂和不合理的派性現象和行爲，簡單地歸諸於一句：「給左派份子利用！」這就使人感覺到「中間派」對釣運的看法，是繼承了國民黨一貫「污蔑學運」、「敵視愛國運動」的傳統，所謂「中間派」，至此已站到「右派」的立場去了。

明日之光

可以看出來，張系國是力圖客觀地寫《昨日之怒》的。

小說是運用全知觀點，對情節的交代，利用場面與時序前後的推移交錯。對於人物的刻劃，除了直接敘事的方式外，更多地借用其他角色的觀點去描述烘托。很多人物，如：老實不沾政治的陳澤維、市儈現實的洪顯祖、追求理想不顧成規的王亞南、自虐自憐的胡偉康、轉變後而復歸現實的施平和沾過釣運邊的吳寒山等人，這些人物的刻劃，基本上是如實而且成功的。

然而，張系國選錯了主角，以「中間派」的理解去寫「左派」的葛日新，便遠沒有他對其他角色的掌握。劉紹銘說他「大概不忍想像到葛日新在找『正當的職業』後會變成得怎麼樣子，因此在我們出其不意時把他打發了。這實在是避重就輕和逃避現實的手法。」這大致是對的，因爲在劉紹銘的主觀願望裡，也許他很希望看到一個典型的「保釣英雄」，如何在往後的「妥協」日子裡，從說話及行動把釣運付諸幾聲唏噓。就像劉紹銘十分欣賞金理和以中國和釣魚作爲愛好那一段文字，假如金理和這些說話和行動，出於更有代表性的葛日新，「昨日之怒」化作雲煙之感就更有效果，就更能符合所謂「中間派」對釣運的評價。

然而，張系國沒有這樣做，他還是對葛日新著墨最多。對於這個典型人物，關於他參加保釣後的活動，張系國運用直接敘事的觀點較少，而很多時候是假借其他角色的眼睛和看法，運用多種角色去烘托出這個人物。多種角度的手法，這是作者力圖客觀的所在。張系國不肯放棄這個典型人物，但是又不忍心看他「妥協」，這證明他比寫序言的劉紹銘，對於釣運有更多的參與感，有較少的「偏激」態度。

可是，「統運」之後的葛日新，確非「中間派」的張系國所能瞭解的。所以，他只能簡單化地想像葛日新要走的兩條路：一條是妥協，一條是死亡。前者，由於出諸對釣運的感情，他避開了，而給葛日新選擇了後者。

問題就這麼簡單嗎？——不是「妥協」，就是死亡——葛日新只有這兩條路可走？找份「正當的職業」就叫做「妥協」？沒有轟轟烈烈的大場面，就叫做「保釣已死」？事實上葛日新這類典型也有不同的類型。回歸大陸的道路，礙於所謂「中間派」的政治立場，張系國可能排拒。但是，在《昨日之怒》中，張系國卻不自覺地透露了一條線索：

「他太遲才發現國內出現了許多新的雜誌，不少年輕人默默在耕耘著，許多新的東西慢慢在成形。一股本土文化的力量漸漸在成長，這裡，那裡，到處都冒出幾棵幼苗。……他開始明白，保釣運動時種下的幼芽在海外雖已枯萎，在國內卻艱辛的慢慢茁長。這麼說來，一切並未絕望。也許他灰心失望得太早了些？」

這是小說裡葛日新的好友施平說的，這些默默的耕耘者，有沒有「撞車未死」而又找到一份「正當職業」的葛日新的化身呢？看來，張系國還可以寫一部「後保釣英雄傳」的小說的。

去年六月，張系國回到台灣，那個不久便遇溺而死的李雙澤帶他參觀了紅毛城。

「你爲什麼又回到淡水呢？」張系國問。

「這是我的家鄉。」李雙澤答道。

張系國後來指出：「我已經知道他是福建人，他的回答卻不自然的做作，我當時就想：這些年輕人不得了。我們只能在心裡，至多在嘴裡說說的，他們竟然都做到了。」

台灣青年人在保釣後的變化是很大的，這之後有《大學雜誌》的社會調查和「上山下海運動」，有民族主義座談會，有直至最近的文學、音樂、美術等領域回歸鄉土和現實的越滾越大的潮流。這又怎能喊出「保釣英雄今何在」呢！

李雙澤遇溺之後，張系國在中國時報寫過一篇〈英雄有淚不輕彈〉的文章，也給一份新雜誌去信作鼓勵，這證明張系國雖然「憔悴」，但其心未死。李雙澤也許爲張系國唱過〈紅毛城〉，調子很沉雄哩。張系國或者換一換午夜夢迴時「昨日之怒，昨日之愛，均已忘卻」的旋律，唱一唱李雙澤所作的〈少年中國〉吧。

我們隔著迢遙的山河
去看望祖國的土地
你用你的足跡
我用我遊子的哀歌
你對我說
古老的中國是沒有哀歌
哀歌是給沒有家的人
少年的中國也沒有哀歌
哀歌是給不回家的人

（《盤古》，一九七八年六月）

二、誰來評說保釣運動

裴施麗

看完了張系國的《昨日之怒》，感到很委屈，但願有張系國的生花妙筆，也寫寫一個身歷其境者的感受和看法。既然沒有，只能直書了。

《昨日之怒》一書中反映了幾個人的看法。其中劉紹銘的「釣魚遺恨」提出他的看法，張系國藉著小說中的人物也提出了他的看法。

劉紹銘用「遺恨」兩字做文章的題目，顯然不是《昨日之怒》中的「怒」字的另一種說法。張系國的小說寫來很有感慨，然而並沒有恨的成分。劉又認爲保釣運動後來變了質，這是一種人的看法，他這樣看是可以諒解的，然而他形容保釣運動爲「吵吵鬧鬧」的，又說「『群眾』能夠做的，大不了也不外遊行、示威捐欵，如此而已」。顯然劉紹銘全面否定的是群眾的愛國運動，不單指「保釣」了。

張系國畢竟是關心國是的人，他辦過《大學雜誌》、《野草》，也親歷過「保釣」初期的發展，他筆下的人物寫得很親切。例如對書中的葛日新，作者沒有說過半句污蔑他人格的說話，反而表現了完全的信任、對知己的了解和欣賞的態度。

書中第一一一頁這樣寫道：

「他（施平）曉得葛日新的脾氣。葛日新情緒好的時候，妙語如珠不說，而且最愛耍寶。他長相又有點滑稽，暴著兩顆大門牙，耍起寶來，誰都會被他逗笑。但是碰到葛日新心情欠佳的時候，他就一個勁兒和人抬槓，有時候還老實不客氣教訓對方，也不管對方是女孩子還是男孩子，常常弄得別人下不了台，結果不歡而散。這種可愛的年青朋友，箇中人都會會心微笑，暗自叫說：『當年的老友記×××不正是這樣的嗎？』」

跟著，作者又從主觀的角度介紹葛日新：「……葛日新外型差多了。也許這就是為什麼他總選擇扮演丑角的原因。但是施平（作者借他的名字）知道葛日新即使在胡鬧的時候，心裡面仍然清清楚楚，並不糊塗。」

由於張系國一向是台灣島內關心國是的青年之一，他寫的一些人物才顯得有血有肉、有熱血、有理想，也有困擾和糾葛，在林海音和劉紹銘的筆下，書中的事與人受到的是無情鞭撻。把他們的文章放在書首是誤導的，歪曲了整個小說的形象。如果張系國認爲自己不夠資格寫保釣，毋寧說，劉紹銘和林海音都未讀懂這個小說，也沒有資格評價這個小說。

張系國寫《昨日之怒》的後記時叫人「不要把《昨日之怒》當成文學作品看。……《昨日之怒》只能算是個人對中國青年運動的一個詮譯。」作爲一個普通的文藝讀者，我看到的不是劉紹銘所稱譽的謙虛，張系國當然也不是爲了謙虛客氣而這樣寫的，事實上詮釋一個這樣大規模的運動就不是謙虛了。我看張系國是坦率地告訴讀者：這是我對保釣的評價。他又這樣告訴我們讀者說：「我也預期，《昨日之怒》會被嚴厲的批判，或將被視為大毒草。」雖然如此，他仍堅持要寫出來，因此我覺得以一個很投入的讀者身份，與張系國談談一些小說技巧以外的問題很有必要。

我讀完全篇小說，感到張系國自始至終都只是沾沾「保釣」的邊兒，並未全面地寫出保釣的精神和主要的事件、主流和各種綜錯複雜的思潮發展過程。

猶記「保釣」之前，在美國的中國留學生組織是很散漫的、活動是很單調的，不外是舞會、以古裝舞蹈充場面的「中國文化之夜」。中國尚未統一，隔著台灣海峽仍有兩個政府的事實並沒有多少中國留學生操心過，畢業後的出路大多數是長期居留。反越戰運動中美國青年的反省給中國留學生很大的教育，在中國留學生中，主要分爲香港和台灣來的，台灣省來的中國人大部分都在讀研究院了。毫無疑問，香港同學比台灣同學少了很多顧慮，在保釣之前這種現象還不明顯，大家在一起毫無芥蒂，親如手足。保釣運動開始，香港同學受了很大的教育和鼓舞，而台灣同學面對的是很大的挑戰。不錯，保釣開始純粹是一個愛國運動，但是這個運動一定要有所取向。一九七一年一月二十九日的示威遊行首先去的是台灣的國民政府領事館；四月十日的示威遊行仍然如此，說明這個運動原來不是反國民黨政府的運動，可是我們親眼看到的是什麼呢？在學生們（包括很多拿台灣護照的同學們）準備示威時，有些台省籍的同學竟被誣蔑爲「毛蟲共匪」，國民黨又派人伺機毆打參加示威的同學；示威之時，更派人去搗亂，搶咪高峯和用咪打人，這些現象多麼使人氣憤不解啊！國民黨政府其實是杯弓蛇影，示威不表示反對，只要領事站出來告訴學生說：政府一定堅持保土原則。只要他這樣說就成了。學生們並未要求立刻派兵，大家關心的是當局的決心和態度。釣魚台是台灣省的一部分，自然向台灣的國民政府提出保土要求。當時很多台省同學，平日不理國事的香港同學面對這種不可忍受的待遇，再回過頭探討政權的本質問題。群眾並不如劉紹銘所說的那麼無知、無能。當權者不反躬自問，而把人心背向的事實完全諉諸中共的控制和統戰，不是把敵人估計得很高嗎？國民黨的骯髒手法，接二連三的用出來，大家有目共睹，我可以諒解張系國不能寫出來，但是，我相信張系國腦子裡的資料應該有這個紀錄。

其次我想提出的是保釣運動中發展出來的中國學生之間的關係，在書中第三章，張系國借葛日新的回憶一再讚美保釣運動。宋子佳在示威遊行前一晚告訴葛日新說他要回台灣好好幹一番，不能參加遊行了，結果仍然怱怱趕去，他跑去握著葛日新的手。葛日新感覺到手心滾燙。當日我們握過多少充滿愛國情懷的手啊！對於那些在陰影下的台灣同學，我們年輕的一代首次關心他們的處境，建立了恆久的情誼，張系國在第四十九頁這樣寫道：

「……。葛日新也改變話題，問起台灣的情形，他一一答覆。葛日新很注意的聽著，眼神裡透露出渴望的神情。他想起金理和聽他談台灣現狀，也有著同樣的眼神。」

張系國寫出了台灣同學想念家鄉之情，這種感情不但在台灣同學心中滋長著，也在香港來的中國同學心中滋長著。不論任何政治傾向都好，保釣的確使香港來的同學更關懷海峽兩邊的祖國同胞和大地，這種感情將會開花結子，爲中國的遠景提供了保證。然而，限於環境，限於小說的結構，也可能張系國未接觸到這種後來衍生的事物，這個重要的發展並沒有寫出來。

關於參與保釣的中國青年的出路，我認爲張系國的看法流於淺薄地悲觀。在第三章（第一七一頁）他借葛日新的感受道出了保釣的「結局」：

「但是保衛釣魚台運動的浪潮終於退去，原來積極熱心的同學一個個畢業，有的回到台灣，有的去了香港，有的在美國找到事情。發展個人的事情，逐漸又成為每個人最重要的目標。」

不錯，保釣之後，有人在美國參加各式各樣的運動，例如中國統一運動、社區工作等等。有人做事，有人回台，回港，或者回大陸。這並不表示運動的失敗。運動不能永遠用群眾示威高潮的形式存在。轉移地點、改變工作崗位只是一個延續方式，不能輕率地做出這是把個人事業看做主要目標的結論。

以上所提各點，只是就張系國的看法作一些補充。關鍵的問題是張系國把保釣發展到「左傾」，視爲「兄弟鬩牆，中國向來愛搞派系」。這種說法與林海音所說的「變質」之說一樣值得商榷。

《昨日之怒》避而不談國民黨在保釣運動期間的所作所爲，如果國民黨有關人士不是那麼窩囊，左傾人士就不會有那種聲勢，也不會發展爲「左傾」，參加過保釣的人都會看到，所謂左派不是共產黨所說的統戰結果，也不是書中某教授所說的利用它作爲去北京的進身階梯。我們中國人爲了國家的前途爭辯了那麼多年，贊成共黨政權的不在少數，國民黨的劣蹟有目共睹。不論左傾人士觀察是否正確，不能一下子否定他們的動機，爲自己開脫。這怎能向良心交代？

保衛釣魚台運動，是一種民族主義的運動。它與五四運動頗爲相似。國民黨政府所扮演的角色與當日與日寇勾結的軍閥政權並無分別，因此造就了中共政權的聲譽。五四運動發展到抗日總算把「外抗強權、內除國賊」的口號具體化起來，今日的釣魚台主權問題，有別於當日的山東主權問題，解決方法也有區別。而中國的分裂，立刻成爲更核心的問題，我們都懷念和珍惜保釣運動的高尙情操，然而，國家前途的問題畢竟是一個現實的政治問題，不論在任何國度，人們都會爲不同的政治觀點組織黨派，引起劇烈的爭辯、內戰或者鎮壓。搞派系是意氣之爭；左右之間是原則之爭，怎麼誣爲搞派系呢？我與張系國政見或有很大區別，但是我們應該站在民族同胞的立場上開展討論，互相交流，我們的分歧不能一下子解除，但是我們愛國之心是一致的。

保釣運動是數十年來中國人才外流潮的一個新建堤壩。在海外的中國青年知識份子找出路那麼多年了，就是這樣一個運動，使大家認清方向，找到崗位，用各種形式爲祖國人民服務。他們用專業知識、用信念和愛國心，在大陸、在台灣、在香港、在美國、在世界各個角落，直接地或間接地努力工作著。保釣是我們這一代的「五四」，這個火把會帶引我們勇敢地接受各種挑戰。國民黨的污蔑，某些人士的輕視都遮不住這個運動的光芒。

至於書中對保釣份子的困惑的描寫，犯錯誤的指責都是有的，但是相對於他們的一腔熱血，對於他們的錯誤我們又怎忍心苛責呢？

顯然，張系國的《昨日之怒》寫得很認真，不過，它是反映了保釣運動的一部分，希望他或者其他參加過保釣運動的文藝工作者，從另一個方面把保釣運動用文學的形式寫出來，使我們和後來的人看到這個運動的真面目。

（《盤古》，一九七八年七月）

三、從另一角度看《昨日之怒》

梁煥霞

發生在七〇年代初期的保衛釣魚台運動，是我國現代史中重要的一章。在這運動中，有不少感人的故事，更有很多可歌可泣的場面，確實是寫小說的好材料。因此，聽到朋友說張系國寫了本以美洲的保釣運動爲中心的小說，便急不及待的到書店買了本《昨日之怒》。

小說以採訪的格調介紹了幾位和釣運有關的人物。但都是經描淡寫的追憶，沒有深入的叙述釣運的發展。也許作者爲了這本書在台灣出版，不方便把促進釣運轉化的國民黨惡行寫進書中。同樣，同學們在這運動中認識中國近代史，了解過去二十多年在大陸上發生的巨大變化，進而向中共認同的經歷，也是不可能在書中出現的。因此，希望能從書中了解釣運的發展，無異於希望在台北買到《毛選》，注定是要失望的。

換一個角度來看這本小說，收獲會更大。

在小說的最後一章〈霜降〉，作者提出了一個人生命題——「不，沒有自己的道路。只有妥協」。這實在是一個非常可悲的人生觀。然而，這卻是這本小說的主流，也就是作者「怒」之所在。書中的例子，上一期《盤古》的趙迅如的一篇評論已有很詳細的介紹，這裡不再重覆。

「怒」的根源

往日，自台灣及香港到北美洲留學的華人，大部份都沒有「妥協」的「怒」。他們踏上飛機的時候，便已想到在新大陸當個科學家、學人或創一番事業，以光耀門楣。「留學」變成「學留」的風氣一直沒有人懷疑過。做成這現象當然是港、台二地教育的「成功」，與及美國富而港、台貧的結果。在沒有爲國爲民的愛國思想指引下，在自私自利的思潮中，同學們爲何不在美國的大公司、工廠、大學等等機構過其休哉悠哉的安逸生活？

但是，保衛釣魚台運動把一部份的留學生從這夢中叫醒。他們開始明白留在美國當二等公民並不是應該的；國家貧窮，無非是帝國主義侵略的結果，他們覺得有責任要建設祖國，使之變得富強。更重要的，他們接觸了馬克思主義，開始明白資本主義的剝削制度及侵略他國的性質，因此，他們懂得要反抗這種制度。

然而，反抗並不是件簡單的事情。在美、加二地變成「左派」的同學根本不能回台灣，那兒的特務只會放他們到火燒島的牢獄。而早些年，國內的政策是不大歡迎留學生回國服務的。因此，他們只好留在美國。但是，肚子是不能空著的，專業也不能荒廢的。於是，只好「賣身」到美國的各大機構。這就是張系國所說的「妥協」。不能走自己要走的路，於是只好發「怒」。

真的是妥協？

在美、加二地，我認識不少在釣運中向左轉的朋友，他們在畢業後也紛紛到各機構做事；也認識不少同樣的朋友回到香港各公司、工廠任職。也許，有些人真的是和現實妥協了。但是，我深信「妥協」這兩個字是用不到他們大部份人的頭上的。也不能在我頭上放這頂帽子。

不錯，爲了生活，爲了鍛鍊技能，我們在各行各業受人剝削或剝削別人，因爲這是資本主義社會的規律。只有改變這規律，我們才能擺脫對「妥協」的「怒」。而死人是不能改變這規律，做個不吃人間烟火的逸士也是不能。

魯迅先生沒有錯，字裡縫中的是「吃人」這二個字，並不是「妥協」。

（《盤古》，一九七八年七月）

四、你的「保釣」，我們的「保釣」

——七〇年代的運動，八〇年代的辯論

水秉和

釣魚台運動的對錯或「功罪」，今天依然有人談論。不幸的是，談的人不再爲談釣運而談，而是用來作論證，或「反面教材」，是一種「以古爲鑒」的意思。這麼一來，釣運就飽受委曲了。

最近，一位當年美東的保釣健將，普林斯頓大學的項武忠教授，在台灣的《中國時報》上寫了一篇討論釣運的文字，目的不在於討論釣運，而是要以他本人參加釣運的經驗，來勸告民進黨人士，請他們在搞政治運動時，三思而後行，不要過於激烈，不要失去理性，也不要扭曲邏輯。他也借機勸告民進黨人，台灣的問題很多，如社會問題，教育問題和環保問題等，所以不必去提那個不著邊際的「台獨」問題。這麼一來，這位名教授就把他十幾年前客串演出的海外政治運動，與目前台灣職業政客專業推出的政治活動之間，劃上了等號。既然此運動等於彼運動，那麼他的經驗，一定也相當於民進黨人應當會得到的經驗；因此，由於他認爲自己搞運動搞錯了，所以民進黨諸公也應當適可而止了。

對這位直性子的教授，我的記憶深刻。十多年前安娜堡舉辦的「國是大會」的場外，他與其他幾位釣運的大將圍著沈君山，日以繼夜地在那裡激辯。在他們周圍，聽得津津有味的，總有那麼十幾二十多人，以至於每次總要幾請之後才能把這批人從「小會」請進會場之內的「大會」中。在圍攻沈君山的人中，嗓門最大而態度最武斷的，恐怕首先就要推這位教授了。的確，他總是予人一種「真理反正在我這一邊，你

不必嚕囌！」的印象，不管他是支持釣運，反對釣運，還是替華人子女在美的入學問題大聲疾呼。但是，對他，大家沒有什麼脾氣，因爲他的確是個性情中人。

只是，對他這番「寄語青年朋友」的經驗談，台灣的那些並不年輕的「青年」和未必引他爲友的「朋友」恐怕很難欣賞。項教授從事釣運浪費了一、兩年的寶貴光陰之後，又回到了那長春藤爬滿了紅磚牆的象牙塔內，潛心學術，所以他可以反悔當年的魯莽。這是總結過去的。可是，如果一個人是以政治爲專業，那麼，參與或領導一些政治活動，就不能算是浪費時間了，即使語論稍微激烈，也說不上是「理性」被「蒙蔽」，因爲言論偏激正是打知名度的手段，而群眾的響應，更證明了手段的恰當；如此，他的政治事業才能蓬勃發展。試問，他豈會後悔？再說，他爲什麼要後悔？

依我看來，項教授的經驗只能對他自己證明，他參加釣運是錯的，理由是他認爲他錯了。這既不足以說明釣運是錯的，更不能用來說明民進黨或其中某些成員搞的群眾運動是錯的。只要台灣的法律和台灣的群眾能容忍，民進黨人士或工黨人士或國民黨人士都完全可以從事他們願意從事的政治活動，這一切已輪不到美籍華裔學人來干涉或操心了。

美國的社會學家從民意調查中一再發現，人的政治傾向一般會隨著年齡的遞增而漸趨保守。這個趨勢，當然，並不難了解。哥倫比亞大學的幾位教授認爲，由於人的經濟狀況和社會地位都會隨著年齡的增加而有所改進，再加上有了成家以後產生的許多考慮，所以會比較安於現狀。不過，就美國人而言，在自己越來越保守的時候，他們並不願意把這種保守的觀點強加於子女。他們勸勉子女時通常是囑咐子女以自己的良知爲引導。這樣，對整個社會而言，青年的理想主義和熱情與老年人的保守和現實，才會構成某種平衡，使一個民主社會能夠既穩定又能夠有所改進。舉例而言，如果沒有六〇年代的民權運動，我們很難想像美國黑人能像今天這樣，不但有了平等的選擇權，並且有了一位可以在本年總統大選中舉足輕重的候選人。當年參加民權運動的白人學生，有些荒廢了學業，有些成了嬉皮，還有少數慘遭南方的種族主義者謀殺，對他們個人，以及他們的父母而言，參加群眾運動的代價，是相當可觀的。但是，這些受良知引導的青年，緩和了美國社會中的種族衝突。

中國人一般而言都不是這樣的。年輕的時候他們已經相當現實，五十歲以後就更不必談了。中國人似乎很難產生一種自覺，即年輕時激進一點（如果幸而如此的話），未必是錯的，而年歲大了以後的老成持重，也未必是對的。其實，這很可能根本不是孰對孰錯的問題，這多半是價值觀起了變化的關係。

我必須承認，比起十多年前，我也保守多了。但是我很不喜歡看到中國知識份子（即使已成為美國公民）輕易否定自我的習慣。「覺今是而昨非」可能頗有詩意，但是一名高級知識份子，在二十多年的苦讀之後，輕易地在任何祭台前面下跪，說自己理性被蒙蔽，或感情一時衝動，因此做了錯事，而表示懺悔。這總令人覺得相當缺乏尊嚴，也缺乏「擇善固執之」的操守（即使此「善」是一時之善）。同時，從這種輕易自我否定的習慣裡，我們也看到了中國文化的單一道德的影子。現在，我們必須具備相當程度的相對主義涵養，承認在不同處境的人，有權利選擇他們各自的「善」，且有權「固執之」；不同年齡的人，也可以有不同的「善」，且有權「固執之」。甚至於，一個人年紀大了一點之後，也不需要否定他年輕時候的理想或信念。

在一個社會裡，不同背景的人，對同樣一件事情會持著不同的看法，而每種看法都可以同時是對的。這是普通常識，如農人喜雨而旅人惡雨，就是最簡單的例子。我就很難想像，當年的一位投身於運動的名教授，跟當前投身於「台獨」（假設如此）的台灣政客之間，有多少共同的認識和共享的價值觀。他們對台灣的歷史，顯然有不同的認識；對國民黨在台灣的建設和成就，顯然有不同的評價；而對台灣的前途可能更有不同的期望。既然如此，這位教授怎麼能夠以為他可以靠否定自己和否定自己所參加過的運動，來說服跟他在認知上和價值取向上都不相同的政客呢？他怎麼能夠以自己的悔改，去禁止別人做他們矢志要做的事呢？當然不能。既然不能，他何苦要作賤自己，並聯帶地貶低一個政治運動的價值呢？

在評價人事的時候，我們或許應當採取一個原則，即設身處地的同情了解。當我們用今天的後見之明去回顧過去時，絕不能要求從前那些沒有這種後見之明的人，去做我們今天認為他們在那時應當做的事；也不能因為他們做了我們今天認為不該做的事，而加以責難。民國初年的兩位影響至巨的偉人，梁任公和孫中山先生，前者對革命失望，而轉投入保守黨的陣營；後者看到蘇聯「十月革命」成功，為第一個抗拒帝國主義而取得勝利的國家，乃採取聯俄容共的政策。他們兩位為中國前途著想，認為他們做的是對的，可是從中華民國的角度來看，他們卻是錯的。難道我們能因此而責難他們嗎？當然不能。可是我們卻完全可以客觀地分析他們的行動結果和得失。

對梁任公和孫中山先生是如此，對我們自己或其他人也應如此。如果一個人在他所處的歷史狀況下，努力做了他認為對的事，而這麼做的時候，他既沒有要傷害別人的惡意，也沒有直接造成傷害他人的惡果，則不論這件事在後來看起來是對還是錯，他既不需接受別人的責怪，也不必自責。

以政治運動而論，釣運可以說是一個極端無害的運動。在它的海外部分，有少數運動人士挨了打，也有極少數反運動份子嚐到了反擊的滋味，但是嚴重受傷的則無。到了今天，十多年前在海外反釣運的忠黨人士，在台灣已官運亨通，而當年參加運動反對國府的，也可以自由自在地回國講學或做生意，不必寫悔過書。另一方面，釣運對台灣島內的民主化，發生相當深遠的影響，對海外留學生公開討論國家大事，不再受任何一方的政治框架的箝制，也產生了巨大無比的影響。用現在的後見之明來看，釣運的錯誤在於對大陸文革時的實情缺乏了解；可是，我敢說，即使沒有參加釣運的人，在那時也未必了解大陸的實況。釣運的另一個缺點是，它的成員普通缺乏民主的政治素養，而這也相當準確地反映了那一代中國人的現實。如果能夠放在天平上稱的話，功罪兩兩相抵，我相信，釣運的發生是一件好事，不是民國史中的一件大事。但在台灣民主化的里程碑上，留了一道痕跡，而如果有所謂《留學生史》的話，則無疑是其中一件重要事蹟。

（《當代》，一九八八年八月）

五、海外華人的保釣夢——激情燃燒的歲月

《南方周末》

【原編者按】八月九日，來自台灣、香港、美國和北京的三十餘位三十五年前參與保衛釣魚台島運動的老「保釣」，包括林孝信、劉虛心、林盛中、張信剛等人，他們將齊聚西藏拉薩，對兩岸關及中國統一的問題進行討論。他們又勾起人們對那段不同尋常歲月的回憶。

陳省身、楊振寧、丘成桐、何炳棣、田長霖、吳家瑋、林孝信……這些人可謂是當之無愧的華人精英。但很少有人知道，三十五年前，他們曾經共同參與了一次保衛釣魚台島的運動，並被這場運動所改變。

（一）兩次大遊行未能奏效

一九七〇年前後的美國校園，中國留學生主要來自香港和台灣，大陸因尚未開放，鮮有留學生赴美，總計人數近萬。

當時，港台留學生對於台灣當局普遍持有兩種態度：激烈的反對和相對平和的改良，由這兩種態度而派生的對於大陸的情感，也既有嚮往，亦有疏離。

因爲釣魚台島的歸屬關係中華民族的榮辱，留美學生中的不同政治立場得以共歸愛國主義的大旗之下。

一九七一年一月二十九日，北加州金山灣區九所高校的五百名留學生在伯克萊分校的呼籲下，自發集結在三蕃市，掀起「保釣」遊行示威活動。時間定在一月二十九日，暗合當年的「一二·九」愛國學生運動。

香港理工大學劉佩瓊教授記得，當天陽光明媚，她和加州州立大學的同學們天沒亮就坐著兩輛大巴趕至三藩市。遊行隊伍從聖瑪麗廣場出發，沿路經台北派駐三藩市總領事館以及日本領事館，並向當時的總領事周彤華遞交了呼籲台灣當局捍衛領土主權的請願書。

丘成桐則對記者說，他在遊行中親眼目睹身邊的朋友被不明份子襲擊，「眼鏡都被打破了」。事後他才知道，幾乎在同一天，紐約市、芝加哥、西雅圖和洛杉磯均發生了類似的留美學生「保釣」遊行。

但「一·二九」遊行之後，台灣當局並沒作出積極回應，當局在釣魚台島問題上的曖昧態度和軟弱舉措，再度催生了更大規模的華盛頓「四·一〇」大遊行。

一九七一年四月十日，華盛頓是屬於中國留學生的世界。華盛頓憲法大道與二十三街的廣場上，來自全美三十餘所高校，十七個地區的近四千名留學生、華僑齊聚於此。「保釣」運動達至高潮。張信剛為了參加這場遊行，丟下待產的妻子和尚在繈褓中的女兒，連夜開車，從布法羅奔赴華盛頓。更多的留學生從羅德島，從密歇根，不惜十幾個小時的夜車趕至，甚至加拿大「全加中國同學聯會」亦風塵僕僕趕到。

遊行隊伍浩浩蕩蕩，高唱《畢業歌》、《黃河大合唱》。威斯康辛大學學生甚至自創了「釣魚島戰歌」，留學生滿含熱淚，振臂高喊「中國·站起來，起來！」

時任約翰·霍普金斯大學教授的錢致榕在日本使館前登高一呼，慷慨陳辭，以吳三桂引清兵入關的歷史典故痛斥拱手交讓釣魚台島為漢奸賣國之行為，場下掌聲雷動，三十四年後，每憶及此，錢教授澎湃依舊。

歷經半年的激情之後，「保釣」意識雖然在留學生心中擴散，但「保釣」行動卻沒有造成任何現實上的改變，台灣當局鮮有動作。留學生們越發意識到，釣魚台島問題的徹底解決必須仰仗於中國的真正強大，而兩岸分裂的狀況讓他們更爲深入地關注到中國何去何從的問題上，「保釣」運動開始從最直接的釣魚台島問題延伸至兩岸統一的討論上。

「四・一〇」遊行結束不久，一九七一年的秋天，拿了博士的丘成桐去了普林斯頓大學工作，他又積極參與了該校的國是討論會，「每星期一次，我幾乎都去，算是比較積極的一位。」他不喜歡發言，總是在一旁傾聽，「知道了許多關於新中國、兩岸關係的事情」，「兩岸統一」成了經常聞及的辭彙。

一九七一年九月安娜堡國是討論會在密歇根大學召開，全美高校的一百餘名精英齊聚一堂，就「保釣」行動的發展方向出謀劃策，議題漸漸從單純的愛國保土集中於促進兩岸統一之上。這成爲「保釣」運動具有分水嶺意義的一幕。

（二）老保釣憶昔日的崢嶸歲月

七月十三日，何炳棣近乎嘶啞的聲音通過越洋電話傳來——「不會忘記，怎會忘記？」因爲聽力漸失，他的聲音如同吶喊。

八十八歲的何炳棣是當今史學界的泰斗，美國亞洲研究學會迄今惟一的華裔會長。在這個七月的美國南加州寓所裡，他常常爲思緒回到三十五年前的「保釣」運動而徹夜不眠。

這是一段參與者們極爲珍視的歷史。而他們追憶的那段歷史，都要從一本名爲《釣魚島須知》的小冊子開始。

一九七〇年底，來自美國普林斯頓大學的這本小冊子傳到了伯克萊的校園，加州大學伯克萊分校一直以來都是美國自由傳統相對盛行的校園，且港台留學生相對較多，這裡後來成爲「保釣」運動最活躍的地方。這本小冊子重點提到了釣魚台島問題背後隱藏的日本對於石油和天然氣資源的爭奪，並且從地理、歷史、海洋法等方面闡釋釣魚台主權隸屬於中國的事實。

之前一年，美日聯合公報決定：將琉球於一九七二年五月十五日「歸還」日本，其中包含了歷來屬於台灣的釣魚台島。

幾乎與《釣魚島須知》四處傳播的同時，一九七〇年底，又出現了「沖繩縣警察局將釣魚島上青天白日旗拔下撕毀，並將台灣漁船驅逐」的事件。

這深深刺激著在美中國留學生的家國觀念和民族底線。一九七〇年十二月十九日，普林斯頓大學沈平、李德怡等人拍案而起率先組成了「保衛釣魚島行動委員會」（以下稱「保釣」會），強調行動「警告日本」、「抗議美國」、「喚醒國人」。

當時沒有網絡，甚至電話也不普遍，《釣魚島須知》小冊子依靠林孝信和他創辦的《科學月刊》網絡得以迅速傳播。當時的林孝信在芝加哥大學讀物理專業博士。在他的努力下，一九七〇年，凡有五十個留學生的地方，就有《科學月刊》的聯絡員。

以不可想像的傳播速度，短短兩個月間，至一九七一年初，「保釣行動委員會」幾乎遍及全美各地近六十所高校。現任香港城市大學校長的張信剛彼時正在布法羅紐約州立大學做助理教授，「偏居一隅」，在一次偶然的會談中獲悉「保釣」運動的資訊。第二天，學校裡已經貼出了保衛釣魚島的海報，幾天後「布法羅紐約州立大學『保釣』委員會」已經成立。

那一年，加州伯克萊分校的丘成桐才二十二歲，在恩師陳省身的指導下，博士論文接近完成，後來奠定其在數學界地位的卡拉比猜想也才剛剛接觸。

當時的美國校園正沉浸在反越戰運動的持續激情之中。老師陳省身諄諄告誡自己的弟子，一切以學業爲重。

但當「保釣」運動的浪潮裹脅而來時，年輕的丘成桐並沒有遵從師命。當時的運動骨幹、作家劉大任依然記得，在籌備醞釀「保釣」遊行期間，總有一個沉默寡言的青年，不辭辛勞，逢事必到，搬凳子，發傳單。他不曾料到，僅僅十餘年後，這位青年居然摘居了菲爾茲獎——數學界的諾貝爾獎。三十四年後丘成桐先生坦陳這段經歷，說「當時我並不是領袖，卻也投入了全部的精力，受益良多。」

（三）隱於凡人寒暑經年

高原（周本初）一九七一年初「跳入」運動，而後幾經折騰，至一九九〇年十月學業方告一段落。其間孩子上大學一文莫助，妻子於一九八一年患腦膜炎症幾乎失去生命。他長期以送報、作清潔工等勉強度日，口袋裡稍有幾兩銀，又得應付「革命」急需，然而卻不曾爲此有過一點後悔。

當時的全美「保釣」委員會總召集人李我焱，因爲參與保釣運動，哥倫比亞大學研究員的工作被取消，其間疏忽家庭事務，幼子病重，無人照顧，最後夭折，這成爲他一生難以言說的痛事。三十四年後，從聯合國工作崗位上退職的李我焱，已經七十二歲了，定居於佛羅里達的奧蘭多，而當年的失子之痛，無疑是他對太太一生的愧疚。

當時和李我焱也作出相同選擇的還有八十多人，大多放棄學業從事繁冗的翻譯工作。

現任德州第一銀行執行副總裁的劉虛心女士，因爲參與「保釣」，被台灣當局列爲赤色份子，無法回台，單親家庭裡相依爲命的父女生生被隔絕了十餘年，一九八〇年初父親去世時，劉虛心亦未能披麻戴孝，親自送終。

而因爲參加保釣運動，五十八歲的林孝信在三十五年前被迫放棄芝加哥大學物理博士候選人資格，從自然科學轉入社會科學領域。

因爲拒絕了台灣當局要求其爲「保釣」減溫的要求，林孝信的護照被台灣當局沒收，失去身份，在美國非法居留近三十年。如今，林孝信爲「保釣」在台灣和美國之間奔走。

林孝信的許多朋友至今都在爲林孝信惋惜，因爲「保釣」，中國少了一位原可以十分優秀的物理學家。

依然要提劉大任，這位矢志文學，一心想著學成回台創辦文學刊物的當年加州伯克萊分校的博士生，因爲參與「保釣」，回台無望，一九七二年進入聯合國工作，從事繁冗的翻譯工作，手中的創作之筆，停滯了十餘年。

還有一些留學生，毅然放棄學業，回到台灣，隱於漁民桑梓，從事啓蒙教育工作，寒暑經年。

（四）華裔學者站在關鍵位置

連續兩次的遊行示威讓美國的新聞媒體對於一向沉默的中國學生的印象爲之一變，而真正讓他們開始關注到遊行示威背後所蘊藏的巨大國家力量，則更多地依仗當時已近功成名就的著名華裔學者。

四・一〇華盛頓遊行後，各地保釣成員合捐六萬美元在《紐約時報》上刊登了一整頁的告，表明釣魚台島應是中國的領土，是爲留學生就釣魚台問題向美國社會的公開抗議。

著名數學家陳省身當時正在加州伯克萊分校做教授，在留學生們的再三邀請下，挺身而出，爲首簽名發出了一份告美國政府公開信，闡述釣魚台島問題的實質，呼籲歸還中國。

丘成桐多少有些驚訝，他說，「老師素來用心學問，也不很支持學生上街遊行，陷於運動熱潮，常常勸我們以學業爲重，這才是愛國之正途。」

四．一〇遊行結束後不久，張信剛回到布法羅的紐約州立大學，辦起了釣運雜誌《水牛》，主要是介紹中國的現狀和建設成就。《水牛》每期從兩三百份穩定升至五六百份，開始在當時全美數十家類似的釣運雜誌中脫穎而出。編輯部開始收到一些鼓勵的信箋和捐款，主編張信剛意外地從支持的來信中發現了田長霖教授和吳家瑋教授的名字。

田長霖曾站在三藩市中國城的花園一角批評台灣處理「保釣」的態度。事後因之被列在了台灣當局的黑名單上，將近十年的時間不能回台灣。

而前加州州立大學三藩市分校校長吳家瑋教授當時已在美國西北大學任教，他沒有上街遊行，但一直在背後支持學生們辦雜誌、開研討會的行動，多次捐款，甚至投稿。

三十年後，這三位因「保釣」而紙上相遇的教授，如今都以華人圈裡最有名的大學校長形象被記憶。而芝加哥大學教授何炳棣先生，當時年過半百，但仍激情洋溢。「我選擇了以我的特長來支援學生運動，就是以演講和著文的方式爲保釣運動鼓呼。」

保釣運動期間，何炳棣發表演講不下四五十次，一九七二年，他寫就的〈從歷史的尺度看新中國的特色與成就〉一文，被留學生廣爲傳抄，三十年後依然被諸多「保釣」學生嘖嘖提起。

何炳棣多次提及與楊振寧在「保釣」中的合作。作爲海外華裔科學家訪問中華人民共和國的第一人，楊振寧一九七一年甫一回美，即應「保釣」學生的邀請，穿梭在全美各高校演講，以所見中國不屈不撓之精神示於學生，感染了一批熱血青年立下報國之念。

吳仙標則是目前爲止海外留學生競選美國副州長成功的第一人，也是惟一的一個人；他還是美國有史以來第一個競選聯邦參議員的華裔。

一九七一年，吳仙標發起組織的「德拉瓦州保衛釣魚台委員會」編印了一本關於釣魚台島的小冊子，說明釣魚台島的歷史和領土主權，並分發給聯邦參議院外交委員會的所有成員。

他還先後訪問了四位聯邦參議員、三十多位聯邦參議員的智囊班子主要成員，在喝啤酒、喝咖啡中，不知不覺地向這些人灌輸釣魚台島屬於中國領土的觀念。

這些最著名的華裔精英無一不在關鍵時刻，站在關鍵位置上踢上「臨門一腳」。

（五）為電話汽車　就不回國

保釣運動漸入低谷後，海外留學生們漸漸意識到，一個強大的中國才是徹底解決釣魚島問題的根本保障。而許多「保釣」學生紛紛轉向於促進兩岸統一的運動中去。

大陸成爲他們對台灣當局失望後所有理想的寄託之地。這期間，包括楊振寧、何炳棣在內的旅美著名學者的競相訪華。

中國地質科學研究院研究員林盛中是保釣運動後最早回到大陸的留學生之一。一九七二年，林盛中率先回到大陸。最初生活的艱辛還是出乎他的意料。他回大陸時穿了一雙皮鞋回來，到一九七六年結婚時再穿，四年裡，一直沒有鞋油可擦。作爲留學生，當時唯一的照顧是每月的三十二斤半口糧可以不用粗細搭配，以至於孩子出生時，妻子連一隻母雞都吃不到。最難以接受的是，專業的特長無從發揮。

一九七八年，林盛中等到了又一個同路人。加州大學伯克萊分校畢業的廖秋忠回大陸，成爲中國社科院第一個語言學博士，廖博士爲此不惜與國外的妻子離婚，隻身帶著年幼孩子。孩子在美國喝慣了果汁，而當時大陸物資貧乏，只能喝白開水。

回大陸的二十餘年也是與台灣父母兩岸隔絕的二十餘年，其間父母備受當時台灣當局打壓，一直到廖秋忠去世，也未能見上父母最後一面。

他是美國語言學會會員，但是他從不往美國語言學雜誌投稿，他想的只是怎樣做才能最有效的使中國的語言學趕上世界語言學的步伐。因爲無所依傍，正研究員的職稱資格一再延後，甚至他的學生都早於他拿到。一直到逝世，家裡連個電話都沒裝上。他說：「爲了電話汽車，我就不回國了，在美國這些我都有。」

一九七二年張信剛隨「保釣」訪問團回大陸訪問，在逗留期間，他已經在爲回大陸做準備，但遺憾的是大陸還沒開展類似研究。無奈之下，他轉赴加拿大工作。

一九七八年，張信剛又舉家回大陸考察，被告知，所學專業依然在大陸沒有。一腔熱情在持續了燃燒了六年之後，張信剛終於決定放棄。時光荏苒二十年後，當他以香港城市大學校長的身分重回內地時，始得一圓夢想，而此時已是兩鬢染白。

（六）重回書齋　實務報國

除早期回大陸的少數留學生外，大部分「保釣」精英最終還是留在了美國，這中間又有一部分應中國重返聯合國的契機，入聯合國工作，放棄學業而從事繁冗的翻譯工作。更多的人則重回書齋，利用國外先進的科研條件和環境，矢志專業，終有所成。

丘成桐一九七〇年代回大陸訪問，但他繼續留在美國深造，保釣運動結束十一年後，他摘取了世界數學界最高獎項——菲爾茲獎。二十八歲時，已成爲世界著名學府斯坦福大學的教授，並且是普林斯頓高級研究所的終身教授。

一九七一年，楊振寧訪問大陸成功後，又多次回大陸進行學術訪問，每次回來他幾乎都要到清華園去看看，因爲他的童年時代就是在這裡度過的。一九七七年，楊振寧與何炳棣一起發起成立了「全美華人協會」，在團結在美華僑方面發揮了重要作用。一九七九年一月中美建交，全美華人協會在華盛頓希爾頓飯店歡宴鄧小平先生，是爲協會成績的頂峰。

一九七三年，沈君山辭去在美國普渡大學的終身教職，回台擔任新竹清華大學理學院院長，人生的路向就此改變。

假如沒有一九七〇年代初期的保釣運動，沒有在此背景下所產生的一些思想變換，沈君山這位四十出頭，在美國無論是家庭、事業都已經安營紮寨的天體物理學家，或許不會離開已經生活了十六年的美國。從美國「連根拔起」，對沈君山的改變如此之大，隻身返台後，他的妻女都留在美國，不幾年妻子則改嫁他人。一九八九年他才再次結婚、重組家庭。

「我是在釣運的後期才正式參與的。那時候，楊振寧、王浩、何炳棣等人，都是從中國大陸出去的人，在美國大多已經功成名就，楊先生更是諾獎得主。他們在情感上傾向認同中國（大陸），楊先生生在大陸，很有愛國感情，鄉土感情很重，這也是他當時『中國最好』心理優先的原因。」

（紐約《星島日報》，二〇〇五年八月七日、十四日）

沈君山坦陳，「在保釣中，我並不是一個核心，而只是一個參與者，但是卻對我的人生產生了很大的影響。」（據《南方周末》，有刪節）

六、有生應感國恩宏

江才健

一九七一年四月有一天，楊振寧忽然在美國報紙上一個不大顯眼的地方，看到美國政府的一個通告，就是美國護照上原來印有美國公民不可隨便去的共產主義國家，包括北越、古巴、中國和北韓，這個通告把中國取消了。楊振寧早先已經看出來，中國和美國那時因爲共同視蘇聯爲敵人，而在戰略上有了彼此接觸的需要。他看到這個通告，後來中國和美國之間又進行所謂的「乒乓外交」，他覺得通往中國大陸的門已經打開，心中甚爲振奮。但是當時越戰還沒有結束，楊振寧怕這個打開的門幾個月又會關上，所以希望趁這個機會，一圓他二十六年來想回中國探視的心願。

當然楊振寧對於回到中國早有心理準備，在美國他所研究的物理裡面，有一部分是核物理，那是和原子武器有密切關係的，所以在二十六年當中，他都有意避開這方面的研究，而且也絕對不去美國製造核武器的羅沙拉摩斯實驗室，他曾經用了一個英文的說法「Keep it at arm's length」，也就是「保持適當距離」，甚至他連IBM公司的顧問都辭掉，以免影響到中國去的可能。

一九七一年冷戰局面未解，從美國到中國大陸去訪問係非比尋常之舉，尤其楊振寧是一個歸化的美國人，又是國際知名的物理學家，可以說相當的敏感。那個時候楊振寧在紐約州立大學石溪分校，因此他將自己的想法告訴了校長托爾，另外還曾經找一個美國朋友去打聽到中國去的可能，那個朋友告知沒問題，於是他就正式通知了美國政府，說他要回去中國探親。美國政府的回答是由白宮的科學顧問告訴他的，他們說歡迎楊振寧到中國去，不過不能幫他拿到簽證。

楊振寧在那時以前，已經給父親寫了一封信，說他要到中國去探親。楊武之寫了一個報告給中國國務院，後來國務院通知楊武之說，歡迎楊振寧到中國來探親，並且要楊武之告訴楊振寧，可以到加拿大或者法國的中國大使館去拿簽證。楊振寧打聽了一下到上海的飛機，發現那個時候除了蘇聯的航班之外，只有法航每個禮拜有一班飛機從巴黎到上海，於是楊振寧決定到巴黎的中國大使館去拿簽證。

楊振寧做決定的那個時候，只有少數人知道他有回中國的打算。當時中國還處於冷戰半封閉狀態，所以楊振寧的美國朋友或者華裔朋友，都對楊振寧回中國有些擔心，怕他去了會被中國政府扣住，不讓他再回美國。楊振寧說，這種事不會發生，因爲他對中國政府有些了解。他說，如果他回去以後跟中國政府說願意留在中國，中國政府一定會歡迎，如果他不說這樣的話，中國也不會強迫留他下來的。

當然，楊振寧也清楚的意識到他此行能造成的衝擊，譬如說那個時候在台灣的政府一定要對他不滿意。那時候，和楊振寧在高能碰接方面合作做出所謂「鄒－楊模型」的鄒祖德，正好計畫在同一年的夏天回台灣探親。楊振寧六月裡和鄒祖德談起他要到大陸去的計畫，並且還勸鄒祖德是不是可以暫時不要回台灣去，原因是鄒祖德和他關係密切，怕鄒祖德回台灣會受他去大陸的牽連。

七月十五日，楊振寧由紐約飛到巴黎，並且拿到赴中國的簽證，四天以後他踏上了二十六年來魂牽夢繫的歸鄉之旅。

楊振寧到達上海的虹橋機場，除了家人之外，還有上海市政府統戰部的官員來接機，有一位官員跟楊振寧說，是不是可以把護照和機票交給他們保管。楊振寧雖然把東西給了他們，但是仍難免有些擔心，並且問弟弟振漢，這些人靠得住嗎？楊振寧擔心了一個禮拜，就拿回了他的護照和機票。後來楊振寧曾經說起一個故事：早年在英國成爲著名科學家的俄國大科學家卡皮查（Pyotr Kapitza），三〇年代初回蘇聯以後被政府扣留，蘇聯政府並且出錢把他在英國的研究設備全部搬到蘇聯。

楊振寧第一次訪問中國，停留到八月十七日才離開，差不多待了一個月的時間。這中間除了在上海和家人相聚，每天探望臥病醫院的父親，也去了合肥、北京和大寨等一些地方，見到許多老朋友，看到許多新的發展。他比較一九四五年離開中國時的印象，感受到二十六年來翻天覆地的大變化，個人情感上的複雜感受非言語所能描述。

楊振寧剛到上海起先是住在家裡，後來因爲報紙上有了消息，接待楊振寧的統戰部隊擔心安全問題，於是就讓楊振寧住到錦江飯店去。第二天一大早，楊振寧被外面的高音喇叭吵醒，就起來走了出去，想去買豆漿油條吃。賣油條的婦人給了他燒餅油條，他付了錢，婦人問他：「糧票呢？」他哪裡知道什麼叫糧票，婦人瞪了他一眼，他知道不妙，趕快擠在人叢中溜掉了。

後來他走到錦江飯店門口，看到有些小孩在抓樹上的知了，楊振寧就拿出相機給他們照相，這一來交通警察過來要把他照相機的底片曝光，還問他是什麼地方來的？這時就聚集許多圍觀的人，錦江飯店的警衛趕快出來把他帶回去，說楊振寧是他們的客人。以後統戰部就要楊振漢搬到錦江店陪楊振寧住，以免再弄出什麼麻煩。

楊振寧第一次回中國的時候，還是文化大革命的期間，事實上大陸上大多數的人對那一個翻天覆地的運動，當時並不清楚到底是怎麼一回事。楊振寧的家人雖受到一些影響，但是並沒有和楊振寧說，加上楊振寧所看到的，當然也都是經過刻意安排，這些都使得楊振寧當時對文化大革命有著一種近乎天真的看法，認爲整個運動完全是爲著建設新中國的大團結。

事實上那個時候的西方世界，對於左翼運動同樣有著一種普遍浪漫的看法。一九六八年法國的學生運動，美國反越戰的學生運動，都爲這種思潮提供了一個滋養的環境，因此，對於中國大陸的文化大革命，也有著一份好奇和嚮往。

提振寧回到美國以後，立刻有許多地方請他去演講，談他的中國大陸之行，譬如說那一年八月在康乃爾大的物理會議，以及九月份在他任教的紐約州立大學石溪分校，楊振寧都作了公開的演講。這些演講都十分的轟動，而演講的主調，可以說就是盛讚新中國的建設。

後來楊振寧還在美國以及歐洲的一些地方，陸續做過中國之行的演講。聽過他演講的許多中外人士，雖然對楊振寧演講中所呈現的中國面貌，以及他個人所顯現的熱情印象深刻，但是也發覺到楊振寧對中國有著過分天真的看法，反映出一種一廂情願的感情，甚至有人認爲他的熱情有點幼稚。

美國政府當局對於楊振寧的中國之行也非常感到興趣，楊振寧回到石溪以後，就曾經接到美國聯邦調查局和中央情報局的查問電話。有一次一個調查員來電說要和楊振寧談一談，並且說要到楊的家裡來，楊振寧拒絕了，於是他們在楊振寧的辦公室見面。談話中，楊振寧感覺出那個調查員有一些語帶威脅的味道，於是就要他的秘書進來，把他們的談話記錄下來。楊振寧說，他主要的立場是他到中國去，沒有做出任何對不起美國的事情，而且他也絕對不會替美國政府打聽任何中國的消息。

後來楊振寧還打電話給在美國原子能委員會的一位物理學家朋友，告知和美國情治單位人員談話的情形，那位朋友說他做得非常的正確。

楊振寧因爲父親臥病醫院，病勢沈重，所以第二年六月又再度回到中國探親，當然同樣的在中國各地參觀訪問，這一回還另外去了南京、砂石峪、西安、延安和廣州等一些地方，見的人也更多一些，而且停留的時間更長。回到美國以後，楊振寧曾經在紐約唐人街做公開的演講。台灣出版的不對外公開的文件中說，楊振寧演講主要是替中共宣傳大陸人民生活如何「幸福」，另外則介紹如「針灸麻醉」和故宮以及古蹟等。

楊振寧後來曾經說過，從今天的眼光講起來，那是感情非常豐富的演講，尤其是頭一次四個禮拜在中國的訪問，在他身上產生了極大的感情上的衝擊，他承認當年最大看錯的地方，是沒有懂文化大革命到底是怎麼一回事情。他說當時演講中曾經有這麼一句話「現在中國大家非常的合作，不是爭權奪利」，這是因爲他不知道，當時其實是有極大的爭權奪利，只是表面上看不出來。對於這一件事，他曾經自嘲的說，他是一個很蹩腳的新聞記者。

對於楊振寧的「大力揄揚祖國」，當時許多人除了說他幼稚天真之外，也有批評非常嚴厲的，甚至用了「楊振寧在大陸上酒醉飯飽，沖昏了頭」之類的詞句。但是許多人認爲，楊振寧對於中國的感情的真誠和深切，「君子可欺之以方」以及他完全沒有政治動機的立場，都是值得同情和肯定的。而事實上，當時中美關係還沒有完全的解凍，楊振寧這些公開的說法，事實上是負擔了相當大的風險，需要一些勇氣。

不過楊振寧自己說，雖然當時他對中國的情形，有許多認識不清的地方，但是整體來說，他所做的促成中國進一步開放的事情，是符合歷史發展的潮流的。他曾經寫過：

一九七二年夏天，第二次到中國去旅行的時候，我已經打定主意，作為一個美國的華裔科學家，我有責任幫助這兩個與我休戚相關的國家，建立一座了解和友誼的橋樑。我也感覺到，我應該幫助中國在科技方面的發展。

許多人以爲，楊振寧在中國大陸是領導人的座上貴賓，所以他的發言都十分揄揚統治者的所作所爲。事實上有許多的證據顯現，楊振寧和最高領導人見面的時候，並沒有改變他個性中直言無諱的風格，譬如他七〇年代獨持異議的反對中國大陸蓋高能加速器計畫，不為當道所喜，就是最出名的一個例子。

在大陸的領導人當中，和楊振寧見面談話最多，也給楊振寧最深刻印象的就是周恩來總理。楊振寧頭一次回到中國大陸，周恩來就宴請他，二十五位客人中有十五個科學家，席間三小時的討論，宴會後兩小時的談話，與科學完全沒有關係。周恩來想多了解美國的情況，於是詢問了學生運動、大學改革、黑人運動、失業和選舉相關的政治氣氛以及美國對日本的態度等等問題。

一九七二年的七月一日，周恩來在人民大會堂新疆廳再次宴請楊振寧，楊振寧說：

在第二次宴會上，我覺得可以比較從容地直陳我心中要說的話。我觀察到，在那些年裡，中國政府的片面的平等主義已經毀了中國的科學。

那時正是文化大革命的時期，楊振寧談話中提到他參觀一個工廠，看到一些大學教授被下放到那裡，去做把不同電阻找出來分類的工作，楊振寧認為，這樣子的工作並不能發揮這些知識份子的作用。兩個禮拜以後，周恩來在和任之恭、林家翹等一些知名科學家訪問團見面時，就說起兩個禮拜以前楊振寧向他提出的建議。周恩來說他去報告毛主席以後，毛主席說楊振寧講的是對的。周恩來於是當著任之恭等人的面，對在座的北京大學副校長周培源說，要他去把這個政策給落實，也就是把當時文化大革命的極端平均主義給改過來。

這於是後來就有了周培源在《人民日報》發表一篇文章，討論改正極端平均主義的問題，不過這篇文章還是引來文革四人幫張春橋等人的圍攻。楊振寧後來深切體會到中國政治情況的複雜；像這種毛澤東講了話，周總理說要貫徹的事情，還都會遭遇到很大的困難。不過楊振寧當時的一些建議，也確實直接的或間接的改善了包括他好友鄧稼先在內一些知識份子的處境。

在文化大革命批判知識份子為「臭老九」的氣氛中，楊振寧也曾經身受其害。有一次周恩來總理請客吃飯，也有江青和王洪文等人在座。在宴會當中，有一個跟著江青的女士叫做謝靜宜，在敬酒時候故意問了楊振寧一個問題，楊振寧並不清楚這個問題，就用他慣常的口頭禪回答說：「我不懂。」結果謝靜宜馬上回敬了一句話：「你也有不懂的事情？」這一來可就惹惱了楊太太，她馬上拿了一杯酒過去，也問了一個問題，謝靜宜答不出來，於是楊太太就說：「妳也有不懂的地方？」

一九七六年周恩來去世了。那一年美國東岸各界有一個追悼大會，楊振寧在大會上代表致悼詞說：「我們相信周總理的偉大就在他的無私的、堅強的、始終不渝的為人民服務的精神。」

一九七三年五月，楊振寧的父親病逝，楊振寧回到上海奔喪。他記得父親曾經多次和他談起毛澤東，談到毛的詩詞以及對中國的許多貢獻。他也記得七一年初回中國，看到五星紅旗在風中飄揚，中國從半世紀前被瓜分邊緣，到那時一個統一的國家，他想起聽見一九四九年毛澤東說「中國人民站起來了」的激動之情，於是向接待的人表示希望能夠見到毛主席。他回到美國以後，那一年七月再到中國，並且和毛澤東見了面。

楊振寧和毛澤東的見面，是在毛中南海的書房裡，兩人談了一個半小時，毛澤東給楊振寧的印象是有一點霸氣，而且是一個極度有自信的人。毛澤東談話比較哲學傾向，他喜歡談許多大的問題，也和楊振寧談了和科學有關的哲學問題。談話結束以後，楊振寧說他快走到門口時，毛澤東和他握了握手，並且說他年輕的時候也希望在科學上能夠有所貢獻，不過自己沒有做到，毛澤東說他很高興楊振寧能夠對人類的科學有所貢獻。楊振寧說，毛澤東的這個話，很顯然的不是客氣話，是真心的。

後來整個文化大革命的真相顯露出來，中國共產黨對於毛澤東的功過也有一個「七、三開」的評斷。

楊振寧曾經說，毛澤東無疑的對中國的國家和民族，都做了很重要的貢獻，但是他在文化大革命中所給予中國的創傷，也是非常非常大，因此毛澤東在他的心目中的地位降低了，而對他而言，當然是一種失望。

然而毛澤東的雄才大略，依然令他印象深刻，特別是對毛澤東的詩詞，楊振寧評價甚高，認爲他的詩詞不但寫得好，而且氣魄甚大。楊振寧以爲，也許幾百年以後，人們對於毛澤東的政治功過已不那麼在意，但是毛澤東的詩詞卻會流傳下來。

一九七七年，楊振寧在中國大陸訪問，在新疆的烏魯木齊飛機場碰到了也在中國訪問的何炳棣。何炳棣和楊振寧同期考上庚款留美，同船到美國留學，後來在美國歷史學界得到很高的學術成就。何炳隸事實上是專程在那裡等著楊振寧，爲的是希望楊振寧能夠來共同發起成立一個全美華人協會。

全美華人協會的真正發起人，是當時在美國華府最出名的中餐廳「北宮」的老闆龍繩文。龍繩文是「雲南王」龍雲的第四個兒子，曾經替他父親做過一些事情。對日抗戰期間，蔣介石密令杜聿明發動兵變拘禁了龍雲，後來龍繩文輾轉到了美國，但是顯然對於中國之事難以忘懷。一九七〇年釣魚台運動以後，何炳棣和龍繩文比較熟識，何炳棣到華盛頓，龍繩文就接他住在家裡，所以後來在一九七七年春天，才有龍繩文希望何炳棣出面勸請楊振寧擔任會長來成立全美華人協會之事。

楊振寧一直以來都希望幫助在美國和中國之間建立一個橋樑，也認爲美國和中國合作交流符合雙方的利益，所以一九七七年九月他參加華府舉行的會議，同意何炳棣的提議，擔任全美華人協會的會長，並且由何炳棣擔任副會長。

全美華人協會組織龐大，除華府之外各地還有分會，其中成員除了楊振寧過去接觸比較多的學術圈人士，也有許多其他團體的中國人。學術圈裡的知識份子喜歡吵架，中國城裡的成員更有許多派系和利害的問題，這是楊振寧過去沒有經驗也比較不會應付的局面。他雖然投入許多時間和精神，組織和規劃了許多活動，但是依然遭遇很多的困難，甚至有一次開會時當面被人辱罵「王八蛋」。

但是全美華人協會的兩位領頭的代表人物，由於都在學術界卓有地位，而且個人形象和演講都有領袖魅力，因此全美華人協會當時對於促進美國和中國的來往，確實發揮了很大的功能。後來全美華人協會還在《紐約時報》刊登廣告，呼籲美國和中華人民共和國建交。一九七九年正式建交以後，一月三十日於華府希爾頓飯店舉行的歡迎鄧小平副總理訪美盛大聚會上，楊振寧也曾經代表致歡迎詞。

楊振寧的帶頭訪問中國大陸，回來演講盛讚「祖國建設」，後來又正式推動美國和中國大陸建交的行動，自然不爲台灣當局所喜。他雖然在一九五八年被中央研究院選爲院士，但是後來並沒有去開會，七〇年代開始又倒向「匪僞政權」，所以在台灣政府或者國民黨內部不公開的資料中，像楊振寧、何炳棣這些院士，都已被稱爲「楊匪」、「何匪」。到八〇年代，更有人主張撤銷他們的院士資格，不過這種主張沒有得到蔣經國總統的同意。

在美國的華人社會中，自一九四九年中華人民共和國建立以後，便一直有著「左、右」對立的問題。一九七一年，中華人民共和國取代中華民國在聯合國的會籍，同一年美國國家安全顧問季辛吉密訪大陸，一九七二年二月又有尼克森總統正式訪問中國，「左、右」對立的形勢向大陸傾斜，台灣處於不利之地位。不過在保衛釣魚台運動，後來的追悼毛澤東和周恩來，甚至一九七九年的歡迎鄧小平訪美，也都還是有尖銳的「左、右」對立衝突。

楊振寧在這個局面中，自然成爲親中華民國人士的眼中之釘。一九七八年五月，一份叫做《波士頓通訊》的刊物，刊登了一篇〈楊振寧不靈了〉的文章，在這份刊物的封面還有「楊振寧登台獻醜」的內容提要，在刊物的編後語中，特別介紹〈楊振寧不靈了〉這一篇文章，除了指楊振寧是「統戰學家」之外，還說「他（楊振寧）好幾年沒有論文發表，倒是物理系學生盡人皆知的事。」

《波士頓通訊》是國民黨資助的一份月刊，由波士頓地區親國民黨的留美學生負責編輯，是鋼板蠟紙手寫印刷的。在這一篇〈楊振寧不靈了〉文章中，作者楊武風主要是批評楊振寧那一年四月在麻省理工學院的演講，以楊振寧演講自暴內幕「當時（毛澤東）紀念堂還沒有正式開放，我因爲有特權，所以能先進去參觀」的話，批評楊振寧完全是一「特權階級」，才得以七次進出中國大陸。文中提到一位「英俊的中國青年」問楊振寧何能七次自由進出，楊振寧不知如何回答，而論斷楊振寧一定是負有任務的，後面還逐點批判楊振寧演講的內容和動機，語多嘲諷。

〈楊振寧不靈了〉文章作者最後奉勸楊振寧：「卿本佳人，好好回到物理界，潛心治學吧，你已經好幾年沒有論文發表了，……」

在波士頓地區東北大學任教的物理學家伍法岳，早此年曾經發表一篇統計物理的論文，由於和楊振寧的一項研究有關，一九六八年曾到紐約州立大學石溪分校訪問，並且和楊振寧的研究生范崇淜合作，完成一系列的工作，並得機會向楊振寧請益。一九七八年在波士頓地區華人圈中忽然傳出「楊振寧已幾年不做研究」的消息，伍法岳自然是十分關心。

於是伍法岳到圖書館查閱資料，發現從一九七五年到一九七八年三年之中，在四個重要的物理期刊，楊振寧發表的論文就有十八篇之多。於是伍法岳就寫了一信投寄《波士頓通訊》，說明他的發現，並附上楊振寧發表論文的參考資訊，並且說他詢問了波士頓地區一些物理系學生，都認爲楊振寧是當代物理學家，沒有人說楊不再發表論文。伍法岳希望《波士頓通訊》能夠刊出他的來信，以示負責態度。

結果《波士頓通訊》回信伍法岳，告知已將伍的信轉給原文的作者楊武風，等楊武風寄來答辯，再一併刊出。到九月份，伍法岳見去函仍未刊出，有些不耐，就去信說其實他信中所談各節，均有資料查證，並無需要原作者之答辯，信中對《波士頓通訊》有些指責。結果《波士頓通訊》很快來信，表示原作者已返回台灣，可能剛回國較忙，信中對於伍法岳的指責有所回應，已有一些火藥的氣味。

十月間，伍法岳接到楊武風來信，信中對伍法岳多所指責，說知道伍法岳似乎「出身軍方，在台灣受過教育，如今又是波士頓地區清華校友會長，理應才德過人，足為表率，而今天卻如此有失風度，惡意攻擊……」，信中說他的文章以民族大義指責楊君為共作倀之不當，說伍法岳不提他文章中列舉的客觀例證，只在小節上吹毛求疵，認為伍法岳自己說自己沒有政治色彩，有誰能信？最後又說：「我在該文所說他已好幾年沒有論文發表，乃意指他沒有像樣的論文或突破性的論文，以符合一個諾貝爾獎得主應有的進步……。」

最後因為伍法岳和《波士頓通訊》之間繼續有不愉快的通信往來，他的投書和楊武風的答辯也都沒有登出。伍法岳說後來有相關人士相告，當時雜誌社內部分為兩派，爭論之下，反對刊登的一派獲勝。

伍法岳說，八〇年代以後，他雖然和楊振寧有過數面之緣，但是並沒有提起這件事情。一九八六年，楊振寧首次返台參加中研院院士會議，回美國後伍法岳正在石溪訪問，某日楊振寧邀伍法岳晚餐談訪台觀感，因只有兩人在座，伍法岳才向楊振寧提起這一場筆戰官司，隨後並寄去有關信件的影本。楊振寧立刻給伍法岳回了一信，說伍法岳列舉的十八篇論文中，有一篇不是楊振寧寫的，並指出那是一位長住蘇聯亞美利亞共和國的楊姓華裔物理學家的文章。結果這一位叫做楊棨的物理學家，在九〇年代來到台灣淡江大學訪問，現在就長期留在台灣淡江大學任教。

伍法岳因爲這一個波折，以及他在擔任波士頓地區的清華校友會長時，接待大陸清華大學教授訪問團，而被一些「職業學生」打了報告，使得後來他在八〇年要回台探視臥病的父親，起初居然拿不到簽證，後來得到僑委會曾廣順委員長回函才解決問題。一九八八年，伍法岳回新竹清華擔任客座教授，也沒有通過教育部的「安全調查」，後來是當時清華大學校長劉兆玄出面才解決的。

伍法岳的個案，只是反映出當時美國華人「左、右」對立的一種尖銳情形。楊振寧本身因爲去大陸訪問，又公開發表演講「揄揚祖國」，後來更主持全美華人協會，所以他家裡也接到過一些恐嚇電話。有一年他應邀到佛羅里達大學演講，結果竟收到一封恐嚇信，用的還是佛羅里達大學物理系的信紙，上面說「如果你敢來演講，就要割掉你的狗頭」云云。所以楊振寧那一段時候，特別要家人小心，不要隨便拆不明的郵包。

（摘自江才健著《楊振寧傳》，二〇〇二年）

七、新中國的號召

何柄棣

一九七一年七月中旬白宮發布基辛格曾秘密訪華，尼克松總統已決定於一九七二年初正式訪問北京的公報。這公報真有如行將結束長期陰雨的一聲晴天霹靂，把我從書堆中驚醒，走入一個完全不同的精神世界：決心和景洛盡速申請重訪闊別二十六年的祖國的簽證。那時我與台灣中央研究院的關係已經中斷（由於一九六八年二月初在新加坡的演講），而該院定章在不舉行院士選舉之年，院長來美與各區院士分別餐敘討論院務。事前我已接到通知，錢思亮院長將來芝加哥會見所有美中區的院士。我就決定前一天飛加拿大首都渥太瓦中華人民共和國大使館申請簽證。

藉此機會能和以前UBC（加拿大不列顛哥倫比亞省立大學）副校長安朱（Jeffrey Andrew）重晤是一樂事，更重要的是從他處得到一項有關毛澤東的「秘聞」。安朱離UBC後即來首都任全加大學及學院聯合會的主席，他的弟弟Arthur是年前幾位負責與中國洽談建交的外交官之一。Arthur對毛唯一的「失望」是簽約後毛對加拿大使團人員握手的被動與「冷漠」。我返芝後即將在加京所聞以書信的方式直接向尼克松總統作一報告，並解釋老輩華人沒有握手的習慣，而毛與西方人士很少接觸，根本不懂握手時禮貌上必須合理地熱烈。更鄭重地指出值此窮則變、變則通的國際情勢之下，希望總統不要介意由於風俗不同可能引起對方小小的「失禮」。尼克松的秘書有信向我致謝。一九七二年二月間在電視上看到毛澤東會見尼克松後，尼特別用力握毛的手，毛手亦「熱烈」應之，我才放了心，自知我的信確實發生了預期的效果。

一九七一年簽證是很難拿到的。據我所知，由於名望及父病，楊振寧是首位知名華裔學者訪問成功的。

很奇怪，九月中我剛剛接到香港友人的通知簽證業已批准，我在哈佛設計學院讀書的長子可約就電話來問，他所聽到的一位知名華裔學人已獲簽證的是不是我。我們一行十四人，不是完全相識的。龍雲第四子繩文建議，推我作團長，他自薦充副團長。我們十月十二日重入國門，住在廣州華僑飯店，在羊城逗留八天之久，不得北上，而且「旅遊」陪同竟有八人之多。返美後龍繩文才告我，逗留可能因為馬里蘭大學政治系教授，黃興之婿薛君度離港赴穗之夕曾與台灣方面通電話。此行並不成功，除能看到至親外，所訪地方有限。新中國一切等級分明，我完全由旅遊局代理副局長李光澤接待，他託我辦的事，我替他辦到：一九七二年夏美籍華裔科學家組成了一個代表團，由任之恭為團長，林家翹為副團長，唯一一位人文學者劉子健自薦為書記。

這時我已全心全意投入釣魚台愛國運動，時常被邀各處演講，而且很受歡迎。集當時演講和談話「大成」的是一九七四年年初所撰的一篇長文：〈從歷史的尺度看新中國的特色與成就〉。此文刊於香港《七十年代》，並一連五期轉載於北京的《參考消息》。據國內親友函告，此文在國內影響很大（其實在海外影響更大），至今不少海外愛國人士仍勸我在文集中把它重印。我卻願意把它忘掉，因為它雖有史實與感情，但對國內新氣象只看到表面，未能探索新氣象底層真正的動機。同樣願意忘掉的是七十年代和八十年代初所撰有關中國資源和經濟前景的一系列文章。

值得一談的是籌組全美華人協會的經過。一九七七年春龍繩文覺得愛國人士應該有個正式組織，而組織的第一個關鍵是會長的人選。他問我有無可能請到楊振寧充任會長。我說可以由我向他試探。這年夏天一到北京就抓住旅遊局副局長岳岱衡，請他務必在北京安排我和楊的會見。大概是礙於規章，旅遊局就是不予安排。景洛和我在八月上旬某日飛抵烏魯木齊機場小憩準備進城的時候，有人喧嚷半小時之內楊振寧將由伊寧到達，轉機返北京。和楊談了一二十分鐘，他原則上同意主持這個華裔組織。不久就訂於九月三日這個週末日在龍繩文華府近郊新建豪華的第二北宮飯店（舊北官名Yenching Palace，在使館區是華府最有名的中國餐廳）舉行成立大會。楊振寧當選爲會長，我爲副會長。自始大家都同意協會由會長決定方策。楊覺得會名既是全美華人協會，美國各地華人城內的主要事務應是會務的一部分。不幸紐約市華人城內部派系之爭甚烈，楊熱情無私的調解久而無功。我最初曾向楊建議，儘管一般華僑權益是協會應該努力促進的，但協會會務的重心在高知。如果每個終身會員繳捐一千美元，一千高知就能籌足百萬基金，會務就容易推展。我的長處是去各地演講勸引高知入會，壯大組織。楊以爲一上來不宜如此大搞。一九八〇年任期將滿之前，我清楚地記得楊曾對我說了一句：「現在回想起來，你當初的建議可能是對的。」「可能」兩字是楊講話的風格。工作較成功的是向美國國會議員的遊說。一九七九年一月中美建交時，全美華人協會於一月三十日晚在華府希爾頓飯店歡宴鄧小平先生。我以副會長的身分雙語介紹兩國貴賓，楊以會長身分正式演講，申說中美兩國搭橋樑共謀發展互利的重要。這是全美華人協會工作成績的高峰。

（節自何炳棣《讀史閱世六十年・海外篇》，二〇〇四年）

八、《民主台灣》雜誌紀念保釣十五周年專訪

《民主台灣》編輯部

1. 昨日．今日與明日

七〇年代初期由保衛釣魚台引起，風起雲湧，橫掃北美校園留學界的「學生運動」，其本來面目一直未能與台灣、香港更大的讀者群見面。原因當然是多方面的；官方有意的歪曲、誣衊與打擊；參與者基於怕影響在台親友或自己以後回台的問題或不願「出風頭」的原因往往不能「現身說法」暢所欲言；而運動的複雜性也使一些想做一全面徹底的描述與檢討的有心人在寧缺勿濫的心理下裹足不前。這一切使得此一中國留學生史中最重要歷史事件的事蹟即將隨如流水之時間而逝去。

保釣運動有人將其與「五四運動」相提並論，而另外一個極端是將其看作已是昨日黃花的茶杯中之風波。而真情大概介於兩者之間。而關於當年積極參與保釣運動者的心路歷程卻一直未有一全面報導。

因爲受到台灣官方說法的影響，這些年來有些留學生仍對釣運是「共匪統戰陰謀」半信半疑。而另有一些人則稱其對釣運的了解大多來自一部題爲《昨日之怒》的小說。我們同意該書作者在其後後記所云他是並不頂有資格來寫釣運的「報導小說」，原因並不是因爲他自以爲的「立場」或「詮釋」的問題。《昨日之怒》的最大失敗乃是深度不夠，真正參加過釣運者讀了該書後很容易得出這樣一個結論，該書作者當

時大概只是一位站在旁邊說風涼話者。

另有一篇關於釣運人心路歷程較有系統的報導要算《九十年代》總編輯李怡先生在其宣稱「釣運已死」之後於一九八一年訪問了七位最具代表性的釣運人士題爲《昨日之路》，既稱釣運已死，那也許該算是「驗屍報告」吧。

但我們認爲《昨日之怒》加上《昨日之路》對釣運的描述不但不夠全面，甚至不能夠表達釣運精神的一半。李怡訪問的毛病出在他訪問的釣運人「太具」代表性；而釣運的真正中堅卻是一些平凡的普普通通的留學生，「沈默的」大多數。十五年來他們的見解與言論往往散見於從事學生運動者的客履之中，而很少形成文字而見諸報刊雜誌，或以言論的形式在各個探討台灣前途的各個討論會上發表。這些言論與見解常甚爲精闢，甚至給人一種與君一夕話，勝讀十年書的感覺，其所以不見諸文字，除了前述「安全」的考慮外，另外一個原因當然與華人圈中之「左、中、右、獨」各派之號稱「主流者」之「比立場」，訴諸情緒與「比口號響亮」之風大盛有關。

我們組織這些訪問記的目的是多方面的：

其一：將保衛釣魚台運動的真實經過介紹給未能適逢其會的更年輕讀者。

其二：讓當年參與保釣運動中「沉默的大多數」之心路歷程能與更廣大的讀者見面。

其三：十五年前二十—三十歲的青年人，現該是三十五—四十五歲的中年人了，在被宣判「運動已死」或做爲「昨日」之「怒」或是之「路」的體裁外，釣運人對今日、與明日要說些什麼呢？

任何曾參加過釣運現在仍有話想說且願接受本刊訪問都在歡迎之列。

（《民主台灣》，一九八六年八月）

2. 陳光宇

一九七一年、耶魯大學保衛釣魚台委員會負責人之一。

現職：美國紐澤西州立羅吉斯大學（Rutgeere University）化學系副教授。

這篇訪問記是以書面的方式進行，下面是被訪問者的背景簡介。

陳光宇，一九六七年畢業於台大化學系。隔年得耶魯大學（Yale University）獎學金就讀於化學系。畢業後，在耶魯大學醫學院做博士後研究員（Post-Doctoral Fellow）。一九七七年至羅吉斯大學化學為助教授，現職為副教授。

問：請先談談您參加保釣運動的經過。

答：耶魯大學的中國同學會在一九七〇年年底的座談會中開始討論釣魚台事件；琉球歸日在即加上日本蠻橫的宣佈釣魚台列島將於一九七二年一併歸日，使人感到八年抗戰，血債未償，屍骨猶寒，新仇又至，於是舊恨新仇，一併爆發，釣魚台運動在留學界就像星火燎原似的展開。參加一月三十日（一九七一年）的紐約示威，給我震動很大，當天的日記很簡略的寫道：「早上趕到四十二街同第一大道交口的哈瑪紹廣場，一下車，見到都是中國人，興奮的很，示威從十一點半開始，演講，遊行；二千多中國人分從匹茲堡，康奈爾，紐約，Yale，Syracuse，Stony Brook……群集於此，留學生史上如此規模的團結與遊行，應屬少見；天氣尚佳，溫度卻在零下，同學高舉標語，旗幟，唱著滿江紅，從四十二街走到日本領事館，再至日航公司，場面令人感動……」。這次示威的成功大大鼓舞了許多同學，各個學校的中國留學生成立的保衛釣魚台委員會（保釣會）頗像雨後春筍。這之後，基本上一直到一九七一年底，在耶魯大學關心國事的同學教授，幾乎每週至少相聚一次，出版通訊，與各地聯絡，籌備四月的華府大示威及七月的安娜堡國是討論會。

華府示威之後《紐約時報》上說：「如果以中國人在美國的總人數來講的話，四月十日的保衛釣魚台示威，相當於數百萬美國學生參加示威……」。這些活動的成功，幾乎鼓動起全球華人界的保釣運動，當時同耶魯保釣會聯絡的地區，除美國各學校外，包括加拿大、菲律賓、香港、比利時、法國、英國及台灣；這種規模在近數十年來可說是空前的；基本上我自己投入這洪流後，個人的實驗室工作頗爲停頓了一段時間。

問：在一九七一到一九七二年急風驟雨式的「大運動」過後有些什麼後繼活動。並請談談釣運後期「左、中、右」分家及留美學生及學人界之左、中、右、統、獨的分裂現象。

答：從一九七二之後，基本上耶魯的保釣會仍以座談會的形式保留下來，討論的題目圍繞著中國現代史，第三世界，大陸與台灣的現狀等，我基本上一直參加這種座談活動，以迄一九七七離開耶魯。保釣運動在七十年代中給留學生不同層次，不同程的影響，雖然後來可能走的路不同或者產生了不同的動機，當時基本的出發點只有四個字：愛國保土。在運動過程中，像開會、出版刊物、聯絡、討論，不斷的與其他人接觸；很引起有心人的進一步反省與深思，基於個人的經驗，早期一同參加保釣示威座談的，慢慢分裂成政治觀點較爲鮮明對立的小團體，似乎是很自然的演變。在日本軍國主義的陰影膨脹之際，中國的領土被強權瓜分之際，中國人不論左中右還是有共同立場、共同語言的。但是當釣魚台的影子漸漸淡去之時，留學生的愛國情操很自然的同現存的政治實體聯繫起來，看來我們這一代還是跳不出六十年來國共相爭的窠臼。

問：參加保衛釣魚台運動對你自己的意義何在，你認爲「保釣運動」的歷史意義何在？

答：釣運當年如火如荼，而今隨著世局的變化，無復當年盛況，但是可以斷言的是參加過，或接觸過釣運的朋友，是不會忘掉那一段心路歷程的。每個人走的路，或有不同，釣運的經驗與自省或多或少對於將來所走的路一定會發生影響的。至於釣運在歷史上的意義何在，目前很難預料。主要看兩點：一、釣運對這一代中國人，特別是留學生的影響是什麼，打的是什麼烙印。二、這一代留學生將來對中國，對華族的貢獻是什麼？我自己感到遺憾的是這樣規模的愛國保土運動與知識份子的自省不能與中國本土的知識份子結成聲氣。無論台灣或大陸基本上的青年自覺的團體行動都有杯弓蛇影之感，可嘆！可嘆！

問：十五年來，中國大陸與台灣的政局都有很大的變化，一九七六—一九七八年毛澤東逝世後政經局勢有極大之轉變，而台灣自中壢事件，美麗島高雄事件以至黨外民主運動如火如荼之展開，您對這些有什麼看法，如能談談這些年來您自己的心路歷程就更好了。

答：近百年來，中國知識份子經由各種途徑，求取強國之道，國族有盛有衰，從清末以迄抗戰，中華民族可以說達到了「否極」，不過否極之後，似乎也沒有泰來。左派、右派，實際上代表兩種救國的途徑。左派的思想根源理論基礎萊自蘇聯，東歐。右派則著眼歐美。國共兩個政權雖然水火不容，仔細考察他們還是有共同點的：一、兩派的精英份子（指早期的）肯定是愛國的，有志救中國的。二、兩派基本上面對所謂傳統都持否定的態度。胡適給中國文化下的定義就是小腳、鴉片煙。魯迅、毛澤東對中國文化的好感也不多，在左右國共相鬥的數十年之中，提起中國文化，在左右陣營之中好像都格格不入，留學歐美的要搬歐美的一套來改造中國，留學蘇聯的要搬蘇聯的一套來改造中國。孔子是何等人物，始則打倒孔家店，繼之以打倒孔老二，要不然就是大拜拜似的祭孔一番。中國的文化，國族的傳統成了口號，旗幟，成了知識份子打筆戰打混戰的彈藥或靶子。追根究底，我覺得一百年來的知識份子，急功近利的多，切切實實下苦功做學問（此處所指的學問著重思想經濟文化），為國族指出路，能承先啓後的提供保證，在這前提下，如何讓國族個人集體智慧才能做最大的發揮，才是當務之急。我個人對中國文化的生命力尚有信心，只要國族的生命力在，統一是遲早的事。過去我頗執著於統一分裂問題，如今看來，聯邦式的統一要遠勝過集權的統一。同時我相信中國文化的力量，在聯邦分權的狀況之下，也無須要擔心分裂的問題。

問：釣運時二十五歲的青年人，十五年後的現在應是四十歲的中年人了，展望將來，您有些什麼看法，不論是對世界局勢，台灣與大陸前途或是您個人的一些計劃（Project）請隨意發揮。

答：人到中年，回首過往，瞻望未來，我感到我對中國所知太少。現在世上所有存在的文明，基本上都是宗教文明，中國文化（或者應該說漢文化）是世界上少有的非宗教文化，更是世界上七個所謂起源文明（Primary Civilization）中唯一能進入二十世紀的一個。在整個人類文明史上，中國文化的這兩個特色，很值得注意，鑑往知來，我希望能多瞭解中國文化的生命力何在？以及如何能讓這生命力做最大的發揮。釣運在留學生界，除了轟轟烈烈的示威之外，在座談，在出版刊物，在連串過程中，希望能有一代肯思想的知識份子，對國族能有貢獻。

（《民主台灣》，一九八六年八月）

3. 張　才

一九七一年，西南地區釣魚台聯合會首屆聯絡人。

現職：美國德州休士頓，貝勒醫學院（Baylor College of Medicine）生理及份子生物物理系副教授。
萊斯大學（Rice University）物理系兼任副教授。

全美華人協會，休士頓分會會長。（一九八五—一九八六）

這篇訪問記是以電話訪問的方式進行，下面是有關被訪問人的背景介紹。

張才，一九四二年出生於廣東深圳，一九六一年香港中學畢業後進入台灣大學攻讀物理。一九六五年台大畢業，當年秋天到美國入 Rice 大學物理系研究所。在學期間與同學一起成立 Rice 大學中國同學會，當選為首任會長。一九七〇年得到博士學位後，留校當博士後研究員（Post-doctor）。

一九七一年通過林孝信和一些台大校友的聯絡，注意到釣魚台事件的發展，於二月二十四日在Rice大學舉辦了第一次「保釣討論會」，並馬上成立「Rice保釣工作會」出版《Rice釣魚台通訊》。後來又擴大成為「休士頓地區保釣行動會」。曾代表休士頓參加四月十日的華盛頓保釣示威。從來德州路易士安那及奧克拉荷馬三個州裡的八所大學的保釣會合作組成「西南地區釣魚台聯合會」出版《西南保釣通訊》，由各校輪流主編。

在這以後的幾年一直在做些群眾運動工作，包括辦刊物，搞討論會，在圖書館裡陳列資料，支援外地保釣（及以後的「統運」）放中國電影及向美國政界及報界寫信等。一九七四年與朋友合辦一份油印雜誌

《新苗》。發行量不多，但斷斷續續地，也辦了二十九期到一九七九年才停刊。

一九七六年春天中國大力推行「反右傾翻案風」運動，張才持不同意見，曾擬了一篇《關於批判「三項指示為綱」的幾個理論問題》的文章對大陸當時的方向提出質疑。他在六月初把文稿帶到美東去跟那裡的釣運人士討論。聽說因此幾乎成了當時留學生中的「左派」（如《統一雜誌》等）批判的目標。

曾於一九七四年到中國大陸參觀訪問，一九七八年到中國去從事科技交流活動並於一九八一年在北京大學講學三個月，在該校生物系教一門「生物物理學專題」的課。

在過去十五年裡，張才在釣運及統運上花了很多的時間和精力，但他在專業上仍然有相當突出的成就。他發表了大量的論文，曾在好幾次國際性學術會議中擔任主席和小組主席，又為Plenum出版公司主編過一部Structure and Function in Excitable Cell的專著。並名列American Man and Woman of Science《美國科學界名人錄》及Who's Who in Frontier of Science and Technology《前衛科技名人錄》。

問：首先想請你談談參加「保衛釣魚台運動」對你個人意義何在，又你認爲釣運的歷史意義何在？

答：釣運對我個人最大的意義在於能夠投身在一次愛國、愛民族的運動裡，體驗了一次熱血的交流，這種經驗在近代留學生歷史裡是不可多得的。平時如果沒有這種愛國保土的運動當然也會交到一些學術上及社交上的朋友，但保釣運動爲有理想主義情操的一群人提供了特殊的環境。在運動裡交友不是基於個人之間的利益或喜好，而是基於共通的理想和對國家前途的關心，這種機會是不容易碰到的。

關於「釣運」對歷史的作用，我們大概不能期望得太高。至少在原來「保衛釣魚台」這個目的上我們產生不了多大的作用。這一點當然並不意外。學生運動從來就很少能夠對歷史產生有效而直接的影響，在與日本爭議釣魚台主權這個問題上台灣海峽兩邊的政府都沒有採取強勢的地位（Position of Strength）來與日本據理力爭。不論當時我們如何叫喊，兩邊的政府不會因我們而改變他們的既定政策。我們雖能憑自己的一腔熱血喚起了一些人對國是的注意，但對釣魚台問題本身並不能產生多少實質的作用。至於「保衛釣魚台運動」在廣義上對大陸和台灣產生了什麼影響呢？大概也不能高估。到目前爲止「保釣」對大陸政局的影響幾近於零。對台灣的情形我不太清楚，也許影響會稍大一點。不過從另一個角度來看，由愛國保土發展出來的留學生運動往往在很多當事人心中留下了一些火種。這些火種到了適當的時機可能會點燃出一些新的火炬，在某種環境下說不定會造成燎原之勢。所以我認爲「保衛釣魚台」運動及其後發展出之愛國運動歷史可能有間接的影響力。但這是一個未知之數，到目前還不能估計。

問：你的專業是學理工的，似乎對社會主義理論滿有研究，是不是先請你談談對社會主義的認識是從何而來？

答：這一點可能與許多參加「釣運」者沒有兩樣。以前大學時代念的政治理論只有三民主義，主要爲了應付考試，不能算數。在釣運後期慢慢轉變到認同中國，因而自然而的想到要認真的認識社會主義。另外一個因素是當時美國校園因爲越戰的關係左翼思潮非常膨動，自己也受到一點衝擊，然後是中美外交突破，中國參加聯合國。而在參加「保衛釣魚台」運動的過程中，很容易看出國家分裂對所有中國人之不利。受到這一系列問題的衝擊，大家開始深入研討問題，看一些書，開討論會，二週到一月一次定期學習。另外，保釣時，常有各地朋友「串連」常徹夜長談一連幾個晚上。所以對社會主義理論的認識算是慢慢積累起來。基本上從七二年到七六年算是一個「業餘搞文法者」。而另外正是因爲「業餘」以及人在國外沒有統治組織的管制，不像在台灣或大陸可能是被迫「照本宣科」，限在一個圈圈裡，自發的探討反而念得比較深入。

問：聽說你的文章寫出來後，當時未能在《新苗》上發表，你將草稿拿去美國東部時，又被「統一雜誌」批爲毒草，可否談談這一段經過。

答：也不能完全這樣說，並不是說《新苗》的朋友反對這篇文章的內容，而是有些同事認爲應該採取謹慎的態度，認爲沒有必要與中國當時的官方政策作對，免得造成某些不方便，甚至引起與其他「統運」團體的決裂。至於我當時何以會與「統運」「左派」主流採取不同的意見？那也有幾個因素。一是念理工者比較實事求是，而我們這種業餘爲興趣而搞理論的也比較不受權威的影響。凡事表現尋根究底。並且在美南還有個好處就是「天高皇帝遠」，與中國的官方代表沒有直接的交往，受的影響較小，有利於自己獨立思考看問題。至於「統一雜誌」對我的批判，那只是根據聽來的消息，沒有形諸文字。所以我不想強調我們看法的分歧。而且在當時那個環境，他們假如真的要大張旗鼓的來組織批判的話也不奇怪。因爲當時緊跟「兩報一刊」是一種時尚，不能苛責那些「主流」派的朋友。

問：從張系國的《昨日之怒》及李怡之《釣運十周年專訪》中，讀者很容易得出一個印象：那就是在「紅與專的矛盾」下，很多參加保衛釣魚台運動的留學生走上了「棄學從運」的路。你顯然花了很多精力去搞運動，但在科技上仍然很有成就。可否談談你是如何解決此「紅與專」的矛盾的？

答：「紅」與「專」的矛盾的確是一個大問題，不容易解決的。我認得有些同學，他們曾經在「釣運」高潮時拋棄了學業，專心搞群眾工作或者改行做社會工作。但是作這種斷然選擇的，畢竟是運動中的少數。大部份人還是盡力要把自己的學業完成，把專業維持下去。我自己也不是沒有經過選擇的苦惱。有兩點原因使我始終沒有放棄專業。一、我對自己的科學研究有很深的興趣，科研對我不僅是維持生活的職業，而更是一種有深遠意義的求知活動。二、在運動過程中一直看不出一條明顯的路能夠讓個人的獻身爲社會帶來重大的（起碼是有意義的）改變。相形之下，似乎是搞科學的對人類有更大的貢獻。

但是，一面要研究社會，關心社會，一面要在科研中競爭，那是十分辛苦。你也很清楚，在美國搞科研，競爭和淘汰都十分激烈。那是須要全心全意投入的全職工作。而搞群眾活動也必須身心俱赴的去做。所以在七一至七八那幾年裡，我幾乎承擔兩個專業工作。白天上班搞科研，晚上及週末搞運動。家庭生活和休閒時間都被擠掉了。

而且，人的頭腦不是像機器一樣隨便轉換操作（像TV按下鈕便換上別的電台節目）。許多事情是需要十分專心才能做的。不管「紅」與「專」的矛盾也好，兩種「專業」的矛盾也好，「一心二用」的結果往往是兩種事情都不容易做好，故常有事倍功半之感，很累！參加過運動的朋友大概都有這種體會。在現代社會裡，要「紅」與「專」兼顧是十分的困難。除了要有不斷的毅力外，運氣也不能太差，體質也得不錯。

問：這些年來，你回過台灣、大陸嗎？是短期訪問，旅遊還是短期或長期服務，都有些什麼感想？

答：台灣還未能回去過，大陸則去過三次，第一次是一九七四年隨保釣團去短期參觀訪問，其安排與其他「保釣團」大同小異，從南到北，從大城到農村，從公社到工廠；從幼兒園、小學到中學大學。也就是說對大陸上整個中國社會的橫切面做一觀察。由於時間很短，難免有走馬看花的感覺，但是受益仍然是很多的，因爲親身直接觀察到底與從報章雜誌上讀來的不一樣，大概就是不聞不如一見吧。那次訪問的印象大概與當時其他保釣團的人相差並不太遠。覺得大陸上人民的基本生活雖然還算過的去，但是宣傳中所謂社會主義新的精神面貌卻見不到。另外文革時那種搞法的毛病也可看出一點。這也是引導出七六年寫前面提到的那篇文章的原因之一。當時我們訪問團成員間意見並不一致，團員之間經常有嚴肅的辯論並向陪同人員提出了很多的問題。

七八年回去正好碰到鄧小平剛上台，「撥亂反正」期間剛開始，雖然有很多地方還是沒有上軌道，但是整個情形較活躍。並且此次去是與洛杉磯的一些專業人員合組一團，目的不在參觀訪問，而在科技交流接觸的大部是國內的專業人員，去過中山大學，上海復旦大學，北京大學，清華大學和中國科學院的一些研究所做學術交流。

八一年則去得較長，是在北京大學教了三個月的書。住在校園裡面，與大學的師生經常在一起，蠻有意思的。那次去，時候也碰得正好，我是八一年二月去的，而八〇年冬天北大學生剛剛發動了一次人大代表的選舉，學生參與的很多也很熱烈。他們把政見政綱貼滿牆上，學生中飯時邊吃邊看邊討論。校園裡的民主氣氛很濃。我去北大時還感到這種氣氛的餘味。後來接觸到幾位鼓吹民主的活躍份子，不但思想開放，而且相當有氣魄，他們給我的印象增強了我們中國未來的希望。

我留在北大期間，剛好碰上《苦戀》事件，大概是在四月吧，《解放軍報》登了一篇批《苦戀》的文章，由《北京日報》轉載。當天，北大學生馬上作出反應。有人把當日《北京日報》貼在佈告板上，在旁邊寫了很多批語。我還記得其中一條是「與《批海瑞罷官》何其相似也！」，接著學生又要求《解放軍報》的編轉，《苦戀》的批判者與《苦戀》的作者白樺到北大來舉行一場公開的辯論。這要求雖然沒有成功，但北大學生自己舉行了好幾次反對批《苦戀》的討論會，辦黑板報，熱情很高。看到這種情形，我心裡有一點感觸；不管在台灣海峽的那一邊總有一批可愛的年輕人，肯爲正義而奮鬥的！

問：請談談對中國這些年局勢變動的情形，你對中國認識變動的情形及對中國局勢前景的看法。

答：我對於從七八年以來的改革是十分贊成。這並不是說，現在做的就百分之百對，但大方向是不錯的。我個人覺得社會主義的理想很好，但在建國初期的二、三十年裡做的事情並不完全符合社會主義，有些東西，說得難聽些，甚至跟社會主義精神背道而馳。譬如說對人的思想改造應以改變客觀環境的辦法來進行，而不應靠空洞的宣傳和行政命令不顧客觀條件而強行對人做不實際的要求是不符合唯物主義原則的。馬克思主義的精神應該是非常尊重人的尊嚴和權利。正因如此馬克思才反對少數人通過控制生產資料的辦法去勞役其他人。但在建國初期之二、三十年有很多辦事方法是採取軍事管理方法。這如僅爲一時權宜之計還說得過去。但是後來卻將這種軍事手段制度化。不但如此，還將其說成是社會主義該有的樣子。如果有人要求改變這種管理辦法，就會被說成是資產階級自由化。我認爲這種講法完全錯誤，使人對社會主義失去興趣。這些人搞這一套只是爲了統治方面而不是真正根據社會主義建設的原則。現在這些錯誤想法有許多已經被扭轉過來，改革帶來了很大的進步。第一：現在做事情比較重視客觀規律，不再亂套教條，比較符合唯物主義的原則。第二，改革的客觀效果是將人民生活改善，生活水平上升，並充實了國家的力量。第三，現在對意識形態的控制較爲放鬆很多。這一點是應該的，如果你講的正確，有說服力，別人自然而然會相信，否則強迫也是強迫不來的。而且，生活在一百年前的馬克思和列寧，他們並沒有經驗到現代化的工業發展，如果要完全依靠他們的著作來解決現代中國面臨的問題是不可能的。這一點國內也考慮到，現在推行的經濟改革是很好的。目前急待建立的是一套促進中國現代化的經濟體制及管理制度：第一點考慮是如何促進生產力的發展，第二點要考慮人民的真正經濟生活是上升還是下降？第三點對以後長期發展是否有利？這些問題都是很複雜的，需要以比較精細的方法根據客觀情況慢慢摸索出一條道路。如何在現代工業之基礎下進行社會主義建設是前人從未走過的路。現在進行的這些嘗試是相當令人興奮，打破了過去很多不敢碰的禁區。現在的經濟改革是順應人民要求順應時代需要。從這幾年取得的成績來看，這些改革進行得相當有技巧似乎很有步驟。當然這也不是說前途就沒有問題。

問：很多人擔心的是社會主義的理想是否會在經濟改革中被拋棄而走向資本主義的道路去。

答：這當然是一個很值得關心的問題·近年國內的一些宣傳確實非常混亂，例如前兩年非常強調萬元戶，給人一種印象：發財致富第一優先！與浩然小說《金光大道》中所述正好背道而馳。事實上也不是真有那麼多萬元戶。這有點像大躍進時的高產田。宣傳萬元戶只是爲了地方上吹捧其經濟改革的成功。這種宣傳的調調是不對的。只有使人眼睛只看到利潤。比較正確的做法是宣傳某個地區因爲生產提高後帶來經濟發展的具體效果。人民的生活在那些方面有具體的改變：譬如說道路改善了，學校建設好了或是人民之平均收入增加等等，而不該片面強調萬元戶。當然最近一兩年也沒有再強調萬元戶了。但由此例還是可見幹部的思想還有相當的混亂。但我個人並不認爲大方向有什麼問題。許多思想的混亂主要是宣傳機器不靈光，那是宣傳工作做得差的問題而不是決策的高層要向資本主義走。我這樣相信的理由在於對下面一些基本問題的看法。我認爲在過去建國初期的二、三十年將社會主義定的太死了。譬如在五十年代初期將所有私營工商業經所謂「社會主義改造」一下子完全取消結果造成了現在很多問題。私營企業在社會主義階級裡是否容許存在呢？我個人相信即使走回去以馬克思、恩格斯的意見爲準，他們也沒有說在革命後要馬上取消私營企業。他們在著作中屢次提到由私營向公營過渡的具體辦法；例如通過稅收由國家銀行控制貨款，國家控制原料市場，限制遺產繼承及建立產業軍等辦法來與私營企業競爭。這就表示他們允許私營企業的長期存在。

有人擔心中國在走回頭路，我認爲沒有什麼走回頭路不走回頭路的問題。因爲走路不但要看方向，還要看當時的處境。譬如你要從一個山頭走到另一個山頭，兩個山頭中間是深溝。你如果畢直走就要掉下深溝去；你可能必須找一條盤旋下山的路繞著山走然後才能走到對面山頭。所以這是一個實事求是的問題而不是倒退的問題。

我覺得以今天中國經濟的實際情形而言，私營企業仍然有其優點：第一，它有靈活性可以填補市場空缺。其中容許私有制可以鼓勵創業。當然像鋼鐵、石油等大企業應以公營爲佳，但像廚房用具，小的器械，家用消費等沒有理由不可以開放給私營企業製造。舉個例子說，我八一年在北京因皮鞋太緊想買一鞋拔子，但就是買不到。如果開放私營企業，像鞋拔子這類東西一定很快就有人去造，馬上填補市場的空缺。所以我認爲私營企業應多開放，尤其是小型的私營企業。假如擔心新的資產階級產生，造成兩極化呢？那可以用財政、稅則，企業管理條例等經濟手段和法律手段來限制私人資本的擴展。我並不是說不要私營企業發展，而是在其發展到一定的程度時慢慢加進公有的股份。譬如先增加員工的股份，等發展更大時再增加政府的股份，到最後政府可以擁有超過百分之五十一的控制股權。所以節制私人資本可以用種種技術的方法來解決。

問：我想這個問題你一定期待了很久，可否請你談談對中國統一與台灣獨立爭論的看法？

答：作爲一個中國人總是希望中國是統一的。因爲如果台灣成爲另一獨立國家對中國是一長遠的損失。台灣有可能被別的國家利用，成爲敵對中國的基地。再者，我相信現今世界的趨勢是趨向整合而不是分散。例如歐洲便是由共同市場走向聯邦的趨勢。所以就長遠來說我希望中國能統一起來。但是不是台灣要馬上在行政上變爲中國的一部份呢？我認爲這在目前還辦不到。原因有幾點：第一，國共內爭仍在繼續；第二，兩個地方在政治上、經濟上及制度上皆有很大的差距。更大的一個顧慮是，中國大陸正在進行改革，目前最優先的考慮應是如何將中國的經濟搞好，建立一個有中國特色的社會主義架構，這個工程已夠艱鉅的了，大陸的領導人即使全力以赴也還不一定能成功。在這個時候，台灣問題還是最好擱置。等變化中的中國局勢穩定後再實行統一。現在台灣有很多人是反對與中國大陸統一的，但是一旦大陸的四個現代化搞得有些眉目，內政修明，也許到時統一會變成水到渠成。

最後一個問題：保釣時二十五歲左右的年輕人現在大約是四十歲左右的中年人了，展望將來，你有些什麼計劃。不論是關於個人，中國或是世界局勢，請隨意談談。

答：在西方社會，人到中年有所謂「中年危機」，而在現實社會裡，中年人的確會出現很多問題：可能要面對理想的破滅，婚姻的變化，對事業失去興趣等。我自己還沒有發生中年危機的問題，假如把人分爲樂觀派或悲觀派的話，則我是屬於樂觀派。而且自己對科學研究上還是有很大的興趣！而這是很花時間精力的事，目前我只能在與中國科研交流上盡一點力。其他的事只能以業餘的心情來注意了。其實我覺得在海峽兩岸的社會都在不斷的進步。在大陸上變化尤其顯著。最近做的體制改革相等於一次和平的革命，是歷史上的頭等大事。所以如有適當機會，希望自己能夠有參與的機會，爲中國的現代化改革盡一己之力。

在海外的中國人裡，有適當訓練的高級知識份子雖然並不算少，但其中具備中國文化修養，對中國有強烈的認同感，又有奉獻精神的，那數目並不很多。當年參加保釣的人，有不少人是符合這些條件。

當然，當年保釣不一定現在還關心中國的事情。有些當年曾參與保釣的人士，很可能很灰心至心死也說不定。這也怪不得他們，是中國過去種種的錯誤使得他們失望。但保釣陣營中也有一部份人能夠經得起中國這些年政策反反覆覆所澆冷水的冷卻作用。這些人因爲經歷多重的挫折而變得愈加堅毅，假如我們能夠把這批人結合起來，則在中國現代化的過程中應該可以起很大的作用。這可以說是一個寶貴的人力資源，這個資源到目前還沒有被充利用。

（《民主台灣》，一九八六年八月）

九、保釣人士聚首話當年

王渝　整理

【原編者按】當年參加保釣運動的人士，如今大部份住在北美洲，「台灣與世界」去年（一九八五年）十一月，請了一部份保釣人士舉行座談會，回顧當年參與運動的經過、檢討運動的性質及其影響。

「保釣行動會」的成立

A先生：紐約開始搞釣運，從第一天到最後結束，我一直參與，我可以給大家提供一些當時的背景。整個歷史背景，可以用一句中國常用的話來形容，那就是「形勢大好」。那時整個的學生運動；美洲的、歐洲的、中國大陸的，造成了一個氣候，釣運是一觸即發的，大家對於遊行不感到害怕。在紐約第一次提出遊行，我心裡很嘀咕。但是，有些參加過其他運動的人，他們遊過行，所以不在乎。這些人的積極行動撤除了一些人的心理障礙。

現在如果要找一批台灣來的人，或者大陸來的人去遊行，恐怕就行不通了。另外從事後看以前，我就發現，我們台灣出來的學生雖然很散漫，但基本上也還有些彼此間的聯繫。像林孝信帶頭在辦的《科學月刊》，經常發行工作通訊，無形中就有了一個很好的通訊網。

還有劉大任、張系國、李德怡等人辦的「大風社」，他們也是一面辦雜誌，一面有很個很好的聯繫系統。透過《科學月刊》和「大風社」這兩個系統，就把（美國）東西兩岸的人帶動了起來。紐約的「義和拳」組織，對釣運雖然沒有直接影響，但也發生衝擊的作用。我們當時那些人，從年齡上來說都經過抗日戰爭。日本侵略我們的種種蹂躪行爲，即或沒有目睹，也都耳熟能詳。在紐約釣運剛起時，有位極熱心的朋友——吳章銓，他母親就在日機轟炸下喪生的。他到每一家去串門，把人家接進來參加保釣。在這種情形下，釣運的發生是有很好的基礎。

別處的情形我不清楚，在紐約釣運開始參加的人，台灣來的，香港來的都有，但是大部份都被認爲是右派，至少左派還沒有表面化。運動醞釀了兩個月後，「一．二九」示威遊行，國民黨分裂出去，不參加了。而老左派那一批人則一直認爲這個運動是右派搞的，根本不參加，等到四月十日華盛頓遊行之後，左派中才有人以個人身份參加，到了在布朗大學和密西根大學的國是會議以後，左派才正式投入。

記得那時，紐約的雜誌協會舉辦座談會，地點是在白少康家。那天從波士頓下來的有余珍珠、胡比樂；沈平、李德怡從普林斯頓來。李德怡等「大風社」的朋友對釣魚台這個問題已很清楚，就在會上把問題提出來談，談完後決定在紐約再開一次大會。一九七〇年十二月初，開了大會，來參加的人很多。普林斯頓大學的人是有備而來，當場將了紐約一軍。他們決定要在紐約遊行示威，問紐約來的人幹不幹。當然很多人聽到要遊行有點緊張，像我就從來沒參加過。不過大家年紀輕，雖然有些擔心，說幹也就幹了，於是成立「保衛釣魚台行動委員會」，搞宣傳，辦遊行登記，發動人來參加，成立聯絡小組，這樣紐約的保釣運動正式開始。主要的中心就在此地（舉行此次座談會的地方）哥倫比亞大學。

沈　平：「大風社」開了一次會散掉了，大家很灰。當時普林斯頓學生運動氣氛很濃厚，中國學生雖沒參與，但有一種感受，這種感受促使我們想多了解自己的國家，進一步去認識我們自己國家的近代史。這樣漸漸形成一週一次的討論，都在李德怡家。第三次聚在一起時，有人提出「明報月刊」上有篇關於釣魚台的文章，那是一九七〇年十二月份的。有人把釣魚台的事說出來，大家都感到氣憤，覺得應該讓更多人知道，於是就跟紐約的「雜誌協進社」聯絡，我們就到白紹康家跟大定談這件事情。這以前我們先起草寫了封信給台灣當局，我記得由李德怡執筆。他寫好，大家一看是「親愛的蔣總統先生」，覺得這樣不行，就改掉了。從白紹康家回普林斯頓後，我們就趕著弄出一份「釣魚台事件須知」的中、英文文稿。然後又在紐約開了一次會，成立了「紐約保衛釣魚台行動委員會」。

從現在看過去，我們覺得形勢大好，但當時我們要搞遊行這些事時並不這麼有信心。沒想到找人簽名支援保衛釣魚台的事，一下子一千五百多人簽了名，這就很鼓舞，這一來大家就感到在一個大行列中了。

現在回顧這個事件，釣魚台這件事還是沒解決，當時只是把這個問題提了出來。

保釣運動的思想根源

花俊雄：如果沒有美國的學生運動，不管是民權運動，或者反越戰運動，保釣運動要搞起來就比較困難。就拿遊行這件事來說，我們台灣來的從沒參加過，聽了就怕的，但是在匹茲堡見過 JOAN BATZ（美國名歌星，參加反越戰運動）帶頭五萬人的遊行場面後，心理的害怕就減低了。當時的情勢、氣氛確實是有利的。

那時台灣來的學生中已有幾股力量在動。有鑑於柏楊先生所說的醬缸情況，不少人體認到如果要回去做點事，靠個人恐怕不行，於是開始找有共同想法的人，大家一起來做。芝加哥林孝信在一九六八年便開始籌辦《科學月刊》，奔跑於各校院；「大風社」的成立，是取名自「大風歌」，由此可見他們的想法；另外還有《雜誌協會》。此外各校園也經常舉辦討論會，像我在匹茲堡大學就如此，討論會裡什麼題目都有，連男女愛情在內。就是這樣的討論會竟然很起作用。熱心討論會的人後來都是保釣的積極份子。

凡是美國學生運動鬧得兇的校園，都是保釣運動的基點，像西部柏克萊，中部麥地森，紐約的哥倫比亞。美國學生運動激發了我們的認同感，萌生強烈回歸的念頭。

沈　平：六〇年代的美國有一股潮流，就是尋求自我，我自己的 IDENTITY，這也影響我們。香港來的留學生在 BERKELEY 辦雜誌，寫文章頗有尋求的味道。台灣來的學生反抗性比較大，我記得在普大圖書館，常見一位台灣來的同學穿著短褲、拖鞋，坐在地板上讀《人民日報》。這個人現在在台灣，他的名字就不提了。這種反抗行為的後面都包藏一份關心，對我們國家社會的關心，是因為感到隔絕，在尋求聯繫。

B先生：那時柏克萊的情況有點不一樣，搞釣運帶頭的是台灣來的學生，在下面做事推動的是香港來的，他們有些是有組織搞馬列主義工作的。

H女士：麥地森主要是程明怡在推動，怎麼起來的我不知道。參加保釣運動以前我已參加美國學生的反戰運動。我參加釣運較晚，幫助程明怡做。我們那也是 S. D. S.（STUDENT FOR A DEMOCRATIC SOCIETY）勢力很大，是個反戰中心。美國學生運動起了很大推動力。香港同學也參加，但不是主要動力。

C先生：我覺得參加釣運有四種人：一種是發起人，「大風社」也好，《科學月刊》也好；另一種人，最後進來的，是老左派，就是六五、六六年已很積極的左派；第三種就像余珍珠、廖約克等波士頓那些人，他們早有自己的組織，在當地社區做服務工作，研讀魯迅，唱國際歌，他們早已不承認台灣的政權；第四種人就是受了台灣方面的衝擊，較早左傾，有些就像王春生這樣參加美國反越戰的學生運動，他們也在釣運後期加入。整個釣運的成員是這四種人的混合體。帶頭唱戲的人都在學生運動高潮的地方才能唱，如柏克萊、哥倫比亞。其實比較激進是下頭的人。這是一個大潮流，像我來了美國兩年，在我看《科學月刊》這樣的工作是右派，而像香港來的有學習會，做了些事，就覺得比較有道理。實際上釣運一直是兩個層面在推動。

美國的言論自由運動（FREEDOM OF SPEECH MOVEMENT），也造成一種解禁，對中國感到新奇。中國對他們產生很大吸引力。六七年及六八年，小紅書是暢銷書。

帶有濃厚的理想主義

A先生：我要強調一點，當時參加釣運的人，不論台灣來、香港來，都是比較崇高的理想主義者，都很單純，沒有人是爲了自己的利益。大家拋棄了自己的利益來參加。今天，台灣來的、大陸來的，大概都做不到這一點了。

沈　平：A先生講得很對。我記得當時有些朋友帶了耳機聽《白毛女》，邊聽邊流淚。這是覺得自己國家不但多苦多難，而且許多歷史上正義的事情被曲解。

真的，開始時絕大多數參加的人都沒有政治色彩，只是民族感情、愛國思想。但這現象很快有了轉變，這都是由於台灣派出來疏導的官員，像姚舜、王朋等所促成。比如姚舜在哥大舉辦的會上，有人要講話，他就要人家報名，他一點也沒認識到大家感情那麼強烈。那種情形下，大家只有進沒有退，要報名就報名，名字一報出來就成了黑名單上人物，打成左派了，打成「反政府」了，再不跟台灣有來往了。

王朋在加州還說什麼「釣魚台這種事，我們只要沾到點油頭就好了」的話。我們已感到委曲的民族感情，就覺得容不得了。王朋的言論對大家反感的情緒是火上加油。

還有我當時聽到一些左派術語還是很吃驚，像帝國主義啊什麼的聽了很刺激。不過最刺激是第一次看到《戰報》時，所有的術語都在上頭了，震驚的不得了。這以後免了疫，看什麼術語都不怕了。我到今天還留了兩份《戰報》。

A先生：中國的學生運動，「一·二九」、「五·四」以來，都有一個共同點，就是都會叫出「外抗強權，內除國賊」的口號。如果沒有這個口號就不是學生運動。

釣運變激烈的重大因素是拜國民黨之賜。

花俊雄：我覺得中國文化大革命也有很大影響。我在的匹茲堡大學算比較保守的，但學生宿舍中還可以看見毛澤東像的大 POSTER。本來感到我們中國人非常窩囊，文革起來後中國人的形象提昇了。記得一九六八年我還在台灣，我一個朋友在東京明治大學，他和我一樣是貧苦人家的出身，他給我寫信談到東京大學生鬧得很厲害，東京大學的大門上寫著「造反有理」，示威遊行時用大的紅色三角旗，旗上寫著「毛澤東思想萬歲」。他信中說看到這一切很激動，我讀他的信時也很激動。文革對當時全世界的青年都很有影響。

也是因爲這樣，有了安娜堡的五條的通過。一個暑假各地國是討論會都一片左了。誰敢說中國有一點點不對的地方。我記得很清楚，「大風社」的幾個人在安娜堡聚談，有人提出說：我們認同社會主義，沒有錯，但社會主義中國有什麼缺點也該提出來談。沒有人贊成，大家認爲社會主義中國做了那麼多事，受了那麼多誤解，現在要讓人認清楚他還來不及，那裡還可以再批評。於是張系國說，那你們走你們的陽關道，我走我的獨木橋。後來他就辦《野草》去了。

沈平：大家認同社會主義中國，和當時情勢有關。尼克森宣佈要訪華，就開始政治化了。有普林斯頓開會那次，有這麼一種情況，突然許多左派參加進來，他們這些人思想一致。他們一來，有些人就退出了。左派在歷史上比我們知道多，而且魯迅的著作隨口精確引用。四月的遊行上一切情形就改變了。

花俊雄：尼克森是美國的極右派，反共到底的人，他要訪問中國，他面臨困境：怎麼扭轉民眾對他這次訪問的看法。於是國務院就下了個命令，要所有大、中、小學校普遍的舉行認識中國的節目。因此，《東方紅》在各校園放演。這個大型的歌舞歷史劇太感動人，大家看的哭啊。後來又放「如何把淮河治好」。

L女士：我覺得保釣運動的推展，有兩件事的發生起了催化的作用。一是尼克森訪華，另一則是第一批留學生的去大陸訪問，他們一共五個人，有在座的王春生、王正方，沒出席的陳治利、李我炎和我去世了的丈夫陳恒次。

紐約在運動中一直是先進的。我在的伊利諾大學則不一樣。我們那裡很保守，一九七〇年時，所有思想偏左的人都採低姿態，一切隱而不露。

記得有一次伊朗同學在校院放《東方紅》，大家互相電話通知。但是國民黨打報告的傢伙，一個個通知，叫大家不能去看，否則名字報告回台灣就別再想回去。他這樣威脅大家，大家很氣罵三字經，說他自己可以去看憑什麼人家不行。後來大家又打電話相約多點人去，這樣看他報告怎樣打。那天很多中國同學都在燈黑後入場，記得影片結束時是唱國際歌，伊朗學生都站起來唱，我們不知不覺也跟著站起來，大家淚流滿面。

尼克森訪問時電視的報導，打小報告的人束手無策了，大家看得到了第二天都在實驗室打瞌睡。電視上報導都是相當好的一面，至少跟台灣宣傳的大不同。而且也令我們心中興起一個想法：那是我們的國家，爲什麼尼克森能去，我們反不能去？從那時有人有了要去中國的念頭。

第一批去中國還悄悄去，但事瞞不了，被《中央日報》登了出來。雖然起了嚇阻作用，但也不盡然，因爲第二年就有台灣來的人公開去了。

釣運裡面左派力量能顯出來，一個很大原因是台灣方面的懦弱。我們大多數人最初去芝加哥參加遊行，只有一個念頭，就是覺得我們的領土不可被侵占，並不是政治上有認識有什麼傾向。那天很冷，我抱著大兒子，但心裡面很激動，每一句口號都從內心叫出來。現在我已四十歲了，回想有過這麼一段經驗，我認爲是最可珍貴的。

B先生：剛剛L女士說他們那裡，由於尼克森一訪華，把運動推進了。我在柏克萊情形不一樣，尼克森一訪華，一個朋友，他今天不在場，就說：完了，運動死掉了。

保釣以前，柏克萊的一些保釣激進份子也是打打麻將什麼的。保釣一起來，自然而然不搞這些了。保釣運動像分水嶺，這以前大家結婚一定去教堂，後來就不了，有些過激的還掛紅旗，或在蛋糕上畫個拳頭。保釣的那段時期，你只要聽一個人唱什麼歌，就可以判斷他的政治立場。過激的一些人也反對個人成名成家，所以說要「打倒博士買辦集團」，應該把更大多數的人，不管是賣包子的、推車子的全團結在一起，這樣才能發揮出力量。當時說「十億工農為後盾」，就這個意思。剛剛大家思想文化方面談的很少。保釣起來後，文化活動很蓬勃。那時柏克萊每個週末都有活動，座談哪，放電影啊，電影當然是中國的，《青松嶺》啊這類樣板戲，還自己來演話劇，演過《雷雨》、《日出》、《桂蓉媳婦》。

另外三條主線貫穿在運動中：一是反政府，反對台灣的不民主，反對台灣妄自切斷中國的歷史。這是由於大家來美國，看到此地相對來說比較先進，尊重個人，較為民主，確實比較健康。二、是民族主義抬頭，多接觸到近代中國的事物後，看到勞動人民一草一木建設了我們的國家，我們自己在這一切的外面，沒出過一點力氣，油然而生一種慚愧的感覺。三、是反資本主義，這與情勢有關，大家當時在此都感到像一個個小螺絲釘，有很強烈的疏離感。

我們今天在這裡回顧這一切，我覺得並不是以一種「白頭宮女話天寶遺事」的心情，我感到這條路還沒走完，還要走下去。

出於關心社會的熱忱

王　渝：聽了剛才很多人所講的，我覺得芝加哥地區跟紐約、柏克萊不一樣，有它自己的特性。我說的芝加哥是指芝大校園。這裡中國留學生園中的風氣非常樸素，發生保釣以前也沒有什麼打麻將的事。校園中同學相處很融洽，後來由於辦《科學月刊》的緣故，大家更親近一些。也許是一種巧合，這樣一群台灣來的留學生碰到了一起。在保釣發生前，這裡的活動都傾向關心人，關心我們所從出的社會，所以大家聚合在一起辦《科學月刊》、《兒童月刊》和給本地小朋友學中文參考的《小讀者》半月刊。另外還有些人就長期支援台灣某個礦區的學生。也許由於相處好，又一同做些事，同學間互相很信任，釣魚台的事一發生，幾乎大家都參加，當然也有國民黨的忠貞份子。不過，大家認爲愛國是好事，是光明正大的事，什麼國民黨不國民黨也不在乎它。

也就是說大家最初參加保釣，是完全基於單純民族主義出發的愛國心，是一致同時行動的，帶頭的人本身也就是群眾中的一份子。

因爲風氣樸素，別地校園中有的麻將、跳舞，我們都沒有，我們不是辦雜誌就是聚在一起座談，所以保釣事件發生，大家一同參加是順理成章，水到渠成。

我們那裡也有幾位老左，和大家都很好。不過，在保釣運動中並不曾起特別的帶頭或推動的作用。校園中對同學最影響的二林——林孝信和林少達都是生活很簡樸，有什麼事都搶著先做的人，兩個人都很像苦行僧。

夏沛然：芝加哥的老左有他們自己的學習會、討論會。就整個的保釣來講，他們只以個人身份參加，所以不發生什麼影響。他們反而是多跟外面聯絡；去跟麥地森、去跟紐約、去跟柏克萊等聯絡。芝加哥大學在釣運中是既被左邊打，又被右邊打。可是芝大的地點好，要搞遊行，國民黨領事館在這裡，就非得在此舉行；要去支援華盛頓，或紐約遊行也得在芝加哥集合。因此，芝加哥保釣會總還是一個運動的中心點。

于中原：我起先在芝加哥，後來去了波士頓。記得保釣以前芝大校園就常舉辦座談會，邵玉銘（現任台灣國際關係研究所所長）常來參加，很起勁，還有一個跟他一樣的國民黨，叫趙林的也參加。這也說明芝加哥的情形很單純。剛才大家談到的什麼老左，當時沒有什麼影響力的。從釣運經過國是大會發展成統運，基本上是民族主義愛國心激發的，是知識份子關心國是的行動表現。後來由於國民黨的作爲太令人失望，又有一些做法就把大家往左推，自然而然就傾向大陸去了。

沈　平：釣運發展成統運以後，絕大多數人所做的是介紹中國的工作。漸漸可以看出四種行爲。這些行動當然不是一天造成，以前隱隱約約點點滴滴地在做，統運以後則蔚然成風。

第一種最明顯了，絕大多數人做，就是辦雜誌，放電影。

第二種是走向社區，到中國城做服務行工作。

第三種是回歸，像有些香港來的回到香港辦漁民學校，有少數人就回中國定居，貢獻所學。

第四種是很少數人，他們走上左派積極活動的路，跟美國馬列黨掛上鈎。

D女士：我是在洛杉磯開始參加釣運，當地算是比較「落後」的地方，大家不外辦郊遊、跳舞，但另一方面大家模模糊糊感到不滿，是不自覺的一群。大概極大多數人也就是如此。

釣運剛開始時受到「大風社」的一些影響，以後就自然而然擴大發展。漸漸形成兩個現象：一個是跟隨國民黨的決裂；一個是思想上的決裂。

除了這一群不自覺的多數，還有少數自覺加入的人。這少數因爲有組織，所以造成影響。他們帶進了「內除國賊，外抗強權」的口號。

「內除國賊」就形成跟國民黨的決裂。記得第一次洛城遊行，有人穿高跟鞋，有人喝可口可樂，遊行目的不過是向國民政府請願。第二次氣氛就全變了，把國民黨領事叫到公園來，對他問話就不客氣，很兇了。

思想也跟著這些行動產生決裂。本來大家都自認是台灣出來的 ELITE，將來要回去解救台灣的，漸漸成名成家的觀念消除，從學習討論中認識到知識份子沒什麼了不起，開始向工人、農人認同。

釣運就像國民黨趕魚

王正方：費城人少，是普林斯頓和紐約的附庸。費城釣運的起來、發展也跟其他地方差不多。從當地亞裔學生運動開始，後來和普林斯頓的大左派胡比樂掛上了鈎，越走越左。也和德拉瓦大學聯繫上，我們的副州長先生吳仙標在那裡是很活躍的。左到後來就打出了紅旗。

現在來回顧往事，我要提出一點，密西根國是會議上提出五項原則，要打出紅旗，引起鬥爭用投票解決，這些事並不是自覺的，而是有關方面有所指示的。這方面我是確實知道，他是說：這個時候嘛該表明立場啦，中國人老話嘛，名不正言不順。這就是他們那種邏輯。中國人說話也都要三個字，四個字一句，並押韻。會場中還有人執行這項指示。

我有個很妙的感想，這也是老話了。釣運就像國民黨趕魚，把魚趕到那裡，一放水，魚全死了。誰放的水哩？這就不好講了。

對我來講，釣運是個最重要、最重要的人生經驗。是不是最愉快就不敢說了。當時參加的大多數人都是自動自發、無知、充滿了理想。恐怕還是台灣中學、大學教育給大家的一個「歷史包袱」。現在大陸和台灣的學生沒這個包袱了，很輕鬆地丟掉了。我們那時還很相信「國家興亡，匹夫有責」，有了一個問題，大家都上去了。我們這樣的，恐怕也是最後一批了，確實是完全無私的。除了很少數，沒有一個政客，包括今天在座的各位都不是。政客今天就不會來了。後來國民黨玩政治，共產黨也玩政治，我們就無所適從。運動就這麼過去了。我覺得很遺憾，一個很好的用意到了最後實際現實社會中，就像國民黨所說的「做了別人的政治工具」。對我們來說沒有什麼損失，他們想把我們當工具來玩來耍，不過他們也沒達到什麼目的。

H女士：我們因爲參加反越戰運動，覺得應該承認中華人民共和國是合法政府。我們參加釣運，推動釣運，但後面絕沒人主使。這實在是一個民族主義出發，自覺自動自發的群眾愛國運動。我不覺得有什麼老左在後面推。

鄒寧遠：不管有什麼運動起來，各種政治團體都想插手，這是很自然的事。

沈　平：剛剛D女士講的，我還有點補充。當我們開始有意識地去認識中國大陸以後，思想上確實起了改變。讀五．四時的作品，像巴金、魯迅等人的書；讀韓丁的《翻身》；韓倞的《出現》；讀《西行漫記》；讀《活在新中國十五年》，這對我們影響很大，有人開始放棄學業，「讀書無用論」發生一定作用。我們真正徹底轉了個方向，真心認爲知識份子不算什麼。於是出現不少家庭鬥爭。我覺得中國進入聯合國，中國代表團來了以後，對運動有所改變。運動發展以來，隱約間有一種希望有個領導的需求，因爲有了領導就可以團結，就能步調一致。代表團一來自然而然就被當做了領導，有人有事就要去找李文泉了。恐怕當初李文泉也有點莫名其妙。有人聽了李文泉講什麼就當聖旨來傳。從此開會再有的爭論，就都不一樣了，都變了，焦點不一樣了。

不是最後一批理想主義者

花俊雄：釣運能發展和我們長久以來「反日」情緒有關，我們吃日本的虧太大，仇日心理深重。我沒有把我們放在一種很高的地位，說我們是「最後一代的理想主義者」。我不是這樣看，歷史不是這樣發展。

參加釣運，我從沒覺得有什麼損失，即使後來學位也不要啦。因爲參加這個運動，把我這個人改變了。最要緊的是我學到了敢講敢幹，而且比較投入了社會。我們以前認同共產黨，文革的種種，現在都造成了今天的尷尬。我們一心嚮往的文革，被中國徹底否定；越戰的後果；柬共的作爲又是這麼叫人痛心。許多文革提出的口號，我今天想起還很溫暖。但是我們這種困境應該重新好好檢討，重新總結，重新認識。我們那時心中的中國是十全十美。記得李我焱從中國回來說，他在中國只看見兩隻蒼蠅，一隻被他打死了。我是說我們，當然包括我自己在內，都有過過激的言論，現在回想起來容或可笑，但我絕對不感到可恥。

如果我們不放棄對人的關心與投入，我想我們好好檢討，重新認識，我們可以找到著力點，可發揮一些餘熱。

于中原：參加釣運統運的經驗，使我們從浪漫到成熟，這中間付出代價，也學到了做人做事。從浪漫愛國主義的運動中，我發現浪漫容易流於空洞、不實際。因爲不實際，那時會配合國內文革打紅旗，變得教條。今後在執著理想的同時就會反省，重視現實，以便創造條件。

沈　平：認同中國，我們有些人回到國內後，才發現對我們海外搞這些運動的事，國內一般人根本不贊同，覺得你們那麼好的條件，搞什麼運動。他們最恨就是運動。這個發現真是個震撼。「四人幫」倒台後，中國種種使許多人陷入迷茫，我自己就迷茫極了，連問題都不知道要怎麼問了。

從近代史來看，中國一直有兩股運動：洋務運動和農民運動，後者以義和團運動爲代表。我們來美留學是洋務運動的一個結果，我們卻又因爲參與釣運而走向另一股運動。今天大陸上學生搞遊行，演話劇「WM（我們）」，這些都表示這股潮流還在。

我來美國較早，一九五九就來了，拿今天此地的華人與六〇年代來比較，是有不同，今天大家敢講話，敢爭取自己的利益，敢和白人鬥爭了。這些還是多少受了釣運的影響所致。

左派未在幕後操縱

E先生：關於所謂左派，我想是相對的講法。有一些人在釣運起來以前，因爲愛國，想要了解中國，包括台灣和大陸。於是很有一些人在這個運動以前，就有一些聯繫，一些學習。我認爲釣運是一個自發的愛國運動。它的最重要起因是因爲國民黨有喪權辱國的事，因此有愛國知識份子起來反抗。釣運的起來不是因爲有左派推動。假如有左派，左派是愛國的，有民族主義色彩，參加這個運動是很自然的。也許由於他們過去有聯絡網，有一點經驗，也比較認識到這個社會並非想像的開放，可能給人鬼鬼祟祟之感。這些人在旁吹風點火，比較有組織進行聯絡，是有的，很自然的。可是釣運不是一個左派運動，是個知識份子的愛國運動。

左派對釣運的關係，我想並不是這些人有個指揮部，有步驟要如何如何。事實上是運動發展到一個情況，很多人認識了中國，發現國民黨宣傳的荒謬，就反而認爲那邊一切至善至美。運動從自發狀況演變成向左轉，誰也擋不住。當然後來也有人發現那邊並非一切完美，有人失望了，有人甚至覺得人的面孔後面是一個野蠻人。

運動中有人想要予以影響，是難免的。有些政治上純潔的、幼稚的就會受影響。因此產生一些奇奇怪怪現象。這個運動到後來有局限性，也是必然的，總是有開始，有結束。我不覺得這個運動是失敗的，它的影響很深。事實上從中國一百多年的歷史來看，在大陸以外的地區，進行的不管是學生運動或群眾運動也好，大概這是最大的，在歷史上誰也不能否認的事實。它的影響不僅在此地，也影響到台灣。這個運動是知識份子對國民黨以及對中國的一個反應，他們想了解自己的國家、民族發展過程的強烈感情。參加這個運動的人都是感情真摯，我想左派沒有要操縱，所以給人有這種印象，恐怕是由於有些人做事方法不好。

再有釣運還會參加

王正方：我講兩個自己的感想。

我覺得非常幸運參加這個運動，如果我還這麼年輕，還有這麼一個運動，我還會參加。在運動中獲益最多是使我對自己了解加深，知道我可以做什麼，不可以做什麼，做什麼可以做的最好。

另一個值得慶幸的是，保釣運動是唯一在一個人生經驗裡面，可以提供一個機會，最短期間遇到一群最值得的好朋友，那種彼此間的交流、感覺是外人無法理解的。我覺得這批人還在，還有一個共同的相近想法。這些人也還想做些事，就看以後怎麼進行，至於怎麼做，怎麼計劃，大家也許可以討論。

我和王春生以前合寫的那本書，我因爲不是記者，所以不客觀，其中有許多溢美之詞，那是因爲我先有了結論才去找證據的，是主題先行的。你如果把它當記者性的真實報導，那就錯了。可是有一個東西，我現在還承認，我覺得我們一九七一年看到的，雖然是有安排的假象，但我們確實看到了社會主義的朝氣。抱歉的是我不知道那已是強弩之末，我還當著一個開始哩。這種社會主義朝氣，以後去再沒看到。會不會再有呢？我不知道。

M女士：來到美國我就自然會找機會多看關於中國的東西，對台灣《中央日報》上關於大陸的報導開始懷疑。參加釣運以後，大家一起認真學習有關中國的一切，就覺得以前在台灣是被蒙蔽了，於是反而對中國大陸生出幻想，完全成了一見鍾情，完全是ROMANTIC的想法。不過，我也不後悔，總是年輕過，有過激情。

很有意思的是，我跟台灣來的年輕朋友聊天，一談到保釣他們很好奇，而且很羡慕我們早生十年有這機會。而我跟大陸來的，經過文革的一些朋友談及保釣運動，他們很冷淡，沒興趣，有的只是感到奇怪我們竟會在海外搞出這麼一場事。

我很希望大家能討論一下，我們今後還能一起做些什麼。

為了運動犧牲很大

N先生：參加釣運的朋友中我可能是年紀比較大的。王正方說做了人家工具也沒什麼損失。這對我來講不一樣。參加運動對我們家來說是造成了很大的壓力。

我年紀比較大，在大陸上時看到過當時的學生運動，對我多少有些影響。釣運讓我看到，在台灣那麼封閉的社會，禁了許多書，結果你們這些比我年輕的卻衝得破，敢做，敢講，這使我體認到：強權蓋不住真理。

從釣運到統運到今天，我對中國有很大失望，這種失望也帶給我家庭中更大的壓力。

這次接到《台灣與世界》來開這個會的通知時，我正碰到幾位剛從台灣來的留學生。他們對釣運一無所知，他們說他們從沒碰到過一個參加釣運的人。不過，他們讀過張系國寫釣運的小說，讀過也沒弄清楚是怎麼一回事。他們對這個時代感到沉悶。就這點，我感到他們畢竟是年輕而有熱情的。剛剛不少人說我們是最後的理想主義，我想不這麼悲觀吧。

F女士：釣運是一個多數人的運動，包容性很大。它是知識份子希望有一個強大有主權為人民的政府，一起的行動表現。釣運轉變成統運以後，不一樣了，有了政治取向。釣運形成一個很大的效果，就是由於這個運動，把許多有心想做點事的人都聚合到一起，又按各自的理想、能力形成各種組合去做一些事。

A先生：釣運能成功，應了一句中國的老話，天時、地利、人和統統都有。也許人和最差一點，天時最強。大家都說到釣運是個學生運動，從歷史上來看沒有一個學生運動能一直延續下去。學生成了不是學生了就不能繼續了，也超出了單純性。

國民黨處理不當才愈演愈烈

夏沛然：釣運當初能擴展成那麼大，遊行那麼多人參加，人和是很重要因素。最初目標單純：保衛釣魚台是愛國的。後來，有各種政治派別進來以後，人和就成了一個很差的因素。慢慢越搞越沒落，就是因為裡面的派系、意識型態，人和人之間的猜疑、鬥爭所致。後來，這運動絕對搞不下去。其實這也是歷史上學生運動、群眾運動、農民運動，革命政黨裡面一個共同特點，政治目標不同之後，團體內部的分裂表現在人的身上就形成解體。

在美國的釣運之所以搞成那麼激烈，國民黨的處置不當是個最重要的因素。台北表現不好，國民黨黨員在校園的表現是最直接的因素，打小報告啦，在人家汽車油箱裡放糖啦，或者半夜給人打恐嚇電話。那時國民黨特務和美國聯邦調查局都有關聯，芝加哥登記遊行的同學，就半夜被 FBI 搜家抓走，說他是收藏大麻。國民黨職業學生的表現，雖嚇住了一些人，但也造成反感。任何一個政權，如何處置學生運動是對他的一個考驗。

D女士：現在我們常聽到人說釣運失敗了，或者參加過的人灰了心什麼的。這是爲什麼？我想因爲運動發展到後來，處處自動配合中國的步驟，替中國做宣傳，把中國說得好的不得了。一九七六年以後，中國對自己以前所肯定的，全推翻了，加以否定，這一來釣運中的人無所適從了，造成許多人的消沉失望。

我個人覺得這麼多人，參加在一起，爲了達到一個目標共同做了一些事。光這個經驗就是很可貴的。

F先生：我是覺得我們還是太妄自菲薄了。過去在運動裡，對自己的力量、所作所爲估計不清楚。當然也由於沒有經驗，很容易被人家利用，牽著鼻子走。可是事實上這個運動有長遠的影響力在那裡，誰也不能把它推翻掉。我相信這個影響會繼續下去，只要一天中國的發展是引狼入室，是賣國的話，那麼海外的知識份子就還會起來，那時因爲汲取了過去的經驗，會把事情做的更成熟，不犯過去那種一廂情願的錯誤。這個運動並沒有到此爲止，而是轉換成另外的形勢，時機成熟時會再出現的。

釣運是成功抑失敗？

K先生：一九七〇年這裡搞得亂七八糟時，我在台灣比較鄉村的地方，有天去郊遊，碰到一個台灣大學的香港學生，他提到要去搞保釣運動的開會、遊行。那時對我們來說，這一切都很遙遠。台灣的保釣香港僑生很積極。

我有不少同學後來都參加黨外活動，對我們這些人來講，保釣沒有直接影響。但到後來我覺得對民族主義，鄉土文學論戰有影響的書影響了我們，這樣看，也還是有影響。後來我們同學參加黨外，我們想用社會主義來看台灣問題，也是受了影響所致。

我認爲海外的保釣是失敗了。你們有很多人當年會想到認同中國，而且有風派的熱情，可是現在很多是統一派的卻羞於承認自己是統一派，在報社也是這樣，右派記者都用真名實姓，爲什麼一到左派報紙就用筆名。這種做法好像是不敢接受自己的信念。爲什麼要隱藏？人家說看不到保釣的人，真的看不到。本來是少數，那個年代我想更多是國民黨右派。

A先生：這個你講的不對。當時我們是極大派，國民黨是小派。當時那個人敢承認是國民黨，是一個恥辱，我們左派是一個光榮。

當時每一個留學生都被運動波及。只是有的參加了遊行，有的沒有。

G女士：我是一九七一年進大學。當時最大一個 SHOCK 是在報上看到「徐守騰去大陸」，（有人說：徐守騰從沒去過大陸）台灣學生寫血書。

後來就有王杏慶、王復蘇推動學生要走入社會的活動，大家開始寒暑假參加服務隊。我也是這樣參加山地服務隊等等活動。假如沒有保釣的衝擊，我上大學可能就是跳跳舞、去郊遊什麼的。可是，至少我們做了比較有意義的事，也接觸到本來不知的社會層面，像山地同胞、礦工等。這些對我的影響還是很大。像我現在人在這裡，心還是掛在台灣。

保釣並非對台灣沒影響，只是不那麼直接。

我有點感慨，我在台灣看過《七十年代》，也看過《戰報》。後來出國有個很大的願望，就是來看看海外的學生運動。可是我七七年來到這裡，最初校園還偶而有座談會，後來什麼也沒有了，也碰不到參加過釣運的人。爲什麼一個轟轟烈烈的學生運動就不見了哩？剛剛大家說是受了大陸的影響，我覺得不盡然，也許是運動本身的問題。

沈平：當時對中國的看法都不切實際。後來重新來認識中國和美國。我也去大陸參觀，發現完全不是這麼一回事，這個打擊很大。自己很有信心向人家宣傳的，原來是個虛幻。怎麼還有膽子再跟人家開口？自己腦子中也一片混亂，對社會主義的概念重新來整理。需要重新再來認識一切。

王正方：美國的保釣，是外國留學生在外國校院，爲了一些問題起了的串連活動，像起了一陣風，根源在那裡呢？一九七一年開始的學生運動，你一九七七年來找，還有幾個學生呢？如果還是學生，那是職業學生啦！

我剛剛說根源在那裡，有的同學去了華埠，或者白人社區，也搞不下去了。唯一能歸起來就是台灣或大陸。從美國要歸到台灣或大陸，就成了虛的。左的人把根源歸到大陸，後來發現是幻覺，這一下使命感全沒有了。大家各地做事去了，校園的人也不同了，自然就結束了。

左派運動的失敗

W先生：剛剛大家講到海外保釣的成功還是失敗。如果像大家講的海外保釣運動，主流是愛國主義、民族主義，再加上美國式的民主，以及所謂理想主義，這種理想主義是指小資產階級知識份子幻想主義，那它是成功的。因爲它基本上看中國的發展，隨著他的脈博跳動，完成了它的愛國主義與民族主義的使命。

這個運動的失敗是對左派，那些少數人而言。這種左派與統一式左派是有分別的，跟中共也有不同。如果有這樣左派的話，他們是失敗的。也不光是這一類左派，是當時世界性馬克思主義左派都失敗。當時整個世界性學生造反運動背景是馬克思主義。

台灣的保釣運動是香港去的學生帶動，他們混雜了中國民族主義和毛派思想。他們把毛派思想隱藏起來，但是我們是知道的。他們點燃運動，但國民黨勢力較大，透過救國團把保釣運動接收了，後來就不成其爲運動了。

但台灣的釣魚台運動也產生一些影響，像民族主義、鄉土文學和《大學雜誌》後期對國是的關心。這三樣加起來形成對台灣黨外運動的影響。

這是一點感想。另有一個疑問。各位都是來自台灣，由於民族主義、愛國主義，以及美國學生運動的衝擊，有了反省，不管怎樣反省，其實根源是來自台灣。今天的座談會也是由《台灣與世界》主辦。可是大家談了半天，主題沒聯繫到台灣，重心放在大陸。沒有批判台灣，也沒批判美國，也沒批判大陸。各位口口聲聲說保釣運動是個左派運動，在我看來不是。如果是左派運動，在美國應可以繼續戰鬥，可以批判台灣，對大陸樂觀也要有基礎，應該也是馬克思主義的。

H女士：我講自己是左派。但在工作的方法上，是不是要打一面紅旗？對學生運動看法要正確，是不是它要變成有步驟有組織？我想不可能。但從這個運動有各種人才走出來，各個有不同的取向。如果以此來總結，而認爲六〇年代、七〇年代馬克思主義的所有運動都是失敗。我想也不能這樣講。思想混亂有，就是說從一個比較理想化，然後經過比較成熟過程、總結，不能當做失敗。對於台灣、中國我都比較樂觀。現在菲律賓的情況很明顯，台灣也許還沒到同樣程度。

從七四年回過中國之後，我沒再回去，同一些陸續回去的人談了之後，也覺得中國還在摸索中。大家都要經過一定的過程，不然像我們以前那樣浪漫容易變成一廂情願。

A先生：記得保釣開始時說過一句話：釣魚台一天不收回，我們就一天不干休。從這觀點看，這個運動是失敗了。從另外一方面來講，像釣魚台運動這樣的學生運動是旨在喚起民眾，讓大家對帝國主義認識、資本主義認識、社會主義認識。從這個觀點來看呢，對當時年輕人是很成功的。對我們這些人積極參加的人則更成功一點，把我們身上的小資產階級、中產階級、買辦階級的迷夢打死。世界觀是否完全改變，不敢說，但是相當成功。任何一個學生運動不可能永遠持續下去，所以不要從這個觀點看。

（《台灣與世界》，一九八六年六月）

十、人生自是有情痴

——我們所認識的程君復教授

方方 紅艷

今年伊始，伴隨台灣地方領導人大選的臨近，一波波台獨與反台獨的鬥爭愈演愈烈。於此同時，針對全球華人反獨促統聯盟主席程君復教授的各種人身攻擊也就勢而起，連番襲來。綜觀對程教授的種種攻擊，擇其要者有二：一、只因程君復教授在評論已故毛澤東主席的歷史地位與功過是非上，與高文謙先生的觀點迥異，認識有別，便招來高先生等人的「春秋大筆」，無端指責「程自恃背後有人撐腰，儼然以中華民族的海外族長自居」；並試圖挑撥離間，借刀殺人，冠以「程君復明捧毛實貶鄧」、「尊毛復古」之惡名；進而窮追詰問「程君復憑什麼資格代表中國人？」、「選擇程君復之流充當頭面人物，在海外組織反獨促統的隊伍，到頭來只會自壞長城，落得個孤家寡人。」二、在一次由他積極參與、組織、協辦的一次民間迎春晚會上，程教授拒絕未被大會組織者親自邀請的媒體「新唐人」電視台的記者在幕間休息時採訪表演者。此事隨即被人打報告到賓州政府、費城市政府、中國駐紐約總領館，以及天普大學校長等處。甚至，連他堂堂正正，任職於天普大學長達三十年的歷史和職稱竟然被篡改爲「天普大學的臨時講師」。

作爲認識程教授的一群天普大學的普通學生，和所有的讀者一樣，我們對程教授被奚落到「天普大學的臨時講師」，被質問「程君復憑什麼資格代表中國人？」，示警「選擇程君復之流充當頭面人物，在海外組織反獨促統的隊伍，到頭來只會自壞長城，落得個孤家寡人」，一事感到震驚，匪夷所思。據此，我們願將自己所認識、了解的程君復教授介紹給公眾，請大家用自己的心來判斷。

程教授出生於江蘇南京，在抗戰中輾轉到四川重慶，四十年代末隨同父母到了台灣。他的父母與國民黨、「國民政府」淵源較深。他先後畢業於台北國語實驗小學和建國中學，就讀東吳大學法律系兩年級之際，隨家人移民美國。程教授雖然在台灣的歲月不算很長，但是對台灣感情很深，至今他依然心情激動地感謝當時台灣的教育；「不但讓我學知識，學文化，而且學做人。影響最深的就是對中華民族、中華文化的認同和堅持。我是中國人，這感情，這信念，從小就滲透心靈。我雖是外省人，但我深愛台灣。同時，我的生於台灣、長於台灣的太太也和我一樣地熱愛台灣、熱愛中國、熱愛中華文化。」程教授多次說：「有人攻擊我，愛國是受了中共影響。不對！我熱愛祖國，希望兩岸早日統一的情感發端於幼年，也得益於國民黨、國民政府的啓蒙和教育。當然，不必諱言，中華人民共和國的巨大成就和崇高國際地位，使我身爲中國人更自豪，更熱愛祖國。」這就不難理解，他近年來爲何從心底裡真誠呼喊：「疼台灣，愛中國」。

來美後，他改讀數學，獲天普大學數學教育學博士學位。在大學畢業後他曾經在美軍中服役兩年。從一九七四年開始，他作爲美國天普大學的教授從事數學教育工作至今，長達三十年。從一九七四年至一九八四年，他擔任少數民族學院的副主任；從一九八七年至一九九七年，他擔任天普大學二十一世紀數學城市教學中心的主任。他特別關愛美國少數民族，曾經積極爲少數民族爭取接受大學教育的機會，爲了培養造就少數民族大學生，他參與費城教育局的工作。他還深入公立中學，提高賓州的數學教師素質，並提升學生數學程度。他的傑出工作使他多次獲得全美城市組織的教學一等獎。

他理應成爲一個埋頭數理的數學教授和學者；然而，他對人生的真諦有更深的感受和認識，最大最深的，就是對祖國的前途和命運的關切，對中華民族大義的使命感。研讀於書齋，絕不能「兩耳不聞窗外事，一心只讀數理書」。還在學生時代，他就積極參與美國的民權運動，爲美國少數民族爭取各項權利，使他在美國少數民族當中獲得崇高的權威。同時，耳聞目睹關乎國家民族前途的風風雨雨，即使他想完全鑽進書齋也不可能。一九七〇年，他積極參與保衛釣魚台運動，並參與組織了五千多海外留學生在華盛頓示威，迫使美國承認釣魚台的主權並不屬於日本。這次以「內抗國賊，外抗強權」爲口號，愛國主義爲主題的活動被周恩來總理譽爲「海外的五四運動」。爲推動中國加入聯合國，他參與領導、組織了數千名海外留學生衝破台灣國民黨政府的圍堵，聲援中國。

一九七二年他參與組織海外第一團「保釣人士」訪問中國大陸，此次訪問使他的愛國熱情空前昇華。當時許多保釣人士從中國大陸，感受到從來沒有過的作爲中國人的尊嚴感和自豪感。隨後，程教授在美國第一次組織播放了「東方紅」，第一次在北美大地成立中美友好協會，滿腔熱血地向美國人民介紹新中國。在他的孜孜不倦的努力下，天普大學成爲推動中美友好的策源地之一，爲中美建交做了大量的工作。同時，利用他自己與猶太人的傳統友誼，在中國與以色列建交的過程中他也付出了大量的心血。正因爲如此，一九七九年鄧小平訪美時，在他與牛滿江教授的積極運作下，鄧小平同志欣然接受了他一生中唯一的一個榮譽博士學位：天普大學法學博士。程教授用一個星期的時間才找到適合鄧小平穿的博士服，並在典禮上親手爲鄧小平穿上此博士服。爲了響應鄧小平的號召，程教授還運作組織了第一個美國教授代表團訪問中國，並讓天普大學接受了第一批來自中國的留學生，他在自己的家中接待了這批留學生。

一九八四年他深感祖國改革、開放、建設急需大批人才，毅然離開天普大學，到河南鄭州創辦了中國第一所中美合辦的大學：黃河大學。一九八五年除夕之夜，美國 ABC 將黃河大學的成立列爲當年的十大新聞，並做了特別專訪在全美播報。隨後，美國各大主流媒體竟相報導黃河大學。從一九八四年到一九九二年間，他的學生桃李滿天下，其中許許多多不同層次的專業人才服務於中國的軍事、外交、司法、教育、經貿等各行各業。在創辦黃河大學的過程中，他用盡了幾十年的積蓄六十萬美元。爲繼續黃河大學的事業以及支付自己子女上大學的學費，他在離開天普大學三年後又回到天普大學任教，擔任天普大學二十一世紀數學城市教學中心的主任。在他當主任的十年當中，每年他手裡的經費是一百一十萬美元，他每年暑假都要雇用二三十名中國留學生以及多名其它國家的留學生、在校生爲他工作，給他們支付全校最高的工資，並頂住校方的壓力把獎學金名額提供給中國留學生。當校方向他抗議，說他不應該雇用中國留學生並支付這麼高的工資時，他回答校方道：「我的工作之所以是全校最出色，正是因爲我雇用了這個學校裡最好的人才，他們應該得到這麼高的工資。」程教授學貫中西，在他擔任主任的十年中，工作成績斐然，每年他都因爲出色的工作成績得到學校和政府的嘉獎。直到現在，每天，當人們打開電視，都還能看到他的數學講座的錄像。

到九〇年代後期，台獨愈演愈烈，同時日本又在釣魚島不斷挑起事端。爲了爭取投入更多的精力到反獨促統以及保衛釣魚島等愛國的工作中來，程教授放棄了一次次的升遷機會，著意從教學一線工作中淡出，把盡可能多的時間和精力用於組織全球華人反獨促統聯盟這個民間組織。爲此，儘管他付出了巨大的代價，犧牲了家產、時間、精力，並且不時的受到來自官方的制約，更免不了受到諸如高文謙等先生們的指責與攻擊，終無怨無悔，真實乃「人生自是有情痴，此恨不關風和月」。

多年前，芝加哥著名愛國僑領陳濟明先生曾說：「程君復教授愛國至誠，容不得任何有損於祖國的言行，眼裡容不得一粒沙子，對當官的也直言不諱，即使得罪人也不怕。當然，世無完人。作爲全神全力獨自衝鋒陷陣的戰士，難免有時目不旁視、心不旁及、一心奔前，全神陷陣，橫刀暗箭不及提防，不免屢受損傷。他由此更悟出：真的智者，必須群策；真的勇士，力求群力。綜觀其一生，志士仁人們由衷敬佩，真誠支持，願與他一起群策群力。

對他畢生的努力，不光中國人民，連美國人民和美國政府都給與他高度的評價。因爲在美國這個對中國並不是十分了解的大環境中，程教授就像一個一往無前的鬥士，堅持他的理想，幾十年如一日地用他全部的精力，向美國主流社會宣傳中國，爲增進中美友好而奮鬥。由於完完全全符合美國人的價值觀、英雄觀，他們爭相授予程教授各種榮譽。江澤民總書記和克林頓總統在他們的任期內都曾經親筆寫信給程君復教授，感謝他對促進中美友好所做出的傑出貢獻。儘管如此，程教授仍是一個極其謙虛、平易隨和的人。當他事實上成爲海外愛國運動的一面旗幟，甚至連指責攻擊他的人都不得不承認他的影響力、號召力與巨大的效應時，他本人仍保持一如既往的樸實和平易近人。

對如是的程君復教授，高文謙諸公不甚了了，因觀點看法有別，不欲言同，也未嘗不可；然而，高先生卻卯足了勁，秉其「春秋大筆」，指責「程自恃背後有人撐腰，儼然以中華民族的海外族長自居。」我們真不知高先生如此突兀勃發之論有何根據，意欲何爲？高先生與程教授觀點看法之不同，原本始對已故毛澤東主席功過是非、歷史地位的評價。但讓世人始料不及，莫名驚詫的是高先生及其它諸公在回「奉」程教授的〈毛主席的智慧與遠見〉一文時，卻驟然文不對題。高文謙先生「奉陪」程文的大作題爲〈程君復明捧毛實貶鄧〉，但提綱挈領地把其攻擊的矛頭直指程教授所積極參與、組織與推動的全球華人反獨促統的鬥爭。這是否是因爲高先生諸公搏殺正酣，其B–52重型轟炸無處施展，另闢戰區；還是亮出新招，別有玄機？此實乃令我等晚輩書生費思不解。

大凡時常瀏覽中文報刊者，甚少不知由程君復教授參與、組織推動的「全球華人反獨促統」，「美東華人反獨促統」，「費城華人反獨促統」，「美東各界華人保釣行動委員會」，「反對日本軍國主義幽靈復活」等種種愛國活動。由程教授參與、組織一次次記者招待會，各種各樣的論壇和聲勢壯闊的集會、遊行、示威，樁樁件件都證明高文謙諸公所著意刻畫、編造的程君復教授將「自壞長城，落得個孤家寡人」的故事，堪稱世外奇音，太過離譜。如果人們不能順理成章，依照大眾的正常邏輯推斷高公諸人言不符實的根由，我們可否以其人之道，還治其人之身，借用高先生的邏輯，反向推論：一、高先生如此對程教授窮追不捨，到底是源於他與程評毛觀點不一的情結難消，還是「自恃背後有人撐腰」，欲把程教授在全球華人反獨促統鬥爭中的聲譽搞臭，甚至讓高先生鐵定的爲程撐腰的「中共當政者」也要對程教授在反獨促統鬥爭中的聲望、作用與「族長」地位進行三思？二、如果程教授所積極參與、組織、推動的反獨促統真的像高先生斷言的「選擇程君復之流充當頭面人物在海外組織『反獨促統』的隊伍，到頭來自壞長城」，而他本人也將「落得個孤家寡人」的下場，那麼，高文謙等人還犯得著興師動眾，連篇累牘的攻擊程教授嗎？然而，事實與公理是如此無情：高文謙等諸公的連番攻擊，重炮鎖定程君復教授，豈不正好反證出他在全球華人反獨促統鬥爭中的位置與作用嗎？如高文謙等人亦能悟出此理，會否捶胸頓足，自悔因期望從對程教授人身攻擊開始，繼而達到分化、削弱由其組織推動的反獨促統鬥爭，卻到頭來事與願違，導致世人對程教授更多更深的了解與讚賞，並真誠支持，積極參與到他所推動的反獨促統的鬥爭，而連呼三聲，失算，失算，失算呢？

基於上述對程教授的認知，我們有理由相信，如果他在組織推動一次次反獨促統鬥爭中，果然自恃背後有人撐腰，方敢於「愛國如火，仗義如風，疾獨如仇，促統如命」的話，那其背後的強大靠山只能是廣大的愛國華人華僑。如果高先生仍有異議，我們敬請高先生賜教，誰在程教授背後撐腰？程教授在什麼時候、什麼場合說自己是中華民族的「海外族長」?程教授什麼時候說過他代表中國人?他什麼時候開除了你們的「族籍」(如果不是高先生自別於這個族群,背棄這個族籍)我們還要請問高先生:如果像程教授這樣甘於犧牲自我、眾望所歸、屢受重託的人仍不足以代表海外的愛國力量,那麼誰還具有此資格?或高先生可以告訴我們,你心中屬意的「愛國族長」的資格與人選,讓世人鑒別。桃李不言,下自成蹊。至此,我們不妨再回味一下國人時常念及的那句老話:歷史是人民開創的,人民是歷史的主人。因此,熱愛祖國,爲人民謀利益者必然爲世人尊崇和銘記;相反,偏行不義,背離人民者最終必然也會被人民所唾棄。每個人的社會作用與歷史地位都是由自己書寫,爲世人所判定的,它決不會因某些人的抑抑揚揚而改變其根本大觀。

十一、青春無悔話保釣

——釣運二十五年紀念座談會

台灣史研究會

主辦：台灣史研究會
時間：一九九五年六月十七日
地點：台北市辛亥路三段國際青年活動中心
主持人：王曉波
引言人：傅崑成、王中平、陳義揚、王津平、劉源俊、張世雄、毛鑄倫

王曉波：台灣史研究會辦這個座談會，邀請過去參加或介入保釣事件的朋友談談他們的感想，特在日本侵占釣魚台行政權的二十四週年，以紀念保釣運動二十五年。同時，今天擔任引言工作的朋友，包含當年左右兩派，這是非常有意義的。

現在愛哪個國都不清楚

陳義揚：各位朋友，前幾天台灣史研究會的朋友問我，要我在今天這個座談會擔任引言，我個人在海外留學期間參加釣魚台運動，可以說是我求學做事以來的人生中相當值得回憶的一段時光，在回國以後，我也一直參與著因為保釣而成立的愛盟和所有相關活動。

記得就在幾年前，愛盟還在圓山大飯店紀念愛盟成立二十週年，現在突然聽到要紀念保釣二十五週年，不但感覺到時間過得這麼快，就像王曉波教授剛剛說的，當年的釣運朋友都進入中年，同時我也不禁責怪自己，愛盟是因爲保釣而生，如果保釣二十五週年，愛盟也應該二十五週年，但愛盟似乎沒有準備。附帶提一下，剛剛我跟王教授仔細算過一下，今年應該算是美國片面把釣魚台管理權交給日本滿二十四年，進入第二十五年。

保釣運動在我個人感受來說，是與反共愛國聯盟的關係非常密切。我個人當時在美國南部念書，一般來說南部大學是比較保守的，當時我們對於保釣運動的了解，多半是從報章雜誌上所看到的。至於會讓我感到不能置身於事外、必須要挺身而出加入保釣運動的，最主要是王中平先生剛剛也提到的，就是在保釣過程中已經慢慢有從單純的保土衛國而變成有左右之分。因爲大家保衛釣魚台所對準的目標開始有明顯的差異，有一部份人覺得保土衛國的責任，中華民國台灣沒有盡到，甚至有喪權辱國的行爲，對中華民國政府有非常強烈的批評與責難，包括對領導人在內。在二十五年前，這些言論對在國內成長的我們是不太能適應的。當時我們覺得保土衛國的確是責無旁貸，也是每個人都有的心情，但若因此批評國家元首及政府到逾越一個程度，讓包括我在內的很多留學生認爲是不可思議或是不能接受的。當然也有人持不同看法。有人認爲中華民國不能善盡保土衛國的責任，沒有存在的價值，甚至應該丟進歷史的熔爐中，而中國大陸、中共或是祖國在一個人多地大國際舞台上有一定的地位，仰賴中國大陸來保衛這塊一點小土地，可能更有效更實際點，彼此觀點有很大差異。跟我比較接近或者想法比較一致的朋友，都集中在中華民國反共愛國聯盟。當年保釣的人最後有的回台灣，有的留在美國，有的回到大陸，但我相信也有證據，絕大多數愛盟的朋友除了留在美國，幾乎都回到台灣，另一方面滿心把希望寄託在中國大陸的左派朋友，也有一部份人回到台灣，當然也有很多人到大陸去。當年左右兩派鬥爭的處境，可能不是身歷其境的人不會感受到，在同樣面臨課業、家庭及經濟的壓力下，彼此間的文鬥、武鬥是相當激烈的。愛盟這一批具有革命感情的朋友，回到台灣後，大家各自在崗位上奮鬥，對於當時的革命感情仍相當懷念，所以在民國六十七年，組成反共愛國回國盟員聯誼會，開始僅限於當時參加愛盟的朋友，以過年過節郊遊、聚餐進行聯誼，不過到民國八十年，國內生態有很大的變化，解嚴後黨禁報禁解除等政治情況，除了讓愛盟眼花撩亂之外，也使得我們不太能適應，最不能適應的就是當時我們雖然不敢講用生命，但起碼是用學業，用家庭來換取的反共愛國精神，甚至愛盟的人都在政爭中被貼上非主流的標籤。

只要有我在，中國一定強

我們當年辛辛苦苦所奮鬥的國號國旗，現在到底我們還要不要繼續扛下去？因此我們在民國八十年正式登記成爲政治團體，這幾年也在有限的人力物力下，盡一份知識份子的言責，對於國內的重大事件，表示我們的看法，但是愛盟的朋友所具有的共識，也隨著時間變化，逐漸淡化，我所謂的共識是在愛黨上，是在所具有的使命感上，當然我相信所有愛盟的朋友在反共、愛國、民主統一的理念是共通的，不管大家是在執政黨擔任黨職，是在政府出任行政職務，或者學術界及不同黨派。

愛盟執行委員會及評議委員會上週召開委員會，不曉得幸運還是不幸，重新把我選出來擔任愛盟的主席，我所希望能夠做到並把愛盟帶到的境界是，今天我們也許在不同崗位上有不同的表現，但最重要的精神，就像當年參與保釣的精神是一致的，那就是十個字——「只要有我在，中國一定強」。

王曉波：我想今天在座的朋友，如果不保衛中華民國的話，台灣就要變成台灣共和國了，所以不管怎麼說，只有保衛下去。下面請王津平先生發言。

王津平：敬愛的朋友們，今天本來應該不是我來報告，而應該是林孝信來報告，因爲他是保釣當時左派的代表，但他正好不在台灣，我跟他是朋友，所以代他來，其實我算是保釣的邊緣人物，不過站在邊緣地帶也有方便的視野，可以講點有趣的事。

還記得當年我在美國，決心學習那些保釣的前輩，放棄學業，因爲覺得拿帝國主義博士學位是一件可恥的事。雖然我拿的是美國國內的獎學金，可說是碩士以後博士垂手可得，但仍覺得就算拿到學位不能回到自己的土地是沒有意思的。要就回到自己的土地上好好幹一番。回來時我頗有「風瀟瀟兮易水寒，壯士一去兮不復還」的氣慨。當我在那時跟林孝信握手道別，他的手是發抖的，深怕我回到台灣就一命嗚乎了。沒想到時隔二十五年，我仍然是一個邊緣人物，中間發生過許多政治的案件。

開始追尋中國的歷史

話說從頭，我在金門當兵時只是一個文藝青年，什麼都不懂，就在金門碰到很多我以前所不了解的事情。比如就在古寧頭那個地方，有中國人與中國人自己打仗後一萬多人被埋在那裡，叫作萬人塚，是國民黨、共產黨，是什麼地方的人都搞不清楚。當時我們連上的連長居然跟我推心置腹的說，中國人不打中國人，如果他們要打仗，我們這裡圈起來，我們就是不打仗。在那個時代講這樣的話，做這樣的事，是要殺頭的，而我們是這麼做。

我帶著這樣的迷惑，開始追尋中國的歷史，中文的資料看不到，我英文還不錯，就找英文的看。有那麼一天，當我已回到學校工作，放棄所有的高薪，擔任最基層的職員，編一個週刊，突然有僑生進來劈頭就臭罵我一頓：「就要打到這裡來，你還沒醒過來」。我就在那天喚醒起來，等到淡江發生學生運動——淡江水平社事件。同時，還有成大共產黨事件，把一批年輕人關起來了，就因爲他們在台灣從事保釣愛國運動，所以殺雞儆猴，讓你們不敢做。

我當時真是一個傻小子，什麼都不懂，只是多點勇氣，居然聽說自己也在黑名單上，隨時會被抓進去，而在這個過程裡，由於我在淡江起了點帶頭作用，就跟錢永祥碰上頭，現在回想起來，那時候開會倒真有點搞革命的味道。各校學生串聯，一下在這開會，一下透過中間聯絡人，甚至我們每個人家中都會收到釣魚台戰報，我的名字不知怎麼樣到美國去了。

一腔熱血就這樣越燒越厲害，在此情況下，我本來不想留學，後來也就去了，還因爲跟老美吵架，才拿了一個獎學金，於是吐了一口痰，說台灣這麼齷齪的地方，我再也不回來了，但誓言終究被自己打破。

當我一離開台灣，視野馬上開闊，下了飛機資訊馬上多了，我想既然要跟美國帝國主義鬥，要有他們的本事，所以得先把英文學好。於是我要到沒有中國人的地方把英文弄好，果然這兩年把英文弄好，但釣魚台運動也已經快過去了。

我從《七十年代》上看到一些東西，下定決心暫時不回台灣，還是要去看看保釣究竟是怎麼一回事。就往一個革命聖地跑，那就是麥迪遜。去了才發現那不但是左派的大本營，而且也是海外台獨的大本營。我還記得到麥迪遜的第一天，到某個人家裡，他對我非常好，卻沒想到最後跟他說的話都變成了報告，送回台灣來，以後回到台灣後，人家跟我說，你的資料紅得不得了。二十幾年以後，還有人說我是拿了美國國務院的獎學金，所以當局以爲我是中央情報局的人，才不敢抓我。當時就因爲我對中國大陸許多事好奇的不得了，拚命問那裡看得到《七十年代》，那裡看得到《毛澤東選集》，那裡看得到周恩來的文章，這是很單純知識上的好奇，接著下來，我又跟香港的學生住在一起，香港的學生在國民黨眼中是左派，我跟他們生活在一起就變成左派。今天回想起來，當年大家在反帝時，沒有那麼清楚的理論，但是二十五年後，我們讀了一些書，理論終於比較清楚。二十五年前愛國而不統一的戰線，使得左右終究分裂了。但我在此要做個見證，當年我所見到的左派，到今天仍然是我最敬愛的人。他們寧願放棄博士學位與既得利益，奔赴貧窮、落後及看不到什麼遠景的祖國大陸，我對他們有著無限的敬意。

王曉波：我想中國統一，左右兩派就必須團結，要不然人家就「告別中國」，八菊旗就會重新升起，我們再請劉源俊先生報告。另外，我看到會場上有當年參加保釣運動的張世雄先生，是否可以請求大家同意，待會兒請他用五分鐘時間報告一下他的心得，還有當年在政大參與保釣的毛鑄倫，也一併請他報告政大的情況。

我是在保釣運動中成長的

劉源俊：參加保釣運動時我在美國求學，我曾經把這段歷史寫了兩篇文章。在這兒，我想先說明一下《科學月刊》與保釣運動的關係，兩者有什麼關係呢？是這樣的，在當初一些有良心的年輕人在美國留學的時候，要爲家鄉辦一刊物，那就是《科學月刊》，等到《科學月刊》出刊快到一年的時候，釣魚台運動開始。最先是民國五十九年十一月，當時有念理工科的七位朋友，在普林斯頓大學有個聚會，胡卜凱（胡秋原先生的公子）看到了《中華雜誌》王曉波所寫的一篇文章，他就認爲應該在全美發起釣魚台運動，怎麼發起呢，美國留學生那麼多，究竟要如何串聯起來，於是想到了《科學月刊》。因爲辦《科學月刊》我們有一個聯絡網。從芝加哥發行出來，因此胡卜凱就跟林孝信聯絡，問他可不可以利用《科學月刊》的聯絡網來推行保釣運動。林孝信打電話到美國各地徵求意見，終於，從十二月開始連三期的《科學月刊》討論號，收集各地談保釣運動的文章，《科學月刊》聯絡網也因此成爲釣魚台運動的聯絡網。

保釣運動後來如何會分裂呢？這與時局的變化有關，現在回想起來也就在那時，季辛吉密訪大陸，同時在一九七一年二月，我在紐約也聽到了解美國政策的人說，美國現在是一個中國的政策，不是兩個中國，接著一九七一年九月中共進入聯合國，一九七二年三月尼克森到大陸訪問，所以保釣運動是在這個背景下發展，也就難怪這個運動最後會演變成分裂。

接下來，我再介紹保釣運動的過程，首先是醞釀期，在一九七〇年十一月全美的大遊行，那時完全沒有左右分裂的問題，大家商議是不打旗號，只有柏克萊大學的遊行堅持不在一月三十日，要在一月二十九日，以諧音一二九運動，只有它標明是左派，至於其它學校，完全是一個單純的愛國運動。等到進入中期——華府大遊行，雖然勉強維持不打旗號，其實是左右已經分裂，到後期就正式分裂。記得當時在紐約，把好多參加保釣人都嚇跑了，對於保釣有什麼好處，他說人家還嫌我跑得太慢。

本人不是左派，也不是右派。本人是胡秋原先生所講的正派。當時我堅決反對保釣跟左傾運動扯在一塊兒，但是沒有辦法，因爲整個大環境使然，左派很快掌控整個運動，不贊同的人就退出。二十五年後再來看這個運動，我自己學到很多。

我是在保釣運動中成長的，很多對事情的認識是從保釣運動來的。我在保釣運動時開始寫文章，後來繼續在《中華雜誌》，而《科學月刊》二十五年來也繼續存在，所有左派右派都還在合作繼續辦《科學月刊》，最後結論誠如王津平剛剛所說的，要保釣，中國必須統一。

王曉波： 謝謝劉源俊教授，我忍不住想做點補充。當時政府對於島內的保釣運動給我們一個紅帽子，說我們呼應海外的保釣運動。劉源俊先生剛剛替我做證，我不是呼應海外的保釣運動，而是海外的保釣運動呼應我，所以我非常謝謝海外的保釣運動，不管是左是右。

剛才劉源俊先生提到《科學月刊》，確實是沒有《科學月刊》，就沒有《科學月刊》的通訊網，也就沒有北美留學生的通訊網，但《科學月刊》又是從那裡來的，我希望能做一點歷史的補充。《科學月刊》其實是從《新生報》《中學生週刊》來的，《新生報》的《中學生週刊》又是那來？是從自覺運動來的，自覺運動又是什麼事情？

那是民國五十二年五月二十日台大學生所發起的，發起這個又是由於什麼原因呢，那就是一個到台灣念書的留學生叫狄仁華，他寫了一篇文章：〈人情味與公德心〉，說台灣的中國人只有人情味沒有公德心，簡單的說就是自私自利。另外，台大有一位曾任駐德大使的俞叔平教授，他從德國回來之後在《中央日報》發表一篇文章，叫做〈留德觀感〉。這篇文章提到德國人在戰後如何刻苦耐勞，復興自己的國家。舉例來說，像德國俾斯麥鋼筆暢銷全世界，但德國的大學生上課做筆記卻是用鉛筆做筆記的。當時這兩篇文章感動了台大的一些學生，然後發起這樣的自覺運動，而我那時是一個在台中念高三的學生，碰到聯考的熱季就要來臨，我卻不顧一切放下了聯考的參考書，然後到處演講、貼海報、油印、寫鋼板，現在有的年輕朋友可能還不知道寫鋼板的事情。

我們不做頹廢自私的一代

我父親說「你瘋了」，七月初就要大學聯考，一考定終身，你在這個情況下做這種事情。他問我究竟是什麼力量使我去做這樣的事，我說自覺運動有一句口號打動了我：「不要讓歷史批判我們是頹廢自私的一代」。

那年聯考，我考取了台大哲學系，之後進入了自覺運動的機關刊物——《新希望》擔任主編，編不到兩期就被查禁，《新希望》就變成了沒希望，沒希望之後，當時《新希望》理工科與文法科的朋友就兵分兩路，源俊兄應該還記得就在你們第六宿舍二〇三，一些理工科學生反省要如何救國，所以林孝信先生就去跟《新生報》接洽辦了個《中學生週刊》。至於，文法科的朋友鄧維楨在大學畢業後，媽媽拿了一筆錢給他到台北來創業，結果他把這筆錢拿來辦《大學雜誌》，《大學雜誌》在後來影響了保釣運動，然後《科學月刊》也影響了保釣運動。

這裡要提一下林孝信，林孝信到了美國，以苦行僧的姿態，穿一雙牛伯伯的皮鞋，踏遍北美的校園，五十塊、一百塊的募捐，創刊《科學月刊》，並繼續延續下去。

王津平：五塊、十塊不是五十塊、一百塊。

王曉波：那更少。林孝信拋棄了學業，他垂手可得的物理學博士也飛了，長期在美國從事台灣的民主運動，我想這個時代太對不起林孝信了。最後，我想我們七〇年代那群青年，應該可以向歷史交代，我們絕不會是頹廢自私的一代。下面請張世雄發言。

張世雄：謝謝曉波。我個人在美國十五年，假如不是因爲當時的開放政策，我想自己已經在美國落籍了。還記得在美國那時是屬於保釣的後期，我跟著前面的一批幹，現在回到台灣來，看到那麼多的保釣朋友對民族問題還是那麼關心，對社會還是那麼關懷，像曉波、陳映真都是，往往給我很大的力量。

我在美國十幾年，跟那些沒有出國的人可說走的是完全不同的路程。對自己的評斷，我只有一句話，「曾經滄海難爲水，除卻巫山不是雲」。我覺得沒有經過那段歷練，對很多問題可能還停留在非常膚淺的階段，我記得前兩天有個建築師朋友跟我說，你好可憐，到了今天你還在台灣找事情，每半年換一個工作，是不是個性上有缺點。我那時沒有回答他的問題，因爲我們沒有共同的語言，不過我真想說：「建築師啊，我所經過的人生也就是很多保釣朋友在海外犧牲奉獻的人生，他們對於事物的認知，不是你這樣的大建築師所能知道的。」

我在此有一個心情向大家講，我們對於自己走過的人生要充分肯定，我自己從來沒有否定我過去所做的，因爲你否定了過去等於否定了未來，因爲只有這種熱力，這種精神，我們才能把保釣二十五週年的精神向前看。保釣當時保護的只是一個小島，而我認爲台灣今天所面臨的最大問題則是，有一些人士想把台灣跟中國分離。依我個人理解，今天紀念保釣二十五週年，真正要注意的最大問題就是台灣獨立。

左派愛國，右派一樣愛國

當時我們在海外的時候，慢慢了解很多問題，尤其是對中國大陸的理解，所以我盼望不管左右的朋友，回過來從別人的立場想一想。老實說這個社會，除了民族主義的問題，還有民權、民生問題，因爲每一個對民族主義的理解往往是站在階級地位。今天如果是一個工人階級，對不起，他今天是一個被壓迫階級，跟白領階級、連戰就是不一樣。

像曉波今天辦的活動，把左右派拉進來是一個很好的溝通機會，我希望左派的朋友了解愛盟當時確實是愛國的，也希望愛盟的人明白當時到中國大陸的朋友決不是西瓜依大邊，他們依得很痛苦，他們留在美國就夠了，何必要去擁抱那個好痛苦，又窮又愚昧的祖國。他們的犧牲很大，他們並沒有做高官，所以左派愛國，右派也一樣愛國，大家應該攜手合作，了解我們真正的敵人是帝國主義。雖然今天來座談會的人在台灣是一個少數，但星星之火可以燎原，盼把我們的力量散佈出去，希望中國能夠和平統一。

毛鑄倫：參與保釣時，我在政大念大學四年級，這個運動當然應該由大四來參加，因爲研究生顧及他們得到碩士學位以後，是否能被上面照顧及欣賞，所以研究生對這個運動的表示比較含蓄，此外，當時台灣的政治氣氛還很肅殺，許多女生被教官約談，嚇得不敢參與。

政大的保釣運動在跟校方的對立與衝突上，不斷的累積溫度後，最後學生決定在四月十六日上街頭。把抗議書交給美國大使館，學校沒有辦法就跟我們談判，從下午四時開始，先是教官，系主任，然後院長、訓導長，最後連校長劉季洪也親自來了，但他們根本沒有辦法與學生溝通。

我印象非常深刻的是，校長這位老先生站在台上，用小拇指指著我們：「要我死可以，要上街頭不可以」，有的同學就說要不要給校長一個面子，但有人堅持學生的愛國運動不能壓抑，校長沒辦法只有打電話到中央黨部給秘書長，祕書長得到政大情況後，又報告蔣經國先生，最後蔣說讓他們上街，於是我們就上了街，也把抗議書遞給美國大使馬康衛。在運動中，我也像許多前輩一樣學到很多，如校園安全系統的情況，人與人之間的某些不信任，猜忌打擊。這些經驗並不愉快，因此以後我不太想再參與。一直到前幾年吳敦義發神經，在運動會前要弄個小遊艇到釣魚台插國旗，當時我已經結婚了，我就在電視上看到台灣一條小船被日本十二艘軍艦包圍，就這樣被欺負，我當場就受不了，痛哭一場後回到自己的房間，我太太發現不對，她嫁給我後從來沒有看我這樣，就進來替我擦眼淚安慰我。我只想再次強調中國如果不團結起來，兩岸沒有統一，釣魚台這個問題就沒有辦法根本解決。

（《海峽評論》，一九九五年七月號）

十二、世上無難事，只要肯登攀

——保釣和統運的現實意義

葉先揚

回顧保釣及統運的歷史

今天我們聚在一起紀念保釣統運二十五週年，而今天又正是《馬關條約》簽訂的百週年（一八九五年四月十七日），抗日戰爭勝利五十週年（一九四五年八月十五日）和台灣光復五十週年（一九四五年十月二十五日）。在這極富有歷史意義的時刻，回顧我們過去爲保釣及統運而投入的黃金歲月，展望二十一世紀的世界大勢及中華民族前途，心中的感受是多方面的。對當年保釣運動的全力投入和統一運動的積極推動，它已成爲我們崢嶸歲月的歷史，是我們生命中的一個極爲重要部分，爲此我們深感自豪。對運動中的成績和失誤，我們當然有自省的一面，對已去世的戰友們，我們有追思懷念的一面。對保衛領土、振興中華的統一大業，我們更有一分承先啓後、繼往開來的歷史使命感和神聖參與感！

承蒙紀念會分派以「保釣和統運的現實意義」爲題，做個報告。在思考討論保釣和統運的現實意義之前，有必要簡單回顧一下保釣及統運的歷史及時代背景：

一九七〇年的國際大形勢是超級大國的美國在軍事上受挫於越南戰場，經濟上承擔巨大的軍事開支，從五〇年代的世界上最大債權國經過越戰變成世界上最大的負債國；內政上有全國各地的反戰示威，加上由種族歧視引發的暴動及民權要求；文化上產生了對美國立國精神的懷疑及對西方傳統文化的反思。因此不論國內或國際上而言，美國急需尋求「光榮的」，保住顏面的越南撤退！相較於大約更早二十年前的韓戰，當時藉聯合國名義出兵，主要以美國軍隊打中國的抗美援朝志願軍，結果韓戰以美軍無法勝利而結束。到了七〇年代的越戰，美國當然明白，他的真正對手是中國和蘇聯，爲了繼續和蘇聯爭奪全球霸權，戰略上美國只有拉攏中國，爲了保住美國的「威望、榮譽和信用」而從越戰撤退，美國只有承認中國。換句話說，在不到二十年內，經過韓戰和越戰的兩次與中國較量，美國才算「感性的」認識了中國；從文化角度來看，以拳頭文明立國的西方帝國主義，也只有通過戰場上的較量之後，才會把對手放在眼裡。

帝國主義的本質是欺侮他國，維持自己霸權。就戰略上而言，只有製造中日不和、中蘇相鬥，才最符合美國長遠的亞洲利益，所以在一九七〇年九月十日美國國務院聲明：「受聯合國託管之琉球行政權（其中居然包括中國領土釣魚台在內）可望於一九七二年歸還日本，因此關於釣魚台列嶼主權之不同主張，應由涉及爭執的國家解決。」當天，日本外相愛知揆一正式照會「中華民國」政府，稱釣魚台列嶼屬於日本；五天後（九月十五日）琉球沖繩警方將「中華民國」國旗自釣魚台除下並撕裂；次日（九月十六日）台灣宜蘭漁民前往釣魚台捕魚，被琉球巡邏艇驅逐。一九七一年七月十五日美國總統尼克松宣佈：「國務卿基辛格曾於七月九日至十一日，訪問北京，周恩來總理發出了尼克松訪華的邀請，尼克松已經接受。」從這一段歷史可以清楚看到：在蠻橫無理的埋下了中日領土紛爭的種子之後，美國總統才去北京訪問。

一九七〇年秋季開學後不久，北美洲各大校園內的中國留學生（大部分來自台灣、香港及東南亞等地區）對美日私相授中國領土釣魚台的霸權作風及軍國主義心態極爲憤慨，於是紛紛討論釣魚台事件，很快的展開了在各個大學校園內轟轟烈烈的保衛中國領土的釣魚台運動，大家互相串連，辦座談會，大型國是討論會，發行刊物，及組織同學朋友分別到紐約、芝加哥、西雅圖、洛杉磯、華府等地，發動示威遊行！

給帝國主義可乘之機

當時「中華民國」仍在聯合國內代表全中國之主權，並且和美、日都有邦交。然而為了反共和保住聯合國席位，卻在捍衛釣魚台領土主權的重大事件上，表現軟弱。大家看到釣魚台主權之爭議暴露了由於中國治權的分裂（中國主權沒有分裂，也不可能分裂）才給帝國主義有可乘之機，因而無法全力維護民族利益，於是保釣運動必然走向統一運動。在面對中國統一這個中國內政的問題上，主張先革新保台，才能談統一的一部分人，由釣運分裂出去組織了「反共愛國聯盟」。不少人在國民黨小報告的白色恐怖下退縮了，也有人基於其他各種原因不再參加保釣統運了。堅持下來的一部分人，從認識中國出發，重溫帝國主義侵華的中國近代史，再考查左、右、中各種立場所寫的國共鬥爭史，才了解到做一個有社會正義和人道良心的知識份子，必須走入社會，絕不能再做只管自己的自了漢。於是個人依照自己的條件，在過去的二十五年裡，有的回歸祖國，有的面向中國街同胞提供社區服務，有的辦科技協會，促進中美交流，有的發起扶貧助學性質的滋根基金會，或捐助支持鄉村圖書館，有的在社區辦非營利的中文學校，聲援並參與爭平等反歧視工作，組織和平統一促進會，辦報紙，探望並協助被押華人偷渡客，發動二次保釣遊行，……等等。可以說二十五年來的保釣和統運，使我們學到豐富的社會經驗，堅決的反帝精神，崇高的統一目標，寶貴的人生智慧。基於這些心得，大概可以歸納保釣和統運的現實意義如下：

產生保釣和統運的問題癥結是中國目前治權的分裂，中國必須統一，才能維護領土主權的完整，釣魚台問題是附屬於台灣問題內的一部分，而台灣問題又是如何產生的呢？略為查看一下歷史，可以看到：

一八五三年美商基頓奈伊（Gideon Nye）寫信給華國駐華代辦巴駕（Peter Parker）建議美國出兵占領台灣南部的紅頭嶼，以為經濟太平洋航運之基地（最早的亞太營運中心構想是美國人提出的）。於是一八五四年，美國東方艦隊司令貝理（M. C. Perry）派兩艘軍艦赴台勘察，回美後主張占領台灣。同年美國駐寧波領事哈利斯（Townsend Harris）也寫報告給國務卿麥賽（W. Marcy）主張用錢買台灣，理由是清政府財政困難，腐敗已極，很可能允許。一八五六年十二月二日新升任的美國駐華公使巴駕寫信給國務卿，主張美國占領台灣，由於當時美國海軍力量有限，未能採取行動。

用亞洲人打亞洲人的險惡居心

一八六七年三月十二日美商船羅妹號（The Rover）在台灣鳳山附近之七星岩觸礁沉沒，船員上岸遇難。四月三日香港《中國郵報》（The China Mail）報導此事。美駐香港領事阿倫（Issac J. Allen）向美國務院報告，主張奪取台灣，理由之一是：「台灣的地理位置可以作為控制中國和日本海的基地。」一八七一年十二月琉球貢船兩艘遇風漂至台灣，部分船員被牡丹社居民殺害。那時日本政府為了緩和日益尖銳的國內矛盾和由「征韓論」引起的政治危機，正在醞釀對外發動戰爭，決計抓住牡丹社事件做為出兵藉口。曾任美國駐廈門領事的李善得（C. W. Le Gendre）經由美國駐日公使迪龍（C. W. Delong）推薦，與日本外務大臣副島種臣多次密談。李善得告訴日本，台灣番地是中國政令所不及的化外之地，只需用兩千左右的兵力，就可迅速加以占領而且不必擔心美國的干涉。美國駐日公使迪龍在事後給國務院的秘密報告中說：「我一向認為西方國家對日本的真實政策是鼓勵日本採取一系列行動……使中國、日本、朝鮮彼此成仇。」美國力圖破壞中、日、朝三國的傳統關係，用亞洲人打亞洲人的險惡居心，至此暴露無遺。此後發展的歷史事實是甲午戰爭、馬關割台、抗戰勝利、光復台灣。由於中國內戰，在一九五二年美國主導了沒有任何中國代表參與制訂的《舊金山和約》，其中規定「日本放棄對台灣、澎湖列島的一切權利……」美國學者一針見血地指出，「對日和約否認台灣是中國的一部分，使台灣在美國或日本保護下獨立，成為可能。」本來中國統一根本是中國內政事務，由於美國插手，日本推波助瀾，才產生了台灣問題的國際背景和複雜因素。在講究實力對比的國際政治舞台上，必須要帝國主義感受到壓力，他們才肯從無理而退回到講理的位置。中國國力在一九五二年美日簽訂《舊金山和約》的時候和一九七八年底中美簽訂建交公報時顯然有所不同，美國因此承認只有一個中國，台灣是中國的一部分，於是進駐在中國神聖領土台灣省的美軍撤離了，這就為了海峽兩岸和平統一創造了良好條件。當然，正是由於中美之國力對比，仍有差距，美國乃再展現其霸權作風，以其國內立法《台灣關係法》來羞辱中華民族，藉此維持對台灣藕斷絲連的關係，做爲將來再度介入中國內政以圖己利之伏筆！

從另一角度來看，過去百多年的歷史說明：正是由於中國自己積弱不振，處於東亞戰略要地的台灣，就成爲列強覬覦的重要目標。因此，要追求中國統一，就得要有力量，其實中國幾千年歷史也一再證明當中國強大時，必然是統一的；然而在改革開放發展經濟，充實綜合國力的過程中，絕不容許帝國主義也抓緊時間，加緊搞分裂中國領土主權的勾當。

一個跨世紀的一石多鳥毒計

再看一段歷史，在一九七一年十月二十六日聯合國大會解決了中國代表權問題，可是台灣問題仍未解決。當時的哥倫比亞大學教授布熱津斯基（後來擔任卡特總統的國家安全顧問）就指出：北京恢復了在聯合國的席位後，在台北的國民黨和台獨合作就會出現。當時日本評論家藤島宇內也說：總部在美國的台獨聯盟，其主張並不是從台灣趕走「國府」，而是要「國府」繼續維持下去，但它必須捨棄代表中國全部領土的虛構而承認只能控制台灣（以分治的現實，來達到分裂中國領土主權的政治目的）；也就是說「國府」捨棄「一個中國」而承認「一中一台」乃是「國府」與「台獨」合作的條件。果然，在二十四年後的今天看來，台灣局勢發展的事實是：李登輝高喊「中華民國在台灣」，「二千一百萬人生命共同體」，再加上「務實外交」和「進聯合國」（企圖將分治的現實國際化和合法化以達到分裂中國領土主權之目的）。

一九九七年七月一日起，中國將對香港恢復行使主權，這必然會對台灣形勢發生唇亡齒寒的影響。美國在中美建交後，搞了《台灣關係法》，現在重施故伎，又要搞《香港關係法》，這些赤裸裸的帝國主義霸權行徑是終歸要失敗的。事實上美國已經看到二十一世紀中華民族必然騰飛的遠景，於是在今年三月裡，暗中唆使菲律賓，在中國固有領土南海群島海域，公然挑釁中國領土主權。這是一個跨世紀的一石多鳥之毒計。首先此一事件對中國政府而言，會加重其外交及國防之負擔與壓力，其次破壞中國和其周邊國家之感情，不但影響經濟關係，如果處理不當，使情勢惡化，會使中國無法全力搞經濟建設；再者南沙主權爭議是間接鼓勵日本在釣魚台主權問題上對中國擺出強硬立場，甚至影響到中俄、中印之間的未來邊界談判，最後更提供獨台及台獨份子一個向中國第三代領導人摸底的機會，測試他們在維護領土主權完整的問題上，決心有多大！

總的來說，這是美國從戰略的高度，為二十一世紀的亞太地區和平穩定設置的障礙，目的是阻止中國統一，和亞洲的共同繁榮及互助合作，以便繼續維持美國在亞太地區予取予求的霸主地位。

保釣和統運的參與，使我們對中國近代史有了進一步的認識，繼承偉大五四運動愛國主義精神的保釣和統運，必然要高舉「內除國賊，外抗強權」的旗幟，二十五年來，使我們認識到必須以中華民族利益爲標準來衡量政權、政黨、團體及個人的行爲，要看他們做什麼，而不是說什麼；歷史一再告訴我們政權、政黨、團體、個人的利益都是暫時的（中國歷史上至今最長久的政權是周王朝，也才八百年），只有中華民族的利益，是屬於全民族的，是屬於子孫萬代的，是永恆的。因此貪污腐敗的官倒份子、逃稅漏稅的不法商人，搞台獨、獨台的民族敗類，反共反到大陸的一切都要反對的反華官僚，都是國賊，必須清除。

帝國主義一貫支持貪污腐敗當權者

中國歷代政權的敗亡，大多數都肇因於貪污腐敗，遠的不說，清朝的腐敗，導致甲午戰敗和簽訂《馬關條約》（一八九五年）。十六年之後（即一九一一年）就完全滅亡了！國民黨在抗戰勝利後，由於四大家族及各大小官員貪污腐敗，引起十多省的民變，其中包括台灣省的二二八事變，都是以反貪污反腐敗爲訴求主題，結果三年後（一九四七—一九四九）就敗退到台灣去了！其實貪污腐敗導因於：

（甲）愚昧無知的自私，只看到自己眼前的利益，不顧整個團體及國家的全局利益。在法律範圍內謀求自己利益是正當的，可是以違法犯法的手段去謀求私利，就必然傷害到整體及國家的全局利益，這就是貪污，就造成腐敗。所以貪污腐敗的人，絕不是真正愛民族愛國家的人。

（乙）對前途未來沒有信心，失去希望和奮鬥目標，才會去貪污，去損公利私。殊不知只看到自己眼前的利益而損傷全局利益，到最後，連自己的利益也保不住的，過去百年歷史上的例證太多了！

值得特別警惕的是：帝國主義一貫支持貪污腐敗的當權者，例如菲律賓的馬可仕，越南的吳廷琰，伊朗的巴勒維，國民黨的蔣介石都是。因爲貪污腐敗是廣大人民所反對的，是絕對不得民心的，貪污腐敗的官僚只有賣身投靠外國力量，才會有安全感，而帝國主義也只有支持貪污腐敗的官僚集團，才便於向這些官僚統治下的地區，榨取重大的政治經濟及文化利益。所以貪污腐敗惡化下去，必然導致出賣民族利益的漢奸行爲，國賊多了，最終結果是中國衰弱下去，再度成爲帝國主義強權瓜分的次殖民地。

中國百年國難，民族自信心受到重創，尤其以知識份子而言，更爲嚴重，由喪失對民族自信，變爲崇洋媚外，進而挾洋自重，反過來卑視自己同胞，甚至比帝國主義還要仇視自己的民族！必須看到有自信，才不諱言自己的缺失和不足，才會謙虛謹慎，戒驕戒躁，才願意實實在在吸收各國長處而不致於崇洋媚外。最重要的是：唯有堅持自力更生精神，才不會盲目崇洋，才能夠認清帝國主義的兩面手法，這在改革開放振興中華，中國統一的道路上，是極爲珍貴的傳家寶。

針對保釣和統運的現實意義，在大概分析了目前形勢及陳述了我們自己的一些看法之後，可以提出幾個問題供大家思考討論：

內除國賊，外抗強權

（一）保釣和統運的主題是愛國主義，是反帝鬥爭，是保衛中國領土，促進中國統一。當年風起雲湧的學生愛國運動，爲何在今天沉寂下來？今天台灣島內獨台和台獨的聲浪高漲，西沙南沙又起風雲，攸關中華民族利益的中國領土主權再度受到挑釁，情勢比以前更爲嚴重，按理應有更波瀾壯闊的保土愛國運動才對，是我們目前做的不夠？是我們以前做的不好？是過去二十多年的民族精神教育的失敗？忽略了愛國主義？

（二）必須承認不少當年的戰友掉隊了，甚至走到反面了。我們在過去二十多年之中，有沒有設法幫助他們？自己有沒有失誤之處？如何改進？如何自省？

（三）從另一角度來看，江澤民關於和平統一的八點講話和李登輝六點的回應，正式揭開了兩岸和平統一的高層對話，這是牽動海內外十二億炎黃子孫共同心願的大事，正是表明了整個形勢在向前推動。就是因爲帝國主義企圖分裂中國的行動在增多、增大，所以中國和平統一的歷史偉業也就隨著中國對香港、澳門的恢復行使主權之大好形勢而提到日程表上來了，我們老保釣及統運的戰友們，站在這個關鍵性的歷史時刻，對自己當年的理想——內除國賊，外抗強權，保土衛國，促進統一——應該繼續堅持並且有所激勵，有所行動！

敬愛的保釣統運戰友們，當前是我們在新形勢下再出發的時候了！我們務必要將過去二十五年來從保釣和統運中積累的豐富社會經驗，堅決的反帝精神，寶貴的人生智慧用來推動崇高偉大的中國統一大業。

最後，必須看到，面向二十一世紀，中華民族不但要發展經濟，更要把傳統中華文化內精華的人文思想發揚光大，以補西方現代文化之不足，進而創造影響未來世界的東西新文明，爲世界人類做出更大的貢獻。中華民族面對近代西方列強軍事、政治、經濟、文化的種種衝擊，首要之務是自己站起來，爭取到與西方民族平等的地位，才能談其他。

因此必須內除國賊，外抗強權，結束分裂，完成統一，這不但是中國政治上之必須，也是中國歷史及中華文化之必然。中華文化包含「民爲貴」（即站在大多數人利益的一邊）的施政主導思想，和「天下爲公」（即世界各民族平等和諧相處）的世界大同目標，可以說，只有中西文化的良性結合，才會有二十一世紀人類文明的再次飛躍。

今天的中華兒女，既承受了千年祖先的光榮，也擔負著百年前輩的恥辱，這是割不斷的文化傳承，也是推不掉的歷史使命。回顧保釣和統運，正是：二十五年過去，彈指一揮間，看中華大地，風雷動，旌旗奮，是人寰，可上九天攬月，可下五洋捉鱉，談笑凱歌還，展望中華騰飛，祖國統一及人類未來，我們深信：世上無難事，只要肯登攀！

一九九五年四月十四日洛杉磯

（《海峽評論》，一九九五年六月）

十三、陳映眞愛國愛鄉的坎坷道路

1. 陳映眞訪談

張文中

第三波台灣左翼運動的十年

張文中：第三波的台灣左翼思潮，是在什麼時候開始出現的？

陳映真：從七〇年到八〇年，是台灣第三波左翼運動的十年。一九七〇年，台灣和海外知識份子中間發生一個很大的思想運動，就是「保釣」。當時，甚至有人稱它爲「新五四運動」。那一年，出現了釣魚台問題，大家很憤怒，是非常單純的民族主義，咱們中國的土地，怎麼讓美國送給日本？從此作爲出發點，面臨很多問題。比如，國民黨告訴青年人，你不要被共產黨利用，美國和日本是我們的重要盟邦，誰要這麼調皮，就有共產黨嫌疑。北京當時是在文革時期，調子很高，神聖不可分割的領土呀，打倒美帝國主義呀。在兩邊這樣的情況下，運動分裂了。留學生應該「站邊」了，你選擇哪一邊的中國？產生了「我是誰？」的問題，「中國是什麼？」的問題。一批人，像馬英九，是反共愛國聯盟，他們要求的只不過改革保台，但還是要反共，還是以前《自由中國》的老問題，就是怎麼才能更有效地反共？更多人是向左轉，覺得北京才是我們的政府，你看立場站得這麼穩！大量的人去找三〇年代的文學和共產黨的檔學習，真是產生了觸及靈魂的改變，有的人因此離婚了，有的放棄學業了。這種情況，後來侵染到島內來。那時已經有各種複印技術，他們把大量的宣傳品寄到台灣，雖然受到郵檢的攔截，但終究還是流進來不少。第三波左翼運動，就這樣起來了。跟過去兩波的左翼運動完全沒有關係，是台灣資本主義發展的內部矛盾和社會矛盾，再加上左翼思潮突破了冷戰和內戰的思想框框，看到了社會，看到了階級，看到了國際上的帝國主義問題。這是一個完全新的視野。這樣，就產生了一個雜誌，《夏潮》。以《夏潮》為中心，集結了一批「泛左翼」的知識份子，跟當時台灣資產階級民主派的想法完全不一樣，在當時起到很大的影響。當然，也不能放言高論。當時不能講「階級」，只能講「階層」；不敢講「人民」，只能講「民眾」。講「帝國主義」，還有一點正當性，因為國民黨也在講「帝國主義侵略中國」嘛。我們第一次提到台灣經濟成長的制度是「殖民地經濟」。當然，從整個左翼理論來說，我們還是比較幼稚的。

張文中：第三波的左翼運動，也是你文學創作和社會參與最為活躍的時期。在《夏潮》雜誌和《人間》雜誌上，都可以看到你那些具有非常挑戰性的文字，當時影響很大。

陳映真：「保釣」時，我被關在獄裡。辦《夏潮》時期，我已經出來了。我是因為一個極偶然的機會，接近文學，認識魯迅，然後從魯迅展開，從舊書攤上去找三〇年代的小說，還看了一些政治經濟學的書，使我不可自主地發生了變化，是這樣向左轉的，後來跟少數朋友搞了一個讀書會，一個很幼稚的組織，結果被鎮壓了。六八年入獄，七五年出來。出獄後看到兩個新的東西，一個是「保釣」，我非常興奮，怎麼會發生這種事情？第二個，就是《夏潮》雜誌，朋友辦的，志同道合，我就跟他們一起編雜誌。這個新興的左翼集團，也受到常年被壓在低層、沒有被槍斃、坐了牢放出來的那些老左派的影響。可以說，是我們發現了他們，他們也發現了我們。在文學上，產生了「鄉土文學論爭」。當時我們的基本意識形態，就是反對殖民地文學，主張台灣文學應該回歸到人民群眾，應該有民族的風格和形式。我們說的「民族」，當然不是「台灣民族」，我們受三〇年代的文學影響，但是話不能明講。這個運動立刻被鎮壓了。

左翼運動與「黨外運動」的同盟

張文中：在七〇年代的台灣社會運動中，社會主義的左翼運動，與自由主義的「黨外運動」，是不是存在著一種同盟者的關係？

陳映真：至少，我們是企圖發展這種同盟關係的。像《夏潮》的主編蘇慶黎、現在已經轉變方向的王拓、前一陣在北大現在已經回台灣的陳鼓應教授、以及王曉波教授等等，都是以《夏潮》這個系統的身份，開始進入「黨外運動」，盡我們之所能。我們這邊的人有一個特點，思想比較敏銳，能說能寫。這樣，情況就變成了兩軌，我們這邊試圖想捲進去，因爲他們那邊場面大，錢多，我們什麼都沒有。可是，那時台獨思想已經漲得很高，他們也知道我們的傾向，所以對我們基本上不信任，跟我們有矛盾，是貌合神離。階級矛盾、階級鬥爭不是書本上的話，在現實裡是非常明顯的，平常大家嘻嘻哈哈，矛盾激烈的時候，那是很分明的！這兩個運動，都是因爲七九年的「《美麗島》事件」被全面鎮壓了，抓了很多人。那年五月，我先被抓起來，那是第二次入獄，在拘留所裡關了三十六個小時，又把我放出來了。我當時對形勢的判斷是，本來是想五月開始抓左邊的，可是右邊越鬧越厲害，所以把我放了，十二月就開始抓他們。有人說，我抓起來後，美國有些朋友爲我奔波，所以把我放了。我是不相信的，他們沒有那麼大的力量，不要那麼誇大。

張文中：「《美麗島》事件」之後，台灣的左翼運動和「黨外運動」的同盟者關係，有沒有發生變化？

陳映真：七九年「《美麗島》事件」發生後，台灣的思想界發生了很大的變化。在美國的壓力下，國民黨不得不舉行公開審判，第二天報紙上是全版的法庭問答，電視上也有浮光掠影的報導，這對台灣社會是很大的震動。啊，你看咱們台灣的那麼多的人才，就被他們外省人抓起來了？於是，引起很大的同情，這個運動基本沒有被國民黨壓下去，反而那些被捕人的太太出來競選立法委員，以「哀兵」、「犧牲者」的身份取得極大的社會同情，以高票當選，從此「黨外運動」就急速地向台獨方向扭轉，這是八〇年代以後的事情。我們左派處在什麼位置呢？我們當然反對台獨，可是又不能在這種高壓下去指責台獨，如果那樣，你不是跟國民黨統治者一起去鎮壓他們嗎？國民黨當時是兩手打，一手是打所謂「共產黨份子」，指我們這批《夏潮》的人；另一手就是打台獨。在挨打上，我們跟「黨外」是同一的，可是我又不能站在「黨外」的方針路線上，所以就搞得很尷尬呀，眼看著「黨外運動」的理論不斷、不斷地向台獨發展，但不能出手，哎呀，簡直是很被動，被動得不得了！這個時候，我就想，不如另開戰場吧，就想到了另辦一本雜誌，就是《人間》。

（摘自張文中〈台灣左翼知識份子的追求和理想——陳映真訪談〉，《人間》雜誌）

2. 我在台灣所體驗的文革

陳映真

陳映真，原名陳永善，台灣知名作家和評論家，曾在六七年代因「思想問題」入獄。著名作品有《將軍族》、《夜行貨車》、《山路》、《趙南棟》等。

我二十一歲時的一九五八年，在台北市牯嶺街舊書攤上尋找中國三〇年代文學作品之餘，極其偶然地接觸了三〇年代的社會科學書，改變了半生命運。《大眾哲學》、《政治經濟學教程》、《聯共黨史》、《馬列選集》（莫斯科外語出版社，第一卷）、《中國的紅星》、（即《西行漫記》日文本），抗戰期間出版的毛澤東論文小冊子（如《論持久戰》、《論人民民主專政》）乃至六〇年代初發表的《關於正確處理人民內部矛盾》（日譯本），完全改變我對於人、對於生活、對於歷史的視野。

大學畢業不久的一九六三年，中蘇共之間爆發了大規模的理論論爭。而中共竟把這理論鬥爭訴諸大陸全民。將針鋒相對往返中共中央和蘇共中央的、嚴肅而絕不易讀的論文，一日數次透過電台廣播。而在台灣的我則必一日數次躲在悶熱的被窩裡偷偷地、仔細地收聽這些把中蘇共理論龜裂公諸於世的、於我爲驚天動地的論爭。

在論爭中，中共對蘇共分析蘇聯國家和蘇聯黨爲「全民國家」和「全民黨」，提出尖銳的批判，認爲社會主義國家在向著共產主義過渡的全過程中，仍然存在著階級，也就仍然有階級鬥爭。當一九六六年大陸再次以驚人的形式宣告了「無產階級文化大革命」的登場，我便自然地以「九評」中提起的持續革命論和反修正主義的觀點，去理解這史無前例的運動了。

我的詫奇的眼光，看到文革的火炬在全世界引發了激動的回應。在東京大學，學生佔據系辦公室，批判權威教授，要求教育革命；在法國，「巴黎五月」使戴高樂下台，開展了新的思想運動；在美國，民歌復興運動、言論自由運動、反越戰運動、反種族歧視運動……風起雲湧。我讀著題爲《公社國家之成立》的日語論文，論證著中國的文革如何體現了巴黎公社運動中工人起而建造階級的國家政權的傳統，宣說「一個新的人類、新的文明、新的國家政權正在中國的地平線上升起……」而心懷激動。

於是，在一九六八年，我懷著這文革的激動被捕，接受拷訊、走進了黑牢。

但這一段屬於我私人生活歷程中的文革，並沒有在我投獄後對我宣佈其結束。

兩岸分斷使歷史脫臼

一九六九年底，我被移送到台東縣泰源監獄。七〇年初，即使從開著「天窗」的報紙，我們也敏銳地感覺到囚壁外的世界在急速地變化。我知道了保釣愛國運動和它的左右分裂與鬥爭；我更知道了保釣左翼思潮在島內引發了一場「現代詩論爭」。

一九七五年我出獄回家，著手搜集關於保釣和文革的文獻，看到了兩岸分斷所造成的歷史的脫臼。一九四九年，人民共和國建政。經歷了十七年的建設和探索，實務派的幹部對於進一步發展經濟、穩定現有秩序，有迫切的要求。但以毛澤東爲中心的政團，則憂心開發主義背後的資本主義性質，憂心要求穩定和秩序的背後的官僚主義、封建主義和黨群關係剝離、工農同盟的弱體化……。這是一場對待革命後的中國所面臨的問題時，是要右向改革（實務派）還是左向改革（毛派）的大爭論。

然而，來自白色的港台、在保釣運動前基本上對中國革命一無所知、甚或保持偏見的保釣左派留學生，卻在短短幾年保釣運動中辛勤而激動地補了大量的課，不少人經歷了觸及靈魂深處的轉變。他們從一個丟失祖國的人變成一個重新認識而且重新尋著了祖國的人。他們更換了全套關於人、關於人生、關於生活和歷史的價值和觀點。有不少人爲此付出了工作、學位甚至家庭的代價，卻至今無悔。祖國的分斷使歷史脫臼，運動則使歷史初初癒合。

四九年底到五三年的反共恐怖肅清，使日帝下殖民地台灣艱難發展的民族解放論的傳統爲之毀滅。這毀滅絕不只是殘酷的屠殺，而是一代民族／民主運動的、民族解放鬥爭的哲學、社會科學和審美（文學藝術）這些體系的正統和傳統在台灣的滅絕。一九五〇年以後，正是在這肅清的血腥的空白上，移入了美國「自由主義」、「民主」、「資本主義」、「反共」這些冷戰的意識形態，一直到今天，成爲戰後台灣的主流思潮。

保釣打開思想空間

然而，幾乎整整一個七〇年代，保釣運動卻奇蹟一般地打開了一塊反主流、反冷戰的思潮的空間——現代詩批判、學術中國化運動和鄉土文學論爭。在冷戰與內戰交織的白茫茫的荒野上，提出了關心工農、反對帝國主義、民眾文學、民族文學、文學藝術的民族性和階級性、台灣經濟的殖民地性……這些尖銳的口號。

然而，沒有保釣左派，就沒有這一段「脫冷戰」的思想運動，而沒有中國大陸的文革，就沒有保釣左翼——也就沒有七〇年代的現代詩批判，沒有學術中國化運動，更沒有著名的鄉土文學運動。

全盤否定文革失於輕率

文革結束之後不久，大陸主流是對文革的全面否定。然而，文革結束後二十年的今日，據說在海外年輕一代大陸留學生中正在發展新的文革研究，對「全盤否定」的主流論說，提出深刻的質疑。如果歷史把文革的實體之研究交給文革結束前幾年才出生的一代，那麼，即使不曾直接經歷過文革的台灣的年輕一代，大可不必因沒有直接、間接的文革體驗而謙讓研究和建構文革論的大義名份吧。

文革是一段複雜的萬端的歷史。三十年後的今天，要搞全盤肯定文革勢必和搞全盤肯定文革一樣不能不失於輕率。例如在「開放改革」中沒有得到好處的廣大的人們，今日重讀毛澤東在文革期間主張階級和階級鬥爭的持續性存在；反對官僚主義和封建主義；黨裡面存在著「走資本主義的黨權派」；舊社會的文化、思想、習慣正在復活……這些言論，仍然會激起很深的共鳴。

八〇年代後期，隨著蘇聯和東歐的解體而宣告結束的冷戰，使美國成爲單極獨霸的霸權，而「意識形態的終結、「自由」、「民主」、私人企業、無盡的經濟繁榮……宣告了最後的歷史性勝利——而共產主義運動終於宣告徹底的失敗」的說法，也成了世界性主流的論述。這些說法，透過西方常春藤精英校園的講壇，通過西方強大的大眾傳播不斷地再生產，也通過全球化的資本迴旋運動，終至全面湮滅、歪曲和否定廣泛殖民地／半殖民地百年來民族解放運中追求人和民族終極之解放、和平與進步的思潮，以及這思潮的正當性與正統性。

國際共產主義運動——民族、階級和人民的真實的自由與解放運動，被全面謔畫化，受盡譭謗和嘲笑。而做爲這民族解放運動史中重要環節的、中國的無產階級文化大革命，就更難於不受盡謗瀆和嘲謔了。

然而歷史的現實是，這文革非但翻動過中華萬里江山、神州大地，也曾越過封斷的海峽，強烈地影響了台灣，在戰後反共／冷戰思潮全面支配五十多年的歷史的冰天雪地裡，撞開七〇年代整整十年思想上的脫冷戰時期，踵繼了從四六年到五二年間以在台的中共地下黨爲中心的民族／民主運動的傳統，並且具體地引發了「現代詩論戰」和「鄉土文學論戰」等重要的思想運動。

今日台灣各大專院校學生社中的「慈幼社」、「山地社」、「大陸問題研究社」和社會問題調查活動，追根溯源，其實是島內七〇年保釣的遺物，是保釣激發學生關心社會的「百萬小時服務」、「上山下鄉」運動遺留下的化石。

這是近來極力主張台灣與大陸早已殊途兩端，各不相涉的「學者」和先生們所難以認識的了。

今天，我們民族積累的運動，看來在海峽兩岸正積累著不少複雜而嚴重的問題。官僚主義；官商資產階級的興起；直接生產者政治和社會權力遭到侵奪；外來資本和勢力的邏輯左右著我們發展的形式與目標；腐朽的思想、文化、習慣和行爲，深刻浸透到我們生活的各個領域……。在這樣的歷史時代，對文革進行科學的再思，對祖國兩岸，應該都有重要的意義吧。

（原載《亞洲週刊》，一九九六年五月二十六日）

3. 神話與眞相

——試析劉大任的「心態」

李黎

【筆者按】此文曾投寄《九十年代》雜誌，作為「回應與爭論」。《九十年代》一向主張讀者有「知的權利」，卻拒絕刊登。

香港《九十年代》八六年二月號，及台灣《中國時報》副刊二月十八日，刊登一篇金延湘的〈中原心態文化系統分佈圖〉，讀後感到其中有太多對事、對文、對人的曲解與混淆。個人覺得有指出的必要。

金延湘——即劉大任（註一）的這篇文章，出發點是針對八五年十二月號的《九十年代》刊登的莫靈平訪問陳映真一文（〈台灣的健者——陳映真〉）。在陳、莫兩人的對談中，因提到陳的好友、已過世了的唐文標從美國回台定居之事，而觸引陳映真談及「許多保釣一代的人……（其中的）有些人……」的思想心境的變化與失落。劉大任乃認爲陳映真具有強烈的「中原心態」，以地理位置裁判評價了留美保釣一代的知識份子。

讀過陳映真的訪問談話原文者，可以很清楚的看出：首先，陳映真說的只是有一部分人：「許多保釣一代的人，也跟著變了，有些人變得犬儒得不得了……」這本也是事實。其次，在回答問話「唐文標回到台灣，有何好處？你說來聽聽」時，陳映真的答話是針對「唐文標」這個案例而發的，包括一段頗含感情的孩子的迷信話；因爲唐文標回台時是已知身罹不治之症的；（此段話全文有引，在此不贅。）劉大任卻拋開他的邏輯訓練，把這些話放在一起推而廣之，引申爲：陳映真「陳述了一項事實」，即「留美不歸的保釣一代」全都「墮落」了；更不可思議地，劉大任在後來一段用了「也就是說」四個字，就四兩撥千斤地把陳映真的話又等義成「（許多保釣一代的人）像青蛙、狗、蛇之屬一樣，如果不趕快回台灣，那就是死路一條。」意猶未盡，就接著譏刺道：「回台灣竟有這麼大的妙用，這當然出乎我們的意料，恐怕一般正常人，也不容易理解。」

作爲「一般正常人」讀者，我也不容易理解何以劉大任對別人談論回不回台灣一事（指長期定居服務，不是「回台一月」式的過客訪問）有這麼強烈的反感。我細細讀完畢陳映真的訪問全文，也看不出任何「也就是說」的等同邏輯。劉大任硬把自己等同引申出來的話塞進陳映真嘴裡，再挾評挾敘，倒真符合了文章裡他自己指責別人的話：「雖然在陳述事實時，有人往往選擇有利自己論點的事實，本是意見性強的知識份子的一種慣伎。」

劉大任用了「中原心態文化系統分佈圖」這個名詞加予陳映真，其靈感可能獲自訪問文中，陳回答「中心、中原與邊緣之分」（問者提出的名詞）時所使用的「黨外的邊緣人性格」這段話。只要讀過訪問原文便可一目瞭然：陳映真那段話的原意，是知識份子的冷漠疏離（相對於關心投入）的「心理」上的「邊緣性」，而非「地理」上的。劉大任竟然會連這樣明顯的分別也看不出來？其實他只要看看陳映真自己身處的是何地——如果陳的「中心」、「邊緣」觀念是純地理性的話，陳自己就身處劉大任所定義的「邊陲」（台灣）而非中原核心，那又怎麼會出現劉大任所硬派給他的自我中心睥睨一切的心態呢？

以上都還是劉大任對陳映真談話的隨意引申；陳映真人在話在，不難辯明。最令人不忍卒讀的是劉大任對去世了的唐文標的任意歪曲。劉大任抓住莫靈平的一句話「有人說，唐文標死前虛無的不得了」就自由心證大加發揮，把「虛無」兩字等同起「唐某真正性情中人的一面」；進一步呼應出一段「了解文革真相的人還不懷疑、批評、說話，算人嗎？」接著馬上說：「希望唐文標死前，真正虛無過。」

劉大任這一串跳接等連實難教人信服；我曾向莫靈平先生求證：訪問文中他所說的「虛無」是指什麼？是唐文標的徹底自我否定嗎？莫君表示並非那個意思，而是指唐在死前因飽受病痛折磨而顯出的一種對生死的惶惑虛無態度。劉大任是憑了什麼來推定唐文標是對「保釣以後，運動和國際情勢都起了很大變化」而「有個底」而「虛無」起來？陳映真是唐文標的好友（一直到唐臨終都是），自然會對未經定義的泛泛「虛無」兩字覺得有加以否認的必要，才說：「不是的，老唐不是這樣的。」劉大任卻因此而洶洶質問：「陳先生代爲否認的語調，反而使人懷疑，是不是又有人要玩弄製造神話人格的老把戲？」其實，像劉大任這樣將自己的心態投射給死去的唐文標，才真是「玩弄製造『神話』人格的老把戲」呢。

事實上唐文標從來沒有替「文革真相」說過好話；而陳映真對文革浩劫的痛心疾首，在他以往的說話文章裡也看得出。劉大任卻想把唐、陳他們一向肯定的「民族大義與理想主義」信念，跟這些年來曾經被肯定過而終於因真相的顯現而被否定了的政治認識混爲一談——神話打倒了，他們所曾相信過的以及現在還在相信的一切也都該隨之懷疑打倒，否則的話，「還算人嗎？」

劉大任爲什麼要如此生搬硬套地製造一個唐文標自我否定的假象？寫到這裡，我想到不久前讀到的一篇批判唐文標是個「意識形態的追逐者」的文章（註二）。以最誠實果敢的回歸行動來印證自己信念的唐文標，何以會死後，被一兩個所謂昔日的朋友指爲信念虛無了、只追逐意識形態而從未參與行動的志大才疏之輩？合理的解釋可能是：唐文標以他實在的行爲所顯現的一種知識份子的「良知」，使得抱持疏離心態的「漂鳥族」們不再能有振振有辭的藉口；因而使他們只有藉著否定唐文標（或者期望唐文標自我否定）才能不致於最後否定掉他們自己。

唐文標能爲許多人之所不爲，不做「留美不歸的保釣一代」，而把自己「放在大地上，吸取泥土的生氣……實實在在的生活、老百姓和工作」（陳映真語）。劉大任卻在文中說這只「不過是針對自己的思想、感情、能力等各方面的條件進行趨吉避凶以求充份實現自己的一選擇而已。」好一個輕鬆愉快的「趨吉避凶」！我不知道唐文標要避美國的什麼「凶」（他在美國有親人、有教職），趨台灣的什麼「吉」？我只知道：陳映真在八三年訪美後依然回到台灣，雖然他完全有條件滯留在美國、雖然他在台灣隨時有可能再發生像七九年警總約談（或者更糟）的不「吉」之事。若照劉大任的「只不過是趨吉避凶而已」的說法，這又該如何解釋呢？

我自己也是一名「留美不歸的保釣一代」，這有歷史的和個人的原因，在這點上沒什麼好說的，但也沒有心虛敏感到不准別人提。當我面對像唐文標、陳映真這樣言行一致的有良知的知識人時，我深深明白自己正是在「趨吉避凶」地作了無可奈何的選擇；所以我不會昧著良心故意用嘲笑貶抑他們來證明自己的選擇高他們一等；我不忍把他們那樣的人庸俗化來自我美容；我更不可能編造「他們也在自我否定」的神話來試圖肯定自己。

早在六〇年代，劉大任也曾經與陳映真走得很近。七〇年代保釣運動開始後，劉大任還被台灣《中央日報》點名稱爲「劉×任」，不久就由中華人民共和國駐聯合國代表團推薦，入聯合國工作至今。人各有志，後來的劉大任與昔日「原地踏步的朋友」「緣份已盡」（註三），自然不妨彼此相忘於江湖；又何必對他們苦苦逼迫，予人「相煎太急」之感？自己要在海外永做漂鳥族以「趨吉避凶」當然可以，但大可不必在大吉之餘沾沾自喜，而對吉凶未卜的故人落井下石吧？

（一九八六年二月）

註釋：

註一：劉大任聲明過：「我寫評論文字，一共用過三個名字：本名劉大任，筆名圖籐和金延湘，」見劉大任「我們仍在尋求」一文，刊載於台北《中國時報》《人間》副刊版，一九八六年二月五日。

註二：〈意識形態的追逐者——試論唐文標〉，作者漁夫。刊載於《中國時報》《人間》副刊，一九八六年一月三十、三十一日。

註三：這兩個加引號的詞引自劉大任「回台一月」一文，刊載於《中國時報》《人間》副刊，一九八五年十月二十九日、三十日。

（《台灣與世界》，一九八六年六月）

十四、陳鼓應的境遇

李子堅

跟陳鼓應在台北有過兩次長談，多半是在聽他的，他好像有說不完的話，談不完的事。第一次見面，還有很多年輕的朋友在場，他雖然已經說得不少，可是仍很不過癮，便又約談了一次。

他不算太矮，但是非常清瘦，戴著眼鏡的臉上，笑容不多，講起話來，聲音很是響亮，有時非常激動，非常憤慨，偶而也發出爽朗的笑聲，可是，馬上又回到嚴肅而認真的氣氛裡。

爲了幫助我自己的記憶，我把錄音機打開，在座沒有其他的人對此有所顧忌，但是陳鼓應卻好幾次在談話中去關掉錄音機，才繼續說話，有一兩次，完全是下意識的動作。第二次單獨和他談話，他堅持不要錄音，我也只有尊重他的意思。

對錄音機敏感

錄音機對他有特別的刺激，因爲在一九七三年二月初，他和台大哲學系的另一位教授王曉波，以及幾位同學，因爲在放聽加州大學教授陳省身訪問大陸的談話錄音帶，被警備總部逮捕。這個錄音帶，是當時《大學雜誌》社長張俊宏訪美後帶回台灣，而借給陳鼓應聽的。

由於陳、王兩位教授在「警總」作了「奉公守法」的承諾，二十四小時後，即被釋放，但是他們因此均失去台大哲學系的教職，而被安排爲「國際關係研究所」研究員職位，每月只拿薪水，而沒有事情可做。四年多來，陳鼓應失去了教書、寫作和演講的自由。

惟恐步李敖後塵

有一段時期，他說，他的生活陷於恐懼之中，生怕會步李敖的後塵，於「被貶」之後，而再被捕下獄。那一陣子，看到吉普車出現在鄰近的街上，都會緊張萬分。他告訴我，有一天，王曉波的太太出街去買菜，看到一輛吉普車開向他們家的方向，馬上掉頭飛奔回家，結果看到她先生仍安然在家，兩人便抱頭痛哭起來。

這幾年來，陳鼓應在心理上的壓抑和神經上的挫折是很大的，可是他熬了過來，他的精神狀態仍然正常，現在也不再有什麼恐懼感，卻有一種他所謂的「不平感」。他說：「封我封得太緊，冷凍了我四年了！」

「恨不生為台灣人！」

他不止一次地對我半開玩笑，半認真地說，他真是「恨不生爲台灣人！」他的意思是說，台灣人享有較多的言論自由，也有較大的自由保障，因爲台灣省籍的知識份子有較廣大的群眾基礎。

他說，美國的新聞記者，或美國官方的人士來到台灣，總要找康寧祥、許信良、張俊宏等台灣人士談談。找外省籍的則非常少，爲了點綴一下，偶而來找陳鼓應。他說：「只要找我，我總是肯談的。我不能不談，否則人家要認爲我們沒有言論自由。」

可是陳鼓應說，他講話總是憑良心憑良知的，而且他的言論也是有一定高度，在「某種程度上，對國民黨不滿，那是希望政府開放，而能擴大政治基礎。」

是怎樣被「解凍」的？

他是怎麼被「解凍」的呢？那是因爲他所寫的兩篇評余光中詩的文章，在去年（一九七七年）十一月和十二月份的台北《中華雜誌》月刊上發表出來，用了他的真名。既然這份由胡秋原主編的刊物能登出他的文章，其他的雜誌也都認爲刊載他的作品是沒有問題的，這是陳鼓應在寫作上的一種「突破」。

從那以後，他也漸漸地有些活動，先後參加了政大、淡江和《中國論壇》月刊的座談會，都是討論有關鄉土文學的問題，每次他都很踴躍地在會中發言。

鄉土文學論戰的實因

談到鄉土文學的論戰，陳鼓應認爲真正的原因，乃是西化派在台灣獨佔的文化市場，受到挑戰而引起的。

他說，七〇年代，中共進了聯合國，保釣運動以及連串的事情發生，大家要求關懷這個社會，西化派許多超現實和頹廢的作品，受到批評。

陳鼓應在評余光中的詩一文裡，曾批評余詩傳播頹廢思想。其實，他對我說，在六十年代中，大家追求新的東西，把西方的東西，認爲是好的，趕快介紹到台灣來。那時，他自己也曾很努力地介紹「存在主義」，包括一些「現在看起來是頹廢的，很消極的個人性的東西。」

他說，像一個現代派的作家所寫的《家變》，說一位退休的父親，在他生日那天，因爲吃飯時多說了幾句話，被供養他生活的兒子聽著，要他放下筷子，不准吃了，雖然母親哀求，還是不行，說下去，就得下去，父親只有一氣走了。

另外有一篇小說《在黃昏時》，用潛意識新潮派的寫法，鼓勵自己同學跟他媽媽通姦。像這樣接受美國世紀末頹廢派的東西，在七十年後，受到文學批評者的批評。在此以前，嚴格地說，台灣是沒有文學批評的，大家只有互相標榜，互捧。陳鼓應說，七〇年代也是很多台灣作家，像黃春明是農家出身，王拓是漁村裡長大的，寫他們生活經驗相關的故事。像王拓的《金水嬸》，就是寫他的母親。《望君早歸》是寫他父、兄被葬身海底的家庭悲劇，非常真實的，讀者讀了以後，有一種親切感，他們的小說當然暢銷，使西化派獨佔市場受到影響，於是便開始用「扣帽子的方式」，說鄉土文學作者，專寫工、農、兵文學，而且作品裡有「階級意識」。

他說，有「階級意識」在美國講是沒有關係的，可是在台灣是不能隨便講的，是構成給人戴紅帽子的，這對人的安全是有威脅的，因此，被批評的鄉土文學作家，都很緊張。

鄉土文學論戰很有一陣，鬧得有些雞犬不寧，但是，論戰也畢竟是止於筆墨上的文字論戰，還沒有聽到有任何有關的政治行動出現。

談他自己的轉變

有人批評陳鼓應以前是西化派，現在卻搖身一變，嚴然是反對西化論者。他是當年西化派中心人物殷海光的學生，後來在哲學上和主張民主及開放言論上，均承受殷氏的衣鉢。他承認他受殷氏人格上的影響很大，那便是不妥協，忠於良知，不受銀彈收買。

陳鼓應說，他的很多想法，在他一九七二年七月間訪美以後，有了轉變。他說，那時候有很多留美學生去過中國大陸，他有機會到處聽他們談大陸的情況，也從很多幻燈片上，看到自己的同胞，產生了強烈的同胞愛的情感。他說，這是出諸於他對中國同胞、土地以及歷史文化的熱愛，他對中共政權及馬克斯思想，則並沒有任何認識與瞭解。

關心農民生活

由美返台後，陳鼓應跟芝加哥大學教書的張系國去看台灣的農村，開始關心農民的生活。他說，過去一般知識份子，祇是書生論政，跟廣大社會群眾和現實的，顯得漠不關心與格格不入。他認爲，現代的知識份子，要走出象牙塔，接近並關心多數人的生活。

他說，今天殷海光如果還活在人世，而且沒有改變的話，一定也會受到批評的，但是他相信，殷氏一定會走在現代知識份子的前端。

陳鼓應表示，他對美國人民是有好感，但是他不滿少數資本家在台投資所造成生活上的弊端和損害。他特別指出台灣受美、日經濟和文化的影響，認爲是很值得憂慮的。

談台灣污染的嚴重性

對於台灣工業污染的嚴重程度，陳鼓應曾以周湧的筆名，在一九七六年十月一日出版的《夏潮》雜誌第一卷七期中發表專文，列舉事例，說明工廠廢水對農作物的損害，廢水對漁類的毒害，以及工業廢氣對農作物以及人民健康的危害，提出嚴重的警告。他在文中有下面兩段話，他說：「台灣不顧一切的追（經濟）繁榮，其結果是造成都市的畸型發展，貧富懸殊，社會的侈華，人心的糜爛。如今，嚴重的環境污染與社會污染，已不是表面的繁榮所能掩蓋得了的。」

「現在全省各地廢水的橫流，廢氣的瀰漫，農藥的濫施，化學品的使用，都已超過了自然環境與人體所能負荷的程度。……近年來，台灣各種癌症病患激增，顯然是和工業污染有重大的關係。」

開始反對「台獨」

陳鼓應想法上另一轉變，是他由美返台後，已開始堅決地反對「台獨」。他說，當他——一九七二年七月來美訪問時，美國大使館有「收買」他的企圖。（他並沒有具體的說明）後來，在美國期間，很多美情報人員，不斷地邀他談話，他說，他們是想從他的嘴裡，得到一些與政府不利的消息，但是，他們並未能遂願。

照他的說法，美國是在搞兩個中國或是支持「台獨」。他給「台獨」下了個定義，認為在基本上，要具備三大因素，其一是要以台灣為獨立國家；其二，是要依附一個強國——美國或是日本。甚至有人以為日本或美國來統治，要比中國來統治好。其三，係非常的反共，比國民黨反共有過之而無不及。

他說，美國的記者，把去年縣市長及省議員選舉中，非國民黨人士的勝利，當作是「台獨」的勝利，實在是自說自話；把中壢的暴動事件，解釋為「台灣的民族主義」的表現，實在很不像話，他說：「他們竟把台灣當作一個民族？這算是什麼話？」

美國官方的「心態」

他並舉例說，美國國務院中國科長去年訪台時，跟他和許信良、張俊宏三個人見面，這位中國科長問陳鼓應：「許信良是少數還是多數？」他認為拿這種問題來問他的意見，實在是很可笑的。該中國科長並問許、張二人，如果要他們從國民黨和共產黨之間選一個，他們選那一個？許、張兩人說：「當然是選擇國民黨。」

這話他認為和先一個問他的問題，問得同樣可笑，但他認為由此可以看出美國官方的「心態」。

還是一個「問題人物」

陳鼓應今天在台灣，還是被視為一個問題人物？一個異議份子，一個拿了政府錢，無所事事而「胡鬧」的知識份子。可是，他事實上，是苦於不能在大學裡教書，不能暢所欲言的寫東西或發表演講，連登廣告的自由也受到限制。

他說，他所寫的評余光中的詩，出了個小冊子，要在《中央日報》、《新生報》登廣告，錢收了，又退了回來。去年，東吳大學一個學生社團邀他去談「大學生的感情問題」，但是，經與訓導長討論後，而被取銷。

一個重大的「突破」

今年五月五日，經過友人很吃力的安排，陳鼓應終於在淡江文理學院，發表他五年來第一次公開的演講，題目是「存在主義的批判」，有三百餘人前往聽講，禮堂裡滿坑滿谷，甚為熱烈，他夫婦兩位，會後喜極而泣，認為是他另一個重大的「突破」。

他曾在一九七四年申請出國，但以「不便接受」而被拒絕。有關方面對他說，他教書的可能性，要比出國為大，但是，目前並沒有那個學校，有意請他教書。他說，他希望有一個學術工作的環境，來做學術的研究。他並沒有解釋，爲什麼他不能在國際關係研究所作研究工作，他祇是希望，他能重回台大哲學系去教書，對於五年前被台大「不再續聘」，始終有一種屈辱之感。

要寫一本《中國思想史》

他最大的目標，是寫一本《中國思想史》，年初和他見面時，他說，他正在做研究的工作，希望著重於「時代的意義，和進步的思想介紹。」最近幾個月的通信中，他告訴我，他的健康很壞，受醫生的囑咐，他的讀書、研究和寫作，都將暫時擱置。

六月間的一封信上，他提到了「一件極不愉快的事」，是他的太太參加「生命線」的義務工作，於五月底到日本開會，途經香港返台時，在機場被帶至密室，受裸身檢查之辱，結果並沒有查出什麼東西，使她在機場爲之痛哭。

這件事已經向有關方面提出了抗議，並要求徹查，到目前爲止，還沒有一個下文。

（《新土》，一九七八年八月）

十五、保釣健將王曉波的回顧與反思

1.七〇年代自我思想的回顧與反省

王曉波

民國三十七年（一九四八）我隨家人來台。四十一年，家遭慘變，母親逝世，時年三十歲，家父亦受連累。在那慘澹的日子裡，外祖母帶著我們兄妹四人，堅強的守著一無所有的破碎的家庭。時我最長九歲，小妹尚未滿週歲。有「身份」的親戚朋友大半不敢和我們來往，倒是父親在軍中的一些傳令兵和司機卻經常來探視和接濟我們。當年連三餐也難以爲繼，後台中育幼院算是接納了我和大妹。一個外省老太婆帶著四個小孩在人生地不熟的台灣，除了飢餓外，我們生活在歧視與同情的雙重目光中。那些善意的同情多半是和我們一樣在生活線上掙扎的鄰居。

保釣運動

六〇年代，自《自由中國》之後，「批評政府」、「不滿現實」、「唱反調」、「發牢騷」都是「思想問題」，都是加諸於知識份子頭上的「罪名」，且不斷有人被捕。青年思想的苦悶無以復加，唯一的出路就是出國，並且，被允許出國的人都必須是思想沒問題的人。涉及現實問題，大家都只能「樂觀進取」的「善意建議」。

客觀上沒有出路，主觀上思想苦悶。雖客觀上的壓力至六十七年「中壢事件」後漸漸才放寬，但對我而言，思想上的苦悶，自保釣運動後則漸解除。苦悶的解除是因將認同的格局由知識份子擴展至全民。及由台灣的生存空間擴展至十億的中華民族。

因保釣運動，我和許多台灣的青年，真切的認識了現代帝國主義，那是由感性至理性的認識，而不僅止於以往書本上的抽象概念。

由感性出發，我們基於民族利益和國家尊嚴，反對美日勾結將釣魚台作帝國主義的處分，在美日大使館前的示威，使我們熱淚滿眶，政府軟弱的聲明使我們失望與傷心，最後竟將「誓爲政府後盾」的青年運動當作「爲匪統戰」來看待，這大概是對我們最大的諷刺。

由理性的反省，我們開始研究帝國主義與民族主義，研究近代中國與台灣的歷史，研究國民黨史與三民主義，研究近代世界史與第三世界，於是開始反對崇洋媚外，反對殖民主義，而主張中國的和平、民主與統一，竟然又被視爲「爲匪統戰」，然而從孫中山先生在民國元年開國文告中的「五大統一」，到其臨終時的「和平、奮鬥、救中國」，又與我們理性反省所得的結論有何不同呢？

知識份子是對歷史負責的，至今我堅信一個十億人口的民族不可能永遠靠崇洋媚外度日，也不可能永遠的分裂下去，民族的悲運與國家的分裂，是歷史的暫時現象。一個沒有遠大眼光，只會局限於現實小利的民族，是終究沒有前途的。一旦中華民族覺醒，中國必雄飛於世界，並將擔當爲一切被壓迫民族和被壓迫人民的「濟弱扶傾」的道義。爲中國的和平與民主，中國的統一絕非統一於黨派，而必須統一於人民。這是我的信仰，也是孫先生的遺教，我願持此信仰接受歷史最嚴厲的批判。

今天台灣一千七百萬人生存的意義，絕不在於黨派鬥爭的殘餘，也不止於目前生活水準的滿足，而在於未來能在整個中華民族的洪流中發生作用。有了這樣的認識後，我思想上的苦悶霍然而解，雖在個人遭遇挫折之餘，仍用各種方式繼續我的文字工作，從未中斷。

近代弱小民族的民族主義是由帝國主義刺激而起的，中國也不例外。但是，「爲生民立命」卻是中國的「固有文化」，也是人道主義者應有的胸懷。

保釣之後，又有退出聯合國及尼周公報的震撼，一連串外交上的挫折，青年愛國熱情無以發抒，轉而關注基層民眾的困苦。但「生活水準」又是台灣既得權益者的合理化基礎。然而任何生活水準的提高都有其二重性，一是相對於歷史的提高，一是相對於社會的平等。以前者而言，三十年前與三十年後，台灣人民的生活水準確實提高了。

但以後者而言，富甲天下的美國至今未能消滅貧窮，且尚有五千萬龐大的貧窮人口。哈林頓（Michaek Harrington）在《另一個美國：合眾國中的貧窮》（The Other America: Poverty in The United States. 1962）書中說：「我們碰到美國的貧民將要告訴我們什麼呢？難道要告訴他們，其生活要比印度、義大利、蘇俄的貧民過得舒服多了？這回答太無情了，我將不如此作答。我要告訴每一個生活愉快，而且樂觀的美國人，有數以百萬計的美國人在身心上受不平等的待遇是一難以忍受的事。」

這種社會良心不是近代美國所獨有的，在被史家稱頌的「文景之治」的時代，社會經濟空前富裕，班固說當時是「非遇水旱，則民人給家足，都鄙廩庾盡滿，而府庫餘財」。但賈誼卻說：「飢寒切於民之肌膚，欲其無爲姦邪，不可得也。鼂錯也說：「今農夫……春不得避風塵，夏不得避暑熱，秋不得避陰雨，冬不得避寒冷，四時之間亡日休息。」董仲舒也指出：秦時：「富者田連仟陌，貧者亡立錐之地」及「貧民常衣牛馬之衣，而食犬彘之食」，且「漢興，循而不改」。

「人溺己溺，人飢己飢」的「爲生民立命」之懷抱，是向來中國知識份子愛國的傳統，任何愛國的知識份子雖有時懾於專制淫威，但從來不屑於爲一家一姓之家奴。我雖不敏，然讀聖賢書所學何事。

「我願終身爲真理的僕人，永遠作中國苦難的良心」，是我大學畢業的誓言。良心不死，正氣不亡，中華民族才能經歷浩劫而終於復興。我絕不會從這個立場上退卻下來的。

投稿「大學」及被拘留

《大學雜誌》在七〇年代初，曾是一份集結台灣青年知識份子呼籲改革的一份刊物。其創刊於民國五十七（一九六八）年一月，創辦人鄧維楨，總編輯何步正，在大學念書時，大家都寄居台北，並有「同居」之緣。張俊宏在《我的沉思與奮鬥》一書中說到《大學雜誌》：「當時主要編輯是郭正昭、陳少廷、王順、王曉波等人。創業維艱，鄧、何二位當時尚是在學青年，財力非常有限，僅憑其熱情奔走呼號，幾乎耗盡了所有的時間與精力於《大學雜誌》上，王曉波等人更如沿門托鉢僧在台大宿舍挨戶推銷，大家全憑一股衝勁，想爲這個沉悶的時代開闢一個可以提供新鮮空氣的窗戶。」

這段話，張俊宏有二點記錯了。一是鄧維楨當時已非在學。二是我並非《大學雜誌》編輯，並且從來未與《大學雜誌》有過投稿以外的關係。我曾熱心幫忙推銷過《大學雜誌》是真的，那是因爲當時大家志趣相同的緣故。

一九七六年美國密西根大學出版，黃默教授所著《台灣知識份子醞釀的政治改革》（Intellectual Ferment For Political Reforms in Taiwan. 1971-1973）書中說：

「（王曉波）是其祖母帶大的，幼年異常困苦。他爲支持窮人和弱者而發言，是一位極爲其同事和學生所尊敬的正直和富有同情心的人。他非常同意蔣經國促成政府親近人民的努力，並稱讚蔣的作風。一九七三年，他被株連在陳鼓應等人的案件中，被當局拘留二十四小時。他還保留其在台大的教職，直至一九七四年該系的『整肅』。」

我對貧苦同胞的一點「秀才人情」，實在不敢擔當黃教授所述的稱譽。我確實是支持蔣先生關懷民瘼的作風和求治的努力，而痛恨一些官僚的腐敗和專制。不過黃先生說我是被「株連」，可能不確，至今雖我自己尙多少有些莫名其妙，但很可能當時是被「羅織」的主要對象之一。

南方朔在《中國自由主義的最後壁壘》一書中，也有一段有關《大學雜誌》的敍述。他說：「在《大學雜誌》集團二次分裂之中，另有一值得強調的，那就是一九七三年二月初，台大哲學系副教授陳鼓應、講師王曉波，以及學生錢永祥、盧正邦等的暫時被警備總部拘留事件。這是整個《大學雜誌》知識份子集團中，所受的最嚴重的處置。……王曉波則自始即非《大學雜誌》集團思想之同路人，因參與並不固定，而在間歇的參與中，則以民族與民生此兩大主義爲基調，亦僅可稱之爲「異數」。但無論如何，這兩人由於具有教學之便利，以及夙具之激進言論，在學生群中有較其他《大學雜誌》集團成員更高之吸引力。」

南方朔知我者也，我確實與當時《大學》諸君子在思想上不是「同路人」。《大學》是七十年代有過輝煌聲譽的刊物，我則實在沒有資格分享其榮譽，並且，我也確實從未參加過《大學》，而有任何名義。所謂「參與」應改爲「投稿」則更爲恰當。

我之所以與許多朋友在思想上不能成爲「同路人」，一是我比較強調民生疾苦是知識份子的責任，二是我比較強調民族主義，而不能不反對帝國主義。但我並非故意要做「異數」，而是覺得一個人應忠於自己的思想。爲求中國之自由平等，大家應該團結，但思想應有自由。當時楊國樞先生任總編輯，如果不是他，我可能連投稿也不太可能，但也有人指我「義和團」，或以「民族主義進，共產主義出」相恐嚇。

南方含蓄的指出我們被「拘留」的原因，可能是「激進」。「拘留」事件我不願多談，但不能不說「激進」是主要原因。其實我的「激進」，也只不過是在三民主義的旗幟下談談三民主義而已。之所以「激進」那應是有人不喜歡三民主義而已。

曾經有人質問我爲什麼要講三民主義。現在還有人說我以三民主義作「擋箭牌」，口口聲聲「國父」，「打著紅旗反紅旗」。老實說，三民主義只能擋非三民主義，而擋不了真三民主義的。「國父」沒有專利，我是中華民國國民，爲什麼我沒有權利講「國父」？說我「打著紅旗反紅旗」的人，更應該先檢查一下自己手上的旗子是否爲一面三民主義的大旗。

第三種台灣人

根據來台的先後及自覺意識，我願把現在台灣的居民分成三種，第一種是台灣的原始住民，即現在的山地同胞；第二種是台灣光復以前來台的漢族移民，主要來自閩南及廣東的「客家人」；第三種是光復之後，尤其政府遷台以後來台的，這些被稱爲「外省人」。我是光復後，五歲隨父來台，應屬於第三種。

第三種台灣人他們之所以自覺或被稱爲「外省人」，據我看來，主要基於二項意識。一是鄉土意識；他們自覺故鄉在海的那邊，且有他們最親密的家人在大陸，雖青絲已成白髮，但糾纏親情的鄉土，是「剪不斷，理還亂」的。他們個人的悲歡離合，也正是近代中國悲劇的一部份。第二種台灣人直到日據時期，也同樣還眷戀著祖先的廬墓所在之地。二是缺乏民主意識；隨政府遷台的「外省人」，絕大部份是黨政軍公教人員，其中不免有些人開口閉口稱別人是「老百姓」，而自覺高「老百姓」一等。到台灣後，他們眼中的「老百姓」自然就是「台灣人」了，當然「老百姓」也就把他們看成了一種特殊意義的「外省人」。

但自家遭慘變後，我就被甩出了「外省人」的行列，雖非台灣人，卻是「老百姓」，而且是「次老百姓」，是「老百姓」中被救濟的貧民。所以，我不具有所謂的「外省人」的那種莫名其妙的優越感。優越感是一般台灣人所反感的，要民主，要與有五十年日本殖民地經驗的台灣同胞相處，這種觀念是必須要糾正的。但也發現當上小小官吏後的一些台灣人也「外省人」化了，可見「外省人」不是外省人的專利。並且，經過三十年來，外省人與本省人打成一片，許多外省人也「台灣人」化了。

再者，我從小在台中北屯長大，北屯的父老看著我拖鼻涕，看著我由學生變成教師，每次回台中，遇見北屯父老總是親切的像對子弟般的問我「你又回來了」，「你們家以前……現在好了」。從來沒有讓我感覺到我是「外省人」。去年過年，幾個童年的好友聚在一起，酒過三巡，有人說：「曉波，你現在簡直不是北屯人，快變成台北人了。」而不勝唏噓。

說真的，我五歲來台灣，據說三個月大的時候，我曾到過我父親的故鄉——貴州遵義。這不是我數典忘祖，而是台灣和貴州都是中國的，我的故鄉是中國！沈葆楨說鄭成功「留此山川作遺民世界」，第二種和第三種台灣人都是「遺民」。有道是「埋骨何須桑梓地」，我最親的親人，我的母親和大妹，都在台灣入土，已成爲這塊土地的一部份了。

但作爲一個台灣人不能沒有其根，遠離非洲的美國黑人也知尋找其根，因此，我研究台灣歷史。第二種的台灣人大多是不願被異族滿清統治的「遺民」，爲的是民族主義；台胞在日據下五十年的奮鬥，爲的也是民族主義。台灣近代的歷史血淚斑斑，展讀史籍，我有深刻的感受。但究其根源，台胞的苦難，實爲整個中華民族苦難的一部份。中國的苦難來自於中國的落伍及帝國主義。

要解說中國及台灣的苦難，必先解脫帝國主義的控制，要全民族團結才能有力量解脫是項控制，因此，中國必求統一。此項見解亦見於孫中山先生於民國元年之開國文告中。要求統一的國家，必須民主，不可以特權或勾結帝國主義，以造成民族內部的分裂。

漢奸買辦和特權反對中國的民主統一是可以理解的，但真正的台灣志士從來是以中國的民主統一為理想的。眾所周知台灣民眾運動領袖蔣渭水，在日帝統治下，堅持「和平奮鬥救中國」的理想而奮鬥。領袖群倫，望重全島的林獻堂，在民國三十五年率「台灣光復致敬團」赴南京與黃陵分別發表談話說：

「吾人深覺民族至上國家至上二義之寶貴，深信欲求國家復興，必先遵行民族主義，力求民族團結，國家統一，如有違反斯義者，必召亂亡，且將自食其果，台灣近世史可為佐證。又台灣同胞，懍於往轍，深信內憂為外患之媒，欲免外患必先無內憂，……目前朝野主張軍事統一，政治民主，確為對症良藥，台灣同胞因痛定思痛，尤願竭其全力以促其成。」

「台灣淪陷五十一年，同胞飽嘗亡國痛苦，痛定思痛，所以對國族倍感可愛，希望國家強盛民族繁榮的心情，比國內同胞或且有更來得深刻之處，六百五十萬台胞，不但在敵人治下無時或忘祖國，對於祖國數十年來的內憂外患尤極關切，光復後已覺有可愛護的國家，可盡忠的民族，所以對於國家民族的前途，莫不極度感奮，願盡其所能以圖報效，對於目前的軍事統一，政治民主，確信其為建設新中國對症良藥，深願與國內同胞同心協力，以促其成，永不願再見有破碎的國家，分裂的民族，自行分割就是自取滅亡。」

《馬關條約》割台，台灣脫離祖國，又民國以後的中國，至今從未真正的統一過。這是台胞的悲哀，也是中國的悲哀。阻礙民族團結國家統一的是什麼，考察歷史之後，我們不能不說，那是帝國主義和專制獨裁鎖銬了中國民族的發展，扼殺了中國人的聰敏才智，以致今日連最起碼的國家統一都不能完成，然而令人欣喜的是，在邁入八〇年代的前夕，大陸青年已有了普遍的民主覺醒，中國的民主統一絕不是一項「政治神話」，而是可以與大陸同胞共同努力促成的。我相信闊別大陸已久的台灣同胞終將進入中國歷史的主流，與十億同胞共同邁進二十一世紀，而爲世界人類提供貢獻。

這絕不是什麼「大中國主義」或「大國沙文主義」。中國之大是中國人的祖先胼手胝足苦心經營的結果，唯帝國主義欲其爲小。中國人欲求在自己的土地上建立一自由平等的統一國家，這不是沙文主義，而是民族主義，也是台灣先人的未竟之遺志。

（《新土》，一九八〇年八月）

2. 在那追隨胡秋原先生的日子裡

王曉波

我和胡秋原先生，除了在台大念書時，認識胡先生的公子胡卜凱外，本無任何淵源，並且我的老師殷海光教授和好友李敖兄，還是胡先生「中西文化論戰」的對手，尤其是李敖還和胡先生爲了文字糾紛纏訟數十年。

保釣運動和《中華雜誌》

我和胡先生直接認識是在一九七〇年，當時發生釣魚台列嶼的主權爭執，美國要將一向屬於台灣的釣魚台列嶼連同琉球一併「歸還」日本。新聞已經有一些陸續的報導，但是，政府在外交上賴美日，而不敢有所作爲。

那時，我還在台大哲學研究所當研究生，基於愛國的義憤，就和另一位政研所的同學王順，著手整理有關新聞報導的資料，並引述〈五四宣言〉的口號——「中國的土地，可以征服，而不可以斷送。中國的人民，可以殺戮，而不可以低頭。」而寫就〈不可斷送釣魚台〉一文。

我和《大學雜誌》有些淵源，便把稿子送去，但被拒絕。後來在書報攤上，翻到《中華雜誌》，對釣魚台的主權有積極的主張。於是，打了一個電話去，是胡先生接的，要我把稿子送去。胡先生看完原稿後，認爲可以發表，但對題目有意見，他說，如果是「不可斷送釣魚台」，當然是指政府當局「不可斷送」，恐有心人的挑撥而引起政治上的壓力，所以建議改爲「保衛釣魚台」。後來，這篇文章就發表在十一月號的《中華雜誌》上。

第二年，一九七一年，海內外發生「保釣運動」，台大學生並發動了六月十七日的示威遊行，我在《大學雜誌》和《中華雜誌》同時發〈六一七學生示威記實〉。這是我第二次和胡先生《中華雜誌》的文字關係。

一九七二年十二月四日，台大大學論壇社舉辦「民族主義座談會」，而引發了台大校園內的統獨論戰，陳鼓應和我受到國民黨和台獨人士合作的「圍剿」，當時我已擔任哲學系講師。七三年二月即發生哲學系師生遭警總「約談」的事件。當年暑假，陳鼓應就遭台大解聘，我和另外七名同事在七四年亦遭解聘。這就是當時的「台大哲學系事件」。

保釣運動之後，我遭「台大哲學系事件」整肅，莫名其妙蒙上「思想問題」的奇冤，連承辦我們案件的警備總部保安司令部文教組組長陳進忠上校都對我產生莫大的同情，而建議我，是不是可以把所寫過的文章和書請幾位有名的學者寫個評論，他們可以向上面呈報，來證明我沒有「思想問題」。因此，我請了沈君山、逯耀東和胡先生三位，沒想到三位先生都一口答應。胡先生還在他的「評論」中，引述朱熹的「舊學商量加邃密，新知培養轉深沉」來勉勵我。三位先生的「評論」報上去了，但我的情況並未好轉，可見當時的政治迫害之嚴酷。

我在幼獅書店出版的碩士論文《先秦儒家社會哲學研究》也遭查禁，警總並派員監督焚書，並告知《幼獅月刊》不可再刊載我的文章。主編朱一冰先生相告，有關人員說：「非我族類，斬草除根。」老同學高信疆任職《中國時報》亦告知，新聞黨部通令各報社不得刊用陳鼓應和王曉波的文章。

時逯耀東教授主編《中華文化復興月刊》約我寫了一篇〈孔子思想的形成及其意義〉，廣告一刊出，有關人員立刻反對，要求抽版。逯教授答應他們審稿刪改，也不接受，又以王曉波只是「賣文」相告，有關人員也不肯，竟告之：「王曉波要飯吃，叫他跪著來求我們。」逯教授則告訴他們：「王曉波絕不會跪著向你們要飯吃。」胡先生知道我遭抽版退稿，就要我把文章交給他，刊登於《中華雜誌》，並且拿到一筆稿費。

官逼民不反而我行我素

在台大遭解聘，賣文又被封鎖。申請出國研究二次都遭批示「礙難照准」，連申請費都退回。後沈君山教授推荐我到《科學月刊》當編輯，介紹我去見《科月》社長張昭鼎教授，見過張教授後，左等右等都等不到消息，最後等到沈君山教授來信謂，我見張教授後，有關人員即告訴張教授，不可任用王曉波。

走投無路，幸好有成舍我先生收容我到世界新聞專科學校兼課。有一日，組織工作會主任李煥先生把我找到中央黨部，拿出一張字條紙來，載明時間、地點，說我在課堂說：「要為馬克思主義犧牲的人致上最高的敬意。」李主任跟我說：「這些話當然不是你說的，但有這樣的報告到我桌子上，你得要格外小心謹愼。」好一陣子，我上課只好自備錄音機，並向學生說：「我說的每一句話，我負責；同學有記錯了的，同學自己負責。」

又有一次，適時中共正在批孔批林，世新教務主任成秀峰女士找我，說是：調查局來查，王曉波出考題批孔，「與匪唱和」、「爲匪統戰」。我跟成主任把近年來的考卷翻出來，成主任突然指著一題「試批判孔德的知識三階段論」說：「一定是這一題。」我說：「孔德是法國哲學家奧古斯汀．孔德，又不是孔子。」成主任只好說：「王老師，我們知道你是冤枉的，但如你不在我們學校教書，我們就不會惹這麼多麻煩。」

胡先生在並不十分熟悉我的情況下，而肯爲我這個情治單位想要獵捕的人背書「思想問題」。這樣，我才和胡先生及《中華雜誌》比較熟悉起來，也開始了解胡先生的思想學問和他的民族主義的志業。

在那段苦悶、恐懼、徬徨、親友疏離、並隨時可能失去自由的日子裡，我除了和陳鼓應相濡以沫外，我唯一能請教的去處，只有胡先生和逯耀東教授。

在向胡先生請教中，胡先生給了我許多思想學問上的啓發和鼓勵。我能從世界文化史的觀點重新看待和肯定中國文化，是受到胡先生啓發的。我能從國際政治的角度來理解中國問題，也是受到胡先生的啓發的。

在那灰心喪志、軟弱消極之時，胡先生以近代中國民族苦難的歷史，來堅定我奮鬥的意志，並且，在那政治高壓的時期裡，他還教我如何自我保護，要我「官逼民不反」，並「我行我素」。

以一個有組織的政府來迫害一個個人，那種無奈無助的悲憤，難免產生「與汝偕亡」的憤慨。胡先生一面鼓勵我堅定愛國主義的心志，要「我行我素」；一面勸導我要有「官逼民不反」的修養，不可被一些騷擾激怒。因爲，有人要陷害你，你一激動，做出出軌的言行，他們正好逮到來整你，而達到他們的目的，你爲什麼要讓他們得逞，讓他們達到目的？一面「官逼民不反」，一面「我行我素」他便永遠達不到目的。幾十年來，在各種迫害下，我跟許多朋友不一樣，還能在監獄外「我行我素」，這不能不說是拜胡先生「官逼民不反」的教導之賜。

鄉土文學與美麗島事件

保釣運動之後，台灣青年批判西化主義的本土運動勃起，而有「鄉土文學」、「唱我們的歌」及台灣史研究。此外，亦有社會意識的覺醒，而關懷弱勢群體和弱勢階級。

一九七六年，有關方面發動了對「鄉土文學」的圍剿，在第二次「文藝大會」上，警總的代表揚言：「我們不是不辦，而是就要辦了。」在這磨刀霍霍之際，我找到一向受胡先生器重的學生曾祥鐸兄，一起去見胡先生，希望胡先生能仗義執言，不可挫折台灣社會自發的民族意識和社會意識。胡先生要我蒐集一些「鄉土文學」的作品給他。後來，胡先生發表了〈談「人性」與「鄉土」之類〉，並且，還要我和祥鐸、映真二兄各發表爲「鄉土文學」辯護的文章。「鄉土文學」論戰了一年多，後來胡先生還邀尉天驄、陳映真和我參加《中華雜誌》的編輯委員會。

在這過程中，熱愛台灣新文學的李南衡兄，跑遍台灣各地，遍尋耆宿，花盡積蓄，成立「明潭出版社」，自力編印《日據下台灣新文學》（五冊），並且以《賴和先生全集》爲第一冊。但「風聲」傳來，所蒐集日據時代抗日作家的作品，有人思想「左傾」，而要查禁。南衡兄約我一起去見胡先生，鄭學稼先生更是仗義執言，在《中華雜誌》上，爲台灣新文學（鄉土文學）極力辯護。因此，發動查禁《日據下台灣新文學》的陰謀終於不能得逞。

一九七九年，美國與中共正式建交，《夏潮》雜誌被查禁，余登發「吳泰安案」被捕，在那萬馬齊喑的時代，唯胡先生和《中華雜誌》仗義執言。余登發的媳婦余陳月瑛、女兒黃余秀鸞，事後還特別到胡先生新店家裡致謝。爾後，有《疾風雜誌》創刊，反制黨外運動和黨外雜誌，但卻指責《夏潮》雜誌和鄉土文學派的教授和作家為「真正的敵人」，其中遭點名的有尉天驄、陳鼓應、陳映真、蘇慶黎、王津平和我等人，胡先生則在十一月號《中華雜誌》發表社論〈略評台灣反民族主義的怪聲〉，為我們辯護。

一九七九年十二月十日，發生「高雄事件」，接著全島搜捕黨外人士，風聲鶴唳，人心惶惶，所有媒體眾口一辭，殺伐之聲甚囂塵上，只見一批《疾風》「志士」公然在台大校門口叫囂槍斃這個，槍斃那個，善良之輩皆噤若寒蟬。

有天晚上台大教授張國龍夫婦來找我（張夫人徐慎恕乃《夏潮》義工），商量如何突破這個局面，尚未被捕的幾位黨外立委民代如康寧祥等人，也沒人敢站出來講話。於是，我們一起去看胡先生，懇請胡先生能仗義執言，以安定人心，於是有一九八〇年元月號《中華雜誌》社論《高雄「美麗島」暴力毆傷憲警事件》。文中引述雨果之言「赦免是人類語言文字中最高貴的」，而呼籲政府要「和氣致祥」。那年，《中華》同仁在實踐堂為胡先生辦七十誕辰紀念演講會，「美麗島事件」被告家屬許榮淑等還前往致賀。但不意此文一出，竟惹翻了《疾風》及其背後支持的情治勢力，一直和胡先生纏訟將近十年，害胡先生滿頭白髮，還要和那些文化流氓對簿公堂，一直使我耿耿於懷。

學術走板，政壇失意

胡先生最值得稱頌的是，在國民黨的偏安意識下，全島上下媚美媚日哀求「不要放棄我」之際，他以個人之力，每年舉辦「七七紀念會」，直至中國統一聯盟成立。他以「七七紀念會」維繫了中國的民族精神在台灣不墜。雖然胡先生自稱是逃難來台的，但他卻盡自己之力支持被壓制的台灣抗日一代。例如，每年的「七七紀念會」都有台灣抗日志士共襄盛舉，並且，他極力爲抗日作家楊逵的冤抑不平，全力支持抗日文學家賴和的平反，而使之得以重新入祀忠烈祠；又全力保衛抗日先烈林少貓，終於保全其在忠烈祠的地位，而未被漢奸之後驅逐。

有人惡意的攻擊胡先生是「學術走板，政壇失意」，我認爲這正證明了胡先生的凜然風骨，在殖民主義西化的潮流中，堅持中國文化尊嚴的胡先生當然與之格格不入，這又何止是「走板」，而根本就是反潮流；又，在以美國爲宗主而自居婢妾地位的台灣，堅持中國國家尊嚴的胡先生又何止只是「失意」，更有不懈的奮鬥。

胡先生奮鬥意志之強韌和剛健是我所僅見的，是什麼力量這樣的支持他的奮鬥意志，據我的觀察，那應該是他對國家民族苦難的深厚同情和感情。

一九八八年，何文德、楊祖珺率老兵返鄉探親回到西安謁黃陵，我把新聞報導和祭黃陵文給胡先生看，嚴正剛烈如秋公者，他竟一面看，一面淚流滿面。這是無感於家國之痛而只知「樂不思蜀」的人所無法感受的。

一九八九年發生「六四事件」，我悲痛萬分，去看胡先生，談到「六四事件」對中國未來的影響，胡先生也極爲悲痛的說：「我這一輩子恐怕已看不到中國的統一了，也許你們還有可能。」說著，胡先生已是老淚縱橫了。強矯如胡先生者，我看過他二次落淚都是爲了民族命運的緣故。

胡先生終身研究中國文化，也親身經歷了近代中國苦難的歷史。他對中國的歷史文化有著強烈的使命感，也對近代中國民族的苦難有著錐心刺骨之痛。復興中華是他一生的志業，但中國至今連國家統一尚未能完成。

在追隨胡先生辦《中華雜誌》的十幾年中，不但每期拜讀胡先生的文章，並且，也在「近距離觀察」中深受胡先生的「身教」。

胡先生的「愛國」絕不是政治表態的口號，而是發諸對民族苦難深沉的同情和真摯的大愛。

愛國、勤學、敬事的身教

此外，胡先生的「勤學」也是我親身體會的。胡先生平日生活，除了立法院開會和會客外，其他時間總是手不釋卷，並且，對問題的研究，不追究到底決不罷休。胡先生在立法院主張發射飛彈，便蒐集各國有關飛彈的資料，反對建立翡翠水庫也是這樣，他比行政院的專家還要專家。胡先生不是「曲學阿世」的人，甚至也決不「曲學」來阿自己的主張。有次，爲了一篇文章的邏輯問題，在編輯上，胡先生和我的意見不同。後來，胡先生去查書，並交給許良雄轉告我，他錯了。世人皆以爲胡先生知識上「頭角峥嶸」，從來沒有服輸過，殊不知，胡先生在公開提出自己的主張時，都經過深思熟慮和研究過的。胡先生寫文章寫了一輩子，世人大概很少人知道，胡先生是字典不離手，一個字不明白，都還要查字典。

除了愛國、勤學外，我還看到胡先生敬事的精神，《中華雜誌》每篇文章，每一個字，胡先生都要親自看過和改過。爲了讓年輕的作者有發表的機會，胡先生有時竟將一篇文章逐句逐字的改過，毫不馬虎。記得有一個周末，發現已準備付印的《中華雜誌》文章有錯字，找不到福蜀濤，七十多歲的胡先生只好親自趕到印刷廠，把那個錯字改正過來。

胡先生愛國、勤學、敬事的精神，也就是也在文章中所標榜的民族、學問、人格的三大尊嚴罷。

一九八八年，胡先生有見於台灣偏安意識和分離意識的高漲，而聯合了台灣抗日一代和各界愛國之士創立了中國統一聯盟。「二二八」之後分裂的台灣愛國主義，爲祖國的和平統一又團結起來了。胡先生和余登發生先也被公推爲名譽主席，陳映真兄爲創盟主席。並且，於一九八八年秋，胡先生親自前往北京探求中國和平統一的途徑，主張以政治協商會議，準備召開國民會議，進行中國的和平統一。但卻遭到國民黨開除黨籍的處分，並且，還受到一些自居民主的李鴻禧、李勝雄、鄭欽仁「法辦胡秋原」的恐嚇，惟在各界輿論的聲援下，台獨法西斯終於未能得逞。

到了一九八八年，胡先生已將近八十歲了，但每年統聯盟員大會都會來向盟員發表訓辭，鼓勵大家爲中國的和平統一奮鬥。後來，胡先生身體日漸衰弱，才改爲發表書面致詞，但亦親筆撰寫講稿，直到二〇〇二年止。後來，身體實在不行了，〇三年則由胡先生在病床上口述，毛鑄倫兄記錄後，到統聯盟大會宣讀。

自參加《中華雜誌》編輯工作後，直到一九九一年《海峽評論》創刊，在胡先生的鼓勵和指導下，將近十五年間，我在《中華雜誌》發表的文章已達數十萬字。在胡先生的指導下，我的思想學術漸漸超脫了西化派和傳統派的限制，學會了以世界史的角度視野來建立中國的主體性。在寫作的過程中，訓練了自己的思維方法，從全面性來分析問題，而不只是局限於主觀的片面性。由於文章的發表，也表達了一個知識份子對時代的批判和關懷。

在我思想學術發展的過程中，首先影響我的是殷海光老師，他教會了我邏輯分析的思想方法，和頑強不屈的抗爭精神；其次是殷先生介紹我去向徐復觀先生學習中國哲學，他讓我認識到中國文化的母親是勤勞的中國人民，尤其是廣大的中國農民，而不是帝王將相；他教會了我，如何培蓄自己強韌的生命力，在逆境中力爭上游。殷徐二位先生不幸在七十年代先後去世，我追隨他們的時間都不長。

我追隨最久的，影響我最深的，栽培我最多的，我不能不感謝胡秋原先生。沒有胡先生，沒有《中華雜誌》，就不可能有今天的王曉波。我從小是「匪諜之子」，及長又是「思想偏激」的危險青年，「台大哲學系事件」的主犯之一，黨外運動時又是警總亟欲獵捕的「八大左派」和「真正的敵人」。唯胡先生愛惜我、保護我、教育我、栽培我，在那嚴酷的「戒嚴時期」，我從不敢公開我與胡先生的關係，也不敢公開我對胡先生的感情，以免胡先生又遭受「左派包圍右派」的誣陷。胡先生對我，亦師、亦友、亦父。雖我明知自然規律，「人生自古誰無死」，能活到九十五歲的胡先生可謂高壽矣，但遽聞胡先生去世的噩耗，仍久久不能自己。

祖國尚未統一，同志仍須努力

「人生自古誰無死」，胡先生不能不走，胡先生終於走了；胡先生以九五高壽走完他的一生，但祖國的統一仍然渺茫，這不能不是胡先生最大的遺憾。今天我們中國統一聯盟的同志和朋友在這裡紀念胡先生，我特來向大家報告個人追隨胡先生的一些事蹟，也相信我們中國統一聯盟，誓必秉承胡先生遺志，繼續奮鬥，底於成功。中國統一之日，我們必將再來祭告於名譽主席胡秋公在天之靈。安息罷，胡先生，不要再為祖國擔憂。

二〇〇四年七月七日

（《海峽評論》，二〇〇四年八月）

3.台大保釣運動的總教官

——敬悼張德溥將軍

王曉波

六月十七日，接到毛鑄倫兄傳真來函告知，張德溥將軍已在美國病逝，享年八十六歲。今年入夏以來，先是胡秋原先生去世，接著我岳母去世，現在又傳來張德溥將軍去世的噩耗，不禁悵然良久。

上午調查局要來查你

張德溥將軍是我念台大研究所時的台大總教官，「總教官」叫慣了，後來二、三十年都改不了口。我從進台大主編《新希望》和《大學論壇》被學校查禁之後，一直是訓導處的「問題學生」。一九七〇年夏，「釣魚台事件」發生後，我即在十一月號《中華雜誌》發表〈保衛釣魚台〉一文，後來還編了一本《釣魚台風雲》。七一年一月二十九日與三十日，美國留學生在東西兩岸發起保釣示威遊行。消息傳來台灣，當時接辦《大學論壇》的錢永祥、黃道琳、盧正邦、鄭鴻生等人還約我在汀州街的一家咖啡館裡談「釣魚台事件」，準備辦一個「保衛釣魚台座談會」。

斯時，突然有一張香港德明中學校友會的海報出現在台大校園，這是台灣校園中第一張保釣海報，接著台大僑生開始向美國大使館和外交部請願。本地生其實也很激動，但因戒嚴時期不敢妄動。記得那天，王杏慶（南方朔）和賀陳白來找我，談到保釣之事，期待本地生也能發動保釣運動。那年，台大訓導長俞寬賜適往美國進修，由副訓導長，即總教官代理職務，於是我們三人即前往總教官室，要求准許本地生發動保釣運動，那是一個下午，我們到了總教官室，總教官不在，說馬上就可以回來，於是我們就坐下來等。

等了一陣，見總教官全副軍裝的進來，首先，他問我們姓名、系別和所來何事。我們分別報了姓名和告知來意。他開始說話：「你就是王曉波，上午調查局要來查你，你資料還正攤在我的桌子上。」

然後，他說，他正處理一樁台大僑生到外交部去請願的事件回來，他擔心警總會逮捕學生或對學生不利，那就把事情鬧大了，所以他才全副軍裝前往處理。他到場後，他以陸軍少將的身份要求現場的警總人員不得干擾學生請願，而由他負全部責任。當場學生群情激憤，以爲總教官是來阻止他們的，而辱罵總教官是「走狗」、「賣國賊」。總教官不但不爲所動，反而告訴他們：「保衛國家領土是我們軍人的天職，今天要勞煩各位同學出來請願，甚感慚愧，今天我趕來，是保護大家的，不是要來處罰大家的。」並且，在總教官的交涉下，把僑生的請願書交給了外交部，學生們才解散回校。

台大《大學新聞》社社長

接著，總教官對我們三個人說，他能體諒青年學生的愛國熱情，他也願意爲同學們爭取能表達意見的機會，但現在同學的愛國熱情不能違反國家的法令。由於總教官的誠懇，我們只好回去等總教官爭取後的答案。

當天晚上，我沒回住宿處，而在女友元元家裡，時元元爲台大《大學新聞》社社長。大約十點多鐘吧，接到總教官電話，電話號碼是向陳鼓應教授問到的，要我在元元家附近古亭市場前的陸橋下等他，一起到僑生宿舍，去處理明天僑生要前往美國大使館示威的事。總教官親自開車把我帶到僑生宿舍，說是明天有外國元首來訪，學生示威有傷國家顏面，上面命令，一定要取消，因他對釣魚台事件沒研究，我有研究，所以要我陪他一起去說服僑生取消示威。

到了僑生宿舍已將近十二點，宿舍教官一一把爲首的僑生叫醒，到宿舍的教官室。取消示威，學生不答應，但可答應改期，總教官不斷以電話跟有關單位聯繫，最後同意改期。但又發現一個問題，同學不見得都住學校宿舍，無法一一通知，上午八點即將在美國大使館前集結。總教官又不斷以電話與有關單位聯繫，只聽到總教官說：「不可以逮捕」、「不可以驅散」、「我負責任」。最後，僑生示威照常舉行，但只能定點，不得遊行，遞完抗議書即解散。離開僑生宿舍，已清晨四點，東方微白，總教官八點還要趕到美國大使館前，我則回去睡覺。

台大校園裡的保釣海報愈來愈多，其他大學的同學也紛紛響應，有遊行的、有上血書的，沸沸揚揚。《大學論壇》社的保釣座談會改在台大體育館舉行，同學們擠滿了整個體育館，大會接受了我的建議，立刻成立「台大保衛釣魚台委員會」。於是，學生保釣運動一發不可收拾。

當時台灣是新聞封鎖的，島外信息隔絕。有天，總教官跟我講，上級來的消息，香港《文匯報》已出社論，支持台灣學生愛國主義，有關單位正在調查誰是愛國主義，要進行逮捕，矛頭指著我，要我小心，暫時不要活動，元元擔心我的安危，元元的父母也同意，強迫我在她家躲了一個星期。

我堅持遊行　請逮捕我

到了六月間，美、日宣佈簽訂將琉球（含釣魚台）「交還」日本的日期爲六月十七日，於是，同學們又激動起來。「台大保釣委員會」決議，六月十七日，發起示威遊行。總教官代表政府立場和同學們僵持，保釣會堅持發動示威遊行，甚至有關單位放話，「誰堅持遊行，就逮捕誰」。在會場上，韓國僑生杜學域首先起立，「我堅持遊行，請逮捕我」，接著一個一個的同學起立。

總教官不斷和上級聯繫，終於獲得同意學生遊行。事後，總教官告訴我，是透過國民黨秘書長張寶樹向蔣經國請示同意的，但情治單位和軍方堅持反對立場。

雖然，蔣經國同意台大學生示威遊行，但上級要求三原則，遊行的學生人數愈少愈好，遊行的路線愈短愈好，遊行的節目愈少愈好。於是，保釣會一面發動同學遊行，教官們卻一面在宿舍勸同學不要去遊行，要準備期末考（時已屆期末考時）。遊行的路線只限於由美國大使館至台大，學校包遊覽車運送。節目只限於學生代表至美、日大使館前朗讀抗議書後遞交美日當局。二份抗議書及告全國同胞書由我起草經保釣會通過，用毛筆正式書寫，遊行隊伍的領隊和副領隊分別由工學院同學張台雄和法學院同學洪三雄擔任。

「六一七」上午，同學們在台大傅鐘前椰林大道集合上車，總教官要我坐他的車前往。由於種種限制及期末考，能參加的同學只有一千多人。我和總教官的車先同學的巴士到達美國大使館前。在車上，總教官還在遺憾能參加遊行的同學太少。但畢竟「六一七」學生示威遊行，是戒嚴時期第一次的打破禁忌，學生上街示威遊行。

我之外，還要逮捕洪三雄

在處理保釣運動的過程中，總教官一直拉著我在他身邊，表面上，他說要我協助他當「參謀」，實際上，我知道，他是爲了保護我。我從小是被列管的政治犯遺屬，進台大後又是活躍的有思想問題的「問題學生」，是情治單位要獵捕的對象。

另外，在處理學生運動的過程中，總教官與救國團執行長宋時選先生密切合作。宋先生是蔣經國的表弟，蔣經國又是救國團主任，許多意見透過宋先生到達蔣經國。

在總教官代理訓導長期間的作風也與以往訓導處迥異，尤其是教官制度，在戒嚴時期，是校園裡鎮壓學生思想的威權。但總教官總是不厭其煩的傾聽學生意見，不斷的與學生溝通，保護學生，阻擋情治單位的黑手伸入校園。後來我們才知道，情治單位爲鎮壓學生運動，除了矛頭對準我之外，還要逮捕洪三雄，是總教官負責擋了下來的。以當時的情況言，一旦被捕少說也是十年八年的牢獄之災，時在成大、中興、師大均有人被捕。

總教官和宋時選配合，處理學生運動基本上是採疏導和說服的方式。所以，宋先生還安排我去見當時外交部北美司司長錢復談釣魚台問題。七一年的暑假，又由救國團召集了各校學生領袖在國民黨的革命實踐研究院召開了二梯次，每次爲期二天的「國家建設研討會」。那年暑假我已研究所畢業任台大哲學系助教，但也被邀請參加了研討會。研討會請了政府各部門首長來講解當前國家形勢，並接受學生提問，許多政府首長都吃不消，說是比立法院質詢還尖銳。

接待過黃榮村、馬英九

研討會後，蔣經國分批在救國團接見與會的學生代表，我們這批共四人，除了我外，還有政大的李慶平、李慶華和淡江女生顧意文。顧意文和我的意見都相當尖銳，我甚至爲「安定中求進步」或「進步中求安定」和蔣經國辯論起來，花了將近四十五分鐘，蔣經國並沒有能說服我。回到台大，總教官問我「印象」如何，我則據實以告。總教官又找宋時選安排我第二次見蔣經國。

七一年十月，聯合國大會通過驅逐中華民國代表團案，消息傳來，全島震驚，人心惶惶。新聞說，晚上七點有蔣介石親自的對全國廣播，當時我和王杏慶已研究所畢業，另外加上還有幾位同學在興隆路二段一個巷子裡共同租了一層公寓作宿舍，杏慶剛不久接到美國密西根大學博士班的入學許可和獎學金通知。

晚上七點不到，除了我們同住的同學外，另外還有幾位同學一起集結到我們住處，在沒有傢俱的客廳裡，我們舖著報紙，圍坐在地板上，準備了一些滷菜，豬頭皮、豆腐干、花生米和高粱酒，拿出收音機來聽蔣介石的廣播。在那時期被我們這樣接待的朋友，還包括黃榮村、馬英九、陳陽德等。

聽完蔣介石的廣播後，杏慶突然回到他的房間，拿出他的入學許可和獎學金通知，當眾宣佈「國家有難，美國我不去了」。並且，第二天，寫好婉謝他美國教授的英文信。

我把杏慶的英文信影印了一份帶在身上，第二次去見蔣經國。我強烈的向蔣經國質疑，青年是熱情的，是愛國的，爲什麼政府一直對青年不放心，對青年疑慮重重？蔣經國看了杏慶的信後不但不以爲忤，反而要我請大家把一些對政府的各方面意見整理出來，提供政府參考。那次會談談了七十多分鐘。

見完蔣經國後，我把蔣的意見跟《大學》總編輯楊國樞說了，也跟陳鼓應說了，這就是後來《大學》「國是九論」的緣起。

王杏慶變成了「愛國明星」

另外一方面，大概是蔣經國或救國團交代的，首先，就有《民族晚報》記者來採訪杏慶，時杏慶內向而熱情，還是個靦腆又略有口吃的「文學青年」。接著各報記者蜂湧而至，一時間，杏慶變成了媒體的「愛國明星」。當時，杏慶在待業狀態中，又有青工會副主任施啓揚來，要以歸國學人博士的資格聘請杏慶到農復會任職（杏慶是台大森林系所畢業），因愛國是出自志願，而被杏慶拒絕。杏慶的父親是一位空軍士官長，在一次修護飛機時失火殉職，從小由寡母養育成人，在台大念書期間，半工半讀，還要寄錢回台南奉養寡母和弟妹。拒絕了農復會，杏慶不能沒有生活，居然透過採訪他的《民族晚報》記者引介，也當起《民族晚報》的記者來，這是杏慶踏入新聞界的第一步。

有見於當時人心惶恐，杏慶宣佈拒絕赴美，我們同學就決定由杏慶領銜，由我起草，大家聯名，發出對社會的呼籲，那篇聲明〈這是該覺醒的時候了〉，後來發表在當年《大學》十一月號。聯名者有：王杏慶、王復蘇、郭耀鵬、洪三雄、錢永祥、王順、王曉波、張嘉廣、邱立本、王紘久（拓）、江德敏、陳東平、賴武靖、林小鵬、盧正邦等人。在聲明中，我們說：

「我們是一群還在學校念書和甫離校門的知識青年，自覺受育於斯，受食於斯。對台灣這塊土地，我們有血肉相連的親切和感情，雖然未曾擔負過任何政治的行政責任，但是承繼了士以天下爲己任之書生報國的傳統，因此，國事至今，我們自認爲有不可逃避的責任和義務。」

捍衛國家　邁向統一

「二十多年來，我們不事生產的接受了國家的栽培，接受了台灣老百姓的供養，國家有難，我們是應當首先承擔的一群。我們有責任竭盡心智，犧牲生命，捍衛國家保全百姓。因此，我們應該堅決誓與一千四百萬同胞共存亡同死生。」

「兵法有云『置之死地而後生』，我們無懼於今日情勢之惡劣，國際道義之消沉，因爲我們已是一支處於死地而具有必勝信心的哀兵！今日已無處後退，唯有開創勝利才是我們的生路活口。天下沒有廉價的勝利，我們必須付出忍受一切艱難困苦的代價，才能取得台灣的生存的權利，才能邁向統一中國的路途。」

除了保釣外，「民主生活在台大」、「言論自由在台大」及「中央民意代表全面改選」等的呼籲也在台大響起。此外，台大人的社會意識也開始覺醒，礦災問題、雛妓問題、女工怪病、農村破產問題、原住民問題。三雄偏向民主運動，杏慶則介入台大學生的社會運動，而有七二年暑假，台大學生的「社會服務團」。這時我已脫離學生身份，並搬離興隆路和杏慶「分居」，故介入不多。但「社會服務團」時，總教官還在台大。

第二次見過蔣經國後，總教官還找我說：「曉波，你若要出國深造，經費問題不必考慮」。當時我即以剛發表聲明「誓與一千四百萬同胞共存亡同死生」為由而婉拒了。後來才知道，這是蔣經國透過宋時選由總教官轉達的，並轉達蔣經國說：「王曉波是個有良心的青年。」

不久後，島內政治氣氛丕變，《中央日報》連載發表〈一個小市民的心聲〉，指責學生運動，並印發給各中小學。總教官也調離台大，回到軍中。我去看總教官，他告訴我，有人指責他處理台大學生運動是「一手拿汽油桶，一手拿滅火器」、「個人主義太強」、「自由主義思想」。

沒有張德溥　就沒有台大保釣運動

七二年十二月由「民族主義座談會」而爆發戰後校園內的第一次統獨論戰。七三年寒假，首傳錢永祥、盧正邦、黃道琳被捕，接著我和陳鼓應被警總約談，後來才知道，在外島服役的洪三雄也被押回本島偵訊。後來，陳鼓應和我陸續被台大解聘，台大哲學研究所也奉命停止招生一年，是謂「台大哲學系事件」。

「哲學系事件」後，我和總教官一直仍保持往來。他調回軍中雖佔中將缺，但終於以少將退役，任職經濟部物價督導會報，後又轉任民間公司，最後定居美國。

那天黃昏，在他克難街的家中，總教官告訴我，他要退役離開軍中。他說，他原是清華學生，抗戰軍興而投筆從戎，報效國家，一生戎馬，不意今天，不能不脫下這身軍裝。我看見他那平日生威的虎目中竟強忍著淚水。所以，他在台大處理學生保釣愛國運動，除了開明和寬容外，其實也是有感同身受的同情。

總教官定居美國後，仍然關心國事，不時還打國際電話給我，討論時局的問題。後來，他也去過大陸，回去過故鄉，面對中共的改革開放讚不絕口。我創辦《海峽評論》，每期都寄給他，草創初期，非常困難，也承其多次捐助。後來有次他回來台灣，他說，有一點錢，想成立一個基金會，來資助《海峽評論》。當時《海峽評論》已漸穩定，我也不忍心動用總教官晚年的養老金，而予以婉謝。後來，他還是拿了一筆錢出來，成立一個基金會，幫助他故鄉的青年上學。

總教官最後一次回到台灣，當是前年，三雄約了一些當年保釣的同學與總教官相聚，匆匆已三十年矣。當年，周恩來曾稱七〇年代保釣運動為「海外的五四運動」，現在，七〇年代保釣運動也成了近現代史的一頁。但當年參與台大保釣運動的青年都知道，如果不是張德溥總教官，「台大哲學系事件」就可能提早二年發生，就不可能有以台大為首的島內學生保釣運動了，就不可能有保釣一代戰後台灣愛國主義的崛起。

總教官，您永遠是我們當年台大保釣青年的總教官，是您保護了我們，是您扭轉了歷史，我們永遠懷念您！

二〇〇四年八月二十一日於台大哲學系

（《海峽評論》，二〇〇四年九月）

十六、回歸

1. 關於回歸的雜思

丁一（謝定裕）

自從釣運開展以來，越來越多的留學生開始鄭重地考慮回國的問題。即使不是立刻想走，至遲也是不久的將來。了解中國大陸，研學社會主義，都或多或少是爲這一方向做心理上的準備。許多因人而異的現實問題，許多一般性的技術問題，當然還有待解決，但有些原則性的問題，卻不妨先提出來談談。

有些朋友曾輕描淡寫的說：「要回中國大陸，只是一適應問題。」這雖是短短的一句話，其內涵的意義實在不太單純。本來，到任何陌生環境去，適應都是主要的問題。可是一般而言，適應也多少是雙方面的。一方面是你去適應環境；另一方面是環境適應你。因爲你或多或少不可避免地也給那環境一些影響。這些影響可能是很局部的、很輕微的。但影響總是有的。可是上面那句話的語氣，顯然是只包括你如何去適應環境這一面而已。其含意大概是指中國大陸社會發展的方向已太齊一、太嚴密、太僵硬，除了完全順應潮流外，沒有其他出路；或者也可以指留學生思想、言行太落伍、太陳腐了，應該儘量收斂自己，不要去污染那清新光明的環境，因此當然也只應求適應環境，力求避免留下壞的影響。

我覺得這種態度，一方面是對中國缺乏信心，一方面也是一種過度的自卑。當然，所有留學生都早早就應放棄明星夢，以及任何特權的要求。但是在只求做一螺絲釘的本位上，在願意接受一個平均國民的權利與義務的條件下，是不必過份自卑的。在過去，留學生回國後，享受了太多的特權；有不少留學生做了很多誤國誤民的事；一時用矯枉過正的論調來故意壓抑到處充斥的自大狂，也是可取的。但若因此而使大家失去了自信，卻是有害的。因爲人一旦失去自信，就多半消極、無用，甚至迷失了。

回國的現實技術問題，雖然一時未必能順利解決，但有一基本原則卻應認清：我們身爲中國的國民，是有權回國的。當權的政府即使用簽證或入境證抵制我們於國外，即使用法令來限制我們回國以後的自由，但我們必須認清這一基本原則：回國是我們的權利，沒有人可以取消。因爲留學生從中國的領土出來，既未放棄國籍，當然有權回國。

有人也許會說，祖國艱危窮困時，你不回國；現在建設好了，你卻回去享受建設的成果，要求同等的權利，難道不覺得羞恥嗎？這一點慚愧，也許多少是應該承認的。可是中國的建設當然還有很長的路；多數留學生如想回國，也是抱著服務多於享受的志向。同時對許多留學生而言，尤其是比較年輕的，過去恐怕一直也不曾有過選擇的機會。有的人先知先覺，更多的人是後知後覺，後知後覺者真應感到羞恥嗎？

要回國，當然是想回去做一個有用的人。這也是爲什麼自信心是這般重要。自信並不是自大，並不是執迷不悟。但卻是能守住一些基本的原則，堂堂正正地做人；在摒除私意，切實觀察體驗後，爲真理奮鬥到底。這種態度，自釣運以來表現在許多留學生身上的這種精神，是絕對應該信守維持的。到了新環境後，首先當然是要認識環境，從新的體驗中學習新知識、新觀念，從而轉化或改造及充實舊有的觀念及思想。但舊觀念、舊思想卻不是要全盤摒棄的。相反的，還應該在選擇，充實後更發揚貢獻出來，從而影響當時當地的新環境。留學生的觀念思想中，不可避免地有很多西方文化的內容。情感雖使我想說中國人壟斷了世界的智慧及真理，但在沒有更具體的證明以前，我們必須承認西方文化中也有不少東西，可以幫助充實中國的文化，促進中國的建設。

這又牽涉到另一問題。有許多論點，許多口號，在國內或因爲有具體落實的內容，或因爲當時當地的政治原因，可能是有需要高唱強調的。在國外，就不必盲目地高唱。不僅因爲這沒有什麼用處，沒有多大好處；同時也涉及我們對自己思想是否誠實的問題。提出的論點與口號，都是體驗、力行、慎思後的結論嗎？還是爲了逞一時之快，隨口而發的？許多術語的搬弄，是真能體認其所包涵的具體內容嗎？還是只順手地採自一些讀物？作爲一個出發點是可以的，但習以爲常地不切實際，不但有害，也是經不起考驗的。

一方面掉書袋，玩名詞；一方面往往又輕蔑知識，以作知識份子爲恥。這一現象看來矛盾，其實卻有其一貫性。一般知識份子有不少通病：輕視勞動，不務實際，有「萬般皆下品，唯有讀書高」的優越感。這些作風是可恥的。但其病害都不在知識本身。只因爲知識份子正好一向又是社會上的特權階級，所以才有這些可恥的作風。沒有知識的特權階級是一樣可憎的。所以有知識是絕不可恥的，事實上更多的真知識只應幫助我們更能明辨是非，更增加爲人民服務的能力，而成爲更完全的人。在理想的社會裡，當然不但人人都是勞動者，人人也應是知識份子。留學生也許可以謙卑地自覺不配先天下而享了擁有比較深博的知識的特權，因而更覺有多盡一份義務的責任；卻不應因此輕蔑知識。知識確是一種力量。我們應該培養這一股力量。

以上所述的態度，不僅可供要回中國大陸的朋友參考，同樣也可供要回台灣的朋友參考。要盡一小我之力，爲祖國的人民服務，基本的態度與理想當然是一致的，雖然短期內現實方面的期望是會不同的。具體怎麼做，怎樣貢獻自己，當然只有在回國以後，根據當時當地的現實情況，再決定朝什麼方向努力。再多的抽象的思想上的準備，恐還不及一個月現實的考驗。

但有一點是可以預測的，要真正爲國家、爲人民服務，一定是長期的奮鬥。事實上，對於真正願意獻出自己的人而言，像許多在釣運中切實不懈的朋友們，這也是必然的道路。因爲環境必有可改進之處，而他們也不可能不奮鬥的。

（《新境界》，一九七二年一月）

2. 從釣運到回歸

想不到五月十五日，竟又是一個國恥紀念日。在這一天，美國把我國領土釣魚台連同琉球一起移交了給了日本。這天之前，台北政府於九日聲明絕不放棄釣魚台主權，北京軍方亦在三日大罵佐藤政府，警告日本不容侵占釣魚台。五月十五日終於到了，台北沒有出聲，北京沒有行動，只有在美國、在香港的中國人再一次叫出他們微弱的抗議。

釣魚台是失掉了，起碼暫時是失掉了。於是有些人以爲「保釣運動」是徹底地失敗了，這點我們絕不同意。「保釣運動」雖然沒有達到其最終目標，但在運動的過程中，它喚醒了海外國人的良知，在留學生中重新點燃起「五四精神」的火炬，讓「失落的一代」看到了光明。它的意義是重大的，影響是深遠的，這些將來歷史中自有評價。

我們在這裡要思考的是由「釣運」帶起的「統一運動」及「回歸運動」。

「統運」的產生，是學生們在「保釣」狂熱消逝後，坐下來冷靜思考的結果。跨過「釣魚台事件」本身，他們看到了事件的基本原因——中國的分裂。因兩個政權的對峙，遂給日本以「搏亂」的機會。要徹底消除外國侵略的威脅，只有一個法子——就是建立一個強大而統一的中國。有些人對「統運」大事攻擊，亂扣帽子。我們大不以爲然，國家要統一，人民要自由，是歷史不可抗拒的趨勢。中共政權的存在是不可否認的事實，它餵飽了八億張嘴巴，重建了一個民族的自信。閉著眼睛瞎喊：「共匪必亡」對各方面皆無好處。南北韓可以坐下來談，東西德也可以互相交往，爲什麼我們卻不能？

說到「回歸」，這是留學生極之矛盾的問題，尤其是近年北美經濟的蕭條，就業機會的困難，更增加了海外知識份子對回歸的興趣。但中國對他們畢竟是太陌生了，因自少養成的個體主義心態，使他們對北京仍抱著一絲懷疑，一絲恐懼，他們希望能投身於建設祖國之中，但又顧慮到自身能否適應及中國會否接受。他們不介意吃苦，但又考慮到吃苦後對中國是否能有實質的貢獻，人盡其才是他們的基本要求。在北京來說，海外知識份子是一股不可忽視的建國力量，但在思想上，我們不以爲北京會無條件地接受這批「海外遊魂」。不過世界是不斷地變，北京政策亦不斷地變，在「文革」高潮時，誰會幻想到尼克遜會訪華；「釣運」之前，誰敢相信留學生體內流著的仍是中國人的血。這些轉變，都是短短幾年間之事。今天海外的知識份子已開始覺醒，他們正在摸索，要找歷史的潮流；而中共亦開始轉變，從死硬的「教條主義」中蛻變出來。那麼，五年後、十年後或二十年後，我們爲什麼還不能回去？

這刻，讓我們在思想上先做好回歸的準備，自私自利的個體主義意識一定要根除，我們應學習從整體，從廣大群眾的利益爲依歸來出發、來看問題。

能有機會長城馳馬、泰山觀日、西湖泛舟，是我們的願望，亦是我們的理想。

（《國事簡訊社》，加拿大阿爾貝達大學釣魚台國是研究會，一九七二年十月二日）

3. 台灣—美國—大陸

——在北京訪問歸國服務的倪一偉武進夫婦

李黎

今年國慶前夕，筆者在北京遇見了一九七四年從美國回國服務的倪一偉和武進夫婦，十、一晚上，大家看完國慶節目之後，促膝暢談到深夜，筆者徵得他們的同意，錄下了我們的談話，讓海外的朋友們能分享他們的經歷和體會。以下是經過整理的錄音稿。

問：請你們先說說自己的背景好嗎？

武：我先講吧。我的籍貫是安徽合肥，在台灣長大，家住新竹，中學是新竹女中畢業，一九六七年畢業於台大經濟系。畢業後在新竹女中和曙光中學教過書，一九七〇年初到美國唸書，和倪一偉是台大同屆的。

倪：我小學是在台北縣中和國校唸的，中學是建國中學，大學是台大機械系。六七年畢業的，六八年當一年兵，六九年春到美國。一九七四年九月底回國，正逢二十五周年國慶。

問：你們回國是怎樣申請的？

倪：我們把自傳送到加拿大渥太華的中國駐加大使館，申請回國服務，談了幾次；又到華盛頓駐美聯絡處申請參加國慶時回國參觀的團體。那時聯絡處剛成立不久，尚未經手過批准回國服務的，而加拿大那邊有過批准江重光、林盛中、王阿雄、吳英輔等人的先例（按：都是台籍留學生）。我們覺得那時是碰機會。對留學生政策問題，那時受四人幫的影響比較大。周總理七二年曾說過需要三、五年的準備期間；那時我們也不大了解國內情況，只覺得好像時間到了，在這方面國內卻遲遲沒有行動。現在才了解，四人幫當時是干擾破壞得很厲害。那時好像一跟外邊有關係的，就是什麼「洋奴哲學」、「買辦思想」、「爬行主義」……而現在是有改變了。

問：你們那時獲得批准是很難得的了？

倪：是的，那時國內對申請回來服務的卡得很嚴。我現在回想起來，由於四人幫的破壞，使得政治和生活方面，氣氛都不太好。可能國內有關方面考慮到留學生回來，滿腔熱心，卻給損傷了積極性，所以當時他們在這方面特別慎重。

問：你們覺得是什麼特殊的原因或條件使你們獲得批准的？

倪：好像每個獲得批准的人都有他的特殊條件；我們回來也沒談過或求證過，自己究竟是什麼特殊條件，我們自己也沒想過。倒是有回來參觀的朋友問過我們，我們實在想不出來爲的是什麼，可能是決心較大的關係。

武：有朋友開玩笑說，大概是我們在北京等待批准、分配工作時，倪一偉每天冒著嚴寒跑步，鍛鍊身體，表現很好……

問：不對啊，你鍛鍊身體是被批准之後才回來鍛鍊的。

倪：不，那時候回來並沒有正式批准。只是說回來先看看再說，因爲時間匆促，要我們先回來，那邊再把資料送過來。

問：你們回來後，等最後批准和分配工作等了多久？

倪：正式開始等是十一月，因爲國慶期間參觀了一個月。一直到第二年的四月正式開始工作。其實一月元旦左右就批准了，但後來正逢開四屆人大，等開完了才能具體辦。

問：工作分配是怎樣進行的？

倪：他們先問我們希望擔任什麼樣的工作。他們也有急需的工作，一項項地問，問到我說「行」了才分配下來。不是說叫你上哪去就得要去。基本上都是商量，所以商量了幾個月。主要是配合國內的需要和我們的志趣。他們在工作單位那邊先得有缺，然後安排好房子什麼的，才來問我行不行；否則萬一問你說「行」，而那邊還沒有安排好。所以才不那麼快，國內做事是比較慎重，不是隨便安插到哪裡，去了再說。他們對我們海外回來的，在這方面確是相當照顧。

問：你們倆現在在什麼工作單位？

倪：我們都在北京郊外東方紅煉油廠；我做技術員，武進做資料翻譯。

問：這跟你們本行相近嗎？

武：我是學經濟的，剛去時，廠的領導問我，有成本預算工作；也有外文技術資料方面需要翻譯及出版一些刊物，需要人手，所以徵求我的意見。我問他們目前哪一樣更需要人，他們表示還是外文方面，但他們強調不勉強我，隨我選。我考慮到自己也並不喜歡成本預算，他們既有需要，就去搞翻譯了。

問：對我們這樣背景的留學生來講，你們覺得回國服務會面臨的困難是什麼？

倪：有很重要的一點，就是不能把國內的生活想像成跟在美國時一樣。我們要想到：美國是個第一世界的超級大國，而中國是第三世界的國家，差了兩個世界。在物資供應方面，國內相對來講是比較少的，最近有政策下來，對國外回來的人，可能在物資方面會特別照顧些。前一陣子不能特別照顧，怕江青那些人說什麼「洋奴哲學」、「崇洋媚外」啦，這就是爲什麼前一階級對留學生政策不敢開放。周總理以前就說過：從另外一個環境來，只能漸漸地適應，不能一下子就適應所有的情況。在這個問題上，四人幫表面上搞得很「左」，什麼都要馬上一樣，其實差了兩個世界，一下子回來有時候是一時適應不了的。這時就要考慮很多問題，最近鄧小平副主席明白地提出來，現在回來的要特別照顧的好一點。

武：今後我對創造好的工作條件這點也相當樂觀。現在客觀環境漸漸成熟了，中央現在重視這一點；尤其是科技這方面，工作環境在揪出四人幫以前是幾乎沒有的。

問：可不可以用你們的親身經歷，比較一下四人幫打倒以前和以後的分別？

倪：打倒之前，很多問題我們不能理解。好像覺得有很多「非社會主義」的事情。似乎有些問題在理論上來講，不該是社會主義的產物，或者應該是漸漸減少的。人與人的關係也比較緊張。

武：還有，譬如當了面不全是說心裡話。當時不能理解，覺得共產黨應該是最無畏、最實事求是的，現在就能了解了。

倪：而且也會聽人說「文革前不是這樣的」。那時想：文革以後爲什麼會變成這樣？不能理解。他們因爲我們剛回來，也不好細說。很多事，由於歷史背景不了解，他們覺得該讓我們慢慢看。私下好朋友也會談談這些問題。到四人幫一打倒，馬上就不一樣了。現在整個氣氛都不一樣了。很多破壞的事情，都是文革時江青提出的「文攻武衛」，紀律性完全沒有了，號稱要造反，打破一切規章制度，一管就是「管、卡、壓」。對這些問題，我們的體會就比較深了。

問：當你們剛回來不久，面對這些問題卻無法理解，會不會懷疑自己是否作對了選擇？

倪：這倒沒有。因爲我想到的是社會主義的理想。如果有什麼做得不對，大家可以共同努力去做好，而不能說國家不好我就不幹了，若是抱著這種想法就不成了。像陳若曦這個例子，我想過她的問題，那就是一種狂熱性。回來時對革命充滿了幻想，美滿極了；但革命過程中肯定有遭到破壞的地方，誤打誤傷，萬一傷到自己就不能原諒。他們回國時充滿一種狂熱，要求到最艱苦的地方去，結果不能適應，幻想一旦破滅，就站到另一邊去，她寫的東西，照我的看法，有一部分文革期間的事雖然是真的，但看你怎樣看待社會主義的革命問題，是不是一些缺點可以否定整個文革和社會主義制度？問題是在這裡。這是在於你站在哪一邊看問題。還有，她可能對當時四人幫造成的一些問題傷害到自己而懷恨在心。覺得好不容易從海外回來，卻遭受這種待遇。尤其她來時正逢上極「左」思潮。如果她那時能支持下來的話，現在可以總結很多經歷，三七開地對待文革的錯誤和成就。

有很多國內的同志，有時也同我們談論文革中的一些經驗。剛開始，他們對林彪與四人幫在文革中提出的極「左」口號，如「打倒一切、懷疑一切」，「文攻武衛」等都感到不了解，不能接受，想不通，當然有情緒的。但是他們堅信真理，堅信共產黨的一貫政策，所以就明的或暗的跟錯誤思想對著幹。在粉碎四人幫後的今天，大家談起來，總結經驗，特別有體會。

武：陳若曦如果堅持下來的話，現在應該會感到很高興，她看到了文革的三分錯誤，卻沒有看到共同戰鬥後得到的勝利果實。其實，我們回來時也看到一些問題，也喜歡探討一些問題，作作調查研究。缺點當然會看到，這時就看你怎樣去對待。我們兩人經常在家討論，誰有什麼看法，怎樣解決思想上的問題，怎樣一分爲二地看待問題。我想我們兩人比較大的特點是：回國時沒有把祖國當成天堂而回來；

我當時想像的是比現在要艱苦，一旦準備的有八十分，只需用六十分，就覺得有二十分的餘裕了。熱情是要有的，革命的浪漫情懷也要有，可是面對現實的時候，要懂得怎樣去冷靜思考，怎樣用理性來代替感情的衝動，這是很重要的。

問：至於在一般的習俗和精神生活方面，對相似背景的人，你們覺得還有什麼樣的困難？

倪：這方面我覺得比較少。同志們對我們常會比較諒解，因爲剛回來的人，思考習慣不一樣，做事的次序也不太一樣，這些方面，基本上他們可以了解，總好像會要特別保護我們。

問：這會不會使你們覺得被當作是客人，是外人，而不是他們中間的一份子？

倪：剛開始一陣是會有這種感覺，但也不會難過。因爲這是別人在觀察我們，而我們也在觀察別人，彼此都很好奇，這也是很自然的。我們還沒到廠時，全廠都已經知道有這麼兩個從美國回來的人要來了。這是取決於各個人的問題，開始時也許會有些人過敏地覺得似乎是被排斥了；但是總結起來講，這種現象是出於人的好奇心。我若是去了美國幾年再回到台灣，一下子也會感到這種現象，這都是一個道理。這方面，我們並不感到意外，在國內，我們要札根下去，交幾個知心朋友，這也是要慢慢培養的。這一切都是很自然的，我們也能自然地反應回去。

武：開始時，有些人對我們其實很友善，可是不算正式認識，不好上來打招呼，我知道他們在對我指指點點，如果是些女孩子，我就跟她們笑笑，她們就會非常高興，馬上過來，說：「噯，你會不會燒中國菜呀？台灣那邊是什麼樣子？外國那邊是怎樣的呢？……」很好奇，也很關心。這樣就交上朋友了。如果總覺得別人在指指點點，說你什麼，那麼就跟別人愈隔愈遠，所以這全是看你自己怎麼對待，「內因」是很重要的。採取主動是很好的，我們個性也隨和些，所以很快就交了好多朋友，從小朋友到年輕人，老工人都有。一有小節日，就說：「唉，你們父母不在這兒，到我們家去吧！」把最好的東西拿出來款待我們；有時一道去看文藝節目，聊起天來一塊嘰嘰喳喳講個不停，很有意思。所以他們現在根本不把我當外人。有些年輕同事常會忘了我是從外邊回來的，因爲我的反應已經跟他們一樣「正常」了，有了共同語言了。還有女孩子把我拉到一邊，討論「戀愛問題」。

所以，人跟人的關係是相互的，我們的個性都比較主動，一旦這個關係處得好，其他生活動習慣的問題就不大了，因爲人家也全主動來幫你忙，鄰居是家工人，怕我們吃不好，要教我們做麵食，把工具都搬來我家，做好了送我一堆。

問：所以這些方面你們覺得沒有難以解決的問題？

武：沒有。

問：經過開始一段時期以後，後來的適應是愈來愈容易嗎？

武：是，以後是完全適應，十分自如，怎麼形容呢？——就好像魚在水裡一樣，很自在。

問：再說些具體的事情吧，比如收入、開銷等等。

我們兩人收入一樣，都是七十八塊錢（按：約三十九美元），男女平等。所以一個月共有一百五十六塊錢。此外，我一個月領五毛錢的洗澡理髮錢，這是工廠的福利，其實這些是不要錢的。

武：可是我領九毛錢，因爲是婦女呀，頭髮需要多整理……

倪：所以總的來說，她賺的錢比我多！開銷的話，每個月房租，加上水、電、煤氣、和租的全套傢俱在內，一個月共是兩塊七毛一。我們房子是兩個房間，另有私用的廚房、廁所。國內住房比較緊張，這是特別照顧，通常像我們這樣一對夫婦是一間大房間，不過現在開始造的宿舍都有兩間房和私用廚廁了。

吃嘛，我們是好吃些，兩個人每個月大概吃四、五十塊錢，這是吃得很好的。基本上是早、中飯都是上食堂買了吃，晚上燒一鍋菜。

武：我不大會做菜，所以覺得食堂的蠻好吃，常去吃，可是國內的同志就常嫌那兒不好吃，覺得我們可憐，連大鍋菜都還說好吃。

倪：所以最大的開銷是吃，幾乎佔了四分之一。另外買些衣服什麼的，真正開銷只花一個人的工資多一點，剩下了錢，常常去買書啊什麼的。

問：你們覺得國內讀物夠豐富嗎？

武：讀物是不夠豐富。這也是四人幫造成的問題。許多科技方面的學報也給四人幫砍掉了。文藝方面我很不滿意，已經提出過多次批評了。

倪：我們也不大添東西，國內一些朋友到我們家去看了，覺得不滿意，認爲我們該弄得好些，因爲他們把家都收拾得很乾淨整齊。

問：你們收入算中等的嗎？

倪：大概比平均工資高一點。最低的是二級工，剛開始是三十九塊八，但加上加班費什麼的，平均每個月都有五十多塊錢。文革十年來工資沒有調整過，但最近有百分比不同的各級工人，都要加薪了。最高的八級工有一百多塊，二級工通常是年輕單身的，沒有家庭負擔，一個人用也相當舒服了。

問：日常用品的供應緊張嗎？

倪：衣著方面不緊張，但有時新產品、顏色「時髦」些，就會排長龍買，一般是不必。反正大家都買得起。豬肉外地有點緊張，過一陣子會好些。北京比較充足。

問：你們習慣排隊和比較慢的速度嗎？

倪：這個我到現在還不算太習慣，可是要想到一是人民生活水平提高，人民的購買力強，二是我們的物資還不是每樣都供應很多。還有，有些農業社會的時間觀念還存在，不過也看你是不是想得開。想吃什麼，懶得排隊，不吃也就算了。此外，這裡有不同的工作班次，一般排隊是利用休息時間，看到一些人排隊並不是他們沒事幹，還有人是很熱心地幫別人排隊，我們當然是希望以後排隊愈少愈好。

武：我想，從美國回來後，最不習慣的大概就是這一點了。

倪：回過頭來再講講回國服務政策的問題。這是兩方面的事情。一方面，現在國家是準備了，並且表示歡迎了。另外一方面，在海外的人，自己也要有準備，不能說因爲現在有這個政策了，就在一切方面都放鬆了。不管國內準備工作做得如何之好，我們在外面還是要打下很堅強的心理準備基礎。

問：請你分別具體講講這兩方面吧。

倪：國內現在的一般政策，我只能憑我個人的感想講講。四人幫打倒後，對科研方面和國外回來的人，令人有耳目一新的感覺。在以前，這些方面有點模糊不清，談不出具體的所以然來，現在一般來講，對科研人員，尤其是國外回來的，是相當的重視。

第一，保證科研，不必在別的無謂方面扯太多。當然學習是必要的，但像四人幫橫行的時候，大會小會，有時一週四天政治學習，這使科研人員很難思考或搞出什麼來，不能保證學術方面的科研，積極性就可能不高了。現在鄧副主席表示要保證科研人員的工作時間，一星期至少五天；你若想多幹，也不會有人說你是「白專」啦、「不要政治」啦等，其實知識份子只要能爲人民服務，就是「紅」，不一定要寫大篇馬列理論才叫「紅」。科研人員如果專業水平高些，寫政治性文章的水平或學馬列的時間便可能弱些，但這也不能說是「不紅」了，只要有一顆爲人民服務的心就對了。所以，現在這個問題是得到解決了。這樣從海外回來的人想要貢獻得多，才有希望。

第二，國內在物資供應方面，積極在籌備。（如住房條件等）鄧副主席和科學院方毅副院長在這方面都提到了。說實話，如果從外面回來，耗上太多時間在這些方面，必然會影響工作。現在國家是提出來，作爲一個政策性的問題來解決，讓回來的人不必一下子就跟大家一樣，有具體困難要幫助，調動人的積極性。這方面，國內是已經在做了，所以鄧副主席才提出來的。現在中國是這樣的；事情是已經做了，才提出來的。既然說歡迎了，肯定是到時回來之後，在這方面問題少一點。

至於國外方面，也希望大家不要因爲聽到這些消息而放鬆思想準備工作；仍然應該想到有困難，想到吃苦，不能開始想到享受，現在還沒人回來實踐這個新政策，看國內最近準備的情況是不是充分，這中間也可能存在理解與實際的誤差。這也視回來的人心理準備了些什麼而定，這是最重要的。

還有，從事專業的人，若是回來，回來後應跟國外的朋友盡量保持聯繫，因爲科學是世界性的，不能說回來就不管外邊了，自己搞，這是極「左」的想法，有成果應該互相討論交流，回來之前不必把渠道都阻斷了。「破釜沈舟」是不必要的，要保持友好關係；如果有外國朋友不理解，不必爭吵，最好保持通信，介紹中國建設情況。

問：單身的朋友回國找對象有沒有問題？

武：這個我看不成問題。回來才找對象結婚的，在北京的先後有戴新生、江重光、林盛中、王阿雄，這幾個例子都挺美滿的，他們都很滿意；每一對我們都去拜訪過，都挺好的。他們的太太都很活潑、健談、好客，這是沒有問題的。

問：孩子有沒有問題呢？

倪：我看這也不成問題，例如七五年從西德回來的陳家鼐和謝瑩瑩，他們的女兒在台灣、西德好幾年，回來時已經十歲了。本來大人有些擔心孩子太大了，怕會不習慣，結果孩子適應得比大人還快。來了三天後就覺得很自在，他們說孩子過得很愉快，到底在國外有種族問題存在，孩子在外面沒什麼朋友，在西德時很寂寞，回來以後，現在是紅小兵了，有什麼活動都找他，功課也不錯，在班裡是拔尖的，所以小孩問題，做父母的是比較緊張，可是從這個例子看起來是很好。

武：我還有個感想，我覺得可能女性的心理準備要大些，尤其是台灣出來的女孩子，有的因爲那個社會的觀念，會「嬌」一點，可能需要多些心理準備，國內與國外對「美」的標準不太一樣，當然一回到祖國大陸，不可能一天之內把對「美」的標準一下子改過來，這些都要從生活中慢慢習慣過來。這些方面，「另一半」的幫助也很重要。如果彼此不相幫助，反而拖後腿，那就糟了。

我們兩人從前在美國結婚後，常會意見不合，甚至幾天不講話，好像對彼此不大關心。但回來三年了，卻覺得感情愈來愈好。我們現在才是真正的同志和朋友，晚上常常一人一張書桌，對坐讀書，互相鼓勵；報紙上有什麼事，或工廠裡發生什麼事，談論起來，有時辯得面紅耳赤，但絕不會吵架了，這在美國時是不可能的。現在真有「知己」之感，因爲有了共同語言，兩個人關心很多共同的事情，有許多好談的。確實，兩個人的感情跟周圍環境有很大的關係，我特別把這個經驗提出來，我覺得很有意義。

問：你們公餘之外作些什麼呢？

武：平常就是看書、朋友來往串門子、看電影、週末進城、或者爬山，我們住北京西郊的房山縣，進城廠裡有車，也有公共汽車。

總之，不必擔心回來是到一個陌生的地方。還有要先問問自己，知識份子，包括我自己在內，常會很要面子、擺架子，能把這點放下來的話，什麼都好辦。一定要放下來。這就是熱情主動。先對人放出熱，才能收到更多的熱。

（《台聲》，一九七七年十月）

第三節　壯志未酬空遺恨！

一、哲人其萎——我見王浩教授的最後一面

龔忠武

一九九五年五月十四日從《僑報》上看到王浩教授於前一天在醫院病逝了，起初不敢相信這是事實，但稍爲冷靜後，也就不覺得突然了。

我同王先生交往已經二十多年了，亦師亦友，現在忽然人天兩隔，難免悵然若失！

大約在他逝世前的一個月，我打電話邀請他在保釣統運二十五週年的紀念會上演講，他欣然同意。我隨後又順便禮貌地問了一下他的近況，他說近來不很好，住了一次醫院，現在雖然出院了，每天還須治療。老年人免不了有這樣那樣的病痛，畢竟人老了，哪能不生病，所以並沒有太在意，他也沒有說得了什麼病，我就把電話掛掉了。

在距紀念會僅四天前，也就是四月十一日的上午，我專程前往他在洛克菲勒大學的研究室，將邀請函親手交給他。我們兩年多沒見面了，上次還是陪同李慎之先生來見王先生的，所以，難得同王先生見上一次面。這麼久沒見面，當然有很多話想說，同時我也急於想知道王先生究竟得了什麼病。

於是，我迫不急待地問他得了什麼病，他毫不猶豫而且平靜地說，他得了淋巴癌。我簡直不敢相信我的耳朵，這怎麼可能?近年來，已有數位老友死於癌症，真是聞癌色變；王先生不僅得了癌症，而且得的

竟是致命的淋巴癌絕症，真教人難以相信。

然而，不由得我不相信，因爲王先生繼續向我講述他得淋巴癌的經過。他說，去年六月忽然發現左邊下腹感到很不舒服。起初不以爲然，後來疼痛難忍就去檢查，結果發現已經到了淋巴癌的後期，醫生說，癌細胞現在已經擴散到全身。

我聽了之後，深爲後悔請他演講。我說：「王先生，那你就多休息吧，演講的事取消了吧？」

他稍微思索後說：「沒有關係，我可以去。」

我接著說：「那我開車順路來接你吧？」他說：「不用了！我自己會去。哥大那一帶我很熟。」這樣，我不好再說什麼了。但當時我心裡感到很過意不去，他既執意接受邀請，我不好堅持取消，只好隨他的意思了。我這時對他抱病接受邀請，不由不深爲感動。

我怎麼會不感動呢？雖然在華人大牌學者裡，他是出了名的坦率誠懇，平易近人，向來不擺學術權威的架子，但身染絕症還要參加我們的紀念會，這種精神實在太難能可貴了。

我知道他得了重病之後，就想提前告辭，但他的談興正濃，並沒有逐客的意思，於是我就找些話題同他閒聊。我說，最近我準備去拜訪周一良教授，他現在暫住在布朗士他小孩那裡，我問他要不要見一下周教授。他說不必了，他以前回國的時候曾經見過面。他一面向我講話，一面到書架和在桌上翻找周教授送給他的文章的複印本，但結果沒有找到。

我問他，是怎麼得病的。王先生說原因不明，醫生說同抽煙有關。王先生說，他抽煙並沒有把煙吸進去，但據他當醫生的兒子說，老坐在煙霧中也能致癌。

我們的話題忽然轉到保釣老朋友的近況上面，他特別問到袁旂。我說他已經到台灣中央研究院去了一年多了。在保釣初期，袁旂在紐約很活躍，所以同王先生很熟。

我認識王先生也是通過袁旂介紹的。一九七四年五月，紐約保釣會舉辦五四紀念會，王先生和繆老（雲台）也去了。我是主講人之一，會後袁旂介紹我認識了王先生，王先生又介紹我認識繆老。在繆老於八〇年回國定居前，我同他老人家來往頗多，差不多每個週末都要找我到他在東七十四街的公寓去喝酒聊天，談古論今，品評當代歷史人物，縱論時政和天下大事。

王先生的大名，我早就聽說了。在台大的時候，殷海光教授在邏輯課上或私下，常常提到他西南聯大的老同學王浩。殷先生也有志於數理邏輯，但是因爲沒有數學基礎，總不能登堂入室，所以對王先生能夠在國際上達到數理邏輯大師的地位，不勝羡慕。可惜我對數理邏輯所知有限，所以後來在同王先生交往的二十多年中，他從來不主動同我談他的本行，我也從沒有主動向他求教。每次見面，他很喜歡談他的老師馮友蘭和金岳霖，也很喜歡談魯迅和中國近現代史。

我們雖然有時對中國近現代的政治人物和事件有不同看法，但他從不隱瞞自己的觀點；特別是一九七八年以後，他對國內的變化很失望，內心很痛苦，他也直率地提出批評，因此使他得罪了不少保釣的老朋友。

當我請他擔任保釣紀念會的榮譽演講人時，我是深知這種情況的，但是我認爲應當讓王先生有機會講講他的想法。

不知不覺我們聊了近半個小時，我們談到他的近著，談到他在洛克菲勒大學的近況，還談到一家小報批評他的好友李政道。半個小時夠久了，我意識到不好再打擾他了，就藉口上班而向他辭行，並請他留步。但他卻堅持送我一程，我怎麼也推辭不掉，只好讓他陪我走到校門口。臨別時，王先生沉浸在回憶裡，他說他已經七十四歲了，參加釣運時才五十出頭，時間過得真快。我一直默默地聽著。當時不覺得這些話有什麼意義，現在回想起來似乎當時他知道自己來日無多，已經走到生命的盡頭，所以感懷舊事。

在回程途中，我想到傑克琳．奧納西斯也是死於淋巴癌，從發現到去世前後不過半年，於是心頭突然產生一陣不祥的預感：王先生的日子恐怕不多了，我甚至懷疑王先生的體力能否支持他參加我們的紀念會。

四月十五日下午二點鐘左右，當我到達哥大會場時，王先生已經坐在第一排位子上了，正在全神閱讀紀念會的有關資料。於是我趕緊坐到他的身邊陪他，他全神貫注，很是投入。我沒有向與會的老朋友們宣佈王先生得了不治之症，所以大家不知道這可能是他們同王先生的最後一面。

他是第一位演講人，老朋友以熱烈的掌聲表示歡迎。他的聲音本不宏亮，現在顯得更是微弱了，但在擴音器的幫助下，顯不出有多大的不同。他講了十幾分鐘，思想條理相當清晰，其中最重要的是他講了他參加釣運的動機和原因，他說：

中國人宗教思想一向很淡薄，不相信上帝。近百年來，在外國侵略的壓力下，興起了愛國主義或愛國思想。在近代中國，愛國主義相當於西方的宗教信仰，對愛國主義不提出任何問題，就狂熱地相信了，就跟著做了。

釣運開始的時候，完全是愛國思想，民族主義，使大家走在一起。所以，在那種情況之下，當時團結的人很多；不但是同學，還包括教書的。我參與最多的是一九七一年初在《紐約時報》上刊登的公開信。廣告費一萬塊錢，有的人認為這個數目太多了，後來找做事的人捐，結果找到一百多人出錢，捐了差不多一萬八千多元，遠遠超出預期。主要原因是，那時參加的人很廣泛，一般做事的人，不分黨派，基本上大家都出於愛國心，動機單純。

對我個人來說，我本來是學哲學的，一直覺得學了半天，沒有什麼用。這時，碰到了馬克思主義、共產主義，就覺得第一次發現真正有用的哲學，就興奮得不得了，因為興奮，就不知不覺地迷了進去。七二年，回國去了一趟，回來後寫了一篇很長的感想。我是專門唸邏輯的，搞邏輯架構是我的本事。所以，後來努力學習馬列主義，對統運參加的比較少。

七六、七七年四人幫下台後兩、三年，國內出現傷痕文學、報告文學，把許多事情真相揭露了，一下子發現以前所講的不是事實。因此，個人苦惱得不得了，就覺得好不容易找到了聯繫實際的哲學，結果發現竟是這麼回事。

我想我思想轉變的主要原因是愛國主義思想，就像西方人相信上帝一樣。因爲信上帝，就會做出一些過頭的事情來。所以，在愛國主義的激情下，如果信得過分，我們也會做出一些過頭的事情來。這是就我個人講的，絕對不是講別人。

王先生的這段保釣心路歷程不啻是他對他二十五年前參加保釣運動的原因向釣運老朋友所做的「最後」的交代。我認爲這是很難得的。他認爲愛國主義是近現代中國人的宗教，深有見地，比一些認爲愛國主義過時的人要高明多了。此外，他還對釣運本身講了一些個人的看法，並提出了批評。但是，當他結束演講時，老朋友還是報以熱烈的掌聲。

他從台上下來坐了五六分鐘之後，向我表示，他不能陪我們開下去了，他要提前先走了。我知道他體力支持不住了，我說，王先生，我送你回去吧，他婉謝了。我陪他走到電梯門口，然後望著他的背影消失在電梯裡。

一個月之後，我從《僑報》上得知，王先生於五月十三日去世了；四月十五日電梯門口的一別竟成了同他的訣別！

哲人已萎，留下的是他的高尚、正直、坦誠的風範，供我們追思和仿效！

（《僑報》，一九九五年七月二十九日）

二、懷念永平

丁一（謝定裕）

懷念

永平是一個熱愛祖國的人。半個月前，我們最後一次見他，雖然他已經十分虛弱，營養全靠靜脈注射的輸送，但差不多有一小時時間，我們談話的內容主要就是中國大陸的現、台灣的現狀。他非常關心動盪的祖國的發展，要我們告訴他最近的消息，不時作出他獨到的評論。

我與永平在大學是先後同學。但我們真正認識是一九六八年我到布朗大學教書之後，已快二十年了。仔細算起來，我們在一起的時間不算久，一九七一年他就請假到庫明研究所（COURANT INSTITUTE）去了。一九七三年秋季，他曾再回到布朗一學期，然後就離開布朗到紐約來了。所以算起來，我們共處一地的時間只有三年半。但是回憶中，感覺上遠比這時間長，感覺上，我們似乎一直還是近鄰一樣。爲什麼？我想一個原因是因爲我們一貫有共同的理想。我們是一直在爲共同理想努力的戰友。

在共處的三年半時間中，包括釣魚台運動發起的那半年，我們幾乎每天見面，幾乎每天在一起吃中飯。我們都在應用數學系，我們的專業都是流體力學。我也可以談談他學術上的成就，但我想這還是讓別的朋友談吧。

理想

我們的一個共同理想，就是希望有一個富強公道的中國。我想幾乎每一個中國人都希望有一富強的中國，但我們還希望有公道。社會公道（正義），真正的社會公道，而不只是口頭上的社會公道。

在我的朋友中，永平恐怕是嗅覺最敏銳的人。不是指鼻子的嗅覺，我是指政治方面的嗅覺。我們好多人，有時是被一廂情願的的想法所蒙蔽，有時是怕麻煩，常常不願追根究底。永平常常很寬容的用一句話來責備我，說我是「君子可欺以方」。他自己是一個不肯被欺騙的人。也比極大多數人都更早看穿許多政治面具所描繪的假象。

永平痛恨所有的虛僞，包括政治大局的虛僞與個人行爲的虛僞。他嫉惡如仇，一個嫉惡如仇的人需要有極大的道德勇氣。可是事實上他是很寬厚的人，他不要權術，常常當他發現他的原則要被妥協的時候，而他又無力或不願打擊對方，他就退出，另外開闢新的天地去了。

挫折

可是中國卻只有一個。他不能忍受那令人窒息的封建傳統，他憤恨那些法西斯式的作爲，好多次他辛勤的努力被挫折於官僚主義者手上。可是一次又一次的，他又重新鼓舞自己，滿懷熱誠的再爲祖國盡力。

台灣是他成長、受教育的地方。他對台灣的人、台灣這片土地有深厚的感情，他的父母也一直在那裡。可是爲了要使包括台灣在內的中國有一更美好的未來，他一直無法再回到台灣去看看。半個月前，當我們去看他時，他很殷切的說，也許我們這些從台灣來的人，憑藉我們過去在台灣的一些淵源，可以爲台灣的未來發展更多盡一份力。我個人是否有這能力是很難說。也許在座的朋友可以把永平這點希望，好好的想一想。

他律己甚嚴，同樣對別人的要求也相當高。在小的枝節方面，我與永平也不總是意見一致的。我們有時到他們家去，我與他常常辯論到早上三、四點。但是有一點我們都同意，我們都是有理性、有科學態度的人，儘管在理論的層次上我們會有些分歧，可是我們都會誠實的接受事實。在具體事實前，我們大概會作出同樣的反應。這麼多年來，要處理什麼實際事情時，我們一直是互相信賴，一直是互相支持合作的。這也是爲什麼我說，永平的離開，使我失去了一位戰友。

無憾

我們今天在這裡，感到悲傷，感到可惜。真正是爲了我們自己，因爲我們失去了這樣一位朋友。爲永平本人，他實在不應有什麼遺憾，他一生已有很豐富的生活內容。他有美滿的家庭。他一生沒有做什麼愧對人的事，不必有什麼內疚。他的理想，他也知道不可能在他有生之年完成，也不可能在我們所有人的有生之年完成，可是知道總不斷有後繼者會繼續努力。有這樣的一生，有什麼可遺憾的呢？

我們所需要的，應該是我們互相之間更多的支持。

（丁一，《思索中國》，一九九一年）

三、悼念陳挹芳

馬大侃

三月一日美國時間下午，友人從紐約打電話來，說陳挹芳二月二十八日清晨在香港逝世，聞訊後潸潸淚下，悵然若失！

我與挹芳一九七〇年在費城因釣魚台運動而認識，九〇年代後幾年更成了癌症的病友。友情歷三十餘年，若說年紀我大她十多歲，但思想從未隔礙，要說惺惺相惜，要說同病相憐，也不爲過。

先五天（二月二十四日），我打電話去她家。張昭慶（她的丈夫）說挹芳用了新藥後，癌核縮小，這藥只有百分之二十的有效率，天幸用對了藥了，我大大地鬆了一口氣。說冬天過去了，大地回春，萬物向榮，我們又有機會可以奮鬥了。不想言猶在耳，傳來噩耗，令我心碎。

二月初，挹芳的癌症失控，病況百般不好，飲食難進，我心中很不安，意識到情況不好，特別跟她談了一段佛莊之道的我見，希望能平慰她的心情；以變者而觀之，世間萬法生滅無常，瞬間萬變，我們的生命也是如此，其榮辱久暫終歸要遷化，對於生死不要執著，若能明道安心，必會坦然面對死亡。以不變者而觀之，看宇宙萬物爲一個整體，不生不滅無增無減，此生彼死，可說天人合一，生死一如，脂盡而火傳，生命不斷傳承延續，不用去區別人我存滅，就人人而說，若果然能修到涅槃寂靜，我見她如此平靜安然，無恐無怯，無怨無掛，心中爲之一寬。於是說些舊事，追憶到七〇年代的往事。我說三十多年過去了，現在卻力不從心只能爲自己的生命而掙扎。這一生沒有成就什麼事業，但是我們是無悔的。因爲我們有情，有愛祖國之情，有愛同胞之情，堅持正義，追求理想。禪說，即心即佛，我以爲情是心的別義，有生之類，不過固有一情耳。我們這一生是可以無悔的，我自己便這樣安心歸命。我說你還特別有福，有一位恩愛知心的夫君，同心合力走了這一段不平常的路，挹芳竟然哭了。我想她是感恩而泣的吧！我建議她特別珍惜這份感情，在昭慶回家後與他多消磨些時間，說說談談互聽心聲，便會忘了苦痛危難。她說她早已這樣做了，現在相處的時間更多了。我不覺也落了淚。這是我同挹芳最後一次長談，也許是潛意識下對她說了這些對她一生的肯定讚許與道別吧！

九五年我患了癌症，先是挹芳經常替我從國內帶來治癌中藥，後來她也病了，昭慶便負起雙重工作。昭慶甚至特別從香港過海去深圳購得藥後，來美時親自帶來，我能安然度過二次化療，他倆的支持幫助是重要的因素。九八年挹芳不幸患上乳腺癌，我們又共同走上與生死搏鬥的路上來，那時我們有更多的時間相互交換對癌病的知識、經驗，互相鼓勵支持。挹芳罹疾後，昭慶對挹芳萬般關心照顧，親自從香港來美接挹芳回香港，又不時來美購買針藥，替她訪醫問藥，千金不吝。平居每晚陪挹芳散步健身，又以自己學來的長生學替挹芳每天熱敷一小時。一回挹芳病痛時，昭慶曾一天三次打電話來與我研討治療方針，憂慮之情，溢於言表，鶼鰈情深，使我感動不已！挹芳愛人也為人所愛，可算一生豐富幸福了。

七〇年代我們在費城為釣魚台運動攜手奮鬥，辦刊物、辦演出、放電影、組織研討會，天天忙這忙那，建立了深厚的友誼。八〇年代，昭慶、挹芳回國服務，挹芳離開了聯合國的工作，在北京科學院生物組做研究，後來再來美。終在香港定居，這是朋友都知道的。挹芳熱心誠懇樂於助人，真摯正直，善惡分明，以纖纖一弱女子，能橫眉冷對邪惡，能蔑視大國強權，能拋棄榮華，毅然歸國、報效祖國。有浩然之正氣，為眾多鬚眉所不及。九〇年代皈依三寶，受持五戒，實在是至性至情所致。財施、法施、無畏施，有菩薩心腸；雖然在病痛之中，還不忘把她的經驗心得寫下來，印發給病友。九九年夏，我們在紐約見面，依舊還是談論國事、祖國情懷、人間正義。始終不能忘懷。

今天早晨（三月十二日）我與昭慶通了一次電話，知道她離世時神態安然，不覺為她感恩。心唸阿彌陀佛！祈她早登極樂世界。我一向信禪而不作西天之想，今為挹芳而為之，想也不為過吧！

在這茫茫人海裡，陳挹芳不是一個大名字，沒有轟轟烈烈的大事跡，不是很多人知道她。但知道她的怕都不免會對她的亡故落淚，她以她小小的微弱生命，備歷艱辛，始終掙扎奮鬥，走了大半個地球尋找一個自己的理念，一個自己的定位；怎麼樣以自己的能力與方式，作出對祖國、對同胞最大的有用的貢獻，是她自願地肩負起時代的重擔。一位從台灣出來的學子，在金圓國度裡浸濡了十來年，依舊心繫祖國，作出決裂性的抉擇，從她的事跡中，我們是不是看見了什麼呢？挹芳的一生或者也可算是我們這一代人中的一些仁人志士的寫照吧！由此又使我思念起另一位已逝世的好友鮑永平，以及許多往日的朋友。悼念挹芳，寫下與她的最後一段情誼。窗外春雨淅淅，心中久久不能平靜。

（《僑報》，二〇〇一年三月二十八日）

四、蘇姐，我們思念您！

1. 蘇慶黎在黑暗中的選擇

鍾秀梅

前半生　慶祝黎明

「一九四六年生了一個女孩，爲了慶祝台灣光復，給她取了個名字，叫『慶黎』，慶祝黎明的意思。這一年的中秋節，我抱著慶黎，和愛人對酌。這是我一生中最難忘、最幸福的一次團圓。」

蘇新，這名反對日本殖民統治、組織工農群眾反抗剝削的台灣共產黨，在國民法西斯政權布下天羅地網，殲滅台灣左翼力量的前夕，他離開了台灣，輾轉從香港到了北京。

蘇新繼續回憶到，「二二八事件後，我亡命移居香港，經歷了兩個中秋，不但沒有能夠團圓，連音信也斷了。慶黎呀！慶黎！沒想到黎明竟是這麼短暫！」

蘇慶黎的誕生，連繫著她往後反叛的時代氛圍，到處都飄蕩著凝重的肅殺氣，她的生命從此與這個社會的脈動搏鬥，印染著赤烈的色彩。

姨媽　女性意識的啟蒙者

五湖四海、豪放不拘的個性，成爲蘇慶黎日後的社會組織工作中很特殊的長處。據她分析，可能是受姨媽影響，她姨媽在當時的交往對象，有許多是有異議色彩的。這些人讓她對人的辨識與敏銳度提高。但在四〇年代出生的台灣女性，很少有她那樣特立獨行的表現。她認為，縱然革命家族的背景讓她早熟，但形成她的人道關懷與女性自覺的關鍵，則與姨媽的教育有關。

「我姨媽蠻關心貧窮的病人，她大概每一年，總會有一兩次把家裡舊的衣服之類整理好，然後就開始拜訪一些比較窮的人，通常她都會帶我去。事實上這種直接的人道關懷，對我的影響很大。因為說實話，我們在當時是典型的中產階級家庭。對我而言，外面那個貧窮世界是完全陌生的，因為我姨媽的慈善舉動，直接把我帶到那種貧窮的家庭。

當時我是很不喜歡這種等於有點像是強迫的教育形式。她是有意的，說你們永遠不會理解窮人，但她就是一定要我去接受這樣的教育；她拜訪那些窮人，他們的家裡黑暗、骯髒、惡臭，我到現在閉上眼睛都還可以回到那個……害怕的不得了。所以，我覺得影響我一生很大，我現在還可以看到的，就是進入那樣的家庭，看到我姨媽能夠和顏悅色，好像很高興和這些窮人很親近的談話。我真的很佩服她。可是我恨不得跑掉，我姨媽卻能夠那樣，譬如坐在地上，跟病人談話什麼的，這個對我的影響很大。

慶黎的姨媽，在結婚前曾有個志願，想當記者，是頗有獨立見解的女性，卻未能如願。可是她婚後的一言一行，仍表現出女性的自主。譬如說，在家庭教育中，她對子女兩性平權的生活教育，和無時無刻要小孩不要歧視貧窮。

大學時期　吸收思想的養分

對歷史一直有強烈興趣的慶黎，終於如願考上台灣中部一所教會大學歷史系。當然，她很快就失望於系上保守的學風。「一切的歷史都是當代史」，大學也是國民黨掌控思想教育的一環，因此，就不難想像歷史教育，其實就是要讓年輕人對歷史失憶。

「當時那個歷史系是把我笑歪了。如果我的記憶沒錯，系上有一名老師，居然要我們背中國歷代皇帝墳墓上面的什麼廟號、謚號，我想那樣的歷史，我是不願意讀了，而且我想讀了也沒有意義，也很恐怖嘛。我想你念歷代的社會、政治、經濟發展，當然絕對有意思，但念皇帝死後的什麼號，又有什麼意義？

決定離開中部後，她又回到姨媽家準備重考。後來，上了台灣的菁英學校——台灣大學哲學系。台大，就像是香港大學在殖民地的功能一樣，是統治菁英的培養所，台灣已脫離日本殖民，許多入主統治階層的台籍人士，都出自此地。但是，台大同時也是反叛青年的聚集地。

哲學系的培訓，並未帶給慶黎學習上的成長，她覺得當時哲學系都讀些唯心的、經驗主義的東西，邏輯實證論之類的，例如康德。後來，她覺得哲學系的環境很糟糕，便轉到社會系，沒想到會更爛。

如果學院的學習對慶黎有幫助的話，應是校際的串連。當時她認識一群有批判能力的朋友，像王杏慶、王曉波、王拓、徐正光等人，他們後來都是台灣社會輿論與良心的指標。慶黎覺得，像徐正光的人類學田野調查給她的收穫很大，在她往後從事社會實踐時，讓她更貼近台灣的現實。另一方面，她的思想傾向，先是受當時流行的存在主義中較進步的流派影響，後來偷偷地找了社會主義的書來看，這些書是從「匪情」資料室偷出來的。

六〇年代，外面世界風起雲湧，信息卻依舊吹進密不透風的台北。瑪利諾修會的外國修女，將 Joan Baez和Bob Dylan反越戰的歌曲帶進校園。那時，蘇慶黎從自訂的香港《星島日報》，得知文革與火紅的香港學生運動。

社會關懷　介入人權工作

七〇年代，台灣社會依然延續著白色恐怖的反共鎮壓，這時蘇慶黎開始介入人權工作。陳映真案、陳玉璽事件、陳明忠案、成大、淡江青年案的羅織罪名，無非是怕有任何社會主義的星火冒出。當然，對主張台灣獨立的派系，也全力打壓。

透過美籍在台研究女工問題的艾琳達（Linda Gail Arrigo）關係，也透過教會系統，慶黎暗中將這些檔案送出去，給國際特赦組織或海外華人，然後向國民黨政府施壓。這項工作很冒險，後來在美麗島事件中，差點被關的慶黎透露，國民黨對她與這群朋友搞的人權工作，一直視爲眼中釘。

社會形勢演變，說明了台灣社會必須有左翼的窗口。在一個晴朗的下午，蘇慶黎與名作家陳映真相約在街上，若無其事的作散步狀，蘇慶黎打算跟陳映真商量大事。那時候，電話監聽、跟蹤、裝竊聽器是常有之事，在大街上交談，恐怕是較安全的。蘇慶黎左顧右看，覺得放心了，將想辦一份社會主義刊物的想法，告訴了陳映真，據蘇慶黎形容，他嚇得要命，罵她是不是瘋了。

果然，台灣戰後第一份社會主義刊物《夏潮》雜誌出爐了，蘇慶黎任總編輯。爲了要掩護左傾色彩，通常都將社會主義寫成社會正義。這份雜誌標榜「鄉土的、社會的、文學的」，延續著日本殖民地時代，左翼力量「反帝、反封建、反資」的色彩。

《夏潮》雜誌　青年的新思想園地

《夏潮》開拓了七〇年代以後，台灣進步青年的思維方式與世界觀。也就是說，台灣從六〇年代末到八〇年代的政治運動，是二元論的自由主義菁英的話語：簡單的說，就是不能批判自由主義市場機制，認爲只要國民黨下台，一切都解決了。在這背景下，以政治經濟學的批判角度，分析台灣社會矛盾，對工業化造成的環境污染、階級與城鄉差距，婦女、原住民等問題，都作深入報導的《夏潮》，成爲台灣進步青年的新思想園地。鄉土文學論辯，算是《夏潮》直接對抗國民黨文化政策，最激烈的一次筆戰。

當時，國民黨御用文人余光中、彭歌等人，把鄉土文學比同大陸工農兵文學，大喊大叫的說：「狼來了！狼來了！」《夏潮》陣營忍無可忍，結合了國民黨左派如胡秋原、任卓宣等人，還以重擊，把他們嚇得屁滾尿流。余光中在最近出版的《余光中傳》裡，提到這段歷史，還有恃無恐的指控台灣鄉土文學是毛澤東的同路人。

蘇慶黎主持下的《夏潮》時期，吸引了許多面向的青年學生。這些學生在台灣社會解嚴前後，在環保運動、工人運動、原住民運動、婦女運動、文化運動中，都成爲積極的骨幹。不涉入運動的，在媒體、學界工作也都受到《夏潮》的積極影響。

隨著社會的轉變，《夏潮》的歷史角色也完結，同代的戰友或高升，或引退，或繼續在社運的路上拚搏，蘇慶黎選擇的是後者，一種終身的社會運動者的必然選擇。

（原載《明報》，題目為轉貼者所加，二〇〇四年十二月三十一日）

2.蘇慶黎的一九七六年

郭紀舟

我一直覺得一九七六年是台灣歷史的分水嶺，就像黃仁宇的《萬歷十五年》所描述的情境一樣，一九七六年距離中美斷交、中壢事件的青天霹靂尚未來到；保衛釣魚台與台大哲學系事件剛剛震盪結束，甚至蔣介石去世，蔣經國接班也都塵埃落定，一九七六那一年有點平淡無奇。但是那年蘇慶黎找了陳映真，跟他商量「我們來辦一本社會主義的雜誌？」陳映真在當時白色恐怖餘溫的肅殺氣氛下回應了一句「你是發神經病啊！」然而《夏潮》雜誌在那一年暑假悄悄誕生。

那一年《自由中國》、《大學雜誌》、《台灣政論》都已經結束。《美麗島》、《八十年代》，還很後期，文學的《仙人掌》、《台灣文藝》也沒誕生。《讀者文摘》、《漢聲》、《中國論壇》跟台灣好像沒有關係。《夏潮》雜誌填寫了一九七六年知識與文化心靈的空缺，用最純樸的文字表達知識份子與讀者對於土地關愛的渴望。一九七六年的確沒什麼事發生，不過台灣的歷史開始不一樣。

蘇慶黎用歷史、文學與美術交織出《夏潮》雜誌的內容，她透過了李南衡找到了當時所有研究台灣史的人，林載爵、黃煌雄、黃師樵等，第一本雜誌探討以及整理出台灣的歷史。透過王拓、黃春明、王禎和、陳映真等人開發了鄉土文學的地位。邀請蔣勳闢建了台灣的本土美術造型運動，跟唐文標、林俊義等揭露許多第三世界的經濟社會問題。還跟李雙澤一起到各大校園唱出自己的歌，成了校園民歌的濫觴。蘇慶黎用女性的眼光，編織了對台灣的關懷。現在這個文字似乎有點八股，可是一九七六年「中國」還是台灣的一切，故國神州的憂愁還在，「台灣」這兩個字在政治與知識圈還沒有版圖。

一九七六年鄉土文學論戰讓《夏潮》雜誌以及蘇慶黎第一次站在火線上，如果不要錯讀歷史，那其實不是文筆的戰爭，所有《夏潮》雜誌作者與文章都在戰役當中遭到國民黨有形與無形的鎮壓，那是思想與政治的奪權鬥爭，是一場盤整台灣歷史的鬥爭過程，幸好那場戰爭沒有流血的鎮壓。此後，「鄉土」、「本土」、「在地」、「台灣」、「認同」等等的名詞，開始不再是禁忌，是挑戰權威的武器。而這是蘇慶黎在一九七六年之後給了台灣最大的貢獻，台灣開始了解自己，了解問題與未來道路，除了政治以外，文化、藝術、音樂、社會、環境、農村、勞工都是向權威挑戰的利器。

很難想像剛從台大畢業曾是「台大青年」主編的女生，爲何在一九七六年意識清醒到要辦一本社會主義的雜誌？那一年她感情挫折才離婚，就辦了雜誌；那一年她還不認識她流亡的父親，在調查局的紀錄裡是台灣共產黨員的蘇新；從小被收養在有錢的姨父家中，卻讓她認識到窮人並非因懶惰而窮，是資本主義的條件產生貧富的分野；自然的教育下，不是血液當中有社會主義成份，而是看到了實際問題，想要親身實踐的普通的台灣女性。就像她的筆名「蘇逸凡」一樣既不超越而且平凡，腳踏實地，即使夢想仍未達成，留下的漣漪，仍然迴盪著。

陡然聽到她逝世的訊息，她曾堅定告訴我的話仍深刻記著，她不想命定接受媚俗的世界：「到現在我都自認爲是個社會主義者，還是個列寧式的共產黨員。」其實一九七六年以前她就已經是了，還把台灣帶入另一個時代，直到現在！

（作者為台灣文化工作者）

（《中國與世界》，二〇〇四年十一月）

3. 蘇慶黎與《夏潮》

何靜茹

一九七六年二月二十八日《夏潮》創刊，原爲鄭泰安與友人合辦，初始將其定位爲綜合性雜誌，朝「台灣的讀者文摘」方向發展。第四期以後由蘇慶黎擔任總編輯，《夏潮》重新改版，在封面上明白揭櫫其宗旨：「社會的、鄉土的、文藝的」，至此展開《夏潮》的新紀元。新版《夏潮》的企圖不只停留在言論自由的層面，而是想藉此刊物展現台灣的社會及歷史，並引進第三世界的民主化及公平正義問題。自此《夏潮》即有系統地介紹台灣史，並讓楊逵等老一代作家重新出土，同時探討了環保、勞工等社會問題；可說是以「反帝、反封建、反資本主義」爲主軸，也帶動了新一代的人參與社會運動。因《夏潮》的作者如陳映真、黃春明、王拓等人的小說強調本土的、現實主義的思想，此一方向正與國民黨的反共抗俄文學、懷舊文學相悖。一九七七年七八年間，國民黨藉《聯合報》、《幼獅文藝》等媒體，發動彭歌、余光中等作家批評《夏潮》的文藝爲「工農兵文學」，引發了所謂的「鄉土文學論戰」。夏潮集團則結合了國民黨內的左派人士，如胡秋原、鄭學稼、嚴靈峰等與國民黨內的右派勢力相抗衡。「鄉土文學論戰」總共持續了一年餘，對國民黨的反共及懷舊文學產生了很大的衝擊。除了強調社會主義外，夏潮集團亦積極參與台灣的民主運動。自一九七七年選舉起即詳細報導各地黨外人士的選情；一九七八年的中央民意代表選舉，王拓、陳鼓應更是親身投入選戰。因《夏潮》早已引起國民黨的注意，捲入民主運動後更讓國民黨心生忌諱，一九七九年一月二十二日黨外人士爲聲援余登發而發起橋頭遊行，蘇慶黎、王拓、陳鼓應等人也參與其中，一月二十四日《夏潮》即遭停刊一年處份。

（《中國與世界》，二〇〇四年十一月）

4. 蘇姐，好走

——悼念台灣人民的女兒蘇慶黎女士

紀欣

十月一日去北京醫院看蘇姐（我和很多人對蘇慶黎的尊稱）時，就看到她狀況很不好，只是據北京的朋友及主治醫生說，蘇姐自八月一日從台灣赴北京就醫以來，已有三次發出病危通知，之後都奇蹟似地好轉，她的生命力特別強，或許這次也能撐的過。我也就抱著她會再次度過難關的心情回到台灣，十五日還與她在台北的老朋友一起打了電話給蘇姐在北京的弟弟，據他說當時狀況並沒有特別惡化，不料她還是在十九日早上離我們而去了。

噩訊傳來台灣，許許多多與蘇姐在不同階段、不同領域、不同地方共同努力過的朋友、同志、夥伴，在過分悲痛、不及拿起筆來敘述她的一生，書寫對她的懷念之際，交代我將最後一次與蘇姐晤面的情況做個報告，我恭敬不如從命。

習慣了蘇姐永遠是精力無限、滔滔不絕、笑容滿面的樣子，我真不忍心看到她對著呼吸器拚命呼吸、神情憔悴、無法言語的模樣。據主治醫生說，蘇姐在中秋節前原本已好轉，換了一個病房，還下床到一樓大廳坐了一整天。不料就在九月三十日早上病情忽然惡化，整天昏睡不醒，即使靠呼吸器，她的血氧濃度也始終無法上升。醫生又表示，她不一定認得我，或聽懂我的話。但我則確知她認得我，也聽懂了我的話，知道台灣的朋友在關心她。

由於不能言語，我請她以點頭、搖頭的方式示意。在她病床前，我說：蘇姐，您趕快好起來，我來北京接您回台灣，她點點頭；我說：明年是抗戰勝利、台灣光復六十週年，我們要在台灣擴大慶祝，也幫您過六十大壽吧！她點點頭；我說：您放心，花園新城的房子，台北的朋友會負責照料，她點點頭；我說：回到台灣後，不要再住花園新城了，那邊太遠，我們不方便照顧您，她狠狠地搖頭；我趕快說：您喜歡那兒的環境，捨不得搬嗎？她點點頭。即令花園新城的房子是蘇姐租的，但她總認爲那是她的家，這也難怪，十多年前爲了籌措出國進修的錢，蘇姐賣了她一生中唯一擁有的在花園新城的房子。一九八七年回台後，她東奔西跑，四處爲家，不是借住朋友、親戚的房子，就是爲了節省租金，住在不見天日的小閣樓。直到一年多前，她回到花園新城，就決定不再搬了。

點頭、搖頭之間，我和蘇姐慢慢地談著，只是她的呼吸器不時發出警報聲，醫生解釋說蘇姐太瘦，呼吸器掛在臉上常往下掉，她又不知道用最省力的方式靠呼吸器呼吸，因此特別辛苦。我不講話的時候，看見蘇姐眼睛一直盯著正在報導十．一國慶活動的電視新聞，我有點相信她在聽著、關心著。

不到六十年的生命，蘇姐活的有聲有色。從一九七六年出任《夏潮》雜誌總編輯、積極參與黨外運動、參加高雄橋頭抗爭、被調查局審訊六天六夜後被拘押兩個月，參與創立勞支會、到中年後赴紐約大學賓亨頓分校跟隨左派大師研讀博士學位、在海外不眠不休爲黨外運動奔走、一九八七年回台籌組工黨與勞動黨並擔任首任秘書長、再到近年來投入大陸農村研究、關心兩岸婦女權益、決心作口述歷史紀錄台灣民主、勞工運動史實，蘇姐一路走來辛苦萬分，靠的全是她的堅持及勇氣。

我不但未能躬逢其盛蘇姐的各項重要工作，也非最了解她的人。但二十多年來，我看到的蘇姐是一個不知道氣餒的人。每次碰到挫折，蘇姐總能想到光明面，甚至馬上提出新點子，相信事情一定會峰迴路轉。

她從不責怪別人，任何人出爾反爾、或打退堂鼓，她總能想到原諒他的理由，而且不放棄下次再與他合作。她眼見「黨外四大寇」的另外三位女性，或是參與《夏潮》、勞支會的戰友先後位居高官，神氣活現，只笑笑，表示人各有志。她從不因政治立場不同批評老朋友，甚至對他們還有些期待；也因此，我常笑她是童騃式的樂觀主義者。她被病魔纏身至少十年以上，卻對自己的病情毫不擔心，還常打斷別人的關心，急於談她認爲的正經事。近年來，她身體不好，接受了朋友善意的勸告，決定致力於著述工作，但她的寫書計畫一天比一天大，居然想要詮釋台灣現代史，以致到現在還未完稿，或許友人可以代爲整理出版，完成她的心願。

二〇〇〇年國民黨下台、陳水扁上台，蘇姐回想大陸長期的對台政策及結果，感慨萬千，但她當時認爲，由黨外運動起家的民進黨執政，既沒有歷史包袱，也不必擔心有「賣台」之嫌，或許反而有助於兩岸早日統一，她也因此率直地向大陸對台工作者提出建議。隨著陳水扁的「走獨」，兩岸關係的持續惡化，蘇姐終於漸漸失去了信心，對於台灣的前途感到茫然。台灣將何去何從，應該是她最關懷、也最放不下的問題吧！

蘇姐，您這一生選擇了一條崎嶇難走、得不到掌聲的小路，但歷史會給您一個公道！您好走！請讓我們繼續完成您未完成的工作吧！

紀欣匆草於二〇〇四年十月二十日台北

（《海峽評論》，二〇〇四年十一月）

5. 難忘《夏潮》編輯台前的日子

——悼念蘇姐

福蜀濤

十月十九日，驟聞蘇姐（慶黎）過世的消息，我發了個簡短e-mail給報社上班的太太：「蘇姐今早在北京過世。」不久接到太太同事的詢問電話，才發現對蘇姐我是那麼熟稔又那麼陌生，我甚至不知道她哪年出生。

一九七九年初，《夏潮》（China Tide）被查封的前半年多，我在蘇姐身邊工作。那時鄉土文學論戰已經結束，蘇姐一面主持《夏潮》編務，一面投注心力於社運、選舉。她把社內編務的一些執行工作交給我。那時年輕，編起雜誌，不分晝夜，常常通宵達旦。社外的事務，全由蘇姐一人奔走，但記憶中，編雜誌的夜裡，她總與我們在一起，嘴裡的菸，一根接一根，就這麼一夜又一夜，一期又一期。直到余登發被捕後，《夏潮》跟著停刊為止。

半年多的日子，說長不長，可卻深深烙印在我記憶裡。我忘不了從她那兒第一次聽到切·格列瓦革命事蹟的激動，忘不了她第一次向我也向讀者介紹的那位著名希臘裔法國導演柯斯達戈伐拉斯，忘不了她對那些從火坑救到廣慈博愛院原住民女子的關切……

也是在蘇姐身邊，我知道台灣還有賴和、蔣渭水、楊逵……等對抗強橫而不屈不撓的先輩，並因蘇姐認識為賴和出全集，不惜賣屋還台灣先輩力抗強橫歷史真相的李南衡先生。

當時屬戒嚴時期，警總將黨外分成左派、右派。《夏潮》被列爲左派，而被視爲「真正的敵人」。今天回頭看，所謂「真正的敵人」當是從美國統治圈的立場出發。《夏潮》介紹的柯斯達戈伐拉斯、切・格列瓦都是美國統治圈所不喜，甚至追殺掉的人物。今天「藍、綠」看似誓不兩立，但在華府眼皮底下，該都不是「真正的敵人」罷。

這「真正的敵人」或與蘇姐身世有關。在我面前，從未聽她說起她父親。直到在連雲街一家寺廟爲她父親舉行追悼會時，我才知道她父親蘇新的事跡，也知道她母親有回差點飛到日本轉與她父親會合，無奈即使上了飛機，飛機即使飛上了天，也難逃當道掌控，飛機硬生生給逼降台北，將她母親拉下來再起飛。

原來蘇姐的父親是日據時期的台灣共產黨，爲反抗日本對台的殖民統治而鬥爭，坐牢一直坐到台灣光復前不久才釋放，才結婚，光復後才獲一女，故名「慶黎」——慶祝台灣的黎明。「二二八事件」後，蘇新逃亡到香港，再到北京，而致使蘇家分居兩岸。

現在回想起來，當時她或是出於保護我的深意，讓我這位年輕小伙子知道的越少越好罷。

《夏潮》停刊後，蘇姐積極投身社會運動，組織工黨；我仍停留在雜誌的「執行編輯」崗位，只不過從《夏潮》轉到了《中華雜誌》。二十幾年來，在台北偶爾會接到蘇姐的電話，偶爾見上一面，談的還是兩岸、統獨、社會正義。有年北京的友人告訴我她得了胸腺癌，在北京時到醫院看她，她說是重症機無力，聽太太說，這種病雖麻煩，不會致命，結果她還是走了，死因是癌症。

二十多年來，不說兩岸，即大陸就發生翻天覆地的變化。當年在蘇姐堅持「社會正義」的原則下，我們所批判的不公，反諷的在今天彼岸現身。回憶蘇姐，我想起上周在大陸鳳凰台的一個專訪節目，一位農民柴術森在記者面前強忍著眼淚訴說追討拖欠工資挨揍的經過。而眼前報紙上又是河南上百名礦工葬身礦底，說是「中國地方煤礦平均兩小時死亡一人」。這些生活在社會底層的礦工血淚，將當年《夏潮》編輯台前，爲那些受壓迫受欺凌，生活在社會底層的人呼號的蘇姐身影拉回我腦海。

台獨的喧囂，我一直不感悲觀，除非華府不惜爲這幫投機台獨政客一戰而勝，任誰也別想把台灣從中國分割出去。更令我不安的倒是當年我們在《夏潮》堅持的「社會正義」，在「具有中國特色社會主義」的招牌下，「主義」有了「正義」消失了，而社會上則湧現更多更多的柴術森、葬身坑底礦工留下的無告婦孺。蘇姐走了，這些憂心向誰說呢？

二〇〇四年十月二十一日

（《海峽評論》，二〇〇四年十一月）

五、悼念郭松棻

1. 悼念作家郭松棻之逝

《世界日報》

〔本報記者謝朝宗紐約報導〕已故台灣小說家郭松棻追思儀式十五日在聯合國對面的教堂舉行，他在聯合國的同事和在紐約的台灣藝文界人士出席表達哀思。朋友盛讚他為人的真誠和耿直，並表示他的作品可以傳世。

郭松棻七月八日在紐約中風病逝，他生前在聯合國中文處工作直到一九九七年退休。昨天他在聯合國的同事特別舉行一場追思會，郭松棻的老同事、文友，及他在台灣大學外文系做助教時的學生，都參加了這場追思會。

從大學到美國都與郭松棻同窗，又一起參加保釣運動、進入聯合國任職的至交劉大任在追思會上說，中國的文人，自五四以後有一個很重要的精神座標，直的是上下古今的人類歷史，橫的是各國文化思想結晶。郭松棻就在座標的交點上。

劉大任回憶一九七〇年他們加入保釣，在舊金山第一次遊行。遊行前已傳出有人要在遊行中製造事端，毆打學生。遊行當天又濕又冷，大家也因為事前的警告和不斷遊走在隊伍周圍的奇怪人士而心情緊張。

劉大任說郭松棻突然跳上台，又瘦又小的他，把夾克、毛衣、襯衫一件件脫了丟在地上，憤慨地指著隊伍旁的人說「你們這些鬼鬼祟祟的特務，躲躲藏藏的職業學生，你們給我站出來！」這一吼，使大家的心都提振起來，繼續遊行。

對於郭松棻的文學成就，劉大任認爲，〈月印〉、〈月嗥〉和〈今夜星光燦爛〉都是可以傳世之作。郭松棻的遺孀李渝無法參加追思會，他的兩個兒子都出席，並代表家屬感謝友人。大兒子郭志群說，母親會暫時到香港工作一段時間，消弭傷痛。

（《世界日報》，二〇〇五年七月十六日）

2.悼念我的老同學郭松棻

李歐梵

從老友鄭樹森處得到郭松棻去世的消息，令我啞口無言，感傷不已。郭松棻是我在台大外文系的同班同學，大家旅美後失去聯絡，一直到近幾年才經由他的夫人李渝女士聯絡上了。我和玉瑩約於五年前到他家拜訪，在座的尙有夏志清教授夫婦，大家相談甚歡。那時松棻已經中風了一次，尙未完全復元，半身不遂，精神也不能專注，但仍然滔滔不絕和我們說三道四。上月李渝來浸會大學任駐校作家，我們又見面了，她說松棻最近的情況不錯，比以前好多了。我們聽了很高興，不料未幾就接到他再度中風逝世的噩耗。

我在悲痛之餘，腦海中湧現的卻是他清瘦又瀟灑的身影，一晃就是四十多年前，還記得松棻和我有一次在台大校園散步，大談薩特的存在主義（而今年恰是薩特逝世的二十五周年紀念）。我聽來似懂非懂，但對他早已佩服得五體投地，大家那時都是二、三年級的大學生，但郭松棻、白先勇、王文興、陳若曦等同學早已先知先覺，頭角崢嶸；而我還是一個後知後覺的土包子，一味苦讀英文，做外交官的美夢！

存在主義也是現代主義的一個哲學層面，更是我們那一代年輕時候的「苦悶的象徵」。也許，當時受時勢和政治環境的影響，我們都躲在學院的象牙塔裡。然而到了美國以後，「保釣」運動風起雲湧，松棻更是踴躍投入，在柏克萊成了急先鋒，每每在「保釣」組織的報紙上把知識份子罵得一文不值，其實是一種典型的書生報國、卻又走投無路的憤激表現。這個「昨日之怒」（張系國的一本描寫此段生活的小說名稱）到現在更值得珍貴，而松棻的傲骨更值得尊敬。我一直認爲，六、七十年代的「保釣」運動的遺產至今尚未了結，而政客們絕不能爲了現實利益全盤否定「保釣」。那真是一個「理想的時代」，我也慶幸自己是那個時代中的吶喊助威者，也和松棻一樣，至今無憾，只覺得自己當年投入的還不夠。

五年前和松棻重逢前，我曾和他在電話中長談過一次。我一向不喜歡打電話，而那次竟然和松棻大談文學和創作，雖然在我堅邀之下他仍不肯隨夫人來哈佛參加座談會，但我清晰地記得他對於我們這一群「現代文學」人的總結：「我們這一代人走了大半輩子，不管你走的是哪一條路，到最終還是回歸文學，回歸現代主義。」

台灣的《印刻文學生活誌》，從去年就策劃出一個「郭松棻專號」，就等他的作品，最後終於等到他的六萬字小說，一字不刪全文照登，不料剛要出版的這一期卻成了他的紀念集。我想松棻在天之靈也會一笑置之，說不定還會引一本薩特的書名給我們一句留言：「存在本來就是虛無的」。

（紐約《明報》日報，二〇〇五年九月十六）

3. 郭松棻雜憶

邱立本

郭松棻去世了。消息傳來，難掩莫名的惆悵。他是美國台灣留學生的保釣健將，但也很早就看穿現實政治的虛妄與奸詐，回歸他所鍾情的文學創作，並且健筆不老，不斷寫出永遠不老的文學的青春動力。

第一次見到郭松棻，是在一九七五年的紐約。那是非常冷的冬天。我第一次來到這城市，張系國和我吃完晚飯後，開車到皇后區Emhurst去找郭松棻，在他家聊天，聊當時的台灣形勢和兩岸關係，也談到很多文壇的現況。當然，那天也見到了郭松棻的妻子李渝。張系國和他們夫婦二人都曾在柏克萊加州大學待過，大家都有說不完的話題，追憶七〇年代初美國校園的火紅歲月。

其後七、八〇年代，我和郭松棻很少見面，記得有一次喬冠華在聯合國演說，我去採訪，也遇到郭松棻和一些在聯合國工作的台灣留學生，大家匆匆地聊了一會兒。

最後一次看到郭松棻，是八〇年代在唐人街的一次餐敘。那天早上編完報紙，中午和曹又方、林博文等同事與郭松棻見面，在紐約華埠地威臣街一家中餐館。赴約前夕，我們在報館獲悉唐文標病逝的消息，大家都惋惜這位張愛玲專家、香港才子的英才早逝。我們在餐館見面，就立刻告訴郭松棻這噩耗，他聽後立刻淚如雨下，伏在桌上飲泣，久久不能平息。

（《世界日報》，二〇〇五年八月十五日）

六、海內外悼念緬懷程君復

1.美國費城僑界程君復教授追悼大會悼詞

龔忠武主稿・蔡文珠審定・龔忠武宣讀

女士們、先生們、朋友們：

美東愛國華人天普大學程君復教授，不幸於二〇〇五年九月二十一日，積勞成疾，因病與世長辭，享年六十八歲。君復先生的一生，是多姿多彩、豐滿充實、俯仰無愧、光明磊落的一生；無論作為一個美裔華人，還是作為一個美國公民；無論作為一個朋友，還是作為一個事業的夥伴，君復先生都為我們展現了傲然的風骨，樹立了可敬的風範。

君復先生，一九三六年十一月八日出生於江蘇南京，適逢亂世，童年生長於戰火紛飛之抗戰年代，顛沛流離；初隨家人輾轉播遷至重慶，繼於四〇年代末，復隨家人移居台灣。國難家破、逃亡跑反，在他幼小的心靈裡留下了不可磨滅的印象。君復先生在台灣完成了中小學教育，一九五八年當在東吳大學法律系二年級時，隨家人移民美國，轉入蒙大拿州卡羅爾（Carroll）大學改讀數學。一九六二年畢業後應徵入伍，作為一名美國軍官在韓國服役兩年。退役後，繼續深造，一九七五年獲得天普大學數學博士學位。隨後一直在天普大學任教長達三十一年之久。

其間，君復先生，除正常教學外，還致力於提高和普及美國少數民族的數學知識，並且獨創了一套普及數學的方法和教程，成效卓著，普受美國數學教育界的高度推崇和嘉許，被公認爲美國普及數學的權威專家，並在天普大學長期擔任這方面的領導工作。

此外，君復先生作爲一個少數民族，青年學生時代即積極參與美國的民權運動，爲美國少數民族爭取權益。現在身爲大學教授，更是致力於多元社會的教育事業；尤爲難能可貴者，君復雖然出身名門望族，但特別爲美國少數民族爭取接受教育的機會，培養造就少數民族自己的大學生。君復先生在這方面的傑出成就，使他多次贏得全美城市組織教學評選的一等獎。美、中等許多國家對此多有報導，並讚譽有加。

然而，君復先生出身書香門第，深受早年曾經留學英國牛津大學、學貫中西的父親，程石泉老先生之教誨和熏陶，以及中國士人「天下興亡，匹夫有責」的憂國憂民傳統的啓發和激勵，素懷書生報國之志，關心國事天下事。早在一九七〇年代初，當美國台港留學生，爲保衛中國領土釣魚台主權，而掀起波瀾壯闊的保釣運動時，君復先生即積極投身保釣運動，並成爲費城、美東甚至全美保釣運動的核心領導人之一。其後保釣發展成爲中國統一運動，君復先生也不遺餘力，爲之推波助瀾，蔚爲潮流。

其間，君復先生還曾參與發動愛國華僑，組織示威遊行，支持恢復中華人民共和國在聯合國的合法席位。君復先生還積極推動中美兩國建交和促進兩國人民之友誼，由於多所建樹，成就斐然，當時的中國江澤民主席和美國克林頓總統，均曾親筆致函君復先生，表示敬意和感謝。

迨至八〇年代，當釣統運走入低潮之際，君復先生將注意力轉向正在大力推行改革開放之中國。君復先生深感爲中國改革開放儲材之重要性和迫切性，乃毅然暫時離開天普大學三年，不計個人得失，幾乎耗盡了自己的家產和儲蓄，全心全力毅然籌辦鄭州黃河大學，以便爲中國開辦當時亟需的英語和美國研究班，並引進先進的電腦科技和商業管理經驗。一九八四年一所中美合辦的新型黃河大學拔地而起，正式成立。

隨後美國主要媒體競相報導，甚至美國ABC電視台將之列爲一九八五年的十大新聞，並製作專訪在全美廣播，可見深受美國輿論之重視。雖然後來黃大於一九九二年併入鄭州大學，然而君復先生開創之功不可沒也。於此可見，君復先生之膽識和魄力，實非一般人所能望其項背。

九〇年代至今，鑒於台獨氣焰高漲和日本軍國主義陰謀染指台灣之心不死，君復先生本其愛國初衷，在七〇年代釣統運的基礎上，積極推動反獨促統運動，發起並擔任「全球華人反獨促統聯盟」會長和「全美中國和平統一促進會聯合會」會長，經常來往於費城、紐約之間，足迹遍及全美各地和世界五大洲，糾集凝聚全球華人，共同促進中國和平統一，成爲僑界公認的愛國領袖。

同樣值得稱道的是，君復素懷悲天憫人、同情弱小的仁者心懷。在天普大學任教期間，不顧有關方面的大力反對，在其所主持的城市教學中心，堅持雇用多名品學兼優的貧困中國和外國留學生，幫助他們解決生活和學習上的問題。三年前，當君復先生得知一名中國留學生突然陷入經濟困境時，立即挺身而出，發動當地僑界捐錢或贈送實物，最終讓他度過難關。甚至最近當君復先生得知新奧爾良市遭受卡翠娜的嚴重颶風災害時，竟不顧自己病體安危，立即在氧氣罩內請夫人蔡文珠女士與僑學界聯繫，發動募捐賑災活動，並主動樂捐美金五百元，作爲示範。不但如此，還親自與中國駐紐約總領事館聯繫，建議中國政府提供實物或金錢，積極幫助美國政府救災。這類古道熱腸，樂善好施，扶弱濟困的善行義舉，多得不勝枚舉，真是令人不勝感佩。

縱觀君復先生的一生，以一介平民和書生，自青壯年起，即熱心公益，服務僑社，無私獻身於中國統一、振興中華之事業。數十年如一日，最終鞠躬盡瘁，死而後已，爲海外愛國華人樹立了光輝典範。斯人已逝，無疑是海外愛國運動一個難以彌補的重大損失，我們爲此深感哀傷和痛惜。

女士們、先生們、朋友們：我們今天在此沉痛悼念緬懷君復先生之時，應效法君復先生之風骨、風範，並秉承君復先生未竟之遺志，繼續推動反獨促統事業，直到中國完成統一，中華實現振興爲止，以慰君復先生在天之靈。

安息吧，君復先生！

二〇〇五年十月十五日

【附錄】

(1)碧水青山埋赤子，豪情遺願寄海峽

《中華周報》

保衛釣魚台行動委員會顧問、全球反獨促統聯盟會長、全美中國和平統一促進會聯合會會長、天普大學程君復教授，於二〇〇五年九月二十一日病逝於費城，享年六十八歲。程君復先生的追悼會十月十五日上午在南費城包迪殯儀館（BALDI FUNERAL HOME）舉行，其後送往WEST LAUREL HILL火化。

程君復教授懷一顆赤子之心，傾畢生之力，爲窮苦學生的教育、爲反對日本軍國主義，特別是爲中國和平統一事業無私奉獻，贏得人們的尊敬，紐約、華盛頓和費城等地的僑領、師生與親友四百五十多人，懷著沉痛心情，來送程君復教授一程。中國駐紐約總領館曠偉霖代總領事、周賽星副總領事等也專程蒞費

城出席追悼會。

靈堂四周擺滿各界人士送的花籃、花圈，墻上掛著多幅輓幛、輓聯。靈床中的程君復教授面容安祥，靈床兩旁擺著中國外交部長李肇星、中國國務院僑務辦公室、中國國務院對台辦公室主任陳雲林、中國駐聯合國特命全權大使周文重、中國駐紐約總領事館總領事劉碧偉及何炳棣院士送的花圈。

追悼會由程君復教授的保釣戰友徐守騰主持，程君復教授的哥哥程貞一、兒子程之東、女兒程之琳，從親人的角度，講述了程君復教授的生平、家庭和所追求的事業。程君復教授出生於中國大陸，後隨父親到台灣，就讀台灣建國中學，畢業後在東吳大學法學院讀了兩年，參加出國考試留學，到天普大學念數學，後留校至今。七〇年代，參加主要由台灣留美學生發起的保衛釣魚台運動成爲骨幹，其後爲中國和平統一運動費盡心力，九〇年代發起「全球反獨促統聯盟」，將中國和平統一作爲自己的志業。

龔忠武先生代讀追悼大會的悼詞。天普大學的代表、費城教育總監，致悼時談到了程君復在教育方面的貢獻，特別是針對少數族裔學生，創造了一套易懂易學的數學教學法。中國駐紐約總領館曠偉林副總領事致悼詞，贊揚程君復教授在促進中美友好關係、反獨促統等方面的貢獻，表達了哀悼之情。

程君復教授的幾位保釣和促統運動的戰友龔忠武、熊玠、董慶圓、保衛釣魚台委員會副會長孫正中等，飽含依依不捨之情回顧了程君復教授在保釣運動和反獨促統運動中表現出的強烈的愛國之情和無私無畏的行動。

賓州中國和平統一促進會會長、費城福建同鄉聯合會主席盧代仁致悼時，追憶程君復教授和僑界密切的關係，在共同的活動中結下的友誼。

賓州印支華裔老人相濟會會長謝業，則從程君復教授爲人正派、不謀私利的品格，談到作爲僑界領袖應有的風範。

費城福建同鄉聯合會會長王健民宣讀了中國大陸外交、僑務、對台事務等部門和負責人發來的唁電。會上還宣讀了世界各地多個反獨促統聯盟分會及好友包括黃河大學校友會發來的唁電和悼文。

程君復教授的夫人蔡文珠女士也出席了追悼會，她幾十年來默默支持丈夫的事業，獲得與會的發言者讚美。

與會者全體起立默哀，向程君復教授致上最後的敬意，眾人緩緩來到靈前，最後看一眼程君復教授的面容。程君復教授的一對兒女，將美中兩國國旗覆蓋在靈柩上。由兒子程之東扶著遺像，眾人隨著靈柩緩緩走出殯儀館。送靈車隊排成長龍，送別他們所敬愛的朋友。

（費城《中華周報》，二〇〇五年十月二十一日）

⑵ 悼念費城僑界名人程君復教授

來自費城、賓州、美東、全美以及全球各地的中美嘉賓約四百人，日前懷著悲痛的心情，胸佩白花，聚集在費城包迪殯儀館（Baldi Funeral Home），出席費城僑界名人程君復教授的追悼會。

出席程君復教授追悼會的中美嘉賓有：中國駐紐約代總領事曠偉霖、費城天普大學前校長馬溫（Marvin Wachman）、大費城地區前教育總監科雷（Constance Clayton）、程君復教授生前友好、保衛中國領土釣魚台運動著名領袖龔忠武、熊玠、孫正中、徐守騰、董慶圓等人、程君復教授治喪委員會的四十多個成員單位代表、費城福建同鄉聯合會會長盧代仁、議長陳姿、賓州印支老人相濟會會長謝業、費城台灣同鄉聯誼會負責人王琇慧、美洲致孝篤親總公所顧問陳啓莊、全球華人反獨促統聯盟秘書長梁辛狄、費城中國學者聯誼會主席朱大爲等費城僑學界領袖、費城天普大學、賓夕法尼亞大學等大學的中國留學生代表、工商才俊、華人社區各界人士等。

程君復教授追悼會會場莊嚴肅穆，哀樂縈繞，會場正中懸挂著程君復教授大幅遺照，兩旁是中美兩國國旗，會場四處擺滿了悼念花圈，墻上懸掛著各界人士撰寫的悼詞、輓聯：「魂繫中華」、「民族之子」、「春蠶到死絲方盡，蠟炬成灰淚始乾」、「豐功偉績名垂青史，雄魂厚德永駐民心」、「佩豪傑畢生爲華夏復興無私奉獻，敬英雄一世促祖國統一不停奔走」，引人注目，振聾發聵。

出席程君復教授追悼會的中美嘉賓，紛紛向程君復教授的夫人蔡文珠女士、兄長加州大學聖地牙哥分校（UCSD）物理學教授程貞一、兒子程之東、女兒程之琳以及其他親友，表示深切的慰問和哀悼。程君復教授生前好友徐守騰主持了追悼會，程貞一、程之東、程之琳在追憶程君復教授生前往事時，語調悲戚，不勝唏噓，聞者無不動容。

中國駐紐約代總領事曠偉霖，代表中國駐美國大使館、駐紐約總領事館、常駐聯合國代表團致悼詞。曠偉霖代總領事表示，中國駐美國大使館、駐紐約總領事館和常駐聯合國代表團的同仁，爲失去程君復教授這位誠摯的老朋友深感慟悲。程君復教授一生爲反獨促統、中華民族的和平統一大業鞠躬盡瘁，死而後已，人們將永遠懷念這位愛國鬥士。

費城天普大學前校長馬溫、大費城地區前教育總監科雷、程君復教授生前友好、保衛中國領土釣魚台運動著名領袖龔忠武、熊玠、孫正中、董慶圓、費城福建同鄉聯合會會長盧代仁、賓州印支老人相濟會會長謝業等人在致悼詞和念祭文中，都深切地緬懷了程君復教授殫精竭慮、光彩豐富的一生，稱讚程君復教授的風範將銘記史冊，激勵後人奮進。

費城福建同鄉聯合會常務副會長王建明，聲情並茂地宣讀了中國外交部長李肇星、中國國務院台灣事務辦公室主任陳雲林、中國國務院僑務辦公室、中國駐美國大使周文重、中國駐紐約總領事劉碧偉的唁電。

中國和平統一促進會、中國台灣同胞聯誼會、中國海外華人聯誼會、中國黃河大學校友會、歐州中國和平統一促進會、美國華商總會，以及美國、加拿大、日本、北京、上海、天津、香港等地的一些組織和程君復教授的生前友好，也分別發來了唁電。

追悼會後，程君復教授親友、中美嘉賓、社團領袖、各界人士二百多人，一路護送程君復教授靈柩，安葬於費城西郊West Laurel Hill墓苑。

（《多維時報》，二〇〇五年十月二十一日）

2. 悼君復吾兄

董慶圓

（一）不能接受的噩耗

「老程不行了，已經拔管了」。九月二十一號早上接到老翁（啓源）從台灣打來的電話說。我根本不能置信，這怎麼可能？幾天前還聽說已經出院，怎麼突然變了？一直希望還有轉機。當時聯絡不上（蔡）文珠，就在網上查找費城附近的醫院，一個一個電話問，終於找到波茨頓（Pottstown）醫院，加護病房處告知現有家屬在，但醫院不能透露病人病情。雖然再三查問，得到的回答總是「無可奉告」。直到下午四點再打到住院登記處查詢，你的名字已經不在登記簿上面了。之後電話接通了文珠，說你已於早上十時過世，當時哽咽不能成聲，有如五雷轟頂，整個人恍然若失，這是喪失了最親近的人時才會有的感覺。

的確，我們之間的關係太深了，從七〇年代初至今，不是一般的老友交情，而是運動中結下的牢不可破的同志之情。三十年來沒有斷過，你的大小活動，無論我是參加、支持或潑冷水，你總是繼續同我聯絡商量，我的想法也少不了要找你談談。老朋友間，你我這樣的關係是少有的。你的去世，我在感情上實在很難接受。

（二）一見成永訣

八月初，你從北京剛回來不久，我去看你。見面之後，我安心了許多。你、文珠和我，暢談了整個下午。你精神奕奕，講述在北京檢查開刀的過程，拿出北京醫院的全部診斷、照片和治療記錄。醫生說，一邊腎臟、輸尿管切除後，還需化療來對付淋巴的癌細胞。因美國的藥物比較先進，醫生讓你回美化療。你說已經約定了化療日期，很快就要開始。

你不僅談了病情，而且正像我們每次見面一樣，聊了各個方面。沙發附近放著幾本《外交事務》（Foreign Affairs）。你翻開其中的文章，談到美國聯盟中亞對付中國的用心，昭然若揭。從國家大事又轉到專業，你談到以中國幻方作爲教學題材，當場畫了從九宮(3X3)到6X6的解，談到你在教學中提出以因子分解法求解。我們之間的話是談不完的。雖然你抱怨傷口復原不夠快，但從你的精神、氣色看不出是剛動過大手術的病人。我說：你是一個鬥士，會挺過化療關的。你的狀態，使我確信，憑你的堅強鬥志，定能又一次戰勝病魔，就像七、八年前第一次的化療一樣。

兩個星期之後，文珠說你因傷口感染住院，後來又聽說你要出院了。那知道，卻突然傳來噩耗，八月的一面竟成了最後的訣別！充滿生命活力的你，僅僅一個多月，竟然離去，令人哀嘆人生變化之無常。從今以後，我們再也不能談天說地了，再也不能共同從事活動了，這對我是不可想像的！你還有做不完的事情，怎麼丟得下呢！

（三）難忘的九・二一

你離開的那一天，正好是九月二十一日，這個日子，對你對我，都是難以忘懷的。一九七一年的九・二一聯合國大遊行是當時海外保衛釣魚台運動的轉折點，美國自冷戰以來反華反共的政策宣告破產。遊行是針對即將開始的聯合國會員大會，要求驅逐國民黨政權、恢復中華人民共和國在聯合國的合法席位。這是全美國第一次華人公開政治表態的遊行，最前方整整一排的是毛澤東的巨幅像片，中華人民共和國五星紅旗一片旗海，場面壯觀，是過去美國社會，特別是華人社會不敢想像的事。數千人高呼支持中華人民共和國的口號，唱著革命歌曲，雄姿英發地走在大馬路上。隊伍中除了華人，還有非裔、拉美裔少數民族和白人進步人士。與我們的遊行相對立的，是國民黨花錢組織的反共遊行，事先還放話有職業殺手、打手要暗殺行凶，企圖嚇阻華人參加我們的隊伍。兩相比較，不論是人數、士氣、陣容，都表現出美國和國民黨的反共政策已經徹底破產。

遊行中，你負責指揮、警衛，前後奔走，帶領呼喊口號，與國民黨一方面對面時，你也一直站在隊伍的最前列。這次遊行，震動了紐約，所有報刊、電視都來訪問。電視上出現你接受訪問的鏡頭，你讓美國人曉得，海外華人是心向祖國的。遊行過後，聯合國大會通過了決議，趕走了國民黨，中華人民共和國恢復了席位。那時我們的心情是多麼激動啊！

九・二一的遊行，是海外華人保衛釣魚台運動上升爲更高層次的中國統一運動的行動宣言。此後，保釣的主流明顯的是統一派，左派主導了運動大勢，海外僑界的親中國派被鎮壓了二十年後，終於打破了白色恐怖，開始揚眉吐氣。當時的環境，美國雖然正處於反戰高潮，但對一向保守、畏瑣的華人社會而言，在美國公然抬毛澤東主席像，舉五星紅旗，是不得了的突破。參加者人人引以自豪，特別是當時的積極份子，彼此更感親近。三十四年後的同一天，你竟撒手長別！九月二十一日，這是個多麼不平凡的日子啊，讓人又多了一重追憶。

（四）釣統運的先鋒

你在費城的學生問我：程教授在保釣運動中起了什麼作用？這個問題，如果是談別人，倒不容易說清楚，但談到你，卻是十分容易回答的。整個七〇年代，是海外華人的釣運統運時代，在這個時代潮流中，你所起的推動作用是無人能取代的。

保釣運動起於七〇年代的美國，直到三十多年後國內的保釣，中間經過台灣、香港保釣，波波相接，代代相承。保釣運動本身的歷史意義是清楚的：它是中國洗雪列強欺凌、中華民族自立和國家統一的完結篇。釣魚台的問題附屬於台灣問題，產生於國民黨對美、日的屈從，對領土主權的忽視、出賣。從列強瓜分，到日本侵華，到韓戰，到冷戰美國對台灣的插手，正由於解決台灣問題是根本，保釣運動不到兩年時間就急速發展爲中國統一運動。運動伊始，左、中、右同時並起，國民黨一面安撫一面監控。但運動來勢凶猛，將國民黨爪牙、右派、反共份子全面壓制下去，運動顯現出本來面目，也就是當時慣說的：統一是大勢所趨、人心所向。

而老程你，當年被公認爲釣運的頭號闖將，統運的急先鋒。

釣運中，你是最積極的帶頭人物。釣運七〇年代初在東西兩岸開始，帶動了全美和加拿大的校園華人教師學生，彙集爲七一年四月十日的美京華盛頓的全美華人示威大遊行。這是釣運的高峰，也是轉向統運的起點。從一開始你就是東部的頭面人物，華盛頓示威，你是演說人之一。

保釣運動推進到統一運動，你更是出了大力氣、起了大作用的。前面所說的九・二一這個轉折點，你的表現是有電視記錄的。讓我們追述一下九・二一遊行的背景，遊行之前是八月在布朗大學召開的美東討論會和九月三日至五日在安娜堡密西根大學的國是大會。安娜堡會議正式通過了台灣問題的五條，中華人民共和國是代表中國的唯一合法政府，並決議在聯合國遊行。九・二一就是在這個精神下組織的遊行。這兩個會議，是釣運從「內除國賊、外抗強權」的共識，提升爲「一個中國：中華人民共和國」、「認同祖國、統一中國」的政治表態。安娜堡大會上，中華人民共和國代表中國的一條，並不是當時頭面聯絡人的意願，而是與會群眾提議，列入議程表決通過的。你在兩個會議中都是立場最鮮明的統一派。安娜堡的決議在你的大力推動下達成。因此，會後便聽到那些踟躕不進者對你的抱怨。可是，統一的旗幟一旦高舉，認識戳破了當時反華反共的禁忌，反映出人心所向，立即引起台、港、海外華人的共鳴，運動空前壯大，認識祖國、回歸認同的潮流一波高過一波，即使那些裹足不前、心有不甘者，也被浪潮沖得高喊統一！今天，那些人又有許多退回原位，企圖拾回他們所謂的釣運，將歷史向反面推，何等可笑！

從釣運到統運，從民族主義到支持社會主義，從自發到自覺，這是三位一體的。統一的立場鮮明，形成了運動同國民黨、台獨的尖銳對立，認同中國，宣揚社會主義中國，又同籠罩在強烈反共氣氛下的意識衝突。統運的政治性質高於釣運，要求積極份子提高自覺性，前一階段的風雲人物許多都掉了隊或被動地隨大流。老程，你在統運中又起了更大作用。統一運動是政治立場分明、陣線分明的活動。國民黨爲了對付統運，用盡各種手段；美國調查、問話，壓力越來越大。你不僅沒有後退，反而衝勁更大。國民黨爲了對付統運，特地成立了所謂的反共愛國聯盟組織。今天，台灣的政壇上，泛藍派的許多頭面人物都是這個組織的成員，你後來去台灣還見過他們。我們最後一次會面時也曾談到，統運幫助了這些人立功發家，這大概就是辯證法最好的例子吧！

對於認識、宣傳社會主義中國你是傾力而爲；增進中美人民之間的瞭解，你居功宏偉；反對台獨、爭取台灣同胞，你出了大力。費城一直是統運的重鎮，也是紐約統運的大力支持者，這都是你挑的大梁。

（五）鞠躬盡瘁為國為民

一些時候做一些好事容易，堅持不懈地做到底極難。七〇年代的統運，並沒有完成統一的任務，當然也沒有做到收回釣魚台。這個任務還要繼續下去。八〇年代，運動步入低潮，然而你的精力並沒有因此少歇。當你第一次同我談起要在中國辦大學時，我是大潑冷水的，你無錢無勢，中國怎麼會讓辦呢？那知，在你的堅持下，真的在河南開辦了黃河大學，令人不能不嘆服。「黃河大學」這個名字是你起的，黃河是中華民族的發源地，是民族文化之母。你談到第一次親臨黃河，手捧黃河水，頓生遊子還鄉的激動。創建黃河大學是一件大工程，你把早期釣運統運老朋友的愛國積極性又調動了起來。爲了辦學，你可說是心力交瘁，卻結出了果實。今天，在此地紀念你的，就有黃河大學哺育的學生。

九〇年代末，台灣的分離危機日益嚴重，台獨、民進黨成爲台灣的主流，國民黨內部一分再分。形勢要求將一切反對台獨、支持統一的力量彙聚起來。其中包括國民黨、新黨內可能轉向統一者，以及從國內出來的學生、學者和新華僑。你又當仁不讓，發起成立了反獨促統聯盟的全球組織。近幾年，中國大陸興起反日、保釣運動。你積極支持，並建立了聯繫，在海外發起多次聲援國內保釣人士進航釣魚島的行動，以及對日本政府的示威。華盛頓和紐約的示威會場上見到許多年輕留學生露面，多少有一點我們當年的影子。你去北京開刀之前發動了留學生組織反日示威，直到最後在病床上還說：九一八的會我不能主持了。不僅推動統一、報效祖國你始終不懈，在校園照顧培養國內來的留學生、激發後輩愛國愛鄉意識，你也是三十五年始終不斷。

當然，你不僅僅是一個民族主義者，一個中國主義者。你讀書、教書的天普大學，是美國著名的致力於少數民族教育、權益的進步校園。你在其中的參與從不稍懈。正義的事業是互相支持的，沒有這個眼界，也不可能奮鬥終身。在這點上，顯出你的高人一籌之處。

（六）大是大非顯性情

釣運三十多年來，你我都有觸犯人的毛病，我們之間也不乏意見的相左，卻無對抗性衝突，結成了打不散的交情。你我個性不同，作風不同，何以相知？主要是我們不是一般朋友之交，而是戰友之交，是一次又一次考驗後的彼此認識，性格相異反而增進了瞭解。我們有一處十分相似，就是對相信的事的執著。正是我們信仰一致，形成強韌的聯結。你的性格恰是我的不足之處，你的勇猛衝勁，你的豪邁手筆，你的交游廣闊，善於同各方人士打交道，高官顯貴、販夫走卒、三教九流，都可找到共同的言語，這些長處，是令人嘆服的。

這六個字最能生動地刻劃你的形象：鬥士、忠骨、義風。

鬥志是你的標記。同日本鬥、同國民黨鬥、同台獨鬥，同所謂的民運份子鬥；愈鬥愈勇，精力愈旺，有誰能從你的外表、行動看出你已將屆七十高齡。你不僅能鬥，而且能容。當年同國民黨對陣時，受到生命威脅的恐嚇，你不僅不畏縮，反而衝到最前頭；後來在反獨促統的大前提下，你卻盡力爭取國民黨、新黨，共同反獨促統。橫眉蔑宵小，一笑泯恩仇，何等的鬥志，何等的氣度！

「忠義」這兩個字，長久以來凝結爲中華文化的精髓，超越了時代。忠就是在大是大非上立場堅定不移；義就是不畏強權敢於出頭，民胞物與，犧牲在所不計。忠義的反面是投機、叛賣。有那一個時代，那一個社會能沒有是非、沒有群體？能不靠忠義來凝聚？正因爲如此，當我們讀到古人的忠心事迹時，肅然起敬；對俠客義士，悠然神往。你作爲中華之子，在民族大義上真是鐵骨俠風，堪與先賢比美！

（七）屈原和毛澤東

古人中，你最佩服屈原，今人中，你最敬仰毛澤東。

你曾在費城編排了屈原的話劇，影響甚大。小張在費城時同你和文珠是朝夕來往的，他紀念你的文章說得好：「程君復博士，一生最敬佩屈原的不媚俗精神和愛國情操，橫眉冷對反動派，俯首甘爲眾生的利益而忘我、無我的奉獻自己一生，直到最後一刻。」你是朋友間能夠直接接觸到國內最上層核心領導的人。但是，你從不阿諛奉承，該說的話，即使不中聽也要說，這就是屈原精神的體現。

你對毛澤東由衷敬佩，視之爲中華之魂，我們是有同感的。談到那些極盡詆毀毛澤東的文字時，你總是問：中國人爲什麼要詆毀自己的民族英雄呢？當你回國看到了社會不平等嚴重，外國人將壞事、病毒帶進中國時，你對我說：「老董，我們一定要辦一個最盛大的毛澤東紀念會。」兩年前，在紐約舉辦的毛澤東一一〇誕辰紀念大會上，大雪盈尺，你帶了費城的留學生趕來，出席者眾多，場面動人！事後用餐時，在座的有十來歲的「憤青」，也有你這不多見的可貴的「憤老」。

當毛澤東的形象在中國遭到嚴重詆毀時，我們看到多少當初捧毛的人，一變而爲批毛、貶毛，深怕同毛沾邊。海外，你是真正尊毛的少數。在明知不受歡迎的情況下，你照樣發表尊崇毛澤東的言論；在駁斥李志綏誣衊毛澤東的書時，你促使國內正視；去年，在評價毛澤東時，你駁斥了反毛份子（高文謙）的「胡言亂語」，遭到圍攻。你的答辯文章正氣凜然，激起了對方的惡毒謾罵，爲此，我也加入了筆戰。這是我們最後一次並肩作戰。現在，你在天上，見到你敬佩的偉人，應當十分自豪；你在塵世中肩起了民族大旗，捍衛了民族英雄，繼承了先哲遺風。

君復兄啊，人們是不會忘記你的。有兩件事你可能放心不下，一是家事，一是國事。文珠是堅強的，會挺起來的，何況還有我們這些你生前的老友在；你的去世，是保釣統一大業的巨大損失。但你澆注的心血，也逐漸發芽，在國內和海外，年輕人又開始行動起來，前途是光明的。放心安息吧！

千言萬語，道不盡心中哀思，謹以悼詩寄意：

晴天驚霹靂，君入彌留期，恍恍方寸亂，焦焦火星急。
鈴聲無人應，醫門鎖消息，是幻斷非真，懸心冀奇蹟。
待到線連接，哽咽道君離，口戰不成句，涕泗淚滂沱。
莫笑人痴迷，休言性灑脫，今及傷心處，腸斷怎奈何！

八月甫相會，等閑話病瘥，縱橫天下事，還把利劍磨。
方才心石卸，旦夕生機奪，一見成永訣，心潮逐逝波。
秋風悲白楊，鴻雁哭長空，悠悠傷往事，栩栩現音容。
比肩卅五載，你我總相從，風雲同咤叱，悲歡常與共。
戰鬥兄弟情，不語靈犀通，相交稱莫逆，知己冠親朋。
季布一言諾，孟嘗萬金空，古道熱衷腸，肝膽見傑雄。
心慕雲天義，身感知遇隆，伯牙謝子期，哀思古今同。
今日九二一，君辭紅塵去，憶昔九二一，歲月何崢嶸。
主席巨像展，旗海映天紅，復位聯合國，中華歸正宗。
為問當年勇，誰比我程兄，保釣當頭將，統運急先鋒。
橫眉蔑宵小，奮臂抗羆熊，報國勇無前，為民不計功。
手捧黃河水，遊子親情濃，植木喜成林，桃李笑春風。
反獨促一統，寰宇大同盟，愷悌民族誼，國際正義宏。
老驥不伏櫪，英發愧後生，三紀心血盡，四海一家同。
遠追屈平志，氣節凌公侯，九歌向天問，生死為國憂。
近仰毛澤東，斬妖驅寇仇，帝霸不足論，赫赫日當頭。
昭昭民族光，浩然正氣流，有幸先賢後，不負此生遊。
忠魂天上去，俠骨世間留，泣盡杯中酒，遙祝壯志酬。

二〇〇五，紐約

3. 國失英才，我失良友

——深切悼念君復兄

龔忠武

君復，我幾十年的老友、戰友、知音、兄長，竟然就這麼匆匆地走了！雖然走的瀟灑自豪，坦然無悔。

當天（十月二十一日）上午十一點左右從文珠的姐夫周本初的緊急電郵驚悉這個噩耗後，不敢相信，君復真的走了。在我的記憶裡，我很少感到過像這次這樣的悲傷過，痛惜過；悲傷痛惜國家失掉一位英才，反獨促統失掉一位推手，我失掉一位良友。

君復現在已經成爲一位歷史人物，在我的印象裡，他這多姿多彩的一生，是個鐵錚錚的漢子，是個大丈夫；是個彬彬的君子；還是我們一面耀眼的鏡子。

古人說，威武不能屈，貧賤不能移，富貴不能淫，是爲大丈夫。君復正是這樣的人。回想七〇年代釣運初期，君復是幾個有名的虎將之一，面對台灣國府的白色恐怖，他總是像一名身經百戰的戰士一樣，勇往直前，從不畏懼退縮。

八、九〇年代當釣統運走入低潮時，不少老保釣掉隊了，但君復卻仍然一本初衷，頂著逆流，奮勇前進，在大洋和海峽兩岸爲愛國事業，奔走呼籲，不遺餘力。後來，爲反獨促統事業，足跡甚至遍及全球各大洲，風塵僕僕，席不暇暖。

但是最令人心酸和敬佩的是，在他晚年十多年的歲月裡，既要沒完沒了地忙他那反獨促統的活動，還要不斷地同凶險致命的癌魔搏鬥。其心境之苦，除了文珠嫂之外，實在是他人所難以想像的！

君復不過是一個兩袖清風的窮教書匠，但是八〇年代初，爲了爲國儲才，他竟然不顧自己微薄的收入，帶頭倡辦起了只有傻子才敢夢想的黃河大學。而且最後居然真的讓他辦成了，雖然耗盡了自己大部分的家產和積蓄。

君復的本行是普及數學，他獨創了一套簡易的學習方法和教程，讓貧困的中下層黑人和少數族裔子女很快就能學會掌握起碼的數學知識，他在這個領域已經是美國公認的普及數學專家和權威。近年來，君復在閑聊時談到，希望有一天能夠把他這套獨創的普及數學方法，在大陸貧困地區推廣，以嘉惠那些貧困失學的農民子弟。君復這種悲天憫人、關懷弱小的仁者心懷，雖不能說是貧賤不能移，但他這種高尚的仁者心境，庶幾乎近之！

「色」這個字是男人的大忌，君復從來不沾。男人一旦功成名就，暴發甚至小發之後，難免就會拈花惹草，搞男女關係，美其名曰「第二春」。君復，已經功成名就，而且具有吸引女性的男性魅力，大有資格搞個第二春了。但是他同文珠嫂的恩愛感情，是大家有目共睹的；他們夫唱婦隨，相敬如賓，真是一對令人羨慕的伉儷！現在，文珠嫂痛失老伴，在這裡我要特別請她節哀，保重身體。

這是君復大丈夫的一面。

但是，作爲君復的老友，更加令我心儀、值得向君復學習的是他的教養，他的操守，他的人品，他的風骨，他的刻己自律；他那爲人處世，待人接物的君子風度。在一般公眾場合，他從不放言無忌，而是謹言慎行，唯恐有失。他很少談自己的家事，我們經常的話題總是離不開國事、天下事。近幾年來他對日本軍國主義的威脅和美國在中亞的滲透，深感憂慮，所以成了我們新的話題。

但應特別強調指出的是，君復從不爲了一己之私，而對戰友或同志暗放冷箭，造謠中傷，而且這也正是他最深惡痛絕的不正之風；然而，不幸的是，在他的周圍，往往就有這麼幾個人對他幹這種令人不齒的行徑。他常常為此深感苦惱，常常為此抱怨嘆氣。這可能是他晚年不足為外人道的一個小小的遺憾吧！

有人認為這是小節，但是這個小節卻反映了一個人的教養，他的人品，甚至他所代表的團體的事業的正當性和正義性。所以自命為「進步人士」、「愛國人士」的人，不但要大節無虧，更要小節無損；否則，那個無虧的大節的真假，也令人打上了個大問號。君復倡導的愛國活動，之所以能夠得到這麼多人的擁護支持，甚至贏得他的老政敵、現在卻成為反獨促統生力軍的泛藍的合作，這同他良好的教養、堅貞謙和的君子風度，孜孜不倦的工作作風，是分不開的。

這是君復君子的一面。君復固然走得坦然無悔，但走得心有不甘，懷有無限遺恨！

守騰兄多天前滿臉悲戚地告訴我，在君復走前的一個星期，曾經專程到醫院去看望他，現在看來，這是一對老戰友的生死訣別之會。當時，君復已預感到他的大限將至，緊握著守騰的手，含著眼淚淒怨地說：

「老徐啊！我怎麼走得這麼早啊？？？」

守騰也忍不住流下了感傷痛惜的眼淚。這是一個不幸倒在沙場上的老兵的哀嘆，無奈的怨憤！多麼讓人心酸，多麼讓人不忍！

君復已經是古稀高壽，卻仍然感到時不我與，因為他有太多的事要做，太多的計劃要實現，總認為自己有用不完的精力和時間，所以他不甘心就這樣抱恨而去！就是在他彌留之際，還對他負責接待高金素梅的事，念茲在茲！真是鞠躬盡瘁，死而後已！何其悲淒壯烈！

這是君復的遺言，一句飽含無盡的深意、讓人低徊不已的遺言！

最後，君復還是一面鏡子。

唐太宗說，以人爲鏡可以明得失，辨忠奸，知善惡。君復這一生、公而忘私的愛國嘉言善行，疾惡如仇、堅貞不移的風骨和大丈夫氣概，待人接物、彬彬高雅的君子風範，就是他遺留給我們的一面最好的人生鏡子。

我們今天在沉痛悼念緬懷君復時，希望能夠珍惜善用他這面令敵人膽寒，令惡人自慚形穢，令朋友同志自豪的鏡子，以他爲鑒，繼續完成他後半生爲之嘔心瀝血的反獨促統的未竟事業，以慰君復在天之靈！

二〇〇五年十月十五日於費城程君復追悼會

4. 熱血忠心鞠躬盡瘁——程君復

方焰

程君復先生是海外著名的愛國僑領，他的逝世是海外中國和平統一運動的重大損失。我與他相識較晚，對他的一生知之不多，但對他的精神和品德印象很深。他是一位難得的愛國勇士和群眾領袖人才，他的離去令人悲痛和惋惜。

作愛國僑領是不容易的，需要具備「五有」。首先要有「心」，一顆熱愛國家的火紅的心。這裡說的「愛國」，既是愛美國，也是愛中國。如果只愛美國，那就會努力融入主流社會，積極從事美國的政治活動，而不會把主要精力放在中國和平統一大業上來；如果只愛中國不愛美國，那就不受美國歡迎，也不容易當好僑領。程君復是一位既愛美國也愛中國的僑領，對於促進和推動中美友好，他也是不遺餘力的。第二，要有「能」，即活動能力和領導才能。這一條，對於實幹的僑領來說，必不可少。第三，要有「錢」。當僑領必須具備一定的經濟力量，因為各種社會活動都需要經費。除了官辦的或有特殊背景的團體，真正的民間團體都沒有經費來源，只能自籌經費。首先就是要由僑領自己掏腰包。募捐是不牢靠，無把握的，而且募捐也要由發起人帶頭捐款。第四，要有「閒」，即有「時間」。許多僑領是沒有時間作民間團體實際工作的，他們是憑財力和社會名望當僑領。這也是需要的。海外的事情要靠大家辦，「有錢的出錢，有力的出力，有名的出名」，哪怕是「站腳助威」，「搖旗吶喊」都是支持，都需要，都受歡迎。當然「掛名僑領」和「實幹僑領」是不同的。「實幹僑領」發揮著核心和骨幹的作用，沒有他們，事情根本辦不起來，更不要說成功了。第五，要有「緣」。這裡說的「緣」，是指「人緣」，善於與人相處，得到大家擁護。

程君復最寶貴、最值得欽佩和尊敬的，是他熱誠的愛國心和無私奉獻的精神。從上個世紀七十年代初保釣運動起直到臨終，數十年如一日，從來沒有中斷、間隙過。我是因為參加促進中國和平統一活動才認識他，二〇〇三年初被聘為全球反獨促統聯盟顧問開始和他一起工作。他每次到紐約來舉行座談會、講演會、記者招待會，都要早上八點以前從費城出發，開三個小時汽車到達紐約會場，活動完了，還要再開三個小時汽車，才能回到家中，吃晚飯的時間通常很晚，非常辛苦。幸虧有他夫人蔡文珠女士陪伴，否則是吃不消的，這樣的活動，不是偶一為之，而是經常如此，大體上每個月平均兩次左右。因為他政治上非常敏感，每遇台海之間、中日之間、中美之間，發生了重大問題和事情，他都要舉行活動。發表評論，亮明立場，或聲援，或譴責，或聲討，有時還要以全球反獨促統聯盟、全美中國和平統一促進聯合會、美東保釣行動委員會等不同的名義印發書面聲明（他是這三個組織的主席）。他不只是拿主意，出力氣，而且所有這些活動都是他掏腰包。

程君復特別痛恨日本軍國主義，每年都要組織一兩次大型遊行示威，到華盛頓日本大使館或聯合國哈馬紹廣場，表達對日本領導人參拜靖國神社、篡改歷史教科書、復辟日本軍國主義的抗議和聲討。這些大型活動，都是由他親自籌劃、組織、指揮，並且帶頭捐贈經費。他還經常站在遊行示威最前列，親自帶頭喊口號，發表演說，宣讀書面聲明。這對青壯年可能不算什麼，但是他已經年過花甲，接近古稀之年。

程君復並不是一位富翁，而是一位具有三十多年教齡的教授。美國教授工資雖然不低，但與企業界人士相比，屬於「兩袖清風」。據他講，中國大陸改革開放初期，他和幾個朋友為支持中國現代化建設，出資開辦了「黃河大學」。「所託非人」，因經營管理不善，以及其他原因，辦不下去，而併入鄭州大學。為辦學，他把一座小樓也賣掉了。這次打擊，絲毫未影響他從事愛國活動。今年春天，他很興奮地告訴我們，天普大學又要他開課，培訓進修的中學數學教師，有了這筆額外收入，又可以多舉辦些活動。此後，他多次是上午講課四個小時，然後趕到紐約來開會。我勸他，減少些活動吧，把講課的時間和參加社會活動的時間錯開。但他不聽，說自己身體很好，累一點不要緊。現在回想，他真是把自己累死了。

最近台灣「立委」高金素梅，率領台灣原住民代表團到聯合國和日本駐美國大使館，控訴日本軍國主義殘酷屠殺台灣原住民，和日本政府使用暴力壓制他們要求歸還祖靈的正義行動。這次活動，最早是由程君復與高金素梅聯繫的。程君復去北京治病前，向反獨促統聯盟的幾位有關朋友專門做了安排部署；在北京動完手術返回紐約，直到臥床不起，還繼續聯絡各有關方面，推動此事。當他去世噩耗傳來，我們準備前往吊唁時，程夫人傳來話，最好的吊唁是幫助高金素梅代表團的控訴活動獲得成功，這是程先生的臨終囑託。什麼是熱愛中華，「鞠躬盡瘁，死而後已」？程先生真正做到了。

前面寫道：程君復是「難得」的人才，這不是隨意吹捧，而是因爲他有一般人很難具備的特殊優點。那就是他的特強活動能力和非常廣泛的聯繫面。美國東南西北的幾大城市都有他的朋友，使他眾望所歸地被推舉爲全美中國和平統一促進會聯合會主席；他和歐洲、澳洲、東南亞、中南美洲的許多反獨促統組織保持經常聯絡，每次全球性的促進中國和平統一大會他都出席，帶團去，或帶論文去，所以被推舉爲全球反獨促統聯盟主席；他在台灣有許多朋友，特別是同台灣「統派」的朋友們聯絡密切；他在中國大陸也有許多朋友，並且與北京官方有關部門、中國和平統一促進會、保釣聯合會等民間組織關係良好。人們常說，「往往失去以後才更認識可貴」。當程先生遠去以後，我才發覺，在紐約，像他這樣全世界到處都有朋友的愛國僑領，還真是少見。

人沒有不被議論的，程君復也不例外。我聽到最多的，是有人議論程先生「好出名，好出風頭」。對這個問題，我有不同看法，提出來討論，是因爲這個問題具有一定的普遍性。許多僑領都被議論爲「好出名，愛出風頭」。從事社會活動越多，越容易被人這樣議論。我認爲，「出名」本身無所謂好壞，要看出的是什麼名？還要看用什麼方法和途徑出名？好的名，應當出，而且可以流芳千古。在美國，華人出好名，是大好事，很需要。華人華僑中名人不是太多而是太少；如果有更多的名人湧現，我們就可以對美國、對中國、對世界做出更多的貢獻，並且也進一步提高華人華僑的地位。像程先生這樣，用滿腔熱情、努力工作、無私奉獻來出「愛國之名」，是可貴的、崇高的，應當受到尊敬和欽佩！用爭權奪勢、爭名奪利來出名，則是庸俗、低下的，不可取；至於用更惡劣的手段來出名，則是不齒的。

程君復先生安息吧！您畢生的最大願望——中國和平統一，中華民族偉大復興，一定能實現。（紐約）

（《僑報》，二〇〇五年十月四日）

5.又爲促統哭健將——敬悼程君復教授

宗鷹

您，畢力在呼喊，
在釣島風起雲湧之時，
聲聲彙進了「保釣」洪流，
融合了歷史回聲，
迴盪聯合國廣場；
您，終生在奔撲，
在海峽滄海橫流之際，
陣陣推動了「反獨」浪濤，
會聚了促統群英，
銘刻在中華史冊。

噩耗傳來，不能相信，不敢相信，不願相信。然而，無情的事實，又不能不信。

又爲反獨促統哭健將。這第一個反應絞痛我的心頭。

驀然想起，二〇〇二年五月，我的封面報導《疾獨如仇促統一——全球華人反獨促統聯盟程君復會長剪影》所寫：「世無完人。全神全力衝鋒陷陣的戰士，難免有時目不旁視、心不旁及。一心奔前，同壕友人不易相配，甚至難以協調；全神陷陣，橫刀暗箭不及提防，不免屢受損傷。他由此更悟出：真的智者，必須群策；真的勇士，力求群力。縱觀和綜觀全人，志士仁人們由衷敬佩，真誠支持，願與他一起群策群力。筆者對他的良多感受，試概爲『四如』：愛國如火，仗義如風，疾獨如仇，促統如命」。程教授，想不到當時的感受，變成了今日我給您的「蓋棺定論」。

我又想起文末的話：「這讓我想起，宋人黃庭堅詩句：『風雨極知雞自曉，雪霜寧與菌爭年？』雄雞，滿天風雨應曉自鳴；霜雪，不屑於與『不知晦朔』的朝菌爭一日之長短。您追仿的是自曉曉人的雄雞。自曉而雄唱共鳴，曉人而群起並進」。當時，我是有實感而發。有人以爲您呼喊在前，奔撲在先，是爲了個人名位。其實，您不能不當仁不讓，時時是站在台前，承受「槍打出頭鳥」的明箭暗槍。您多次對我和友人袒露胸襟：「我與所有保釣人士、反獨促統朋友，大目標大方向一致，我極爲敬重他們。即使與其中一些人有某些意見分歧，也依然敬重。如果他們一起奮鬥，我與他們並肩而行；如果他們奔跑在前，我也跟隨他們之後」。當您被推選爲全美中國和統會聯合會會長時，一再表示，希望某位或某幾位人士一起參與，您可以與他或他們當共同會長，也可以讓他或他們當會長而自己退爲副會長」。您，深知歷史使命，勇於挺身而出；您，深明民族大義，杜絕「舍我其誰」。

程教授，我分明記得，今年二、三月間，您從費城給我電話，全美和統會聯合會要改選，「我要退下來，讓年富力強的人當會長。我退休後，可以在華盛頓租個房子當辦公室，要向美國主流社會游說」。特別叮囑我，爲此起草一封信函。我建議，請您先與池洪湖理事長商議擬出一個綱要。您答應了。但是，遲遲不見您寄來。我想，您很忙。事實上，我不停地從新聞中看到您到處奔跑、演講、示威，抗議日本對釣魚島的野心和蠻行，反對「台獨」分裂祖國的陰謀和罪行。但沒有想到，您其實是抱病而爲，甚至是在與病魔搶時間。四月初，我因爲遷移加州而忙碌了一兩個月。好不容易安頓下來，立即與您聯繫。您只回了簡單幾句英文信，祝賀我到了一個氣候宜人的好地方。此後，我接連打電話、發電郵，都杳無回音。這不合您的風格。我驀然想起，您多年前罹患腫瘤之症，到北京治療，服用中藥，完全痊癒。難道……？我不由心慌。因爲大搬家，很多地址電話找不到。終於找到費城僑領謝業先生電話。謝先生極爲憂慮地說：「程教授到北京檢查身體，說三個星期回來，現在一個多月沒有回來，可能……詳情請問盧代仁會長。」我一直爲此不安。

程教授，我分明記得，今年九月初我抱著在北京能夠與您會晤的希望，到武漢出席世界華文傳媒論壇和到北京參加活動。在武漢，國台辦嚴中洲處長告訴我：程教授在北京成功地動了手術，已經回到美國了。我一時放下了懸掛之心，但又未能完全釋然。我在上海見到侯大正先生，說到此事，他馬上說：「程教授不應急忙回去，手術後應當多休養一段時間。」我說：「聽說，他惦記著很多活動啊！」

程教授，我分明記得，九月二十五日，我從上海飛達北京，參加世界華僑華人社團聯合會活動，遇見來自歐洲和香港的僑領，都極爲痛心地說：「程教授走了！聽說是感染肺炎……」難言絞痛湧塞心頭。夜十時，回到房間看到留條：住在西苑的侯先生讓你立即回話。我給正在出席中國和統會會議的侯大正會長打電話。他沉痛而焦急地說：「程教授走了！知道嗎？我已經電告太太和王永高，立即代表芝加哥和統會向程夫人和家人致悼致慰。」

程教授，您已經無法看到和想像得到，翌日早晨，我到西苑飯店探望世界各國各地的中國和平統一促進會的會長們時的感人情境。一見面，第一個共同話題就是您的遽然永別。南美鍾月鈞、日本陳福坡……七、八位在歷次全球大會中見面的朋友們都連聲哀嘆：「可惜啊！他走得太快，太早！」來自華盛頓的張文健先生悲戚難言，未語先淚。我說：「程教授本來要在生前完成改選，讓你們這些年富力強的人擔當重任。可惜，他來不及。」他語帶哽塞說：「他不該走了，他還有很多事情沒做完……」。歐洲中國和統會會長張曼新淚光閃閃地說：「程教授太感人了！他動了手術後，我給依然臥在病床的他打電話，安慰他。我勸說，病好後，多休息，不要到處奔跑了。可是他說：『不行！只要活著，只要還能行走，我還奔跑。

反獨促統事業，不能中止不能放下啊！』」。您，真是鞠躬盡瘁，死而後已。我不能不想起您在柏林大會發出的心聲：「為了反獨促統，為了維護中國主權和領土完整，我們甘願犧牲一切，甚至犧牲個人生命」時。當時，全場以熱烈掌聲與您共鳴。如今，這豪情壯志，已成悲情壯行，激盪人們胸懷。

程教授，其實您是「死而不已」。有人以錢財資助活動，有人以實力推動活動。您，沒有錢財，沒有實力，但是，您以敏捷思維引領風騷，您以實際行動帶動潮流。

我深信您在柏林大會上以《「反獨促統」——我們的歷史責任》的話語將與您永生：「今天，我們來自世界各地的華人，為了一個共同目標走到一起來了……我們相聚的目的只有一個，那就是致力於實踐中國革命的先行者孫中山先生的崇高理想——『統一是中國全體國民的希望。能夠統一，全國人民便享福；不能統一便要受害』……由於眾所周知的原因，中國現在還沒有完全統一，寶島台灣至今還沒有回到祖國大家庭，相反卻有離祖國而去的危險，歷史的責任義不容辭地落到了我們這一代人的肩上，這便是『反對台獨，促進統一』。今天，中華民族再一次面臨被分裂的危機，一小撮心懷叵測的人要將寶島台灣從祖國版圖中割裂出去，我們怎能視而不見呢？此時，該是我們海外華人進行第三次大團結的時候了！」當時，這是大會中一聲嘹亮的號角；如今，已經成為環球反台獨促統一的滾滾洪流的生動寫照。

□您，走了，
□您的呼喊，依然在迴響；
□您，走了，
□您的身影，永遠在奔撲。

□（加州阿拉美達）

6.程君復教授的爲人

——在追悼會上的追思

謝業（印支老人相濟會會長）

今天我們帶著極其悲痛的心情來悼念一位真正的愛國者——程君復教授。

程教授爲促進中國的和平統一事業奔走將近四十年；他將自己的時間、精力、金錢毫無保留地奉獻予愛國運動。有關程教授的生平和他的各種愛國活動，在他家屬的訃告和治喪委員會的代訃中已有較爲完整的介紹。這裡，我只想以一個朋友的角度對程教授的爲人發表自己一些感想。

近來，當我們一些朋友在緊張籌備歡迎高金素梅女士率領台灣原住民族代表團訪問費城時，突然獲知程教授病危留院急救的消息。大家談及程教授抱病協助高女士一行赴聯合國總部抗議日本帝國主義，對其族人所犯下的滔天罪行。程教授因奔波於紐約，勞累過度而病倒了。雖人在醫院，但仍非常關心高女士一行的情況。我們不約而同的說，要積極地把籌備工作做好，以完成程教授的心願。

當時，有一位新聞記者突然問我：「聽說你和程教授是好朋友，然而在你們的談話中，我發現你們的觀點是不一致的；觀點不相同，怎麼能成爲好朋友呢？首先我證實我和程教授是好朋友，同時也不隱瞞我們之間對問題的看法不盡相同的事實。由於我們的家庭背景所受的教育，尤其是個人一生的經歷完全不同，因此大家對問題的看法不完全一致是很容易理解的。事實上，一些觀點的不同不會影響我們之間的交情。在多年的接觸中，我深知程教授是一位老實忠厚的人。我們的友情是在彼此坦誠的基礎上建立起來的。許多時候程教授因過於天真誠實而吃虧，但這更反映他人格高貴的一面。程教授對朋友的態度的確是誠實忠厚的，他寧可讓朋友負他，而絕不會負朋友。

最近，從報上看到程教授在北京的老同學，保釣和統一運動的老將在追悼會上，許多老友一提到他就不禁潸然淚下。在追悼會中幾乎每一位舊友都發言悼念程君復教授。如原自港來美留學，也是保釣統運多年的老將劉達政先生，提起三十多年前有一位港友落難於香港，程教授曾長期按月給他寄錢去維持生活。在老友中，程教授的慷慨與仗義是非常有名的，事實上他本人並不富有。此外，程教授為協助河南鄭州創辦「黃河大學」，傾盡了他的全部家產，他把自己唯一值錢的房子給賣了！

人們常說，要作為一位群眾的領袖就要「才德兼備」，我認為個人的能力可以在實際工作中學習提高，然而個人的道德就不那麼容易學習修養了。如果你的心術不正，就算你修練了一百年也不會成正果的。現在，我深深理解到為什麼許多新舊朋友、年老和年輕的，都那麼熱愛他，信任他，擁護他。實際上程教授以他高貴的人格魅力吸引了眾多的朋友，團結在他的周圍，為中國的和平統一事業作出卓越的貢獻。

程教授的去世，無疑是海外統一運動的重大損失。我們深感惋惜和悲痛。今天在追念程教授的時刻，願我們大家能從程教授那裡學習他那種為理想一往無前的精神，從他那裡學習他那老實忠厚的高尚品質。

（費城《中華周報》，二〇〇五年十一月二十一日）

7. 追念程君復兄

林盛中（北京台灣同學會會長）

蔡文珠：

周本初告訴我，君復兄已經去世，我甚感意外和悲痛。我謹對君復兄的去世表示沉痛的哀悼，並向你表示誠摯的慰問。請節哀，並保重身體！

從一九七〇年底「保釣」運動開始，君復兄就積極參加，我們常在群眾集會和示威遊行時碰面。「保釣」運動轉爲中國統一運動，他也一直非常積極參與。特別是最近這幾年蓬勃發展起來的全球華人反獨促統運動，他更是率先帶頭，作出重大貢獻。

今年連戰和宋楚瑜相繼率團到大陸訪問，海峽兩的關係有相當大的改善。君復兄本來可以在祖國統一大業上有更大的作爲，卻不幸過早地去世。他的去世是祖國統一大業的巨大損失！我們這些「保釣」、「統運」的老朋友只有更加努力工作，促進兩岸關係更好地發展，促進祖國統一大業的早日實現，以慰君復兄在天之靈。

君復兄，安息吧！

二〇〇五年九月二十二日　於北京

8. 悼念一位反獨促統英雄——程君復教授

覃永昭

我是一名中國青年，在大陸國有企業工作。二〇〇一年，我與程君復教授在廣東偶然相識，在交談中，得知他用自己在大學講學掙來的薪水，奔波於美國、大陸和台灣之間，為中國統一而貢獻自己。我為其偉大的愛國情操和熱情所感動。此後，只要程教授來大陸，我都要拜訪他。在他的感召下，我也投身於反獨促統的事業，並拿出自己微薄的薪水支持反獨促統工作。我們彼此有相見恨晚的感覺，幾年來，從相識到相知，成為莫逆之交。我是晚輩，所以一直尊稱他為程教授。

尊師永別，難見真容，千言萬語，難陳悲痛。在得知程教授逝世的消息後，我很想寫一篇文章悼念程教授，但始終不知道如何下筆，第一天寫了一千個字，就寫不下去了，第二天寫到二千個字，半夜難以入睡，起來推翻重寫，反反復復，筆觸無法準確表述我內心對程教授的思念。

十月十五日，程教授的追悼會在美國費城舉行，由於種種原因，我無法成行。我決定把幾年來和他在一起所發生的點滴事情寫下來，紀念這位傑出的愛國僑領、反獨促統英雄。他平易近人，生活簡樸。程教授每次來大陸都要上街與普通市民交談，瞭解民意。為了節約開支，我們入住普通的酒店，不捨得使用酒店的商務中心，而是在街上找小店打印反獨促統大會的論文和宣傳資料，經常到每人只花費一美元的小食店吃飯。

他堅韌不拔。在北京保釣人士座談會上，我和馮錦華等大陸青年聆聽程教授講述了他四十多年來，始終如一參加保釣運動，他那赤誠的愛國之心，使我們深受教育。他語重心長地說：「我小時候在重慶，日本帝國主義的飛機轟炸重慶的聲音還記憶猶新，你們青年人沒有這經歷，你們一定要記住日本帝國主義在中國犯下的滔天大罪，釣魚島一定要收回！」程教授這種堅韌不拔的愛國精神，是我們華人青年永遠學習的榜樣。

他以司徒美堂爲榜樣，鞭策自己。二〇〇三年十月，我陪同程教授參加在廣東江門舉辦的司徒美堂誕辰一三五周年紀念大會，在參觀圖片展覽時，程教授認真閱讀司徒美堂給美國總統羅斯福的信，並在這珍貴圖片前留影。他動情地說：「一九四三年，司徒美堂的上書促使美國總統羅斯福提交國會廢除了長達六十多年的排華法案，司徒美堂爲美國華人做出了傑出貢獻，我要以司徒美堂爲榜樣，爲全球華人做一點兒工作。」

他期盼統一。二〇〇二年春節，程教授到悉尼參加全球華人反獨促統大會，途經香港，我到香港機場迎接並邀請他到深圳。春節期間，香港每天有十多萬人過羅湖海關往返大陸，程教授在過關的時候看到人山人海，進出有序的熱鬧景象。他十分高興，爲香港市民出入大陸的便利而感嘆：如果兩岸統一了，台灣人民也能像這樣那該多好啊！在他心裡，只有中國統一，才是兩岸人民的最大幸福。

他思維敏銳，洞察力強。程教授出生在大陸，成長在台灣，工作在美國，有著豐富的人生閱歷，思維敏銳，對政治事件有極強的預見性，洞察力強。在台灣李登輝上台後，程教授看出了其分裂中國的野心，立即在美國成立了「全球華人反獨促統聯盟」，在全世界宣傳反獨促統。之後，全球華人組織了八次反獨促統大會，程教授都參加了。二〇〇五年五月，台灣陳水扁發表就職演說，我們在北京與有關學者進行了討論和分析。程教授提出了獨到的見解：陳水扁的講話就是台獨國際化，就是台灣獨立宣言書，我們反獨促統的工作將更加艱巨。受到程教授的啓發，我向新加坡《聯合早報》投稿，發表了〈陳水扁在玩理念台獨〉（二〇〇二年五月二十六日）的文章，全球許多華人報刊和網站都轉載了，成爲揭露陳水扁台獨國際化的經典文章之一。

他忘我工作。今年五月，程教授攜夫人蔡文珠女士到廣東佛山參加台商座談會，我到香港機場迎接。當時，程教授的精神狀態非常好，看上去身體非常健康。萬萬沒想到兩個月後，程教授在北京住院了，我專程去探望。當時的景象還歷歷在目：我去醫院看望，程教授已做完腎切除手術，他說：「手術很成功，手術第二天就可以走動了，下個星期就要回美國，要講學，要召開反獨促統等會議，很忙啊！」我力勸他多休養幾天，而他堅持要回去。想不到這次見面就成了永別。程教授忘我工作的精神值得我們永遠學習。

幾年來，我們自費組織參加反獨促統活動，幾乎耗盡自己的積蓄。為了更好開展反獨促統工作，我和程教授剛剛在香港成立了全球華人反獨促統基金會有限公司，還沒有來得及開設銀行戶頭。我們正在策劃在大陸、香港、台北、華盛頓四地同時召開全球華人反獨促統大會，但尚未籌備，程教授已經離我們而去了。

我是個佛教信徒，程教授也敬仰佛教。在北京，我們一同拜會了中國佛協副會長、北京市佛協名譽會長、北京市雍和宮嘉木揚·圖布丹主持，祈禱佛陀保佑中國統一，保佑全球華人幸福安康。程教授說：反獨促統是極其艱巨的任務，中國的統一要求我們要有智慧，佛教是給人智慧的，要人有平常心，做善人，做好人。如果兩岸人民能領悟佛教精神，按照佛教旨意去做，兩岸就不會有戰爭，中國就能夠實現和平統一。

九月底，我把程教授逝世的消息告知了嘉木揚·圖布丹主持，他為中國失去一位愛國僑領而痛惜。十月十日，嘉木揚·圖布丹主持在北京雍和宮按照藏傳佛教的儀式為程教授舉行了超度法會，參加法會的張桂香居士告訴我：「程教授轉世做人，繼續完成他未完成的心願。」我深信，中國尚未統一，程教授一定會來，再為中國統一大業貢獻一切。（中國）

（《僑報》，二〇〇五年十月二十五日）

七、悼念劉進慶

1. 我的抵抗與學問

劉進慶（曾健民　譯）

（一）七十歲的總括

人生在不知不覺中來到了古稀的大節日。一想起幼年時想像七十歲老人的樣子，就自覺到自己竟然已活到今天這樣的高壽。回顧過去自己七十年的人生之路到底是什麼？在這期間，充滿著波折發生無數的事情，真是一言難盡。而且，人一生的評價應該留給後世，自己去總結似乎有點奇怪。雖然如此，作爲以研究學問爲職業的人，有能力去分析別的事或別的人卻無法分析自己，這也是有點奇怪。我試著把自己當做客體，捨棄諸事的表象，歸納出貫穿自己一生的最普遍的單純的性格規定，也未必不是一件好事。這樣仔細細地思考後，便想出了今天的這個題目。

一直把學問當做職業的人，談談研究的事也是應該的。但是，「抵抗」到底是什麼？首先，它意味著被壓抑者對壓抑的反抗，以及被支配者對支配的抵抗。對我而言，這個最根本意涵的「抵抗」的意識形態，在無意識中溶入了我的生活，職業甚至研究的道路，以有形或無形的各種形式貫穿了我的一生，從根底上規定著我的一生。像我這樣的生存方式，我嘗試用「抵抗」這個用語來總括它。這是使自己也感到驚訝的，七十歲的道路的性格規定。

（二）戰亂時代和出生地的「命運」

我是誕生在日本開始發動侵華戰爭之年的一九三一年九月，日本殖民統治下的台灣中部鄉下「斗六街」。人生有所謂的「命運」，有人說「運」可以變，那麼「命」就不可能變了。說到自己誕生的時代和地方，那是二十世紀三〇年代「戰亂的星空」下一個叫做「台灣」的殖民地社會，我是作爲一個殖民地人而出生。這個人生被賦予的條件的確是要變也無法變，這也是作爲「被支配者」的我的「命」。但是，以個人來說，我是生長在一個富裕的家庭，一點也沒有「被支配者」的陰影。

父親從年輕起便從事碾米、肥料和木炭的事業，在他手中賺了大錢成了斗六地方（嘉南平原北方的穀倉地帶）的大地主和豪商。我家是三代同堂的大家族，我是有八男五女的十三個兄弟姊妹的第六個男孩。母親是作爲四個異母兄弟的繼母，一生在盡力維持多達三四〇人的龐大家族的和氣，是一個有大氣度且心地善良的女性。我們兄弟個個都有高學歷，是一個極爲圓滿的家庭。

我家周圍也有一個極爲優美的環境，眼前就是市街中心——「郡役所」（鎮公所）；沿著我家後院小道有小河流過，後門的旁側有一座木橋，橋的對岸是有山有水的美麗公園。然而，不知是幸還是不幸，我家右鄰有一個日本人經營的很大的日本和服店，老闆是日本人來台灣的第二代，他們的第一代是早期日本侵台時來台灣的，一直到日本戰敗投降爲止的五十年間都是我們的鄰居。很可惜，兩鄰父母之間彼此並沒有來往，也沒有說過一句話；鄰居的小孩上的是與我們不同的只收日本人子弟的「小學校」。和服店老闆有根深蒂固的支配者意識，經常以高姿態對待鄰居，十分討厭自己的孩子和當地人家的孩子一同玩耍，如果當地人小孩在他店前玩耍的話，經常會遭他大聲怒罵。而當時感受性十分強的我也在其中，大人的兇暴深深刺傷了小孩的心。

我的公（小）學時代（一九三八—一九四四），正是皇民化教育雷厲風行的時期。我不知不覺中被教育成一個優等的「軍國少年」。六年級的某一天，級任老師告訴我已被推薦進「少年飛行兵學校」。在二百名的同級生中，只選了三名是相當光榮的事。我滿心喜悅地把推薦狀拿回家，得意洋洋地面交父親，以爲會大受褒獎，沒想到卻被父親大罵：「傻瓜！我們跟他們不一樣！」父親是地方上的名人，也擔任家鄉的「保正」，然而心中也認爲我們殖民地人到底是與他們「不同」的。我的「軍國少年」美夢也在此一舉覺醒。在這前後，有一次在學校有學生家庭原籍貫的調查，父親告訴我們，我們祖先是從中國大陸的廣東省饒平縣領腳鄉出來的。還有，我記得敦厚的父親最激動悲憤的事，就是在戰爭末期，全鎮的媽祖像被集中在公園一角焚毀的時候，父親眼中含著淚水。那是我正開始懂事的時候，這些事就成了觸發我民族感情的原點。一九四五年的八月十五日中午，從所謂「玉音放送」知道日本戰敗的消息時，內心覺得無比暢快，臉上露出幸好沒戰死的歡喜表情。

戰後台灣復歸中國。我打從內心高興台灣脫離了日本的殖民統治，但是，這也只是短暫的一年多的時間。一九四七年二月，發生了震撼全島的二二八事件，由於新政權的腐敗和惡政，把台灣民眾從希望的高峰推落到絕望的深淵所引起的怒火爆發了出來。其結果是，軍隊在各地對民眾進行了鎮壓和殺害。在車站前的廣場，被處刑後的許多地方領導者的遺體，曝屍示眾好幾天的情景，真是十分悽慘。我的二位同班同學也在事件中喪生，這期間，我逃到鄉下親戚家各處躲避危機。那是初中二年級的春天。對國民黨軍事獨裁政權的恐怖和厭惡的感情，這十幾歲的原始體驗的陰影，一生在我內心底燃燒。從殖民地解放出來的戰後台灣社會，再度出現了壓抑和被壓抑，支配和再支配的構造，我再度被迫處於被壓抑的處境，這個原初體驗正是貫穿我抵抗的一生的原點。

在中學時代，經常與友人認真地談論自己的理想和抱負，但一點也沒有談過將來要如何飛黃騰達的事；只有像要如何使黑暗社會變好這樣的改革社會的志向一直是我們談論的中心，這也是我人生最早的志向。另一方面，我也經常沉思在「我是誰」、「人生到底是什麼」這樣的自問自答中，因此也勉強算是一個「哲學」少年。高中時代，我夢想當一個物理學家，我喜歡數學和物理，這兩科目我特別強；我經常仰望晴朗夜空的滿天星星，大膽地想像著宇宙彼岸的世界。

高中三年間，我一直被指名或被選作班長，因此導師強力勸導我爲了自己將來的出路最好加入國民黨，我想在老師心目中我是一個有爲的青年吧！但是，我毫不考慮地婉拒了。因爲我打從心底就無法原諒蔣政權和國民黨。這是我最早的抵抗。

（三）恐怖政治（白色恐怖）下的青春和職場

戰後的農地改革使原本是大地主的我家家道中落，父親的事業也因爲時代的巨變而歇業。在進大學方面，我放棄了原本想成爲一個物理學家的浪漫理想，而選擇了容易找工作的工學院。在這時候卻碰到了意想之外的有關將來出路的大轉變；那就是，在入學註冊身體檢查時發現了有色盲，而被校方命令要轉學院，雖然我極力向教務長爭取，但礙於校方規定無法融通。這讓我痛感到人生有許多事並非事事如我願。最後不得不轉入文學院中與數理科最接近的經濟學系，我成了台大朦朧派經濟學系的學生。

當時，台大數理經濟學愚蠢到連教凱因斯經濟學的老師也沒有，講授薩謬爾遜經濟學已經是最先進的了，然而，這種經濟學理論與當時台灣大多是公營企業而市場經濟仍然弱小的現實有很大的落差。我對於無法說明現實問題的經濟學沒有什麼興趣，因而耽讀哲學和思想方面的書，反而經濟學方面的書少讀了，因爲本來就沒有一本值得一讀的經濟學。

除此之外，我全力參加各種課外活動，譬如大二的時候，由於有力的地方政治人物的贊助，我組織了住在台北的大學生同鄉會，利用同鄉會組成了普及教育的宣傳隊，利用假日到家鄉偏遠地區進行巡迴活動，我時常被朋友推選爲隊長。我一直認爲良好的教育是良好社會的基礎，這是一個十分有意義的活動。到了大三，我被選爲第三宿舍的學生代表人；一般學生宿舍是採自治原則，學生代表只要照顧好宿舍生的食宿和讀書環境就好了。沒想到，卻發生了軍職教官要住進學生宿舍的異常情形，實際上這是學校方面爲了要監視學生動態所採取的一種露骨的權力介入，這等於使學生自治形骸化。那是五〇年代國家恐怖主義（白色恐怖）橫行的時代，如果直接反對必將招禍，於是我私底下召集宿舍生大家採取「面從腹背」的不合作態度，以表示最低限度的抵抗。

那時恐怖政治瀰漫全社會，我內心也十分擔心。大四的時候，贊助我的有力政治人物爲蔣經國所疑，而遭受肅清投獄之禍，我感到身處危險狀況而採取了收斂的態度。

大學畢業後要服一年半的兵役；在受過八個月的基本訓練和陸軍經理學校的專門教育後，以少尉軍階被分發到中部某陸軍醫院。主要擔任除了醫藥品之外的一切食住關聯的補給業務，這職務比其他軍種更輕鬆。在這裡，我的部下中有幾位大陸來的外省老兵，他們沒親沒戚，前途茫茫，真是可憐的身世。過年過節時我招待他們到我家做客。另一方面，各種各樣的政治課卻令人討厭，特別是效忠「領袖、黨國」的軍人教條的思想學習，使我心生抵抗。對於自己身負的補給業務我盡力去做，但卻不時逃避高呼「偉大領袖」的週會和月會，經常缺席。因此受到警告且被要求寫悔過書，這反而惹出我反抗的感情，心裡已有了接受處分的準備而不理睬上級的警告。退伍的前一月，醫院院長爲了維持全體的軍紀，記了我一個「小過」。

這並沒有影響我的退伍，反而使我覺得痛快。今天回想起來，這也可算是我對獨裁政權明白表示的一個小小的抵抗。

但是，像這樣的處分記錄，在當公務員的場合，可能是一生跟隨你的污點。我已考慮過這個問題，因此雖然我參加了公務員考試及格且被分發到財政部，卻將它一腳踢開，改換去參加當時比公務員更熱門也最難考的銀行考試，結果進了彰化銀行。實際上，嚴格來說，這裡也是公營銀行，但它的民間色彩較濃，距離國家權力的手有一定的距離。在令人羨慕的我的就職活動中，也含有我「抵抗」的生存方式的投影。

銀行的工作在待遇上比公務員或一般企業員工的薪水高出一倍，社會形象也好。然而，這裡卻不是談社會改革或國家大事的地方；天天忙著處理世間雜務，很容易迷失自己最初的志向。一九五〇年代的台灣社會空氣沉悶，十分陰暗。屢次有出國看看，看看廣闊世界的衝動，但是當時我已婚且有二子，母親已過世且父親已屆七十高齡，而且銀行的工作有前途，有高薪生活也十分安定。即使這樣，我仍不滿於現狀，利用夜晚遲歸的一點時間，準備挑戰留學考試。我的人生又走到了一個大的轉捩點。結束了四年的銀行工作，準備留下妻子到外國留學。美國太遠，因此選擇了比較近的日本，那時我四周的人沒有一個人贊成。

的確，在那個年代，有許多青年學生出國留學。一個有好的職業和家境的我，爲什麼急著「逃出」台灣呢？向家族說明的理由是到外國去學習將來可從事貿易事業。但是，我內心的深處卻是想走到廣大的世界去，再一次審視自己與台灣的關係。還有，只要出國，應該有什麼好的機會也說不定；那時，自己還未有要走學問的道路的念頭。那是一九六二年，二十九歲的春天。

（四）在日本走入學問的世界

到日本留學的第一年，我進入了神戶大學研究所經濟學研究科，跟隨藤井茂先生學習貿易理論。神戶大學是以哈樂德的外國貿易理論爲中心，比台大所學的稍稍深入。對當時的神戶大學來說，我好像是戰後最早去的外國人研究生，要怎樣對待我，在學制上似乎有困惑之處，我也覺得有點不安。因此第二年便參加了東京大學經濟學研究所的入學考試，從此便開始了我往後九年間在東京大學本鄉校園的生活。

在東大研究所我師事隅谷三喜男教授，研究題目改爲「戰後台灣經濟研究」。到日本第一年學習了貿易理論，但仍覺得不滿足，心想既然來到了日本就應該研究日本經濟；但是，這個研究題目並不能發揮我的優越性，因此隅谷先生即刻勸我，既然來自台灣就研究台灣經濟吧！我也體會到，從長遠來看，最終也應該研究台灣經濟才對。

在東大校園，最早吸引我的，是在台灣被視爲洪水猛獸的馬克思經濟學的龐大學問體系的研究積累。但是這對我而言完全生疏沒有基礎知識。一開始，在研究所課堂上的討論我幾乎趕不上，這使我痛感到想要在所內與人討論問題，除了徹底讀通《資本論》之外別無他途。因此利用第一學年的春假，花了幾個月的時間，集中精神讀完了《資本論》。對原本讀慣了哲學和思想類書的我來說，研讀艱深的《資本論》並不覺得苦，反而像整個人被吸進去般地，是不斷無止境的感動；使我深深感覺到自己更加提高了對社會經濟的辯證認識和學到認識的方法。托《資本論》之福，我第一次打開了作爲社會科學的一學門的經濟學的門扉。使我感覺到，思想、言論和追求學問的自由竟然是這樣的美好；我爲留學日本帶來的成果而感到喜悅。

其次，吸引我的是韋伯的學問世界。一九六〇年代，爆發校園紛爭前的東大本鄉校園，在我眼中是一個社會科學百花齊放的多彩多姿學問大花園。單單經濟所，就有以大內力教授爲中心的馬克思學派的宇野理論正迎著最盛期；另一方面，有韋伯學派的大塚（久雄）史學也正處於巔峰期。正是這二大社會科學的學問體系，其肥沃的土壤孕育了我。有關韋伯的書，我在台大時就曾經讀過，留下很深的印象，我坐在大塚教授的課堂的末席，品味著韋伯世界及其真髓真是一大樂事。如果馬克思是以歷史唯物論爲基礎的一元論的方法，那麼，韋伯在經濟因素之外也重視思想理念的規定性的二元論，乃至它把各種社會現象依其性格以類型學去認識的多元論的方法，也是一個有自足性的令人嘆服的學問體系。我從韋伯的複雜的社會科學的方法論中學到了很多。但是，這些社會科學的方法，只有在以後經過多年的反覆咀嚼和研究應用後，才真正能深刻地體會到。

除了馬克思和韋伯之外，我也從恩師隅谷三喜男先生的學問和爲人爲學方式學到了很多。我深深共鳴於他不拘泥學派或學說，從原典出發並主體地築構理論架構，在考察社會經濟時，經常以站在社會底層的觀點爲指引的作學問的態度。還有，先生一生堅持這種態度和原則，全心貢獻社會的豐饒人間性和高尚的品格，更是我人生的指標。年青時曾反抗過日本軍國主義的先生，對於我反對蔣獨裁政權的生存方式表示了理解的態度，讓我感到有如千鈞的情誼。就這樣，我完成了碩士課程，留學的方向也已定；於是把妻子接來日本，我開始走上追求學問的道路。

在博士課程的後半段，東大開始颳起了校園鬥爭的風潮。東大經濟研究所幾乎陷入了瀕臨崩解的狀態。我作爲外國留學生與風潮保持了距離，只有以總圖書館地下室的研究室爲立足處埋頭研究。隅谷先生身負處理校園紛爭的大任，一方面仍繼續在東大駒場附近的公寓一角（秘密的家）指導我們的課業。同時，我也參加了亞洲經濟研究所的研究會成員，最大限地活用了研究所內收藏的有關台灣的圖書資料。就這樣，我博士論文的寫作就在東大校園紛爭中進行；題目聚焦在戰後到一九六〇年代中期的台灣經濟的考察。分析理論的架構主要參考山田盛太郎的《日本資本主義分析》和隅谷三喜男的《日本勞動史論》，從這兩本書中得到不少啓示，並以此考察台灣經濟的實際情況，著手論文構思；再加上，自己不斷思考爲什麼有豐富農業資源的台灣在戰後會這麼貧困呢？這種基於我的生活經驗的問題意識和課題也是論文研究的對象。

（五）在海外的抵抗和冤罪

這時候，我被推選爲東大中國同學會的會長，它主要是由來自台灣在東大學習的二百多名留學生所組成的團體。一九六〇年代的冷戰時期在亞洲有許多反共軍事政權，常常發生反體制的留學生的受難事件。我任會長期間的一九六七年八月，發生了同學會會員劉佳欽和顏尹謨兩位回台灣探親時遭逮捕的事件。台灣當局以他們與反體制（台獨）組織有關係爲理由秘密逮捕了他們並送軍法處法辦。劉先生的家屬把記錄了受嚴刑拷問逼供經過的手記送到我手上；還有當局也把兩位在日本時遭國民黨特務計誘犯罪的部分也當罪狀，我以會長的立場毅然出面究明真相。一九七〇年兩人遭判刑（十年和十五年）後，我也站在先鋒繼續進行救援政治犯的活動，當時的東大校長加藤一郎也加入了這個救援活動（註一）。不久，一九七一年台灣喪失聯合國的中國代表權，在日本的留學生整合全體意見，向台灣當局提出了有關台灣民主化的建議書《國是建言》（註二）。這一連串的民主化運動，得到超越政治立場的廣大台灣留學生的支持。不經意地我竟然成了在日本的反蔣民主化運動的領導者。想起來這是從我的原始體驗來的志向爲原點，在海外的抵抗的實踐。

我一方面熱情於母國的民主化運動，另一方面，論文的研究作業也同時推進，兩者並立不悖同時進展。

我往復於對抗專制政治的民主化運動的感性，和研究專制政治的下層構造的經濟的理性認識之間，這使台灣政治經濟的全貌和本質更加明確地浮現出來。我拋掉「奴隸的話」，全心忠實於真實和真理，盡全力寫下來。伴隨著研究作業的進展愈有充實感，深深感受到學問的滋味和喜悅。當日本的學生運動漸漸平息下來的時候，我的論文也已完成（一九七一年），向學校提出。獨自的理論架構和從社會底層出發的觀點紮實地貫穿了全體論文，被教授褒獎是「優秀的論文」（註三）。至少，在校園紛爭使東大經濟所的教育、研究極端荒廢的時期，有研究的成果出來，因而得到指導教授們的歡喜和祝福吧！論文由東大出版會贊助，以《戰後台灣經濟分析》書名出版。在書中序文的結語中我記有：「在此我謹以此書獻給現在仍遭掠奪的台灣同胞」。這是我的抵抗在學問上的實踐。然而，完成學業的喜悅只是一瞬間，嚴厲的壓迫正等著我。趁這個機會，我想把至今一直深藏內心的秘密，我一生的冤罪說出來，再來我要對這問題稍稍深入地說說。

在學業完成的一九七二年，那時正是尼克森訪問大陸中日復交正進行中的時期，我主辦了以留學生老校友的學者爲中心的時事座談會（「留學生老校友會」）。同時，我也參加了有鮮明中國統一立場的雜誌《洪流》的出版，並用筆名寫文章（註四）。戰後中國，由於內戰和冷戰使台灣與大陸隔離，台灣出身的我有兩個祖國。由於對「白色祖國」的絕望，有一部分台灣知識份子在海外走向台獨運動。雖然我了解他們的心情，但我堅守民族統一的原點，肯定中國革命和新中國，寄希望於「紅色祖國」。這時期，留學生之間國民黨特務的密告行爲橫行，從民主化運動以來一連的活動，雖說是基於個人信念的行動，但對台灣當局而言卻是不可原諒的「叛亂行爲」。我想試試看看情況，而向在日本的台灣領事機關提出了護照延期加簽申請，結果他們卻直接沒收了我的護照（一九七三年）。從內人的朋友方向得知的消息，沒收護照的理由居然是「親共份子」的標籤（註五）。由於我早有覺悟，也就能以平常心看待這事。還好沒有台灣護照也不影響在日本的居留，只是成了一個無法回故鄉的「棄民」。我不得不繼續留在日本，這是我人生的第三次大轉變，那是一九七三年的夏天。即使如此，台灣當局對我一點也沒鬆手。

在我頭上戴的「親共份子」的標籤，三年後居然被升級成「中共幹部」。那時，台灣當局宣稱破獲了一個以五〇年代政治受難者為主的「叛亂事件」。事件當事者被台灣警備司令部起訴到軍法庭，起訴理由是：接受駐在日本的中共幹部領導策畫叛亂，在台灣呼應大陸的進攻策略等。結果「主犯」陳明忠被判僅次於死刑的重刑十五年（一九七六年十二月）。不過，起訴書（同年十月）上卻記有「接受中共統戰部派遣駐日幹部劉進慶的指示」，居然有我的名字（註六）。這是登載在一年後出版的《軍事研究》（一九七七年十一月號）上的一篇文章的部分內容，有一個朋友看到後告訴我才知道的（註七）。的確我曾經見過陳先生，但那只是通過拙著的見面，不記得有其他的事。東京經濟大學副教授為什麼成為「中共駐日幹部」？真令人毛骨悚然，台灣的恐怖政治的觸手也伸進在日本的我的身上。直到最近才在偶然的機會與友人談到這件事，友人聽了也驚訝無言以對。為了不使家人因為這無法想像的冤罪而悲傷，二十五年間我一直深藏在內心沒有告訴他們。這是我被壓抑和抵抗的人生的最高峰。

的確，在上述事件的前後，我幾乎每個月都接受神奈川縣警的外事課警察的「訪問」（註八）。因為這是相當不尋常的事，為了避免家裡知道，而在附近的喫茶店與警察見面。表面上好像是談有關台灣留學生的事，後來才注意到原來是來檢查我的動向，也就是台灣的特務機關通過日本警察來監視我。這個「例月訪問」，居然一直持續到一九七八年大陸與日本締結了中日友好條約為止。這件事相當傷害了我個人的名譽和人格，使我對日本當局和日本的民主主義極度失望。

然而，我並不害怕氣餒。因為被亞洲鄰國的人們尊稱為「日本的良心」的恩師隅谷先生，以及被仰慕爲「留學生之父」的穗積五一先生都站在我的後面幫助我。穗積先生徹底尊重亞洲留學生的人權和人格，是一個堅信和實踐亞洲各民族的真正獨立和繁榮的信念的人。當時，我以出身留學生的身份參加了穗積先生主持的「亞洲經濟協力事業」的活動，我是「穗積精神」的信奉者，在先生過世時，我代表亞洲留學生擔任了「葬儀委員長」（註九）。

然而，對我個人來說，冤罪的「後遺症」還是繼續著。家鄉老父已超過九十高齡，人子無法與老父相見的苦楚日愈加劇。於是我以罪證沒有具體根據爲由向台灣當局申請發還護照和回鄉許可，經過二年的交涉到了看起來似乎有望的時候，父親已來不及見到我就去世了，無法在父親瞑目時陪侍在側的悔痛至今仍嚙噬吾心。抵抗的「大義」和孝行畢竟無法兩全，這是一九八一年的春天。

針對無法奔赴父親喪儀的我，台灣當局（司法行政部調查局）今回卻急著要我回鄉。已失去在某種意義上被調查的「人質」的父親的我，採取了拒絕回台灣並強化與政府的對立關係，台灣當局也似乎已驚覺到了這問題。然而對我自己而言，爲了證明自己沒罪也有必要採取歸鄉的行動。同時，如果我可以自由進出台灣，一方面可以證明我自己的清白，另一方面也可以間接推翻軍法庭對陳氏案的判決，動搖警總的威權。我也感覺到台灣的國安當局爲了如何處理我的案例而不斷意見對立，也有點擔心會被捲入其內部的對立。考慮之後我決定回去，爲防萬一我先向隅谷先生說明了前後因由並把關係資料託付給他。而決定於三月學校放假期間，十四年來第一次回國。從下飛機直到離台期間，一直在特務的監視之下，也出面接受了調查局和警總的共同調查，真是如履薄冰的歸鄉。可以說，此行洗清了我的冤罪，但十分遺憾，「陳明忠事件」的不當判決和刑罰卻沒有任何變動和更改。

一九八〇年代前半，台灣政治頻頻發生令人毛骨悚然的暗殺事件（註十）。中美建交加速了亞洲冷戰的瓦解，台灣政治民主化的波濤加劇，同時國民黨政權的末期症狀的恐怖政治也更加狂暴。同時，我與中國大陸和外國交流的機會也增加了，在進出台灣之際依然有不安的感覺。何況雙親已不在，為了自身安全，也考慮到孩子的將來，還是決定取得日本國籍。我的抵抗的人生，實質上，在法的層面上總算告了一段落。那是一九八四年六月，五十二歲那年。

（六）研究成果和與台灣政治受難者的見面

在我三十歲時集中精力完成的學術研究的集大成——博士論文，被審查先生們稱譽的兩項優點，主要是在分析方法的獨特性以及理論構造的緻密性，同時，先生們也指出了二個問題點，第一是：雖然分析理論架構的完成度高，但是否能有效地解釋台灣經濟的現實。第二是：這種分析的理論架構是否能一般化成解釋其他地區國家的案例？對於這兩個問題，關於前者，論文完全著重在解開生產關係和階級關係的問題，對於經濟發展的角度則相對貧弱，不可否認它對一九六〇年代台灣經濟發展的解釋並不充分；關於後者，在那個時候自己仍無自信，只把它當做將來再解決的課題。由於我的分析理論架構已經把發展中國家的現代化中在公與私的有關思想上和社會學上的側面，以及中國現代史中思想上和社會經濟發展階段的歷史觀點加了進去，我的論文觀點如果要運用在別國的案例上，我想還需要把理論架構進一步簡潔化。在那個時點，我想這個問題只有交給後代的人去處理。

其後，關於台灣經濟的發展，我基於抵抗專制政治的立場和信念，並不想去論述好像有肯定獨裁政權味道的台灣經濟發展論，且有意在避開它，某種意義上是不想去迎合時潮。終於在一九八〇年代末，由於隅谷先生的召集，我與涂照彥先生三人共同執筆出版了《台灣之經濟——典型NIES的成就與問題》（東京大學出版會，一九九二年），填補了這個空白。

還有，有關博士論文中的分析理論架構是否可以一般化的問題，沒想到現在終於可以確定，它可適用於分析中國經濟問題。我從公有經濟、私有經濟和小農經濟的三方面去分析台灣經濟的方法，也可以用在分析中國的社會主義市場經濟。如果時間許可，我想去挑戰這個問題。

對於把焦點放在考察構成專制政治的物資基礎的台灣經濟的生產關係和階級關係的拙著《戰後台灣經濟分析》，給予最高評價的，是台灣的讀者。拙著與台灣讀者最初相遇，我的最早讀者是台灣的政治受難者。前述的「叛亂事件」的中心人物——陳氏是最早拿到這本書的人，拙著先在台灣政治受難者之間廣為流傳閱讀。但是，很快地，也許與前述「事件」有關係，這本書成了台灣當局的禁書。事後聽到的說法是：政治受難者喜歡這本書的理由是，拙著把他們曾認真思考過的這個時期的台灣問題，以及其後在獄中也曾研究過的時期中的諸多問題，以合乎邏輯的、實證且明快的方式整理出來且給予概括。這個讚譽，回答了論文審查時被指出的第一個問題，也就是，是否可以有效地說明台灣經濟現實的這個質疑。因此，對於拙著可以為處於被壓迫的最底層的台灣政治受難者的立場和見解代辯，我內心感到十分高興。

為政治受難者所喜愛的拙著，對台灣當局而言是「討厭的存在」。舉個例子，一九七九年十月因《富堡之聲》思想問題事件而被逮捕的名作家陳映真先生，被特務列舉的所謂嫌疑證據中拙著就名列其中。陳氏出獄後經營出版社，一九八七年戒嚴令解除後，開始推動拙著中譯版的出版計畫，一九九二年終於完成了中譯版《台灣戰後經濟分析》的出版事宜。

譯者是台大研究所的三名氣銳研究生，監譯者是林書揚先生。林書揚先生經歷三十五年最久的牢獄，是台灣戰後政治受難者的代表人物。拙著在台灣的中文版，是曾經與戰後台灣恐怖政治戰鬥、受苦的政治受難者們熱烈的推舉和努力的結果。沒想到這中譯本得到了《中國時報》當年度十大優秀圖書獎，得獎的佳評是：「政治經濟學的經典著作，經得住時間的試煉」（註十二）。時代在轉變，拙著由「禁書」成爲「好書」，事物的黑白真的逆轉了。中譯版也不斷再版，一九九九年被指定爲台北市政府的優良推薦圖書（註十三）。很幸運地，這本書廣爲台灣的研究生所閱讀，特別是成爲專攻這領域的研究生的必讀書。這樣拙著總算無辱於東京大學的學術聲譽，也算可報答恩師的學恩。還有，拙著作爲我在學問上的抵抗的實踐的果實，對母國社會也有一定的貢獻，這樣我的抵抗和學問的人生可說了無遺憾了。

（七）結尾——對東京經濟大學的感謝

我在一九七五年人生最困難的時期，爲東京經濟大學所採用，開始了大學教師的人生。本校對失去了護照的台灣「棄民」的我，與對日本人毫無二樣以專任教師採用。對我來說，這個恩義是無可比喻的巨大和深切。我把本校當做「母校」，以無上感謝的心情全心全意從事本校的教育研究和行政工作，我愛護本校的感情也很深。甚且，本校比這更愛護我，讓我擔任各種要職，這期間，雖然多少嘗了辛酸，但是與其說是辛苦倒不如說是在咀嚼報恩的喜悅。這是我打從內心的話。

在此，我想說出當時採用我的，已過世的前校長井汲卓一教授和前經濟學部長木原行雄教授的兩位大名，表示我衷心的感謝。如果我對本校有一點點貢獻之處的話，當歸功於兩教授的遠見。還有，把我介紹給井汲教授的是前野良教授，他的厚愛令人難忘。

回顧七十年的星霜歲月，年少時常常浮現腦際的問題——「我是誰」，在人生不斷的經驗和思索之中，終於有了解答。答案是超出科學領域的問題，這待來日有機會再說罷。人生最重要的是要有方向和原則。

我個性生來樂群，是一個跟誰都可以相處的人。「溫厚的人」，這是我給一般人的印象。我想這應該是受到雙親和家庭環境的影響。另一方面，我有遇弱則弱，遇強則強的性格和行動特徵。最近畏友中村貞二教授曾經用「激情的人」這句話來總括我這個人，雖然自己並沒有意識到這一點，但的確也有這一面。這個「激情」的一面，也許是來自在戰亂的時代而且活在壓抑的社會的我的抵抗意識形態。我的抵抗的生存方式，是在溫厚和激情之間擺動的。

上面的談話，是以到現在為止一直沒有人知道的我的「秘話」為中心。還有，我個人學問的創造性在三十歲是巔峰，之後只可以算是「附錄」。這期間，在我研究世界經濟南北問題的過程中，深深體會到在國際上我的「抵抗」的立場和觀點，的確也有其普遍的適用性。雖然如此，這個領域的學問研究，全體來看，仍然未成熟成果貧弱，而且，世界經濟仍處於快速再編組的過程，適用於這個領域的一般通論的研究，包括我自己在內還未完成。還有，關於經濟學的研究，要經過長期的觀察和思索，才會到達有自己觀點的「經濟學」。因為篇幅的關係，這些問題待他日再討論。

總而言之，我一生的抵抗的生存方式，是從被壓抑的命運中解放出來，做為一個人得自主、自由地生存，並且朝向超越一般世俗名利的更高的價值邁進。追求學問的道路使這樣的生存方式成為可能，並且能夠把自己的研究成果留給後世。東京大學，還有東京經濟大學給予了我這樣的場所，真感謝不盡。

註釋：

註一：這個事件，取兩位會員劉佳欽、顏尹謨的姓名而簡稱為劉顏事件。一九六七年八月發生事件，一九七〇年八月十三日國防部軍法庭宣佈最終判決。在這期間，劉氏對八年的一審判決不服再上訴，結果反而被加重二年而成為十年刑責。還有，劉氏十五年的刑責是僅次於死刑的重刑。這個事件的有關資料，由東大中國同學會編成了一冊《劉顏事件關係資料集》（一九七二年，一五五頁），收藏在東大東洋文化研究所圖書室。而且，當時的東大校長加藤一郎也於一九七〇年五月二十二日致函中華民國蔣中正總統，對事件表示極大的關心，並要求讓兩位學生回日本復學。

註二：《國是建言》是以解除戒嚴令、釋放政治犯、國會議員民主選舉等為主要內容。一九七一年十二月二十五日提出。是由東大中國同學會、早稻田大學稻門會、明治大學台灣同鄉會、中華民國京都留學生同學會以及中華民國關西同學會的聯署向台灣政府提出的。資料引自（註一）的「資料集」。

註三：隅谷三喜男著《生存在激動年代——社會科學者的回憶》，二一四頁，岩波書店，二〇〇〇年。

註四：當時，台灣留學生所處的政治情況十分錯綜複雜。《洪流》總共出版到第六期便停刊（一九七四年九月）。記得我用「江明」的筆名寫文章。其他，當時也有組織「旅日中國留學生會」的活動，但是那時候我已不是留學生身份，因此沒有參與。

註五：把沒收護照的裁決文拿給我看的，是當時在亞東關係協會工作的朋友Q先生，可說是冒著生命危險的友情。另一方面，長期擔任該關係協會監視留學生工作的主持者是楊秋雄那個人。把留學生內部情況而向台灣當局密告者大多是留學生特務。反共特務的密告像抓魔女一樣，把留學生分成反體制派和體制派，而反體制派又被分作統一派和獨立派，這種特務活動加深了同胞間疑神疑鬼、矛盾對立的悲劇，在此記下種種，作為歷史的教訓。

註六：台灣警備司令部起訴書，警檢訴字第二七八號，軍事檢查官藏家正，一九七六年十月二十九日，二一三頁。以及台灣警備司令部判決書，諫判字第七八號，審判長王雲濤，一九七六年十二月十五日，三一四頁。就像此處所見的一樣，從起訴到判決居然只有一個半月的時間。然而，判決書中我的名字只記載「劉ＸＸ」。這個事件，取「主犯」陳明忠的名字故被稱「陳明忠案」。陳先生在出獄後的一九九〇年曾為表示歉意來找我。當時的談話中，陳先生表示當時在調查過程中受到嚴刑拷問，被逼說出在日本所遇到的所有人的名字。其中有提到我的名字，但完全沒有說到「中共駐日幹部」的話。他表示，在起訴書和判決書中出現筆者的部分，完全是為了加罪於他而由特務揑造的。而且，當時判決書並沒有交給被告，直到服刑後的一九八〇年代才交給被告。

註七：明石一郎作《在日中國諜報機關的機密》，《軍事研究》，通卷第一四〇號。一九七七年十一月號，九九頁。另外，參考謝傳聖《大陰謀——共匪統戰顛覆實錄》聯合報社（台灣），一九七九年，七四頁。

註八：依據筆者手上的名片，訪問者的職稱和姓名，是神奈川縣警察本部，警備部外事課，神奈川縣巡查部長Ｋ氏。還有，為什麼不是由東京都而是由神奈川縣負責呢？這也不清楚。

註九：〈紀念對談：亞洲學生文化協會創立四十五周年，創設者穗積五一先生生誕一百年，穗積精神當時和今天〉，《亞洲之友》（亞洲學生文化協會），二〇〇二年十月號，二—十頁。以及同《亞洲之友》一九八一年十月、十一月號，故穗積五一先生追悼（其三）特刊，參考一〇—一四頁。

註十：台灣省議員林義雄的老母親和二個子女，在大白天家中的慘殺事件（一九八〇年二月二十八日）。住在美國的大學教授陳文成回台期間，在台大校園內慘遭殺害事件

（一九八一年七月三日）。住在美國的作家劉宜良，在家中遭人暗殺（一九八四年十月十五日）。等等，這些案件背後都和國民黨的特務機關有關，被視為是對反體制份子的暗殺事件。《台灣歷史年表，戰後篇Ⅲ（一九七九—一九八八）》一九九二年，四二，九二，一八二頁。

註十一：同上《歷史年表》，二四頁。

註十二：依據筆者手中所藏一九九三年一月八日受獎通知書。

註十三：依據筆者手中所藏一九九九年三月二十七日，「台北市政府新聞處優良讀物推介證書」。

二〇〇五年十一月十八日曾健民完譯

2.哀悼劉進慶教授

陳映真

十月二十六日，在北京旅次，輾轉傳來了所敬仰的劉進慶教授遽逝的消息，十分震悼。這是自二〇〇一年春，尊敬的戴國煇教授的逝去以來，台灣左翼統一派學界又一次痛徹心膺的悲傷和無法估計的損失。

我絕不是學界中人，但少時讀過中國三〇年代關於中國社會史論爭文獻的一鱗半爪；讀過胡秋原、鄭學稼甚至陶希聖、馬乘風諸先生相關文字的一小部份，對社會生產方式論及社會生產方式推移史有了矇矓、膚淺的興趣。然而，一九五〇年以後，台灣社會科學界不談也不允許談歷史唯物論基礎上的社會史，無從系統、深入蒐讀。六〇年代以後，台灣社會學界淨是從美國打折輸入的「現代化」論，絕口不論社會經濟的本質、構造、及其運動的政治和歷史條件。

八〇年代初，我因爲《人間雜誌》到韓國採訪當時鼎沸的韓國學生運動和工人、文化、文學運動，才知道整個激進學園的學生在運動之餘，正熱烈地討論當時社會科學界如火如荼地展開的「韓國社會構造體論爭」。在論爭中，也提到三〇年代中國社會史論爭的材料。我不諳韓語，幸好有韓國友人把「在日朝鮮人」同胞翻成日本語的文獻影印給我，讓我窺知論爭內容的一二。

台灣鄉土文學論爭在躲過一場筆禍之後而結束不久，不諳日語的畏友唐文標沒來由地送我兩本日文舊書，一本是尾崎秀樹先生的《舊殖民地文學之研究》，另一本是劉進慶先生的名著《台灣戰後經濟分析》。從韓國採訪回來，我開始正襟危坐地拜讀劉進慶先生的書，之後，又入手了涂照彥教授的《日本帝國主義下的台灣》。涂教授和劉教授系出同門，都是著名的、比較開明的「殖民地政策」論的開山學者新渡戶稻造↓矢內原忠雄諸教授門下的隔代桃李，但也都能自覺地超克「殖民地統治術」的局限，辯證地發展出以殖民地人的主體地位開展殖民地台灣和殖民地後台灣社會經濟發展的構造和性質推移的歷史規律，最終爲這社會的民主、正義和解放的實踐作出貢獻。

「幸好有劉進慶教授和涂照彥教授的兩部著作，否則後世學子將如何看待台灣戰後社會科學界在對於台灣的自我科學認識的研究上的長期荒廢？」這是當年捧讀完兩位教授的大著後湧上心頭的無限感喟。

兩本書在方法論上都是採取歷史唯物論的科學方法。在戒嚴體制下，政治上不可能漢譯出版，在知識上絕難找到有能力漢譯的人。一九八〇年下半年，忽然聽說有一群年輕朋友自行漢譯，驚喜之餘，未經校讀，就籌錢買下了譯稿。結果一經校讀，果然多有誤差。我理解到在台灣的日語教育和社會科學環境下，譯稿的缺失是絕不可免的。於是又請人校訂，第二刷出版前又通卷再校，經人間出版社出版。

後來，人間出版社得以幸運地陸續出版了陳玉璽教授的《台灣的依附型發展》，以依賴理論爲方法，論述台灣戰後資本主義；出版了隅谷三喜男、劉進慶和涂照彥師徒三人合著的《台灣之經濟》；出版了當時廈大台研所教授段承璞編的《台灣戰後經濟》；也出版了著名發展經濟學者E. A. Winckler和S. Greer-halgh編著的《台灣政治經濟學諸論辯析》，合成七卷本的系列，受到台灣社會學界廣泛的注目。其中，劉進慶教授和涂照彥教授的書，影響較大。劉進慶教授的《台灣戰後經濟分析》，是第一部台灣戰後資本主義發展史，也是第一部戰後台灣社會生產方式性質理論著作。他首先分析台灣光復後，國府接收當局接收了龐大的日本獨占資本主義產業，化爲國民黨的「國家資本獨占體系」，又以「農地改革」過程，將土地資本轉化爲民間私人資本，從而形成「公業」（公營企業資本）與「私業」（民間私人資本）對立矛盾的二元，而國民黨歷史的封建性，與五〇年代迄六〇年代封建性實物租稅，對農村的剝奪，並支援軍事財政，規定了國民黨在台統治的（半）封建性。「公業」與「私業」辯證統一形成「官商資本」。此外，戰後台灣對美日經濟的高度依附，又規定國府統治的「新殖民地性」。因此，劉進慶教授是第一個以「新殖民地半封建社會」規定一九四五年到六五年的台灣社會性質的學者。這個社會受到「官商資本」的統治，而以廣泛工資勞動者和農民為社會的底邊，又對外扈從於美國和日本的國外獨占資本！這是日據下台共在一九二八年與一九三一年的綱領中把台灣社會定性為「殖民地半封建社會」以來，以同一個方法論對台灣社會所做的新的性質規定。

早在一九七一年，劉進慶就以至今不為人所知的美日「新殖民地」——即經濟、政治、外交、軍事和文化的扈從——規定了台灣的經濟性質。至於台灣社會的「封建性」，今天看來，應該還有討論的餘地，但即使依劉進慶教授的台灣經濟性質規定推衍下來，台灣改革的性質也應是反對新帝國主義（美日）（即民族主義）和民主主義（反封建）的。台灣在戰後東亞冷戰局勢下幾十年來反獨裁（民主主義）不反帝（親美日而反中）的歷程，看來正是台灣戰後民主主義長期跛行而不徹底的根源所在。

劉教授的書在台灣出版以來，頗受重視，在各種論文中被引用的也越來越廣泛。但無如長期戒嚴帶來的思想的白痴化，至今還沒有能與劉進慶教授對話的論著。據此，也說明真正理解劉教授思想的社會學家在台灣還絕無僅有吧。

記得近半年前，在台灣偶遇劉教授，他興奮地說，最近他有機會和幾位韓國社會學者見面，都異口同聲鼓勵他進一步發展台灣社會構造體論，進一步寫台灣資本主義發展史。他頗為亢奮地告訴我他準備全力以赴……而如今，和戴國煇先生一樣，他不能不在大限之前被迫放下未竟的事業，歸於大化。

劉進慶先生的學術成就是蜚聲國際的成就。這樣的學者，對待任何人——包括不學的門外漢如我，態度永遠謙和親切，絲毫沒有「大學者」的架子，有所求教，必不厭其詳地教示，永遠以一副溫藹親切的笑臉迎人，爲人留下無限的思慕與悲懷。

而這樣一位望重士林、爲人謙抑到身後不舉行任何公開追悼儀式，似乎唯恐驚擾了他無數故舊門生的人，幾十年來，在反對「台灣獨立」，促進中國統一的運動中，幾乎無役不與，甚至在二〇〇一年出面在東京的「全球反獨促統」大會中出面擔負祕書長的工作，率直地表白了他在反對反民族的分裂主義問題上堅定不移的立場。在民族問題上充滿機會主義的台灣學界，劉進慶教授又謙和又堅毅的風格是教育、是典範、也是力量！

東望雲天，虔敬地遙祝先生的冥福！

二〇〇五年十一月九日

3. 弔　劉進慶學長、同志

林啟洋

今年的光復節晚上，做完慶祝活動回到家時已是午夜時刻，剛抵家門，日本的陳仁端學長打來電話告知進慶學長已於十月二十三日清晨過世，並且也已做完家族密葬的消息。聽了，雖明知遲早會有這麼一天，但是，萬萬沒料到會如此提前。我才於十九日給他發完信，這樣看來，是來不及看到信就離去了。唉！恨我太遲於發信了。頓時，惆悵與落寞交集襲來，久久，不能平息。

已是三十多年前的事了，剛到日本留學的我，出席了一個在東京舉辦的留日台灣學生的聚會，在那個台灣菁英匯集的場合裡，我第一眼看上的就是進慶學長。當時，他的言談舉止像磁力般地吸引了我，腳步自動地移靠過去。

那是一個極具政治色彩的場合，正逢中日政治交鋒，是中日邦交恢復正常化，還是「日華」邦交繼續下去而爭議不已的七〇年代初始。留日的台灣學生當然也因關心台灣前途而沸沸揚揚地齊聚議論起來。

在那個以反體制爲主的在日台灣留學生群中，進慶學長的言論獨樹一枝，引起了我絕大的興趣，會後，特邀他找一家較爲清靜的咖啡店，兩人便坐下來首次開談，在他那娓娓細緻的導引下，我發現輕柔語聲中帶有鏗鏘力道。把台灣與大陸之關係有條理、有邏輯地連貫起來，把兩岸的現況、異同和「本是同根生」的道理徐徐地鋪陳開來。聽了，讓本存偏見的人也會自然地點頭了。他，就是這麼穩重、柔和的魅力令初識之人也能親和以對。也就是因這個初緣，爾後的三十餘年間，他成了我的學長、良師又是同志，甚至不亞於兄長般的關係。巧的是，他整整大我一輪，同屬羊年。經受他的指導、關照和影響，彼此自然而然地有了君子之交的情誼。

七〇年代近半的一段期間裡，進慶學長抱著赤子之心，與我們幾個學弟共謀在日本成立「中國統一促進會」的籌備事宜。不只一次地，我們爲海峽兩岸的早日統一、爲盡一份棉薄，利用在半工半讀業餘之時，在進慶學長的引領下努力學習理論基礎，釐清歷史因素，闊展寬宏視界，對自己的人生觀、價值觀、世界觀重新學習和改造。把自己的前途與「立足台灣、胸懷祖國、放眼世界」相結合，定下目標，期使與群眾打成一片，一步一個腳印地走下去，直到促進國家統一的工作達成爲止。因爲我們認識到所走之路是真具正義、公理和愛鄉、愛國的先鋒之道；也瞭解到爲弱勢族群爭權益、爭公義、搶政治陣地的重要性和必要性。

就這樣，《洪流》、《星火》、《戰旗》等刊物出現在當時的留日台灣學生生活圈裡，甚至發展到有一些來自台灣的工人朋友們也主動與我們接觸，彼此交換心得，共同學習。

不用說，在那個右翼體質的日本社會環境下，我們的活動是艱難的，包括日本外事警察的不定期登門造訪，給我們看清了日本這個曾經霸台五十年的帝國幽靈是隨時存在的。雖這樣，我們愈鬥愈勇、愈鬥愈具希望，因爲週遭的愛國僑胞、明理人士和通情達理的日本朋友都是我們的靠山和力量源泉。可惜的是我們不成熟部份使我們「曝了光」回台不得，而感到真正的群眾不在我們身邊很覺遺憾。

日本當局對我們這批心向祖國，希求統一的台灣留學生是不具好感的，隨時都在伺機排擠。例如六〇年代發生的劉彩品事件、陳玉璽事件，背地裡都是牽涉到中日兩國政治鬥爭的案例。七〇年代之間，東京與神戶的華僑會館鬥爭事件，日本偏向國府的司法判決，以及七六年台灣留日學生林啓洋「強制收容事件」，在在都反應了日本右翼政府與中國政府在對台問題的政治角逐上，尖銳鬥爭的具體實例。

在我個人長達二年多的「收容」期間裡，進慶同志和愛國僑界不遺餘力地爲我的重獲自由東奔西走，除了僑界，連日本人教授、日中友好團體，甚至東大醫學院的進步醫師，最後階段都參與了營救的行列。他，私底下還照顧我一家在收容所外的妻小，除了精神鼓勵、物質支援更不在話下了。進慶同志的這股同志愛、同胞愛是我能在收容所內長期抗戰的力量所在。

七九年初，終於「抗戰」勝利了，我恢復了自由。隨即從事於東京、北京之間的商務活動，因爲大陸也在七八年開始「改革開放」，全民皆商地衝向經濟戰線了，我們也加入行列。就在這段時間裡，進慶學長也應邀到大陸做客座教授，我們在天津南開大學他的宿舍裡也促膝長談「一國兩制」下的台灣問題的解決方法，直覺地感到，台灣問題的解決是長期的，我們心急如焚卻愛莫能助。八〇年代，就這樣很快地成爲過去。

九〇年代起，進慶同志在他任教的學校裡主辦了「台灣問題懇談會」，不定期的召開有我們這些已白了髮的留日台灣學生，也邀請來自島內和歐、美的台灣籍學者、教授參與，共同座談海峽兩岸的各種問題。另外，他還在有力旅日僑領的支持下，與來自大陸的旅日學者、教授成立了「海峽兩岸問題研究中心」，廣泛地交流兩岸信息，與日本各界人士互動，在促進中日友好、廣開言論，汲取各界對海峽兩岸在和平統一道路上的認同、共助。

這些繁雜忙碌的活動終於把進慶同志的身體給磨壞了。本來肝功能就不好的他又受了感染造成白血病，幾次入、退院，還是抵不過病魔在台灣光復六十週年前二天清早離我們而去。自今年春，定居台灣的我還是失去了與進慶同志再會一次面的機會。我們曾相約共同返台長住，落實「深入群眾」的願望。他雖有心，可是天公不做美，帶走了他。我，做為學弟、同志，除了哀悼，就是誓語：一定堅毅不拔地繼續為兩岸和平統一事業奮鬥下去。

過去諸事雖然成了只能追憶，但，這個屬於中國人的世紀裡，兩岸共同富強康樂、和平統一的日子，必然到來。在那一天，我們會向您稟報。可敬的進慶同志，還是一句話，請安息吧！

學弟、同志

林啟洋　敬弔於台灣　台北

二〇〇五年十一月二十日

編後記

釣統運文獻編輯委員會

紀念釣運第三十五週年的文獻集現在終於問世了。那麼，要不要本此傳統，繼續編印文獻集來紀念第四十週年、第四十五週年，第……年呢，如果釣統運或廣義地說，海外的愛國運動，還在繼續不斷進行下去的話？

也許這個問題提的太早。但是眼前面臨的一個實際的問題是，一九七八年之後至今將近三十年間的釣統運活動，仍然在繼續進行著，而且在不斷深化和推廣。例如目前遍及全球的反獨促統運動，就是七〇年代釣統運的繼續和發展，是海外愛國運動的重要組成部分。此外，老保釣本著保釣精神，有人走進華埠或開設商店，或提供社區服務；有人回國生根，參加祖國建設；有人在大陸和香港創辦大學如程君復創辦黃河大學，吳家瑋、謝定裕、聶華桐等在香港創辦科技大學；有人在大陸爲了促進基層文化教育事業，在農村設立圖書館或提供獎學金如楊貴平等設立滋根基金，等等，不一而足。那麼，要不要將這些活動的文獻史料編印爲《春雷聲聲》、《春雷之後》的續集？如果答案是肯定的，而且也應該是肯定的，那麼我們應該如何著手進行？

首先應當考慮的是，這些活動的形式是如此多種多樣，內容是如此多姿多彩，所以收集、保存、整理、編印這樣龐大的文獻史料的任務，絕非少數幾個熱心者可以獨力承擔。鑒於我們在編印《春雷》這套文獻集時已經在人財和資料上吃盡了苦頭，所以我們強烈呼籲海內外的有心人士和有關學術研究機構，應該共襄盛舉，積極支持指定或成立一個專門的組織或單位來承擔這項無可逃避的歷史任務。

例如，據說北京的台灣同學會自今年起已經正式成爲獨立單位。而其領導人和大部分成員應當都是老保釣，所以由他們來負責承擔這項任務，應該是順理成章的，也是義不容辭的。當然，大陸涉台的學術研究機構，如中國社科院的台灣問題研究所，或各大學的台灣問題研究所，如廈門大學的台灣問題研究所，如果能夠同台灣同學會一道合作，共襄盛舉，將是最理想的安排。

需要再次強調的是，由於老保釣都已經進入暮年，而且不少已經辭世，所以海外愛國運動文獻資料的收集工作，已經到了刻不容緩的地步了。如果再不廣泛搜羅他們手中殘存的資料，而讓其流失，實在非常可惜。本輯中收錄了一些老保釣的回憶錄或有關已經辭世的老保釣的追思文章，但爲數仍然極其有限；如果再不特邀某些在當時起過重要作用的老保釣撰寫回憶錄，或做口述歷史，真將時不我與了。

但是，如果認爲這項任務，由於地利和人和上的考慮，最好仍然由台港海外的老保釣來負責進行，就應當成立一個保釣或釣統運基金會一類的組織，負責籌措經費，收存、整理、編印這些文獻史料，並成立一個正式的編委會專門承擔編務工作。我們已經初步設想，由目前編委會的主編王曉波教授擔任八〇年代以後的釣統運文獻《春雷回響》的常務主編，因爲從各方面來看，特別是就年齡和釣統運的勢頭日漸東移至台海兩岸來看，無疑他是目前台港海外最適當的人選，當然首先還需取得他個人的同意。但是如編後記開頭所述，從更長遠的時間考慮，海外廣義的愛國運動即使在老保釣一代從歷史舞台上消失後，一定還會繼續不斷進行下去的。所以這項任重道遠的歷史任務，應當由大陸一個涉台的常設研究機構來承擔，才是一勞永逸的安排。

這是我們誠摯的呼籲，也是我們熱切的希望和建議。是否可行，尚盼海內外有關各方和有心的愛國人士，認真對待。

最後，對於上輯中出現的比較嚴重的失誤，例如我們在編排文稿時竟然把美東討論會和安娜堡國是大會的時間前後倒置了，這對一個親自參與釣統運的人來說，是很不應該的，也是不可原諒的。我們對此深感遺憾，並表示誠摯的歉意。是的，我們當時太求成心切了，太趕時間了，以至草率從事。請看《春雷聲聲》序言中關於我們匯編初稿時的倉促情況：「我們拏出當年辦釣統運刊物的精神，苦戰四、五個晝夜，甚至有兩天通宵達旦，才把這本資料匯編定稿」。上百萬字的初稿竟然由五、六個人在短短的幾個晝夜中趕編出來了。其結果可以想像，就是一堆爛攤子。然而，最後居然讓人間出版社將這個爛攤子收拾清理出個頭緒出來，編印成書，實在難爲陳映真和他的編輯了！所以，上輯中編務上的重大失誤，應該唯我們這些初稿的編輯者是問，因爲我們沒有做好準備工作，實在難辭其咎。

此外，上輯中的〈釣魚台大事記〉僅記到一九七一年三月十九日爲止，距離上輯截止的一九七二年五月還有一年多的時間缺而未記，有待補記。所以，如果人力和經費允許的話，我們計劃在近幾年內盡快出版新版的《春雷聲聲》，以徹底改正上輯中編輯上的嚴重失誤，以彌補我們的過失。

這是我們的希望，我們也將努力使其成爲事實。